Die Schaffung und Regelung elektronischer Zugangsformen im Lichte des Öffentlichen Wettbewerbsrechts

Europäische Hochschulschriften

European University Studies

Publications Universitaires Européennes

Reihe II **Rechtswissenschaft**

Series II Law

Série II Droit

Band/Volume **5891**

Franziska Brackmann

Die Schaffung und Regelung elektronischer Zugangsformen im Lichte des Öffentlichen Wettbewerbsrechts

Eine Untersuchung am Beispiel der De-Mail

PL ACADEMIC RESEARCH

Bibliografische Information der Deutschen Nationalbibliothek
Die Deutsche Nationalbibliothek verzeichnet diese Publikation in der Deutschen Nationalbibliografie; detaillierte bibliografische Daten sind im Internet über http://dnb.d-nb.de abrufbar.

Zugl.: Kiel, Univ., Diss., 2016

D 8
ISSN 0531-7312
ISBN 978-3-631-67915-9 (Print)
E-ISBN 978-3-653-07133-7 (E-PDF)
E-ISBN 978-3-631-69882-2 (EPUB)
E-ISBN 978-3-631-69883-9 (MOBI)
DOI 10.3726/978-3-653-07133-7

PL Academic Research ist ein Imprint der Peter Lang GmbH.
Peter Lang – Frankfurt am Main · Bern · Bruxelles · New York · Oxford · Warszawa · Wien

Diese Publikation wurde begutachtet.

www.peterlang.com

Meiner Mutter

Vorwort

Die vorliegende Arbeit wurde im Sommersemester 2016 von der rechtswissenschaftlichen Fakultät der Christian-Albrechts-Universität zu Kiel als Dissertation angenommen. Sie entstand während meiner Tätigkeit als wissenschaftliche Mitarbeiterin am Lorenz-von-Stein-Institut für Verwaltungswissenschaften an der Christian-Albrechts-Universität zu Kiel.

Bedanken möchte ich mich zunächst bei meinem Doktorvater Prof. Dr. Utz Schliesky für die Betreuung der Arbeit. Er inspirierte mich zum Thema dieser Arbeit und war bei Fragen stets ansprechbar. Darüber hinaus möchte ich ihm auch für die Möglichkeit danken, die Dissertation in der angenehmen und förderlichen Atmosphäre am Lorenz-von-Stein-Institut fertigen zu dürfen.

Mein Dank gilt auch Prof. Dr. Christoph Brüning für die Erstellung des Zweitgutachtens.

Bedanken möchte ich mich außerdem bei Dr. Sönke E. Schulz für die gute Arbeitsatmosphäre am Institut sowie für die der Arbeit förderlichen fachlichen Diskussionen.

Besonders danken möchte ich auch Dr. Christian Hoffmann für seine liebevolle Unterstützung und die notwendige konstruktive Kritik bei der Anfertigung dieser Arbeit.

Elisabeth Ahl danke ich ganz herzlich für die Korrektur des Manuskripts.

Letztlich gilt mein besonderer Dank meiner Mutter für ihre stets liebevolle Unterstützung in allen Lebenslagen und beizeiten den nötigen Schubs in die richtige Richtung. Ohne sie wäre weder das Studium noch diese Arbeit möglich gewesen. Ihr widme ich diese Arbeit.

Inhaltsübersicht

Teil III: Fazit

Zusammenfassung in Thesen

Inhaltsverzeichnis

Teil I: Einführung

A. Problemstellung

Allein in den letzten zehn Jahren hat sich unsere Gesellschaft technisch in ungeahnter Geschwindigkeit weiterentwickelt. Das 1989 noch in den Kinderschuhen steckende Internet mit all seinen Möglichkeiten ist Alltag geworden[1]. Menschen sind durch Mobiltelefonie, Smartphones und nahezu flächendeckenden mobilen Internetzugang fast durchgehend erreichbar. Daten liegen nicht mehr auf dem eigenen heimischen Computer oder sind auf Disketten, CDs oder DVDs gespeichert, sondern in der „Cloud", wer eine Information braucht, nutzt eine Internetsuchmaschine und erledigt Dank E-Commerce und Online-Banking Besorgungen und Geldangelegenheiten bequem von Zuhause aus.

Dies alles sind Entwicklungen, die vor zehn Jahren wohl von den Wenigsten vorhergesehen werden konnten und verdeutlichen, wie schnell der technische Fortschritt voranschreitet. Diese rasante Entwicklung verleitet Wissenschaftler sogar dazu, anzunehmen, dass Maschinen schon im Jahr 2045, also in etwas mehr als 30 Jahren, in der Lage sein werden, „wenn nicht alle, dann doch einen sehr großen Anteil an Arbeiten zu übernehmen, die heute von Menschen ausgeführt werden"[2].

Die Rechtswissenschaft durchzieht jede Materie. In jedem Sachverhalt, sogar in jedem Gegenstand liegt etwas Rechtliches. Dies gilt auch für den Bereich der Technologie und ruft sowohl bei Fachleuten aus diesem Bereich als auch bei einigen Juristen Erstaunen darüber hervor, dass auch Juristen sich mit technischen Themen wie Open Data, Cloudlösungen und sozialen Medien auseinandersetzen und auseinandersetzen müssen. Der technische Fortschritt wird deshalb auch ständig von neuen juristischen Fragestellungen begleitet.

Insbesondere die Informations- und Kommunikationstechnik spielt in unserer heutigen Informationsgesellschaft eine bedeutende Rolle. Die Welt ist durch neue elektronische Kommunikationsformen, die immer auch neue rechtliche Fragen mit sich bringen, immer vernetzter.

Auch für die Verwaltung bzw. den Staat erfüllt die Kommunikation mit dem Bürger eine wesentliche Funktion. Die Verbindung zwischen Staat und Bürger ist für dessen Aufgabenerfüllung unerlässlich. Antragstellungen, die Erteilung von Genehmigungen, die Information der Bürger, aber auch der Austausch über deren Bedürfnisse ist ohne einen Zugang zur Verwaltung nicht möglich. Im Verwaltungsverfahren sind immer mindestens zwei Parteien beteiligt: der Bürger und die

---

1 Siehe zur Geschichte des Internets *Hirsemann u. a.*, Anwendungsgrundlagen Internet & HTML, Wissen, das sich auszahlt, 2003, S. 56 f.

2 So der Informatik-Professor *Moshe Vardi* von der Rice University in Houston, Texas, USA, siehe hierzu den Artikel „Technik-Fortschritt: In 30 Jahren keine Arbeit mehr" von *Christian Kahle*, abrufbar unter http://winfuture.de/news,76098.html.

Verwaltung als ausführende Staatsgewalt. Unerlässlich ist deshalb die Kommunikation zwischen diesen beiden Akteuren. Der Bürger stellt Anträge oder informiert sich durch Anfragen. Die Verwaltung prüft diese Anträge und holt gegebenenfalls durch Rückfragen Informationen ein. Um diese Kommunikation gewährleisten zu können, müssen Verwaltung und der Gesetzgeber Zugangsmöglichkeiten schaffen. Ein Briefkasten, das Telefon oder auch das Telefax gehören hier als Zugänge bereits zum Standard in der deutschen Verwaltung. Dies gilt in weiten Teilen auch für die E-Mail. Aufgrund des rasant fortschreitenden technischen Wandels besteht jedoch ein stetiger Bedarf nach neuen schnelleren, sichereren und effektiveren Möglichkeiten, um die Verwaltung zu kontaktieren und langwierige Verfahren zügiger abzuschließen. Durch die Beschleunigung der Prozesse in unserer Gesellschaft, besonders durch die Möglichkeiten des Internets, und eine damit einhergehende Beschleunigung der privaten Kommunikation, wird auch von der Verwaltung erwartet, diesen Standard zu gewährleisten. Hinzu kommen Kostenersparnisse in Form von Papier und Porto, Umweltvorteile durch papierlose Kommunikation und Effizienzgewinne durch die Beschleunigung von Prozessen. Auch für die Verwaltung liegen also die Vorteile von elektronischen Kommunikationsformen auf der Hand. So benötigt bspw. eine E-Mail lediglich einen Bruchteil der Zeit einer Postsendung.

Somit verwundert es nicht, dass elektronische Zugangsformen ein wesentlicher Bestandteil des E-Governments sind. Sie stellen eine entscheidende, Medienbrüche vermeidende Ergänzung anderer E-Government-Strategien, wie bspw. der elektronischen Aktenführung, dar. Dies zeigen nicht zuletzt die stetigen staatlichen Bemühungen, die elektronische Kommunikation durchzusetzen, wie bspw. durch das elektronische Gerichts- und Verwaltungspostfach (EGVP) und die gesetzliche Absicherung der qualifizierten elektronischen Signatur (qeS) sowie aktuell die De-Mail-Infrastruktur.

Das Bedürfnis nach einer schnelleren Kommunikation steigt mit der technischen Entwicklung. Es werden ständig neue Kommunikationsmöglichkeiten entwickelt. Dieser Entwicklungsprozess läuft i. d. R. ohne eine staatliche Beteiligung nach den Gesetzen des Marktes ab. Motiviert durch Schutzpflichten[3] gegenüber den Bürgern und im Rahmen der Wirtschaftslenkung greift jedoch zunehmend auch der Staat in das Geschehen ein und gibt entscheidende Impulse. Als Beispiel ist hier das De-Mail-Gesetz (De-Mail-G) als Versuch des Gesetzgebers, eine neue Kommunikationsform zu schaffen, zu nennen. Auch das bereits erwähnte EGVP und das sich in der Entwicklung befindliche besondere elektronische Anwaltspostfach (beAP)[4] entstanden aus staatlicher Initiative. Hinter den verschiedenen elektronischen Zugangsformen stehen meistens zumindest auch die Produkte von privat-wirtschaftlichen Unternehmen. Problematisch wird dies, wenn der Staat durch sein Verhalten nicht nur den Kommunikationsprozess zwischen Bürger und Verwaltung regelt, sondern auch den

---

3 Siehe hierzu ausführlich *Schliesky u.a.*, Schutzpflichten und Drittwirkung im Internet, Das Grundgesetz im digitalen Zeitalter, 2014.

4 Siehe hierzu *C. Hoffmann/Borchers*, CR 2014, 62 ff.

freien Markt der elektronischen Zugangsformen mitbeeinflusst. Wird durch staatliches Handeln der freie Wettbewerb berührt, ist es wettbewerbsrelevant und muss somit einem speziellen Wettbewerbsrecht, dem Öffentlichen Wettbewerbsrecht[5], unterliegen. Dies gilt sowohl auf grundrechtlicher als auch auf einfachgesetzlicher Ebene.

Da die klassischen Zugänge wie Briefverkehr, Telefax und Telefonie i. d. R. parallel angewendet werden, entsteht bei den neuen elektronischen Zugangsformen, insbesondere bei gleicher Funktionalität, häufig eine Konkurrenzsituation. Es stellt sich unter anderem die Frage, ob die Verwaltung frei entscheiden kann, ob und wie sie einen Kommunikationsweg bereithält oder ob sie sich sogar auf einzelne Zugänge bzw. Zugangsformen beschränken kann. Darf der Staat überhaupt eine neue elektronische Zugangsform schaffen, wenn der freie Markt ausreichend (sichere) Angebote hervorbringt? Und wie weit darf der Staat eine private bzw. privat umgesetzte Zugangsform reglementieren?

Ziel dieser Dissertation soll es deshalb sein, der Frage nachzugehen, inwiefern die Regelung von elektronischen Zugangsformen Wettbewerbsrelevanz besitzt und in welchem Rahmen sich der Staat bewegen muss, wenn er elektronische Zugangsformen schafft oder regelt. Aufgrund des auch in Zukunft zu erwartenden stetigen Fortschritts auch der elektronischen Zugangsformen können die in dieser Arbeit aufgezeigten Grenzen sowohl auf neue Regelungen elektronischer Zugangsformen und das Staatshandeln in Bezug auf diese als auch auf neue elektronische Zugangsformen transferiert werden.

Die bereits erwähnte De-Mail stellt hierbei eine besondere Ausgestaltungsform einer elektronischen Zugangsform dar, da sie zwar auf staatlicher Initiative beruht – der De-Mail-Standard wurde durch das De-Mail-G geschaffen –, aber (überwiegend) private Anbieter die diesem Standard entsprechenden Produkte anbieten sollen. Anders als bspw. beim EGVP, das zwar auch auf staatlicher Initiative beruht, aber auch staatlich betrieben wird. Das De-Mail-Konzept beschränkt sich auch nicht, wie etwa die Gesetzgebung zur qeS, auf eine gesetzliche Flankierung bzw. Absicherung einer privatwirtschaftlich entwickelten Zugangsform, sondern schafft diese gerade erst[6]. Zudem ist der De-Mail-Standard derart detailliert geregelt, dass dieser für die Ausgestaltung privater Produkte wenig Raum lässt und so bereits als Produkt erscheint[7].

---

5 Siehe hierzu *Schliesky*, Öffentliches Wettbewerbsrecht, 1997; vgl. auch *P.-M. Huber*, in: Schmidt-Aßmann/Schoch (Hrsg.), Besonderes Verwaltungsrecht, 14. Aufl. 2008, 3. Kap. Rn. 249 ff.; *Faßbender*, NJW 2004, 816 (817).

6 Bei der qeS gab es durch die Signaturrichtlinie für jeden Mailprovider vergleichbare Anforderungen für die Bereitstellung entsprechender Dienste; vgl. *Heckmann*, E-Government-Gesetz und De-Mail: Eine europarechtliche brisante Mischung, Legal Tribune ONLINE, 15. 05. 2013, abrufbar unter www.lto.de/recht/hintergruende/h/e-government-de-mail-notifizierungspflicht/.

7 So auch *Heckmann/Albrecht*, ZRP 2013, 42 (44).

Die De-Mail-Infrastruktur ist deshalb als bislang einmaliger Fall einer solchen gemischten Ausgestaltung durch staatliche Initiative mit (überwiegend) privater Umsetzung anzusehen. Vor der Schaffung des De-Mail-Standards durch den Staat war der Markt der elektronischen Kommunikation weitgehend frei von staatlichen Beeinflussungen. Durch neue gesetzliche Regelungen wie das De-Mail-G, das den De-Mail-Standard ins Leben gerufen hat, und das E-Government-Gesetz (EGovG) mit den damit einhergehenden Änderungen anderer Gesetze wie bspw. dem Verwaltungsverfahrensgesetz (VwVfG), sowie die E-Justice-Initiative im Zivil- wie auch im Strafverfahrensrecht[8] erfolgte in der Bundesrepublik Deutschland erstmals eine markterhebliche Regulierung von Diensten, die elektronische Zugangsformen für eine rechtsförmliche Kommunikation mit Behörden anbieten[9].

Aus der Art der Ausgestaltung und der Schaffung einer neuen elektronischen Zugangsform durch den Staat resultieren infolge der Vermischung der Ebenen von Staat und privater Wirtschaft besondere Berührungspunkte mit dem freien Wettbewerb, die im Folgenden untersucht werden sollen. Aus diesen Gründen kann und soll die De-Mail als Beispiel einer neuen elektronischen Zugangsform für die vorliegende Arbeit dienen, um die Grenzen wettbewerbsrelevanten Staatshandelns im Rahmen der Schaffung elektronischer Zugangsformen durch das Öffentliche Wettbewerbsrecht abzustecken.

B. Gang der Untersuchung

Um diese Grenzen, die das Öffentliche Wettbewerbsrecht der Schaffung und Regelung elektronischer Zugangsformen setzt, festzustellen, empfiehlt es sich, sich zunächst in gebotener Kürze einen Überblick über die existierenden Zugangsformen zu verschaffen, um etwaige wettbewerbsrelevante Verhältnisse unter diesen feststellen und Vergleiche, insbesondere zwischen elektronischen Zugangsformen und klassischen Zugängen, anstellen zu können. Dies bietet sich auch an, da die elektronischen Dienste teilweise aufeinander aufbauen. Hierfür sollen die wichtigsten Zugänge und Zugangsformen von den klassischen Zugängen wie dem Briefverkehr und der Telefonie über erste elektronische Zugangsformen wie E-Mail und Telefax

---

8 Gesetzentwurf für ein Gesetz zur Förderung der elektronischen Verwaltung sowie zur Änderung weiterer Vorschriften, BT-Drs. 17/11473, BT-Drs. 17/13139 (Beschlussempfehlung und Bericht); Diskussionsentwurf des Bundesministeriums der Justiz, Entwurf eines Gesetzes zur Einführung der elektronischen Akte in Strafsachen, abrufbar unter www.bmj.de/SharedDocs/Downloads/DE/pdfs/Diskussionsentwurf_Gesetz_zur_Einfuehrung_der_elektronischen_Akte_in_Strafsachen.pdf?__blob=publicationFile; Gesetzentwurf für ein Gesetz zur Förderung des elektronischen Rechtsverkehrs mit den Gerichten, BT-Drs. 17/12634 (Gesetzentwurf); BT-Drs. 17/13948 (Beschlussempfehlung und Bericht).

9 *Heckmann*, E-Government-Gesetz und De-Mail: Eine europarechtliche brisante Mischung, Legal Tribune ONLINE, 15. 05. 2013, abrufbar unter www.lto.de/recht/hintergruende/h/e-government-de-mail-notifizierungspflicht/.

hin zu den neuesten elektronischen Zugangsformen, zu denen bspw. die De-Mail gehört, dargestellt werden.

Dies ermöglicht es, die hierdurch festgestellten wettbewerbsrelevanten Verhältnisse sodann im Lichte des Öffentlichen Wettbewerbsrechts zu untersuchen. Nach einer Begriffsbestimmung des Öffentlichen Wettbewerbsrechts und der Darstellung des zugrundeliegenden Systems sollen anhand von zuvor gebildeten Fallgruppen der Schaffung und Regelung von elektronischen Zugangsformen die Grenzen des Öffentlichen Wettbewerbsrechts am Beispiel der De-Mail abgesteckt werden. Dies umfasst sowohl die grundgesetzliche als auch die einfachgesetzliche Ebene, weshalb anschließend auf das Verhältnis dieser beiden Ebenen zueinander einzugehen sein wird. Insbesondere auf der einfachgesetzlichen Ebene wird die Schwierigkeit hierbei in der Bestimmung der Anwendbarkeit und Einschlägigkeit des einfachen Wettbewerbsrechts und der ausreichenden Berücksichtigung der von der öffentlichen Hand verfolgten öffentlichen Zielsetzung liegen.

Teil II: Hauptteil

A. Öffentliche Zugänge und Zugangsformen

Bei den Zugängen zur öffentlichen Verwaltung lässt sich zwischen den klassischen, bereits flächendeckend durch Bürger und Behörden genutzten Zugängen wie dem den Regelfall der behördlichen Kommunikation bildenden Briefverkehr und dem ebenfalls weit verbreiteten Telefax sowie dem elektronischen Zugang zur Verwaltung, der sich stetig fortentwickelt und neue Formen hervorbringt, differenzieren.

Unter einem Zugang im hier verwendeten Sinne sind die erforderlichen Vorkehrungen bzw. Einrichtungen, um über ein bestimmtes Medium kommunizieren zu können, zu verstehen. Dies können bspw. der Briefkasten, aber auch der Anschluss an das Telefonnetz bzw. die Internetversorgung sein.

Bei den klassischen Zugängen, wie dem persönlichen Kontakt vor Ort, dem Telefon, dem Briefverkehr sowie dem Computer- bzw. Telefax handelt es sich deshalb jeweils um eigenständige Zugänge.

Daneben steht der elektronische Zugang zur öffentlichen Verwaltung, der nach § 3a Abs. 1 VwVfG eröffnet werden kann. Dies ist durch die unterschiedlichen elektronischen Zugangsformen, bspw. eine E-Mail- oder eine De-Mail-Adresse, möglich. Es handelt sich bei diesen lediglich um Zugangsformen, da diese keine eigenständigen Zugänge darstellen. Sie sind alle elektronisch und werden über ein und dasselbe Medium, die Internetverbindung, genutzt. Hierin besteht der Unterschied zu den klassischen Zugängen, die jeweils unterschiedliche Medien nutzen. Es existiert deshalb nur ein elektronischer Zugang, der aber zahlreiche elektronische Ausformungen haben kann. Dies legt schon der Gesetzeswortlaut bspw. in § 3a Abs. 1 VwVfG („Die Übermittlung elektronischer Dokumente ist zulässig, soweit der Empfänger hierfür einen Zugang eröffnet.") und in § 2 Abs. 2 EGovG („Jede Behörde des Bundes ist verpflichtet, den elektronischen Zugang zusätzlich durch eine De-Mail-Adresse im Sinne des De-Mail-Gesetzes zu eröffnen [...]") zugrunde, wenn auch diese Begrifflichkeiten nicht immer eindeutig verwendet werden. Dies gilt umso mehr, da die elektronischen Zugangsformen zumindest teilweise aufeinander aufbauen und somit nur Ausformungen der auf der Internetverbindung basierenden Kommunikation sind[10].

10 So basiert bspw. die De-Mail-Kommunikation auf der E-Mail-Kommunikation.

Abbildung 1: Zugänge zur öffentlichen Verwaltung

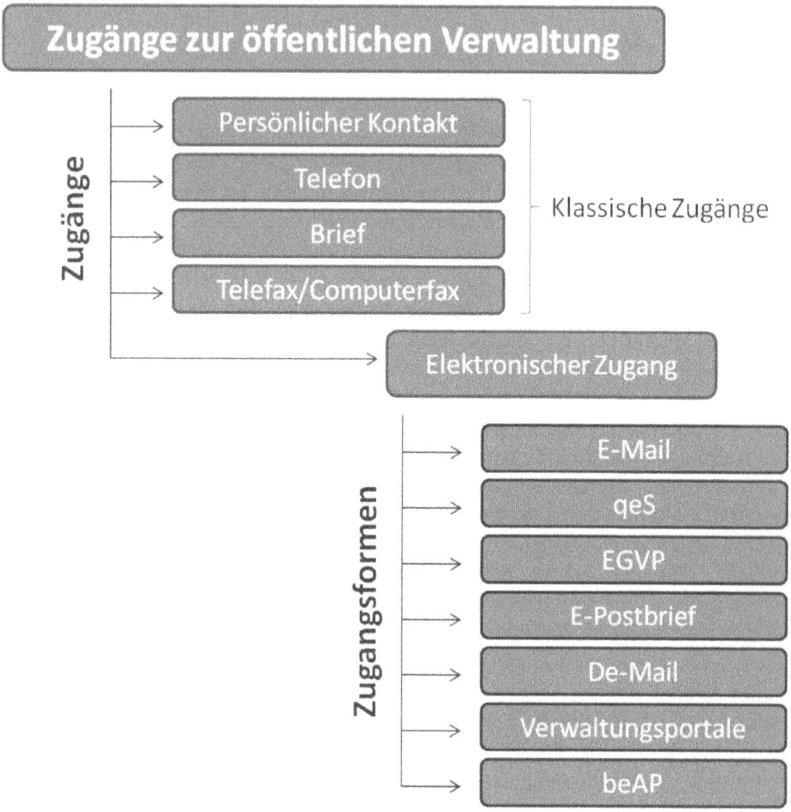

I. Die klassischen Zugänge

Die im Folgenden dargestellten klassischen Zugänge werden i. d. R. von allen öffentlichen Stellen vorgehalten.

1. Persönlicher Kontakt

Zunächst ist es dem Bürger möglich, eine Behörde persönlich aufzusuchen, soweit der physische Zugang dem Bürger möglich und gestattet ist. Dies kann als Zugangseröffnung, also als Bereitschaft der Behörde angesehen werden, den Bürger vor Ort zu empfangen, bspw. durch die Angabe von Sprechzeiten, Besucheranschriften etc.

Sowohl einfache informelle Absprachen mit der Behörde als auch Antragstellungen können grundsätzlich vor Ort mündlich erfolgen. Es gilt generell der Grundsatz der Nichtförmlichkeit des Verwaltungsverfahrens nach § 10 VwVfG.

Ist eine Verifizierung der Identität erforderlich, kann diese durch die Vorlage des Personalausweises erfolgen. Der Zugang muss sich hierbei nach den allgemeinen zivilrechtlichen Vorschriften über den Zugang von Erklärungen unter Anwesenden richten. Er erfolgt also bei Vernehmen der Nachricht[11].

Außerdem besteht bei einer physischen Anwesenheit des Bürgers unproblematisch die Möglichkeit, bei etwaigen Schriftformerfordernissen Schriftstücke vor Ort zu unterzeichnen oder eine Erklärung zur Niederschrift als Unterform der Schriftform bei der Behörde abzugeben. Dabei wird die Erklärung mündlich aufgenommen bzw. protokolliert, verlesen und i. d. R., aber nicht zwingend durch eine Unterschrift vom Abgebenden genehmigt, bspw. bei einer Widerspruchserklärung nach § 70 Abs. 1 Verwaltungsgerichtsordnung (VwGO)[12]. Auf letztere Möglichkeit besteht sogar ein Anspruch[13], allerdings darf nicht bei jeder persönlichen Vorsprache bei einer Behörde, auch wenn ein Aktenvermerk angelegt wurde, darauf vertraut werden, dass automatisch eine Niederschrift angefertigt wird[14].

Selbst Verwaltungsakte können gem. § 37 Abs. 2 Satz 1 VwVfG mündlich erfolgen. Sie sind jedoch gem. § 37 Abs. 2 Satz 2 VwVfG schriftlich oder elektronisch zu bestätigen, soweit hieran ein berechtigtes Interesse besteht und der Betroffene dies unverzüglich verlangt. Eine persönliche Kommunikation vor Ort scheidet in diesem Fall nur dann aus, wenn ein gesetzlich angeordnetes Schriftformerfordernis für den Verwaltungsakt besteht. In diesem Fall kann dem anwesenden Bürger jedoch ein schriftlicher Bescheid, wenn dies im Einzelfall tatsächlich möglich ist, sogar direkt vor Ort ausgehändigt werden. Mündliche Verwaltungsakte sind dann zugegangen, wenn der Betroffene sie vernommen hat[15].

2. *Telefon*

Für einen telefonischen Kontakt zwischen Bürger und Behörde gelten dieselben Voraussetzungen wie bei einem mündlichen bzw. persönlichen Kontakt[16]. Da Sender und Empfänger einer Nachricht bei telefonischen Kontakten nicht räumlich

---

11 *Einsele*, in: Säcker/Rixecker (Hrsg.), Münchener Kommentar zum BGB, 6. Aufl. 2012, § 130 Rn. 28.

12 Siehe hierzu *Hüttenbrink*, in: Posser/H. A. Wolff (Hrsg.), Beck'scher Online-Kommentar VwGO, Stand: 01. 01. 2014, Ed. 28, § 70 Rn. 9; *Sachs*, in: Stelkens/Bonk/Sachs (Hrsg.), VwVfG, 8. Aufl. 2014, § 64 Rn. 12.

13 *Hüttenbrink*, in: Posser/H. A. Wolff (Hrsg.), Beck'scher Online-Kommentar VwGO, Stand: 01. 01. 2014, Ed. 28, § 70 Rn. 9; *Geiger*, in: Eyermann, VwGO, 13. Aufl. 2010, § 81 Rn. 11; VG Neustadt, Urt. v. 12. 08. 2008 – Az. 5 K 408/08.

14 *Hüttenbrink*, in: Posser/H. A. Wolff (Hrsg.), Beck'scher Online-Kommentar VwGO, Stand: 01. 01. 2014, Ed. 28, § 70 Rn. 9; OVG Weimar, NVwZ-RR 2002, 408 (408, 409) m. w. N.

15 *Stelkens*, in: Stelkens/Bonk/Sachs (Hrsg.), VwVfG, 8. Aufl. 2014, § 37 Rn. 75; *Kopp/Ramsauer*, VwVfG, 14. Aufl. 2013, § 41 Rn. 14.

16 *P. Stelkens/U. Stelkens*, in: Stelkens/Bonk/Sachs (Hrsg.), VwVfG, 6. Aufl. 2001, § 41 Rn. 23a.

anwesend sein müssen[17], bringen telefonische Kontakte jedoch nicht die zusätzlichen physischen Möglichkeiten, die ein persönliches Erscheinen bietet, mit sich. Die Kommunikation, sogar die Bekanntgabe eines Verwaltungsaktes, kann auch über einen Anrufbeantworter erfolgen[18]. Der Zugang erfolgt dann erst, wenn der Anrufbeantworter abgehört wird, da der Verwaltungsakt erst dann vernommen werden kann[19]. Eine Niederschrift ist auf Grund eines Telefonates hingegen nach herrschender Meinung nicht möglich[20].

3. Briefverkehr

Der meistgenutzte öffentliche Zugang zur Verwaltung ist die schriftliche Kommunikation per Briefpost. Unter einem Brief versteht man jede mit einem verkörperten Medium verbundene Kommunikation an einen oder mehrere bestimmte Empfänger, unabhängig von der Herstellungsform, die vertraulich erfolgen soll[21]. Dass die

---

17 *Tiedemann*, in: Bader/Ronellenfitsch (Hrsg.), Beck'scher Online-Kommentar VwVfG, Stand: 01. 01. 2014, Ed. 22, § 37 Rn. 33; VGH Mannheim, NVwZ 1992, 898; OLG Hamm, NJW 1972, 1769.

18 *Tiedemann*, in: Bader/Ronellenfitsch (Hrsg.), Beck'scher Online-Kommentar VwVfG, Stand: 01. 01. 2014, Ed. 22, § 41 Rn. 35, § 37 Rn. 33. Im Ergebnis auch *Kopp/Ramsauer*, VwVfG, 14. Aufl. 2013, § 41 Rn. 39, der jedoch davon ausgeht, dass der Bürger nicht mit einer Bekanntgabe über den Anrufbeantworter rechnen müsse. Anders VGH München, Urt. v. 15. 03. 1999, Az. 22 B 95.2164, NVwZ 2000, 450 (451), BayVBl 2000, 149 (150); KG, Beschl. v. 08. 11. 1989, Az. 2 Ss 175/89, 3 Ws (B) 280/89, NJW 1990, 1803 (1803 f.) und *Schwarz*, in: Fehling/Kastner/Störmer (Hrsg.), Verwaltungsrecht, 3. Aufl. 2013, § 41 VwVfG Rn. 14, sowie *Stelkens*, in: Stelkens/Bonk/Sachs (Hrsg.), VwVfG, 8. Aufl. 2014, § 41 Rn. 100, nach deren Ansicht eine Bekanntgabe von Verwaltungsakten nur möglich sein soll, wenn dies vorher zwischen Bürger und Behörde vereinbart worden ist.

19 *Stelkens*, in: Stelkens/Bonk/Sachs (Hrsg.), VwVfG, 8. Aufl. 2014, § 41 Rn. 100; *Kopp/Ramsauer*, VwVfG, 14. Aufl. 2013, § 41 Rn. 14, 39.

20 Zur Form des Antrags allgemein: *Sachs*, in: Stelkens/Bonk/Sachs (Hrsg.), VwVfG, 8. Aufl. 2014, § 64 Rn. 12; *Michler*, in: Bader/Ronellenfitsch (Hrsg.), Beck'scher Online-Kommentar VwVfG, Stand: 01. 01. 2014, Ed. 22, § 64 Rn. 12; BVerwGE 17, 166 (168); 26, 201 ff.; BFH, NJW 1965, 174 (insbes. 176); *Ule/Laubinger*, Verwaltungsverfahrensrecht, 4. Aufl. 1995, § 33 Rn. 3; Kopp/*Ramsauer*, VwVfG, 14. Aufl. 2013, § 64 Rn. 12; *Dürr*, in: Knack/Henneke, VwVfG, 9. Aufl. 2010, § 64 Rn. 9; *Ziekow*, Verwaltungsverfahrensgesetz, 3. Aufl. 2013, § 64 Rn. 6; *Fehling*, in: ders./Kastner/Störmer (Hrsg.), Verwaltungsrecht, 3. Aufl. 2013, § 64 VwVfG Rn. 13; *Geiger*, in: Eyermann, 13. Aufl. 2010, VwVfG, § 70 Rn. 2. A. A. *Seegmüller*, in: Obermayer/Funke-Kaiser, VwVfG, 4. Aufl. 2014, § 64 Rn. 20. Zum Streit bei der Klageerhebung: *Aulehner*, in: Sodan/Ziekow (Hrsg.), Verwaltungsgerichtsordnung, 3. Aufl. 2010, § 81 Rn. 78 ff. und *Redeker/v. Oertzen*, Verwaltungsgerichtsordnung, 15. Aufl. 2010, § 81 Rn. 13.

21 *Jarass*, in: ders./Pieroth, GG, 12. Aufl. 2012, Art. 10 Rn. 3; *C. Hoffmann u. a.*, Der *E-POSTBRIEF* in der öffentlichen Verwaltung – Chancen, Einsatzoptionen, rechtliche

Sendung verschlossen ist, ist nicht erforderlich, sodass der Briefkommunikation auch eine Postkarte unterfällt[22].

a) Zugangseröffnung

aa) Seitens des Bürgers

Für den Briefverkehr wird anders als beim elektronischen Zugang seitens der Bürger weder ausdrücklich noch konkludent das Erfordernis einer Zugangseröffnung angenommen[23]. Die Verwaltung könne zur Kommunikation mit dem Bürger dessen Meldeadresse nutzen. Die Ermittlung dieser falle aber in die Risikosphäre der Behörde, wenn gesetzlich nichts anderes vorgeschrieben ist[24]. Auch eine nachträgliche Sperrung des Zugangs soll nicht möglich sein[25].

bb) Seitens der Behörde

Von Seiten der Behörde wird wohl nach oben stehender Ansicht grundsätzlich ebenfalls keine Zugangseröffnung für den Briefverkehr zu verlangen sein. Hält man diese aber für erforderlich, wird sie i. d. R. immer anzunehmen sein[26].

Handlungsspielräume, Band 1, 2011, S. 47; *Baldus*, in: Epping/Hillgruber (Hrsg.), Beck'scher Online-Kommentar GG, Stand: 01. 11. 2013, Ed. 19, Art. 10 Rn. 3.

22 *Baldus*, in: Epping/Hillgruber (Hrsg.), Beck'scher Online-Kommentar GG, Stand: 01. 11. 2013, Ed. 19, Art. 10 Rn. 3; BVerwG, NVwZ 1998, 1083 (insbes. 1084); *Durner*, in: Maunz/Dürig, Grundgesetz, Band II, Stand: 69. Erg.-Lfg. 2013, Art. 10 Rn. 68.

23 *Stelkens*, in: Stelkens/Bonk/Sachs (Hrsg.), VwVfG, 8. Aufl. 2014, § 41 Rn. 70, § 3a 9 ff.; *Schwarz*, in: Fehling/Kastner/Störmer (Hrsg.), Verwaltungsrecht, 3. Aufl. 2013, § 41 Rn. 26, § 3a Rn. 8; *Kopp/Ramsauer*, VwVfG, 14. Aufl. 2013, § 41 Rn. 7c ff., *H. A. Wolff*, in: ders./Decker (Hrsg.), VwGO/VwVfG, Studienkommentar, 3. Aufl. 2012, § 41 VwVfG Rn. 21, § 3a VwVfG Rn. 6; wohl auch *Müller*, in: Bader/Ronellenfitsch (Hrsg.), Beck'scher Online-Kommentar VwVfG, Stand: 01. 01. 2014, Ed. 22, § 41 Rn. 8 ff., § 3a Rn. 2 ff. Anders *C. Hoffmann u. a.*, Der *E-POSTBRIEF* in der öffentlichen Verwaltung – Chancen, Einsatzoptionen, rechtliche Handlungsspielräume, Band 1, 2011, S. 49: Eine Zugangseröffnung soll grundsätzlich erforderlich sein, an diese seien aber keine hohen Anforderungen zu stellen, so reiche ein Briefkasten aus, es sei denn, der Bürger müsse damit rechnen, dass demnächst ein ihn betreffender behördlicher Bescheid ergehen wird, dann sei ggf. ein Rückgriff auf die zivilrechtliche Zugangsvereitelung möglich.

24 *Stelkens*, in: Stelkens/Bonk/Sachs (Hrsg.), 8. Aufl. 2014, § 41 Rn. 70; OVG Schleswig, Beschl. v. 28. 03. 2001, Az.: 1 M 24/00, NVwZ 2002, 358 ff., *C. Hoffmann u. a.*, Der *E-POSTBRIEF* in der öffentlichen Verwaltung – Chancen, Einsatzoptionen, rechtliche Handlungsspielräume, Band 1, 2011, S. 49 f.

25 *C. Hoffmann u. a.*, Der *E-POSTBRIEF* in der öffentlichen Verwaltung – Chancen, Einsatzoptionen, rechtliche Handlungsspielräume, Band 1, 2011, S. 49 f.

26 *C. Hoffmann u. a.*, Der *E-POSTBRIEF* in der öffentlichen Verwaltung – Chancen, Einsatzoptionen, rechtliche Handlungsspielräume, Band 1, 2011, S. 59.

b) *Zugangs- bzw. Bekanntgabezeitpunkt*

Die Bekanntgabe eines Verwaltungsaktes durch einfachen Brief, was den Regelfall darstellen dürfte, erfolgt gem. § 41 Abs. 2 Satz 1 VwVfG im Inland am dritten Tag nach der Aufgabe zur Post, es sei denn, der Brief geht nicht oder später zu (§ 41 Abs. 2 Satz 3 VwVfG). Auch wenn der Brief vorher zugeht, liegt die Beweislast hierfür bei der Behörde[27].

Der Zugang eines Briefes mit einer sonstigen Mitteilung sowohl der Behörde als auch des Bürgers erfolgt hingegen nach § 130 des Bürgerlichen Gesetzbuches (BGB), wenn er tatsächlich zugeht, also der Brief derartig in den Machtbereich des Empfängers gelangt, dass dieser die Möglichkeit zur Kenntnisnahme hat[28], folglich i. d. R. bei der nächsten Briefkastenleerung, da die Drei-Tages-Fiktion des § 41 Abs. 2 VwVfG nur für Verwaltungsakte gilt[29]. Die Beweislast des Zugangs liegt nach den allgemeinen Regeln immer bei demjenigen, der sich auf diesen beruft[30].

c) *Formerfordernisse*

Ein Brief erfüllt unproblematisch die Schriftform, ohne dass weitere Voraussetzungen erforderlich wären[31]. Anders als im Zivilrecht ist unter der Anordnung der Schriftform im Verwaltungsrecht nicht immer auch eine eigenhändige Unterschrift zu verstehen. Diese kann auch ohne verbindliche einheitliche Bedeutung in den jeweiligen Fachgesetzen eine eigene Bedeutung haben[32].

Die Schriftform erfüllt folgende Funktionen:

- eine Abschlussfunktion, indem sie das Ende der Erklärung zum Ausdruck bringt,
- eine Perpetuierungsfunktion, indem sie die fortdauernde Wiedergabe der Erklärung in einer Urkunde mit der Möglichkeit zur Überprüfung gewährleistet,

---

27 *C. Hoffmann u. a.*, Der *E-POSTBRIEF* in der öffentlichen Verwaltung – Chancen, Einsatzoptionen, rechtliche Handlungsspielräume, Band 1, 2011, S. 53; *Kopp/Ramsauer*, VwVfG, 14. Aufl. 2013, § 41 Rn. 40, 42; *Schwarz*, in: Fehling/Kastner/Strömer (Hrsg.), Verwaltungsrecht, 3. Aufl. 2013, § 41 VwVfG Rn. 26 f.; *Tiedemann*, in: Bader/Ronellenfitsch (Hrsg.), Beck'scher Online-Kommentar VwVfG, Stand: 01. 01. 2014, Ed. 22, § 41 Rn. 25; *Stelkens*, in: Stelkens/Bonk/Sachs (Hrsg.), VwVfG, 8. Aufl. 2014, § 41 Rn. 109 f.

28 *Einsele*, in: Säcker/Rixecker (Hrsg.), Münchner Kommentar zum BGB, 6. Aufl. 2012, § 130 Rn. 16.

29 *Stelkens*, in: Stelkens/Bonk/Sachs (Hrsg.), VwVfG, 8. Aufl. 2014, § 41 Rn. 110; *Kopp/Ramsauer*, VwVfG, 14. Aufl. 2013, § 41 Rn. 80 ff; *C. Hoffmann u. a.*, Der *E-POSTBRIEF* in der öffentlichen Verwaltung – Chancen, Einsatzoptionen, rechtliche Handlungsspielräume, Band 1, 2011, S. 54 f.

30 *C. Hoffmann u. a.*, Der *E-POSTBRIEF* in der öffentlichen Verwaltung – Chancen, Einsatzoptionen, rechtliche Handlungsspielräume, Band 1, 2011, S. 55; BGH, NJW 1995, 665 (666); BGHZ 101, 49 (55); BGH, NJW 1987, 2235 ff.

31 *C. Hoffmann u. a.*, Der *E-POSTBRIEF* in der öffentlichen Verwaltung – Chancen, Einsatzoptionen, rechtliche Handlungsspielräume, Band 1, 2011, S. 55.

32 *Schmitz*, in: Stelkens/Bonk/Sachs (Hrsg.), VwVfG, 8. Aufl. 2014, § 3a Rn. 17.

- eine Identitätsfunktion, die es ermöglicht, die Identität des Erklärenden festzustellen,
- eine Echtheitsfunktion, da sie den Inhalt der Erklärung dem Erklärenden zuordnet,
- eine Verifikationsfunktion, indem sie die Überprüfbarkeit der Echtheit der Erklärung ermöglicht,
- eine Beweisfunktion, da sie zum Nachweis der Erklärung geeignet ist, sowie
- eine Warnfunktion, durch die der Erklärende auf die rechtliche Verbindlichkeit der Erklärung hingewiesen und so vor einer Übereilung geschützt wird[33].

Bei Verwaltungsakten sind nach § 37 Abs. 3 Satz 1 VwVfG die Erkennbarkeit der erlassenden Behörde und die Unterschrift oder Namenswiedergabe des Behördenleiters erforderlich, es sei denn, der Verwaltungsakt wurde durch eine automatische Einrichtung erlassen (§ 37 Abs. 5 VwVfG). In den Fachverfahren kann dies variieren[34].

d) Förmliche Zustellung

Wenn es gesetzlich angeordnet ist oder die Behörde sich hierfür innerhalb ihres Ermessens entscheidet, kann ein Brief förmlich zugestellt werden (§ 1 Abs. 2 Verwaltungszustellungsgesetz [VwZG]). Hierbei sind verschiedene Zustellungsarten denkbar:

- Zustellung durch die Post mit Zustellungsurkunde (§ 3 VwZG),
- Zustellung mittels eingeschriebenem Brief (§ 4 VwZG) und
- Zustellung durch die Behörde gegen Empfangsbekenntnis (§ 5 VwZG).

Die förmliche Zustellung nach § 3 VwZG stellt eine hoheitliche Maßnahme dar, für die eine Beleihung nach § 33 Abs. 1 Satz 2 Postgesetz (PostG) erforderlich ist[35].

Vorteil dieser Art der Zustellung sind die erhöhten Beweiswirkungen des Zugangs und der teilweise beschleunigte Zugang.

---

33 *Schmitz*, in: Stelkens/Bonk/Sachs (Hrsg.), VwVfG, 8. Aufl. 2014, § 3a Rn. 17; *Tschoepe*, in: Heise Online-Recht, Stand: 3. Erg.-Lfg. 2011, Teil C., Kapitel III, Rn. 28; *C. Hoffmann u. a.*, Der *E-POSTBRIEF* in der öffentlichen Verwaltung – Chancen, Einsatzoptionen, rechtliche Handlungsspielräume, Band 1, 2011, S. 37; *Kastner*, in: Fehling/Kastner/Störmer (Hrsg.), Verwaltungsrecht, 3. Aufl. 2013, § 3a VwVfG Rn. 14; *Stollhof*, DuD 2013, 691 (692). Zur Erfüllung der Funktionen bei der qualifizierten elektronischen Signatur siehe *Degen*, NJW 2009, 199 f.

34 *C. Hoffmann u. a.*, Der *E-POSTBRIEF* in der öffentlichen Verwaltung – Chancen, Einsatzoptionen, rechtliche Handlungsspielräume, Band 1, 2011, S. 55 f.

35 *C. Hoffmann u. a.*, Der *E-POSTBRIEF* in der öffentlichen Verwaltung – Chancen, Einsatzoptionen, rechtliche Handlungsspielräume, Band 1, 2011, S. 56 ff.

4. *Telefax/Computerfax*

a) *Funktionsweise*

Der Telefaxdienst (kurz: Fax) ist ein „international normierter Telekommunikationsdienst zur originalgetreuen Übertragung von Schrift- und Bildvorlagen über das öffentliche Kommunikationsnetz“[36]. Das Faxgerät scannt das Papierdokument, also das Originaldokument, bzw. tastet dieses ab und wandelt es in eine digitale Darstellung (Rasterpunkte) um. Dann werden die Daten über das Telefonnetz oder bei ISDN als elektronisches Signal an das Empfangsgerät gesendet. Dieses empfängt die Daten und erstellt einen Ausdruck im Sinne einer mit dem Papieroriginal identischen Kopie[37]. Über den Versand kann eine Bestätigung durch das Sendeprotokoll erfolgen, die aber lediglich den Aufbau der Verbindung und die Absendung des Telefaxes, nicht aber die fehlerfreie Übermittlung bestätigt[38].

Bei einem Computerfax wird die Nachricht hingegen als elektronische Text- oder Bilddatei, die am PC erstellt wurde, an das Empfänger-Faxgerät übermittelt und dort entweder ausgedruckt oder beim Empfänger vom Faxgerät auf den PC umgeleitet und dort abgespeichert[39].

b) *Zugangseröffnung*

Eine Kommunikation mittels Telefax ist nur möglich, wenn vom Absender auch ein Zugang für diese eröffnet worden ist[40]. Dies ist bei der Angabe einer Telefax-Nummer auf dem Briefkopf oder an anderen Stellen anzunehmen[41], was sowohl für den Bürger als auch die Behörde gelten muss.

c) *Zugangszeitpunkt*

Ein Telefax muss zur Bewirkung des Zugangs derart in den Machtbereich des Empfängers gelangen, dass eine Kenntnisnahme möglich ist. Der Zugang erfolgt also dann, wenn der Ausdruck durch das Empfangsgerät erfolgt ist und üblicherweise die Kenntnisnahme durch den Empfänger zu erwarten ist[42]. Bei Unternehmen und

---

36 *Bludau*, NdsVBl 2007, 7 (11); *Dästner*, NJW 2001, 3469 (3470, Fn. 12).

37 *Bludau*, NdsVBl 2007, 7 (11); *Müller*, NJW-CoR 1989, 12 (12).

38 *Spindler/Anton*, in: Spindler/Schuster (Hrsg.), Recht der elektronischen Medien, 2. Aufl. 2011, § 130 BGB Rn. 26.

39 *C. Hoffmann u. a.*, Der *E-POSTBRIEF* in der öffentlichen Verwaltung – Chancen, Einsatzoptionen, rechtliche Handlungsspielräume, Band 1, 2011, S. 35; *Bludau*, NdsVBl 2007, 7 (11); *Kintz*, NVwZ 2004, 1429 (1429).

40 *Stelkens*, in: Stelkens/Bonk/Sachs (Hrsg.), VwVfG, 8. Aufl. 2014, § 37 Rn. 62, § 41 Rn. 82.

41 *Kopp/Ramsauer*, VwVfG, 14. Aufl. 2013, § 41 Rn. 40a; *Schmitz/Schlatmann*, NVwZ 2002, 1281 (1288).

42 *Spindler/Anton*, in: Spindler/Schuster (Hrsg.), Recht der elektronischen Medien, 2. Aufl. 2011, § 130 BGB Rn. 18.

Behörden geht das Fax bei Eingang während der Geschäftszeiten sofort zu, außerhalb der Geschäftszeiten erst am darauf folgenden Tag zu Beginn der Geschäftszeiten. Bei Privatpersonen geht das Fax nicht direkt zum Zeitpunkt des Ausdrucks, aber im Laufe des Tages, wenn üblicherweise mit einer Kenntnisnahme gerechnet werden kann, zu, es sei denn, das Fax trifft zur Unzeit ein[43]. Diese Grundsätze gelten sowohl für die Bekanntgabe von Verwaltungsakten als auch für sonstige Mitteilungen von Bürgern und Behörden. Da die Übermittlung eines Verwaltungsaktes per Telefax keine elektronische Bekanntgabe darstellt[44], ist die Drei-Tages-Fiktion des § 41 Abs. 2 Satz 2 VwVfG für die elektronische Bekanntgabe nicht anwendbar.

d) Formerfordernisse

Sowohl das Tele- als auch das Computerfax erfüllen die Schriftform, sodass durch sie eine Bekanntgabe von schriftlichen Verwaltungsakten möglich ist[45]. Es handelt sich bei Tele- und Computerfax gerade nicht um ein elektronisches Dokument nach § 3a Abs. 2 VwVfG[46], weil die Nachricht zwar elektronisch übertragen wird, aber ein schriftliches Ergebnis durch den abschließenden Telefaxausdruck beabsichtigt ist[47]. Dies soll auch beim Computerfax, bei dem regelmäßig lediglich eine Datei auf dem Rechner des Empfängers ankommt und ein Ausdruck nur nach dem Willen des Empfängers erfolgt, nicht anders zu bewerten sein[48]. Obwohl kein schriftlicher Verwaltungsakt vorliegt, wenn nicht die Behörde, sondern der Empfänger entscheidet, welche Form das Endergebnis der Versendung hat, soll auch beim Computerfax die Schriftform erfüllt sein, da die Entscheidung über ein schriftliches Endergebnis in Form eines Ausdrucks i. d. R. nicht dem Empfänger obliegt, sodass die Behörde, zumindest zurzeit noch, von einem Ausdruck ausgehen kann, das Auswahlermessen

---

43 *Spindler/Anton*, in: Spindler/Schuster (Hrsg.), Recht der elektronischen Medien, 2. Aufl. 2011, § 130 BGB Rn. 18.

44 *Stelkens*, in: Stelkens/Bonk/Sachs (Hrsg.), VwVfG, 8. Aufl. 2014, § 41 Rn. 95; *Kopp/Ramsauer*, VwVfG, 14. Aufl. 2013, § 41 Rn. 40 f. Siehe auch entsprechend Fn. 46. Anders *Schmitz/Schlatmann*, NVwZ 2002, 1281 (1288), die die Übermittlung mittels Telefax als elektronische Kommunikation einordnen.

45 *C. Hoffmann u. a.*, Der *E-POSTBRIEF* in der öffentlichen Verwaltung – Chancen, Einsatzoptionen, rechtliche Handlungsspielräume, Band 1, 2011, S. 27 f.; *Schmitz*, in: Stelkens/Bonk/Sachs (Hrsg.), VwVfG, 8. Aufl. 2014, § 22 Rn. 32; *Stelkens*, in: Stelkens/Bonk/Sachs (Hrsg.), VwVfG, 8. Aufl. 2014, § 37 Rn. 63; *Kopp/Ramsauer*, VwVfG, 14. Aufl. 2013, § 37 Rn. 28.

46 *C. Hoffmann u. a.*, Der *E-POSTBRIEF* in der öffentlichen Verwaltung – Chancen, Einsatzoptionen, rechtliche Handlungsspielräume, Band 1, 2011, S. 27 f.; *Schmitz*, in: Stelkens/Bonk/Sachs (Hrsg.), VwVfG, 8. Aufl. 2014, § 3a Rn. 7; *Kastner*, in: Fehling/Kastner/Störmer (Hrsg.), Verwaltungsrecht, 3. Aufl. 2013, § 3a VwVfG Rn. 7; *Kopp/Ramsauer*, VwVfG, 14. Aufl. 2013, § 3a Rn. 15.

47 *Schmitz*, in: Stelkens/Bonk/Sachs (Hrsg.), VwVfG, 8. Aufl. 2014, § 3a Rn. 7.

48 *Stelkens*, in: Stelkens/Bonk/Sachs (Hrsg.), VwVfG, 8. Aufl. 2014, § 37 Rn. 63; *Kopp/Ramsauer*, VwVfG, 14. Aufl. 2013, § 3a Rn. 15.

der Behörde sich also auf einen schriftlichen Verwaltungsakt bezieht[49]. Eine qeS ist aufgrund der Nichtanwendbarkeit des § 3a Abs. 2 VwVfG deshalb nicht zusätzlich zur Erfüllung der Schriftform erforderlich[50].

II. Der elektronische Zugang

Unter elektronischen Dokumenten sind aus technischer Sicht Folgen von elektrischen Impulsen, die mittels eines (Berechnungs-)Programms in lesbare Zeichen umgewandelt werden, zu verstehen[51]. Negativ formuliert handelt es sich um eine Datenansammlung, die nicht in Papierform fixiert ist[52].

§ 3a Abs. 1 VwVfG stellt klar, dass elektronische Kommunikation im Verwaltungsverfahren entsprechend dem Grundsatz der Nichtförmlichkeit der Verwaltung aus § 10 VwVfG grundsätzlich möglich ist[53]. Der Begriff ist weit zu verstehen, sodass unabhängig von Format und Kompatibilität sämtliche elektronischen Kommunikationsformen und Dokumente erfasst werden[54].

Auf eine elektronische Kommunikation mit der Verwaltung hat der Bürger keinen Anspruch, sondern lediglich auf eine ermessensfehlerfreie Entscheidung der Behörde über den Kommunikationsweg. Dies entspricht dem Grundsatz der Formfreiheit des § 3a VwVfG[55], es sei denn, die öffentliche Stelle ist zur Eröffnung eines elektronischen Zugangs gesetzlich verpflichtet[56]. Sind die technischen

---

49 *Stelkens*, in: Stelkens/Bonk/Sachs (Hrsg.), VwVfG, 8. Aufl. 2014, § 37 Rn. 63; *Schmitz*, in: Stelkens/Bonk/Sachs (Hrsg.), VwVfG, 8. Aufl. 2014, § 3a Rn. 7.

50 So *C. Hoffmann u. a.*, Der *E-POSTBRIEF* in der öffentlichen Verwaltung – Chancen, Einsatzoptionen, rechtliche Handlungsspielräume, Band 1, 2011, S. 27 f., aber kritisch im Hinblick auf die unterschiedliche Behandlung von Tele- bzw. Computerfax und einem eingescannten Dokument, dass mit einer einfachen E-Mail oder einem E-Postbrief versendet wird, wodurch die Schriftform im Gegensatz zum Fax nicht erfüllt sein soll. Vgl. hierzu auch *S. E. Schulz*, in: Schliesky (Hrsg.), Die Umsetzung der EU-Dienstleistungsrichtlinie in der deutschen Verwaltung, Teil III: Wissen, Information, Verantwortung, 2010, S. 205 (217).

51 *Schmitz*, in: Stelkens/Bonk/Sachs (Hrsg.), VwVfG, 8. Aufl. 2014, § 3a Rn. 1; *Catrein*, NWVBl 2001, 50 (52).

52 *Schmitz*, in: Stelkens/Bonk/Sachs (Hrsg.), VwVfG, 8. Aufl. 2014, § 3a Rn. 1; *Schliesky*, NVwZ 2003, 1322 (1324, Fn. 21).

53 *Schmitz*, in: Stelkens/Bonk/Sachs (Hrsg.), VwVfG, 8. Aufl. 2014, § 3a Rn. 6; *Kopp/Ramsauer*, VwVfG, 14. Aufl. 2013, § 3a Rn. 1, 6; *Kastner*, in: Fehling/Kastner/Störmer (Hrsg.), Verwaltungsrecht, 3. Aufl. 2013, § 3a VwVfG Rn. 6.

54 *Schmitz*, in: Stelkens/Bonk/Sachs (Hrsg.), VwVfG, 8. Aufl. 2014, § 3a Rn. 6, 18; *Kastner*, in: Fehling/Kastner/Störmer (Hrsg.), Verwaltungsrecht, 3. Aufl. 2013, § 3a VwVfG Rn. 6; *Schliesky*, in: Knack/Henneke, VwVfG, 10. Aufl. 2014, § 3a Rn. 34.

55 *C. Hoffmann u. a.*, Der *E-POSTBRIEF* in der öffentlichen Verwaltung – Chancen, Einsatzoptionen, rechtliche Handlungsspielräume, Band 1, 2011, S. 74.

56 Vgl. bspw. § 71e VwVfG, § 2 EGovG (Abs. 1 tritt am 01. 07. 2014, Abs. 2 ein Kalenderjahr nach Aufnahme des Betriebs des zentral für die Bundesverwaltung angebotenen

Voraussetzungen für einen elektronischen Zugang vorhanden, kann sich aber aus der zunehmenden Üblichkeit elektronischer Kommunikation eine Verpflichtung zur Eröffnung eines entsprechenden Zugangs ergeben[57].

Der elektronische Zugang i. S. d. § 3a VwVfG kann durch unterschiedliche Zugangsformen eröffnet werden.

1. *E-Mail*

a) *Funktionsweise*

Die E-Mail-Kommunikation wird auch als elektronische Post bezeichnet[58]. Das Kommunikationssystem der E-Mail besteht aus zwei Teilen: den Mailservern und den Mailclients. Mailclients dienen dem Nutzer zum Erstellen, Versenden und Lesen von E-Mails, während Mailserver die Verteilung der Nachrichten über das Internet, die Entgegennahme und Aufbewahrung bzw. Bereithaltung in der Mailbox des Empfängers, etwa vergleichbar mit einem Postamt, übernehmen[59]. Die einfache E-Mail kann als Mindestmaß elektronischer Kommunikation verstanden werden[60].

b) *Generelle Zulässigkeit des Einsatzes im Verwaltungsverfahren*

Der Einsatz elektronischer Kommunikation ist gem. § 3a Abs. 1 VwVfG dann zulässig, wenn der Empfänger hierfür einen Zugang eröffnet hat. Gem. § 37 Abs. 2 Satz 1 VwVfG kann ein Verwaltungsakt auch elektronisch ergehen, es sei denn, für den Verwaltungsakt oder eine sonstige Mitteilung ist ein Schriftformerfordernis gesetzlich vorgeschrieben[61]. Es besteht allerdings gem. § 37 Abs. 2 Satz 3 VwVfG ein Anspruch auf eine schriftliche Bestätigung eines elektronischen Verwaltungsaktes,

---

IT-Verfahrens, über das De-Mail-Dienste für Bundesbehörden angeboten werden, in Kraft), § 130d ZPO (tritt verbindlich am 10. 10. 2022 in Kraft).

57 *Schmitz*, in: Stelkens/Bonk/Sachs (Hrsg.), VwVfG, 8. Aufl. 2014, § 3a Rn. 14; *Britz*, in: Hoffmann-Riem/Schmidt-Aßmann (Hrsg.), Verwaltungsverfahren und Verwaltungsverfahrensgesetz, 2002, S. 213 (233); *Kopp/Ramsauer*, VwVfG, 13. Aufl. 2012, § 3a Rn. 8a; *Ernst*, Modernisierung der Wirtschaftsverwaltung durch elektronische Kommunikation, 2005, S. 59 f. *Kastner*, in: Fehling/Kastner/Störmer (Hrsg.), Verwaltungsrecht, 3. Aufl. 2013, § 3a VwVfG Rn. 8, will dies allerdings erst annehmen, wenn die schriftliche Kommunikation weitgehend durch die elektronische verdrängt worden ist.

58 So *Hirsemann u. a.*, Anwendungsgrundlagen Internet & HTML, Wissen, das sich auszahlt, 2003, S. 42; auch in den Rechtswissenschaften *Kastner*, in: Fehling/Kastner/Störmer (Hrsg.), Verwaltungsrecht, 3. Aufl. 2013, § 3a VwVfG Rn. 6.

59 Vgl. zur Funktionsweise der E-Mail *Hirsemann u. a.*, Anwendungsgrundlagen Internet & HTML, Wissen, das sich auszahlt, 2003, S. 42 f.

60 *Schmitz*, in: Stelkens/Bonk/Sachs (Hrsg.), VwVfG, 8. Aufl. 2014, § 3a Rn. 18.

61 *Tiedemann*, in: Bader/Ronellenfitsch (Hrsg.), Beck'scher Online-Kommentar VwVfG, Stand: 01. 01. 2014, Ed. 22, § 37 Rn. 42; *Kopp/Ramsauer*, VwVfG, 14. Aufl. 2013, § 3a Rn. 9.

wenn hieran ein berechtigtes Interesse besteht und der Betroffene dies unverzüglich verlangt[62].

c) *Zugangseröffnung*

aa) Seitens des Bürgers

Um mittels E-Mail zwischen Bürger und Behörde kommunizieren zu können, ist auf Seiten des Bürgers eine Eröffnung des elektronischen Zugangs durch die Zugangsform der E-Mail erforderlich, objektiv durch die technische Kommunikationseinrichtung (E-Mail-Adresse und -Postfach) und subjektiv durch ausdrückliche oder konkludente[63] Widmung[64]. Dies ist für Verwaltungsakte in § 3a Abs. 1 VwVfG auch ausdrücklich vorgesehen. In diesem Sinne ist auch die elektronische Zustellung nach § 5 Abs. 5 Satz 1 VwZG unter den Voraussetzungen von § 5 Abs. 5 Satz 3 VwZG grundsätzlich möglich, soweit ein Zugang eröffnet wurde[65].

Im Geschäftsverkehr kann davon ausgegangen werden, dass durch Angabe der E-Mail-Adresse oder Kontaktaufnahme per E-Mail ein Zugang eröffnet wird[66]. Es ist zudem von einem allgemeinen Zugang für jegliche Kommunikation und nicht nur im konkreten Verwaltungsverfahren auszugehen[67]. Abweichendes muss ausdrücklich erklärt werden[68].

Anders wird dies bei Privatpersonen zu beurteilen sein. Hier sollen nach wohl herrschender Meinung eine ausdrückliche Erklärung oder eine elektronische

---

62 *Tiedemann*, in: Bader/Ronellenfitsch (Hrsg.), Beck'scher Online-Kommentar VwVfG, Stand: 01. 01. 2014, Ed. 22, § 37 Rn. 41.

63 *Schmitz*, in: Stelkens/Bonk/Sachs (Hrsg.), VwVfG, 8. Aufl. 2014, § 3a Rn. 10.

64 *Schmitz*, in: Stelkens/Bonk/Sachs (Hrsg.), VwVfG, 8. Aufl. 2014, § 3a Rn. 10; *Stelkens*, in: Stelkens/Bonk/Sachs (Hrsg.), VwVfG, 8. Aufl. 2014, § 41 Rn. 87; *Ernst*, in: Hoeren/Sieber/Holznagel (Hrsg.), Multimedia-Recht, Stand: 37. Erg.-Lfg. 2014, Teil 28.1 Rn. 6; *Kastner*, in: Fehling/Kastner/Störmer (Hrsg.), Verwaltungsrecht, 3. Aufl. 2013, § 3a VwVfG Rn. 8; *Kopp/Ramsauer*, VwVfG, 14. Aufl. 2013, § 3a Rn. 7.

65 *Schmitz*, in: Stelkens/Bonk/Sachs (Hrsg.), VwVfG, 8. Aufl. 2014, § 3a Rn. 9 f.

66 *C. Hoffmann u. a.*, Der *E-POSTBRIEF* in der öffentlichen Verwaltung – Chancen, Einsatzoptionen, rechtliche Handlungsspielräume, Band 1, 2011, S. 71; *Schmitz*, in: Stelkens/Bonk/Sachs (Hrsg.), VwVfG, 8. Aufl. 2014, § 3a Rn. 15; *Ernst*, in: Hoeren/Sieber/Holznagel (Hrsg.), Multimedia-Recht, Stand: 37. Erg.-Lfg. 2014, Teil 28.1 Rn. 12; *Kopp/Ramsauer*, VwVfG, 14. Aufl. 2013, § 3a Rn. 12; *Schlatmann*, DVBl 2002, 1005 (1009); *Schmitz/Schlatmann*, NVwZ 2002, 1281 (1285); *Schliesky*, in: Knack/Henneke, VwVfG, 10. Aufl. 2014, § 3a Rn. 38; *Kastner*, in: Fehling/Kastner/Störmer (Hrsg.), Verwaltungsrecht, 3. Aufl. 2013, § 3a VwVfG Rn. 11.

67 *C. Hoffmann u. a.*, Der *E-POSTBRIEF* in der öffentlichen Verwaltung – Chancen, Einsatzoptionen, rechtliche Handlungsspielräume, Band 1, 2011, S. 72 f.; *Schmitz*, in: Stelkens/Bonk/Sachs (Hrsg.), VwVfG, 8. Aufl. 2014, § 3a Rn. 15.

68 *Kopp/Ramsauer*, VwVfG, 14. Aufl. 2013, § 3a Rn. 12; BT-Drs. 14/9000, S. 31.

Antragstellung per E-Mail erforderlich sein[69]. Diese Ansicht könnte heute aber insoweit bereits als überholt gelten, dass eine Angabe der E-Mail-Adresse bereits zur Zugangseröffnung ausreiche[70]. Die Zugangseröffnung gelte jedoch nicht allgemein wie im geschäftlichen Verkehr, sondern nur für das konkrete Verwaltungsverfahren bzw. Anliegen[71]. Der Zugang könne zudem jederzeit während des gesamten Verwaltungsverfahrens zurückgenommen werden[72].

bb) Seitens der Behörde

Auch die Behörde ist grundsätzlich nicht verpflichtet, einen elektronischen Zugang für die E-Mail-Kommunikation zu eröffnen[73]. Deshalb muss auch hier eine Bereithaltung der technischen Zugangsvorkehrungen und eine Widmung gefordert werden[74]. Hierfür ist die Angabe der E-Mail-Adresse, bspw. im Briefkopf oder auf der Internetseite der Behörde, ausreichend[75], allerdings sind bei der Zugangseröffnung abweichende landesrechtliche Vorschriften zu beachten, die unter Umständen eine

---

69 *Schmitz*, in: Stelkens/Bonk/Sachs (Hrsg.), VwVfG, 8. Aufl. 2014, § 3a Rn. 12; *Ernst*, in: Hoeren/Sieber/Holznagel (Hrsg.), Multimedia-Recht, Stand: 37. Erg.-Lfg. 2014, Teil 28.1 Rn. 12; *Kopp/Ramsauer*, VwVfG, 14. Aufl. 2013, § 3a Rn. 10 f.; *Schlatmann*, DVBl 2002, 1005 (1009); *Kastner*, in: Fehling/Kastner/Störmer (Hrsg.), Verwaltungsrecht, 3. Aufl. 2013, § 3a VwVfG Rn. 12; anders *Schliesky*, in: Knack/Henneke, VwVfG, 10. Aufl. 2014, § 3a Rn. 40.

70 So zumindest *C. Hoffmann u. a.*, Der *E-POSTBRIEF* in der öffentlichen Verwaltung – Chancen, Einsatzoptionen, rechtliche Handlungsspielräume, Band 1, 2011, S. 72; *C. Hoffmann/Tallich/Warnecke*, MMR 2011, 775 (776 f.). Siehe hierzu auch *Ultsch*, NJW 1997, 3007 (3007 f.).

71 *C. Hoffmann u. a.*, Der *E-POSTBRIEF* in der öffentlichen Verwaltung – Chancen, Einsatzoptionen, rechtliche Handlungsspielräume, Band 1, 2011, S. 72 f; *Stelkens*, in: Stelkens/Bonk/Sachs (Hrsg.), VwVfG, 8. Aufl. 2014, § 41 Rn. 90; *Kopp/Ramsauer*, VwVfG, 14. Aufl. 2013, § 3a Rn. 11.

72 *Schmitz*, in: Stelkens/Bonk/Sachs (Hrsg.), VwVfG, 8. Aufl. 2014, § 3a Rn. 12.

73 *Schmitz*, in: Stelkens/Bonk/Sachs (Hrsg.), VwVfG, 8. Aufl. 2014, § 3a Rn. 13; *Kopp/Ramsauer*, VwVfG, 14. Aufl. 2013, § 3a Rn. 8; *Kastner*, in: Fehling/Kastner/Störmer (Hrsg.), Verwaltungsrecht, 3. Aufl. 2013, § 3a VwVfG Rn. 8; *Schliesky*, in: Knack/Henneke, VwVfG, 10. Aufl. 2014, § 3a Rn. 35. Am 01. 07. 2014 tritt § 2 Abs. 1 EGovG in Kraft, der jede Behörde verpflichtet, einen Zugang für die Übermittlung elektronischer Dokumente, auch soweit sie mit einer qualifizierten elektronischen Signatur versehen sind, zu eröffnen.

74 *Schmitz*, in: Stelkens/Bonk/Sachs (Hrsg.), VwVfG, 8. Aufl. 2014, § 3a Rn. 13; *Ernst*, in: Hoeren/Sieber/Holznagel (Hrsg.), Multimedia-Recht, Stand: 37. Erg.-Lfg. 2014, Teil 28.1 Rn. 7; *Kopp/Ramsauer*, VwVfG, 14. Aufl. 2013, § 3a Rn. 7; BT-Drs. 14/9000, S. 30.

75 *Schmitz*, in: Stelkens/Bonk/Sachs (Hrsg.), VwVfG, 8. Aufl. 2014, § 3a Rn. 14; *Ernst*, in: Hoeren/Sieber/Holznagel (Hrsg.), Multimedia-Recht, Stand: 37. Erg.-Lfg. 2014, Teil 28.1 Rn. 11; *Kopp/Ramsauer*, VwVfG, 14. Aufl. 2013, § 3a Rn. 12; *Kastner*, in: Fehling/Kastner/Störmer (Hrsg.), Verwaltungsrecht, 3. Aufl. 2013, § 3a VwVfG Rn. 11.

ausdrückliche Zugangseröffnung fordern[76]. Ein abweichender Wille muss hingegen ausdrücklich erklärt werden[77].

d) Zugangszeitpunkt

Der Zugang einer E-Mail-Nachricht bzw. allgemein elektronischer Nachrichten ist in § 3a VwVfG nicht geregelt und erfolgt somit grundsätzlich nach den allgemeinen Regeln bei Möglichkeit der Kenntnisnahme, wobei auf die zivilrechtlichen Vorschriften zum Zugang zurückgegriffen werden kann[78]. Die Möglichkeit der Kenntnisnahme ist bei einer E-Mail gegeben, wenn sie auf dem Mail-Server für den Empfänger zum Abruf bereitliegt[79]. Der Empfänger muss jedoch dauerhafte Verfügungsgewalt über die Datei, entweder auf einem Datenträger oder auf einem Speicherplatz, zu dem der Empfänger alleinigen Zugang hat, erlangen, damit die E-Mail-Nachricht als zugegangen gilt, es sei denn, der Bürger kann die Datei nicht lesen[80]. Für den Zugangszeitpunkt ist die Verkehrsanschauung maßgeblich. Bei Geschäftspersonen ist ein täglicher Abruf zu erwarten, bei Privatpersonen hingegen nicht[81]. Von der Behörde kann ein regelmäßiges Abrufen erwartet werden[82]. Bei Eingang während der Geschäftszeiten kann mit einem Zugang bereits am selben Tag gerechnet werden. Erfolgt der Eingang erst unmittelbar vor oder nach Ende der Geschäftszeiten, ist mit Zugang am nächsten Tag zu rechnen[83].

---

76 Siehe hierzu *C. Hoffmann u. a.*, Der *E-POSTBRIEF* in der öffentlichen Verwaltung – Chancen, Einsatzoptionen, rechtliche Handlungsspielräume, Band 1, 2011, S. 89 f.; *Kastner*, in: Fehling/Kastner/Störmer (Hrsg.), Verwaltungsrecht, 3. Aufl. 2013, § 3a VwVfG Rn. 22.

77 *Kopp/Ramsauer*, VwVfG, 14. Aufl. 2013, § 3a Rn. 12; BT-Drs. 14/9000, S. 31.

78 *Schmitz*, in: Stelkens/Bonk/Sachs (Hrsg.), VwVfG, 8. Aufl. 2014, § 3a Rn. 44; *Ernst*, in: Hoeren/Sieber/Holznagel (Hrsg.), Multimedia-Recht, Stand: 37. Erg.-Lfg. 2014, Teil 28.1 Rn. 15.

79 *Kastner*, in: Fehling/Kastner/Störmer (Hrsg.), Verwaltungsrecht, 3. Aufl. 2013, § 3a VwVfG Rn. 9.

80 *C. Hoffmann u. a.*, Der *E-POSTBRIEF* in der öffentlichen Verwaltung – Chancen, Einsatzoptionen, rechtliche Handlungsspielräume, Band 1, 2011, S. 76 ff; *Stelkens*, in: Stelkens/Bonk/Sachs (Hrsg.), VwVfG, 8. Aufl. 2014, § 41 Rn. 92.

81 *Schmitz*, in: Stelkens/Bonk/Sachs (Hrsg.), VwVfG, 8. Aufl. 2014, § 3a Rn. 44. Anders *C. Hoffmann u. a.*, Der *E-POSTBRIEF* in der öffentlichen Verwaltung – Chancen, Einsatzoptionen, rechtliche Handlungsspielräume, Band 1, 2011, S. 78 f., die einen Zugang am Tag nach der Absendung annehmen, wenn die E-Mail-Adresse offenbart wurde.

82 *Schmitz*, in: Stelkens/Bonk/Sachs (Hrsg.), VwVfG, 8. Aufl. 2014, § 3a Rn. 14.

83 LG Nürnberg-Fürth, NJW-RR 2002, 1721 f.; *Schliesky*, in: Knack/Henneke, VwVfG, 10. Aufl. 2014, § 3a Rn. 41; *C. Hoffmann u. a.*, Der *E-POSTBRIEF* in der öffentlichen Verwaltung – Chancen, Einsatzoptionen, rechtliche Handlungsspielräume, Band 1, 2011, S. 90; *Ultsch*, NJW 1997, 3007 (3008 f.); *Holzbach/Süßenberger*, in: Moritz/Dreier (Hrsg.), Rechts-Handbuch zum E-Commerce, 2. Aufl. 2005, Kap. C. Rn. 169. *Ruff*, Vertriebsrecht im Internet, 2003, S. 137, und *Kitz*, in: Hoeren/Sieber/Holznagel (Hrsg.),

Bei der Bekanntgabe von Verwaltungsakten gilt hingegen die Zugangsfiktion des § 41 Abs. 2 Satz 1 VwVfG. Die Bekanntgabe erfolgt hiernach also spätestens nach drei Tagen nach Absendung, es sei denn, der Verwaltungsakt ist nicht oder zu einem späteren Zeitpunkt zugegangen[84]. Diese Zugangsvermutung gilt nicht für die bereits beschriebenen anderen Mitteilungen der Behörde, die keine Verwaltungsakte darstellen[85].

Gleiches gilt für E-Mails des Bürgers. Hier findet die Zugangsfiktion des § 41 Abs. 2 Satz 1 VwVfG ebenfalls keine Anwendung. Es muss, wie bereits erörtert, eine positive Bestimmung des Zugangszeitpunkts erfolgen. Einen Beweis des ersten Anscheins liefert hier die automatische Versand- und Lesebestätigung[86].

e) *Formerfordernisse*

Grundsätzlich gilt im Verwaltungsverfahren der Grundsatz der Nichtförmlichkeit des Verwaltungsverfahrens nach § 10 VwVfG bzw. der Grundsatz der Formfreiheit nach § 37 Abs. 2 Satz 1 VwVfG[87]. Deshalb ist im Verwaltungsverfahren entsprechend § 3a Abs. 1 VwVfG der Einsatz von E-Mails möglich, soweit die Schriftform nicht ausdrücklich gesetzlich vorgeschrieben ist[88]. Die einfache E-Mail vermag die Schriftform nicht zu ersetzen. Hierfür bedarf es nach § 3a Abs. 2 VwVfG einer qeS[89].

Multimedia-Recht, Stand: 37. Erg.-Lfg. 2014, Teil 13.1 Rn. 90, nehmen auch bei einem Eingang unmittelbar vor Ende der Geschäftszeiten einen Zugang erst am darauffolgenden Tag an.

84 *C. Hoffmann u. a.*, Der *E-POSTBRIEF* in der öffentlichen Verwaltung – Chancen, Einsatzoptionen, rechtliche Handlungsspielräume, Band 1, 2011, S. 79 f.; *Ernst*, in: Hoeren/Sieber/Holznagel (Hrsg.), Multimedia-Recht, Stand: 37. Erg.-Lfg. 2014, Teil 28.1 Rn. 17.

85 *C. Hoffmann u. a.*, Der *E-POSTBRIEF* in der öffentlichen Verwaltung – Chancen, Einsatzoptionen, rechtliche Handlungsspielräume, Band 1, 2011, S. 80; *Schmitz/Schlatmann*, NVwZ 2002, 1281 (1285).

86 *C. Hoffmann u. a.*, Der *E-POSTBRIEF* in der öffentlichen Verwaltung – Chancen, Einsatzoptionen, rechtliche Handlungsspielräume, Band 1, 2011, S. 90 f.; *Mankowski*, NJW 2004, 1901 (1905, 1906); *Bacher*, in: Vorwerk/Wolf (Hrsg.), Beck'scher Online-Kommentar ZPO, Stand: 15. 03. 2014, Ed. 12, § 284 Rn. 95.7.

87 Zu § 10 VwVfG: *Schmitz*, in: Stelkens/Bonk/Sachs (Hrsg.), VwVfG, 8. Aufl. 2014, § 10 Rn. 1 ff.; *C. Hoffmann u. a.*, Der *E-POSTBRIEF* in der öffentlichen Verwaltung – Chancen, Einsatzoptionen, rechtliche Handlungsspielräume, Band 1, 2011, S. 47; *Gerstner-Heck*, in: Bader/Ronellenfitsch (Hrsg.), Beck'scher Online-Kommentar VwVfG, Stand: 01. 01. 2014, Ed. 22, § 10 Rn. 1 ff. Zu § 37 Abs. 2 VwVfG: *Stelkens*, in: Stelkens/Bonk/Sachs (Hrsg.), VwVfG, 8. Aufl. 2014, § 37 Rn. 47 ff.; *Tiedemann*, in: Bader/Ronellenfitsch (Hrsg.), Beck'scher Online-Kommentar VwVfG, Stand: 01. 01. 2014, Ed. 22, § 37 Rn. 25 ff.

88 *C. Hoffmann u. a.*, Der *E-POSTBRIEF* in der öffentlichen Verwaltung – Chancen, Einsatzoptionen, rechtliche Handlungsspielräume, Band 1, 2011, S. 47.

89 *Stelkens*, in: Stelkens/Bonk/Sachs (Hrsg.), VwVfG, 8. Aufl. 2014, § 37 Rn. 122; *C. Hoffmann u. a.*, Der *E-POSTBRIEF* in der öffentlichen Verwaltung – Chancen, Einsatzoptionen, rechtliche Handlungsspielräume, Band 1, 2011, S. 80 ff.

f) Förmliche Zustellung

Eine förmliche Zustellung ist gem. § 5 Abs. 5 VwZG auch elektronisch möglich, wenn ein Zugang eröffnet wurde, die Nachricht mit einer qeS versehen und gegen die Kenntnisnahme Dritter gesichert ist. Der Nachweis des Zugangs erfolgt dann durch Empfangsbekenntnis nach § 5 Abs. 7 Satz 1 VwZG. Maßgeblich ist das Datum auf dem Empfangsbekenntnis. Der Zugang erfolgt aber gem. § 5 Abs. 7 Satz 2 VwZG nach drei Tagen, wenn der Behörde nicht spätestens an diesem Tag ein Empfangsbekenntnis nach § 5 Abs. 7 Satz 1 VwZG zugeht[90]. Mit der einfachen E-Mail, die keine qeS und auch keine Verschlüsselung aufweist, wird dies allerdings nicht möglich sein.

g) Sicherheit

Bei der Entwicklung der Internetkommunikation stand zunächst die Funktionalität bzw. überhaupt die technische Realisierbarkeit der elektronischen Kommunikation im Vordergrund. Die Sicherheit spielte deshalb anfangs eine untergeordnete Rolle. An einen Missbrauch der übertragenen Daten dachte man, da das Internet nicht im heutigen Maße verbreitet war und ihm keine kommerzielle Bedeutung zukam, zunächst nicht. Die Daten einer einfachen E-Mail werden im Regelfall im Klartext, also unverschlüsselt, über das Internet übertragen[91], weshalb die E-Mail auch mit der während des Versendungsvorgangs verglichen wird[92].

Mit Zunahme der kommerziellen Bedeutung des Internets wurden jedoch zusätzliche Verfahren entwickelt, die es ermöglichen, eine abhörsichere Verbindung aufzubauen, auf der alle übertragenen Daten verschlüsselt werden, und (begrenzt) die Identität des Kommunikationspartners zu überprüfen[93]. Eine zusätzliche Sicherung wird allerdings regelmäßig bei der einfachen E-Mail nicht vorhanden sein. Es sind sowohl Manipulationen des Inhalts der Nachricht als auch der Absenderadresse möglich, zumal eine E-Mail-Adresse, auch wenn der Name des Absenders in dieser enthalten ist, nicht sicher der Identität eines Absenders zugeordnet werden kann, da bei der Erstellung eines E-Mail-Accounts in Verbindung mit der Vergabe einer E-Mail-Adresse weder eine Verpflichtung besteht, dass die Adresse den richtigen

---

90 Siehe hierzu *Engelhardt u. a.*, in: ders./App/Schlatmann, VwVG/VwZG, 9. Aufl. 2011, § 5 VwZG Rn. 11 ff.; *C. Hoffmann u. a.*, Der *E-POSTBRIEF* in der öffentlichen Verwaltung – Chancen, Einsatzoptionen, rechtliche Handlungsspielräume, Band 1, 2011, S. 82 ff.

91 Zur Sicherheit der E-Mail siehe *Hirsemann u. a.*, Anwendungsgrundlagen Internet & HTML, Wissen, das sich auszahlt, 2003, S. 42 f.; *Skrobotz*, in: Manssen (Hrsg.), Telekommunikations- und Multimediarecht, Band 2, Stand: 33. Erg.-Lfg. 2013, G § 1 SigG Rn. 20.

92 So z. B. *Warnecke*, MMR 2010 227 (230); BT-Drs. 16/12598, S. 1; *Pagenkopf*, in: Sachs (Hrsg.), GG, 6. Aufl. 2011, Art. 10 Rn. 14a m. w. N.; *Roßnagel*, ZRP 1997, 26 (28); *Fox*, DuD 2009, Editorial S. 387.

93 Siehe bereits Fn. 91.

Namen des Inhabers enthält, noch werden i. d. R. die Identitätsangaben bei Erstellung des Accounts vom Anbieter überprüft.

h) Kosten

Sowohl Telefon- bzw. Internetanbieter[94] als auch Betreiber von E-Mail-Portalen im Internet[95] bieten E-Mail-Dienstleistungen zumindest in einem Basisumfang, abgesehen von den Kosten für Internetzugang und -nutzung, gratis an. Zusatzleistungen wie etwa ein größeres Speichervolumen des Postfaches als in der Basisversion angeboten sowie zusätzlich angebotene Datensafes und werbefreie Versionen sind i. d. R. nur gegen Entgelt möglich, für die einfache E-Mail-Kommunikation im hier beschriebenen Sinn aber auch nicht erforderlich. Für den Einsatz einer qeS zur Wahrung der Schriftform ist i. d. R. zusätzliche kostenpflichtige Soft- und Hardware erforderlich. Das Bewirken der Schriftform mittels einfacher E-Mail mit qeS nach § 3a Abs. 2 VwVfG ist so mit zusätzlichen Kosten verbunden.

2. Qualifizierte elektronische Signatur (qeS)

a) Begriff

Elektronische Signaturen sind gem. § 2 Nr. 1 Signaturgesetz (SigG) Daten in elektronischer Form, die anderen Daten beigefügt oder logisch mit ihnen verknüpft sind und die zur Authentifizierung dienen[96]. Hierunter versteht man „technische Verfahren, die gewährleisten, dass eine entsprechend signierte Nachricht von einem identifizierbaren Absender stammt und während der elektronischen Übermittlung zum Empfänger nicht verändert wurde“[97]. Es gibt verschiedene Arten von elektronischen Signaturen. Die qeS unterliegt den höchsten Anforderungen. Sie liegt immer dann vor, wenn sie neben den Voraussetzungen des § 2 Nr. 2 SigG, die an eine fortgeschrittene elektronische Signatur gestellt werden, auf einem zum Zeitpunkt ihrer Erzeugung gültigen qualifizierten Zertifikat beruht (a) und mit einer sicheren Signaturerstellungseinheit erzeugt wurde (b) (§ 2 Nr. 3 SigG). Qualifizierte Zertifikate sind elektronische Bescheinigungen für natürliche Personen, mit denen Signaturprüfschlüssel einer Person zugeordnet und die Identität dieser Person bestätigt werden können (§ 2 Nr. 6 SigG), die die Voraussetzungen des § 7 SigG erfüllen und von Zertifizierungsdiensteanbietern ausgestellt werden, die mindestens die Anforderungen nach den §§ 4 bis 14 SigG oder § 23 SigG und der sich darauf

---

94 Bspw. stellen die Telekom AG, die 1&1 Internet AG, die Vodafone GmbH und weitere lokale Anbieter ihren Nutzern neben dem Zugang zum Internet auch eine E-Mail-Adresse und einen entsprechenden E-Mail-Dienst zur Verfügung.

95 Bspw. www.gmx.de, www.freenet.de und www.web.de.

96 So auch die Richtlinie 1999/93/EG des Europäischen Parlaments und des Rates vom 13. Dezember 1999 über gemeinschaftliche Rahmenbedingungen für elektronische Signaturen („Signaturrichtlinie“), ABl. L 13 vom 19. 01. 2000, S. 12–20, Art. 2 Nr. 1.

97 *Bludau*, NdsVBl 2001, 7 (8); *Schmitz/Schlatmann*, NVwZ 2002, 1281 (1283).

beziehenden Vorschriften der Rechtsverordnung nach § 24 SigG erfüllen (§ 2 Nr. 7 SigG). Sichere Signaturerstellungseinheiten sind nach § 2 Nr. 10 SigG Software- und Hardwareeinheiten zur Speicherung und Anwendung des jeweiligen Signaturschlüssels, die mindestens die Anforderungen nach § 17 oder § 23 SigG sowie der sich darauf beziehenden Vorschriften der Rechtsverordnung nach § 24 SigG erfüllen und die für qualifizierte elektronische Signaturen bestimmt sind[98].

b) Zielsetzung

Die qeS hielt durch die Umsetzung der europäischen Signaturrichtlinie[99] Eingang in das deutsche Signaturgesetz[100]. Da einige Mitgliedstaaten der EU beabsichtigten, digitale Signaturen national gesetzlich zu regeln, entschied sich die EU, um uneinheitliche nationale Regelungen zu vermeiden, zum Erlass der Signaturrichtlinie[101]. Kernstück dieser war die Ersetzung der Unterschrift durch digitale Signaturen[102].

Ziel der Ersetzung der Schriftform durch die qeS in § 3a Abs. 2 Satz 2 VwVfG war die Erleichterung des elektronischen Rechtsverkehrs bzw. die Ermöglichung der schriftformwahrenden elektronischen Kommunikation zwischen Bürger und Verwaltung. Dadurch versprach man sich auf Seiten der Verwaltung Kostensenkungen sowie eine Steigerung der Effizienz und wollte der stetigen Verbreitung elektronischer Kommunikation auf Seiten der Bürger Rechnung tragen. Es sollten die rechtlichen Rahmenbedingungen für eine rechtsverbindliche elektronische Kommunikation zwischen Bürger und Verwaltung aufgestellt und die elektronische Kommunikation der schriftlichen gleichgestellt werden[103].

---

98 Siehe zum Begriff der qeS ausführlich *Skrobotz,* in: Manssen (Hrsg.), Telekommunikations- und Multimediarecht, Band 2, Stand: 33. Erg.-Lfg. 2013, G § 2 SigG Rn. 8 ff.; *Fischer-Dieskau,* Das elektronisch signierte Dokument als Mittel zur Beweissicherung, 2006, S. 75 ff.

99 SigRL, Richtlinie 1999/93/EG des Europäischen Parlaments und des Rates v. 13. 12. 1999 über gemeinschaftliche Rahmenbedingungen für elektronische Signaturen.

100 Siehe zur Entstehungsgeschichte des SigG *Skrobotz,* in: Manssen (Hrsg.), Telekommunikations- und Multimediarecht, Band 2, Stand: 33. Erg.-Lfg. 2013, G § 1 SigG Rn. 1 ff., insbes. zur Umsetzung der Signaturrichtlinie Rn. 8 ff.; vgl. auch *Fischer-Dieskau,* Das elektronisch signierte Dokument als Mittel zur Beweissicherung, 2006, S. 66 ff.

101 *Skrobotz,* in: Manssen (Hrsg.), Telekommunikations- und Multimediarecht, Band 2, Stand: 33. Erg.-Lfg. 2013, G § 1 SigG Rn. 8; *Fischer-Dieskau,* Das elektronisch signierte Dokument als Mittel zur Beweissicherung, 2006, S. 69.

102 *Skrobotz,* in: Manssen (Hrsg.), Telekommunikations- und Multimediarecht, Band 2, Stand: 33. Erg.-Lfg. 2013, G § 1 SigG Rn. 8; *Fischer-Dieskau,* Das elektronisch signierte Dokument als Mittel zur Beweissicherung, 2006, S. 69; *Brisch,* CR 1998, 492 ff.; *Gravesen/Dumortier/van Eecke,* MMR 1999, 577 ff.

103 Siehe hierzu *Kopp/Ramsauer,* VwVfG, 14. Aufl. 2013, § 3a Rn. 3.

Dieses Vorgehen hatte jedoch nicht den gewünschten Effekt. Die qeS verbreitet sich nur zögerlich, von einer flächendeckenden Verbreitung kann bis heute nicht gesprochen werden, was an dem nicht unerheblichen Aufwand, den die Nutzung einer qeS durch zusätzliche Soft- und Hardware sowie die damit verbundenen Kosten mit sich bringt, liegen mag[104].

c) *Funktionsweise*

Um ein elektronisches Dokument qualifiziert elektronisch zu signieren bzw. ein Dokument mit einer qeS zu versehen, sind i. d. R. ein Kartenlesegerät und eine Signaturkarte[105] mit dazugehöriger PIN mit einem qualifizierten Zertifikat des Diensteanbieters, das die Identität des Signierenden gewährleistet, also diesem zugeordnet ist, erforderlich[106]. Die qeS ist folglich der Identität des Inhabers der Signatur durch ein Identifikationsverfahren sicher zugeordnet[107].

Das System beruht letztendlich auf einem asymmetrischen kryptografischen[108] Verfahren bzw. der Verwendung eines einmaligen asymmetrischen (ungleichen) Schlüsselpaares. Dieses besteht aus einem öffentlichen Schlüssel, den jedermann über das Internet beim Zertifizierungsdiensteanbieter einsehen kann, und einem privaten Schlüssel, den nur der Inhaber kennt. Sie sind beide unterschiedlich, aber gehören insofern zusammen, dass der öffentliche Schlüssel (Signaturprüfschlüssel) in der Lage ist, eine Nachricht, die mit dem privaten Schlüssel (Signaturschlüssel) verschlüsselt wurde, zu entschlüsseln. Mit einem geheimen Signaturschlüssel korrespondiert also immer nur ein einziger öffentlicher Prüfschlüssel[109]. Der private

---

104 *Kopp/Ramsauer*, VwVfG, 14. Aufl. 2013, § 3a Rn. 3a; *Schliesky*, in: Knack/Henneke, VwVfG, 10. Aufl. 2014, § 3a Rn. 13 f.

105 Hierfür kann auch der elektronische Personalausweis (nPA) genutzt werden. Siehe zur Signaturfunktion des neuen nPA *C. Hoffmann*, Die Gewährleistung der Vertraulichkeit und Integrität elektronischer Daten- und Dokumentensafes, 2012, S. 16 f., und *S. E. Schulz*, in: Schliesky (Hrsg.), Gesetz über Personalausweise und den elektronischen Identitätsnachweis, § 22, S. 173 ff.

106 *Greger*, JZ, 2010, 681 (681), *Kopp/Ramsauer*, VwVfG, 14. Aufl. 2013, § 3a Rn. 22.

107 Siehe zum Identifikationsverfahren *Greger*, JZ, 2010, 681 (681 f.).

108 Die *Kryptografie* ist ein Teilgebiet der Informatikwissenschaften, das sich mit der Entwicklung und Bewertung von Verfahren der Verschlüsselung geheimer Daten befasst (Duden-Eintrag „Kryptografie“, abrufbar unter www.duden.de/rechtschreibung/Kryptografie). Sie ist die Lehre von den Methoden zur Ver- und Entschlüsselung von Nachrichten zum Zweck der Geheimhaltung von Informationen gegenüber Dritten (*Eckert*, IT-Sicherheit, 7. Aufl. 2012, S. 299).

109 *Degen*, NJW 2009, 199; *Hadidi/Mödl*, NJW 2010, 2097 (2099); *Kopp/Ramsauer*, VwVfG, 14. Aufl. 2013, § 3a Rn. 22; *Kastner*, in: Fehling/Kastner/Störmer (Hrsg.), Verwaltungsrecht, 3. Aufl. 2013, § 3a Rn. 16; *Stollhof*, DuD 2013, 691 (692). Zur asymmetrischen Kryptografie siehe auch *Skrobotz*, in: Manssen (Hrsg.), Telekommunikations- und Multimediarecht, Band 2, Stand: 33. Erg.-Lfg. 2013, G § 1 SigG Rn. 22 ff.

oder geheime Schlüssel ist hierbei auf der Signaturkarte gespeichert und kann nur mit Hilfe der PIN angewendet werden. Das Verfahren verbindet also zwei unterschiedliche Sicherungskomponenten, nämlich Besitz und Wissen[110].

Genau genommen kann bei der qeS jedoch nicht von einer „Verschlüsselung" in dem Sinne gesprochen werden, dass die zu versendende Nachricht nicht mehr für andere lesbar ist[111]. Die Nachricht liegt weiterhin im Klartext vor[112], der Schlüssel dient somit lediglich dazu, die Nachricht zu „signieren", im Sinne von „unterschreiben", und nicht zu verschlüsseln, also für andere als den Empfänger unlesbar zu machen, wenn auch eine zusätzliche Verschlüsselung möglich wäre. Im Falle der qeS bedeutet das Verschlüsseln ein Verrechnen einer Prüfsumme der Nachricht durch den Signaturschlüssel[113]. Die qeS kann deshalb auch nur die Integrität der Nachricht und die Identität des Absenders (Authentizität) sicherstellen[114], nicht jedoch die Vertraulichkeit der Nachricht[115].

Für die zu versendende Nachricht wird zunächst eine Prüfsumme (ein sog. Hashwert bzw. Hash-Algorithmus[116]) errechnet, den man sich als Fingerabdruck der Nachricht vorstellen kann[117]. Dies ermöglicht es, die Nachricht schneller zu „verschlüsseln" und einfacher mit dem Original vergleichen zu können[118]. Durch die Eingabe einer PIN wird über die Karte der private Schlüssel des Absenders, den nur dieser kennt, freigegeben und mit dem Hashwert zu einer digitalen Signatur verrechnet. In dieser Form wird das Dokument versendet. Das qualifizierte Zertifikat fungiert hier als eine elektronische Bescheinigung, die die Zuordnung des privaten Schlüssels zu einer bestimmten natürlichen Person sicherstellt[119].

---

110 *Greger*, JZ, 2010, 681 (681); *Hadidi/Mödl*, NJW 2010, 2097 (2099); *Roßnagel*, MMR 2008, 22 (27); *Kopp/Ramsauer*, VwVfG, 14. Aufl. 2013, § 3a Rn. 22.

111 *Skrobotz*, in: Manssen (Hrsg.), Telekommunikations- und Multimediarecht, Band 2, Stand: 33. Erg.-Lfg. 2013, G § 1 SigG Rn. 26.

112 *Kopp/Ramsauer*, VwVfG, 14. Aufl. 2013, § 3a Rn. 22b; *Stollhof*, DuD 2013, 691 (692).

113 *Skrobotz*, in: Manssen (Hrsg.), Telekommunikations- und Multimediarecht, Band 2, Stand: 33. Erg.-Lfg. 2013, G § 1 SigG Rn. 26.

114 *Degen*, NJW 2009, 199; *Greger*, JZ, 2010, 681 (681); *Kopp/Ramsauer*, VwVfG, 14. Aufl. 2013, § 3a Rn. 22; *Kastner*, in: Fehling/Kastner/Störmer (Hrsg.), Verwaltungsrecht, 3. Aufl. 2013, § 3a Rn. 16; *Schmitz*, in: Stelkens/Bonk/Sachs (Hrsg.), VwVfG, 8. Aufl. 2014, § 3a Rn. 37; *Stollhof*, DuD 2013, 691 (692).

115 *Stollhof*, DuD 2013, 691 (692).

116 Als Hash-Funktion (engl. to hash = zerhacken) versteht man eine nicht umkehrbare Funktion (bzw. einen Algorithmus), die eine umfangreiche Quellmenge, i. d. R. Texte, auf eine wesentlich kleinere Zielmenge (Hashwerte), i. d. R. natürliche Zahlen, abbildet (*Stollhof*, DuD 2013, 691 [692]; *Dobbertin*, DuD 1997, 82 ff.). Siehe zu Hashfunktionen ausführlich *Eckert*, IT-Sicherheit, 7. Aufl. 2012, 375 ff.

117 *Skrobotz*, in: Manssen (Hrsg.), Telekommunikations- und Multimediarecht, Band 2, Stand: 33. Erg.-Lfg. 2013, G § 1 SigG Rn. 27.

118 *Skrobotz*, in: Manssen (Hrsg.), Telekommunikations- und Multimediarecht, Band 2, Stand: 33. Erg.-Lfg. 2013, G § 1 SigG Rn. 27.

119 Vgl. hierzu *Hadidi/Mödl*, NJW 2010, 2097 (2099).

Beim Empfänger wird die Nachricht dann wieder „entschlüsselt“ bzw. die Signatur geprüft. Dies erfolgt in zwei Schritten[120]:

Zunächst erfolgt auf der ersten Stufe eine mathematische Prüfung der Signatur. Mit Hilfe des öffentlichen Prüfschlüssels aus dem qualifizierten Zertifikat wird der Hashwert der signierten Nachricht zurückberechnet („verschlüsselt“). Dann wird ein neuer Hashwert der versendeten Nachricht erstellt und mit dem zurückberechneten Hashwert verglichen[121]. Bei einer Übereinstimmung dieser beiden Hashwerte ist gewährleistet, dass die Nachricht nach der Signierung nicht mehr verändert wurde (Integrität)[122]. Da nur der Absender seinen privaten Schlüssel kennt und so die Nachricht in dieser Weise verschlüsseln konnte, ist auch dessen Identität nachweisbar (Authentizität)[123] (Abbildung 2).

Abbildung 2: Funktionsweise der qualifizierten elektronischen Signatur

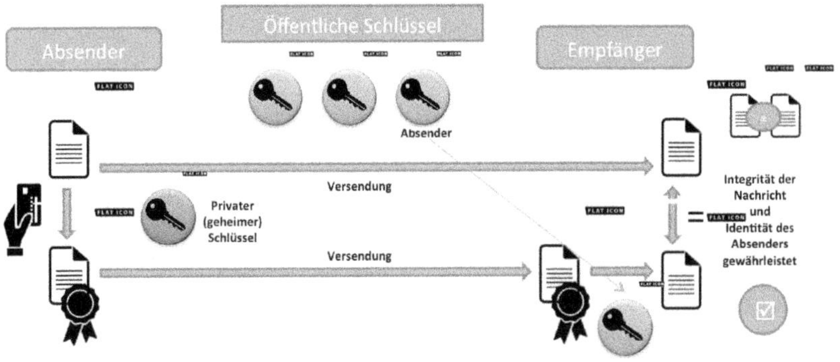

(Icons von shutterstock.com; Schlüssel: ©Liudmyla Marykon, Daumen: ©RealVector, Dokument: ©Liudmyla Marykon, Schleife: ©Flat Design, Hand mit Karte: ©Rashad Ashurov)

Ohne Hashwerte, die die Signierung von Daten schneller ermöglichen, kann man sich den Prozess vereinfacht so vorstellen, dass der Absender einmal die ursprüngliche Nachricht und einmal die mit dem privaten Schlüssel signierte Nachricht verschickt. Der Empfänger „entschlüsselt“ die signierte Nachricht mit dem öffentlichen Schlüssel des Absenders und vergleicht diese dann mit der unsignierten Nachricht. Sind diese identisch, stehen Integrität der Nachricht und Identität des Absenders fest (Abbildung 3).

120 *Hadidi/Mödl*, NJW 2010, 2097 (2099).
121 Vgl. hierzu *Hadidi/Mödl*, NJW 2010, 2097 (2099).
122 *Degen*, NJW 2009, 199; *Greger*, JZ 2010, 681 (681); *Hadidi/Mödl*, NJW 2010, 2097 (2099); *Kopp/Ramsauer*, VwVfG, 14. Aufl. 2013, § 3a Rn. 22; *Kastner*, in: Fehling/Kastner/Störmer (Hrsg.), Verwaltungsrecht, 3. Aufl. 2013, § 3a Rn. 18.
123 *Degen*, NJW 2009, 199; *Greger*, JZ, 2010, 681 (681); *Kopp/Ramsauer*, VwVfG, 14. Aufl. 2013, § 3a Rn. 22.

Abbildung 3: Funktionsweise der qualifizierten elektronischen Signatur (vereinfacht)

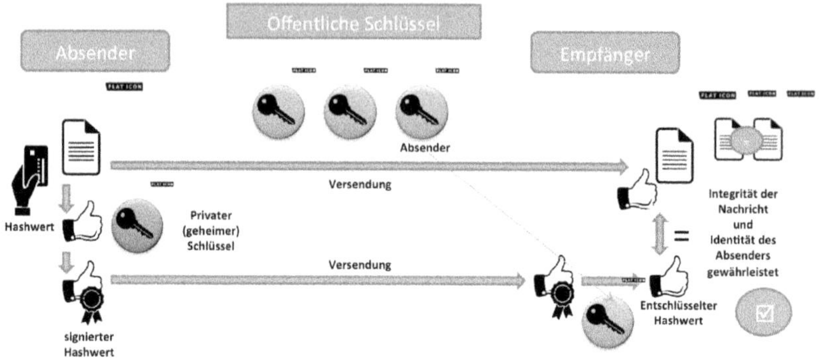

(Icons von shutterstock.com; Schlüssel: ©Liudmyla Marykon, Daumen: ©RealVector, Dokument: ©Liudmyla Marykon, Schleife: ©Flat Design, Hand mit Karte: ©Rashad Ashurov)

Auf einer zweiten Stufe findet dann eine Online-Prüfung statt, die jedoch nicht zwingend vorgeschrieben ist, da eine Nachprüfung auch über die Dokumentationspflichten des Zertifizierungsdiensteanbieters möglich ist. Bei der Online-Prüfung wird festgestellt, ob das verwendete qualifizierte Zertifikat im Verzeichnis des Zertifizierungsdiensteanbieters enthalten ist. Hierdurch kann festgestellt werden, dass das Zertifikat wirklich existiert, keine Sperrung des Zertifikats vorliegt und die Gültigkeit des Zertifikats nicht überschritten wurde, also die Verknüpfung mit der Identität des Absenders besteht[124]. Durch die Online-Prüfung wird folglich das Ergebnis der mathematischen Prüfung noch einmal bestätigt[125]. Die Überprüfbarkeit des für die qeS erforderlichen, im Zeitpunkt der Erzeugung gültigen qualifizierten Zertifikats stellt somit eine zusätzliche Sicherungskomponente dar[126].

Diese Prüfung von Signatur und Zertifikat erfolgt heutzutage i. d. R. weitgehend automatisiert[127].

d) Zugang und förmliche Zustellung

Die qeS stellt keine eigene elektronische Kommunikationsinfrastruktur dar, sondern ein zusätzliches Sicherungsmittel bei der Versendung, bspw. über die E-Mail-Infrastruktur, oder bei der Verifizierung von elektronischen Dokumenten, bspw. beim ersetzenden Scannen von Dokumenten. Deshalb gelten zunächst grundsätzlich die allgemeinen Vorgaben für die genutzte elektronische Kommunikation hinsichtlich Zugang, Zugangszeitpunkt und förmlicher Zustellung.

---

124 *Stollhof*, DuD 2013, 691 (692).
125 Vgl. hierzu *Hadidi/Mödl*, NJW 2010, 2097 (2099 f.).
126 *Degen*, NJW 2009, 199.
127 *Stollhof*, DuD 2013, 691 (692).

Allerdings ist bei der Eröffnung eines elektronischen Zugangs nicht automatisch davon auszugehen, dass die Behörde und schon gar nicht der Bürger auch die Vorrichtungen für die Versendung von qualifiziert signierten elektronischen Dokumenten vorhält, da der Empfänger im Rahmen der Eröffnung eines elektronischen Zugangs bestimmen kann, unter welchen technischen Voraussetzungen er elektronische Dokumente empfangen, öffnen und bearbeiten will[128]. Zwar ist für das Empfangen von qualifiziert elektronisch signierten Dokumenten keine Hardware oder eine eigene qeS, sondern nur kostenlose Software erforderlich, der Umgang mit einem solchen Dokument, insbesondere die langfristige Sicherung und die Überprüfung, kann jedoch nicht erwartet werden. Auch hierfür muss folglich nach den allgemeinen Regeln ein Zugang eröffnet werden. Dies kann ausdrücklich oder konkludent, bspw. durch einen qualifiziert signierten elektronischen Antrag des Bürgers, geschehen[129].

Mit Inkrafttreten von § 2 Abs. 1 EGovG wird jedoch in Zukunft zumindest jede Behörde durch Bundesrecht dazu verpflichtet sein, einen Zugang für die Übermittlung elektronischer Dokumente, auch soweit sie mit einer qeS versehen sind, zu eröffnen.

e) Formerfordernisse

Gem. § 3a Abs. 2 VwVfG ist die Wahrung der Schriftform bei elektronischer Kommunikation dann möglich, wenn das zu versendende Dokument mit einer qeS nach dem Signaturgesetz versehen ist[130]. Die qeS kann folglich bei gänzlich elektronischer Kommunikation die Schriftform erfüllen. Sie ist der manuellen Unterschrift gleichgestellt, da sie alle Schriftformfunktionen[131] erfüllt[132].

f) Sicherheit

Durch die qeS können, wie bereits dargelegt, die Integrität der versendeten elektronischen Nachricht und die Identität des Absenders (Authentizität) sichergestellt werden[133]. Eine Gewährleistung der Vertraulichkeit erfolgt jedoch ohne weitergehende Maßnahmen nicht, da die elektronische Nachricht unverschlüsselt, also im

128 *Kunstein,* Die elektronische Signatur als Baustein der elektronischen Verwaltung, 2005, S. 138 f.; *Ernst,* in: Hoeren/Sieber/Holznagel (Hrsg.), Multimedia-Recht, Stand: 37. Erg.-Lfg. 2014, Teil 28.1 Rn. 11; *Schlatmann,* LKV 2002, 489, 489 (492).

129 *Kunstein,* Die elektronische Signatur als Baustein der elektronischen Verwaltung, 2005, S. 138 f.; so auch zu § 36a SGB I *Gutzler,* in: Rolfs u. a. (Hrsg.), Beck'scher Online-Kommentar Sozialrecht, Stand: 01. 12. 2013, Ed. 32, § 36a SGB I Rn. 23. Anders jedoch *Bludau,* NdsVBl, 2007, 7 (8).

130 Siehe auch *Degen,* DuD 11/2009, 665 (665).

131 Siehe zu den Schriftformfunktionen bereits Gliederungspunkt Teil II: A. I. 3. c).

132 *Kopp/Ramsauer,* VwVfG, 14. Aufl. 2013, § 3a Rn. 14 f.; *Kastner,* in: Fehling/Kastner/Störmer (Hrsg.), Verwaltungsrecht, 3. Aufl. 2013, § 3a Rn. 16.

133 Siehe bereits Fn. 114.

Klartext, übermittelt wird[134], wenn nicht weitere durchaus mögliche Verschlüsselungsmaßnahmen ergriffen werden. Erforderlich für die Gewährleistung von Integrität und Authentizität ist jedoch, dass der geheime Schlüssel (Signaturschlüssel), also die PIN und die Signaturkarte nicht in fremde Hände geraten. Dieses Risiko ist aber mit dem der Fälschung einer Unterschrift vergleichbar[135]. Zumal zwei verschiedene Sicherungskomponenten, Wissen und Besitz, genutzt werden[136]. Im Gegensatz zum ebenfalls die Schriftform erfüllenden Computerfax, das wesentlich unsicherer und leichter zu manipulieren ist[137].

g) Kosten

Eine qeS verursacht für den Versender Kosten für Soft- und Hardware (Signaturkarte und Lesegerät).

3. Elektronisches Gerichts- und Verwaltungspostfach (EGVP)

a) Begriff

Unter der Abkürzung EGVP versteht man das sog. Elektronische Gerichts- und Verwaltungspostfach (virtuelle Poststelle)[138]. Dieses elektronische Postfach soll der Kommunikation zwischen dem Nutzer bzw. Bürger und der Verwaltung bzw. den Gerichten dienen. Ziel ist eine rechtswirksame, fristgenaue, schnelle, sichere und effiziente Kommunikation unter Wahrung der qeS[139]. Die Kommunikation erfolgt hierbei über ein in sich geschlossenes System bzw. eine gesicherte und geschlossene Kommunikationsverbindung. Trotz des weit angelegten Anwendungsbereichs für die öffentliche Verwaltung und die Justiz, wird das EGVP jedoch nahezu ausschließlich für die Kommunikation zwischen Anwälten und Gerichten genutzt[140], ist dort jedoch als feste Größe etabliert[141].

---

134 Siehe bereits Fn. 112.

135 *Greger*, JZ 2010, 681 (682).

136 Siehe bereits Fn. 110.

137 *Greger*, JZ 2010, 681 (682).

138 Vgl. hierzu *C. Hoffmann u. a.*, Der *E-POSTBRIEF* in der öffentlichen Verwaltung – Chancen, Einsatzoptionen, rechtliche Handlungsspielräume, Band 1, 2011, S. 22; *Viefhues*, in: Kilian/Heussen (Hrsg.), Computerrecht, Stand: 32. Erg.-Lfg. 2013, 1. Abschnitt, Teil 1, Rn. 90.

139 Vgl. hierzu *C. Hoffmann u. a.*, Der *E-POSTBRIEF* in der öffentlichen Verwaltung – Chancen, Einsatzoptionen, rechtliche Handlungsspielräume, Band 1, 2011, S. 23. Siehe auch das Video „EGVP – Das elektronische Gerichts- und Verwaltungspostfach – ein Blick hinter die Kulissen" unter www.egvp.de.

140 Vgl. hierzu *C. Hoffmann u. a.*, Der *E-POSTBRIEF* in der öffentlichen Verwaltung – Chancen, Einsatzoptionen, rechtliche Handlungsspielräume, Band 1, 2011, S. 22.

141 Siehe das Video „EGVP – Das elektronische Gerichts- und Verwaltungspostfach – ein Blick hinter die Kulissen" (Fn. 139); *C. Hoffmann u. a.*, Der *E-POSTBRIEF* in

b) Zielsetzung

Das EGVP ist als Basisstruktur für den elektronischen Rechtsverkehr gedacht[142]. Es soll zu einer Beschleunigung von Verfahren und zu Effizienzsteigerungen in der Bearbeitung führen und damit den Zugang zu Gerichten unter Wahrung der Rechtssicherheit erleichtern[143]. Hierzu wurde es in Zusammenarbeit des Bundesverwaltungsgerichts (BVerwG), des Bundesfinanzhofs (BFH), des Bundesamtes für Sicherheit in der Informationstechnik (BSI) und des Oberverwaltungsgerichts (OVerwG) Münster, das federführend für das Pilotprojekt in Nordrhein-Westfalen war, in Abstimmung mit den Ländern Bremen und Hessen erstellt und kann bundesweit genutzt werden[144]. Es nutzt die vom Bundesministerium des Innern (BMI) entwickelte BundOnline Basiskomponente Datensicherheit (virtuelle Poststelle)[145]. Mit dem EGVP können elektronische Dokumente rechtswirksam an alle teilnehmenden Gerichte und Behörden schnell und sicher übermittelt werden[146]. Vorteil der EGVP-Infrastruktur ist, dass durch die EGVP-Software eine automatische kryptografische Verschlüsselung der Nachricht mit der Schriftformwahrung durch die qeS vereint wird, also nur ein Programm hierfür erforderlich ist. Hinzu kommt die Möglichkeit signierter Eingangsbestätigungen[147].

c) Funktionsweise

Um das EGVP nutzen zu können, müssen zunächst die technischen und organisatorischen Voraussetzungen, insbesondere in Form von Hard- und Software, getroffen werden. Die EGVP-Software selbst kann unter www.egvp.de heruntergeladen werden. Um die Infrastruktur nutzen zu dürfen, ist jedoch eine Anmeldung bei einem Registrierungsdienst erforderlich, durch die die angegebenen Daten in ein zentrales Adressbuch aufgenommen werden[148]. Zusätzlich sind die für die Erzeugung einer qeS erforderlichen Mittel (Kartenlesegerät und Signaturkarte)[149] sowie

---

der öffentlichen Verwaltung – Chancen, Einsatzoptionen, rechtliche Handlungsspielräume, Band 1, 2011, S. 24; *C. Hoffmann/Borchers*, CR 2014, 62 (66).

142 Vgl. hierzu *C. Hoffmann u. a.*, Der *E-POSTBRIEF* in der öffentlichen Verwaltung – Chancen, Einsatzoptionen, rechtliche Handlungsspielräume, Band 1, 2011, S. 22 f.

143 Siehe zum Hintergrund und den Zielen des EGVP www.egvp.de/beh_allgemeine_info/index.php#Hintergrund.

144 Vgl. Fn. 143. *Rudisile*, in: Schoch/Schneider/Bier (Hrsg.), VwGO, Stand: 25. Erg.-Lfg. 2013, § 55a Rn. 67; *Berlit*, jurPC Web-Dok. 13/2006, Abs. 11. Siehe auch das Video „EGVP – Das elektronische Gerichts- und Verwaltungspostfach – ein Blick hinter die Kulissen“ (Fn. 139).

145 Siehe Fn. 143.

146 Siehe Fn. 143.

147 Siehe zu Nutzen und Vorteilen des EGVP www.egvp.de/beh_allgemeine_info/index.php#Hintergrund.

148 Siehe Fn. 144.

149 Siehe zur qeS bereits Gliederungspunkt Teil II: A. II. 2.

ein Software- oder Hardwarezertifikat (ebenfalls Signaturkarte) für die Ver- und Entschlüsselung erforderlich[150].

Die Bedienung der EGVP-Software ähnelt der eines herkömmlichen E-Mail-Programms[151], kann aber nicht über ein solches erfolgen[152]. Nachrichten werden bei der Versendung über das EGVP im OSCI-Format[153] über einen Intermediär gesendet. OSCI (Online Services Computer Interface) ist ein Protokollstandard für das E-Government, der gegenüber bisherigen Kommunikationsprotokollen durch die Trennung von Nutz- und Inhaltsdaten der Nachricht beim Transport erhöhte Sicherheit bietet[154]. Die Nachrichten werden über eine gesicherte Verbindung direkt zu den von der virtuellen Poststelle des Bundes (VPS) vorgehaltenen Postfächern versendet[155].

Das elektronische Formular kann mittels eines Lesegerätes und einer Signaturkarte mit einer sog. Containersignatur, also einer Signatur, die sich auf die gesamte Nachricht und nicht auf einzelne darin enthaltene Dateien bezieht, qualifiziert elektronisch signiert werden, was jedoch nicht automatisch geschieht[156].

Das System arbeitet automatisch mit dem „Prinzip des doppelten Umschlags", sodass die signierte Nachricht in einem Sicherheitscontainer bzw. Umschlag für den Empfänger verwahrt wird, der sich während des Transportes wiederum in einem weiteren Sicherheitscontainer bzw. Transportumschlag befindet. Eine unverschlüsselte Versendung von Nachrichten ist über das EGVP nicht möglich[157]. In dieser Form kommt die Nachricht zum Intermediär. Hier wird lediglich der Transportumschlag geöffnet, damit der Intermediär die Zustelldaten und die Zustellbedingungen erfahren kann. Der zweite Umschlag wird ungeöffnet in einem neuen Transportumschlag an den Empfänger übermittelt und dort aufbewahrt. Hier werden dann der Transportumschlag und der zweite Umschlag vom Empfänger geöffnet. Abschließend werden dem nun vorliegenden elektronischen Formular die Daten des Empfängers entnommen und die qeS geprüft[158].

Durch diese Verfahrensweise, insbesondere durch das „Prinzip des doppelten Umschlags", kann eine Ende-zu-Ende-Verschlüsselung der über das EGVP versendeten

---

150 Siehe hierzu die technischen Voraussetzungen des EGVP unter www.egvp.de/technik/index.php.

151 *Hadidi/Mödl*, NJW 2010, 2097 (2098); *Berlit*, jurPC Web-Dok. 13/2006, Abs. 17.

152 *Berlit*, jurPC Web-Dok. 13/2006, Abs. 14.

153 *Rudisile*, in: Schoch/Schneider/Bier (Hrsg.), VwGO, Stand: 25. Erg.-Lfg. 2013, § 55a Rn. 67; *Berlit*, JurPC Web-Dok. 13/2006, Abs. 11.

154 *Rudisile*, in: Schoch/Schneider/Bier (Hrsg.), VwGO, Stand: 25. Erg.-Lfg. 2013, § 55a Rn. 67 (Fn. 12).

155 *Rudisile*, in: Schoch/Schneider/Bier (Hrsg.), VwGO, Stand: 25. Erg.-Lfg. 2013, § 55a Rn. 67.

156 *Berlit*, jurPC Web-Dok. 13/2006, Abs. 12.

157 *Berlit*, jurPC Web-Dok. 13/2006, Abs. 22.

158 Im Video „EGVP – Das elektronische Gerichts- und Verwaltungspostfach – ein Blick hinter die Kulissen" findet sich eine Grafik (Fn. 139).

Nachricht gewährleistet werden.[159] Eine unter Umständen erforderliche Schriftform wird gem. § 3a Abs. 2 VwVfG durch die qeS, die der versendeten Nachricht anhaftet, erfüllt[160]. Die Einhaltung von Fristen ist durch die Anbringung und Prüfung eines Zeitstempels möglich und kann durch den Quittungsmechanismus, der wie ein Einschreiben funktioniert („elektronisches Einschreiben"), durch eine qualifiziert signierte Eingangsbestätigung bewiesen werden[161].

d) Zugangszeitpunkt und Zugangseröffnung

Der Zugang eines über die EGVP-Infrastruktur versendeten Dokuments richtet sich nach den allgemeinen Regelungen für elektronische Zugangsformen. Es kann hier deshalb hinsichtlich des Zugangszeitpunkts auf die Ausführungen zur E-Mail verwiesen werden[162].

Fraglich ist jedoch, wann der elektronische Zugang für die Kommunikation via EGVP überhaupt als eröffnet gilt. Dass eine solche erforderlich ist, gibt, da die Kommunikation über das EGVP unzweifelhaft elektronisch erfolgt, § 3a Abs. 1 VwVfG ausdrücklich vor.

Zu fragen bleibt, wann eine Zugangseröffnung anzunehmen ist. Hierbei kann man sich an den Regeln für die Eröffnung eines elektronischen Zugangs, bspw. eines Zugangs für die E-Mail-Kommunikation, orientieren[163].

Die Annahme einer Zugangseröffnung schon dann, wenn der EGVP-Nutzer in das EGVP-Verzeichnis eingetragen ist, scheint hier zu weitreichend[164], da eine Registrierung mit anschließender Eintragung in das EGVP-Adressverzeichnis verpflichtend ist[165]. Der EGVP-Nutzer hätte also folglich keine Möglichkeit, die EGVP-Software zu installieren, ohne hierfür auch einen Zugang zu eröffnen. Aus der Schaffung der technischen Voraussetzungen würde dann immer auch zwangsläufig eine Zugangseröffnung folgen. Für diese ist neben der für den Zugang erforderlichen Bereitstellung der technischen Vorkehrungen aber eben auch eine Widmung, die erklärt, dass

159 Die Grafik stammt aus dem Video „EGVP – Das elektronische Gerichts- und Verwaltungspostfach – ein Blick hinter die Kulissen" (Fn. 139).

160 Eine sog. qualifizierte Container-Signatur, bei der die gesamte Nachricht und nicht jede Datei einzeln qualifiziert signiert ist, wird hier als ausreichend anerkannt, da mit ihr die Authentizität und die Integrität von Dokumenten als Sinn und Zweck einer qeS erreicht werden, so BGH, Beschl. v. 14. 05. 2013 – VI ZB 7/13, CR 2013, 437 f., MMR 2013, 608 f., zu § 130a ZPO. Siehe auch *Hadidi/Mödl*, NJW 2010, 2097 (2099).

161 *Rudisile*, in: Schoch/Schneider/Bier (Hrsg.), VwGO, Stand: 25. Erg.-Lfg. 2013, § 55a Rn. 67. Siehe hierzu auch das Video „EGVP – Das elektronische Gerichts- und Verwaltungspostfach – ein Blick hinter die Kulissen" (Fn. 139).

162 Siehe hierzu Gliederungspunkt Teil II: A. II. 1. d).

163 Siehe hierzu bereits Gliederungspunkt Teil II: A. II. 1. c).

164 So auch OLG Düsseldorf, Urt. v. 24. 07. 2013, Az. VI-U (Kart) 48/12, BeckRS 2013, 13235. Anders *Berlit*, jurPC Web-Dok. 13/2006, Abs. 15, 18.

165 Siehe bereits Gliederungspunkt Teil II: A. II. 3. c).

über den Zugang verbindlich Nachrichten empfangen werden sollen, erforderlich[166]. Außerdem wäre eine Beschränkung auf einzelne Verfahren oder eine Festlegung bestimmter Bedingungen für die elektronische Einreichung mittels EGVP nicht möglich, wenn nur auf den Adresseintrag im EGVP-Verzeichnis abgestellt werden würde. Diesem kann folglich nur Indizwirkung für eine Zugangseröffnung zukommen. Eine Zugangseröffnung kann jedoch unproblematisch entsprechend der Eröffnung eines Zugangs für E-Mail-Kommunikation angenommen werden, wenn der EGVP-Nutzer die Möglichkeit der Nutzung des EGVP zur elektronischen Kommunikation auf seiner Internetseite bzw. über die Liste der EGVP-Teilnehmer auf der Internetpräsenz www.egvp.de, die auf die jeweiligen Internetseiten mit einer Widmung verweist, oder in Schreiben angibt. Gleiches gilt, wenn der Nutzer von sich aus über die EGVP-Infrastruktur kommuniziert.

Bei Privatpersonen, die das EGVP i. d. R. nicht nutzen, kann ein Zugang hingegen nur dann und für das konkrete Verfahren angenommen werden, wenn diese den Zugang ausdrücklich eröffnen bzw. von sich aus über das EGVP kommunizieren[167].

e) *Wahrung von Fristen*

Das EGVP ermöglicht einen „Rund-um-die-Uhr-Zugang“ zu Behörden und Gerichten[168]. Dies bedeutet jedoch nicht, dass der Zugang i. S. d. Kenntnisnahme der über das EGVP versendeten Nachricht sofort bei Ankunft beim Empfänger, also auch außerhalb der Geschäftszeiten, anzunehmen ist. Ist jedoch für die Wahrung von Fristen der Eingang der Nachricht maßgeblich, ist die EGVP-Nachricht bei Eintreffen im Empfänger-Postfach bzw. bei Zusendung der Eingangsbenachrichtigung des empfangenden Geräts eingegangen. Bei der Eingangsbenachrichtigung handelt es sich beim EGVP nicht wie bei der E-Mail oder einem Fax um einen bloßen Sendebericht, der keinen ordnungsgemäßen Eingang nachweist[169]. Eine Fristwahrung ist somit elektronisch auch bis Mitternacht, vergleichbar mit dem Einwurf in einen Nachtbriefkasten, der die vor und nach Mitternacht eingeworfenen Sendungen trennt, möglich. Im Rahmen der anwaltlichen Sorgfaltspflichten ist ein Anwalt jedoch dazu verpflichtet, auch nachzuprüfen, ob ihm eine Eingangsmitteilung gesendet wurde, da er sonst nicht von einer fristgerechten Übermittlung ausgehen darf[170].

---

166 Siehe hierzu bereits Gliederungspunkt Teil II: A. II. 1. c).

167 Vgl. hierzu die Ausführungen zur E-Mail in Gliederungspunkt Teil II: A. II. 1. c) aa).

168 Fn. 147; *Schmitz*, in: Stelkens/Bonk/Sachs (Hrsg.), VwVfG, 8. Aufl. 2014, § 3a Rn. 16.

169 *Viefhues*, in: Kilian/Heussen (Hrsg.), Computerrecht, Stand: 32. Erg.-Lfg. 2013, 1. Abschnitt, Teil 1, Rn. 65a.

170 *Viefhues*, in: Kilian/Heussen (Hrsg.), Computerrecht, Stand: 32. Erg.-Lfg. 2013, 1. Abschnitt, Teil 1, Rn. 65a; OVG Koblenz, Urt. v. 27. 08. 2007, Az. 2 A 10 492/07, NJW 2007, 3224 f.

f) Formerfordernisse und förmliche Zustellung

Durch einen Einsatz der qeS bei der Versendung von elektronischen Dokumenten über das EGVP ist die Erfüllung der Schriftform nach der derzeitigen Fassung des § 3a Abs. 2 Satz 2 VwVfG möglich. Eine förmliche Zustellung ist aufgrund der Möglichkeit der Verwendung einer qeS nach § 5 Abs. 5 VwZG ebenfalls unproblematisch über die EGVP-Infrastruktur möglich.

g) Sicherheit

Da bei der Versendung von elektronischen Dokumenten über die EGVP-Infrastruktur die zu versendenden Dokumente mit einer qeS versehen werden können, ist es möglich, die Identität des Absenders (Authentizität) und die Unverändertheit des Dokuments (Integrität) sicherzustellen[171].

Zusätzlich ist die Vertraulichkeit der Nachricht automatisch durch das „Prinzip des doppelten Umschlags" gewährleistet, da die versendete Nachricht durch die Ende-zu-Ende-Verschlüsselung während des gesamten Versendungsvorgangs nicht eingesehen werden kann. Erst der Empfänger kann die Nachricht im Klartext lesen[172].

Des Weiteren kann durch die Anbringung und Prüfung eines Zeitstempels die Einhaltung von Fristen festgestellt werden. Der Quittungsmechanismus im Sinne eines elektronischen Einschreibens mit qeS gibt Aufschluss über den Eingang beim Empfänger[173]. Zudem wird durch die Empfangseinrichtung des Gerichts bzw. der Behörde sofort bei Eingang eine qualifiziert signierte Eingangsbestätigung erzeugt, die den Empfang und auch den Eingangszeitpunkt angibt[174].

h) Kosten

Die Übertragungssoftware des EGVP selbst wird durch den Bund kostenlos und lizenzfrei unter www.egvp.de zum Download zur Verfügung gestellt[175]. Um die vorgesehene qeS zu erzeugen, sind aber die hierfür notwendigen Mittel (bspw. Kartenlesegerät und Signaturkarte) erforderlich, die mit Kosten verbunden sind[176]. Zusätzliche Kosten entstehen i. d. R. auch für die Ver- und Entschlüsselung der Nachrichten, wofür ein Software- oder ein Hardwarezertifikat (Signaturkarte) erforderlich ist. Die Nutzung des Postfaches selbst, also vor allem das Versenden und Empfangen von Nachrichten über dieses, ist kostenfrei[177].

---

171 Siehe zur Sicherheit der qeS bereits Gliederungspunkt Teil II: A. II. 2. f).

172 Siehe Fn. 161.

173 Siehe Fn. 161.

174 Siehe Fn. 147.

175 *Schmitz*, in: Stelkens/Bonk/Sachs (Hrsg.), VwVfG, 8. Aufl. 2014, § 3a Rn. 16; technische Voraussetzungen unter www.egvp.de/technik/index.php.

176 Siehe bereits Fn. 150. Vgl. zu den durch die qeS verursachten Kosten bereits Gliederungspunkt Teil II: A. II. 2. g).

177 *Meyer-Seitz*, AnwBl 2013, 89 (89).

4. *E-Postbrief*

Der E-Postbrief ist ein rein auf privatwirtschaftlicher Initiative beruhendes Produkt der Deutschen Post AG, mit dem Nachrichten elektronisch oder als Hybridbrief, also mit elektronischer Absendung, aber klassischer papierschriftlicher Zustellung, versendet werden können[178]. Der E-Postbrief ist gesetzlich nicht explizit geregelt. Auf ihn sind deshalb die allgemeinen Vorschriften für zivilrechtlich ausgestaltete Zugangsformen anzuwenden[179]. Er erfüllt teilweise die Anforderungen des De-Mail-G[180], die Deutsche Post AG ist jedoch nicht als De-Mail-Anbieter akkreditiert und beabsichtigt dies zumindest mit dem Produkt „E-Postbrief" auch nicht mehr[181], weshalb der E-Postbrief kein De-Mail-Produkt nach dem De-Mail-Standard darstellt[182].

Da eine umfassende Darlegung aller privatwirtschaftlich angebotenen sicheren elektronischen Zugangsformen den Rahmen der Arbeit sprengen würde und aufgrund der rasanten Entwicklungen in diesem Bereich gar nicht möglich wäre, soll die Funktionsweise des elektronischen E-Postbriefs hier stellvertretend für andere sichere elektronische Zugangsformen aus dem Bereich der Privatwirtschaft ausführlich dargestellt werden.

a) *Funktionsweise*

Bei der Funktionsweise des E-Postbriefs ist zwischen dem E-Postbrief mit elektronischer und klassischer Zustellung zu differenzieren, wobei Letzterer als Mischdienst mit Elementen elektronischer und klassischer Kommunikation keinen gänzlich elektronischen Kommunikationsweg darstellt und deshalb im Folgenden nur am Rande Berücksichtigung finden wird[183].

Beide Versandarten werden über die Internetplattform www.epost.de bedient. Der Nutzer kann selbst auswählen, welche Art der Zustellung (elektronisch oder

---

178 *Luch/Tischer*, DÖV 2011, 598 (598); *C. Hoffmann/Tallich/Warnecke*, MMR 2011, 775 (775); *C. Hoffmann/Borchers*, CR 2014, 62 (66).

179 *Luch/Tischer*, DÖV 2011, 598 (598); *C. Hoffmann/Tallich/Warnecke*, MMR 2011, 775 (775); *C. Hoffmann/Borchers*, CR 2014, 62 (66).

180 *C. Hoffmann/Tallich/Warnecke*, MMR 2011, 775 (775).

181 Siehe hierzu das Interview „Kein De-Mail-Zertifikat für E-Postbrief" von Johannes Klostermeier mit Oliver Zeiler und Harald Lemke vom 22. 03. 2012, abrufbar unter www.cio.de/public-ict/communication/2308771/; *Heuzeroth*, Deutsche Post gibt Widerstand gegen De-Mail auf, abrufbar unter www.welt.de/wirtschaft/webwelt/article13906632/Deutsche-Post-gibt-Widerstand-gegen-De-Mail-auf.html. Vgl. auch eGovernment Computing „Wegen ‚unglücklich formuliertem Gesetz' – Deutsche Post steigt zum zweiten Mal bei De-Mail aus", abrufbar unter www.egovernment-computing.de/projekte/articles/401513/.

182 Zur De-Mail im Folgenden unter Gliederungspunkt Teil II: A. II. 5.

183 Siehe zu den Funktionen des E-Postbriefs *C. Hoffmann u. a.*, Der *E-POSTBRIEF* in der öffentlichen Verwaltung – Chancen, Einsatzoptionen, rechtliche Handlungsspielräume, Band 1, 2011, S. 7 ff.

klassisch) er verwenden möchte. Er kann die Entscheidung aber auch der Deutschen Post AG überlassen, die den E-Postbrief nach Möglichkeit elektronisch zustellt, wenn eine dem Absender unter Umständen nicht bekannte E-Postbrief-Adresse vorliegt. Dies ist vor allem dann von Vorteil, wenn die Adresse des Empfängers nicht im E-Postbrief Verzeichnis eingetragen wurde[184]. Ist hingegen keine E-Postbrief-Adresse vorhanden, wird der E-Postbrief mit klassischer Zustellung übermittelt. Der Absender erhält letztlich eine Benachrichtigung, wie der E-Postbrief übermittelt wurde[185].

aa) E-Postbrief mit elektronischer Zustellung

Der E-Postbrief mit elektronischer Zustellung baut auf der E-Mail-Technologie auf, ergänzt diese aber um weitere Sicherungsmaßnahmen[186]. Diese sind:

- Das Postident-Verfahren ermöglicht eine sichere Erstregistrierung der Nutzer. Nach der im Internet erfolgenden Anmeldung für die E-Postbrief-Nutzung muss der Nutzer seine Identität in einer Filiale der Deutschen Post AG verifizieren lassen, zusätzlich wird auch die Richtigkeit der angegebenen Mobilfunknummer überprüft, bevor er den E-Postbrief-Dienst nach einer Freischaltung durch die Deutsche Post AG nutzen kann. Dies führt zu einer sicheren Verknüpfung von Identität des Nutzers, seiner Meldeadresse und seiner Mobilfunknummer mit seiner E-Postbrief-Adresse, die zudem den Klarnamen des Nutzers enthält[187].
- Es besteht die Möglichkeit, eine Anmeldung beim E-Postbrief-Konto mit unterschiedlichen Sicherheitsniveaus vorzunehmen. Neben der einfachen Anmeldung mit E-Postbrief-Adresse und Passwort, kann eine sichere Anmeldung mittels dieser Daten und Eingabe einer Handy-TAN, die auf das Mobiltelefon des Nutzers geschickt wird, erfolgen. Bei dieser sicheren Art der Anmeldung werden zwei von einander unabhängige Sicherungskomponenten genutzt: Besitz (durch das Mobiltelefon) und Wissen (in Form der Zugangsdaten)[188].
- Die gesamte Kommunikation erfolgt über ein in sich geschlossenes System und nicht über offene Netze[189].

---

184 Hierzu sogleich.

185 Vgl. hierzu *C. Hoffmann u. a.*, Der *E-POSTBRIEF* in der öffentlichen Verwaltung – Chancen, Einsatzoptionen, rechtliche Handlungsspielräume, Band 1, 2011, S. 12 f.

186 *C. Hoffmann u. a.*, Der *E-POSTBRIEF* in der öffentlichen Verwaltung – Chancen, Einsatzoptionen, rechtliche Handlungsspielräume, Band 1, 2011, S. 7; *C. Hoffmann/Borchers*, CR 2014, 62 (66).

187 Siehe hierzu auch *Heckmann/Seidl/Maisch*, Adäquates Sicherheitsniveau bei der elektronischen Kommunikation, 2012, S. 100.

188 Siehe hierzu auch *Heckmann/Seidl/Maisch*, Adäquates Sicherheitsniveau bei der elektronischen Kommunikation, 2012, S. 100 f.

189 Siehe *Heckmann/Seidl/Maisch*, Adäquates Sicherheitsniveau bei der elektronischen Kommunikation, 2012, S. 98.

- Die Nachrichten werden zudem während des Transports verschlüsselt und das E-Postbrief-Portal besonders gesichert[190].
- Es werden von der Deutschen Post AG qualifiziert signierte Empfangs-, Versand- und Abrufbestätigungen erteilt.
- Es bestehen weitere Zusatzdienstleistungen, wie z. B. die Möglichkeit des Einschreibens[191].

bb) E-Postbrief mit klassischer Zustellung (Hybridbrief)

Der E-Postbrief mit klassischer Zustellung (Hybridbrief) stellt eine Kombination der elektronischen Kommunikation und der klassischen Briefpost dar. Der E-Postbrief mit klassischer Zustellung wird zwar wie bei der elektronischen Variante versendet, die zu übermittelnde Nachricht wird jedoch nicht elektronisch zugestellt, sondern durch die Deutsche Post AG ausgedruckt, kuvertiert, frankiert und klassisch mit der Briefpost zugestellt[192]. Die Variante des Hybridbriefs stellt somit eine Zwischenebene zwischen der voll elektronischen Nachricht und der klassischen Briefpost dar[193]. So kann der E-Postbrief auch dann genutzt und elektronisch aufgegeben werden, wenn der Empfänger kein E-Postbrief-Konto bzw. keine E-Postbrief-Adresse besitzt. Der E-Postbrief ist deshalb zurzeit das einzige Kommunikationsmittel, das elektronische und hybride Briefkommunikation verbindet[194].

cc) Zusätzliche Dienste

(1) Adressverzeichnis

Zusätzlich bietet das E-Postbrief-Portal ein Adressverzeichnis an, in das sich alle registrierten Kunden des E-Postbriefs[195] freiwillig[196], vergleichbar mit einem Telefonbuch, eintragen lassen können. Durch dieses Verzeichnis ist es möglich, E-Postbrief-Adressen anderer Nutzer, bspw. über die Postanschrift und den Namen,

---

190 Siehe hierzu auch *Heckmann/Seidl/Maisch,* Adäquates Sicherheitsniveau bei der elektronischen Kommunikation, 2012, S. 9897 ff.

191 Vgl. zu den zusätzlichen Sicherungsmitteln des E-Postbriefs allgemein *C. Hoffmann u. a.*, Der *E-POSTBRIEF* in der öffentlichen Verwaltung – Chancen, Einsatzoptionen, rechtliche Handlungsspielräume, Band 1, 2011, S. 7.

192 *C. Hoffmann u. a.*, Der *E-POSTBRIEF* in der öffentlichen Verwaltung – Chancen, Einsatzoptionen, rechtliche Handlungsspielräume, Band 1, 2011, S. 8.

193 *C. Hoffmann u. a.*, Der *E-POSTBRIEF* in der öffentlichen Verwaltung – Chancen, Einsatzoptionen, rechtliche Handlungsspielräume, Band 1, 2011, S. 8 f.

194 *C. Hoffmann u. a.*, Der *E-POSTBRIEF* in der öffentlichen Verwaltung – Chancen, Einsatzoptionen, rechtliche Handlungsspielräume, Band 1, 2011, S. 11.

195 Vgl. § 4 der Datenschutzhinweise.

196 Anders als bspw. beim EGVP. Siehe hierzu bereits Gliederungspunkt Teil II: A. II. 3. c).

ausfindig zu machen, um den E-Postbrief mit elektronischer Zustellung nutzen zu können[197].

(2) Zusatzoptionen zur Nachweisbarkeit des Zugangs

Des Weiteren besteht durch diverse Zusatzoptionen die Möglichkeit, die Nachweisbarkeit des Zugangs der mit dem E-Postbrief übermittelten Daten zu erhöhen[198].

Für die elektronische Variante existieren die Optionen „Einschreiben Einwurf", „Einschreiben mit Empfangsbestätigung", „persönlich verschlüsselt" und „persönlich signiert"[199].

Da die versendete Nachricht letztlich als normaler Brief beim Empfänger eingeht, bestehen für den E-Postbrief mit klassischer Zustellung für den Versand dieselben Zusatzoptionen wie für den klassischen Briefverkehr (Einschreiben, Einschreiben Einwurf, Einschreiben eigenhändig, Einschreiben Rückschein, Einschreiben eigenhändig Rückschein) auch[200].

(3) Gateway

Damit Geschäftskunden und deren Mitarbeiter über ihre bestehende E-Mail-Infrastruktur auch E-Postbriefe versenden und empfangen können, stellt die Deutsche Post AG hierfür ein Gateway zur Verfügung, das den E-Postbrief-Verkehr für alle Mitarbeiter des Geschäftskunden abwickelt. Dies geschieht über eine oder mehrere Subdomains[201]. Die Authentifizierung erfolgt hierbei über einen nicht kopierbaren kryptografischen Schlüssel (Smartcard)[202].

---

197 Vgl. hierzu *C. Hoffmann u. a.*, Der *E-POSTBRIEF* in der öffentlichen Verwaltung – Chancen, Einsatzoptionen, rechtliche Handlungsspielräume, Band 1, 2011, S. 12.

198 Vgl. hierzu *C. Hoffmann u. a.*, Der *E-POSTBRIEF* in der öffentlichen Verwaltung – Chancen, Einsatzoptionen, rechtliche Handlungsspielräume, Band 1, 2011, S. 12.

199 Vgl. hierzu *C. Hoffmann u. a.*, Der *E-POSTBRIEF* in der öffentlichen Verwaltung – Chancen, Einsatzoptionen, rechtliche Handlungsspielräume, Band 1, 2011, S. 12.

200 Vgl. hierzu *C. Hoffmann u. a.*, Der *E-POSTBRIEF* in der öffentlichen Verwaltung – Chancen, Einsatzoptionen, rechtliche Handlungsspielräume, Band 1, 2011, S. 12.

201 Unter einer *Domain* (engl. Bereich) versteht man einen zusammenhängenden Teilbereich des hierarchischen *Domain Name Systems* bei der Vergabe von Internetadressen, bspw. www.epost.de. Eine *Subdomain* steht in der Hierarchie unter der Hauptdomain, ist also eine Unter-Internetadresse, die zu einer Haupt-Internetadresse gehört, bspw. www.epost.de/mail. Definition angelehnt an den Wikipedia-Eintrag „Domain (Internet)", abrufbar unter http://de.wikipedia.org/wiki/Domain_%28Internet%29#Subdomain.

202 Vgl. hierzu *C. Hoffmann u. a.*, Der *E-POSTBRIEF* in der öffentlichen Verwaltung – Chancen, Einsatzoptionen, rechtliche Handlungsspielräume, Band 1, 2011, S. 13.

b) Zugang

Wie bei jeder elektronischen Kommunikationsform muss auch für den E-Postbrief nach § 3a Abs. 1 VwVfG der elektronische Zugang eröffnet werden. Hierfür ist zunächst die Eröffnung eines E-Postbrief-Accounts erforderlich, der zudem durch die Deutsche Post AG nach erfolgreicher Identifizierung des Nutzers freigeschaltet wurde[203].

Die ebenfalls erforderliche Widmung erfolgt wie bei der einfachen E-Mail[204].

Fraglich ist jedoch, ob auch schon in der Veröffentlichung der E-Postbrief-Adresse im öffentlichen Adressverzeichnis für E-Postbrief-Adressen eine Widmung gesehen werden kann.

Hierbei ist zwischen Behörden bzw. Geschäftsleuten und Privatpersonen zu differenzieren. Bei Behörden wird bereits heute eine Zugangseröffnung bejaht, wenn diese ihre E-Mail-Adressen in öffentlich zugänglichen Verzeichnissen veröffentlichen[205]. Zudem erfolgt die Eintragung der E-Postbrief-Adresse im öffentlichen Verzeichnis nicht ohne die Einwilligung des Nutzers, sodass die Veröffentlichung im Verzeichnis ein aktives Tätigwerden voraussetzt, das als konkludente Widmung angesehen werden kann[206]. Gleiches muss für Geschäftspersonen gelten, da die geschäftliche E-Postbrief-Adresse i. d. R. gerade dazu dient, auch rechtsverbindliche Nachrichten, die das Geschäft betreffen, also auch Behördenpost, zu erhalten.

Bei Privatpersonen ist dies jedoch anders zu beurteilen, da diese nicht damit rechnen, dass sie mit der Veröffentlichung der E-Postbrief-Adresse auch darin einwilligen, auf diesem Wege Behördenpost zu erhalten. Hierüber erfolgt auch keine Belehrung. Auch eine zeitliche und sachliche Einschränkung ist auf diesem Wege nicht möglich, sodass man bei Privatpersonen bei bloßer Veröffentlichung der E-Postbrief-Adresse im Adressverzeichnis nicht von einer Zugangseröffnung ausgehen kann[207].

---

203 *C. Hoffmann/Tallich/Warnecke,* MMR 2011, 775 (776). Siehe hierzu ausführlich *C. Hoffmann u. a.*, Der *E-POSTBRIEF* in der öffentlichen Verwaltung – Chancen, Einsatzoptionen, rechtliche Handlungsspielräume, Band 1, 2011, S. 98.

204 *C. Hoffmann u. a.*, Der *E-POSTBRIEF* in der öffentlichen Verwaltung – Chancen, Einsatzoptionen, rechtliche Handlungsspielräume, Band 1, 2011, S. 99 f., nehmen hier jedoch bei Angabe der E-Postbrief-Adresse eine Zugangseröffnung deshalb an, da die Eröffnung eines E-Postbrief-Kontos erheblichen Aufwand erfordert, der auch Privatpersonen die Verbindlichkeit des Handelns verdeutlichen sollte.

205 *C. Hoffmann/Tallich/Warnecke,* MMR 2011, 775 (777); *C. Hoffmann u. a.*, Der *E-POSTBRIEF* in der öffentlichen Verwaltung – Chancen, Einsatzoptionen, rechtliche Handlungsspielräume, Band 1, 2011, S. 100; *Schmitz,* in: Stelkens/Bonk/Sachs (Hrsg.), VwVfG, 8. Aufl. 2014, § 3a Rn. 14.

206 *C. Hoffmann/Tallich/Warnecke,* MMR 2011, 775 (777); *C. Hoffmann u. a.*, Der *E-POSTBRIEF* in der öffentlichen Verwaltung – Chancen, Einsatzoptionen, rechtliche Handlungsspielräume, Band 1, 2011, S. 100.

207 *C. Hoffmann/Tallich/Warnecke,* MMR 2011, 775 (777); *C. Hoffmann u. a.*, Der *E-POSTBRIEF* in der öffentlichen Verwaltung – Chancen, Einsatzoptionen, rechtliche Handlungsspielräume, Band 1, 2011, S. 100 f.

Der Zugangszeitpunkt eines elektronischen E-Postbriefs bestimmt sich wie bei der einfachen E-Mail nach den allgemeinen Vorschriften, also insbesondere § 130 Abs. 1 BGB. Beim elektronischen E-Postbrief ist die Nachricht zugegangen, wenn die Nachricht in der Mailbox des Empfängers abgelegt und regelmäßig mit Kenntnisnahme zu rechnen ist. Da sich der E-Postbrief-Nutzer durch die Allgemeinen Geschäftsbedingungen (AGB) dazu verpflichtet hat, sein Nutzerkonto werktäglich zu kontrollieren (§ 6 Abs. 3 AGB Privatkunden[208]), kann davon ausgegangen werden, dass am Werktag nach Eingang der Nachricht der Zugang erfolgt. Geschäftskunden müssen ihr Nutzerkonto sogar regelmäßig während der üblichen Geschäftszeiten, ansonsten mit Beginn dieser kontrollieren, sodass i. d. R. noch mit Zugang am selben Tag zu rechnen sein wird (§ 7 Abs. 3 AGB Geschäftskunden[209]), was der Zugangsbestimmung bei der einfachen E-Mail entspricht[210].

Für Verwaltungsakte, die mittels E-Postbrief bekannt gegeben werden, gilt die Drei-Tages-Fiktion des § 41 Abs. 2 Satz 2 VwVfG für die Bekanntgabe elektronischer Verwaltungsakte. Der Empfänger kann sich jedoch gegebenenfalls auf einen früheren Zugang berufen[211].

Für den E-Postbrief mit klassischer Zustellung ist lediglich ein Zugang für normale Briefpost, also keine besondere elektronische Zugangseröffnung erforderlich[212]. Der Zugangs- bzw. Bekanntgabezeitpunkt richtet sich nach den allgemeinen Regeln für die schriftliche Briefpost analog[213].

c) Sicherheit

Da bei Erstellung des E-Postbrief-Kontos eine Identitätsprüfung des Nutzers über das Postident-Verfahren erfolgt, die zu einer dauerhaften Verknüpfung der E-Postbrief-Adresse mit dem Inhaber sowie dessen Meldeadresse führt, kann die Identität des Absenders bei einer sicheren Anmeldung, also die Authentizität der Nachricht, gewährleistet werden[214].

---

208 Abrufbar unter www.epost.de/privatkunden/footer/rechtliches/agb.html.

209 Abrufbar unter www.epost.de/content/dam/dp/dokumente/rechtliches/agb-e-postbrief-gk.pdf.

210 *C. Hoffmann u. a.*, Der *E-POSTBRIEF* in der öffentlichen Verwaltung – Chancen, Einsatzoptionen, rechtliche Handlungsspielräume, Band 1, 2011, S. 103 f.

211 *C. Hoffmann u. a.*, Der *E-POSTBRIEF* in der öffentlichen Verwaltung – Chancen, Einsatzoptionen, rechtliche Handlungsspielräume, Band 1, 2011, S. 104.

212 *C. Hoffmann u. a.*, Der *E-POSTBRIEF* in der öffentlichen Verwaltung – Chancen, Einsatzoptionen, rechtliche Handlungsspielräume, Band 1, 2011, S. 129.

213 *C. Hoffmann u. a.*, Der *E-POSTBRIEF* in der öffentlichen Verwaltung – Chancen, Einsatzoptionen, rechtliche Handlungsspielräume, Band 1, 2011, S. 130 ff., 144 f. Siehe zum Zugang bei der Briefkommunikation bereits Gliederungspunkt Teil II: A. I. 3. b).

214 *C. Hoffmann/Tallich/Warnecke*, MMR 2011, 775 (777); *Heckmann/Seidl/Maisch*, Adäquates Sicherheitsniveau bei der elektronischen Kommunikation, 2012, S. 100 f.;

Die Unverändertheit der Nachricht, also die Integrität der Nachricht, kann ebenfalls durch den E-Postbrief gewährleistet werden. Dies ist zum einen dadurch möglich, dass E-Postbrief-Nachrichten verschlüsselt über ein geschlossenes System übertragen werden. Zum anderen erhält jede Nachricht bei Versendung eine qeS der Deutschen Post AG. Diese gibt der Deutschen Post AG Aufschluss darüber, ob die Verkehrsdaten oder der Inhalt der Nachricht manipuliert wurden[215]. Eine Ende-zu-Ende-Verschlüsselung ist zusätzlich möglich[216]. Außerdem geben die qualifiziert elektronischen Sende-, Empfangs- oder Abholbestätigungen, die auch die Prüfsumme der versendeten Nachricht enthalten, Auskunft über eine eventuelle Manipulation[217].

Der herkömmliche elektronische E-Postbrief wird zwar über ein geschlossenes System übertragen[218], was im Vergleich zur einfachen E-Mail sicherer ist, die Nachricht liegt jedoch auf dem E-Postbrief-Portal kurzzeitig unverschlüsselt vor[219], bspw. zur Prüfung auf Viren und Schadsoftware. Außerdem ist es zumindest theoretisch nicht ausgeschlossen, dass Nachrichten abgefangen werden, weil das Endgerät oder die Transportverschlüsselung zwischen dem Client oder Portalserver kompromittiert wurden[220]. Die Verkehrsdaten, also bspw. die Angaben zu Absender und Empfänger, können aufgrund des geschlossenen Systems, über das der E-Postbrief versendet wird, nicht von außen eingesehen werden[221]. Zum einen existiert eine Portalverschlüsselung, die bspw. für die Erstellung von Nachrichten und das Hochladen von Dateien eine Punkt-zu-Punkt-Verschlüsselung ermöglicht, die die Nachricht des Absenders vom Nutzer-Client zum Server des E-Postbrief-Portals sichert[222]. Zum anderen ist die Nachricht bei der Versendung durch das geschlossene System und die Transportverschlüsselung geschützt[223]. Der einfache E-Postbrief

C. Hoffmann/Borchers, CR 2014, 62 (66). Siehe zum Identifizierungsverfahren bereits Gliederungspunkt Teil II: A. II. 4. a).

215 *Heckmann/Seidl/Maisch,* Adäquates Sicherheitsniveau bei der elektronischen Kommunikation, 2012, S. 100; *C. Hoffmann/Borchers,* CR 2014, 62 (66).

216 *Heckmann/Seidl/Maisch,* Adäquates Sicherheitsniveau bei der elektronischen Kommunikation, 2012, S. 99; *C. Hoffmann/Borchers,* CR 2014, 62 (66).

217 *C. Hoffmann u. a.,* Der *E-POSTBRIEF* in der öffentlichen Verwaltung – Chancen, Einsatzoptionen, rechtliche Handlungsspielräume, Band 1, 2011, S. 8.

218 *Heckmann/Seidl/Maisch,* Adäquates Sicherheitsniveau bei der elektronischen Kommunikation, 2012, S. 105.

219 *Heckmann/Seidl/Maisch,* Adäquates Sicherheitsniveau bei der elektronischen Kommunikation, 2012, S. 105.

220 *Heckmann/Seidl/Maisch,* Adäquates Sicherheitsniveau bei der elektronischen Kommunikation, 2012, S. 105.

221 *Heckmann/Seidl/Maisch,* Adäquates Sicherheitsniveau bei der elektronischen Kommunikation, 2012, S. 105.

222 *Heckmann/Seidl/Maisch,* Adäquates Sicherheitsniveau bei der elektronischen Kommunikation, 2012, S. 98.

223 *Heckmann/Seidl/Maisch,* Adäquates Sicherheitsniveau bei der elektronischen Kommunikation, 2012, S. 105.

bietet keine Ende-zu-Ende-Verschlüsselung[224]. Da mit dem E-Postbrief jedoch alle Arten von Dateien versendet werden können, ist auch die Versendung von manuell durch den Nutzer verschlüsselten Dateien durchaus möglich[225]. Beim Angebot „E-Postbrief End-To-End" erfolgt dagegen immer eine Ende-zu-Ende-Verschlüsselung der Nachricht, sodass die Vertraulichkeit der Nachricht während des kompletten Versendungsvorgangs gewährleistet ist[226].

d) Formvorschriften

,kann der E-Postbrief aufgrund des Grundsatzes der Nichtförmlichkeit des Verwaltungsverfahrens aus § 10 VwVfG mit beiden Zustellungsarten unproblematisch im Verwaltungsverfahren genutzt werden.

Liegt jedoch ein Schriftformerfordernis vor, kann bei elektronischer Übermittlung die Schriftform zurzeit nur durch eine qeS ersetzt werden (§ 3a Abs. 2 VwVfG). Eine Nutzung des E-Postbriefs mit elektronischer Zustellung ist folglich nur mit einer solchen zusätzlichen qeS möglich[227]. Diese wird beim Versenden eines E-Postbriefs nicht automatisch angefügt, einer Einbindung der qeS in das E-Postbrief-Konzept durch den E-Postbrief-Nutzer steht jedoch nichts entgegen[228]. Durch die Neuregelung des § 3a VwVfG im Zuge des Inkrafttretens des EGovG und der damit einhergehenden Gesetzesänderung des § 3a VwVfG[229] kann die Schriftform nun auch gem. § 3a Abs. 2 Satz 4 Nr. 4 VwVfG durch sonstige sichere Verfahren, die durch Rechtsverordnung der Bundesregierung mit Zustimmung des Bundesrates festgelegt werden und welche den Datenübermittler (Absender der Daten) authentifizieren und die Integrität des elektronisch übermittelten Datensatzes sowie die Barrierefreiheit gewährleisten, ersetzt werden. Unter diese technikneutrale Definition könnte grundsätzlich auch der E-Postbrief gefasst werden, da dieser, wie bereits erörtert, in der Lage ist, diese Voraussetzungen zu erfüllen. Die Normierung des elektronischen E-Postbriefs in der Rechtsverordnung nach § 3a Abs. 2 Satz 4 Nr. 4 VwVfG ist deshalb zu erwarten[230]. Der Erlass der Rechtsverordnung ist jedoch zurzeit noch nicht absehbar.

---

224 *Heckmann/Seidl/Maisch,* Adäquates Sicherheitsniveau bei der elektronischen Kommunikation, 2012, S. 105.

225 Siehe bereits Fn. 216.

226 Siehe hierzu die Produktbeschreibung *E-POSTBRIEF END-TO-END* auf der E-Postbrief-Plattform der Deutschen Post AG unter www.epost.de/privatkunden/end2end.html. Siehe hierzu auch DuD Report 2013, 332 f.

227 *C. Hoffmann u. a.,* Der *E-POSTBRIEF* in der öffentlichen Verwaltung – Chancen, Einsatzoptionen, rechtliche Handlungsspielräume, Band 1, 2011, S. 113.

228 Vgl. hierzu *C. Hoffmann u. a.,* Der *E-POSTBRIEF* in der öffentlichen Verwaltung – Chancen, Einsatzoptionen, rechtliche Handlungsspielräume, Band 1, 2011, S. 12.

229 BGBl I 2013, S. 2749 ff.

230 *C. Hoffmann/Borchers,* CR 2014, 62 (66). Siehe zu einem Anspruch auf Erlass einer Rechtsverordnung nach § 3a Abs. 2 S. 4 Nr. 4 VwVfG bzw. die Aufnahme in diese *S. E. Schulz/Tischer,* Ansprüche auf Tätigwerden des Verordnungsgebers und Rechtsschutz, dargestellt am Beispiel der Verordnungsermächtigung in § 3a Abs. 2 Satz 4 Nr. 4 VwVfG, im Erscheinen.

Eine Nutzung des E-Postbriefs mit hybrider Zustellung ist hingegen unter Wahrung der Schriftform möglich, da § 3a VwVfG bei dieser Art der Zustellung nicht gilt[231]. § 3a VwVfG stellt beim Begriff der elektronischen Zustellung nicht auf die Form der Übertragung, sondern auf die intendierte Perpetuierung der Nachricht, also auf die Zustellung der Nachricht in Papierform, ab[232]. Da der E-Postbrief als Hybridbrief nicht elektronisch beim Adressaten ankommt, sondern ausgedruckt, kuvertiert und frankiert im Briefkasten des Empfängers eingeht, ist der Anwendungsbereich des § 3a VwVfG wie auch beim Tele- bzw. Computerfax beim E-Postbrief mit hybrider Zustellung nicht eröffnet. Es müssen hierbei lediglich die Funktionen der Schriftform erfüllt sein. Dies ist beim E-Postbrief mit hybrider Zustellung der Fall[233], sodass eine Nutzung des E-Postbriefs nur ausscheidet, wenn eine eigenhändige Unterschrift gesetzlich vorgeschrieben ist, da der E-Postbrief eine solche auch bei hybrider Zustellung nicht gewährleisten kann[234].

e) Kosten

Die Eröffnung eines E-Postbrief-Kontos ist kostenlos. Im Gegensatz zur kostenfreien E-Mail-Kommunikation kostet die Versendung eines E-Postbriefs sowohl in elektronischer als auch in klassischer Form so viel wie ein klassischer Brief (bis 20 Megabyte [MB] bzw. 20 Gramm). Bei größeren Dateien oder höherem Gewicht sowie bei Zusatzleistungen wie der Versendung als Einschreiben oder farbigen Ausdrucken werden zusätzliche Kosten fällig[235].

Diese Kosten können bei Privatkunden nur über ein Guthabenkonto der Deutsche Post Zahlungsdienste GmbH beglichen werden. Für eine Versendung von E-Postbriefen ist deshalb das Guthabenkonto zuvor mit einem beliebigen Betrag aufzuladen. Bei Geschäftskunden und der öffentlichen Verwaltung erfolgt die Abrechnung hingegen nach § 6 der Allgemeinen Geschäftsbedingungen für Geschäftskunden per Rechnung (Absatz 4) oder auf Wunsch auch per Lastschrift (Absatz 6)[236].

---

231 *C. Hoffmann u. a.*, Der *E-POSTBRIEF* in der öffentlichen Verwaltung – Chancen, Einsatzoptionen, rechtliche Handlungsspielräume, Band 1, 2011, S. 134; *Luch/Tischer*, DÖV 2011, 598 (603); *C. Hoffmann/Tallich/Warnecke*, MMR 2011, 775 (778 f.).

232 *C. Hoffmann u. a.*, Der *E-POSTBRIEF* in der öffentlichen Verwaltung – Chancen, Einsatzoptionen, rechtliche Handlungsspielräume, Band 1, 2011, S. 134; *Fehling*, in: ders./Kastner/Störmer (Hrsg.), Verwaltungsrecht, 3. Aufl. 2013, § 64 VwVfG Rn. 11; *Schmitz*, in: Stelkens/Bonk/Sachs (Hrsg.), VwVfG, 8. Aufl. 2014, § 3a Rn. 7.

233 *C. Hoffmann u. a.*, Der *E-POSTBRIEF* in der öffentlichen Verwaltung – Chancen, Einsatzoptionen, rechtliche Handlungsspielräume, Band 1, 2011, S. 133.

234 *C. Hoffmann u. a.*, Der *E-POSTBRIEF* in der öffentlichen Verwaltung – Chancen, Einsatzoptionen, rechtliche Handlungsspielräume, Band 1, 2011, S. 137.

235 Vgl. die Preisliste zum E-Postbrief unter www.epost.de/privatkunden/epostbrief/preise.html.

236 Siehe hierzu die Allgemeinen Geschäftsbedingungen zur Nutzung des *E-POSTBRIEF* Portals (Geschäftskunden), abrufbar unter www.epost.de/content/dam/dp/dokumente/rechtliches/agb-e-postbrief-gk.pdf.

5. *De-Mail*

a) Begriff

De-Mail-Dienste sind gem. § 1 Abs. 1 De-Mail-G Dienste auf einer elektronischen Kommunikationsplattform, die einen sicheren, vertraulichen und nachweisbaren Geschäftsverkehr für jedermann im Internet sicherstellen sollen. Sie müssen eine sichere Anmeldung, die Nutzung eines Postfach- und Versanddienstes für sichere elektronische Post sowie die Nutzung eines Verzeichnisdienstes gewährleisten und werden von einem nach dem De-Mail-G akkreditierten Diensteanbieter betrieben (§ 1 Abs. 2 De-Mail-G).

b) Zielsetzung des De-Mail-G

Die Zielsetzung des De-Mail-G liegt darin, einen Rechtsrahmen für geprüfte und akkreditierte Internetdienste zu erstellen, die ausreichend Sicherheit, Datenschutz und Vertrauen gewährleisten, um eine Grundlage für einen rechtssicheren elektronischen Rechtsverkehr zu schaffen[237].

c) Gesetzliche Grundlage und Gesetzgebungsverfahren

2006 startete das Projekt „Bürgerportale" als Teil der High-Tech-Strategie und des E-Government-Programms der damaligen Bundesregierung[238] mit dem Ziel, einen sicheren elektronischen Rechtsverkehr zu schaffen[239]. Die Grundidee und die Konzeption der „Bürgerportale" wurden vom BMI, unterstützenden Beratungsunternehmen[240] und dem BSI entwickelt[241]. Verantwortlich für das Projekt war das BMI. Das

237 *Roßnagel*, CR 2011, 23 (23); *Warnecke*, MMR 2010, 227 (227); *Stach*, DuD 2008, 184 (184 f.).

238 *Roßnagel*, CR 2011, 23 (23); *ders.*, NJW 2011, 1473 (1473).

239 *Rose*, K&R 2011, 439 (440).

240 U. a. dem US-amerikanischen Unternehmen CSC, was insbesondere im Rahmen der NSA-Ausspähaffäre für nachträgliche Diskussionen sorgte, vgl. hierzu die Meldungen „Bundesregierung kooperiert mit US-Geheimdienstfirma - Brisante Deals mit umstrittenem Partner" (Autor: Christian Fuchs) vom 15. 11. 2013 auf tagesschau.de, abrufbar unter www.tagesschau.de/inland/csc-bundesregierung100.html, „Deutschland vergibt Aufträge an US-Spionagefirma" (Autoren: Christian Fuchs, John Goetz, Frederik Obermaier und Bastian Obermayer) ebenfalls vom 15. 11. 2013 auf Süddeutsche.de, abrufbar unter www.sueddeutsche.de/politik/csc-konzern-deutschland-vergibt-auftraege-an-us-spionagefirma-1.1820085, und „CSC in alle großen IT-Vorhaben eingebunden: De-Mail, nPa, ePa, Staatstrojaner, Waffenregister, E-Gerichtsakte, E-Strafregister" (Autor: Matthias Monroy) vom 18. 11. 2013 auf netzpolitik.org, abrufbar unter http://netzpolitik.org/2013/csc-in-alle-grossen-it-vorhaben-eingebunden-de-mail-npa-epa-staatstrojaner-waffenregister-e-gerichtsakte-e-strafregister/.

241 *Roßnagel*, CR 2011, 23 (23 f.).

BSI stand bei der Entwicklung des Projektes dem BMI unterstützend bei[242]. Während der Entwicklung wurden Gutachten eingeholt und Marktanalysen erstellt[243]. Letztlich wurde dann die Projektgruppe „Verfassungsvertragliche Technikgestaltung (provet)" mit der Ausarbeitung eines Gesetzentwurfes beauftragt[244]. Am 20. 02. 2009 wurde der ausgearbeitete Gesetzentwurf noch unter dem Namen „Bürgerportalgesetz" durch die Bundesregierung in den Gesetzgebungsprozess eingebracht[245]. Der Bundesrat nahm zu diesem Gesetzentwurf zwar kritisch Stellung[246], er wurde jedoch trotzdem in der ersten Lesung am 23. 04. 2009 im Bundestag beraten und anschließend an die Ausschüsse überwiesen[247]. Aus Zeitgründen konnte der Gesetzentwurf in der 16. Legislaturperiode nicht mehr verabschiedet werden. Aufgrund dessen verabschiedete der Bundestag eine Entschließung, die den neuen Bundestag aufforderte, nach Erprobung des Konzepts der Bürgerportale eine gesetzliche Regelung der Bürgerportale in der 17. Legislaturperiode zu beschließen[248]. In der folgenden 17. Legislaturperiode wurde der Name des Projekts letztlich von „Bürgerportale" in „De-Mail" geändert[249]. Die im Entschluss des Bundestags festgelegte Erprobung wurde durch einen nicht ganz fünf Monate dauernden Pilotversuch vom 09. 10. 2009 bis zum 31. 03. 2010 in Friedrichshafen durchgeführt[250]. Anschließend entwickelten Bund und Wirtschaft technische Anforderungen an De-Mail-Dienste, die in Form von technischen Richtlinien des BSI abgefasst wurden[251]. Am 15. 10. 2010 und am 08. 11. 2010 brachte die Bundesregierung das De-Mail-G letztlich nach nunmehr über einem Jahr Überarbeitung als besonders eilbedürftig nahezu gleichzeitig in Bundesrat[252] und Bundestag[253] ein[254]. Nach der ersten Lesung im Bundestag wurde der Gesetzentwurf dann am 11. 11. 2010 an die Ausschüsse überwiesen[255]. Hierauf folgten erneut Änderungsvorschläge des Bundesrates[256]. Am 24. 02. 2011 wurde der

---

242 *Rose*, K&R 2011, 439 (440).

243 *Rose*, K&R 2011, 439 (440); *Roßnagel*, CR 2011, 23 (23 f.); *ders.*, NJW 2011, 1473 (1473).

244 *Roßnagel*, CR 2011, 23 (23); *ders.*, NJW 2011, 1473 (1473).

245 *Roßnagel*, CR 2011, 23 (23); *ders.*, NJW 2011, 1473 (1473). Siehe zum Gesetzgebungsverfahren ausführlich *Skrobotz*, in: Manssen (Hrsg.), Telekommunikations- und Multimediarecht, Band 2, Stand: 33. Erg.-Lfg. 2013, K § 1 De-Mail-G Rn. 19 ff.

246 Stellungnahme des Bundesrates mit Gegenäußerungen der Bundesregierung, BT-Drs. 16/12598, S. 36 ff.

247 *Roßnagel*, CR 2011, 23 (23); *ders.*, NJW 2011, 1473 (1473).

248 BT-Drs. 16/13618; *Roßnagel*, CR 2011, 23 (23); *ders.*, NJW 2011, 1473 (1474).

249 *Roßnagel*, CR 2011, 23 (23); *ders.*, NJW 2011, 1473 (1474); *Rose*, K&R 2011, 439 (440).

250 *Roßnagel*, CR 2011, 23 (23); *ders.*, NJW 2011, 1473 (1474); *Rose*, K&R 2011, 439 (440).

251 *Roßnagel*, CR 2011, 23 (23); *ders.*, NJW 2011, 1473 (1474).

252 BR-Drs. 645/10.

253 BT-Drs. 17/3630.

254 *Roßnagel*, NJW 2011, 1473 (1474); *Rose*, K&R 2011, 439 (440).

255 *Roßnagel*, CR 2011, 23 (24); *ders.*, NJW 2011, 1473 (1474).

256 BT-Drs. 17/4145.

Gesetzentwurf letztlich angenommen. Der Bundesrat stimmte am 28. 03. 2011 zu[257]. Als Art. 1 Gesetz zur Regelung von De-Mail-Diensten und zur Änderung weiterer Vorschriften vom 28. 04. 2011 wurde das De-Mail-G am 02. 05. 2011[258] letztlich verkündet[259].

d) Funktionsweise

Die Funktionsweise einer De-Mail ist der einer E-Mail vergleichbar bzw. baut auf der herkömmlichen E-Mail-Infrastruktur auf, mit dem Unterschied, dass die De-Mail höheren Sicherheitsstandards unterliegt[260], die im Folgenden dargestellt werden sollen.

aa) Vertrauen durch Akkreditierung

Besonderes Vertrauen in die De-Mail-Diensteanbieter soll dadurch geschaffen werden, dass diese sich freiwillig[261] einem besonderen Akkreditierungsverfahren[262] unterwerfen können, um ihre Produkte als De-Mail-Produkte bezeichnen zu dürfen. Hierfür müssen die Diensteanbieter die Akkreditierungsvoraussetzungen, die das De-Mail-G aufstellt, erfüllen. Diese werden auch nach der Akkreditierung regelmäßig überprüft, um ein gleichbleibendes Niveau zu gewährleisten.

Zu diesen Voraussetzungen zählen unter anderem die Zuverlässigkeit und Fachkunde des Diensteanbieters und der in seinem Betrieb beschäftigten Mitarbeiter (§ 18 Abs. 1 Nr. 1 De-Mail-G), eine Deckungsvorsorge für mögliche Schadensersatzzahlungen (§ 18 Abs. 1 Nr. 2 De-Mail-G), die Erfüllung der technischen und organisatorischen Anforderungen an die Pflichten eines De-Mail-Anbieters in der Weise, dass er diese zuverlässig, sicher und im Zusammenwirken mit den anderen akkreditierten Anbietern erbringt (Funktionalität, Interoperabilität, IT-Sicherheit; § 18 Abs. 1 Nr. 3 De-Mail-G), sowie die Erfüllung bestimmter datenschutzrechtlicher Anforderungen (§ 18 Abs. 1 Nr. 4 De-Mail-G)[263].

Das BSI ist die einzige Stelle, die in Deutschland De-Mail-Anbieter akkreditieren kann. Die Interoperabilität, die Funktionalität und die IT-Sicherheit werden von

---

257 *Spindler*, CR 2011, 309 (309).

258 BGBl I 2011, S. 666.

259 *Rose*, K&R 2011, 439 (440); *Roßnagel*, NJW 2011, 1473 (1474).

260 *Skrobotz*, in: Manssen (Hrsg.), Telekommunikations- und Multimediarecht, Band 2, Stand: 33. Erg.-Lfg. 2013, K § 1 De-Mail-G Rn. 67.

261 Zur Frage nach der Freiwilligkeit der Akkreditierung siehe im Folgenden Gliederungspunkt Teil II: E. II. 2. a) bb) (1) (b).

262 Siehe hierzu den Überblick in: Bundesamt für Sicherheit in der Informationstechnik, De-Mail, Sicherer elektronischer Nachrichtenverkehr – einfach und nachweisbar, S. 13 f; *Spindler*, CR 2011, 309 (310 f.).

263 *Roßnagel*, CR 2011, 23 (27). Vgl. auch die Broschüre des Bundesamtes für Sicherheit in der Informationstechnik (BSI), De-Mail, Sicherer elektronischer Nachrichtenverkehr – einfach und nachweisbar, S. 15 f., abrufbar unter www.bsi.bund.de/DE/Themen/EGovernment/DeMail/Publikationen/Publikationen_node.html.

unabhängigen Prüfstellen und Auditoren, die wiederum vom BSI anerkannt sind, geprüft. Diese Prüf- und Auditberichte werden dann von beim BSI zugelassenen unabhängigen IT-Sicherheitsdienstleistern ausgewertet und dem Diensteanbieter nach Bestehen der erforderlichen Voraussetzungen in sog. Testaten bescheinigt. Diese Testate dienen dann dem Diensteanbieter, um die Voraussetzungen für die Akkreditierung beim BSI nachzuweisen. Das Datenschutzzertifikat wird nach Prüfung durch den Bundesbeauftragten für den Datenschutz und die Informationsfreiheit (BfDI) bei bestandener Prüfung ausgestellt. Das BSI akkreditiert den Diensteanbieter, wenn die obenstehenden Voraussetzungen durch die entsprechenden Testate nachgewiesen sind. Erst dann darf der Diensteanbieter sein Produkt als De-Mail bewerben. Außerdem überprüft das BSI im Rahmen seiner Aufsicht über die De-Mail-Diensteanbieter regelmäßig, ob die Voraussetzungen der Akkreditierung weiterhin gewährleistet sind (§ 20 i. V. m. § 2 De-Mail-G)[264].

Seit Inkrafttreten des De-Mail-G Ende April 2011 haben sich lediglich die Telekom Deutschland GmbH inklusive T-Systems (Großkundensparte der Telekom), die Mentana Claimsoft GmbH und die 1&1 De-Mail GmbH akkreditieren lassen[265]. Zur Internationalen Funkausstellung 2012 startete die Deutsche Telekom mit Angeboten für Privatkunden und kleinere Betriebe[266].

bb) Vertraulichkeit

Im Gegensatz zur herkömmlichen E-Mail ist bei der De-Mail die Vertraulichkeit der zu versendenden Nachricht automatisch, also ohne zusätzliche durch den Nutzer zu treffende Vorkehrungen in Form einer Verschlüsselung, gesichert. Das bedeutet, dass bei der De-Mail im Gegensatz zur i. d. R. unverschlüsselten E-Mail, kein Außenstehender die Nachricht einsehen kann. Für die Übersendung der De-Mail-Nachrichten müssen die akkreditierten De-Mail-Anbieter einen verschlüsselten gegenseitig authentisierten Kanal benutzen. Die Nachrichten selbst werden zusätzlich verschlüsselt übertragen[267]. Eine Ausnahme bilden hierbei die De-Mail-Provider, bei denen die per De-Mail versendete Nachricht jeweils für einen kurzen Moment unverschlüsselt vorliegt, unter anderem, um die Nachricht auf Viren zu prüfen und

---

264 Umfassender Überblick in: Bundesamt für Sicherheit in der Informationstechnik, De-Mail, Sicherer elektronischer Nachrichtenverkehr – einfach und nachweisbar, S. 16 f., abrufbar unter www.bsi.bund.de/DE/Themen/EGovernment/DeMail/Publikationen/Publikationen_node.html.

265 Siehe hierzu die Liste der bereits akkreditierten De-Mail-Diensteanbieter auf der Internetpräsenz des Bundesamts für Sicherheit in der Informationstechnik (BSI); abrufbar unter www.bsi.bund.de/DE/Themen/EGovernment/DeMail/Akkreditierte_DMDA/Akkreditierte_DMDA_node.html.

266 Vgl. hierzu die Meldung bei heise online: „Deutsche Telekom: De-Mail geht zur IFA in Betrieb", abrufbar unter www.heise.de/newsticker/meldung/Deutsche-Telekom-De-Mail-geht-zur-IFA-in-Betrieb-1673810.html.

267 *Skrobotz*, in: Manssen (Hrsg.), Telekommunikations- und Multimediarecht, Band 2, Stand: 33. Erg.-Lfg. 2013, K § 1 De-Mail-G Rn. 68; *Spindler*, CR 2011, 309 (314); *Stach*, DuD 2008, 184 (186).

sie dann gegebenenfalls mit einem Zusatz zu kennzeichnen[268]. Die „mangelnde“ Vertraulichkeit der Nachricht soll in diesem Bereich durch die hohen Anforderungen, die an die De-Mail-Anbieter bei der Akkreditierung und der laufenden Überprüfung der Akkreditierungsvoraussetzungen (s. o.) gestellt werden, hinreichend gewährleistet werden[269].

Eine Ende-zu-Ende-Verschlüsselung ist bei der De-Mail grundsätzlich nicht zwingend vorgesehen, da hierfür zusätzliche Installationen beim Nutzer erforderlich sind, was einer schnellen Verbreitung der De-Mail entgegenstehen könnte[270]. Dies gilt auch für eine etwaige qeS. Bei der Ende-zu-Ende-Verschlüsselung ist nicht nur der Transportkanal, sondern auch die Nachricht selbst während des gesamten Versands vom Absender bis zum Empfänger verschlüsselt, sodass die Nachricht nicht bei den De-Mail-Anbietern entschlüsselt wird, sondern nur vom Empfänger mit dem zur Verfügung gestellten Schlüssel gelesen werden kann[271]. Der Postfach- und Versanddienst sowie der Verzeichnisdienst nach § 7 Abs. 1 De-Mail-G unterstützen die Verwendung einer Ende-zu-Ende-Verschlüsselung dadurch, dass die Möglichkeit besteht, hierüber den öffentlichen Verschlüsselungsschlüssel des Empfängers zu veröffentlichen[272].

cc) Authentizität

Außerdem kann durch die De-Mail auch die Authentizität des Absenders bzw. des Empfängers sichergestellt werden. Die De-Mail bietet also dem Nutzer eine sichere Identifikation des Kommunikationspartners. Dies erfolgt über eine feste Zuordnung der De-Mail-Adresse zum jeweiligen Nutzer mittels einer Identitätsfeststellung und -überprüfung[273], die dadurch belegt wird, dass der Name des De-Mail-Nutzers in der De-Mail-Adresse enthalten ist. Hierzu muss dem Diensteanbieter gem. § 3 Abs. 3 Satz 1 Nr. 1 De-Mail-G ein gültiger amtlicher Ausweis des Kontoinhabers oder ein Dokument mit gleichwertiger Sicherheit vorgelegt werden. Nach § 3 Abs. 3 Satz 1

---

268 *Roßnagel*, CR 2011, 23 (27); *Skrobotz*, in: Manssen (Hrsg.), Telekommunikations- und Multimediarecht, Band 2, Stand: 33. Erg.-Lfg. 2013, K § 1 De-Mail-G Rn. 69; BT-Drs. 17/3630, S. 29; *Stollhof*, DuD 2013, 691 (694).

269 *Roßnagel*, CR 2011, 23 (27).

270 *Skrobotz*, in: Manssen (Hrsg.), Telekommunikations- und Multimediarecht, Band 2, Stand: 33. Erg.-Lfg. 2013, K § 1 De-Mail-G Rn. 69; *Spindler*, CR 2011, 309 (314). Trotzdem für eine sichere Ende-zu-Ende-Verschlüsselung bzw. zumindest eine Unterstützung der Verwendung der Ende-zu-Ende-Verschlüsselung durch die Diensteanbieter *Roßnagel*, CR 2011, 23 (27). Kritisch zur fehlenden Ende-zu-Ende-Verschlüsselung *Stollhof*, DuD 2013, 691 (694) m. w. N in Fn. 24; *Drechsler*, DuD 2013, 696 (699).

271 *Warnecke*, MMR 2010, 227 (231); *Eckert*, IT-Sicherheit, 7. Aufl. 2012, S. 753.

272 *Roßnagel*, CR 2011, 23 (27); siehe hierzu auch BT-Drs. 17/3630, S. 29, 32 und BT-Drs. 17/4145, S. 9.

273 Siehe hierzu *Rose*, K&R 2011, 439 (442); *Roßnagel*, CR 2011, 23 (26); *Spindler*, CR 2011, 309 (311 f.).

Nr. 1 2. Halbsatz De-Mail-G kann die Identifizierung jedoch auch durch den elektronischen Identitätsnachweis nach § 18 Personalausweisgesetz (PAuswG) oder anhand einer qeS nach § 2 Nr. 3 SigG erfolgen.

Des Weiteren besteht zur Sicherung der Identität des Kommunikationspartners die Möglichkeit, dass der Absender angeben kann, dass die versendete Nachricht nur bei einer sicheren Anmeldung[274] des Empfängers zugestellt werden soll. Diese sichere Anmeldung ist im De-Mail-G als Regelfall vorgesehen. Sie erfolgt immer über eine Zwei-Faktor-Authentifizierung mit zwei Sicherungsmitteln, i. d. R. Besitz und Wissen. Dies kann über eine qeS, die die Sicherungsmittel Besitz und Wissen kombiniert (Signaturkarte und PIN)[275] oder den elektronischen Identitätsnachweis nach § 18 PAuswG erfolgen. Die Ausnahme soll auf Verlangen des Nutzers eine einfache Anmeldung[276] mit nur einem Sicherungsmittel sein. Dies geschieht i. d. R. über eine Anmeldung mit Benutzername und Passwort, wie sie bei herkömmlichen E-Mail-Accounts erfolgt. Hinzu kommt, dass eine De-Mail nach § 3 Abs. 1 De-Mail-G ausschließlich vom Nutzer selbst versendet werden darf[277].

Doch nur im Falle der sicheren Anmeldung wird für die Authentizität einer Handlung ein Anscheinsbeweis gelten[278]. Als Beweismittel für die Vornahme einer Handlung stehen dem Absender bzw. Empfänger dann diverse qualifiziert signierte Bestätigungen[279] zur Verfügung: Eine Eingangsbestätigung für den Empfänger und den Absender (§ 5 Abs. 8 De-Mail-G), eine Versandbestätigung für den Absender (§ 5 Abs. 7 De-Mail-G), eine Bestätigung der sicheren Anmeldung (§ 5 Abs. 5 De-Mail-G) und eine Abholbestätigung (§ 5 Abs. 9 De-Mail-G), die jedoch nur öffentlichen Stellen mit der Berechtigung zu förmlicher Zustellung zur Verfügung steht.

Ab dem 01. 07. 2014 tritt die Änderung des § 5 Abs. 5 De-Mail-G durch das EGovG und die Änderung weiterer Vorschriften[280] in Kraft.

Nach § 5 Abs. 5 Satz 1 De-Mail-G hat der akkreditierte Diensteanbieter es dem Nutzer zu ermöglichen, eine sichere Anmeldung nach § 4 De-Mail-G so bestätigen zu lassen, dass die Unverfälschtheit der Bestätigung jederzeit nachprüfbar ist. Hierfür bestätigt der akkreditierte Diensteanbieter des Senders die sichere Anmeldung nach § 4 De-Mail-G dem Empfänger nach der derzeitigen Rechtslage gem. § 5 Abs. 5 Satz 2 De-Mail-G durch eine qeS. Dies geschieht dadurch, dass der Diensteanbieter den Hashwert des Metadatums (Versanddaten) der Nachricht, das Aufschluss über die sichere Anmeldung gibt, qualifiziert signiert. Es handelt sich dabei nicht um eine

---

274 Siehe hierzu *Roßnagel*, CR 2011, 23 (26); *Rose*, K&R 2011, 439 (442); *Spindler*, CR 2011, 309 (312).

275 Siehe hierzu bereits Gliederungspunkt Teil II: A. II. 2. c).

276 Siehe hierzu *Roßnagel*, CR 2011, 23 (26).

277 *Drechsler*, DuD 2013, 696 (697).

278 *Roßnagel*, CR 2011, 23 (26); *Rose*, K&R 2011, 439 (442); *Warnecke*, MMR 2010, 227 (230).

279 Vgl. zu den verschiedenen Formen von Bestätigungen *Roßnagel*, CR 2011, 23 (27); *Rose*, K&R 2011, 439 (443).

280 Siehe bereits Fn. 229.

gesonderte Bestätigung wie bspw. bei der Versand- oder Eingangsbestätigung. Der qualifiziert signierte Hashwert ist vielmehr der Nachricht beigefügt[281].

Nach der Änderung soll der akkreditierte Diensteanbieter die sichere Anmeldung nach § 4 De-Mail-G nicht mehr nur durch eine qualifiziert signierte Bestätigung verifizieren, sondern dadurch, dass er im Auftrag des Senders die Nachricht selbst für den Absender mit einer qeS versieht.

Diese Änderung sei nach der Gesetzesbegründung erforderlich, damit durch die De-Mail alle Funktionen der Schriftform des materiellen Verwaltungsverfahrensrechts sowie des gesamten Prozessrechts abgebildet werden können[282]. Dies sei insbesondere im Hinblick auf die Zulassung der De-Mail als Schriftformersatz durch die Änderung des § 3a VwVfG und hinsichtlich der Wahrung des Steuer-, Sozial- und Berufsgeheimnisses erforderlich[283].

Die Änderung soll die De-Mail-Kommunikation somit um eine Funktion erweitern. Sie bringt den Vorteil mit sich, dass das Verfahren ein hohes Maß an Sicherheit gewährleistet, aber zugleich einfacher in der Handhabung ist, da der Nutzer die Nachricht nicht selbst mit einer qeS versehen muss, weil dies automatisch bei Wahl dieser Versandart durch den akkreditierten Diensteanbieter erfolgt. Infolgedessen muss der Absender nicht selbst die Vorkehrungen für die Erstellung einer qeS (Signaturkarte und Kartenlesegerät sowie Software) vorhalten. Die qeS des Diensteanbieters umfasst hierbei auch die Metadaten der Nachricht, bspw. den konkreten Absender und die Versandart. Es ist jedoch zu beachten, dass die Nachricht als Ganzes qualifiziert signiert wird, sodass darauf geachtet werden muss, dass der Zusammenhang zwischen Nachricht und Anhängen und somit die qeS nicht verloren geht, bspw. wenn Anhänge einzeln abgespeichert werden[284].

dd) Integrität

Letztlich ist bei der Versendung einer De-Mail auch die Integrität gewährleistet. Dies bedeutet, dass sichergestellt wird, dass der Inhalt der per De-Mail versendeten Nachricht auf ihrem Weg vom Absender zum Empfänger nicht verändert wurde.

Zum einen wird die Unveränderlichkeit der Nachricht durch die bereits erläuterte Verschlüsselung gewährleistet[285]. Dies liegt daran, dass ein Unbefugter die Nachricht i. d. R. nicht unbemerkt verändern kann, wenn er nicht in der Lage dazu ist, sie zu lesen bzw. aufgrund der Verschlüsselung an den Inhalt der Nachricht zu gelangen.

Zum anderen wird die Integrität der Nachricht auch durch die Angabe der Prüfsumme (Hashwert) und eine qeS durch den Diensteanbieter in den Bestätigungen

281 *Skrobotz*, in: Manssen (Hrsg.), Telekommunikations- und Multimediarecht, Band 2, Stand: 33. Erg.-Lfg. 2013, K § 5 De-Mail-G Rn. 30.
282 BT-Drs. 17/11473, S. 47.
283 BT-Drs. 17/11473, S. 47.
284 BT-Drs. 17/11473, S. 47 f.
285 *Bisges*, MMR FOKUS 2010, VIII (X).

gewährleistet. Da die Bestätigungen nicht nur Absender und Empfänger sowie die für die Versendung maßgeblichen Zeitpunkte enthalten, sondern auch die Prüfsumme der übermittelten Nachricht, kann darüber der Anscheinsbeweis geführt werden, dass eine Nachricht bestimmten Inhalts versendet wurde. Etwaige Veränderungen, die auf dem Transportweg erfolgt sind, können durch einen Vergleich der Prüfsummen ebenfalls erkannt werden. Sind diese identisch, wurde die Nachricht während der Versendung nicht manipuliert[286].

Nach den bereits dargestellten Änderungen durch das EGovG kann die Integrität nicht mehr nur durch die in den qualifiziert signierten Versand-, Eingangs- und Abholbestätigungen enthaltene Prüfsumme der Nachricht, sondern durch die im Falle der Versandart mit Absenderbestätigung nach § 5 Abs. 5 De-Mail-G durch den akkreditierten Diensteanbieter direkt an der Nachricht angebrachte qeS sichergestellt werden. Auch hier ist wiederum darauf zu achten, dass der Zusammenhang zwischen Nachricht und Anhängen nicht verloren geht, da sich die qeS nur auf die gesamte Nachricht bezieht[287].

ee) Verzeichnisdienst

Gem. § 7 Abs. 1 De-Mail-G hat der Diensteanbieter einen Verzeichnisdienst zu erstellen, in dem die Daten des Nutzers auf dessen ausdrückliches Verlangen aufgenommen werden müssen.

ff) Optionale Angebote

Optional kann der Diensteanbieter seinen Nutzern einen Identitätsbestätigungsdienst nach § 6 De-Mail-G und eine Dokumentenablage nach § 8 De-Mail-G (sog. Daten- oder Dokumentensafe[288]) anbieten[289].

e) Zugang

aa) Zugangseröffnung seitens des Bürgers

Damit Behörden mittels De-Mail mit dem Bürger kommunizieren können, muss seitens des Bürgers ein elektronischer Zugang für De-Mail eröffnet worden sein (vgl. § 3a Abs. 1 VwVfG). § 7 Abs. 3 De-Mail-G regelt seit dem 01. 08. 2013, dass die bloße Veröffentlichung der De-Mail-Adresse im De-Mail-Verzeichnisdienst auf Verlangen des Nutzers als Verbraucher allein nicht als Zugangseröffnung i. S. d. § 3a Abs. 1 VwVfG, § 36a Abs. 1 Sozialgesetzbuch I (SGB I) und § 87a Abs. 1 Satz 1

---

286 *Rose*, K&R 2011, 439 (443); *Roßnagel*, CR 2011, 23 (27); *Spindler*, CR 2011, 309 (315); *Bisges*, MMR FOKUS 2010, VIII (X).

287 BT-Drs. 17/11473, S. 47 f.

288 Siehe hierzu *C. Hoffmann*, Die Gewährleistung der Vertraulichkeit und Integrität elektronischer Daten- und Dokumentensafes, 2012.

289 Siehe hierzu *Roßnagel*, CR 2011, 23 (28).

Abgabenordnung (AO) gilt[290]. Der akkreditierte De-Mail-Anbieter muss jedoch auf Verlangen des Nutzers durch einen geeigneten Zusatz ermöglichen, dass die Erklärung zur Eröffnung eines Zugangs i. S. d. genannten Verfahrens im Verzeichnis veröffentlicht wird (§ 7 Abs. 3 Satz 2 De-Mail-G). Diese Erklärung gilt dann nach § 7 Abs. 3 Satz 3 De-Mail-G unmissverständlich als Zugangseröffnung[291]. Dies gilt umgekehrt nach § 7 Abs. 3 Satz 4 De-Mail-G auch für die Rücknahme der Zugangseröffnung. Durch die Änderung sollte auf die in der Praxis bestehende Unsicherheit reagiert werden, die hinsichtlich der Frage bestand, wann von einer Zugangseröffnung auszugehen ist[292].

Die Regelung stellt jedoch nicht die einzige Möglichkeit dar, einen elektronischen Zugang für De-Mail-Nachrichten in den genannten Verfahren zu eröffnen. Die allgemeinen Regeln zur Zugangseröffnung bei elektronischen Zugangsformen durch die Vorhaltung der technischen Voraussetzungen (De-Mail-Postfach) und eine entsprechende Widmung finden folglich weiterhin, wie etwa bei der E-Mail, Anwendung. Es kann jedoch nur bei einer ausdrücklichen Erklärung gegenüber der Behörde von einer Zugangseröffnung durch den Bürger ausgegangen werden[293]. Anders soll dies hingegen bei Firmen bzw. Unternehmen, Behörden und bspw. Rechtsanwälten sein. Hier wird es als konkludente Einwilligung angesehen, wenn die De-Mail-Adresse auf dem Briefkopf angegeben ist[294]. Es könnte sich jedoch, was wahrscheinlich ist, aufgrund einer in der Zukunft weitergehenderen Verbreitung der De-Mail ergeben, dass dieser Sachverhalt aufgrund der zukünftigen Gegebenheiten anders beurteilt werden sollte. Es ist zumindest nicht gänzlich ausgeschlossen, dass die De-Mail-Kommunikation zum Normalfall der elektronischen Kommunikation mit Behörden werden könnte[295]. Die Auslegung der Zugangseröffnung ist insofern entwicklungsoffen.

bb) Zugangseröffnung seitens der Behörde

Damit ein Bürger per De-Mail mit der Verwaltung kommunizieren kann, muss die jeweilige öffentliche Stelle ebenfalls nach den oben genannten Voraussetzungen einen elektronischen Zugang für die De-Mail-Kommunikation eröffnet haben[296], es sei denn, es besteht eine Verpflichtung zur Zugangseröffnung[297].

---

290 BGBl I 2013, S. 2749 ff.

291 Kritisch hinsichtlich der fehlenden Möglichkeit einer behördenspezifischen Zugangseröffnung *Drechsler*, DuD 2013, 696 (697).

292 BT-Drs. 17/11473, S. 48.

293 *Rose*, K&R 2011, 439 (443); *Warnecke*, MMR 2010, 227 (228).

294 *Rose*, K&R 2011, 439 (443); *Warnecke*, MMR 2010, 227 (228).

295 *Warnecke*, MMR 2010, 227 (228).

296 *Rose*, K&R 2011, 439 (443).

297 So besteht ab dem 01. 07. 2014 für Bundesbehörden die Verpflichtung zur Eröffnung eines De-Mail-Zugangs nach § 2 Abs. 2 EGovG.

cc) Zugangszeitpunkt

Der Zugangszeitpunkt bei der De-Mail bestimmt sich nach den allgemeinen Regeln bei elektronischen Zugangsformen, wie bspw. bei der E-Mail[298]. Die Bekanntgabe eines per De-Mail versendeten Verwaltungsaktes erfolgt nach § 41 Abs. 2 Satz 2 VwVfG am dritten Tag nach der Absendung, es sei denn, der Verwaltungsakt ist nicht oder zu einem späteren Zeitpunkt zugegangen.

f) Förmliche Zustellung

Durch § 5 Abs. 5 Satz 1 VwZG ist auch eine förmliche Zustellung auf elektronischem Wege möglich[299]. In § 2 Abs. 2 VwZG ist geregelt, dass die Zustellung anstatt durch die Behörde (§ 2 Abs. 2 Alt. 3 VwZG) oder einen Erbringer von Postdienstleistungen (Post; § 2 Abs. 2 Alt. 1 VwZG) auch durch einen akkreditierten Diensteanbieter nach § 17 De-Mail-G erfolgen kann[300]. Gem. § 5 Abs. 6 De-Mail-G sind die akkreditierten De-Mail-Diensteanbieter auch dazu verpflichtet, elektronische Nachrichten nach den Vorgaben des VwZG und der ZPO förmlich zuzustellen[301]. Im Umfang dieser Verpflichtung sind die De-Mail-Diensteanbieter mit Hoheitsbefugnissen ausgestattet (Beliehene).

§ 5a VwZG regelt nun die elektronische Zustellung gegen Abholbestätigung über De-Mail-Dienste. Eine förmliche Zustellung kann gem. § 5a Abs. 1 Satz 1 VwZG unbeschadet des § 5 Abs. 4 und 5 Satz 1 und 2 auch durch Übermittlung der nach § 17 De-Mail-G akkreditierten Diensteanbieter gegen Abholbestätigung nach § 5 Abs. 9 De-Mail-G an das De-Mail-Postfach des Empfängers erfolgen, wenn er ein solches bereithält. Zum Nachweis der elektronischen Zustellung genügt dann gem. § 5a Abs. 3 Satz 1 VwZG die vom Diensteanbieter erzeugte qualifiziert signierte Abholbestätigung nach § 5 Abs. 9 De-Mail-G. Diese Abholbestätigung wird durch den De-Mail-Diensteanbieter gem. § 5 Abs. 9 De-Mail-G erzeugt. Die Funktion steht nur öffentlichen Stellen zur Verfügung, die zur öffentlichen Zustellung berechtigt sind. Die Abholbestätigung wird dann erstellt, wenn sich der Empfänger sicher i. S. v. § 4 De-Mail-G bei seinem De-Mail-Konto angemeldet hat. Meldet sich der Empfänger hingegen nicht sicher an, können die Daten gem. § 5 Abs. 10 De-Mail-G erst nach 90 Tagen ohne sichere Anmeldung vom Diensteanbieter gelöscht werden[302]. In diesem Fall greift die Zustellungsfiktion des § 5a Abs. 4 Satz 1 VwZG, nach der ein elektronisches Dokument in den Fällen des § 5 Abs. 5 Satz 2 VwZG grundsätzlich, vorausgesetzt, dass der Empfänger einen Zugang durch ein De-Mail-Postfach eröffnet

---

298 *Skrobotz*, in: Manssen (Hrsg.), Telekommunikations- und Multimediarecht, Band 2, Stand: 33. Erg.-Lfg. 2013, K § 1 De-Mail-G Rn. 58; BT-Drs. 17/3630, S. 46, 17/4145, S. 10; *Werner/Wegener*, CR 2009, 310 (315); *Bisges*, MMR FOKUS 2010, VIII (IX).

299 *Rose*, K&R 2011, 439 (443). Siehe zur Zustellung mittels De-Mail nach dem VwZG *Weidemann*, DVP 2013, 232 ff.

300 *Weidemann*, DVP 2011 (62), 406 (410).

301 *Roßnagel*, CR 2011, 23 (27).

302 *Roßnagel*, CR 2011, 23 (27).

hat, am dritten Tag nach der Absendung an das De-Mail-Postfach des Empfängers als zugestellt gilt, es sei denn, dass der Empfänger nachweisen kann, dass das elektronische Dokument gar nicht oder zu einem späteren Zeitpunkt zugegangen ist. Als Nachweis der Versendung dient die vom De-Mail-Diensteanbieter erstellte qualifiziert signierte Versandbestätigung nach § 5 Abs. 7 De-Mail-G. So ist auch eine Zustellung ohne Mitwirkung des Empfängers und somit auch gegen dessen Willen durch elektronische Übermittlung möglich[303]. Da der De-Mail-Diensteanbieter mit der Abholbestätigung ein öffentliches elektronisches Dokument erstellt, muss er mit öffentlichen Hoheitsbefugnissen betraut werden und agiert somit als Beliehener[304]. Bisher war eine förmliche Zustellung gegen den Willen des Adressaten (konfrontative Zustellung)[305] auf elektronischem Wege nicht möglich. Es bestand lediglich die Möglichkeit, gem. § 5 Abs. 6 VwZG elektronisch unter Verwendung einer qeS gegen Empfangsbekenntnis zuzustellen. Hierfür ist jedoch zwingend die Mitwirkung des Adressaten in Form der Rücksendung des Empfangsbekenntnisses erforderlich. Bei einer Rücksendung des Empfangsbekenntnisses gilt dann das auf diesem angegebene Datum als Zustellungsdatum. Wird das Empfangsbekenntnis hingegen nicht zurückgeschickt, gilt das Dokument am dritten Tag nach der Absendung an den Empfänger als zugestellt, wenn der Behörde nicht spätestens an diesem Tag ein Empfangsbekenntnis zugeht oder der Empfänger nachweist, dass das Dokument nicht oder zu einem späteren Zeitpunkt zugegangen ist. Ein Empfänger, der den Zugang verhindern will, wird jedoch sein elektronisches Postfach gar nicht abrufen oder aber das Empfangsbekenntnis nicht zurücksenden, sodass der Behörde keine Bestätigung der Zustellung vorliegt. Mit der Einfügung des § 5a VwZG ist eine konfrontative Zustellung mittels De-Mail nun möglich. An die Stelle des Empfangsbekenntnisses tritt gem. § 5a Abs. 3 VwZG die Abholbestätigung nach § 5 Abs. 9 De-Mail-G. Dieses Verfahren ist vergleichbar mit der Zustellung nach § 3 Abs. 2 Satz 2 VwZG i. V. m. § 180 Zivilprozessordnung (ZPO), bei der die Zustellung durch Einlegen in den Briefkasten erfolgt, wenn niemand angetroffen wurde[306]. Hierdurch ist zwar eine Fristverkürzung im Vergleich zu einer Zustellung nach § 4 Abs. 2 VwZG (Drei-Tages-Fiktion) möglich, diese werde jedoch durch die freiwillige Nutzung von De-Mail, einen leichteren Zugriff auf das De-Mail-Postfach

303 *Roßnagel*, CR 2011, 23 (29).

304 *Roßnagel*, CR 2011, 23 (27).

305 Siehe hierzu *Spindler*, CR 2011, 309 (316); *Weidemann*, DVP 2011 (62), 406 (410); *Roßnagel*, NJW 2011, 1473 (1478 f.); *ders.*, CR 2011, 23 (29); *Skrobotz*, in: Manssen (Hrsg.), Telekommunikations- und Multimediarecht, Band 2, Stand: 33. Erg.-Lfg. 2013, K § 1 De-Mail-G Rn. 8 ff.

306 *Spindler*, CR 2011, 309 (316), merkt hier an, dass § 180 ZPO, dessen Grundgedanke hier zur Regel wird, eigentlich eine Ausnahme zur ordentlichen Zustellung nach § 178 ZPO darstellt.

und die Rechtsfolgen der De-Mail-Nutzung ausgeglichen[307]. Eine Verkürzung des Rechtsschutzes sei hiermit nicht verbunden[308].

Diese Möglichkeit der konfrontativen Zustellung ist jedoch im Gegensatz zum öffentlichen Recht für die zivilrechtliche prozessuale Zustellung nicht gegeben. Gem. § 174 Abs. 3 Satz 4 ZPO kann die elektronische Zustellung zwar ausdrücklich auch per De-Mail erfolgen, das nach § 174 Abs. 1 ZPO erforderliche Empfangsbekenntnis ist jedoch nicht durch die Abholbestätigung nach § 5 Abs. 9 De-Mail-G ersetzbar[309]. Somit ist eine Mitwirkung des Empfängers in Form der Rücksendung der Empfangsbestätigung im Zivilverfahren weiterhin erforderlich, sodass eine elektronische konfrontative Zustellung nicht möglich ist.

g) Sicherheit

Wie bereits dargelegt, gewährleistet die De-Mail die Authentizität und die Integrität der De-Mail-Nachricht[310]. Die Vertraulichkeit wird zwar nicht ohne ein Zutun des De-Mail-Nutzers durch eine Ende-zu-Ende-Verschlüsselung gewährleistet, sie kann aber durch die Verschlüsselung sowohl des Transportkanals als auch der Nachricht selbst und die Tatsache, dass die Nachricht lediglich bei den staatlich geprüften und somit besonders vertrauenswürdigen akkreditierten De-Mail-Anbietern kurzzeitig unverschlüsselt vorliegt, hinreichend sichergestellt werden[311].

h) Formerfordernisse

Eine Ersetzung der Schriftform durch die De-Mail nach § 3a Abs. 2 VwVfG ist zurzeit nicht möglich. Hierfür ist gem. § 3a Abs. 2 VwVfG immer zusätzlich eine qeS des Absenders erforderlich. Diese beinhaltet die De-Mail ohne zusätzliche Vorkehrungen des Absenders nicht. Es ist zwar grundsätzlich möglich, die De-Mail mit einer solchen Signatur zu versehen, hiermit sind jedoch, wie schon erörtert, weitere technische Maßnahmen des Nutzers erforderlich, weshalb die qeS bei der De-Mail nicht standardmäßig gewährleistet ist. Die De-Mail stellt somit zum jetzigen Zeitpunkt hinsichtlich der Schriftformerfüllung keine Alternative zur qeS dar[312].

Durch die bereits erwähnten Änderungen des § 3a VwVfG im Rahmen des EGovG und der damit verbundenen Gesetzesänderungen wird die De-Mail zum 01. 07. 2014 als Schriftformäquivalent in § 3a Abs. 2 VwVfG aufgenommen. Eine Ersetzung der Schriftform soll dann nach § 3a Abs. 2 Satz 4 Nr. 2 VwVfG bei Anträgen und Anzeigen durch Versendung eines elektronischen Dokuments an die Behörde mit der Versandart nach § 5 Abs. 5 De-Mail-G möglich sein. In „entgegengesetzter Richtung“ soll nach § 3a Abs. 2 Satz 4 Nr. 3 VwVfG auch bei Verwaltungsakten oder sonstigen

---

307 *Roßnagel*, NJW 2011, 1473 (1478); *ders.*, CR 2011, 23 (29).
308 So auch *Roßnagel*, CR 2011, 23 (29); *Lapp*, DuD 2009, 651 (652).
309 Siehe hierzu *Roßnagel*, NJW 2011, 1473 (1478); *ders.*, CR 2011, 23 (20).
310 Siehe bereits die Gliederungspunkte Teil II: A. II. 5. d) cc) und Teil II: A. II. 5. d) dd).
311 Siehe hierzu bereits Gliederungspunkt Teil II: A. II. 5. d) bb).
312 *Weidemann*, DVP 2011 (62), 406 (410) (s. o.); BT-Drs. 17/3630, S. 2.

elektronischen Dokumenten der Behörden eine Ersetzung der Schriftform durch die Versendung einer De-Mail-Nachricht nach § 5 Abs. 5 De-Mail-G, bei der die Bestätigung des akkreditierten Diensteanbieters die erlassende Behörde als Nutzer des De-Mail-Kontos erkennen lässt, möglich sein. Bei der Versandart nach § 5 Abs. 5 De-Mail-G wird, wie bereits dargestellt, die sichere Anmeldung nach § 4 De-Mail-G vom akkreditierten De-Mail-Anbieter bestätigt. Mit Inkrafttreten der Änderungen zu § 3a Abs. 2 Satz 4 Nr. 2 und 3 VwVfG tritt auch die Änderung des § 5 Abs. 5 De-Mail-G in Kraft, die bereits erläutert wurde. Zur Ersetzung der Schriftform reicht dann eine Bestätigung der sicheren Anmeldung nach § 4 De-Mail-G dadurch aus, dass der akkreditierte Diensteanbieter die zu versendende Nachricht im Auftrag des Absenders für diesen qualifiziert signiert[313]. Es soll folglich im Vergleich zur qeS auch zur Ersetzung der Schriftform nach § 3a Abs. 2 VwVfG ausreichen, wenn ein akkreditierter De-Mail-Diensteanbieter und nicht der Absender selbst die zu versendende Nachricht mit einer qeS versieht, was damit begründet wird, dass diese Vorgehensweise ein hohes Maß an Sicherheit und gleichzeitig eine einfache Handhabung gewährleistet[314].

Es wird also ab dem 01. 07. 2014 im Gegensatz zum jetzigen Zeitpunkt möglich sein, gem. § 3a Abs. 2 Satz 4 Nr. 2 und 3 VwVfG die Schriftform mittels De-Mail zu ersetzen.

i) Kosten

Eine kostenfreie Versendung wie bei der klassischen E-Mail ist bei der De-Mail grundsätzlich nicht möglich. Die Preise der bislang akkreditierten Anbieter liegen derzeit zwischen 33 Cent (Mentana Claimsoft) und 39 Cent (bspw. Telekom) für eine „Standard-De-Mail"[315]. Zusatzleistungen, wie die Bestätigungen nach § 5 De-Mail-G oder ein größeres Postfach etc., verursachen ebenfalls Kosten[316]. In der Regel sind die Postfacheröffnung und -nutzung kostenfrei[317]. Dies gilt jedoch nicht für alle Anbieter: Teilweise werden Paketpreise zu monatlichen Tarifen angeboten, die dann schon ein gewisses Kontingent an De-Mails enthalten[318]. Die Telekom bietet sogar als Aktionsangebot bis zum 31. 01. 2015 eine gänzlich kostenfreie Versendung von De-Mail-Nachrichten an[319].

---

313 Vgl. hierzu BT-Drs. 17/11473, S. 47 f.

314 BT-Drs. 17/11473, S. 47.

315 Siehe hierzu Behörden Spiegel Newsletter E-Government, Informationstechnologie und Politik, 4. Sonderausgabe CeBIT 2012, Nr. 538 Berlin und Bonn vom 09. 03. 2012, S. 9.

316 Vgl. bspw. http://ident.gmx.net/document/price-list/106937; http://www.telekom.de/de-mail/download/pk/preisliste-de-mail.pdf.

317 So bei der Telekom, GMX oder Web.de.

318 Bspw. 1&1, vgl. hierzu den Tarif 1&1 De-Mail Plus unter http://hosting.1und1.de/de-mail-productoverview.

319 Vgl. http://www.telekom.de/de-mail/download/pk/preisliste-de-mail.pdf.

6. *Besonderes elektronisches Anwaltspostfach (beAP)*

Durch § 31a Bundesrechtsanwaltsordnung (BRAO) des Gesetzentwurfes zur Förderung des elektronischen Rechtsverkehrs mit den Gerichten (FördElRV)[320] wurde eine gesetzliche Grundlage für das besondere elektronische Anwaltspostfach (beAP) als neue elektronische Zugangsform geschaffen.

a) Zielsetzung und Gesetzgebungsverfahren

Ziel des FördElRV ist es, den elektronischen Rechtsverkehr und die elektronische Aktenführung in der Justiz zu fördern und zugleich einen zeitgemäßen Schritt zu mehr Bürgernähe im digitalen Zeitalter zu gehen[321]. Es soll den elektronischen Zugang zur Justiz durch die Schaffung von Alternativen zur qeS erweitern sowie Zugangshürden für die elektronische Kommunikation mit der Justiz senken und das Nutzervertrauen im Umgang mit neuen Kommunikationswegen stärken[322].

Zunächst existierten für das Gesetzesvorhaben zwei unterschiedliche Entwürfe: Zum einen hatten die Länder einen Gesetzentwurf[323] über den Bundesrat eingebracht. Zum anderen reifte ein Diskussionsentwurf des Bundesministeriums der Justiz (BMJ) zu einem Regierungsentwurf[324] heran[325]. Letztlich vereinigten sich beide, indem Letzterer einige wichtige Punkte aus dem Bundesratsentwurf in die Endfassung aufnahm[326]. Hinsichtlich des beAP bestanden aber keine stark divergierenden Auffassungen[327].

b) Begriff

Nach § 31a Abs. 1 BRAO hat die Bundesrechtsanwaltskammer (BRAK) die Aufgabe, für jeden eingetragenen Anwalt ein beAP einzurichten und dessen Adresse in das Gesamtverzeichnis für Rechtsanwälte einzustellen, nachdem sie die Zulassung des Anwalts überprüft und ein Identifizierungsverfahren durchgeführt hat[328]. Das Postfach muss nach § 31a Abs. 1 Satz 2 BRAO barrierefrei ausgestaltet sein. Bis zum

---

320 BGBl I 2013, S. 3786.

321 *Köbler*, AnwBl 2013, 589 (590).

322 *C. Hoffmann/Borchers*, CR 2014, 62 (63).

323 BT-Drs. 17/11691.

324 BT-Drs. 17/12634.

325 *Limperg*, AnwBl 2013, 98 (98). Ausführlich *Kriszeleit*, AnwBl 2013, 91 (92).

326 *Köbler*, AnwBl 2013, 589 (590).

327 Siehe zu den beiden Entwürfen ausführlich *Schliesky*, Abgleich mit der Bundesratsinitiative E-Justice, in: Kammer/Zapp (Hrsg.), Das E-Government-Gesetz des Bundes, ISPRAT Dossier, 2013, S. 18 ff., abrufbar unter http://isprat.net/fileadmin/downloads/publikationen/ISPRAT_Dossier_E-Gov-Gesetz_4_MB.pdf.

328 BT-Drs. 17/12634, S. 38; *Lummel*, NJW-Spezial 2013, 510 (510); *Marx*, AnwBl 2013, 597; *C. Hoffmann/Borchers*, CR 2014, 62 (64).

01. 01. 2016 (Art. 25 Abs. 5 FördElRV) soll der Verzeichnisdienst durch die BRAK errichtet sein und von diesem Zeitpunkt an geführt werden[329].

Die genaue Ausgestaltung und Funktionsweise des beAP ist gesetzlich noch nicht vorgegeben. Die Einzelheiten der Errichtung des Verzeichnisdienstes besonderer elektronischer Anwaltspostfächer, der Führung des Eintragungsverfahrens, der Zugangsberechtigung sowie der Barrierefreiheit sollen erst durch eine Rechtsverordnung nach § 31b BRAO, die durch das BMJ mit Zustimmung des Bundesrates erlassen werden soll, geregelt werden[330]. Die Verordnungsermächtigung tritt zum 01. 07. 2014 in Kraft (Art. 25 Abs. 4 FördElRV). Aus diesem Grunde können im Folgenden nur die bereits bekannten bzw. voraussichtlichen Ausgestaltungen und Funktionen dargestellt und bewertet werden.

Bei dem von der BRAK zu erstellenden Dienst handelt es sich um einen Verzeichnisdienst besonderer elektronischer Anwaltspostfächer[331], mit dem ein besonderer Vertrauensschutz für die elektronische Kommunikation zwischen Anwalts- (beAP) und Gerichtspostfach (EGVP) gewährleistet werden soll[332]. Hierzu soll durch die BRAK eine „trusted domain" eingerichtet werden[333]. Unter einer „trusted domain" versteht man ein Portal oder eine Internetseite, die als vertrauensvolle dritte bzw. außenstehende Partei bzw. als Intermediär zwischen Absender und Empfänger fungiert[334].

Ob der neue Personalausweis (nPA) für die Identifizierung genutzt werden kann, wird davon abhängen, ob dieser kompatibel mit dem S.A.F.E.-Verzeichnisdienst ist. Dieser soll das Postfach verwalten[335], da das Gesamtverzeichnis nach § 31 BRAO im Rahmen der Realisierung des Verzeichnisdienstes wie beim EGVP als sog. S.A.F.E.-Verzeichnisdienst (Secure Access to Federated E-Justice/E-Government) ausgestaltet werden muss[336], um eine Kompatibilität mit den Postfächern des EGVP zu erreichen. S.A.F.E. bezeichnet einen Verzeichnisdienst im Kommunikationssystem der Justiz, der eine zentrale, institutionsübergreifende Verwaltung von Nutzerdaten ermöglicht, sodass eine einmalige Registrierung des Nutzers in dem Verzeichnis ausreicht (Single Sign-On). Es handelt sich um ein von der bremen online services (bos) KG im Auftrag der Justiz mit den Partnern Dataport und IBM entwickeltes Identitätsmanagementsystem[337], also eine Software, die den Verzeichnisdienst betreibt.

---

329 BT-Drs. 17/12634, S. 38.
330 *Volk*, AnwBl 2013, 593 (594).
331 BT-Drs. 17/12634, S. 38.
332 BT-Drs. 17/12634, S. 38.
333 BT-Drs. 17/12634, S. 38; *Meyer-Seitz*, AnwBl 2013, 89 (89); *Marx*, AnwBl 2013, 597; *Kriszeleit*, AnwBl 2013, 91 (93); *C. Hoffmann/Borchers*, CR 2014, 62 (64).
334 Definition in Anlehnung an den Eintrag „trusted domain" auf BusinessDictionary.com, abrufbar unter www.businessdictionary.com/definition/trusted-domain.html.
335 BT-Drs. 17/12634, S. 38.
336 *C. Hoffmann/Borchers*, CR 2014, 62 (65).
337 Siehe die Broschüre „Sicherer Datentransport ... ein EGVP-System – viele Zugänge" von bremen online services (bos) Entwicklungs- und Betriebsgesellschaft

Dieses System hat den Vorteil, dass der Nutzer sich nicht bei jedem Gericht bzw. jeder Behörde erneut ausweisen und anmelden muss. Er kann sich nach einmaliger Anmeldung mit einem Zertifikat (S.A.F.E.-Token), der über das Verzeichnis erzeugt wird, gegenüber anderen Stellen elektronisch legitimieren[338].

Postfachadresse und Zugangsberechtigung zum Postfach werden im Rahmen des Identifizierungsverfahrens erst nach Überprüfung der Zulassung vergeben[339]. Auch andere Personen, die nicht Anwälte sind, sollen den Übermittlungsweg nutzen, wenn für sie ein entsprechender, auf gesetzlicher Grundlage errichteter Verzeichnisdienst besteht[340].

Der Zugang zum Postfach muss durch ein sicheres Verfahren mit zwei von einander unabhängigen Sicherungsmitteln erfolgen (§ 31a Abs. 2 Satz 1 BRAO). Das Authentifizierungsniveau ist somit mit der sicheren Anmeldung nach § 4 De-Mail-G vergleichbar. Es könnte bspw. mittels PIN und ID-Karte erfolgen[341].

Das beAP ist personalisiert auf den einzelnen Anwalt. Nur er persönlich darf elektronische Dokumente aus dem beAP an die Gerichte versenden. Ansonsten, bspw. bei Übertragung dieser Aufgabe an Angestellte, handelt er gesetzeswidrig[342].

Bei Erlöschen der Zulassung hebt die BRAK die Zugangsberechtigung auf und löscht das Postfach (§ 31a Abs. 3 BRAO).

Das beAP wird voraussichtlich auf einer mit dem EGVP vergleichbaren Technik beruhen[343] bzw. direkt die EGVP-Infrastruktur nutzen[344], da die Nachrichtenübermittlung vom beAP zum EGVP möglich sein soll[345]. Die Übertragung wird hierbei wie beim EGVP standardmäßig über eine durchgehende Ende-zu-Ende-Verschlüsselung von Postfach zu Postfach erfolgen[346]. Nach Ansicht der BRAK ist für die Umsetzung des § 31a BRAO jedoch nicht nur die Schaffung eines Verzeichnisses, sondern ein eigener Intermediär, also ein Verzeichnisdienst, im System des EGVP für eine „trusted domain" erforderlich, dem die Nutzer aus der Anwaltschaft fest zugeordnet sind und dort ihre Postfächer unterhalten[347].

---

mbH & Co. KG, S. 2, abrufbar unter www.bos-bremen.de/download/Folder_EGVP.pdf/2211554.

338 *C. Hoffmann/Borchers,* CR 2014, 62 (65).

339 BT-Drs. 17/12634, S. 26.

340 BT-Drs. 17/12634, S. 26.

341 BT-Drs. 17/12634, S. 38; *Meyer-Seitz,* AnwBl 2013, 89 (89); *C. Hoffmann/Borchers,* CR 2014, 62 (65).

342 *Volk,* AnwBl 2013, 593 (594).

343 *C. Hoffmann/Borchers,* CR 2014, 62 (66).

344 *Volk,* AnwBl 2013, 593 (595).

345 MMR FOKUS 3/2013, IX; *C. Hoffmann/Borchers,* CR 2014, 62 (65 f.).

346 *Kriszeleit,* AnwBl 2013, 91 (93); *C. Hoffmann/Borchers,* CR 2014, 62 (65).

347 MMR FOKUS 3/2013, VIII; MMR-Aktuell 2013, 341545; Stellungnahme BRAK Nr. 55/2012, November 2012, Stellungnahme zum Referentenentwurf eines Gesetzes zur Förderung des elektronischen Rechtsverkehrs mit den Gerichten (FördElRV),

Da jeder zugelassene Anwalt ab dem 01. 01. 2016 über ein beAP verfügen wird, kann so die Erreichbarkeit aller Rechtsanwälte über diese Zugangsform sichergestellt werden[348]. Zwar ist die explizite Nutzung des beAP im Gegensatz zur Bereithaltung des Postfachs nicht verpflichtend, ab dem 01. 01. 2022 (Art. 25 Abs. 7 FördElRV) besteht jedoch gem. § 130d ZPO bzw. § 55d VwGO sowie gem. weiterer Gerichtsordnungen[349] eine Nutzungspflicht für Behörden und Rechtsanwälte zur elektronischen Übermittlung an das Gericht. Da jeder Rechtsanwalt ein beAP haben wird, liegt aber auch die Nutzung dieser Zugangsform, um der Verpflichtung nachzukommen, nicht fern. Zudem besteht für die Nutzer des beAP der Vorteil, dass diese aufgrund der Errichtung und Führung des Verzeichnisdienstes durch die BRAK selbst keine technische Postfachinfrastruktur wie beim EGVP vorhalten müssen[350]. Andere Dienste, wie bspw. die De-Mail, werden jedoch nicht ausgeschlossen und können parallel weiter genutzt werden[351].

c) Zeitplan für den Aufbau des Verzeichnisdienstes

Die BRAK plant ein verlässliches IT-System für das beAP und setzt dieses um[352]. Derzeit befindet sich die BRAK in der Konzeptionsphase, in der die Anforderungen an das System ermittelt werden[353]. Inzwischen wurde die adesso AG mit der Vorbereitung zur Einführung der besonderen elektronischen Anwaltspostfächer beauftragt. Zunächst sollten bis Ende 2013 eine Anforderungsanalyse sowie Kontext- und Systembeschreibungen erfolgen, bevor dann die tatsächliche Umsetzung beginnt[354]. In diesen soll das System mit all seiner Funktionalität beschrieben werden[355]. Die adesso AG berät die BRAK bei dem Vorhaben sowohl inhaltlich als auch methodisch bei Planung und Erstellung. Die Einführung des Systems soll nicht von einer bestimmten Kanzleisoftware oder einem bestimmten Betriebssystem abhängig

S. 5, abrufbar unter www.brak.de/zur-rechtspolitik/stellungnahmen-pdf/stellungnahmen-deutschland/2012/november/stellungnahme-der-brak-2012-55.pdf.

348 BT-Drs. 17/12634, S. 38.

349 Gesetz über das Verfahren in Familiensachen und in den Angelegenheiten der freiwilligen Gerichtsbarkeit (FamFG), Arbeitsgerichtsgesetz (ArbGG), Sozialgerichtsgesetz (SGG), Finanzgerichtsordnung (FGO).

350 *C. Hoffmann/Borchers,* CR 2014, 62 (64).

351 BT-Drs. 17/12634, S. 38.

352 Presseerklärung Nr. 15 v. 05. 07. 2013 „Gesetz zur Förderung des elektronischen Rechtsverkehrs passiert den Bundesrat" der BRAK, abrufbar unter www.brak.de/fuer-journalisten/pressemitteilungen-archiv/2013/presseerklaerung-15-2013/.

353 *C. Hoffmann/Borchers,* CR 2014, 62 (64); *Lummel,* BRAK Magazin 5/2013, 4 (5).

354 Behörden Spiegel, „adesso unterstützt elektronisches Anwaltspostfach", newsletter E-Goverment, Informationstechnologie und Politik, Nr. 602, Mai 2013, S. 7; *Viefhues,* MMR-Aktuell 2013, 346736; NJW-aktuell 26/2013, S. 12; *Lummel,* BRAK Magazin 5/2013, 4 (5).

355 NJW-aktuell 26/2013, S. 12.

sein[356]. Ab 2014 ist dann die Entwicklung eines Prototyps geplant[357], der ab 2015 in einer Testphase erprobt werden soll[358]. Ab dem 01. 01. 2016 müssen die besonderen elektronischen Anwaltspostfächer dann der Anwaltschaft zur Verfügung stehen[359].

d) Formerfordernisse

Das beAP soll in Zukunft einen sicheren Übermittlungsweg i. S. v. § 130a Abs. 4 Nr. 2 ZPO und § 55a Abs. 4 Nr. 2 VwGO, die frühestens am 01. 01. 2018 – bei einheitlicher Nutzung der Opt-Out-Möglichkeit der Länder am 31. 12. 2019 (Art. 24 Abs. 1 FördElRV) – in Kraft treten, darstellen.

Ungeklärt ist bislang das Verhältnis zwischen § 126a Abs. 1 BGB und § 130a Abs. 4 Nr. 2 ZPO[360]. Während § 130a Abs. 4 Nr. 2 ZPO die Kommunikation vom beAP und der elektronischen Poststelle des Gerichts als sicheren Übermittlungsweg und somit als Schriftformäquivalent im Zivilprozess festlegt, fordert § 126a Abs. 1 BGB weiterhin für die Schriftform im Zivilrecht eine qeS. Ein solcher Widerspruch besteht im öffentlichen Recht hinsichtlich § 55a Abs. 4 Nr. 2 VwGO insofern nicht, als dass das beAP durch Rechtsverordnung als sonstiges sicheres Verfahren nach § 3a Abs. 2 Satz 4 Nr. 4 VwVfG normiert werden kann. Diese Möglichkeit besteht im Zivilrecht aufgrund des ausdrücklich auf eine qeS bestehenden § 126a Abs. 1 BGB nicht.

Würde man nun § 126a Abs. 1 BGB neben § 130a Abs. 4 Nr. 2 ZPO anwenden, würde dies implizieren, dass auch bei einer Versendung einer Nachricht über das beAP zur Schriftformwahrung immer zusätzlich eine qeS erforderlich wäre, was einer Pflicht zur Nutzung der qeS gleich kommen würde[361].

Man könnte jedoch auch die Geltungsbereiche der beiden Normen insofern abstecken, dass § 130a ZPO allein Geltung für Prozesshandlungen, bspw. die Klageerhebung, beansprucht, in allen anderen zivilrechtlichen Fällen, bspw. beim Abschluss von Verträgen mit Schriftformerfordernis, aber weiterhin § 126a BGB Anwendung findet. Problematisch ist dies jedoch bei Rechtshandlungen, die in beide Kategorien fallen, bspw. bei einer Kündigung, die der Schriftform bedarf, durch eine Partei während eines Prozesses. Dies würde insbesondere bei der Kommunikation zwischen Rechtsanwälten zu Hindernissen führen. Sollte diese Annahme zutreffen, wäre eine klare Abgrenzung der Geltungsbereiche der beiden Vorschriften erforderlich. Doch auch diese würde nicht zu einer zwingenden Verwendung der qeS bei einer Nutzung des beAP führen.

---

356 NJW-aktuell 26/2013, S. 12; *Lummel*, BRAK Magazin 5/2013, 4 (5).
357 NJW-aktuell 26/2013, S. 12; *Lummel*, BRAK Magazin 5/2013, 4 (5).
358 *C. Hoffmann/Borchers*, CR 2014, 62 (64); *Lummel*, BRAK Magazin 5/2013, 4 (5).
359 *C. Hoffmann/Borchers*, CR 2014, 62 (64); *Lummel*, BRAK Magazin 5/2013, 4 (5).
360 Diese Problemstellung wird auch das EGVP betreffen.
361 *C. Hoffmann/Borchers*, CR 2014, 62 (63).

Da durch § 130a Abs. 4 ZPO aber gerade leichter handhabbare Alternativen zur qeS normiert werden sollten[362] und auch der Wortlaut des § 130a ZPO zur Schriftformwahrung entweder eine qeS oder die Nutzung eines sicheren Übermittlungswegs fordert, liegt es nahe, dass es sich bei diesem widersprüchlichen Verhältnis lediglich um ein Redaktionsversehen handelt, das daraus resultiert, dass dieser Konflikt schlichtweg übersehen bzw. es versäumt wurde, eine Anpassung des § 126a BGB auf den Weg zu bringen[363].

Es ist deshalb bis auf Weiteres davon auszugehen, dass nach Inkrafttreten des § 130a Abs. 4 Nr. 2 ZPO bzw. § 55a Abs. 4 Nr. 2 VwGO am 01. 01. 2018 die Versendung von Nachrichten über das beAP an die elektronische Poststelle des Gerichts die Schriftform wahrt. Eine zusätzliche qeS ist zwar weiterhin möglich[364], aber keineswegs erforderlich[365].

e) Sicherheit

Die Authentizität, also die Identität des Absenders, ist bei einer Versendung über das beAP durch die sichere Anmeldung am Postfach und das Identifizierungsverfahren durch Prüfung der Zulassung bei Eröffnung des Postfaches durch die BRAK auch ohne eine qeS als gewährleistet anzusehen. Hierdurch wird auch sichergestellt, dass der Absender bei Versand der Nachricht als Anwalt zugelassen war[366], da nach Erlöschen der Anwaltszulassung die Zugangsberechtigung zum beAP nach § 31a Abs. 3 BRAO aufgehoben und das Postfach gelöscht wird.

Die Vertraulichkeit wird wohl vergleichbar dem EGVP durch eine standardmäßige Ende-zu-Ende-Verschlüsselung gewährleistet werden[367].

Die Integrität der Daten kann dadurch gewährleistet werden, dass durch die standardmäßige und durchgängige Ende-zu-Ende-Verschlüsselung vom Absender zum Empfänger eine Manipulation der Daten nicht möglich ist, oder wie beim EGVP durch eine qeS.

f) Zugang, förmliche Zustellung und Fristwahrung

Hinsichtlich des Zugangs, der förmlichen Zustellung sowie der Fristwahrung und anderer Modalitäten können aufgrund des derzeitigen Ausgestaltungsstandes des beAP noch keine abschließenden Schlüsse gezogen werden. Grundsätzlich werden aber die allgemeinen Regelungen für elektronische Zugangsformen, wie sie bereits

---

362 Siehe hierzu auch bereits BT-Drs. 17/11691, S. 82, 83 ff. und BT-Drs. 17/11473, S. 2 („zwei andere sichere Verfahren"); vgl. *Stollhof*, DuD 2013, 691 (691).

363 *C. Hoffmann/Borchers*, CR 2014, 62 (63).

364 *Volk*, AnwBl 2013, 593 (594).

365 BT-Drs. 17/12634, S. 38; *Kriszeleit*, AnwBl 2013, 91 (92); *Volk*, AnwBl 2013, 593 (594); *Köbler*, AnwBl 2013, 589 (591).

366 *Marx*, AnwBl 2013, 597.

367 *Kriszeleit*, AnwBl 2013, 91 (93); *C. Hoffmann/Borchers*, CR 2014, 62 (65).

bei anderen öffentlichen elektronischen Zugangsformen beschrieben wurden, auch auf das beAP anwendbar sein.

Auf das Erfordernis einer Zugangseröffnung könnte angesichts der Tatsache, dass jeder Anwalt tatsächlich ein beAP haben und im Gesamtverzeichnis mit dessen Adresse eingetragen sein wird, aufgrund der Intention, eine elektronische Erreichbarkeit aller Rechtsanwälte über dieses zu erreichen, auf eine Widmung im Rahmen der Zugangseröffnung verzichtet werden. Hierbei ist jedoch zu beachten, dass, wie bereits geschildert, kein Zwang zur Nutzung des beAP, sondern nur zur elektronischen Einreichung besteht. Nähme man aber immer eine Zugangseröffnung ohne ausdrückliche oder konkludente Widmung an, käme dies einem faktischen Zwang gleich. Entscheidend wird hinsichtlich der Zugangseröffnung aufgrund der maßgeblichen Verkehrsanschauung auch die Verbreitung der Nutzung des beAP sein.

Hinsichtlich der Wahrung von Fristen macht § 130a Abs. 5 ZPO bzw.§ 55a Abs. 5 VwGO die Angabe, dass ein elektronisches Dokument eingegangen ist, sobald es auf der für den Empfang bestimmten Einrichtung des Gerichts gespeichert ist. Dem Absender ist hierüber durch Angabe des Eingangszeitpunkts eine automatisierte Bestätigung zu erteilen.

g) Kosten

Die Nutzung des beAP wird im Gegensatz zum EGVP wahrscheinlich nicht kostenfrei erfolgen. Ob und in welcher Höhe Gebühren erhoben werden, steht jedoch noch nicht endgültig fest[368].

7. Verwaltungsportale

In der Verwaltung können auch Portallösungen als elektronische Zugangsform zwischen Bürger und Behörde eingesetzt werden[369]. Die technisch-organisatorische Ausgestaltung dieser ist jedoch vielfältig, weshalb im Folgenden nur die allgemeinen Rahmenbedingungen abgesteckt werden sollen.

---

368 Siehe hierzu das Interview mit *Oliver Hehlert,* Senior Consultant und Projektleiter bei der adesso AG, NJW-aktuell 26/2013, S. 12.

369 Siehe zu Verwaltungsportalen allgemein Reinermann/v. Lucke (Hrsg.), Portale in der öffentlichen Verwaltung, 2000; *Donath,* Demokratie und Internet, 2001; *Geis,* Regionen und Städte als Portal, in: Bieler/Schwarting (Hrsg.), e-Government, 2007, S. 145 ff.; *C. Hoffmann,* Die Gewährleistung der Vertraulichkeit und Integrität elektronischer Daten- und Dokumentensafes, 2012, S. 28 ff.; *v. Lucke,* Portale und Hochleistungsportale im E-Government, in: Wirtz (Hrsg.), E-Government, Grundlagen, Instrumente, Strategien, 2010, S. 115 ff.

a) Begriff

Unter Verwaltungsportalen versteht man in Anlehnung an die Speyerer Portaldefinition „leicht bedienbare, sichere und personalisierbare Zugangssysteme [...], über die Anwender mit Rücksicht auf ihre Zugangsberechtigungen einen Zugang zu Informationen, Anwendungen, Prozessen und Personen aus Parlament, Regierung, Verwaltung, Justiz und öffentlichen Unternehmen erhalten, die ihrerseits in diversen Systemen der öffentlichen Hand bereitgestellt oder eingebunden und durch das Portal erschlossen werden“[370].

Auf ein solches Portal können sowohl Bürger als auch Verwaltungsmitarbeiter zugreifen, was eine Kommunikation ermöglicht.

Die Funktionen von Verwaltungsportalen sind sehr unterschiedlich. Ein Verwaltungsportal kann einen schlichten Zugang zu Informationen zu Verwaltungsdienstleistungen und zuständigen Behörden und Mitarbeitern (sog. Einstiegspunkte) oder zu Informationen zu einem speziellen Anliegen (sog. Informationssammelpunkte) darstellen, aber auch zur rechtlich verbindlichen Abwicklung von ausgewählten Verwaltungsverfahren (sog. Service-Center) dienen[371]. Die letztere Funktion ist für die vorliegende Arbeit als Zugangsform von Bedeutung.

Hochleistungsportale, d. h. Portale, an die besondere Anforderungen bzgl. Erreichbarkeit, Antwortzeit, Sicherheit und Erweiterbarkeit gestellt werden, sind in Deutschland bislang wenig verbreitet[372].

Bei Verwaltungsportalen handelt es sich um eine Infrastruktur mit begrenztem Anwendungsbereich, bspw. bzgl. der Fachverfahren oder des Anwenderkreises, im Gegensatz zu anderen Kommunikationsmitteln, die für jegliche Art von Kommunikation eingesetzt werden können[373].

Mit Portallösungen bietet die Verwaltung dem Bürger an, bestimmte Fachverfahren über ein hierfür bereitgestelltes elektronisches Portal abzuwickeln, indem er seine Identität authentifiziert und sich autorisiert. Das Portal kann dann, was für die vorliegende Arbeit entscheidend ist, zwischen Bürger und Behörde als Postfach- und Versanddienst zum Abruf des Verfahrensstands sowie zur Aufbewahrung und zum Austausch von Dokumenten dienen. Das Government-Gateway von Dataport bietet bspw. eine Transaktionsinfrastruktur, die den Zugang zu Fachverfahren ermöglicht und hierfür an zentraler Stelle eine Benutzerverwaltung mit Authentifizierung und

---

370 *V. Lucke*, Portale und Hochleistungsportale im E-Government, in: Wirtz (Hrsg.), E-Government, Grundlagen, Instrumente, Strategien, 2010, S. 115 (120).

371 *V. Lucke*, in: Wirtz (Hrsg.), E-Government, Grundlagen, Instrumente, Strategien, 2010, S. 115 (120 f.); *C. Hoffmann*, Die Gewährleistung der Vertraulichkeit und Integrität elektronischer Daten- und Dokumentensafes, 2012, S. 29.

372 *C. Hoffmann*, Die Gewährleistung der Vertraulichkeit und Integrität elektronischer Daten- und Dokumentensafes, 2012, S. 29; *v. Lucke*, in: Wirtz (Hrsg.), E-Government, Grundlagen, Instrumente, Strategien, 2010, S. 115 (125 f., 127). Siehe zu Hochleistungsportalen allgemein *v. Lucke*, Hochleistungsportale für die öffentliche Verwaltung, 2008.

373 *S. E. Schulz/Brackmann*, KommJur 2013, 81 (85).

Autorisierung zur Verfügung stellt[374]. Die Kommunikation vollzieht sich hierbei über eine gesicherte geschlossene Verbindung[375].

b) Formerfordernisse

Bei vielen Portalen erfolgt die Anmeldung des Bürgers durch Benutzername und Passwort oder andere Methoden zur Identifizierung des Nutzers[376].

aa) Exkurs: eID-Funktion des neuen Personalausweises

Eine weitere Möglichkeit zur sicheren Identifizierung des Bürgers bietet für Verwaltungsportale auch die eID-Funktion des neuen Personalausweises.

Grundlage des elektronischen Personalausweises ist das Gesetz über Personalausweise und den elektronischen Identitätsnachweis (PAuswG)[377]. Dieses hat zum Ziel, das herkömmliche Ausweisdokument in die digitale Welt zu übertragen[378].

Will der Bürger die eID-Funktion seines neuen Personalausweises nutzen, muss er diese zunächst einschalten bzw. aktivieren lassen[379]. Die Identifizierung des Bürgers erfolgt dann über eine Zwei-Faktor-Authentifizierung durch Besitz der Ausweiskarte, vergleichbar einer Signaturkarte, und Wissen mittels der zum Ausweis gehörenden eID-PIN[380]. Bei Einsatz der eID-Funktion erfolgt immer eine gegenseitige Authentifizierung, sodass nicht nur die Identität des Absenders, sondern auch des jeweiligen Online-Dienstes, dem gegenüber sich der Bürger identifizieren will, sichergestellt ist[381].

Voraussetzung für die Identifizierung mittels eID-Funktion ist zunächst ein neuer Personalausweis, bei dem die eID-Funktion aktiviert ist[382]. Um die Funktion auch

---

374 Siehe hierzu die Internetpräsenz von Dataport zum Government-Gateway unter www.dataport.de/unsereloesungen/E-Government/Seiten/Government-Gateway.aspx.

375 *C. Hoffmann u. a.*, Der *E-POSTBRIEF* in der öffentlichen Verwaltung – Chancen, Einsatzoptionen, rechtliche Handlungsspielräume, Band 1, 2011, S. 24 f.

376 *C. Hoffmann*, Der *E-POSTBRIEF* in der öffentlichen Verwaltung – Chancen, Einsatzoptionen, rechtliche Handlungsspielräume, Band 1, 2011, S. 29.

377 BGBl I 2009, S. 1346.

378 Siehe *C. Hoffmann*, Die Gewährleistung der Vertraulichkeit und Integrität elektronischer Daten- und Dokumentensafes, 2012, S. 13 f.

379 Siehe hierzu allgemein *S. E. Schulz*, in: Schliesky (Hrsg.), Gesetz über Personalausweise und den elektronischen Identitätsnachweis, Kommentar, 2009, § 10.

380 BT-Drs. 17/10720, S. 9; *Luch*, in: Schliesky (Hrsg.), Gesetz über Personalausweise und den elektronischen Identitätsnachweis, Kommentar, 2009, § 18 Rn. 25; *Süßmuth/Koch*, Pass- und Personalausweisrecht, 4. Aufl., Stand: 5. Erg.-Lfg. 2011, § 18 Satz 4, 2; *Möller*, in: Hornung/Möller, PassG/PAuswG, 2011, § 18 Rn. 24.

381 BT-Drs. 17/10720, S. 9; *C. Hoffmann*, Die Gewährleistung der Vertraulichkeit und Integrität elektronischer Daten- und Dokumentensafes, 2012, S. 15; *Stollhof*, DuD 2013, 691 (693).

382 *Möller*, in: Hornung/Möller, PassG/PAuswG, 2011, § 18 Rn. 6.

wirklich nutzen zu können, benötigt der Bürger zum einen die geeignete Software. Diese wird in Form der „AusweisApp“ durch die Bundesregierung kostenfrei zur Verfügung gestellt. Es sind aber auch andere kostenfreie oder kostenpflichtige Programme am Markt erhältlich. Durch sog. Plug-Ins kann die Software aber auch bereits in eine Internetseite eingebunden sein, bspw. über den Web-Browser[383], sodass der Bürger diese nicht selbst bereithalten muss. Zum anderen ist ein Kartenlesegerät für die Ausweiskarte erforderlich[384].

Technisch und organisatorisch handelt es sich bei der eID-Funktion also um ein eID-Management-System[385], mit dem sich der Bürger bei Aktivitäten im Internet ausweisen und prüfen kann, ob es sich bei dem Gegenüber auch um denjenigen handelt, für den dieser sich ausgibt.

Durch die erforderliche Software wird die Verbindung zwischen Lesegerät und Ausweis verschlüsselt und wiederum ein verschlüsselter Austausch der erforderlichen Daten, welche auf dem Ausweis gespeichert sind, mit dem Kommunikationspartner gewährleistet[386]. Während der Übermittlung ist somit bereits konzeptionell sichergestellt, dass kein Zugriff durch Dritte erfolgen kann[387].

Vor der Datenübermittlung wird dem Bürger ein Berechtigungszertifikat des Anbieters angezeigt[388]. Dieses wird vor Übermittlung der Daten überprüft. Ein solches Zertifikat erhalten Anbieter nur, wenn sie von der Vergabestelle für Berechtigungszertifikate des Bundesverwaltungsamts (BVA) nach § 21 PAuswG geprüft worden sind. U. a. muss hier die Einhaltung der Anforderungen an den Datenschutz, die Datensicherheit und den Geschäftszweck gewährleistet werden[389]. Eine Prüfung erfolgt bei Nutzung der eID-Funktion in der Hinsicht, ob der Anbieter die Daten für den Vorgang überhaupt benötigt und ob dessen Identität sichergestellt ist. Die Zertifikate werden gegen Vorlage eines positiven Bescheides des BVA durch Trust

383 BT-Drs. 17/10720, S. 10.

384 BT-Drs. 17/10720, S. 9; *Luch,* in: Schliesky (Hrsg.), Gesetz über Personalausweise und den elektronischen Identitätsnachweis, Kommentar, 2009, § 18 Rn. 6.

385 BT-Drs. 17/10720, S. 9 f.

386 BT-Drs. 17/10720, S. 10; *Luch,* in: Schliesky (Hrsg.), Gesetz über Personalausweise und den elektronischen Identitätsnachweis, Kommentar, 2009, § 18 Rn. 3; *Stollhof,* DuD 2013, 691 (693); *Süßmuth/Koch,* Pass- und Personalausweisrecht, 4. Aufl., Stand: 5. Erg.-Lfg. 2011, § 18 Satz 2; *Möller,* in: Hornung/Möller, PassG/PAuswG, 2011, § 18 PAuswG Rn. 26.

387 *Süßmuth/Koch,* Pass- und Personalausweisrecht, 4. Aufl., Stand: 5. Erg.-Lfg. 2011, § 18 Satz 2.

388 *Süßmuth/Koch,* Pass- und Personalausweisrecht, 4. Aufl., Stand: 5. Erg.-Lfg. 2011, § 18 Satz 2, 4; *Möller,* in: Hornung/Möller, PassG/PAuswG, 2011, § 18 PAuswG Rn. 20.

389 *C. Hoffmann,* Die Gewährleistung der Vertraulichkeit und Integrität elektronischer Daten- und Dokumentensafes, 2012, S. 16.

Center am Markt ausgestellt[390]. Sie sind nur wenige Tage gültig[391], sodass ihre Gültigkeit überprüft werden kann[392].

Nur der Inhaber des Personalausweises entscheidet, welche auf dem Personalausweis gespeicherten Daten übertragen werden[393]. Die Bestätigung bzw. Zustimmung zur Datenübertragung gibt er durch Eingabe der zum Personalausweis gehörenden sechsstelligen eID-PIN (§ 18 Abs. 4 PAuswG) ab[394].

Der Kommunikationspartner kann die Richtigkeit der Daten des Bürgers darüber verifizieren, dass er die Echtheit und Gültigkeit des verwendeten neuen elektronischen Personalausweises (nPA) durch technische Prüfverfahren bzw. durch eine Sperrliste, die vom BVA zur Verfügung gestellt wird, überprüfen kann[395].

bb) Ersetzung der Schriftform bei Verwaltungsportalen

Die Ersetzung der Schriftformfunktion bei der Nutzung von Verwaltungsportalen ist aufgrund des großen technischen und organisatorischen Ausgestaltungsspielraums möglich, ohne dass hier ausführlich auf Einzelheiten eingegangen werden könnte.

Da der Begriff der elektronischen Kommunikation i. S. d. § 3a VwVfG weit zu verstehen ist und unabhängig von Format und Kompatibilität alle Formen des elektronischen Datenaustausches erfasst[396], kann auch die Kommunikation zwischen Bürger und Behörde über Verwaltungsportale hierunter gefasst werden[397].

Allein durch eine Anmeldung am Portal mit Benutzername und Passwort kann die Identität eines Bürgers nicht sichergestellt werden. Hierzu wäre eine sichere

---

390 BT-Drs. 17/10720, S. 10; *C. Hoffmann*, Die Gewährleistung der Vertraulichkeit und Integrität elektronischer Daten- und Dokumentensafes, 2012, S. 15 f.; *Luch*, in: Schliesky (Hrsg.), Gesetz über Personalausweise und den elektronischen Identitätsnachweis, Kommentar, 2009, 18 Rn. 26.

391 *C. Hoffmann*, Die Gewährleistung der Vertraulichkeit und Integrität elektronischer Daten- und Dokumentensafes, 2012, S. 15 f.; *Luch*, in: Schliesky (Hrsg.), Gesetz über Personalausweise und den elektronischen Identitätsnachweis, Kommentar, 2009, § 18 Rn. 33; *Stollhof*, DuD 2013, 691 (693).

392 *Süßmuth/Koch*, Pass- und Personalausweisrecht, 4. Aufl., Stand: 5. Erg.-Lfg. 2011, § 18 Satz 4.

393 *C. Hoffmann*, Die Gewährleistung der Vertraulichkeit und Integrität elektronischer Daten- und Dokumentensafes, 2012, S. 15; *Luch*, in: Schliesky (Hrsg.), Gesetz über Personalausweise und den elektronischen Identitätsnachweis, Kommentar, 2009, § 18 Rn. 3; *Süßmuth/Koch*, Pass- und Personalausweisrecht, 4. Aufl., Stand: 5. Erg.-Lfg. 2011, § 18 Satz 2.

394 BT-Drs. 17/10720, S. 10; *C. Hoffmann*, Die Gewährleistung der Vertraulichkeit und Integrität elektronischer Daten- und Dokumentensafes, 2012, S. 15; *Süßmuth/Koch*, Pass- und Personalausweisrecht, 4. Aufl., Stand: 5. Erg.-Lfg. Mai 2011, § 18 Satz 2; *Möller*, in: Hornung/Möller, PassG/PAuswG, 2011, § 18 Rn. 24.

395 BT-Drs. 17/10720, S. 10; *Luch*, in: Schliesky (Hrsg.), Gesetz über Personalausweise und den elektronischen Identitätsnachweis, Kommentar, 2009, § 18 Rn. 16.

396 Siehe bereits Fn. 54.

397 *S. E. Schulz/Brackmann*, KommJur 2013, 81 (85).

Erstregistrierung, bspw. über die Verknüpfung der Registrierungsdaten mit der Meldeadresse oder durch eine Kombination mit Besitz und Wissen, erforderlich, um die Authentizitätsfunktion der Schriftform erfüllen zu können.

Hierfür ist dann der Einsatz weiterer zusätzlicher Sicherungsmittel wie der qeS oder die Integration anderer sicherer Übermittlungswege, die die Schriftform ersetzen können, in das Verwaltungsportal erforderlich.

Auch durch die eID-Funktion können nicht alle Schriftformfunktionen gewährleistet werden. Die eID ist lediglich in der Lage, die Identitätsfunktion, also die Authentizität der Nachricht, und ggf. durch die Eingabe der PIN die Warnfunktion zu gewährleisten[398]. Um eine Abbildung der Schriftformfunktionen zu erreichen, muss das jeweilige System bzw. Portal durch technisch-organisatorische Vorkehrungen in der Lage sein, die anderen Schriftformfunktionen in dem vom Gesetzgeber geforderten Maße zu erfüllen[399]. Insbesondere müssen eine dauerhafte Zuordnung und die Bearbeitung innerhalb der gesetzlich vorgegebenen Fristen sichergestellt werden[400]. Durch ein Zusammenspiel dieser beiden Komponenten ist jedoch eine Gewährleistung der Schriftformfunktionen durchaus erreichbar, wie etwa in § 3a Abs. 2 Satz 4 Nr. 1, Satz 5 VwVfG.

Nach dieser Vorschrift kann die Schriftform bei Übermittlung über öffentlich zugängliche Netze durch Eingabe in von der Verwaltung bereitgestellte elektronische Formulare i. V. m. einem sicheren elektronischen Identitätsnachweis nach § 18 PAuswG oder § 78 Abs. 5 Aufenthaltsgesetz (AufenthG) gewahrt werden. Bei dieser Variante handelt es sich nicht um ein klassisches Verwaltungsportal. Das Verfahren ähnelt diesem jedoch bzw. könnte auch in Zusammenhang mit einem Verwaltungsportal genutzt werden. Erforderlich ist eine Datenbank der Behörde, in die der Bürger in eine formularmäßige, für ihn unveränderbare Eingabemaske seine Daten unmittelbar eingibt. Diese Daten stehen dann der Fachanwendung zur Verfügung[401]. Die eID-Funktion ermöglicht hierbei nur die sichere Authentifizierung des Absenders[402]. Die Integrität muss durch die technische Ausgestaltung der Anwendung selbst gewahrt werden, indem sie so konzipiert ist, dass sie Manipulationen ausschließt[403]. Eine konkrete Ausgestaltung wird jedoch nicht vorgegeben[404].

Diese Möglichkeit der Identifizierung ist aber nur für die Verwaltung sicher, da gegenüber Dritten aus dem Datenbankeintrag weder die Integrität noch die Authentizität der Erklärung nachgewiesen werden kann[405]. Denn nur für die Behörde ist innerhalb des Systems nachvollziehbar, dass die Nachricht vom Absender stammt.

398 BT-Drs. 17/10720, S. 10; *Stollhof*, DuD 2013, 691 (693).
399 BT-Drs. 17/10720, S. 10.
400 BT-Drs. 17/10720, S. 10.
401 *Roßnagel*, NJW 2013, 2710 (2715); BT-Drs. 17/11473, S. 49.
402 *Stollhof*, DuD 2013, 691 (693).
403 *Roßnagel*, NJW 2013, 2710 (2715); BT-Drs. 17/11473, S. 49.
404 BT-Drs. 17/11473, S. 49.
405 *Roßnagel*, NJW 2013, 2710 (2716); BT-Drs. 17/11473, S. 49; *Möller*, in: Hornung/Möller, PassG/PAuswG, 2011, § 18 Rn. 6.

Diese Art der Kommunikation ist nicht mit der Möglichkeit zu verwechseln, Formulare herunterzuladen, auszufüllen und dann als Datei-Anhang oder ausgedruckt zu versenden[406]. Auch die Eingabe der Daten in ein Eingabegerät vor Ort nach § 3a Abs. 2 Satz 4 Nr. 1 VwVfG ist davon zu unterscheiden. Hier erfolgt die Kommunikation nicht gänzlich elektronisch. In diesem Fall wird vor Ort das Ausweispapier durch einen Verwaltungsmitarbeiter überprüft, ein elektronischer Identitätsnachweis erfolgt nicht[407].

Des Weiteren besteht die Möglichkeit, dass Verwaltungsportale in Zukunft als sonstige sichere Übermittlungswege zur Ersetzung der Schriftform in einer Rechtsverordnung nach § 3a Abs. 2 Satz 4 Nr. 4 VwVfG normiert werden, wenn sie die Authentizität und die Integrität der Nachricht sowie die Barrierefreiheit gewährleisten.

Außerhalb dieser beiden Möglichkeiten ist es zwar möglich, dass bei der Kommunikation über Verwaltungsportale die Schriftform erfüllt wird, diese Form der Schriftformersetzung ist aber nicht gesetzlich zugelassen, soweit nicht zusätzlich eine qeS verwendet oder andere sichere Übermittlungswege zur Ersetzung der Schriftform in das Portal integriert werden.

c) Sicherheit

Wie bereits erörtert, ist es möglich, durch die eID-Funktion die Authentizität einer Nachricht zumindest gegenüber dem Kommunikationspartner sicherzustellen. Die eID-Funktion darf zudem nur durch den Ausweisinhaber selbst genutzt werden. Eine Zuwiderhandlung gegen diesen Grundsatz ist nach § 32 Abs. 1 Nr. 5 PAuswG bußgeldbewährt[408].

Wird die eID-Funktion nicht zur Identifizierung des Kommunikationspartners genutzt, muss die Anwendung, also das Verwaltungsportal selbst, diese Aufgabe im oben beschriebenen Maße übernehmen, was aber durchaus denkbar ist.

Gleiches gilt, wie bereits erörtert, für die Integrität und die Vertraulichkeit der übermittelten Daten.

d) Zugang, Zugangseröffnung und förmliche Zustellung

Insgesamt gelten in Ermangelung von Spezialvorschriften für Verwaltungsportale die gleichen Vorschriften wie für alle anderen elektronischen Zugangsformen. Hierbei kann je nach Art der Ausgestaltung des Verwaltungsportals die Anwendbarkeit von Vorschriften bzw. die Erfüllung der darin enthaltenen Voraussetzungen stark variieren.

---

406 *Roßnagel*, NJW 2013, 2710 (2715); BT-Drs. 17/11473, S. 49.

407 *Roßnagel*, NJW 2013, 2710 (2715); BT-Drs. 17/11473, S. 49.

408 *Luch*, in: Schliesky (Hrsg.), Gesetz über Personalausweise und den elektronischen Identitätsnachweis, Kommentar, 2009, § 18 Rn. 14; *Süßmuth/Koch*, Pass- und Personalausweisrecht, 4. Aufl., Stand: 5. Erg.-Lfg. 2011, § 18 Satz 2; *Möller*, in: Hornung/Möller, PassG/PAuswG, 2011, § 18 Rn. 27 f.

Generell gilt wie bei jeder elektronischen Zugangsform, dass auch bei Verwaltungsportalen eine Zugangseröffnung erforderlich ist.

Dies gilt ebenfalls für die Möglichkeit der Nutzung der eID-Funktion. Hierfür ist eine gesonderte Zugangseröffnung zu fordern[409]. Dies legt auch § 18 Abs. 1 Satz 2 PAuswG fest, der einen Anspruch auf Nutzung der eID-Funktion gegenüber Behörden verneint[410].

Die Bestimmung der Zugangseröffnung stellt sich jedoch sowohl bei Verwaltungsportalen als auch bei der Nutzung der eID-Funktion als unproblematisch dar, da der Einsatz bzw. die Nutzung dieser nur möglich ist, wenn dies in Verfahren angeboten wird. Hat die Verwaltung ein besonderes Verwaltungsportal für ein oder mehrere Fachverfahren aufgebaut und ist dieses in Betrieb, will sie dieses gerade nutzen, um mit den Bürgern in den angegebenen Fachverfahren kommunizieren zu können. Gleiches gilt für die eID-Funktion. Ist diese in einen Dienst eingebunden bzw. wird dem Bürger eine Identifizierung über diese angeboten, besteht unproblematisch auch hierfür eine Zugangseröffnung. Allerdings wird nach den allgemeinen Vorschriften auch seitens des Bürgers eine Zugangseröffnung, i. d. R. in Form der Anlegung eines Accounts oder durch ausdrückliche Erklärung gegenüber der Behörde, gefordert werden müssen.

Beim Zugang ist bei Verwaltungsportalen besonders darauf zu achten, dass ein Dokument erst dann zugeht, wenn der Empfänger alleinigen Zugriff bzw. die Verfügungsgewalt über das Dokument hat[411]. Das Portal muss deshalb so ausgestaltet sein, dass die Behörde dem Bürger Daten übermitteln kann, auf die sie nach ihrer Absendung bzw. Ablegung auf einem Speicherplatz für den Bürger keinen Zugriff mehr hat, also diese nicht mehr verändern kann[412].

e) Kosten

Die Nutzung von Verwaltungsportalen ist, abgesehen von den erforderlichen Vorkehrungen eines Computers mit Internetzugang, i. d. R. kostenlos. Um einen Anreiz für die elektronische Kommunikation zu setzen, können die Verwaltungsgebühren bspw. bei einer elektronischen Antragstellung sogar niedriger sein, da diese

---

409 Siehe hierzu *Luch*, in: Schliesky (Hrsg.), Gesetz über Personalausweise und den elektronischen Identitätsnachweis, Kommentar, 2009, § 18 Rn. 7 ff.; *Süßmuth/Koch*, Pass- und Personalausweisrecht, 4. Aufl., Stand: 5. Erg.-Lfg. 2011, § 18 Satz 2; *Möller*, in: Hornung/Möller, PassG/PAuswG, 2011, § 18 Rn. 14.

410 *Luch*, in: Schliesky (Hrsg.), Gesetz über Personalausweise und den elektronischen Identitätsnachweis, Kommentar, 2009, § 18 Rn. 7; *Süßmuth/Koch*, Pass- und Personalausweisrecht, 4. Aufl., Stand: 5. Erg.-Lfg. 2011, § 18 Satz 2; *Möller*, in: Hornung/Möller, PassG/PAuswG, 2011, § 18 Rn. 14.

411 *Tiedemann*, in: Bader/Ronellenfitsch (Hrsg.), Beck'scher Online-Kommentar VwVfG, Stand: 01. 01. 2014, Ed. 22, § 41 Rn. 13.

412 *S. E. Schulz/Brackmann*, KommJur 2013, 81 (83); *Dietlein/Heinemann*, NWVBl 2005, 53 (55); *Skrobotz*, Das elektronische Verwaltungsverfahren, 2005, S. 253.

kostengünstiger und weniger aufwendig ist[413]. Durch die Einbindung anderer kostenpflichtiger Zugangsformen wie bspw. der De-Mail oder des E-Postbriefs können teilweise zusätzliche Kosten entstehen.

Für die eID-Funktion ist ein elektronischer Personalausweis mit eingeschalteter eID-Funktion erforderlich. Diesen wird in Zukunft jeder Bürger benötigen, sodass hierdurch keine zusätzlichen Kosten entstehen. Das Einschalten der eID-Funktion verursacht bei der Beantragung des nPA keine zusätzlichen Kosten. Hinzu kommen die Kosten für ein Lesegerät.

B. Das Verhältnis der verschiedenen Zugänge zur öffentlichen Verwaltung untereinander

Im Folgenden sollen deshalb zunächst, basierend auf der vorangegangenen Darstellung der Zugänge und elektronischen Zugangsformen, einzelne, möglicherweise wettbewerbsrelevante Beziehungen bestimmt werden, die an den Maßstäben des Öffentlichen Wettbewerbsrechts überprüft werden sollen.

Grundsätzlich werden die dargestellten klassischen Zug*änge und* die elektronischen Zugangsformen nach einem Multi- bzw. Mehrkanalprinzip[414] von Bürgern und Behörden nebeneinander genutzt. Dies ist auch erforderlich, damit für alle Bürger die Möglichkeit besteht, mit der Verwaltung kommunizieren zu können. Eine Beschränkung nur auf elektronische Zugangsformen ist, zumindest zurzeit, nicht möglich, wenn alle Bürger erreichbar sein sollen.

I. Das Verhältnis zwischen den klassischen Zugängen und den Formen des elektronischen Zugangs

Der maßgebliche Unterschied zwischen den klassischen Zugängen und den elektronischen Zugangsformen liegt darin, dass die klassischen Zugänge sowohl bei den Behörden als auch den Bürgern i. d. R. immer eröffnet sind. Dagegen ist der elektronische Zugang bei Behörden und Bürgern nicht durchgängig, aber immer öfter vorhanden. Insbesondere ein elektronischer Zugang für die E-Mail-Kommunikation wird von Behörden und Bürgern häufig vorgehalten[415]. Die elektronischen Zugangsformen rücken immer deutlicher in den Vordergrund, da sie die Verwaltungskommunikation enorm erleichtern können und zudem erhebliches Einsparpotenzial besitzen.

---

413 *S. E. Schulz/Brackmann*, KommJur 2013, 81 (87, Fn. 42). Ausführlich hierzu *S. E. Schulz/C. Hoffmann/Tallich*, Die Verwaltung 45 (2012), S. 207 ff.

414 Vgl. hierzu bspw. BT-Drs. 17/11473, S. 24; BT-Drs. 17/3630, S. 18, 26, und BT-Drs. 17/11473, S. 34, 76.

415 Siehe zur Zugangseröffnung bei elektronischen Zugangsmöglichkeiten allgemein *Schliesky*, in: Knack/Henneke, VwVfG, 10. Aufl. 2014, § 3a Rn. 36 ff.

Neben den klassischen Zugängen haben sich im Laufe der Zeit mehr oder weniger sichere elektronische Zugangsformen herausgebildet, die zum Teil die Funktionalitäten und Sicherheitsstandards der klassischen Zugänge erfüllen können. Hierdurch entsteht i. S. eines Multi- bzw. Mehrkanalprinzips ein Nebeneinander von klassischen Zugängen und elektronischen Zugangsformen, da die öffentliche Verwaltung weder auf die klassischen Zugänge noch auf den elektronischen Zugang gänzlich verzichten kann, wenn sie alle Bürger erreichen möchte. Dies liegt daran, dass die Bürger heutzutage zwar erwarten, mit der öffentlichen Verwaltung auch elektronisch kommunizieren zu können[416], aber eben nicht alle Bürger in der Lage dazu sind, die elektronische Kommunikation zu nutzen, sei es aufgrund der persönlichen Kenntnisse, des Alters oder aufgrund der mangelnden technischen Ausstattung, die auch einen finanziellen Aspekt darstellt.

Die elektronischen Zugangsformen verbreiten sich im Gegensatz zu den klassischen Zugängen erst allmählich, vor allem aufgrund des Einsparpotenzials und der Effektivität, die diese ermöglichen. Zudem sind die rechtlichen Rahmenbedingungen der Nutzung, insbesondere die Rechtswirkungen, der elektronischen Zugangsformen im Gegensatz zu denen der klassischen Zugänge teilweise noch nicht abschließend geklärt.

II. Das Verhältnis der klassischen Zugänge untereinander

Unter den klassischen Zugängen, wie dem persönlichen Vorsprechen bei der Behörde, dem Telefon, dem klassischen Briefverkehr und dem mittlerweile altbewährten Tele- bzw. Computerfax, besteht nur wenig rivalisierendes Potenzial, da diese Zugänge zur Verwaltung grundsätzlich nebeneinander bereitgehalten werden. Dies liegt vor allem daran, dass sie unterschiedliche Funktionen erfüllen bzw. für unterschiedliche Kommunikationssituationen geeignet sind: Bei einer kurzen Nachfrage kann das Telefon genutzt werden, bei Erforderlichkeit der persönlichen Anwesenheit spricht der Bürger persönlich bei der Behörde vor; ist die Erfüllung der Schriftform vorausgesetzt, wird i. d. R. der Briefverkehr genutzt, während in dem Fall, in dem für eine Übermittlung per Brief keine Zeit ist, das Telefax schriftformwahrend genutzt werden kann.

III. Das Verhältnis der elektronischen Zugangsformen untereinander

Die neuen elektronischen Zugangsformen bzw. deren Anbieter treten im Gegensatz zu den klassischen Zugängen immer häufiger in Konkurrenz zueinander. Aus diesem Grund soll hinsichtlich des wettbewerbsrechtlichen Schwerpunkts dieser

416 *Heckmann/Albrecht*, Das E-Government-Gesetz des Bundes als Motor der Verwaltungsmodernisierung, in: Kammer/Zapp (Hrsg.), Das E-Government-Gesetz des Bundes, ISPRAT Dossier, 2013, S. 51 (58 f.), abrufbar unter http://isprat.net/fileadmin/downloads/publikationen/ISPRAT_Dossier_E-Gov-Gesetz_4_MB.pdf.

Arbeit im Folgenden das Augenmerk auf den neuen elektronischen Zugangsformen liegen, deren Entwicklung aufgrund des technischen Fortschritts parallel verläuft, sodass die Verwaltung zwischen mehreren neuen Entwicklungen im Rahmen der Zugangsformen wählen kann, welche Zugangsart sie nutzt und somit den Bürgern zur Verfügung stellt.

Dieses Konkurrenzverhältnis tritt insbesondere auf, wenn elektronische Zugangsformen die gleichen Funktionalitäten bieten. Die herkömmliche E-Mail ist für die alltägliche und einfache Kommunikation, bspw. in Form von Nachfragen nach Öffnungszeiten von Behörden oder erforderlichen Dokumenten, durch Behörden durchaus nutzbar. Zumal sie kostenlos am Markt erhältlich ist. Die qeS macht elektronische Dokumente auf Dauer nachweisbar und das EGVP dient der Kommunikation zwischen Anwälten und Justiz. Diese Zugangsformen finden, auch wenn sie mit mehr oder weniger großem Aufwand und Eigeninitiative der Nutzer die gleichen Funktionen erfüllen können, ihre Nischen.

IV. Das besondere Verhältnis zwischen der De-Mail und anderen vergleichbar sicheren elektronischen Zugangsformen

Anders verhält sich dies bei der De-Mail und den nicht nach dem De-Mail-Standard akkreditierten Produkten, wie bspw. dem E-Postbrief der Deutschen Post AG, da sich nicht De-Mail-akkreditierte und De-Mail-akkreditierte Produkte stark ähneln können. Unter Umständen kann der einzige Unterschied in der erfolgten Akkreditierung bestehen, da diese, wie bereits dargelegt, vom Staat als freiwillige Akkreditierung angesehen wird[417]. Auch nicht akkreditierte Produkte, die den De-Mail-Standard nach dem De-Mail-G erfüllen, dürfen am Markt angeboten, nur nicht als De-Mail-Dienste beworben werden. So erfüllt der elektronische E-Postbrief bis auf wenige, eventuell anpassbare Aspekte die Voraussetzungen für eine De-Mail-Akkreditierung[418]. Er soll in dieser Arbeit deshalb als Referenzprodukt für nicht De-Mail-akkreditierte sichere elektronische Zugangsformen dienen, da dieser der De-Mail unter den bestehenden sicheren elektronischen Zugangsformen[419], die nicht De-Mail-akkreditiert sind, am stärksten ähnelt.

Im Falle einer Akkreditierung der Deutschen Post AG als De-Mail-Anbieter nach § 17 De-Mail-G *würde der E-Postbrief von diesem erfasst werden*[420]. Zunächst beabsichtigte die Deutsche Post AG eine Akkreditierung des E-Postbrief-Dienstes

---

417 Siehe bereits Gliederungspunkt Teil II: A. II. 5. d) aa).

418 *C. Hoffmann u. a.*, Der *E-POSTBRIEF* in der öffentlichen Verwaltung – Chancen, Einsatzoptionen, rechtliche Handlungsspielräume, Band 1, 2011, S. 115.

419 Hier sind bspw. Pretty-Good-Privacy-Produkte und der E-Mail-Dienst „Regimail" von Regify (www.regify.de) als weitere nicht De-Mail-akkreditierte sichere elektronische Zugangsmöglichkeiten zu nennen, die bereits am Markt angeboten werden.

420 *C. Hoffmann u. a.*, Der *E-POSTBRIEF* in der öffentlichen Verwaltung – Chancen, Einsatzoptionen, rechtliche Handlungsspielräume, Band 1, 2011, S. 7.

nach den De-Mail Kriterien[421], stellte ihre Bemühungen hinsichtlich der Akkreditierung des E-Postbriefs dann jedoch, wie bereits erörtert, ein, da die De-Mail-Funktionalität nicht in das Gesamtprodukt des E-Postbriefs zu integrieren sei[422]. Dies wurde damit begründet, dass die Begründung zum De-Mail-G eine eindeutige Unterscheidbarkeit von akkreditierten De-Mail-Diensten und weiteren zusätzlichen Diensten vorschreibt. Unter die akkreditierten De-Mail-Dienste würde nach Durchlaufen des Akkreditierungsverfahrens nur der E-Postbrief mit elektronischer Zustellung fallen. Zu den zusätzlichen - hiervon zu trennenden - Diensten würden unter anderem der E-Postbrief mit klassischer Zustellung, Zahlungsdienste, die internationale Vernetzung und die von der Deutschen Post AG geplante Integration der Partner Datev, SAP und Microsoft fallen. Probleme würde dies für den E-Postbrief vor allem im Wettbewerb und in der Werbung bedeuten. So ist aus Sicht der Deutschen Post AG zu befürchten, dass das Unternehmen den Begriff De-Mail nicht für das Produkt „E-Postbrief" nutzen können wird, ohne mit wettbewerbsrechtlichen Konsequenzen von Mitbewerbern rechnen zu müssen. Vertreter des BMI halten diese Befürchtungen jedoch unter Berufung auf ein von diesem in Auftrag gegebenes Rechtsgutachten *für unbegründet*[423].

Festzuhalten bleibt, dass nach derzeitigem Stand nur der E-Postbrief mit elektronischer Zustellung auch als De-Mail deklariert bzw. beworben werden *dürfte*. Zu weiteren Diensten müsste ausdrücklich eine Abgrenzung erfolgen, da nur De-Mail-Produkte nach den Vorgaben des De-Mail-G auch als solche bezeichnet werden dürfen. Der klassische E-Postbrief fällt jedoch nicht hierunter. So dürfte auch keine einheitliche Adresse für den elektronischen und den klassischen E-Postbrief verwendet werden, da die De-Mail-Adresse nach § 5 Abs. 1 Satz *2 Nr. 1* De-Mail-G aufgrund der De-Mail-Kennung nicht für den klassischen E-Postbrief genutzt werden dürfte. So wäre es der Deutschen Post AG nicht möglich, das gesamte Produkt „E-Postbrief" mit dem Zusatz „nach De-Mail-Standard" zu versehen, da der E-Postbrief als Gesamtprodukt den E-Postbrief mit klassischer Zustellung enthält und bereits vor Inkrafttreten des De-Mail-G enthalten hat. Diese Unterscheidung wäre für den unbedarften Verbraucher nicht verständlich. Der Deutschen Post AG bliebe folglich nur die wenig griffige Möglichkeit, den E-Postbrief mit elektronischer Zustellung nach De-Mail-Standard zu deklarieren und zu bewerben. Dies wäre zwar denkbar, würde jedoch einen hohen Aufwand erfordern und die Werbetätigkeit im Gegensatz zu anderen Produkten, die auf dem De-Mail-Standard beruhen, erheblich erschweren.

---

421 Vgl. hierzu *C. Hoffmann u. a.*, Der *E-POSTBRIEF* in der öffentlichen Verwaltung – Chancen, Einsatzoptionen, rechtliche Handlungsspielräume, Band 1, 2011, S. 29.

422 Siehe hierzu Behörden Spiegel Newsletter E-Government, Informationstechnologie und Politik, 4. Sonderausgabe CeBIT 2012, Nr. 538 Berlin und Bonn vom 09. 03. 2012, S. 9.

423 Fn. 422. Siehe hierzu auch den Artikel „Die Pläne der Post - Kein De-Mail-Zertifikat für E-Postbrief" vom 22. 03. 2012 von Johannes Klostermeier, abrufbar unter www.cio.de/public-ict/communication/2308771/.

Probleme bei einer möglichen Akkreditierung bereitete zusätzlich, dass das Postident-Verfahren der Deutschen Post AG mehr Daten (Ausweisnummer und ausstellende Behörde) erhebt, als bei der Identifizierung nach dem De-Mail-G erforderlich sind[424].

Mittlerweile sieht es jedoch so aus, als ob die Deutsche Post AG sich nun doch dem Druck beugen und einen De-Mail-Dienst anbieten will, da zwar wenige Privat-, aber immer mehr Großkunden die De-Mail nutzen wollen[425]. Diese Entwicklung verdeutlicht umso mehr, dass zwischen De-Mail und anderen nicht De-Mail-akkreditierten sicheren elektronischen Zugangsformen bzw. deren jeweiligen Anbietern ein besonderes Konkurrenzverhältnis besteht.

Eine zukünftige Nutzung von mehreren elektronischen Zugangsformen nebeneinander, wie es bei den klassischen Zugängen zumindest noch der Fall ist, ist aufgrund der Ähnlichkeiten einiger elektronischer Zugangsformen nicht zu erwarten, da dies impraktikabel wäre. Wahrscheinlicher ist deshalb eine Konzentration auf eine bestimmte von mehreren gleichartigen Zugangsformen, die sich vor allem aufgrund der Akzeptanz in der Bevölkerung und der vermehrten Zugangseröffnung und Verwendung durch die Verwaltung gegen die anderen Arten durchsetzen wird. Diese Entwicklung unterliegt jedoch auch wieder der fortschreitenden zeitlichen Veränderung.

Zwischen den De-Mail-Produkten und den nicht akkreditierten, aber mit der De-Mail vergleichbaren elektronischen Zugangsformen besteht deshalb ein besonderes wettbewerbsrelevantes Verhältnis, das in der vorliegenden Arbeit näher behandelt wird.

C. Die Beeinflussung elektronischer Zugangsformen durch staatliches Handeln

Der Staat legt grundsätzlich gesetzlich oder faktisch die Spielregeln für die Schaffung und Verwendung von elektronischen Zugangsformen fest. Insbesondere werden ihre Eigenschaften, bspw. hinsichtlich der Sicherheit und der Nachweisbarkeit, unterschiedlich beurteilt und an ihren Einsatz sowie ihre Verwendung unterschiedliche Anforderungen und vor allem Rechtswirkungen geknüpft. Dies kann zum einen durch Gesetzgebung, bspw. durch die Regelung der Schriftform, von Beweiswirkungen oder durch eine etwaige Verpflichtung zur Zugangseröffnung bzw. Nutzung von bestimmten Zugangsformen, erfolgen. Zum anderen kann der

424 Siehe hierzu die Meldung „Deutsche Post AG stoppt De-Mail-Projekt" vom 12. 04. 2013, abrufbar unter http://dieerklaerung.de/deutsche-post-ag-stoppt-de-mail-projekt-70670/.

425 Siehe hierzu den Artikel „Die Elektropost wird zum Millionenmarkt" vom 11. 12. 2013 von Helmut Bünder auf der Internetpräsenz der Frankfurter Allgemeine, abrufbar unter www.faz.net/aktuell/wirtschaft/unternehmen/de-mail-die-elektropost-wird-zum-milliardenmarkt-12706575.html.

Markt der elektronischen Zugangsformen auch durch hoheitliches und faktisches Verwaltungshandeln beeinflusst werden. Hierzu gehört bspw. das staatliche Informationshandeln oder eine etwaige Subventionierung.

Dieses Staatshandeln kann hinsichtlich der verschiedenen elektronischen Zugangsformen wettbewerbsrelevant sein.

Auswirkungen auf den freien Wettbewerb zwischen den Anbietern elektronischen Zugangsformen sind zudem vor allem dann zu erwarten, wenn der Staat zugunsten einzelner elektronischer Zugangsformen in den Markt eingreift bzw. diesen beeinflusst. Dies wird insbesondere der Fall sein, wenn zwischen privatwirtschaftlich angebotenen Zugangsformen differenziert wird. Nutzt die Verwaltung bspw. vermehrt eine sichere elektronische Zugangsform bzw. schafft eine Zugangsform hierfür, werden auch die Bürger diese vermehrt nutzen. Andersherum wird die Verwaltung auch darauf reagieren müssen, wenn sich in der Gesellschaft eine bestimmte sichere elektronische Zugangsform etabliert und infolgedessen auch von ihr erwartet wird, dass diese angeboten wird.

Eine solche Konstellation ergibt sich zwischen dem privatwirtschaftlich entstandenen E-Postbrief und der auf staatlicher Initiative beruhenden, aber durch private Unternehmen angebotenen De-Mail[426]. Hierbei ist es von besonderer Bedeutung, dass die De-Mail auf staatlicher Initiative durch den De-Mail-Standard geschaffen worden ist, aber durch private Unternehmen angeboten wird.

Das bereits herausgearbeitete wettbewerbsrelevante Verhältnis zwischen der De-Mail und vergleichbar sicheren elektronischen Zugangsformen soll aus diesem Grunde in dieser Arbeit im Lichte des Öffentlichen Wettbewerbsrechts untersucht werden.

D. Rechtliche Grenzen der Schaffung und Regelung von elektronischen Zugangsformen durch das Öffentliche Wettbewerbsrecht am Beispiel der De-Mail

I. Definition und Erfordernis eines Öffentlichen Wettbewerbsrechts

Es kann beobachtet werden, dass der Staat das Wirtschaftsgeschehen in vielen verschiedenen Gestaltungsformen beeinflusst oder sogar bewusst lenkt[427].

Wettbewerb ist das, was entsteht, wenn private Marktteilnehmer als Grundrechtsträger ihre wettbewerbsrelevanten Grundrechte (Art. 12 Abs. 1, 14 Abs. 1 und

426 Kritisch hierzu *Skrobotz*, in: Manssen (Hrsg.), Telekommunikations- und Multimediarecht, Band 2, Stand: 33. Erg.-Lfg. 2013, K § 1 De-Mail-G Rn. 87; und bereits zum Entwurf für ein Bürgerportalgesetz *Werner/Wegener*, CR 2009, 310 (316).

427 *Schliesky*, JA 1997, 902 (902).

2 Abs. 1 Grundgesetz [GG]) konkurrierend ausüben[428]. Die privaten Mitbewerber müssen jedoch nicht nur vor den Eingriffen von anderen privaten Wettbewerbern in den funktionierenden Wettbewerb bewahrt, sondern auch vor staatlicher Einflussnahme geschützt werden, die, wenn nicht sogar stärker, dann zumindest mit derselben Intensität, den Wettbewerb beeinflussen kann[429].

Zum einen kann dies durch eine wirtschaftliche Tätigkeit des Staates selbst der Fall sein. Hierunter versteht man „das Anbieten von Waren oder Dienstleistungen im Wirtschaftsverkehr [...], ohne Rücksicht darauf, ob diese Tätigkeit in privatrechtlichen oder öffentlich-rechtlichen Organisations- oder Handlungsformen ausgeübt wird und ob sich die öffentliche Hand dabei eines rechtlich verselbstständigten Wirtschaftssubjekts bedient“[430].

Zum anderen kann eine Beeinflussung auch durch Maßnahmen der Wirtschaftslenkung erfolgen[431]. Hierunter fallen „alle staatlichen Maßnahmen [...], durch die auf den wirtschaftlichen Prozess eingewirkt werden soll, um einen wirtschafts-, sozial- oder gesellschaftspolitisch erwünschten Zustand oder Ablauf des Wirtschaftslebens herzustellen oder zu erhalten, ohne Rücksicht auf die Rechtsform der Maßnahmen [...]“[432]. Als Beispiele hierfür können u. a. staatliche Subventionen und die staatliche Informationstätigkeit angeführt werden[433].

Das übereinstimmende Merkmal bzw. die maßgebliche Gemeinsamkeit dieser Fallgruppen ist die Einwirkung auf das Marktgeschehen und den Wettbewerb privater Wirtschaftssubjekte[434].

Aufgrund der Grundrechte, durch die die privaten Wettbewerber geschützt sind, insbesondere die Wettbewerbsfreiheit aus Art. 12 Abs. 1 Satz 1 GG[435], ist eine Rechtsbetroffenheit nicht von vornherein ausgeschlossen und somit möglich. Diese Betroffenheit sollte als Ansatzpunkt für die Qualifizierung als wettbewerbsrelevantes Staatshandeln dienen[436].

---

428 *Schliesky*, Öffentliches Wirtschaftsrecht, 4. Aufl. 2014, S. 180; *ders.*, JA 1997, 902 (903); *ders.*, DVBl 1999, 78 (80).

429 *Schliesky*, Öffentliches Wirtschaftsrecht, 4. Aufl. 2014, S. 182.

430 *P.-M. Huber*, in: Schmidt-Aßmann/Schoch (Hrsg.), Besonderes Verwaltungsrecht, 14. Aufl. 2008, 3. Kap. Rn. 248; *Schoch*, DÖV 1993, 377 (379).

431 *Schliesky*, JA 1997, 902 (902).

432 BVerwGE 71, 183 (190) unter Verweis auf *Badura*, in: v. Münch/Schmidt-Aßmann (Hrsg.), Besonderes Verwaltungsrecht, 9. Aufl. 1992, S. 179 (225 f., Rn. 77). Vgl. hierzu auch *Schliesky*, JA 1997, 902 (902); *P.-M. Huber*, in: Schmidt-Aßmann/Schoch (Hrsg.), Besonderes Verwaltungsrecht, 14. Aufl. 2008, 3. Kap. Rn. 180; *Stober*, Allgemeines Wirtschaftsverwaltungsrecht, 17. Aufl. 2011, S. 224 (§ 30 I).

433 *Schliesky*, JA 1997, 902 (902).

434 *Schliesky*, JA 1997, 902 (903); *Schliesky*, DVBl 1999, 78 (80).

435 Zur Einordnung der Wettbewerbsfreiheit in die Systematik der Grundrechte siehe Gliederungspunkt Teil II: E. II. 1. a) bb).

436 *Schliesky*, JA 1997, 902 (903).

Als wettbewerbsrelevante Staatstätigkeit kann dann jede Ingerenz des Staates selbst, eines unterstaatlichen Verwaltungsträgers oder eines sonstigen Trägers hoheitlicher Gewalt in einem wirtschaftlichen Markt, ohne dass es auf die Rechts- oder Handlungsform des staatlichen Akteurs ankommt, bezeichnet werden[437]. Die Rechtsbetroffenheit ist an der Rechtsbetroffenheit anderer Marktteilnehmer abzulesen. Dieses die privaten Wettbewerber rechtlich betreffende Verhalten des Staates, muss den Ausgangspunkt für die Bildung eines Verhaltensrechts des Staates im Wettbewerb bilden, da gerade jene Beeinflussung des Wettbewerbs die Problematik auslöst, die durch das Öffentliche Wettbewerbsrecht als Verhaltensrecht verhindert werden soll. Einseitige Ermächtigungen des Staates im Sinne der klassischen Eingriffsverwaltung oder abstrakte Grenzen im Grundgesetz zu suchen, scheint hingegen nicht zielführend[438].

Durch ein Öffentliches Wettbewerbsrecht[439] soll folglich eine verhaltensrechtliche Kontrolle wettbewerbsrelevanter Staatstätigkeit ausgeübt werden, weshalb es als Marktverhaltensrecht zu qualifizieren ist[440].

Grundsätzlich sind im Öffentlichen Wettbewerbsrecht zwei Faktoren entscheidend: zum einen die grundsätzliche Zulässigkeit wettbewerbsrelevanter Staatstätigkeit und zum anderen die verhaltensrechtlichen Grenzen wettbewerbsrelevanten staatlichen Verhaltens[441].

Ziel des Öffentlichen Wettbewerbsrechts ist die dauerhafte Zurückdrängung des Staates aus dem Wettbewerb. Es soll ein stringentes Instrumentarium zur Zurückdrängung des Staates aus gesellschaftlichen Bereichen in Form eines einheitlichen Verhaltensrechts, das wirtschaftsbezogenem Staatshandeln verlässliche Grenzen zieht, sein, mit dem Ziel, dass der Staat diesen Bereichen dauerhaft fernbleibt[442]. Einerseits ist eine freie Entwicklung des Wettbewerbs nach seinen eigenen Gesetzen gewünscht, andererseits hat der Staat jedoch auch Aufgaben zu erfüllen, durch die er den wirtschaftlichen Wettbewerb beeinflussen kann oder sogar muss. Das Öffentliche Wettbewerbsrecht soll zwischen diesen Polen einen Ausgleich schaffen und die wettbewerbsrelevante Staatstätigkeit beschränken[443].

Eine weitere Problematik, die das Erfordernis eines Öffentlichen Wettbewerbsrechts nahelegt, ist der Umstand, dass bei staatlicher Tätigkeit unterschiedliche Rechtswege angenommen werden. Zum einen wird bei der Bestimmung des Rechtswegs nach Erscheinungsformen des Staatshandelns differenziert, zum anderen aber

---

437 *Schliesky*, JA 1997, 902 (903); *ders.*, DVBl 1999, 78 (80). Siehe hierzu ausführlich *Schliesky*, Öffentliches Wettbewerbsrecht, 1997, S. 22 ff.

438 *Schliesky*, DVBl 1999, 78 (80).

439 Begründend *Schliesky*, Öffentliches Wettbewerbsrecht, 1997. Vgl. auch *P.-M. Huber*, in: Schmidt-Aßmann/Schoch (Hrsg.), Besonderes Verwaltungsrecht, 14. Aufl. 2008, 3. Kap. Rn. 249 ff.; *Faßbender*, NJW 2004, 816 (817).

440 *Schliesky*, JA 1997, 902 (903).

441 *Schliesky*, JA 1997, 902 (903).

442 *Schliesky*, DVBl 1999, 78 (78).

443 *Schliesky*, DVBl 1999, 78 (79).

zusätzlich auch innerhalb dieser Fallgruppen. Die Uneinigkeit über den Rechtsweg bewirkt außerdem, dass, je nachdem, welche Gerichtsbarkeit als einschlägig erachtet wird, unterschiedliche Maßstäbe angelegt werden. Die ordentliche Gerichtsbarkeit stützt sich beim Maßstab vor allem auf das Gesetz gegen den unlauteren Wettbewerb (UWG), wohingegen die Verwaltungsgerichtsbarkeit als Maßstab die Grundrechte, Fachgesetze des Verwaltungsrechts, das kommunale Wirtschaftsrecht oder Grundsätze der Wettbewerbsfreiheit bemüht. Hinzu kommt, dass die Ergebnisse der einzelnen Gerichte der verschiedenen Rechtszweige wiederum zu unterschiedlich ausfallen[444].

Im Ergebnis resultieren hieraus auf mehreren Ebenen uneinheitliche Ergebnisse und somit auch uneinheitliche Grenzen für wettbewerbsrelevantes Staatshandeln. Die Spielregeln, unter denen der Staat den Wettbewerb beeinflussen darf, also Regelungen, ob und in welcher Art und Weise dies zulässig ist, liegen im Vorhinein nicht vor. Ein Rahmen, der den Staat in den vorgegebenen Schranken hält und so einen Ausgleich zwischen notwendiger wettbewerbsrelevanter Staatstätigkeit und einem Übermaß an Einfluss des Staates schafft, ist somit nicht vorhanden. Diese Funktion kann und soll das Öffentliche Wettbewerbsrecht erfüllen. Um diesen Ausgleich zu schaffen, ist es deshalb erforderlich und zweckmäßig[445].

Diese Uneinheitlichkeit bei der Beurteilung wettbewerbsrelevanten Staatshandelns zeigt gerade das Bedürfnis nach verlässlichen, vorhersehbaren und einheitlichen Grenzen ebenso wie nach einer effektiven und einheitlichen Kontrolle der Tätigkeit des Staates[446].

Eine direkte Anwendung der Regeln des privaten Wettbewerbsrechts auf den Staat, wie es vielleicht naheliegen würde, ist indes nicht möglich, weil im Falle wettbewerbsrelevanten Staatshandelns gegenüber privaten Wettbewerbern unterschiedliche Ebenen betroffen sind. So ist die Motivation des Staates eine andere als die des privaten Mitbewerbers, der die Eigennutzenmaximierung zum Ziel hat, wohingegen dem Staat eine solche Motivation grundsätzlich fremd sein wird. Er wird und darf grundsätzlich nur dann tätig werden, wenn dies aus Gemeinwohlgründen gerechtfertigt ist[447].

Diese staatlichen Besonderheiten, insbesondere das öffentliche Interesse sowie das besondere Verhältnis zwischen Staat und grundrechtsgeschützten privaten Wettbewerbern müssen beachtet werden und in die rechtlichen Grenzen, die das Öffentliche Wettbewerbsrecht ziehen soll, einfließen[448]. Denn gerade aufgrund der Tatsache, dass das allgemeine Wettbewerbsrecht diesen Umständen keine Rechnung trägt, resultieren die angeführten Unklarheiten.

444 *Schliesky*, DVBl 1999, 78 (79).
445 *Schliesky*, DVBl 1999, 78 (79).
446 *Schliesky*, DVBl 1999, 78 (80).
447 *Schliesky*, Öffentliches Wirtschaftsrecht, 4. Aufl. 2014, S. 182.
448 *Schliesky*, DVBl 1999, 78 (80).

Folglich muss das Öffentliche Wettbewerbsrecht als Verhaltensrecht zwei zu unterscheidende Bereiche, das „Ob“ und das „Wie“, regeln. Zum einen muss also zuerst die Frage nach der Zulässigkeit wettbewerbsrelevanter Staatstätigkeit beantwortet werden[449]. Hier gilt es, eine Rechtfertigung für das staatliche Handeln zu finden. Sei es durch Ermächtigungsnormen, Verpflichtungen des Staates oder andere Gründe, aus denen sich Befugnisse zum wettbewerbsrelevanten Tätigwerden des Staates ergeben. Zum anderen ist die Frage nach den Grenzen dieser wettbewerbsrelevanten Tätigkeit zu stellen, die sich aus den Grundrechten und den einfachgesetzlichen Grenzen wie dem Wettbewerbsrecht, also dem UWG und dem Gesetz gegen Wettbewerbsbeschränkungen (GWB), ergeben[450]. Letztere Frage wird jedoch insoweit meist nicht ohne die Klärung der rechtlichen Grenzen zu beantworten sein. Insofern besteht eine Verbindung zwischen den beiden Ebenen[451]. Jede Beeinflussung privater Wettbewerber durch wettbewerbsrelevantes Staatshandeln löst Abwehr- und Unterlassungsansprüche gegen den Staat aus. Aus diesen Ansprüchen ergeben sich die vom Staat einzuhaltenden Grenzen und somit die Anforderungen an wettbewerbsrelevantes Staatshandeln. Diese Verhaltensnormen bilden in ihrer Summe dann das Öffentliche Wettbewerbsrecht[452]. Das Öffentliche Wettbewerbsrecht kann somit als „die Summe der den Staat einseitig berechtigenden, verpflichtenden oder organisierenden Vorschriften, die dem Staat Verhaltensmaßstäbe für wirtschaftsrelevantes Handeln vorgeben, bei deren Verletzung die Wettbewerbsfreiheit privater Wirtschaftssubjekte beeinträchtigt sein kann“[453], definiert werden.

Auf diesem Wege kann eine einheitliche und verlässliche Grenzziehung für wettbewerbsrelevante Staatstätigkeit erreicht und ein Beitrag zur Deregulierung unter Verzicht auf zusätzliche Normierungen, aber mit Erhalt der regulierenden Wirkung gewährleistet werden[454].

II. Fallgruppen und Wettbewerbsverhältnisse bei wettbewerbsrelevantem Staatshandeln im Hinblick auf besondere Erscheinungsformen im Rahmen der Schaffung und Regelung von elektronischen Zugangsformen

1. *Begriff des wettbewerbsrelevanten Staatshandelns*

Unter wettbewerbsrelevanter Staatstätigkeit versteht man „jede Ingerenz des Staates selbst, eines unterstaatlichen Verwaltungsträgers oder eines sonstigen Trägers hoheitlicher Gewalt in einem wirtschaftlichen Markt – unabhängig von der

449 Siehe hierzu *Schliesky*, DVBl 1999, 78 (80 f.).
450 Siehe *Schliesky*, DVBl 1999, 78 (81 ff.).
451 *Schliesky*, DVBl 1999, 78 (80).
452 Vgl. *Schliesky*, DVBl 1999, 78 (81).
453 *Schliesky*, Öffentliches Wirtschaftsrecht, 4. Aufl. 2014, S. 182.
454 *Schliesky*, DVBl 1999, 78 (86).

Rechts- oder Handlungsform des staatlichen Akteurs"[455]. Prägendes Merkmal und Gemeinsamkeit wettbewerbsrelevanter staatlicher Handlungen ist die Rechtsbetroffenheit der Wettbewerbsfreiheit privater Marktteilnehmer[456].

2. Fallgruppen nach Rechtsgebieten

Die für diese Arbeit maßgeblichen Fallgruppen des wettbewerbsrelevanten Staatshandelns sollen im Folgenden nach der Art und Weise des Handelns eingeordnet werden, weil für den Untersuchungsgegenstand die staatlichen Handlungen im Lichte des Öffentlichen Wettbewerbsrechts und nicht die Konkurrenzverhältnisse der verschiedenen Akteure im Vordergrund stehen[457]. Das Handeln der öffentlichen Hand reicht von schlicht-hoheitlichem, faktischem Handeln bis zu hoheitlicher Staatstätigkeit. Aber auch innerhalb dieser Differenzierung bestehen weitergehend verschiedene Handlungsarten – bspw. ohne oder aufgrund einer Ermächtigungsgrundlage, mit unterschiedlicher Eingriffsintensität, Leistungs- oder Eingriffsverwaltung –, weshalb unterschiedliche Maßstäbe anzulegen und Anforderungen zu stellen sind. Deshalb erscheint es sinnvoll, hier – ohne Anspruch auf Vollständigkeit, insbesondere auf zukünftige Entwicklungen – Fallgruppen zu bilden, bei denen ein Bezug zur Schaffung und Regelung von elektronischen Zugangsformen hergestellt werden kann[458].

a) Erwerbswirtschaftliche Tätigkeit der öffentlichen Hand

Zunächst tangiert das erwerbswirtschaftliche Tätigwerden der öffentlichen Hand die Wettbewerbsfreiheit privater Marktteilnehmer.

In diesem Fall erfolgt die Rechtsbetroffenheit durch die staatliche Konkurrenz gegenüber privaten Marktteilnehmern.

Im Rahmen der Schaffung und Regelung elektronischer Zugangsformen stellt es sich im Falle der De-Mail problematisch dar, wenn auch Behörden als De-Mail-Anbieter tätig werden. Grundsätzlich sollen die Dienste zwar hauptsächlich von Privaten übernommen werden, staatlichen Stellen – insbesondere auch Behörden – bleibt es jedoch unbenommen ebenfalls nach erfolgreicher Akkreditierung De-Mail-Dienste anzubieten[459].

Die Fallgruppe der erwerbswirtschaftlichen Betätigung der öffentlichen Hand hat darüber hinaus auch Auswirkungen auf die anderen Fallgruppen des

---

455 *Schliesky*, Öffentliches Wettbewerbsrecht, 1997, S. 93.

456 *Schliesky*, Öffentliches Wettbewerbsrecht, 1997, S. 93.

457 Eine Einordnung in Fallgruppen nach Konkurrenzsituationen findet sich bei *Schliesky*, Öffentliches Wettbewerbsrecht, 1997, S. 94 ff., *ders.*, Öffentliches Wirtschaftsrecht, 4. Aufl. 2014, S. 176 ff.

458 Die Bildung der Fallgruppen erfolgte in Anlehnung an *Lindner*, DÖV 2003, 185 (186).

459 Siehe hierzu BT-Drs. 17/3630, S. 19, 37.

wettbewerbsrelevanten Staatshandelns. Bspw. können zwischen der erwerbswirtschaftlichen Betätigung der öffentlichen Hand und der staatlichen Informationstätigkeit Wechselwirkungen entstehen. Dies kann der Fall sein, wenn der Staat für die De-Mail wirbt, wenn auch staatliche Stellen diese anbieten, oder aber konkrete Empfehlungen für staatliche Anbieter ausspricht. Hierin kann schnell eine Benachteiligung privater Unternehmen liegen.

b) Subventionen

Als weitere Fallgruppe kann die Vergabe und Gewährung von Subventionen ausgemacht werden. In diesem Fall resultiert die Rechtsbetroffenheit privater Marktteilnehmer daraus, dass einige Mitbewerber durch finanzielle Mittel Vorteile erhalten, während andere nicht gefördert werden. Hierdurch entsteht für nicht subventionierte Marktteilnehmer ein Nachteil. Subventionierte Marktteilnehmer können ihre Produkte aufgrund der finanziellen staatlichen Hilfe günstiger bzw. mit einer besseren Qualität zu denselben Konditionen anbieten als ihre Mitbewerber oder die Mittel in ihre Produktionsmittel investieren, was zu einer effektiveren Produktion führen kann.

Im Rahmen der De-Mail und auch bei anderen Zugangsformen ist dies bislang nicht ersichtlich und auch grundsätzlich nicht vorgesehen. Es ist jedoch nicht auszuschließen, dass – gerade wenn eine Zugangsform, die vom Staat fokussiert wird, sich, wie es bei der De-Mail zu befürchten ist, nicht durchsetzt und deshalb beispielsweise auch keine Diensteanbieter gefunden werden – doch noch auf diese Form des wettbewerbsrelevanten Staatshandelns zurückgegriffen wird.

c) Vergabe öffentlicher Aufträge

Als weitere Form wettbewerbsrelevanten Staatshandelns ist die Vergabe von öffentlichen Aufträgen zu nennen. In diesem Fall resultiert die Rechtsbetroffenheit daraus, dass ein öffentlicher Auftrag nicht nach den Regeln des Vergaberechts vergeben bzw. ein Unternehmen aufgrund einer den Vergabekriterien fremden Motivation den Zuschlag für einen Auftrag erhält. So resultiert durch die unrechtmäßige Vergabe des Auftrags ein Nachteil für die Unternehmen, die nicht den Zuschlag erhalten haben.

Da das Vergaberecht lediglich die konkrete Auftragsvergabe betrifft, ist es hinsichtlich der bloßen Schaffung und Regelung von elektronischen Zugangsformen von untergeordneter Bedeutung. Die Vergabe erfolgt erst auf einer nachgelagerten Stufe nach der Schaffung und Regelung einer elektronischen Zugangsform. Erst zu diesem Zeitpunkt müssen die Vorgaben des Vergaberechts zur Anwendung kommen. Nichtsdestotrotz ist die Vergabe öffentlicher Aufträge aufgrund der durch sie ausgelösten Auswirkungen auf den Wettbewerb zwischen Wettbewerbern als Fallgruppe des wettbewerbsrelevanten Staatshandelns einzustufen.

d) *Staatliche Informationstätigkeit*

Eine weitere Fallgruppe ist die staatliche Informationstätigkeit. Diese beinhaltet neben reinen Informationen sowohl Warnungen, Empfehlungen sowie Fürspruch jeder Art als auch die Werbung für Produkte oder Produktzweige. Auch in einer neutralen Berichterstattung kann ein versteckter Zuspruch und somit ein Nachteil für andere Mitbewerber liegen, wenn diese unsachgemäß erfolgt oder über andere Produkte oder Produktzweige nicht informiert. Es ist folglich eine Grenze zwischen der bloßen neutralen Informationstätigkeit und dem Beginn parteiischer Werbung zu ziehen.

e) *Wettbewerbsrelevante Gesetzgebung*

Auch die Gesetzgebung als öffentliche hoheitliche Tätigkeit ist, wenn sie den Wettbewerb berührt, als wettbewerbsrelevante Staatstätigkeit einzustufen, da das wettbewerbsrelevante Staatshandeln generell jegliche Handlungs- oder Rechtsform, die den Wettbewerb tangiert, umfasst, um den Ansprüchen des Öffentlichen Wettbewerbsrechts gerecht zu werden.

In Bezug auf die Schaffung und Regelung elektronischer Zugangsformen spielt wettbewerbsrelevante Gesetzgebung z. B. bei der Regelung von Rechtswirkungen, der gesetzlichen Beschränkung eines Marktes bspw. durch Akkreditierung, der gesetzlichen Verpflichtung zur Eröffnung eines speziellen Zugangs oder einer gesetzlich geregelten Beleihung eine Rolle.

3. *Wettbewerbsverhältnisse*

Innerhalb dieser Fallgruppen ergeben sich unterschiedliche Wettbewerbsverhältnisse zwischen dem beeinflussenden Staat und den auf dem Markt der elektronischen Zugangsformen agierenden Wettbewerbern und Nachfragern[460].

Zunächst kann bei der Schaffung und Regelung von elektronischen Zugangsformen eine unmittelbare Konkurrenzsituation zwischen den privaten Wettbewerbern und dem Staat entstehen. Hierbei kann danach differenziert werden, ob die Konkurrenzsituation zwischen einem Verwaltungsträger und einem privaten Wettbewerber oder zwischen einem öffentlichen Unternehmen in Privatrechtsform und einem Privaten besteht. Der Unterschied besteht hier in der Organisationsform des Konkurrenten des privaten Wettbewerbers. Ein solches Wettbewerbsverhältnis besteht, wenn der Staat neue elektronische Zugangsformen schafft oder selbst, sei es als öffentliche Einrichtung oder als Unternehmen in Privatrechtsform, elektronische Zugangsformen erwerbswirtschaftlich am Markt anbietet.

Bei der staatlichen Informationstätigkeit besteht wiederum ein anderes Wettbewerbsverhältnis. Hierbei beeinflusst der Staat die Wettbewerbsstellung von privaten Anbietern sicherer elektronischer Zugangsformen durch staatliche Einflussnahme

---

460 Siehe hierzu *Schliesky*, Öffentliches Wirtschaftsrecht, 4. Aufl. 2014, S. 176 ff.; *ders.*, Öffentliches Wettbewerbsrecht, 1997, S. 96 ff.

auf den Bürger. Dies ist bspw. der Fall, wenn der Staat für eine elektronische Zugangsform bei den Nutzern wirbt und andere Anbieter dadurch benachteiligt werden.

Gleiches gilt für die De-Mail-Akkreditierung, durch die ein Gütesiegel für elektronische Zugangsformen vergeben wird, und eine Verpflichtung zur Zugangseröffnung über eine bestimmte elektronische Zugangsform, durch die die Nachfrager gezwungen sind diese zu wählen.

Die aber häufigste Form des Wettbewerbsverhältnisses bei der Regelung und Schaffung von elektronischen Zugangsformen durch den Staat ist die Beeinflussung der Wettbewerbsstellung der Anbieter elektronischer Zugangsformen durch begünstigende Maßnahmen des Staates gegenüber einem Mitbewerber, wie es charakteristisch bei einer Subventionierung, einer Zugangsverpflichtung, einer Beleihung mit hoheitlichen Rechten, der gesetzlichen Regelung von Rechtsfolgen oder einer Akkreditierung zugunsten einzelner Mitbewerber der Fall sein kann.

E. Grundrechtliche Grenzen der Schaffung und Regelung elektronischer Zugangsformen durch das Öffentliche Wettbewerbsrecht

I. Funktion und Geltungsbereich der Grundrechte

1. *Funktionen der Grundrechte*

Den Grundrechten kommen vier grundlegende Funktionen zu[461]:

Zunächst erfüllen sie eine gewisse Teilhabefunktion. Hierunter versteht man den Anspruch des Bürgers auf Teilhabe an Leistungen des Staates. Ein solcher Anspruch auf Teilhabe besteht zumindest dann relativ unstreitig, wenn der Staat diese Leistungen allgemein erbringt oder Einrichtungen der Allgemeinheit zur Verfügung stellt[462].

Darüber hinaus wird den Grundrechten eine Leistungsfunktion zugeschrieben[463]. Ein Anspruch auf ein bestimmtes Verhalten des Staates soll jedoch nur dann

---

461 Siehe hierzu allgemein *Jarass*, in: Merten/Papier (Hrsg.), Handbuch der Grundrechte, Band II, 2006, § 38.

462 *Pieroth/Schlink/Kingreen/Poscher*, Grundrechte, Staatsrecht II, 29. Aufl. 2013, Rn. 83 ff.; *Jarass*, in: ders./Pieroth, GG, 12. Aufl. 2012, Vorb. vor Art. 1 Rn. 8; *Oberrath*, Öffentliches Wirtschaftsrecht, 2005, Rn. 177; ausführlich *Starck*, in: Merten/Papier (Hrsg.), Handbuch der Grundrechte, Band II, 2006, § 41. Siehe zur Teilhabefunktion der Grundrechte BVerfGE 33, 303; 43, 291; 59, 1; 73, 280.

463 *Pieroth/Schlink/Kingreen/Poscher*, Grundrechte, Staatsrecht II, 29. Aufl. 2013, Rn. 78 f.; *Jarass*, in: ders./Pieroth, GG, 12. Aufl. 2012, Vorb. vor Art. 1 Rn. 6; *Epping*, Grundrechte, 5. Aufl. 2012, Rn. 15; *Oberrath*, Öffentliches Wirtschaftsrecht, 2005, Rn. 179; ausführlich *Rüfner*, in: Merten/Papier (Hrsg.), Handbuch der Grundrechte, Band II, 2006, § 40. Siehe zur Leistungsfunktion der Grundrechte BVerfGE 39, 1; 75, 40; 87, 181; 88, 203; 99, 246; 115, 25.

bestehen, wenn dieser im Grundgesetz, wie beispielswiese in Art. 6 Abs. 4 GG[464], ausdrücklich geregelt ist oder die Notwendigkeit eines Anspruchs sich ausnahmsweise aus den Staatsprinzipien ergibt[465].

Außerdem haben die Grundrechte als Elemente der objektiven Werteordnung auch eine prägende Wirkung auf die gesamte Rechtsordnung. Indem die staatlichen Gewalten über Art. 1 Abs. 3 GG an die Grundrechte gebunden sind, haben sie Einfluss auf die Rechtssetzung sowie auf die Auslegung und Ausführung im Rahmen der Rechtsprechung und der ausführenden Gewalt. Auf Grund dieser Wirkung können dem Staat auch Schutzpflichten gegenüber dem Bürger zukommen[466].

Die klassische Funktion der Grundrechte ist jedoch ihre Abwehrfunktion. So fungieren die Grundrechte in erster Linie als Abwehrrechte der Bürger zum Schutz vor staatlichen Eingriffen[467]. Diese Funktion der Grundrechte ist auch im Rahmen des Öffentlichen Wettbewerbsrechts, das, wie schon erörtert, ebenfalls den Schutz des Wettbewerbs vor Eingriffen des Staates durch ein einheitliches Verhaltensrecht bezweckt, von vordergründiger Bedeutung.

2. *Geltungsbereich der Grundrechte*

Bei wettbewerbsrelevantem Staatshandeln handelt es sich i. d. R., unabhängig von der jeweiligen Handlungs- bzw. Organisationsform, um Staatshandeln, gegen das die Grundrechte dem Bürger als Abwehrrechte dienen, da der Staat gem. Art. 1 Abs. 3 GG an die Grundrechte gebunden ist. Diese umfassende Grundrechtsbindung für alle staatliche Gewalt wird in der Literatur überwiegend vertreten[468]. Auch das

---

464 Art. 6 Abs. 4 GG spricht ausdrücklich jeder Mutter einen Anspruch auf den Schutz und die Fürsorge der Gemeinschaft zu.

465 *Oberrath*, Öffentliches Wirtschaftsrecht, 2005, Rn. 180. Siehe allgemein zu Leistungsansprüchen des Bürgers gegen den Staat aus Grundrechten *Heintschel v. Heinegg/Haltern*, JA 1995, 305 ff. und 333 ff.

466 *Pieroth/Schlink/Kingreen/Poscher*, Grundrechte, Staatsrecht II, 29. Aufl. 2013, Rn. 91 ff.; *Epping*, Grundrechte, 5. Aufl. 2012, Rn. 15; *Oberrath*, Öffentliches Wirtschaftsrecht, 2005, Rn. 181; *Di Fabio*, in: Merten/Papier (Hrsg.), Handbuch der Grundrechte, Band II, 2006, § 46. Siehe zu den Schutzpflichten *Szczekalla*, Die sogenannten Schutzpflichten im deutschen und europäischen Recht, 2002. Siehe zur objektiven Werteordnung BVerfGE 7, 198 (205).

467 *Pieroth/Schlink/Kingreen/Poscher*, Grundrechte, Staatsrecht II, 29. Aufl. 2013, Rn. 76 f.; *Jarass*, in: ders./Pieroth, GG, 12. Aufl. 2012, Vorb. vor Art. 1 Rn. 5; *Epping*, Grundrechte, 5. Aufl. 2012, Rn. 14; *Oberrath*, Öffentliches Wirtschaftsrecht, 2005, Rn. 176; ausführlich *Sachs*, in: Merten/Papier (Hrsg.), Handbuch der Grundrechte, Band II, 2006, § 39. Siehe zur Abwehrfunktion der Grundrechte BVerfGE 7, 377; 7; 198 (204 f.); 16, 214; 50, 290.

468 *Schliesky*, JA 1997, 902 ff. (904); *ders.*, Öffentliches Wirtschaftsrecht, 4. Aufl. 2014, S. 186; *ders.*, DVBl 1999, 78 (81); *ders.*, Öffentliches Wettbewerbsrecht, 1997, S. 195; *Ehlers*, Verwaltung in Privatrechtsform, 1984, S. 100 f.; *P.-M. Huber*, Konkurrenzschutz im Verwaltungsrecht, 1991, S. 115 f.; *Herdegen*, in: Maunz/Dürig,

Bundesverfassungsgericht (BVerfG) nimmt eine umfassende Grundrechtsbindung für jegliches staatliche Handeln an[469]. Einzig der BGH differenziert hinsichtlich des Staatshandelns nach der Art der Aufgabenerfüllung: Bei der Erfüllung unmittelbar öffentlicher Aufgaben sollen die Grundrechte voll anzuwenden sein, bei allen anderen Aufgaben hingegen nicht[470].

Problematisiert wird vor allem die Fiskalgeltung der Grundrechte[471]. Diese ist abhängig von der Frage, ob wettbewerbsrelevante Staatstätigkeit, insbesondere die hierunter fallende erwerbswirtschaftliche Betätigung des Staates, als Ausübung vollziehender Gewalt bzw. als Verwaltung zu qualifizieren ist. Dies muss notwendig der Fall sein[472]. Anknüpfungspunkt für die Geltung der Grundrechte ist die staatliche Tätigkeit. Die Grundrechte gelten folglich deshalb, weil der Staat handelt. In diesem Fall gelten immer auch die Grundrechte[473]. Der Staat kann und darf sich, auch wenn er erwerbswirtschaftlich bzw. in Privatrechtsform auftritt, dieser Bindung nicht entziehen, da Art. 1 Abs. 3 GG von besonderer rechtsstaatlicher Bedeutung ist und somit eine umfassende Grundrechtsbindung erfordert. Es darf dem Staat nicht möglich sein, sich dieser Bindung einfach durch eine Flucht ins Privatrecht zu entziehen[474].

Befürchtungen, dass durch eine solche weitreichende Grundrechtsbindung wirtschaftsbeeinflussendes Handeln des Staates wesentlich erschwert oder gar unmöglich gemacht wird[475], muss entgegengebracht werden, dass nicht bereits durch die Bindung an die Grundrechte ein bestimmtes Verhalten des Staates unmöglich gemacht wird. Dies ist nämlich erst der Fall, wenn das staatliche Handeln in die Schutzbereiche der Grundrechte eingreift und hierfür keine Rechtfertigung besteht[476]. Die Grundrechtsbindung kann nicht mit dem Argument verneint werden,

---

Grundgesetz, Band I, Stand: 69. Erg.-Lfg. 2013, Art. 1 Rn. 11; *Hillgruber*, in: Epping/Hillgruber (Hrsg.), Beck'scher Online-Kommentar GG, Stand: 01. 11. 2013, Ed. 19, Art. 1 Rn. 70; *Gusy*, DÖV 1984, 872 (878 f.) m. w. N; *Stern*, Staatsrecht, Band III/1, 1988, S. 1201 ff.; *Jarass*, in: ders./Pieroth, GG, 12. Aufl. 2012, Art. 1 Rn. 38 ff.; *Denninger*, in: ders. u. a. (Hrsg.), AK-GG, Teil 1, 3. Aufl. 2001, Stand: 2. Erg.-Lfg., August 2002, Art. 1 Abs. 2, 3 Rn. 30; *Höfling*, in: Sachs (Hrsg.), GG, 6. Aufl. 2011, Art. 1 Rn. 83 ff.; *Rüfner*, in: Isensee/Kirchhof (Hrsg.), HStR IX, 3. Aufl. 2011, § 197 Rn. 77; *Dreier*, in: ders. (Hrsg.), GG, Band 1, 3. Aufl. 2013, Art. 1 III Rn. 53 f.

469 BVerfGE 128, 226 (244 ff.), NJW 2011, 1201 (1202); BVerfGE 98, 365 (395), NZA 1999, 194 (197).

470 BGHZ 36, 91 (95 f.), NJW 1962, 196 (197 f.); BGH, NJW 2004, 1031 (1031).

471 Vgl. hierzu den Überblick bei *H. J. Wolff/Bachof/Stober/Kluth*, Verwaltungsrecht I, 12. Aufl. 2007, § 23.

472 Siehe bereits die Angaben in Fn. 468.

473 *Gusy*, DÖV 1984, 872 (878) m. w. N.

474 *Schliesky*, JA 1997, 902 ff. (904).

475 So bspw. *Emmerich*, Das Wirtschaftsrecht der öffentlichen Unternehmen, 1969, S. 132 ff.

476 *Schliesky*, DVBl 1999, 78 (81 f.); *ders.*, Öffentliches Wirtschaftsrecht, 4. Aufl. 2014, S. 186; *ders.*, Öffentliches Wettbewerbsrecht, 1997, S. 195.

dass die Beachtung der Grundrechte schlichtweg aufwendiger wäre oder einige Handlungen des Staates dann (so) nicht möglich wären. Denn diese Beschränkung ist gerade Sinn der Grundrechte.

Jede einem Verwaltungsträger zuzurechnende Handlung ist somit als Verwaltungshandeln zu qualifizieren und unterliegt folglich der Bindung der Grundrechte[477].

Da somit jegliches Staatshandeln an die Grundrechte gebunden ist, unterliegt auch das wettbewerbsrelevante Staatshandeln in allen seinen Ausprägungen dieser Bindung[478].

Bei wettbewerbsrelevanter Rechtssetzung, die bei der Regelung elektronischer Zugangsformen von besonderer Bedeutung ist und deshalb in dieser Arbeit eine besondere Rolle spielen wird, stellt sich diese Problematik indes nicht. Hier bestehen keine Hindernisse bei der Subsumtion. Die Gesetzgebung ist gem. Art. 1 Abs. 3 GG unproblematisch an die Grundrechte gebunden.

II. Bereiche staatlichen Einflusses auf elektronische Zugangsformen

1. Die Einführung neuer elektronischer Zugangsformen durch den Staat

Öffentliche Zugangsmöglichkeiten im Allgemeinen bzw. elektronische Zugangsformen im Speziellen können auf unterschiedliche Weise entstehen.

So kann zum einen die Initiative für die Schaffung neuer elektronischer Zugangsformen von unterschiedlichen Akteuren ausgehen sowie die Umsetzung durch unterschiedliche Anbieter erfolgen. Hier kann hinsichtlich der Impulsgeber und der Anbieter zwischen der staatlichen und der privaten Sphäre unterschieden werden.

Zum anderen kann sich der Grad der gesetzlichen Ausgestaltung unterscheiden. Die neuen Zugangsformen können bspw. auf einer eigenen speziellen Rechtsgrundlage beruhen bzw. durch diese geschaffen werden (bspw. die De-Mail), eine bereits bestehende Zugangsform kann durch gesetzliche Regelungen abgesichert (bspw. die qeS) oder ohne konkrete gesetzliche Grundlage durch tatsächliche Zugangseröffnung bzw. durch technische Entwicklungen durch private (bspw. der elektronische E-Postbrief) oder öffentliche Forschung geschaffen werden.

Aufgrund dieser Unterschiede ergeben sich verschiedene Fallgruppen bei der Schaffung neuer elektronischer Zugangsformen.

Zunächst ist es denkbar, dass sich neue Techniken privatwirtschaftlich oder aufgrund staatlicher Wissenschaft entwickeln, von Privaten am Markt angeboten werden und der Staat diese rechtlich absichert – wie es bspw. bei der qeS durch das SigG der Fall war – oder an diese allgemeine Rechtsfolgen knüpft – wie bspw. die Ersetzung der Schriftform durch die qeS nach § 3a Abs. 2 Satz 2 VwVfG. Andere

477 So auch *Schliesky*, JA 1997, 902 (904).

478 So auch *Schliesky*, JA 1997, 902 (904); *ders.*, Öffentliches Wirtschaftsrecht, 4. Aufl. 2014, S. 186; *ders.*, DVBl 1999, 78 (81); *ders.*, Öffentliches Wettbewerbsrecht, 1997, S. 195.

Zugänge und Zugangsformen wurden einfach unter rechtliche Vorschriften subsumiert oder in diesen aufgenommen. So verhielt es sich bspw. bei der Briefpost, die es bereits seit der Antike in unterschiedlichen Formen durch die Einschaltung von Boten als Überbringer von Nachrichten gab[479], oder bei der E-Mail, deren Einführung nicht gezielt geplant war, sondern aufgrund des Benutzerverhaltens ihre Verbreitung bis hin zur Nutzung durch Behörden fand[480]. Gleiches gilt für das Telefon, das Telefax oder auch das Computerfax.

Es ist jedoch auch möglich, dass der Staat selbst die Initiative ergreift und eine neue Zugangsform, ob durch ein konkretes Gesetz oder ohne, durch tatsächliche Eröffnung eines Zugangs schafft und diese selbst zur Verfügung stellt bzw. anbietet. Dies ist bspw. beim EGVP ohne konkrete gesetzliche Grundlage[481] und beim geplanten beAP mit einer gesetzlichen Grundlage in der BRAO der Fall[482].

Letztlich sind auch Mischformen zwischen diesen Fallgruppen denkbar, wie bspw. bei der De-Mail. Bei dieser Zugangsform hat der Staat durch das De-Mail-G[483] einen Standard festgelegt und hierdurch die De-Mail als neue elektronische Zugangsform geschaffen, da der gesetzlich festgelegte Standard bereits detaillierte Vorgaben für die Ausgestaltung der De-Mail macht. Hierdurch ist auch die Umsetzung der De-Mail als Produkt bzw. Kommunikationsdienstleistung sehr weitgehend geregelt. Diese soll jedoch, anders als bei den bereits dargestellten staatlichen Einführungen von elektronischen Zugangsformen, zumindest überwiegend[484] durch private Anbieter erfolgen, um den Wettbewerb und die Verbreitung von De-Mail-Diensten zu fördern[485].

Grundsätzlich kann der Staat in allen Bereichen Regelungen aufstellen, also auch einen Rechtsrahmen für elektronische Zugangsformen schaffen. Hierzu ist auch die Schaffung einer neuen elektronischen Zugangsform zu zählen.

---

479 Siehe hierzu den Wikipedia-Eintrag „Geschichte der Post“, abrufbar unter http://de.wikipedia.org/wiki/Geschichte_der_Post#cite_note-1.

480 Siehe hierzu den Wikipedia-Eintrag „E-Mail“ unter dem Stichwort „Geschichte“, abrufbar unter http://de.wikipedia.org/wiki/E-Mail#Geschichte.

481 Das EGVP wurde vom BVerwG, dem Bundesfinanzhof, dem BSI, dem Oberverwaltungsgericht Münster, den Ländern Bremen und Hessen sowie federführend dem BMI entwickelt. Die Software wird kostenlos zur Verfügung gestellt. Vgl. hierzu www.egvp.de.

482 Vgl. hierzu § 31 BRAO in der Form des Gesetzentwurfes des Bundesrates für ein Gesetz zur Förderung des elektronischen Rechtsverkehrs in der Justiz, Stand: 28. 11. 2012, BT-Drs. 17/11691 und §§ 31a und 31b BRAO des Gesetzentwurfes der Bundesregierung für ein Gesetz zur Förderung des elektronischen Rechtsverkehrs mit den Gerichten, Stand: 11. 12. 2012, abrufbar unter www.bmj.de.

483 BGBl I 2011, S. 666.

484 Vgl. hierzu BT-Drs. 17/3630, S. 19. Auch Behörden soll es grundsätzlich möglich sein, De-Mail-Dienste anzubieten, vgl. BT-Drs. 17/3630, S. 19, 21.

485 BT-Drs. 17/3630, S. 19.

Unter Umständen ist diese sogar geboten, wenn dem Staat eine Erfüllungsverantwortung gegenüber den Bürgern zukommt, bspw. im Rahmen des Gebots des effektiven Zugangs zu Verwaltungsleistungen[486]. Teilweise wird sogar eine „Pflicht des Staates zur ‚Grundversorgung an Sicherheit, Datenschutz und Verbraucherschutz'"[487] angenommen[488]. So nimmt *Roßnagel*[489] bspw. an, dass der Staat im Internet grundsätzlich auch im virtuellen Raum die (Grund-)Rechte der Bürger schützen muss. Aufgrund der Grenzen der staatlichen Möglichkeiten, die durch das nicht allein national steuerbare sowie körperlich durchsetzbare Recht im globalen Internet entstehen, soll die Verantwortung für die Sicherung der Rechte der Bürger im Netz geteilt sein. Dem Staat soll hierbei eine Gewährleistungsverantwortung bzw. konkret im Falle des Internets eine Infrastrukturverantwortung zukommen, die mit der Eigenverantwortung der Bürger korrespondiert. Der Staat hat folglich Möglichkeiten zur Verfügung zu stellen, mit denen der Bürger sich schützen kann, und ihn auch darüber in Kenntnis zu setzen. Dem Bürger obliegt ergänzend die Verantwortung, diese Möglichkeiten zu nutzen oder nicht. Diese Verantwortungsteilung kann auch für die Bereitstellung von sicheren elektronischen Zugangsformen gelten. So ermöglicht es der Staat durch die Einführung der De-Mail-Kommunikation den Bürgern, voll elektronisch rechtsverbindlich, geschützt[490] und nach staatlichem Qualitätsstandard zu kommunizieren. Die Entscheidung, ob diese die De-Mail nutzen, verbleibt in der Eigenverantwortung der Bürger. In diesem Sinne kommt der Staat bei der De-Mail einer etwaigen Infrastrukturverantwortung hinsichtlich der elektronischen Kommunikation nach.

Als Möglichkeit des Staates, seiner Verantwortung zum Schutze der Kommunikation der Bürger nachzukommen, kann auch eine sichere elektronische Kommunikation bspw. mittels De-Mail gezählt werden. Auch die Verwaltung als ausführende Staatsgewalt, bei der die Kommunikation aufgrund des Austausches mit dem Bürger besondere Bedeutung hat, kann grundsätzlich selbst festlegen, welche Zugänge bzw. Zugangsformen sie nutzt, da diese Entscheidung von ihrem Verfahrensermessen

486 Siehe zum Gebot des effektiven Zugangs zu Verwaltungsdienstleistungen *Laue*, Vorgangsbearbeitungssysteme in der öffentlichen Verwaltung, 2010, S. 208 ff.

487 *Skrobotz*, in: Manssen (Hrsg.), Telekommunikations- und Multimediarecht, Band 2, Stand: 33. Erg.-Lfg. 2013, K § 1 De-Mail-G Rn. 83.

488 So wohl *Stach*, DuD 2008, 184 (188). Nach *Skrobotz*, in: Manssen (Hrsg.), Telekommunikations- und Multimediarecht, Band 2, Stand: 33. Erg.-Lfg. 2013, K § 1 De-Mail-G Rn. 83, müsse diese Verpflichtung jedoch nicht in der konkreten Weise des De-Mail-G erfüllt werden.

489 Siehe zum Folgenden *Roßnagel*, in: Kubicek u. a. (Hrsg.), Innovation@Infrastruktur, Jahrbuch Telekommunikation und Gesellschaft, 2002, S. 269 (272 ff., Zusammenfassung auf S. 276).

490 Zur Kritik an der bei De-Mail fehlenden Ende-zu-Ende-Verschlüsselung siehe bereits Fn. 270.

umfasst und somit grundrechtsneutral ist[491]. Eine Pflicht, konkrete technikspezifische Anwendungskomponenten oder die Verwendung bestimmter Dateiformate anzubieten, sei diesem Gebot eines effektiven Zugangs zu Verwaltungsleistungen zur Sicherung der Chancengleichheit nicht zu entnehmen[492]. Anders verhält sich dies freilich bei einer gesetzlichen Verpflichtung zur Zugangseröffnung bzw. einer Ermessensreduzierung auf Null[493]. So regelt auch § 3a Abs. 1 VwVfG das Recht der Verwaltung, über die technischen Rahmenbedingungen der Kommunikation selbst zu bestimmen[494]. So heißt es in § 3a Abs. 1 VwVfG: „Die Übermittlung elektronischer Dokumente ist zulässig, soweit der Empfänger [also die Verwaltung] hierfür einen Zugang eröffnet". Die Verwaltung, also die öffentlichen Stellen, entscheiden somit durch den Akt der Zugangseröffnung selbst, welche Zugangsform sie nutzen und anbieten. Anderenfalls müsste die Verwaltung gegenüber dem Bürger alle von diesem gewünschten Zugänge und Zugangsformen bereit halten[495], was schlichtweg zu einer technischen Überforderung öffentlicher Stellen und dadurch zu einer Behinderung des Verwaltungshandelns führen würde. Das Verfahrensermessen und der damit verbundene Grundsatz autonomer Verfahrensgestaltung sollen gerade die Leistungsfähigkeit der Verwaltung sichern, die durch die Vorhaltung aller denkbaren Kommunikationswege gefährdet wäre[496].

Der Staat muss sich bei der Schaffung neuer elektronischer Zugangsformen wie bei jedem staatlichen Handeln an die verfassungsrechtlichen Vorgaben, insbesondere die Wettbewerbsfreiheit bzw. die Berufsfreiheit (Art. 12 Abs. 1 Satz 1 GG)[497], die Eigentumsgarantie (Art. 14 Abs. 1 Satz 1 GG), den Gleichbehandlungsgrundsatz

---

491 *Laue*, Vorgangsbearbeitungssysteme in der öffentlichen Verwaltung, 2010, S. 210 Fn. 801.

492 *Laue*, Vorgangsbearbeitungssysteme in der öffentlichen Verwaltung, 2010, S. 213.

493 Siehe hierzu bereits Gliederungspunkt Teil II: A. II. und im Folgenden die Ausführungen zur Verpflichtung zur Zugangseröffnung unter Gliederungspunkt Teil II: E. II. 4.

494 *Laue*, Vorgangsbearbeitungssysteme in der öffentlichen Verwaltung, 2010, S. 213.

495 Hierzu würde die Annahme von *Idecke-Lux*, Der Einsatz von multimedialen Dokumenten bei der Genehmigung von neuen Anlagen nach dem Bundesimmissionsschutz-Gesetz, 2000, S. 64 ff., führen, die aus dem Recht auf kommunikative Selbstbestimmung auf ein „Recht auf mediale Selbstbestimmung" i. S. eines Teilhaberechts und eine formelle gesetzliche Grundlage für jede Beschränkung dieser Art fordert. Zutreffend hierzu *Laue*, Vorgangsbearbeitungssysteme in der öffentlichen Verwaltung, 2010, S. 210 Fn. 801. In diesem Sinne auch *Eifert*, Electronic Government, 2006, S. 48 ff.

496 *Laue*, Vorgangsbearbeitungssysteme in der öffentlichen Verwaltung, 2010, S. 212. So auch *Eifert/Schreiber*, MMR 2000, 340 (345); *Roßnagel*, DÖV 2001, 221 (231); *Britz*, in: Hoffmann-Riem/Schmidt-Aßmann (Hrsg.), Verwaltungsverfahren und Verwaltungsverfahrensgesetz, 2002, S. 213 (234).

497 Zur Einordnung des Grundrechts der Wettbewerbsfreiheit bei Art. 12 GG sogleich unter Gliederungspunkt Teil II: E. II. 1. a) bb).

(Art. 3 Abs. 1 GG) und die allgemeine Handlungsfreiheit (Art. 2 Abs. 1 GG)[498], sowie unter Umständen an das einfache Wettbewerbsrecht – dessen Anwendbarkeit im Folgenden noch zu klären sein wird – halten.

a) Berufsfreiheit/Wettbewerbsfreiheit, Art. 12 Abs. 1 Satz 1 GG

Zunächst stellt sich die Frage, ob in der Einführung bzw. Schaffung neuer elektronischer Zugangsformen durch den Staat ein Eingriff in die grundrechtlich geschützte Berufsfreiheit aus Art. 12 Abs. 1 Satz 1 GG bzw. spezieller in die Wettbewerbsfreiheit gesehen werden kann.

aa) Wirtschaftsordnung des Grundgesetzes

Bevor eine etwaige Beeinträchtigung des Schutzbereichs der Wettbewerbsfreiheit bewertet werden kann, muss zur Bestimmung des umfassten Schutzbereichs die Frage nach der Wirtschaftsordnung des Grundgesetzes beantwortet werden, weil es insbesondere für die Schutzbereichsbestimmung der Wettbewerbsfreiheit relevant ist, inwieweit der Staat den (freien) Wettbewerb beeinflussen bzw. in diesen eingreifen darf. Dies gestaltet sich bei einer freien Marktwirtschaft bspw. anders als bei einer Planwirtschaft oder wenn keine Wirtschaftsordnung vorherrscht. Die Wirtschaftsordnung gibt über diese Frage Auskunft und stellt somit entscheidende Weichen für die Schutzbereichsbestimmung.

In der Bundesrepublik Deutschland herrscht das Prinzip der sozialen Marktwirtschaft vor. Die Berücksichtigung dieses Prinzips ist jedoch eher tatsächlicher bzw. wirtschaftspolitischer Natur. Für die Bestimmung des Schutzbereichs der Wettbewerbsfreiheit entscheidend ist hingegen nicht die tatsächliche Sachlage, sondern ob das Grundgesetz selbst diese Wirtschaftsform grundlegend vorschreibt[499]. Diese Fragestellung wird unterschiedlich beurteilt:

Die vorherrschende Ansicht[500] geht davon aus, dass sich aufgrund verschiedener Vorschriften, wie beispielsweise dem Sozialstaatsprinzip (Art. 20 Abs. 1 GG),

---

498 Siehe hierzu bereits die Ausführungen zur Geltung der Grundrechte für wettbewerbsrelevantes Staatshandeln unter Gliederungspunkt Teil II: E. II. 2.

499 *Oberrath*, Öffentliches Wirtschaftsrecht, 2005, Rn. 145; *Schliesky*, Öffentliches Wirtschaftsrecht, 4. Aufl. 2014, S. 17 ff.

500 Statt Vieler *Schliesky*, Öffentliches Wirtschaftsrecht, 4. Aufl. 2014, S. 20; *ders.*, JA 1997, 902 ff. (903); *Oberrath*, Öffentliches Wirtschaftsrecht, 2005, Rn. 145; *Badura*, Wirtschaftsverfassung und Wirtschaftsverwaltung, 4. Aufl. 2011, Rn. 14 ff.; *Pieroth/Schlink/Kingreen/Poscher*, Grundrechte, Staatsrecht II, 29. Aufl. 2013, Rn. 883. *Ziekow* nimmt zwar eine Neutralität i. S. einer wirtschaftspolitischen Gestaltungsfreiheit an, diese sei jedoch nicht vollständig, da zumindest zentrale Elemente einer sozialen Marktwirtschaft im Grundgesetz fundamentiert seien, Öffentliches Wirtschaftsrecht, 3. Aufl. 2013, § 3 Rn. 9. *Krüger* bejaht zwar, dass das Grundgesetz keine Wirtschaftsordnung vorgibt, nimmt aber aufgrund dessen an, dass auch die Wirtschaftspolitik wertneutral zu erfolgen hat, Staatsverfassung und

der Berufsfreiheit (Art. 12 Abs. 1 Satz 1 GG) oder der Eigentumsgarantie (Art. 14 GG) zwar eine Tendenz zur sozialen Marktwirtschaft entnehmen lasse, dass das Grundgesetz aber keine Wirtschaftsordnung explizit vorschreibe oder verbiete (wirtschaftspolitische Neutralität des Grundgesetzes). Art. 15 GG lasse sogar eine Verstaatlichung von Unternehmen zu[501]. Diese Auffassung basiert auf dem grundlegenden Gedanken, dass die Gesetzgebung der parlamentarischen Demokratie das wesentliche Verfahren der Gestaltung und der Veränderung der Sozialordnung sei. Diese Entscheidung zur Neutralität sei unter anderem dadurch bedingt, dass die Produktion in Deutschland überwiegend privatwirtschaftlich erfolge. Doch auch die historischen Gegebenheiten scheinen ihren Einfluss gehabt zu haben: So wollte man angesichts der unsicheren politischen Zukunft Deutschlands nach dem Ende des Zweiten Weltkriegs aufgrund der territorialen Teilung, der Besatzung und des Wiederaufbaus der Wirtschaft, die Entscheidung den kommenden gesetzgebenden Organen überlassen, anstatt sie im Grundgesetz vorab festzulegen[502].

Das BVerfG geht ebenfalls von der wirtschaftspolitischen Neutralität des Grundgesetzes aus[503]. Das Grundgesetz begründe weder eine wirtschaftspolitische Wertefreiheit noch ordne es die soziale Marktwirtschaft an. Neutralität sei in diesem Sinne als Offenheit der Verfassung zu verstehen. Das Grundgesetz verbiete weder noch ordne es eine bestimmte Wirtschaftsform an, solange die Vorgaben des Grundgesetzes gewahrt würden. Es seien lediglich Einzelaussagen, aber keine zusammenhängende und abgeschlossene Wirtschaftsordnung erkennbar[504]. Die Wirtschaftspolitik, die vom BVerfG streng von den Aussagen des Grundgesetzes getrennt werden müsse[505], sei nur an die allgemeinen Aussagen gebunden[506].

Diese Auffassung der herrschenden Literaturansicht und des BVerfG hat zur Folge, dass dem Gesetzgeber ein größerer Gestaltungsspielraum zukommt als die Gegenposition es ihm zubilligt[507].

Wirtschaftsverfassung (1951), in: Scheuner (Hrsg.), Die staatliche Einwirkung auf die Wirtschaft, 1971, S. 125 (130). Kritisch hierzu *Schliesky*, Öffentliches Wettbewerbsrecht, 1997, S. 118; *Köhler*, in: Köhler/Bornkamm, UWG, 32. Aufl. 2014, Einleitung Rn. 1.34, 1.43; *Friehe*, JuS 1981, 868 (869 f.).

501 *Oberrath*, Öffentliches Wirtschaftsrecht, 2005, Rn. 145.

502 Siehe hierzu *Badura*, Wirtschaftsverfassung und Wirtschaftsverwaltung, 4. Aufl. 2011, Rn. 15.

503 Vgl. BVerfGE 4, 7 (17); 7, 377 (400); 50, 290 ff. (336 ff.); 67, 256 (274).

504 BVerfGE 50, 290 (336 ff.); siehe auch *Schliesky*, Öffentliches Wettbewerbsrecht, 1997, S. 114.

505 BVerfGE 7, 377 (400); 50, 290 (336 f.); siehe hierzu auch *Schliesky*, Öffentliches Wettbewerbsrecht, 1997, S. 115.

506 BVerfGE 50, 290 (337).

507 *Badura*, Wirtschaftsverfassung und Wirtschaftsverwaltung, 4. Aufl. 2011, Rn. 14.

Als Gegenposition hierzu wurde damals in der Literatur[508] die These vertreten, dass das Grundgesetz nur die soziale Marktwirtschaft als Wirtschaftsordnung zulasse. Dies wurde durch eine objektiv-rechtliche Auslegung der Art. 2 Abs. 1 GG und Art. 12 Abs. 1 Satz 1 GG, die die Institutionen des Wettbewerbs, der Gewerbefreiheit und einer freien Unternehmensordnung gewährleisten, begründet. In diesem Sinne sollten nur marktkonforme Maßnahmen zulässig sein[509].

Für eine solche Sichtweise könnte Art. 109 Abs. 2 GG sprechen, der die Ausrichtung am gesamtwirtschaftlichen Gleichgewicht normiert. Die ökonomische Theorie des gesamtwirtschaftlichen Gleichgewichts von *Keynes* setzt jedoch ein marktwirtschaftliches Wirtschaftsmodell voraus.

Ein weiteres Indiz für die Manifestierung der sozialen Marktwirtschaft könnte Art. 1 Abs. 3 Satz 1 des Staatsvertrags über die Schaffung einer Währungs-, Wirtschafts- und Sozialunion zwischen der Bundesrepublik Deutschland und der DDR (StV) vom 18. 05. 1990[510] sein. Da der Staatsvertrag zwar durch das dazugehörige Zustimmungsgesetz den Rang einfachen Gesetzesrechts erlangt hat, aber eben nicht verfassungsrechtlichen Rang, vermag dieser die Neutralität des Grundgesetzes hinsichtlich des Wirtschaftssystems jedoch nicht zu ändern[511]. Bei der Einbeziehung einfachen Gesetzesrechts in die Frage nach der Wirtschaftsordnung des Grundgesetzes bestünde zudem die Gefahr, einen aktuell rein tatsächlich vorliegenden Zustand in das Grundgesetz hineinzulesen[512]. Auch die amtliche Begründung des Staatsvertrags stützt dies[513]. So wird der Staatsvertrag als Orientierung für Wirtschafts- und Sozialpolitik bezeichnet und sein Inhalt als Grund- und Leitsatz für die Legislative, Exekutive und Judikative in der DDR bezeichnet[514].

Aufgrund der von der herrschenden Meinung und dem BVerfG angenommenen Neutralität des Grundgesetzes hat auch der Staat sich gegenüber dem Wettbewerb grundsätzlich zurückhaltend zu verhalten. Sollten doch Eingriffe als erforderlich

---

508 *Nipperdey*, Die soziale Marktwirtschaft in der Verfassung der Bundesrepublik, 1954, S. 3; *ders.*, Soziale Marktwirtschaft und Grundgesetz, 3. Aufl. 1965, S. 64; abgeschwächter, aber entschieden gegen die These der Neutralität des Grundgesetzes zur Wirtschaftsordnung *Rupp*, Grundgesetz und „Wirtschaftsverfassung", 1974, S. 5 ff.; *Bleckmann*, JuS 1991, 536 (539); *Sodan*, DÖV 2000, 361 (365 ff., insbes. 366 f.).

509 *Nipperdey*, Die soziale Marktwirtschaft in der Verfassung der Bundesrepublik, 1954.

510 BGBl II 1990, S. 518 ff.

511 So auch *Schliesky*, Öffentliches Wettbewerbsrecht, 1997, S. 120 ff.; anders *Schmidt-Preuß*, DVBl 1993, 236 (insbes. 240, 247), der aufgrund der wirtschaftsverfassungsrechtlichen Signalfunktion des Staatsvertrags die Aufgabe der Neutralitätsthese und das Verfassungsprinzip einer freiheitlich-sozialen Wirtschaftsordnung folgert, aber keine Garantie für eine soziale Marktwirtschaft.

512 So *Schliesky*, Öffentliches Wettbewerbsrecht, 1997, S. 123.

513 So *Schliesky*, Öffentliches Wettbewerbsrecht, 1997, S. 125.

514 BT-Drs. 11/7350, S. 113.

erachtet werden, müssen diese den Vorgaben des Grundgesetzes entsprechen[515], insbesondere muss der Kompetenzverteilung, dem Sozialstaatsprinzip, aber auch den anderen Rechtsstaatsprinzipien sowie den grundrechtlichen Freiheiten und Garantien Rechnung getragen werden. Eingriffe in den Wettbewerb sind deshalb besonders zu rechtfertigen und müssen dem Grundsatz der Verhältnismäßigkeit entsprechen. Die Zulässigkeit wettbewerbsrelevanten Staatshandelns ist dann im Einzelfall zu treffen[516].

Einige Bundesländer haben jedoch nach dem Vorbild der Weimarer Verfassung wirtschaftspolitische Grundsätze in ihre Verfassungen aufgenommen[517]. Rheinland-Pfalz hat sogar den Grundsatz einer „sozialen Marktwirtschaft" durch eine Gesetzesänderung vom 08. 03. 2000 in seine Verfassung aufgenommen[518].

Abgesehen von der Frage, ob und wenn ja welche Wirtschaftsordnung dem Grundgesetz zu entnehmen ist, haben die Mitgliedstaaten der EU und damit auch die Bundesrepublik Deutschland sich gem. Art. 119 Abs. 1 des Vertrags über die Arbeitsweise der Europäischen Union (AEUV) zu einer „offenen Marktwirtschaft mit freiem Wettbewerb" verpflichtet. Die Wirtschaftsordnung der Europäischen Union ist somit erkennbar nicht wie das Grundgesetz neutral ausgestaltet[519]. Aufgrund des Anwendungsvorrangs des Europarechts geht Art. 119 Abs. 1 AEUV (vorher Art. 4 Abs. 1 des Vertrags über die Gründung der Europäischen Gemeinschaft [EGV]) auch bei entgegenstehenden verfassungsrechtlichen Normen vor[520]. Die Formulierung „freier Wettbewerb" zeigt, dass der Wettbewerb von staatlicher Tätigkeit möglichst unbeeinflusst bleiben soll. Die Festlegung auf eine „offene Marktwirtschaft" macht jedoch deutlich, dass auch eingreifende Maßnahmen der Mitgliedstaaten und der

---

515 Hierzu sind unter anderem die Privatautonomie und die Vertragsfreiheit (Art. 2 Abs. 1 GG), die Berufs- und Unternehmensfreiheit (Art. 12 Abs. 1 Satz 1 GG), die Eigentumsgarantie (Art. 14 GG), das Recht, Vereine bilden zu können (Art. 9 Abs. 1 GG), und die Koalitionsfreiheit (Art. 9 Abs. 3 GG) zu zählen. Siehe hierzu auch *Badura*, Wirtschaftsverfassung und Wirtschaftsverwaltung, 4. Aufl. 2011, Rn. 16.

516 Siehe hierzu auch *Schliesky*, Öffentliches Wirtschaftsrecht, 4. Aufl. 2014, S. 19; *Oberrath*, Öffentliches Wirtschaftsrecht, 2005, Rn. 146; *Badura*, Wirtschaftsverfassung und Wirtschaftsverwaltung, 4. Aufl. 2011, Rn. 14.

517 So etwa Bremen (Art. 37 ff. Verfassung der freien Hansestadt Bremen), Bayern (Art. 151 ff. Verfassung des Freistaates Bayern), Hessen (Art. 27 ff. Verfassung des Landes Hessen), Brandenburg (Art. 42 Verfassung des Landes Brandenburg), Rheinland-Pfalz (Art. 51 ff. Verfassung für das Land Rheinland-Pfalz). Siehe hierzu auch *Badura*, Wirtschaftsverfassung und Wirtschaftsverwaltung, 4. Aufl. 2011, Rn. 15.

518 Art. 51 Verfassung für das Land Rheinland-Pfalz, Gesetzesnovelle v. 08. 03. 2000, GVBl 2000, S. 65 (insbes. S. 66).

519 So auch *Badura*, Wirtschaftsverfassung und Wirtschaftsverwaltung, 4. Aufl. 2011, Rn. 15.

520 Siehe auch *Schliesky*, Öffentliches Wirtschaftsrecht, 4. Aufl. 2014, S. 20 f.

Europäischen Union möglich sein müssen[521]. Dieses Wechselspiel unterstreicht auch die Gestaltung des Binnenmarktes durch den EGV. Hier steht eine liberale Ausgestaltung des Marktes durch die Grundfreiheiten einer sehr restriktiven Wirtschaftslenkung durch z. B. Marktordnungen, die staatswirtschaftliche Züge aufweisen, gegenüber.

Zwar erkenne der Europäische Gerichtshof (EuGH) diesen Grundsatz aus Art. 119 Abs. 1 AEUV nicht als klare, unbedingte und somit einklagbare Verbindlichkeit an, auf die sich Einzelne vor nationalen Gerichten berufen könnten[522], hieraus dürfe jedoch nicht geschlossen werden, dass dem Grundsatz kein normativer Gehalt zukomme[523]. So erläutert der EuGH auch, dass es sich (nur) um einen Grundsatz handele, dessen Anwendung eine komplexe wirtschaftliche Beurteilung fordere, welche nicht Aufgabe der Rechtsprechung sei[524]. Der Grundsatz einer offenen Marktwirtschaft mit freiem Wettbewerb sei als Systementscheidung für die Marktwirtschaft zu bewerten, ohne dass hierdurch einzelne Elemente des Wirtschaftssystems vorgeschrieben würden oder Interventionen ausgeschlossen werden sollen[525]. Durch die Art. 151 ff. AEUV erhalte die Wirtschaftsordnung wiederum eine starke sozialpolitische Ausprägung[526].

Dieses Verständnis ist jedoch nicht gleichbedeutend mit der deutschen Vorstellung einer „sozialen Marktwirtschaft" zu verstehen[527]. Ziel und Aufgabe der Europäischen Union ist es nach Art. 3 Abs. 4 EUV (ex-Art. 2 EUV)[528], eine Wirtschafts- und Währungsunion und nach Art. 3 Abs. 3 Satz 1 EUV einen Binnenmarkt zu errichten. Sie wirkt nach Satz 2 „auf die nachhaltige Entwicklung Europas auf Grundlage eines ausgewogenen Wirtschaftswachstums und von Preisstabilität, eine in hohem Maße wettbewerbsfähige soziale Marktwirtschaft, die auf Vollbeschäftigung und sozialen Fortschritt abzielt, sowie ein hohes Maß an Umweltschutz und Verbesserung der Umweltqualität hin". Art. 119 Abs. 1 AEUV (ex-Art. 4 EGV) legt fest, dass die Tätigkeit der Mitgliedstaaten und der Union im Sinne des Art. 3 EUV nach Maßgabe der Verträge „die Einführung einer Wirtschaftspolitik, die auf einer

---

521 Siehe hierzu *Schliesky*, Öffentliches Wirtschaftsrecht, 4. Aufl. 2014, S. 22; *Ziekow*, Öffentliches Wirtschaftsrecht, 3. Aufl. 2013, § 3 Rn. 10; *Badura*, Wirtschaftsverfassung und Wirtschaftsverwaltung, 4. Auflage 2011, Rn. 21.

522 Siehe hierzu EuGH v. 03. 10. 2000, Rs. C-9/99 (Échrolles), Rn. 25 (mit Bezug auf Art. 3a Abs. 1 EGV 1957, heute in der Version des Vertrags von Lissabon in Art. 119 Abs. 1 AEUV).

523 Anders *Ruthig*, in: ders./Storr, Öffentliches Wirtschaftsrecht, 3. Aufl. 2011, Rn. 6.

524 EuGH Slg. 2000, I-8207, Rn. 25.

525 So *Ziekow*, Öffentliches Wirtschaftsrecht, 3. Aufl. 2013, § 3 Rn. 10; *Hatje*, in: Schwarze (Hrsg.), EU-Kommentar, 3. Aufl. 2012, Art. 119 AEUV Rn. 9 ff. (insbes. Rn. 13); *Kilian*, Europäisches Wirtschaftsrecht, 4. Aufl. 2010, Rn. 200 ff.; *Schliesky*, Öffentliches Wirtschaftsrecht, 4. Aufl. 2014, S. 22.

526 *Ziekow*, Öffentliches Wirtschaftsrecht, 3. Aufl. 2013, § 3 Rn. 10.

527 Siehe hierzu *Schliesky*, Öffentliches Wirtschaftsrecht, 4. Aufl. 2014, S. 22 f.

528 Art. 3 EUV ersetzt im Wesentlichen den aufgehobenen Art. 2 EGV.

engen Koordinierung der Wirtschaftspolitik der Mitgliedstaaten, dem Binnenmarkt und der Festlegung gemeinsamer Ziele beruht und dem Grundsatz einer offenen Marktwirtschaft mit freiem Wettbewerb verpflichtet ist", umfasst. Die Europäische Union bekämpft aber nach Art. 3 Abs. 3 Satz 3 EUV auch „soziale Ausgrenzung und Diskriminierungen und fördert soziale Gerechtigkeit und sozialen Schutz, die Gleichstellung von Frauen und Männern, die Solidarität zwischen den Generationen und den Schutz der Rechte des Kindes", was zeigt, dass die wirtschaftlichen Ziele nicht vollständig ohne Rücksicht auf die sozialen Ziele erreicht werden können[529]. Diese Zielsetzungen gelten als Grundsätze für den gesamten Vertrag[530]. Aus diesen Vorgaben ergibt sich, dass zu ihrer Umsetzung Regulierungsmaßnahmen und hoheitliche Einflussnahmen durchaus erforderlich sind[531]. Die europäische Wirtschaftsordnung basiert folglich auf den Grund-sätzen der Wirtschaftsfreiheit, der Marktwirtschaft und dem unverfälschten Wettbewerb[532].

Im Ergebnis ist folglich die Frage nach der Wirtschaftsordnung der Bundesrepublik Deutschland nicht nur auf einer Ebene, nämlich der nationalen im Wege der Auslegung des Grundgesetzes, sondern auch auf einer zweiten europarechtlichen zu beantworten. Während das Grundgesetz auf nationaler Ebene neutral bzw. offen gegenüber einer Wirtschaftsordnung ist, werden durch die gemeinschaftsrechtlichen Verträge engere Vorgaben gemacht, die durch einen freien Wettbewerb, aber auch durch eine offene Marktwirtschaft, in der auch Interventionen des Staates möglich sind, gekennzeichnet sind.

Beiden Ebenen gemeinsam ist, dass der Wettbewerb zwar grundsätzlich frei sein soll, aber staatlicher Einfluss durchaus möglich und zulässig sein kann.

bb) Verortung der Wettbewerbsfreiheit im Grundgesetz

Des Weiteren ist aus systematischer Sicht auch die Frage nach der grundrechtlichen Einordnung der Wettbewerbsfreiheit zu beantworten, die ebenfalls uneinheitlich bewertet wird.

Das Grundgesetz macht explizit zum Wettbewerb keine Aussagen. Auch ein ausdrückliches Grundrecht auf Wettbewerbsfreiheit sucht man in den Art. 1 bis 19 GG vergebens[533]. Einigkeit herrscht dennoch darüber, dass ein grundrechtlicher Schutz der Wettbewerbsfreiheit besteht[534]. Zu der Herleitung des Grundrechts auf

---

529 *Schliesky*, Öffentliches Wirtschaftsrecht, 4. Aufl. 2014, S. 22.

530 *Schliesky*, Öffentliches Wirtschaftsrecht, 4. Aufl. 2014, S. 22 f.

531 Siehe hierzu *Schliesky*, Öffentliches Wirtschaftsrecht, 4. Aufl. 2014, S. 22 f.

532 Vgl. hierzu *Badura*, Wirtschaftsverfassung und Wirtschaftsverwaltung, 3. Aufl. 2008, Rn. 20; *Schliesky*, Öffentliches Wirtschaftsrecht, 4. Aufl. 2014, S. 22.

533 Vgl. *Tsiliotis*, Der verfassungsrechtliche Schutz der Wettbewerbsfreiheit und seine Einwirkung auf die privatrechtlichen Beziehungen, 2000, S. 61.

534 Vgl. bspw. *Tsiliotis*, Der verfassungsrechtliche Schutz der Wettbewerbsfreiheit und seine Einwirkung auf die privatrechtlichen Beziehungen, 2000, S. 61 f., der die Wettbewerbsfreiheit nicht als Gegenstand des einfachen Gesetzesrechts, sondern als Problematik des verfassungsrechtlichen Schutzes der Wirtschaftstätigkeit ansieht.

Wettbewerbsfreiheit haben sich aufgrund der fehlenden Eindeutigkeit des Grundgesetzes an dieser Stelle unterschiedliche Theorien herausgebildet.

(1) Herleitung aus Art. 2 Abs. 1 GG

Die frühere herrschende Meinung[535] sowie die frühere Rechtsprechung[536] leiteten die Wettbewerbsfreiheit aus der allgemeinen Handlungsfreiheit des Art. 2 Abs. 1 GG her, da diese auch die allgemeine wirtschaftliche Handlungsfreiheit beinhalte, die wiederum die Wettbewerbsfreiheit als selbstständiges (Teil-)Grundrecht schütze[537].

(2) Herleitung aus Art. 12 Abs. 1 Satz 1 GG

Die heute herrschende Meinung[538] leitet hingegen die Wettbewerbsfreiheit aus der Berufsfreiheit aus Art. 12 Abs. 1 Satz 1 GG her. Art. 2 Abs. 1 GG schütze zwar die

---

535 *Bleckmann*, Subventionsrecht, 1978, S. 151; *Di Fabio*, in: Maunz/Dürig, Grundgesetz, Band I, Stand: 69. Erg.-Lfg. 2013, Art. 2 GG Rn. 116, differenziert nach dem Vorliegen einer berufsregelnden Tendenz, ist dies der Fall soll Art. 12 Abs. 1 Satz 1 GG einschlägig sein, wenn nicht, dann Art. 2 Abs. 1 GG; *Gröschner*, DVBl 1990, 619 (626); *E. R. Huber*, DÖV 1956, 135 (136 ff., insbes. 137); *Ipsen*, NJW 1963, 2049 (2055); *Kunig*, in: v. Münch/Kunig (Hrsg.), Grundgesetz-Kommentar, Band 1, 6. Aufl. 2012, Art. 2 Rn. 29; *Leisner*, BB 1970, 405 (410); *Nipperdey*, Die soziale Marktwirtschaft in der Verfassung der Bundesrepublik Deutschland, S. 9 f.; *ders.*, Soziale Marktwirtschaft und Grundgesetz, S. 29 ff.; *Nordemann*, GRUR 1975, 625 (628 f.); *ders.*, Wettbewerbs- und Markenrecht, 11. Aufl. 2012, Rn. 1, zumindest, soweit nicht speziellere Grundrechte greifen; *Oberrath*, Öffentliches Wirtschaftsrecht, 2005, Rn. 293; *Ossenbühl*, AöR 115 (1990), 1 (23 f.); *Philipp*, Staatliche Verbraucherinformationen im Umwelt- und Gesundheitsrecht, 1989, S. 131 ff. (134, 153); *Rinck/Schwark*, Wirtschaftsrecht: Wirtschaftsverfassung, Kartellrecht, Wettbewerbsrecht, Wirtschaftsverfassung, 6. Aufl. 1986, Rn. 148; *Scholz*, AöR 1975 (100), 265 ff. (265, 273); *Stober*, Grundrechtsschutz der Wirtschaftstätigkeit, 1989, S. 35 f.; *Zuleeg*, Subventionskontrolle durch Konkurrentenklage, 1974, S. 67 ff.

536 BVerwGE 17, 306 (309 ff.); 30, 191 (198); 60, 154 (159); 65, 167 (174); BVerwG, NJW 1978, 1539 (1539); BVerwG, DVBl 1983, 1251 (1252); VGH Kassel, NJW 1985, 1356 (1357); VGH Mannheim, NVwZ 1990, 575; BVerfGE 27, 375 (384 f.); 14, 263 (282 f.).

537 Siehe zu den älteren vertretenen Meinungen ausführlich *Tsiliotis*, Der verfassungsrechtliche Schutz der Wettbewerbsfreiheit und seine Einwirkung auf die privatrechtlichen Beziehungen, 2000, S. 62 f.

538 **Aus der Literatur**: *Schliesky*, Öffentliches Wettbewerbsrecht, 2. Aufl. 2008, S. 101; *ders.*, JA 1997, 902 (904) m. w. N.; *ders.*, JA 1997, 284 (285, 286); *ders.*, DVBl 1999, 78 (82); *Kluth*, Jura 2001, 371 (371); *Papier*, in: Benda/Maihofer/Vogel (Hrsg.), Handbuch des Verfassungsrechts, 2. Aufl. 1994, § 18 Rn. 75 (Die speziellen Grundrechte wie Art. 12, 14, 9 GG schützen die Wirtschaftsfreiheit, nur, wenn dies nicht der Fall ist, greift Art. 2 GG); *Leisner*, Selbstbedienungsgroßhandel und Verfassungsrecht, 1986, S. 106 ff.; *Erichsen*, in: Isensee/Kirchhof (Hrsg.), HStR VI, 1. Aufl. 1989, § 152 Rn. 60 ff.; *Cornils*, in: Isensee/Kirchhof (Hrsg.), HStR VII, 3. Aufl. 2009, § 168 Rn. 55; *Stein/Frank*, Staatsrecht, 21. Aufl. 2010, § 45 II, S. 387 f.; *Breuer*, in: Isensee/

wirtschaftliche Handlungsfreiheit, sei jedoch als Auffanggrundrecht nur einschlägig, wenn kein spezielleres Freiheitsrecht die Wirtschaftsfreiheit schütze. Dies wäre unter anderem bspw. dann der Fall, wenn ein Ausländer, für den das Deutschen-Grundrecht des Art. 12 Abs. 1 Satz 1 GG nicht anwendbar ist, sich auf den Schutz seiner Wettbewerbsfreiheit berufe[539].

(3) Herleitung aus Art. 12 und 14 GG

Einige Stimmen[540] ordnen die Wettbewerbsfreiheit auch Art. 12 und Art. 14 GG zu, da diese eine tatsächlich nicht oder nur schwer zu trennende Einheit bildeten. Der Wettbewerb als reales Ergebnis freiheitlicher Grundrechtsausübung bestehe aus der gewerblichen Konkurrenz unterschiedlicher Grundrechtsträger, die durch Art. 12 GG geschützt werde, und der konkurrierenden Nutzung unternehmensmäßigen Eigentums, das den Schutz des Art. 14 GG genieße[541]. Diesem funktionalen

---

Kirchhof (Hrsg.), HStR VIII, 3. Aufl. 2010, § 170 Rn. 127; *Bryde*, NJW 1984, 2177 (2180 f.); *Di Fabio*, JZ 1993, 689 (694); *Ehlers*, Verwaltung in Privatrechtsform, 1984, S. 102 ff.; *Engel*, AöR 118 (1993), 169 (221 Fn. 260); *Kluth*, Grundrechte, 2010, S. 207; *Ossenbühl*, AöR 115 (1990), 1 (23); *Pieroth/Schlink/Kingreen/Poscher*, Grundrechte, Staatsrecht II, 29. Aufl. 2013, Rn. 883; *Reiner Schmidt*, Öffentliches Wirtschaftsrecht, Allgemeiner Teil, 1990, S. 120; *Ziekow*, Öffentliches Wirtschaftsrecht, 3. Aufl. 2013, § 3 Rn. 19; *Ruthig*, in: ders./Storr, Öffentliches Wettbewerbsrecht, 3. Aufl. 2011, Rn. 122; *Lindner*, DÖV, 2003, 185 (188); *Manssen*, in: v. Mangoldt/Klein/Starck, GG Kommentar, Band 1, 6. Aufl. 2010, Art. 12 Rn. 71; *Stober*, Handbuch des Wirtschaftsverwaltungs- und Umweltrechts, 1989, S. 463; *Schenke*, NVwZ 1993, 718 (719); *Scholz*, in: Maunz/Dürig, Grundgesetz, Band II, Stand: 69. Erg.-Lfg. 2013, Art. 12 Rn. 88; *Gusy*, JA 1995, 253 (253) lehnt eine grundrechtliche Verankerung der Wettbewerbsfreiheit sowohl in Art. 12, 14 GG als auch in Art. 2 GG ab. **Zur ständigen Rechtsprechung des BVerfG**: BVerfGE 6, 32 (41 f.); 8, 274 (328); 9, 3 (11); 12, 341 (347); 32, 311 (317); 46, 120 (137); 65, 237 (247 f.); 65, 196 (210); 70, 1 (32); 70, 115 (123); 82, 209 (223 f.); 86, 28 (37); 89, 48 (61); 89, 214 (231); 105, 252 (265); BVerfG, GRUR 1993, 751 (751); BVerfG, NJW 1996, 2021. **Zur neueren Rechtsprechung des BVerwG**: BVerwGE 71, 183 (189); 87, 37 (39); 89, 281 (283); BVerwG, NJW 1996, 3161 (3161).

539 Siehe auch *Tsiliotis*, Der verfassungsrechtliche Schutz der Wettbewerbsfreiheit und seine Einwirkung auf die privatrechtlichen Beziehungen, 2000, S. 64; *Manssen*, in: v. Mangoldt/Klein/Starck, GG Kommentar, Band 1, 6. Aufl. 2010, Art. 12 Rn. 71.

540 *Scholz*, in: Maunz/Dürig, Grundgesetz, Band II, Stand: 69. Erg.-Lfg. 2013, Art. 12 Rn. 123, 144; *Tsiliotis*, Der verfassungsrechtliche Schutz der Wettbewerbsfreiheit und seine Einwirkung auf die privatrechtlichen Beziehungen, 2000, S. 63; *Badura*, Wirtschaftsverfassung und Wirtschaftsverwaltung, 4. Aufl. 2011, Rn. 59; *Schulte*, DVBl 1988, 512 (516); *Friehe*, JuS 1981, 868 (871).

541 *Scholz*, in: Maunz/Dürig, Grundgesetz, Band II, Stand: 69. Erg.-Lfg. 2013, Art. 12 Rn. 143.

Zusammenhang müsse durch die Verbindung dieser beiden Grundrechte zum Schutz der Wettbewerbsfreiheit Rechnung getragen werden[542].

(4) Vermittelnde Ansicht

Eine weitere, zwischen den beiden erstgenannten Sichtweisen vermittelnde Ansicht[543] differenziert zwischen Art. 2 Abs. 1 GG und Art. 12 Abs. 1 Satz 1 GG hinsichtlich der Einordnung der Wettbewerbsfreiheit. Liegt eine berufsregelnde Tendenz i. S. d. Art. 12 Abs. 1 Satz 1 GG vor, soll dieser hiernach einschlägig sein. Fehle die berufsregelnde Tendenz jedoch, sei der Eingriff dieser Ansicht nach an Art. 2 Abs. 1 GG zu messen.

(5) Stellungnahme

Die vermittelnde Ansicht ist deshalb abzulehnen, da sie vorschnell und allein auf die Zielrichtung des Eingriffs abstellt. Bevor dieser überhaupt bestimmt werden kann, muss jedoch die Bestimmung des Schutzbereichs erfolgen, denn nach diesem richtet sich primär die Einschlägigkeit eines Grundrechts und nicht nach der Art und Weise des Eingriffs, also bspw. einer etwaigen berufsregelnden Tendenz. Die herrschende Meinung und die vermittelnde Ansicht werden in der Praxis ohnehin zu sehr ähnlichen Ergebnissen kommen: Denn die Berufsfreiheit ist als Basis des Wettbewerbs und somit der Wettbewerbsfreiheit zu sehen. So wird i. d. R. dann, wenn eine berufsregelnde Tendenz vorliegt, Art. 12 Abs. 1 Satz 1 GG grundsätzlich einschlägig sein, da bei einem Eingriff in den Wettbewerb i. d. R. aufgrund des oben dargelegten Zusammenhangs zur Berufsfreiheit immer eine berufsregelnde Tendenz bestehen und Art. 12 Abs. 1 Satz 1 GG einschlägig sein wird. Nur in Fällen, in denen der Schutz des Art. 12 Abs. 1 Satz 1 GG nicht ausreicht oder dieser nicht einschlägig ist, bspw. wenn ein Nicht-Deutscher betroffen ist, wäre Art. 2 Abs. 1 GG zu prüfen[544]. Des Weiteren ist zudem grundsätzlich fraglich, ob die objektiv berufsregelnde Tendenz überhaupt als Kriterium zur Bestimmung eines Eingriffs in die Wettbewerbsfreiheit, was an gegebener Stelle zu klären sein wird[545], taugt.

Für die Ansicht, dass die Wettbewerbsfreiheit sich aus Art. 12 und Art. 14 GG ergebe, wird zwar angeführt, dass es an einer realen Abgrenzungsfähigkeit von Art. 14 und Art. 12 GG im wirtschaftlichen Bereich fehle, da zwischen dem Schutz

---

542 *Scholz*, in: Maunz/Dürig, Grundgesetz, Band II, Stand: 69. Erg.-Lfg. 2013, Art. 12 Rn. 145.

543 *Jarass*, in: ders./Pieroth, GG, 12. Aufl. 2012, Rn. 4, 15, 20; *Di Fabio*, in: Maunz/Dürig, Grundgesetz, Band I, Stand: 69. Erg.-Lfg. 2013, Art. 2 Rn. 116; *Schulte*, DVBl 1988, 512 (516); BGHZ, NJW 1957, 748 (748 f.).

544 *Manssen*, in: v. Mangoldt/Klein/Starck, GG Kommentar, Band 1, 6. Aufl. 2010, Art. 12 Rn. 71; *Stober*, Allgemeines Wirtschaftsverwaltungsrecht, 17. Aufl. 2011, § 18 II 1, S. 144.

545 Siehe hierzu Gliederungspunkt Teil II: E. II. 4. a) bb) (2).

des Erwerbs und dem des Erworbenen keine qualitativen Unterschiede beständen[546] und außerdem sonst die Gefahr entstehe, dass ein Eingriff zur Erleichterung der Rechtfertigung auf das eine oder das andere Grundrecht gestützt werde[547]. Dem kann jedoch entgegnet werden, dass sehr wohl eine Unterscheidung zwischen dem Erwerb und dem Erworbenen getroffen werden kann, auch wenn teilweise Überschneidungen möglich sind. In diesem Fall müssen jedoch die Maßstäbe beider Grundrechte erfüllt sein. Außerdem kommt es bei der Einschlägigkeit eines Grundrechts nicht darauf an, welche grundrechtliche Freiheit „adressiert"[548] wird, sondern welcher Schutzbereich tatsächlich betroffen ist. Insofern besteht in diesem Fall keine Gefahr der Umgehung von Rechtfertigungsvoraussetzungen.

Für eine Herleitung aus Art. 2 Abs. 1 GG spricht, dass die allgemeine Handlungsfreiheit aus Art. 2 Abs. 1 GG die Handlungsfreiheit in allen Bereichen, also auch die allgemeine wirtschaftliche Handlungsfreiheit, schützt[549]. Teilweise wurde in diesem Sinne auch davon ausgegangen, dass Art. 2 Abs. 1 GG laut BVerfG[550] den Anspruch enthalte, durch die Staatsgewalt nicht mit einem Nachteil belastet zu werden, der nicht in der verfassungsmäßigen Ordnung begründet sei[551].

Hiergegen und für eine Einordnung der Wettbewerbsfreiheit bei Art. 12 Abs. 1 Satz 1 GG spricht jedoch das Verhältnis von Art. 2 Abs. 1 GG und Art. 12 Abs. 1 Satz 1 GG. Die allgemeine Handlungsfreiheit aus Art. 2 Abs. 1 GG ist ein Auffanggrundrecht, das nur zur Anwendung kommt, wenn kein spezielleres Grundrecht betroffen ist[552]. Die wirtschaftliche Betätigung und die Wettbewerbsfreiheit werden jedoch grundsätzlich durch den spezielleren Art. 12 Abs. 1 Satz 1 GG geschützt. Da beide Grundrechte Ausprägungen des Persönlichkeitsrechts sind, passt die freie Entfaltung der Persönlichkeit im Berufsleben charakteristisch besser zur Wettbewerbsfreiheit als die allgemeine private freie Entfaltung der Persönlichkeit[553]. Das Verhalten der Marktteilnehmer ist Bestandteil[554] oder steht zumindest in unmittelbarem Zusammenhang mit ihrer Berufsausübung und ist deshalb Art. 12 Abs. 1 Satz 1 GG zuzuordnen[555]. Die Berufsfreiheit ist folglich als Basis und Startbedingung für

---

546 *Scholz*, in: Maunz/Dürig, Grundgesetz, Band II, Stand: 69. Erg.-Lfg. 2013, Art. 12 Rn. 149.

547 *Scholz*, in: Maunz/Dürig, Grundgesetz, Band II, Stand: 69. Erg.-Lfg. 2013, Art. 12 Rn. 149.

548 *Scholz*, in: Maunz/Dürig, Grundgesetz, Band II, Stand: 69. Erg.-Lfg. 2013, Art. 12 Rn. 149.

549 *Jarass*, in: ders./Pieroth, GG, 12. Aufl. 2012, Art. 2 Rn. 3.

550 BVerfGE 9, 83 (88).

551 *Bernhardt*, JZ 1963, 302 (306); *Bleckmann*, Subventionsrecht, 1978, S. 149; *Zuleeg*, Subventionskontrolle durch Konkurrentenklage, 1974, S. 67.

552 *Jarass*, in: ders./Pieroth, GG, 12. Aufl. 2012, Art. 2 Rn. 2.

553 *Schliesky*, Öffentliches Wettbewerbsrecht, 1997, S. 197.

554 *Schliesky*, Öffentliches Wirtschaftsrecht, 4. Aufl. 2014, S. 99.

555 *Ruthig*, in: ders./Storr, Öffentliches Wirtschaftsrecht, 3. Aufl. 2011, Rn. 122.

die Entfaltung der Wettbewerbsfreiheit zu sehen[556]. Der Wettbewerb entsteht gerade erst durch die Ausübung der Berufswahl- und Berufsausübungsfreiheit der Grundrechtsträger bzw. der durch die Wettbewerbsfreiheit geschützten Wettbewerber aus Art. 12 Abs. 1 Satz 1 GG, die den Zugang und die Teilnahme am Wettbewerb umfasst.

Letztlich muss im Sinne eines umfassenden und bestmöglichen Grundrechtsschutzes im Zweifel eine Einordnung der Wettbewerbsfreiheit bei dem Grundrecht erfolgen, das den besseren bzw. umfassenderen Schutz bietet. Dies ist im Falle die Wettbewerbsfreiheit Art. 12 Abs. 1 Satz 1 GG. Zwar bietet auch Art. 2 Abs. 1 GG einen Schutz durch Gesetzesvorbehalt. Durch die Drei-Stufen-Theorie des BVerfG verstärkt sich die Schutzwirkung bei Art. 12 Abs. 1 Satz 1 GG mit zunehmender Eingriffsintensität aber dadurch, dass auf der Rechtsfertigungsebene höhere Anforderungen gestellt werden[557].

Aus den oben genannten Gründen ist deshalb der herrschenden Meinung der Vorzug zu geben und die Wettbewerbsfreiheit bei Art. 12 Abs. 1 Satz 1 GG einzuordnen.

Durch die Einführung einer neuen elektronischen Zugangsform ist ein Eingriff durch Schaffung einer Konkurrenzsituation denkbar, indem der Staat durch die neue Zugangsform einen Konkurrenten für andere elektronische Zugangsformen bzw. deren Anbieter schafft. Dies wäre dann der Fall, wenn auch Geschäftsbereiche anderer Zugangsformen durch die neu geschaffene Konkurrenz beeinträchtigt wären. Dies ist jedoch häufig nicht der Fall, da die Verwaltung grundsätzlich, insbesondere bei elektronischen Zugangsformen und klassischen Zugängen, einen Mehrkanalansatz verfolgt[558], also mehrere unterschiedliche elektronische Zugangsformen und klassische Zugänge bereitstellt. Ist indes kein Geschäftsbereich anderer Zugangsformen berührt, die vom Staat geschaffene Zugangsform folglich ein gänzliches Novum, scheidet auch eine Beeinträchtigung der Wettbewerbsfreiheit aus Art. 12 Abs. 1 Satz 1 GG i. d. R. von vornherein aus, es sei denn, dass der Staat diesen Bereich zu einem staatlichen Monopol erhebt und so eine privatwirtschaftliche Betätigung unmöglich macht. Eine Konkurrenzsituation entsteht folglich umso eher, je deutlicher sich die Funktionen bzw. Eigenschaften, hierzu gehört auch die Verbreitung in bestimmten Bevölkerungsschichten, überschneiden, da es dann immer unwahrscheinlicher wird, dass diese Zugangsformen nebeneinander genutzt werden.

cc) Betroffenheit der Wettbewerbsfreiheit aus Art. 12 Abs. 1 Satz 1 GG im konkreten Fall

Bei der Schaffung neuer elektronischer Zugangsformen handelt es sich somit, abgesehen von einer Standardsetzung im Bereich der elektronischen Zugangsformen, die durch die Regelung der beruflichen Rahmenbedingungen in die Berufsfreiheit der Anbieter von Zugangsformen aus Art. 12 Abs. 1 Satz 1 GG eingreifen kann,

556 *Schliesky*, DVBl 1999, 78 (82).
557 *Di Fabio*, JZ 1993, 690 (694).
558 Vgl. hierzu bereits Fn. 414.

nicht um eine Regelung des Verhaltens der Anbieter von elektronischen Zugangsformen, sondern um eine Schaffung von Konkurrenz. Sowohl Rechtsprechung als auch Literatur existiert konkret zu Eingriffen in die Wettbewerbsfreiheit durch die Schaffung elektronischer Zugangsformen durch den Staat bislang noch nicht. Zieht man deshalb hierzu entsprechend die Rechtsprechung zu staatlicher Konkurrenz heran, stellt die bloße staatliche Konkurrenz, also das bloße Vorhandensein staatlicher Konkurrenz, nach h. M. grundsätzlich keine Beeinträchtigung der grundrechtlichen Wettbewerbsfreiheit dar. Einen Schutz vor der Zulassung von Konkurrenz soll Art. 12 Abs. 1 Satz 1 GG grundsätzlich nicht gewähren[559], da Art. 12 Abs. 1 Satz 1 GG eine möglichst unreglementierte berufliche Betätigung zum Ziel hat[560]. Gleiches gilt für einen Anspruch auf Erfolg im Wettbewerb und auf Sicherung künftiger Erwerbsmöglichkeiten[561]. Eine Ausnahme stellen zum einen der Verdrängungswettbewerb bzw. eine Monopolstellung, die private Konkurrenz unmöglich macht oder auszehrt[562], sowie eine sonstige empfindliche Belastung dar[563]. Strengere Anforderungen sollen auch bei der Beherrschung eines Teilmarktes durch den Staat zu stellen sein[564]. Zum anderen soll auch dann ein Eingriff in die Wettbewerbsfreiheit vorliegen, wenn das staatliche Unternehmen unangemessene Wettbewerbsvorteile erhält bzw. Vorteile genießt, die private Unternehmen nicht haben bzw. denen keine ausreichenden Sonderlasten gegenüberstehen[565].

Greift man bei der Schaffung elektronischer Zugangsformen durch den Staat, sei es durch Gesetz oder bloße Zugangseröffnung, auf diese Grundsätze zurück, ergibt sich hieraus, dass die Schaffung einer neuen elektronischen Zugangsform, also die Schaffung von Konkurrenz durch den Staat, nicht in die Wettbewerbsfreiheit aus Art. 12 Abs. 1 Satz 1 GG eingreift bzw. bereits deren Schutzbereich nicht tangiert. Die Regelung der Rahmenbedingungen, wie bspw. die Anknüpfung von Rechtsfolgen, dürfen jedoch keine der elektronischen Zugangsformen gegenüber der staatlich neu geschaffenen Zugangsform ungerechtfertigt benachteiligen. Denn nicht die staatliche Konkurrenz an sich, sondern erst die Ausnutzung von staatlichen

559 BVerfGE 34, 252 (256); 55, 261 (269); BVerwGE 71, 183 (193); BVerwG, DVBl 1983, 1251 (1252); OVG NW, Beschl. v. 03. 05. 1994, Az. 10a D 170/93.NE, NWVBl 1995, 99 (101); *Jarass*, in: ders./Pieroth, GG, 12. Aufl. 2012, Art. 12 Rn. 20; *Ruffert*, in: Epping/Hillgruber (Hrsg.), Beck'scher Online-Kommentar GG, Stand: 01. 11. 2013, Ed. 19, Art. 12 Rn. 62; anders *Di Fabio*, in: Maunz/Dürig, Grundgesetz, Band I, Stand: 69. Erg.-Lfg. 2013, Art. 2 Rn. 119 ff.; *Manssen*, in: v. Mangoldt/Klein/Starck, GG Kommentar, Band 1, 6. Aufl. 2010, Art. 12 Rn. 71.

560 *Manssen*, in: v. Mangoldt/Klein/Starck, GG Kommentar, Band 1, 6. Aufl. 2010, Art. 12 Rn. 71; BVerfGE 34, 252 (256); 75, 284 (292).

561 BVerfGE 24, 236 (251); 34, 252 (256); 105, 252 (265); BVerwGE 39, 329 (336 f.); 71, 183 (193), *Jarass*, in: ders./Pieroth, GG, 12. Aufl. 2012, Art. 12 Rn. 20.

562 *Di Fabio*, in: Maunz/Dürig, Grundgesetz, Band II, Stand: 69. Erg.-Lfg. 2013, Art. 2 Rn. 122.

563 BVerwG, DÖV 78, 851 f.; *Jarass*, in: ders./Pieroth, GG, 12. Aufl. 2012, Art. 12 Rn. 23.

564 BGHZ 82, 375 (390 f.); *Jarass*, in: ders./Pieroth, GG, 12. Aufl. 2012, Art. 12 Rn. 23.

565 *Jarass*, in: ders./Pieroth, GG, 12. Aufl. 2012, Art. 12 Rn. 23.

Vorteilen, also eine Ungleichbehandlung von privaten und staatlichen sowie zwischen verschiedenen privaten Anbietern oder eine Verdrängung dieser, verursacht einen Eingriff in die Wettbewerbsfreiheit aus Art. 12 Abs. 1 Satz 1 GG.

b) Weitere Grundrechte

Ein Eingriff könnte auch in andere wettbewerbsrelevante Grundrechte vorliegen.

aa) Allgemeiner Gleichbehandlungsgrundsatz, Art. 3 Abs. 1 GG

Eine Ungleichbehandlung, wie sie für einen Eingriff in den allgemeinen Gleichheitssatz bzw. in ein etwaiges Recht auf Wettbewerbsgleichheit[566] erforderlich wäre[567], liegt bei der Schaffung einer neuen Zugangsform durch den Staat nicht vor. Erst durch eine unterschiedliche Behandlung bei der Regelung von privatwirtschaftlich und staatlich bzw. verschiedenen privatwirtschaftlich angebotenen elektronischen Zugangsformen könnte, wie bereits im Rahmen der Wettbewerbsfreiheit erörtert, eine Beeinträchtigung vorliegen.

bb) Eigentumsgarantie, Art. 14 Abs. 1 Satz 1 GG

Art. 14 Abs. 1 Satz 1 GG schützt im Gegensatz zu Art. 12 Abs. 1 Satz 1 GG nicht die Erwerbstätigkeit, sondern lediglich das Erworbene, unabhängig von der Erwerbsbetätigung[568]. Durch die Schaffung neuer Konkurrenz im Wege der Einführung neuer elektronischer Zugangsformen wird das bereits von anderen schon bestehenden elektronischen Zugangsformen Erworbene nicht beeinträchtigt. Es könnte lediglich, wie bereits dargestellt, ein Eingriff in die Berufsfreiheit bzw. die Wettbewerbsfreiheit aus Art. 12 Abs. 1 Satz 1 GG und nicht in die Eigentumsgarantie aus Art. 14 Abs. 1 Satz 1 GG vorliegen, was jedoch nicht der Fall ist.

cc) Allgemeine Handlungsfreiheit, Art. 2 Abs. 1 GG

Da die Wettbewerbsfreiheit nach der hier vertretenen Ansicht der Berufsfreiheit aus Art. 12 Abs. 1 Satz 1 GG zugeordnet wird, ist Art. 2 Abs. 1 GG, wie bereits erörtert, hinsichtlich eines wettbewerbsrechtlichen Gehalts nicht mehr zu prüfen.

2. Beschränkung der Anbieter und des Angebots durch Akkreditierung

Eine Akkreditierung kann im Rahmen der Regelung elektronischer Zugangsformen dazu eingesetzt werden, sowohl den Anbieterkreis bzw. das Angebot zu beschränken, also den Markt zu regulieren, als auch die Qualität der angebotenen

566 Dazu sogleich unter Gliederungspunkt Teil II: E. II. 4. b) aa).

567 *Pieroth/Schlink/Kingreen/Poscher*, Grundrechte, Staatsrecht II, 29. Aufl. 2013, Rn. 463.

568 *Jarass*, in: ders./Pieroth, GG, 12. Aufl. 2012, Art. 12 Rn. 3; BVerfGE 30, 292 (334 f.); 84, 133 (157); 105, 252 (277 f.).

Produkte und die Vertrauenswürdigkeit der Anbieter zu überwachen und sicherzustellen. Insbesondere im Hinblick auf eine Gewährleistungspflicht für eine Kommunikationsinfrastruktur und deren Vertrauenswürdigkeit bzw. Qualität stellt die Möglichkeit einer Akkreditierung eine wichtige Option des Gesetzgebers dar, da er durch diese dem Bürger sichere und vertrauenswürdige Kommunikationsmöglichkeiten zur Verfügung stellen kann, die die Bürger auf Basis einer freien Entscheidung eigenverantwortlich nutzen können.

Eine Akkreditierung ist jedoch nicht zwingend erforderlich, um weitergehende Rechtsfolgen an De-Mail-Dienste bzw. an elektronische Zugangsformen zu knüpfen. Dies wäre grundsätzlich auch ohne eine Akkreditierung möglich[569]. Die Akkreditierung sichert lediglich hinsichtlich der Einhaltung der geregelten Voraussetzungen eine gewisse Zuverlässigkeit und Fachkunde bzw. ein gewisses Vertrauen in die Erfüllung der im Rahmen der Akkreditierung geprüften Voraussetzungen.

Im Gegensatz zu einer Zertifizierung soll bei einer Akkreditierung[570] nicht die Qualität eines Produkts, sondern einer handelnden Person geprüft werden. Hierdurch soll dieser Person ein ähnliches Vertrauen wie einem Hoheitsträger zukommen. Die Begriffe Akkreditierung und Zertifizierung werden jedoch nicht einheitlich gebraucht[571].

Im Folgenden soll deshalb geprüft werden, inwieweit die Akkreditierung der De-Mail-Anbieter nach § 17 De-Mail-G die Grundrechte der Anbieter sicherer elektronischer Zugangsformen beeinträchtigen kann.

a) Berufsfreiheit, Art. 12 Abs. 1 Satz 1 GG

Durch die Regelung einer Akkreditierung, wie sie im De-Mail-G vorgesehen ist, könnte ein Eingriff in die Berufsfreiheit aus Art. 12 Abs. 1 Satz 1 GG vorliegen.

569 So jedoch *Roßnagel*, NJW 2011, 1473 (1477) und BT-Drs. 17/3630, S. 20. Vgl. hierzu auch die freiwillige Akkreditierung in § 14 SigG, die dort nicht als Anknüpfungspunkt für Rechtsfolgen, sondern lediglich als Gütesiegel dient.

570 Akkreditierung ist eine Bescheinigung, mit der eine allgemein anerkannte Instanz einer anderen Stelle die Erfüllung mindestens einer besonderen Eigenschaft bestätigt (*Warnecke*, Rechtsfragen der staatlichen Regulierung der Identitätsmanagement-Anbieter, in: Schliesky (Hrsg.), Technikgestütztes Identitätsmanagement, Rechtsfragen und Lösungsvorschläge dargestellt am Beispiel der De-Mail und elektronischer Dokumentensafes, 2010, S. 225 [228]; *Honacker u. a.*, Auswirkungen einer Neuordnung des deutschen Anerkennungs- und Akkreditierungswesens, Zusammenfassung, Projekt 55/04, Studie im Autrag des Bundesministeriums für Wirtschaft und Arbeit, S. 11 ff., abrufbar unter www.dar.bam.de/pdf/gesamt zusammenfassung.pdf).

571 *Voßkuhle*, Strukturen und Bauformen neuer Verwaltungsverfahren, in: Hoffmann-Riem/Schmidt-Aßmann (Hrsg.), Verwaltungsverfahren und Verwaltungsverfahrensgesetz, 2002, S. 277 (318).

aa) Schutzbereich

Der Schutzbereich des Art. 12 Abs. 1 Satz 1 GG umfasst die Berufsfreiheit. Hierunter fallen u. a. die Berufswahlfreiheit und die Berufsausübungsfreiheit. Maßgebliches Kriterium für eine Berührung des Schutzbereichs ist somit die Ausübung eines Berufs[572]. Zu prüfen ist deshalb, ob es sich bei dem Anbieten von De-Mail-Diensten bzw. dem Anbieten von sicheren elektronischen Zugangsformen, dem diese zugeordnet werden können, um eine berufliche Betätigung handelt. Unter einem Beruf versteht man jede Tätigkeit, die in ideeller wie in materieller Hinsicht der Schaffung und Erhaltung einer Lebensgrundlage dient[573]. Es wird so jede auf Erwerb gerichtete Beschäftigung, die sich nicht in einem einmaligen Erwerbsakt erschöpft, erfasst[574]. Das Anbieten sicherer elektronischer Zugangsformen, wie es durch die De-Mail-Anbieter und andere Anbieter, bspw. auch durch die Deutsche Post AG mit dem Produkt „E-Postbrief" erfolgt, ist unproblematisch als eine solche berufliche Tätigkeit einzustufen, da diese regelmäßig entgeltlich und zu Einnahmezwecken erfolgt.

Geschützt sind indes nicht nur traditionell fixierte Berufsbilder, sondern auch neu entstandene Berufe[575]. Dies könnte zum Tragen kommen, wenn man, wie im Folgenden bei der Einordnung der Akkreditierung als Berufszulassungs- oder als Berufsausübungsregelung zu klären sein wird, die Tätigkeit als De-Mail-Anbieter als eigenständigen neuen Beruf ansehen will.

Der Schutzbereich des Art. 12 Abs. 1 Satz 1 GG ist folglich eröffnet.

bb) Eingriff

Ein Eingriff könnte in der gesetzlichen Regelung der Akkreditierung von De-Mail-Anbietern nach § 17 De-Mail-G liegen, die erforderlich ist, um De-Mail-Dienste anzubieten. Nach § 17 Abs. 1 De-Mail-G müssen sich Diensteanbieter, die De-Mail-Dienste anbieten wollen, auf schriftlichen Antrag von der zuständigen Behörde akkreditieren lassen. Sind die Voraussetzungen der Akkreditierung nach § 18 De-Mail-G erfüllt, haben die De-Mail-Anwärter einen Rechtsanspruch auf Vollziehung der Akkreditierung[576].

Nach dem klassischen Eingriffsbegriff[577] muss ein Eingriff final und nicht bloß zwar beabsichtigte Folge eines auf andere Ziele gerichteten Staatshandelns sowie unmittelbar und nicht bloß zwar beabsichtigte, aber mittelbare Folge des

---

572 *Jarass*, in: ders./Pieroth, GG, 12. Aufl. 2012, Art. 12 Rn. 1.

573 *Jarass*, in: ders./Pieroth, GG, 12. Aufl. 2012, Art. 12 Rn. 5; BVerfGE 102, 197 (212); 105, 252 (265); 110, 304 (321); 111, 10 (28).

574 *Jarass*, in: ders./Pieroth, GG, 12. Aufl. 2012, Art. 12 Rn. 5; BVerfGE 97, 228 (253).

575 *Pieroth/Schlink/Kingreen/Poscher*, Grundrechte, Staatsrecht II, 29. Aufl. 2013, Rn. 879; BVerfGE 97, 12 (26, 33 f.); 119, 59 (78).

576 *Skrobotz*, in: Manssen (Hrsg.), Telekommunikations- und Multimediarecht, Band 2, Stand: 33. Erg.-Lfg. 2013, K § 17 De-Mail-G Rn. 5; *Werner/Wegener*, CR 2009, 310 (314).

577 Siehe zum klassischen Eingriffsbegriff ausführlich *Roth*, Faktische Eingriffe in Freiheit und Eigentum, 1994, S. 7 ff.

Staatshandelns sein. Weiterhin muss es sich um einen Rechtsakt mit rechtlicher und nicht bloß tatsächlicher Wirkung handeln, der mit Befehl angeordnet und durchgesetzt werden kann[578]. Dieser wird jedoch vom modernen Grundrechtsverständnis für zu eng und deshalb obsolet gehalten, da aufgrund der vielfältigen neuen staatlichen Handlungsformen des modernen Staatshandelns ein umfangreicherer Begriff, der nicht ausschließlich Beeinträchtigungen durch direkten Zwang erfasst, erforderlich geworden ist, um eingreifendes Staatshandeln hinreichend zu erfassen[579].

Es ist allgemein anerkannt, dass auch Eingriffe, die nicht den klassischen Eingriffsbegriff erfüllen, bspw. faktische und mittelbare Beeinträchtigungen, als Grundrechtseingriffe einzustufen sein können[580], auch wenn weiterhin nicht jede Beeinträchtigung einen Eingriff darstellen muss[581].

Nach dem modernen Grundrechtsverständnis müssen deshalb die Kategorien des klassischen Eingriffsbegriffs geweitet werden[582].

So soll nach dem modernen Eingriffsbegriff jedes staatliche Handeln, das dem Einzelnen ein Verhalten, das in den Schutzbereich eines Grundrechts fällt, ganz oder teilweise unmöglich macht, als Eingriff gelten. Dabei sei es irrelevant, ob diese Wirkung final oder unbeabsichtigt, unmittelbar oder mittelbar, rechtlich oder tatsächlich und mit oder ohne Befehl und Zwang eintrete[583].

Durch die gesetzliche Regelung der Akkreditierung der De-Mail-Anbieter nach § 17 De-Mail-G werden die nicht akkreditierten Anbieter sicherer elektronischer Zugangsformen daran gehindert, De-Mail-Dienste ohne eine Akkreditierung zu erbringen. Nach dem modernen Eingriffsbegriff läge somit grundsätzlich ein Eingriff vor.

Nach der Drei-Stufen-Lehre des BVerfG ist bei Art. 12 Abs. 1 Satz 1 GG im Gegensatz zu anderen Grundrechten eine besondere Verhältnismäßigkeitsprüfung durchzuführen, da die auch in Art. 12 Abs. 1 Satz 1 GG angedeutete Form der Ausübung

578 *Pieroth/Schlink/Kingreen/Poscher*, Grundrechte, Staatsrecht II, 29. Aufl. 2013, Rn. 251; *Roth*, Faktische Eingriffe in Freiheit und Eigentum, 1994, S. 7; BVerwGE 87, 37 (41); 90, 112 (121).

579 *Pieroth/Schlink/Kingreen/Poscher*, Grundrechte, Staatsrecht II, 29. Aufl. 2013, Rn. 252 f.; *Cremer*, DÖV 2003, 921 (926); *Friauf*, DVBl 1971, 674 (679, 681); *Sachs*, in: ders. (Hrsg.), GG, 6. Aufl. 2011, Vor Art. 1 Rn. 78, 83.

580 *Finckh*, Regulierte Selbstregulierung im Dualen System, 1998, S. 187; *Michael/Morlok*, Grundrechte, 3. Aufl. 2012, Rn. 495 ff.; *Pieroth/Schlink/Kingreen/Poscher*, Grundrechte, Staatsrecht II, 29. Aufl. 2013, Rn. 258; *Sachs*, in: ders. (Hrsg.), GG, 6. Aufl. 2011, Vor Art. 1 Rn. 83; BVerfGE 105, 279 (300 f.); 110, 177 (191); 113, 63 (76 f.); 116, 202 (222); *Friauf*, DVBl 1971, 674 (680).

581 *Finckh*, Regulierte Selbstregulierung im Dualen System, 1998, S. 187; *Roth*, Faktische Eingriffe in Freiheit und Eigentum, 1994, S. 33 m. w. N.

582 *Pieroth/Schlink/Kingreen/Poscher*, Grundrechte, Staatsrecht II, 29. Aufl. 2013, Rn. 252 f.

583 *Pieroth/Schlink/Kingreen/Poscher*, Grundrechte, Staatsrecht II, 29. Aufl. 2013, Rn. 253.

der Berufsfreiheit von besonderer Bedeutung für die Intensität der Grundrechtsbeeinträchtigung und somit auch für die Anforderungen an die Rechtfertigung sei[584].

Das BVerfG nimmt deshalb eine Einordnung nach den Kategorien der Drei-Stufen-Theorie vor, bei der es zwischen bloßen Berufsausübungsregelungen (1. Stufe), subjektiven Berufszulassungsregelungen (2. Stufe) und objektiven Berufswahlschranken (3. Stufe) unterscheidet[585]. Es erscheint hier sinnvoll, diese Einordnung bereits auf der Eingriffsebene vorzunehmen.

(1) Einordnung nach der Drei-Stufen-Theorie

Nach der Drei-Stufen-Lehre des BVerfG ist bei Art. 12 Abs. 1 Satz 1 GG im Gegensatz zu anderen Grundrechten eine besondere Verhältnismäßigkeitsprüfung durchzuführen, da die auch in Art. 12 Abs. 1 Satz 1 GG angedeutete Form der Ausübung der Berufsfreiheit von besonderer Bedeutung für die Intensität der Grundrechtsbeeinträchtigung und somit auch für die Anforderungen an die Rechtfertigung sei[586].

Es könnte in der Regelung der Akkreditierung eine Berufswahlregelung liegen. Dies wäre dann der Fall, wenn einerseits das Anbieten von Diensten nach dem De-Mail-G, also die Tätigkeit als De-Mail-Anbieter, einen eigenständigen Beruf darstellt und andererseits die Akkreditierung für diese Berufsausübung verpflichtender Natur ist. Diesen Fragen ist deshalb im Folgenden nachzugehen.

(a) Die Tätigkeit des De-Mail-Anbieters als eigenständiger Beruf?

Zunächst soll deshalb der Frage nachgegangen werden, ob ein eigenständiger Beruf des De-Mail-Anbieters existiert.

Für einen eigenständigen Beruf des De-Mail-Anbieters lassen sich folgende Argumente finden:

Zunächst spricht für einen eigenständigen Beruf des De-Mail-Anbieters, dass ein Anbieter von sicheren elektronischen Zugangsformen erst durch die Akkreditierung überhaupt zu einem De-Mail-Anbieter wird. Nicht akkreditierte Anbieter sicherer elektronischer Zugangsformen werden vom De-Mail-G (fast) ausschließlich nicht erfasst[587]. Lediglich § 20 Abs. 2 De-Mail-G und § 23 Abs. 1 Nr. 15 De-Mail-G

---

584 *Schliesky*, Öffentliches Wirtschaftsrecht, 4. Aufl. 2014, S. 101 f.

585 *Pieroth/Schlink/Kingreen/Poscher*, Grundrechte, Staatsrecht II, 29. Aufl. 2013, Rn. 916.

586 *Schliesky*, Öffentliches Wirtschaftsrecht, 4. Aufl. 2014, S. 101 f.

587 *Skrobotz*, in: Manssen (Hrsg.), Telekommunikations- und Multimediarecht, Band 2, Stand: 33. Erg.-Lfg. 2013, K § 1 De-Mail-G Rn. 70. Das De-Mail-G unterscheidet im Wesentlichen zwischen drei Adressaten: den akkreditierten Anbietern (§ 1 Abs. 2 Satz 2 De-Mail-G), den im Wesentlichen gleichgestellten ausländischen Anbietern (§ 19 De-Mail-G) und den noch zu akkreditierenden bzw. noch gleichzustellenden ausländischen Anbietern (§§ 17 f. bzw. § 19 Abs. 2 De-Mail-G); vgl. hierzu *Skrobotz*, in: Manssen (Hrsg.), Telekommunikations- und Multimediarecht, Band 2, Stand: 33. Erg.-Lfg. 2013, K § 1 De-Mail-G Rn. 71.

regeln Zugriffsrechte auch auf andere sichere elektronische Zugangsformen, um den Missbrauch des staatlichen Gütezeichens „De-Mail“ durch nicht akkreditierte Diensteanbieter zu verhindern[588].

Auch die Exklusivität des beabsichtigten De-Mail-Verbunds der akkreditierten De-Mail-Anbieter deutet zunächst auf eine eigenständige Berufsgruppe hin. Diese ist vergleichbar mit einem Intranet, innerhalb dessen die Kommunikation vollumfänglich nach den Vorgaben des De-Mail-G erfolgt. Hierauf sollen sich die Verbraucher verlassen können, wenn der Zusatz „de-mail“ im Domänenteil (§ 5 Abs. 1 De-Mail-G), der nur akkreditierten De-Mail-Anbietern vorbehalten ist, zu erkennen ist[589]. Eine Übermittlung von De-Mail-Nachrichten nach dem De-Mail-Standard ist folglich nur in diesem Verbund der akkreditierten De-Mail-Anbieter möglich[590]. E-Mail-Struktur und De-Mail-Struktur können deshalb nur parallel genutzt oder am Arbeitsplatz, bspw. durch ein Gateway, verbunden werden[591]. Eine Weiterleitung einer De-Mail ist auch nur an eine De-Mail-Adresse möglich (§ 5 Abs. 11 De-Mail-G)[592]. Diese grundsätzliche Inkompatibilität gilt natürlich auch für andere nicht De-Mail-akkreditierte Anbieter sicherer elektronischer Zugangsformen wie bspw. den E-Postbrief der Deutschen Post AG.

Denn nur akkreditierte De-Mail-Anbieter dürfen ihre Produkte auch De-Mail nennen[593]. Dies erweckt beim Verbraucher zumindest den Eindruck, als sei De-Mail ein eigenständiger Dienst im Gegensatz zu anderen elektronischen Zugangsformen, unabhängig von ihrem Sicherheitsstandard. Erst durch die Akkreditierung nach dem De-Mail-G wird also aus einem Anbieter sicherer elektronischer Zugangsformen ein De-Mail-Anbieter.

Diesen eigenständigen Charakter unterstreicht auch, dass andere nicht De-Mail-akkreditierte Dienste, die von De-Mail-Anbietern angeboten werden, deutlich von den De-Mail-Diensten zu trennen sind[594].

---

588 Siehe hierzu *Skrobotz*, in: Manssen (Hrsg.), Telekommunikations- und Multimediarecht, Band 2, Stand: 33. Erg.-Lfg. 2013, K § 1 De-Mail-G Rn. 70, und noch zum Bürgerportalgesetz *Werner/Wegener*, CR 2009, 310 (314).

589 BT-Drs. 17/3630, S. 20; s. auch *Roßnagel*, CR 2011, 23 (25); *Skrobotz*, in: Manssen (Hrsg.), Telekommunikations- und Multimediarecht, Band 2, Stand: 33. Erg.-Lfg. 2013, K § 1 De-Mail-G Rn. 67; *Werner/Wegener*, CR 2009, 310 (311).

590 *Skrobotz*, in: Manssen (Hrsg.), Telekommunikations- und Multimediarecht, Band 2, Stand: 33. Erg.-Lfg. 2013, K § 1 De-Mail-G Rn. 67.

591 *Skrobotz*, in: Manssen (Hrsg.), Telekommunikations- und Multimediarecht, Band 2, Stand: 33. Erg.-Lfg. 2013, K § 1 De-Mail-G Rn. 67; *Keller-Herder/Dietrich*, DuD 2010, 299 (300).

592 *Skrobotz*, in: Manssen (Hrsg.), Telekommunikations- und Multimediarecht, Band 2, Stand: 33. Erg.-Lfg. 2013, K § 1 De-Mail-G Rn. 67.

593 BT-Drs. 17/3630, S. 28; s. hierzu auch *Roßnagel*, CR 2011, 23 (25).

594 Dies ergibt sich schon aus § 5 Abs. 1 Nr. 1 De-Mail-G, nach dem im Domänenteil der De-Mail-Adresse eine Kennzeichnung, die ausschließlich für De-Mail-Dienste genutzt werden darf, enthalten sein muss.

Des Weiteren sollen nur akkreditierte De-Mail-Anbieter in den Genuss von an diesen Status geknüpften Vorteilen i. S. v. an die Eigenschaft als De-Mail-Anbieter geknüpften Rechtsfolgen, bspw. der Ersetzung der Schriftform und besonderen Beweiswirkungen[595], kommen[596].

Anders gestaltet ist die Akkreditierung bspw. bei der qeS. Hier ergibt sich aufgrund der freiwilligen Akkreditierung für Zertifizierungsdiensteanbieter nach § 15 SigG kein Namensunterschied unter den Anbietern. Auch ihr Produkt, die qeS, ist in beiden Fällen gleich benannt und kann auch im gleichen Umfang angeboten werden. Zwar war durch § 1 Abs. 3 SigG intendiert, dass öffentliche Stellen an die Produkte akkreditierter Zertifizierungsdiensteanbieter aufgrund des besonderen Vertrauens durch die staatliche Akkreditierung besondere Rechtswirkungen knüpfen können. Diese Privilegierung war jedoch direkt im Gesetz nicht angelegt und wurde auch nicht umgesetzt[597].

Darüber hinaus ist genau geregelt, welche Dienste von De-Mail-Diensteanbietern verpflichtend angeboten werden müssen (bspw. der Postfach- und Versanddienst nach § 5 De-Mail-G sowie der Verzeichnisdienst nach § 7 De-Mail-G) und welche Dienste optional zusätzlich angeboten werden dürfen (bspw. der Identitätsbestätigungsdienst nach § 6 De-Mail-G oder der Dokumentenablagedienst nach § 8 De-Mail-G). Alle nicht im De-Mail-G aufgeführten Dienste müssen, wie oben beschrieben, strikt von den durch das De-Mail-G festgelegten Diensten getrennt werden. Es sind folglich nicht nur Vertrauensmerkmale, sondern konkrete Produktmerkmale im De-Mail-G umrissen, was ebenfalls auf einen eigenständigen Charakter der De-Mail-Anbieter als Berufsgruppe schließen lässt.

Auch die Gesetzesbegründung zum De-Mail-G trennt zwischen De-Mail-Anbietern und anderen Anbietern sicherer elektronischer Zugangsformen, deren Tätigkeit ausdrücklich, aber ohne die Vorteile, die eine De-Mail-Akkreditierung mit sich bringt, möglich sein soll[598]. Diese nicht akkreditierten Dienste müssen jedoch eindeutig von De-Mail-Diensten unterscheidbar sein. Beispiel hierfür ist die bereits erwähnte De-Mail-Endung in der De-Mail-Adresse (§ 5 Abs. 1 Satz 2 Nr. 1 De-Mail-G)[599].

Letztlich sieht die Gesetzesbegründung zum De-Mail-G in der Akkreditierung eine Regelung der Berufswahl, die in Art. 12 Abs. 1 Satz 1 GG eingreift, obwohl die Akkreditierung gerade keine Voraussetzung sein soll, um der De-Mail vergleichbare

---

595 Auf die Rechtsfolgen, die an die De-Mail-Eigenschaft durch den Gesetzgeber geknüpft werden sollen, wird im Folgenden noch gesondert einzugehen sein. Siehe hierzu Gliederungspunkt Teil II: E. 5.

596 BT-Drs. 17/3630, S. 20.

597 *Antoni*, in: Manssen (Hrsg.), Telekommunikations- und Multimediarecht, Band 2, Stand: 33. Erg.-Lfg. 2013, G § 15 SigG Rn. 18.

598 BT-Drs. 17/3630, S. 20; *Skrobotz*, in: Manssen (Hrsg.), Telekommunikations- und Multimediarecht, Band 2, Stand: 33. Erg.-Lfg. 2013, K § 1 De-Mail-G Rn. 70.

599 BT-Drs. 17/3630, S. 26.

Dienste am Markt anzubieten[600]. Eine weitergehende Begründung dieses Ergebnisses erfolgt hingegen nicht. Dies lässt annehmen, dass der Gesetzgeber davon ausgeht, dass die Tätigkeit als De-Mail-Diensteanbieter einen eigenständigen Beruf darstellt, da sonst keine Berufswahlregelung, sondern lediglich eine Berufsausübungsregelung einschlägig wäre.

Diese Argumente beziehen sich jedoch genau genommen eher darauf, dass die De-Mail einen eigenständigen Dienst in Abgrenzung zu anderen sicheren elektronischen Zugangsformen oder der E-Mail darstellt. Dieser Umstand kann unweigerlich ein Indiz für eine eigenständige Berufsgruppe sein, die Schlussfolgerung, dass aus diesem Grund auch die Berufsgruppe der De-Mail-Diensteanbieter eigenständig sein soll, ergibt sich hieraus jedoch nicht zwingend, da auch eigenständige Dienste von ein und demselben Diensteanbieter erbracht werden können.

Gegen eine Einordnung des De-Mail-Anbieters als eigenständiger Beruf spricht zudem, dass sich die De-Mail als sichere elektronische Zugangsform von anderen nicht akkreditierten Angeboten sicherer elektronischer Zugangsformen nur durch die Akkreditierung unterscheidet, man also keinen eigenständigen Beruf des De-Mail-Anbieters, sondern nur den Oberbegriff des Anbieters von elektronischen Zugangsformen als Beruf qualifizieren kann. Hierfür spricht auch, dass E-Mail-Diensteanbieter, wie bereits erörtert, Dienste mit vergleichbarer Sicherheit und Nachweisbarkeit anbieten können[601], aber dann auf bestimmte Privilegien, die De-Mail-Diensteanbietern vorbehalten sind, verzichten müssen[602]. Die Ähnlichkeiten zwischen De-Mail-Diensten und anderen nicht akkreditierten elektronischen Zugangsformen werden besonders im Vergleich zur einfachen E-Mail-Kommunikation deutlich. De-Mail-Dienste stellen wie der elektronische E-Postbrief[603] und E-Mail-Dienste über Internetportale[604] (bspw. Freenet, GMX und Web.de) Telekommunikations- und Telemediendienste dar[605]. Die De-Mail baut auf den E-Mail-Funktionalitäten auf und ergänzt diese um Merkmale zur Sicherstellung von Vertraulichkeit und Integrität[606]. Maßgebender Unterschied zwischen E-Mail und De-Mail ist somit nicht die Technik oder der Zweck dieser Zugangsformen, sondern

600 BT-Drs. 17/3630, S. 20; zustimmend *Berlit*, JurPC Web-Dok. 39/2011, Abs. 11.

601 BT-Drs. 17/3630, S. 20; *Skrobotz*, in: Manssen (Hrsg.), Telekommunikations- und Multimediarecht, Band 2, Stand: 33. Erg.-Lfg. 2013, K § 1 De-Mail-G Rn. 70.

602 *Schumacher*, DuD 2010, 302 (302).

603 *C. Hoffmann u. a.*, Der *E-POSTBRIEF* in der öffentlichen Verwaltung – Chancen, Einsatzoptionen, rechtliche Handlungsspielräume, Band 1, 2011, S. 95.

604 *C. Hoffmann u. a.*, Der *E-POSTBRIEF* in der öffentlichen Verwaltung – Chancen, Einsatzoptionen, rechtliche Handlungsspielräume, Band 1, 2011, S. 66 ff.; *Holznagel/Ricke*, in: Spindler/Schuster (Hrsg.), Recht der elektronischen Medien, 2. Aufl. 2011, § 1 TMG Rn. 7.

605 *Skrobotz*, in: Manssen (Hrsg.), Telekommunikations- und Multimediarecht, Band 2, Stand: 33. Erg.-Lfg. 2013, K § 1 De-Mail-G Rn. 62.

606 *Werner/Wegener*, CR 2009, 310 (312).

lediglich das jeweilige Schutzniveau[607]. Dies verdeutlicht auch ein Beispiel aus der analogen Welt: Postdienstleister als Anbieter eines klassischen Zugangs liefern nämlich Postsendungen analog ebenfalls mit unterschiedlichen Sicherheitsmerkmalen aus. So besteht die Möglichkeit, eine Postkarte (Inhalt ist einsehbar), einen einfachen Brief (Inhalt ist nicht einsehbar) oder ein Einschreiben (die Sendung ist nicht einsehbar; zusätzlich wird die Zustellung der Sendung bescheinigt) zu schicken. Auch Pakete können versichert oder unversichert versendet werden. Durch diese Produktunterschiede bleibt der jeweilige Anbieter immer noch ein Postdienstleister und nicht etwa ein „Postkarten- oder Einschreibenversender".

Das De-Mail-G setzt zudem lediglich einen Standard fest und schafft deshalb nicht unbedingt eine besondere Berufsgruppe.

Wie bereits erörtert, können Diensteanbieter Dienste mit vergleichbarer Sicherheit und Nachweisbarkeit anbieten[608], müssen aber dann auf bestimmte Privilegien, die De-Mail-Diensteanbietern vorbehalten sind, verzichten[609].

Hinzu kommt der tatsächliche Umstand, dass bisher nur Anbieter von E-Mail-Diensten auch De-Mail-Dienste anbieten[610].

Entscheidend muss nach der Berufsbildlehre des BVerfG[611] letztlich sein, ob das Anbieten von De-Mail-Diensten einen eigenständigen Beruf oder lediglich eine bloße Berufsmodalität darstellt[612]. Eine Erweiterung der Ausübung soll grundsätzlich nur die Berufsausübung betreffen[613]. Als Beispiele für bloße Berufsmodalitäten werden der Kassenarzt[614], die Zulassung zur technischen Überwachung[615] und der Sachverständige nach der Gewerbeordnung (GewO)[616] genannt[617]. Gleiches gilt für einen Aufstieg, wenn die neue Position nicht ein eigenes, sie prägendes Berufsbild hat[618]. Wie bereits dargelegt, unterscheiden sich De-Mail und die herkömmliche

---

607 *C. Hoffmann u. a.*, Der *E-POSTBRIEF* in der öffentlichen Verwaltung – Chancen, Einsatzoptionen, rechtliche Handlungsspielräume, Band 1, 2011, S. 95.

608 BT-Drs. 17/3630, S. 20; *Skrobotz*, in: Manssen (Hrsg.), Telekommunikations- und Multimediarecht, Band 2, Stand: 33. Erg.-Lfg. 2013, K § 1 De-Mail-G Rn. 70.

609 *Schumacher*, DuD 5/2010, 302 (302).

610 Siehe zum aktuellen Stand der akkreditierten Unternehmen bereits Fn. 265.

611 Siehe hierzu ausführlich *Scholz*, in: Maunz/Dürig, Grundgesetz, Band II, Stand: 69. Erg.-Lfg. 2013, Art. 12 Rn. 280.

612 *Jarass*, in: ders./Pieroth, GG, 12. Aufl. 2012, Art. 12 Rn. 39.

613 *Jarass*, in: ders./Pieroth, GG, 12. Aufl. 2012, Art. 12 Rn. 39; *Scholz*, in: Maunz/Dürig, Grundgesetz, Band II, Stand: 69. Erg.-Lfg. 2013, Art. 12 Rn. 277; BVerfGE 68, 272 (281 f.); 9, 73 (78 f.); 11, 30 (41); 16, 286 (296); 16, 147 (163); 48, 376 (388); 50, 265 (274).

614 *Jarass*, in: ders./Pieroth, GG, 12. Aufl. 2012, Art. 12 Rn. 39; *Scholz*, in: Maunz/Dürig, Grundgesetz, Band II, Stand: 69. Erg.-Lfg. 2013, Art. 12 Rn. 279; *Mann*, in: Sachs (Hrsg.), GG, 6. Aufl. 2011, Art. 12 Rn. 85; BVerfGE 11, 30 (41).

615 *Jarass*, in: ders./Pieroth, GG, 12. Aufl. 2012, Art. 12 Rn. 39; BVerfGE 68, 272 (281 f.).

616 *Jarass*, in: ders./Pieroth, GG, 12. Aufl. 2012, Art. 12 Rn. 39; BVerfGE 86, 28 (38).

617 *Jarass*, in: ders./Pieroth, GG, 12. Aufl. 2012, Art. 12 Rn. 39.

618 *Jarass*, in: ders./Pieroth, GG, 12. Aufl. 2012, Art. 12 Rn. 39; BSGE 58, 291 (301 f.).

E-Mail im Wesentlichen nur hinsichtlich des Sicherheitsniveaus, sowohl bzgl. der Identität des Absenders als auch der Integrität sowie der Vertraulichkeit der Nachricht. Die Tätigkeit als De-Mail-Anbieter kann somit als qualifizierte Tätigkeit eines E-Mail-Diensteanbieters angesehen werden bzw. grundsätzlich als Anbieter von elektronischen Kommunikationsmöglichkeiten.

Allerdings soll dann, wenn eine spezielle Berufsausbildung vorgesehen ist, keine bloße Berufsmodalität vorliegen[619]. Hier könnte man auf die Akkreditierung als spezielle Ausbildung abstellen. Bei der Akkreditierung handelt es sich jedoch nicht um eine spezielle Ausbildung, an deren Ende der Erwerb eines bestimmten Berufsabschlusses steht, sondern um eine Prüfung von Voraussetzungen, die über die Zulassung als De-Mail-Anbieter entscheidet. Damit knüpft die Akkreditierung zwar an subjektive Merkmale, wie es auch bei einer subjektiven Berufszulassungsregelung der Fall ist, an, eine Ausbildung ist jedoch im Gegensatz zu einer bloßen Prüfung von Voraussetzungen, wie sie eine Akkreditierung darstellt, ein Vorgang des Erlernens eines Berufs und nicht eine Feststellung von tatsächlich vorliegenden Voraussetzungen. Eine solche stellt zwar ggf. eine Abschlussprüfung dar, dieser geht aber immer auch ein Zeitraum des Vorbereitens bzw. des Lernens im Hinblick auf die spätere Berufsausübung voraus. Insoweit geht der Vergleich fehl. Ist eine spezielle Berufsausbildung vorhanden, kann der Ausgebildete am Ende i. d. R. nur diesen speziellen Beruf ausüben. Hierin liegt der Sinn dieses Rückgriffs. Es kann eine Abgrenzung nach speziellen Berufsbildern vorgenommen werden. Ein De-Mail-Anbieter kann hingegen auch E-Mail-Dienste oder andere Kommunikationsdienste anbieten, wenn er hierbei die Vorschriften des De-Mail-G beachtet. Spezielle Ausbildungen bestehen für diese Tätigkeiten jedoch nicht. Vielmehr müssen ähnliche Voraussetzungen erfüllt werden.

Einen eigenständigen Beruf hat das BVerfG aber auch dann angenommen, wenn für die Tätigkeit, wie es bei den De-Mail-Anbietern durch die erforderliche Akkreditierung der Fall ist, die Erfüllung besonderer Voraussetzungen erforderlich ist, in denen die Anerkennung der Statuierung eines speziellen Berufs zu erkennen ist[620]. Dem kann jedoch nicht vollumfänglich zugestimmt werden, da sich die maßgebende Funktion der Tätigkeit unter Umständen, was entscheidend sein dürfte, gar nicht ändert[621], was aus den bereits genannten Gründen bei den De-Mail-Anbietern der Fall ist.

Das De-Mail-G eröffnet mit der Akkreditierung folglich nur zusätzliche Optionen sowohl für Anbieter elektronischer Kommunikationsangebote, bspw. die einfache E-Mail, als auch für Anbieter bereits rechtssicherer elektronischer Angebote, bspw.

---

619 *Jarass*, in: ders./Pieroth, GG, 12. Aufl. 2012, Art. 12 Rn. 39; *Scholz*, in: Maunz/Dürig, Grundgesetz, Band II, Stand: 69. Erg.-Lfg. 2013, Art. 12 Rn. 279; *Mann*, in: Sachs (Hrsg.), GG, 6. Aufl. 2011, Art. 12 Rn. 85; BVerfGE 119, 59 (78 f.).

620 BVerfGE 9, 39 ff.

621 So auch *Scholz*, in: Maunz/Dürig, Grundgesetz, Band II, Stand: 69. Erg.-Lfg. 2013, Art. 12 Rn. 279.

der E-Postbrief der Deutschen Post AG. Mit der Aufwertung der De-Mail ist nicht unbedingt eine Abwertung der bestehenden Kommunikationsformen verbunden[622]. Dem kann jedoch entgegnet werden, dass De-Mail und E-Mail sich eben vom Zweck her unterscheiden wie bspw. Brief und Postkarte, nämlich durch ein unterschiedliches Sicherheitsniveau. Der Unterschied zwischen akkreditierten und nicht akkreditierten Anbietern sicherer elektronischer Kommunikation liegt allein in dem Gütesiegel, das durch die Akkreditierung vergeben wird, also in der Überprüfung der Sicherheit. Unter Umständen kann und wird das bestehende Sicherheitsniveau jedoch gleich sein. Deshalb geht der Vergleich mit der einfachen E-Mail hier fehl.

Im Ergebnis ist deshalb entgegen der Ansicht des Gesetzgebers die Tätigkeit als De-Mail-Anbieter nicht als eigenständiger Beruf im Vergleich zu anderen Anbietern elektronischer Zugangsformen anzusehen, zumal die vom Gesetzgeber in der Gesetzesbegründung an selber Stelle besonders betonte Freiwilligkeit der Akkreditierung[623] dieser Schlussfolgerung widerspricht.

(b) Zwischenergebnis

Aufgrund der Regelung der Akkreditierung ergibt sich folglich nicht dadurch eine Berufszulassungsregelung, dass diese den Zugang zum Beruf des De-Mail-Anbieters beschränkt, da dieser nicht als eigenständiger Beruf, sondern als Berufsmodalität anzusehen ist.

Da keine Berufszulassungsregelung vorliegt, bleibt zu prüfen, inwieweit die Akkreditierung nach § 17 De-Mail-G in die Berufsausübungsfreiheit eingreifen könnte.

(2) Freiwilligkeit der De-Mail-Akkreditierung nach § 17 De-Mail-G als Ausschlussgrund für einen Grundrechtseingriff?

In diesem Zusammenhang ist entscheidend, ob die De-Mail-Akkreditierung freiwillig oder zwingend zu erfolgen hat, um sichere elektronische Zugangsformen anzubieten, die den Produkten nach dem De-Mail-Standard entsprechen. Ob die De-Mail-Akkreditierung zwingend ist oder freiwillig erfolgen kann, ist in der dazu bereits vorhandenen Literatur umstritten.

Ein Teil der Literatur[624] nimmt an, dass die Akkreditierung zwingend zu erfolgen hat. Dies wird damit begründet, dass sich praktisch alle Regelungen des De-Mail-G ausschließlich auf akkreditierte De-Mail-Anbieter beziehen[625]. Außerdem wird die

---

622 *Skrobotz*, in: Manssen (Hrsg.), Telekommunikations- und Multimediarecht, Band 2, Stand: 33. Erg.-Lfg. 2013, K § 1 De-Mail-G Rn. 87.

623 BT-Drs. 17/3630, S. 20.

624 *Werner/Wegener*, CR 2009, 310 (314); so wohl auch *Warnecke*, Rechtsfragen der staatlichen Regulierung der Identitätsmanagement-Anbieter, in: Schliesky (Hrsg.), Technikgestütztes Identitätsmanagement, Rechtsfragen und Lösungsvorschläge dargestellt am Beispiel der De-Mail und elektronischer Dokumentensafes, 2010, S. 225 (234), der lediglich eine mittelbare Verpflichtung zur Akkreditierung annimmt.

625 So schon zum Bürgerportalgesetz *Werner/Wegener*, CR 2009, 310 (314).

De-Mail-Akkreditierung nach § 17 De-Mail-G im Gegensatz zur Akkreditierung nach § 15 SigG im Gesetz nicht ausdrücklich als freiwillig bezeichnet, sondern für den De-Mail-Standard bzw. die Erbringung von De-Mail-Diensten gerade vorausgesetzt. Wie bereits erörtert, unterscheiden sich die freiwillige Akkreditierung nach dem SigG und die Akkreditierung nach dem De-Mail-G auch dadurch, dass die Akkreditierung Voraussetzung dafür ist, De-Mail-Dienste nach dem De-Mail-G anzubieten, während akkreditierte und nicht akkreditierte Anbieter nach dem SigG die gleichen Produkte anbieten können und diese auch die gleiche Bezeichnung tragen, bspw. die qeS. Die Akkreditierung nach § 15 SigG stellt somit ein reines Gütezeichen dar.

Der andere Teil der Literatur sowie der Gesetzgeber halten die Akkreditierung hingegen für freiwillig[626].

Für eine Freiwilligkeit spricht entscheidend, dass nach der Gesetzesbegründung zum De-Mail-G ausdrücklich auch andere gleichgelagerte Produkte ohne Akkreditierung weiterhin angeboten werden können[627]. Die Gegenmeinung verkennt hier, dass die Tatsache, dass das De-Mail-G nicht auf nicht akkreditierte Diensteanbieter anwendbar ist, nicht bedeuten muss, dass keine vergleichbaren Dienste angeboten werden können. Dieser Umstand war zwar für die Frage, ob die Tätigkeit als De-Mail-Anbieter einen eigenständigen Beruf darstellt, von Bedeutung. Für die Freiwilligkeit ist jedoch lediglich entscheidend, ob gleichwertige Dienste auch ohne Akkreditierung angeboten werden können. Die Akkreditierung soll lediglich als Qualitätssiegel bzw. Instrument dienen, um Vertrauen in den elektronischen Rechtsverkehr zu schaffen und diesem zur Durchsetzung und Verbreitung zu verhelfen[628]. Sie soll keine Voraussetzung sein, um De-Mail-Diensten vergleichbare Dienste am Markt anbieten zu dürfen, sondern lediglich eine Bestätigung, dass eine bestimmte geprüfte Vertrauenswürdigkeit der Dienste vorliegt. Diese Formulierung ist zwar misslich gewählt, da eine Akkreditierung sehr wohl erforderlich ist, um rechtmäßig De-Mail-Dienste auch unter diesem Namen anbieten zu können. Vom Sinn und Zweck dieser Aussage her soll jedoch damit lediglich betont werden, dass gleichgelagerte Dienste grundsätzlich auch ohne das Qualitätssiegel und ohne die Bezeichnung „De-Mail" angeboten werden können.

Letztlich ist auch, um die gebotene Zulassungsfreiheit von Diensten der Informationsgesellschaft aufgrund von § 4 Telekommunikationsgesetz (TMG) (Art. 4

---

626 So *Roßnagel*, CR 2011, 23 (25); *Schumacher*, DuD 2010, 302 (302); *C. Hoffmann*, Verfassungsrechtliche Rahmenbedingungen I: Grundrechte der Betroffenen, in: Schliesky (Hrsg.), Technikgestütztes Identitätsmanagement, Rechtsfragen und Lösungsvorschläge dargestellt am Beispiel der De-Mail und elektronischer Dokumentensafes, 2010, S. 117 (131); *Knopp/Wilke/Hornung/Laue*, MMR 2008, 723 (727); so wohl auch *Skrobotz*, in: Manssen (Hrsg.), Telekommunikations- und Multimediarecht, Band 2, Stand: 33. Erg.-Lfg. 2013, K § 1 De-Mail-G Rn. 87.

627 BT-Drs. 17/3630, S. 20.

628 BT-Drs. 17/3630, S. 19, 37.

Abs. 1 E-Commerce-Richtlinie[629]) zu erreichen, eine freiwillige Akkreditierung wahrscheinlich sogar erforderlich[630]. Da zu dieser Zulassungsfreiheit auch ein Verzicht auf ein vorgeschaltetes behördliches Kontrollverfahren gehört[631].

Deshalb ist davon auszugehen, dass die De-Mail-Akkreditierung freiwillig erfolgt[632].

Fraglich ist, ob auch durch eine zumindest rechtlich freiwillige Akkreditierung ein Eingriff in die Berufsausübungsfreiheit vorliegen kann oder ob in diesem Fall ein Eingriff gänzlich ausgeschlossen ist. Ein Zwang zur Akkreditierung, durch den in die Berufsausübungsfreiheit der nicht akkreditierten Diensteanbieter eingegriffen wird, kann im Falle einer freiwilligen Akkreditierung nur vermittelt über den Markt entstehen.

Freiwillige Akkreditierungen sind dadurch gekennzeichnet, dass keine rechtliche Verpflichtung zur Durchführung der Akkreditierung besteht. Weder der Zugang zum Markt noch die freie Ausgestaltung der Betriebsorganisation werden bei einem Verzicht auf die Durchführung der Akkreditierung rechtlich unmöglich gemacht. Rein rechtlich gesehen, besteht folglich eine Entscheidungsfreiheit[633].

Fraglich ist jedoch, ob diese rechtliche Entscheidungsfreiheit schon einen Ausschlussgrund für einen Grundrechtseingriff darstellt. Grundsätzlich gilt, dass nicht in jeder staatlichen Einflussnahme, die tatsächlich lenkende Wirkung hat, auch ein Eingriff liegen muss[634]. Dies gilt bspw. für die staatliche Informationstätigkeit durch Warnungen oder Empfehlungen[635]. Unzweifelhaft sei bei diesem Handeln ein gewisser Einfluss vorhanden, die Entscheidung als solche bliebe jedoch grundsätzlich den Verbrauchern überlassen, wenn kein zusätzlicher Druck auf die Entscheidung ausgeübt wird[636]. Dieser Umstand soll aber zugleich auch die Grenze markieren, bei deren Überschreiten ein Eingriff unzweifelhaft vorliege. Werde unmittelbar oder mittelbar, bspw. indem gesetzlich ökonomische Vor- oder Nachteile

629 Richtlinie 2000/31/EG des Europäischen Parlaments und des Rates v. 08. 06. 2000.

630 *Knopp/Wilke/Hornung/Laue*, MMR 2008, 723 (727); *Werner/Wegener*, CR 2009, 310 (314).

631 *Heckmann*, in: ders. (Hrsg.), jurisPK-Internetrecht, 3. Aufl. 2011, Kapitel 1: TMG Rn. 221.

632 So auch *Försterling*, MMR 2013, 653 (655).

633 So *Bieback*, Zertifizierung und Akkreditierung, Das Zusammenwirken staatlicher und nichtstaatlicher Akteure in gestuften Prüfsystemen, 2008, S. 414; *Voßkuhle*, Strukturen und Bauformen neuer Verwaltungsverfahren, in: Hoffmann-Riem/Schmidt-Aßmann (Hrsg.), Verwaltungsverfahren und Verwaltungsverfahrensgesetz, 2002, S. 277 (327).

634 *Bieback*, Zertifizierung und Akkreditierung, Das Zusammenwirken staatlicher und nichtstaatlicher Akteure in gestuften Prüfsystemen, 2008, S. 414; *Finckh*, Regulierte Selbstregulierung im Dualen System, 1998, S. 188, 196.

635 *Bieback*, Zertifizierung und Akkreditierung, Das Zusammenwirken staatlicher und nichtstaatlicher Akteure in gestuften Prüfsystemen, 2008, S. 414.

636 *Bieback*, Zertifizierung und Akkreditierung, Das Zusammenwirken staatlicher und nichtstaatlicher Akteure in gestuften Prüfsystemen, 2008, S. 414.

bzw. Anreize vorgesehen sind, durch die Schaffung von Wettbewerbsvor- oder -nachteilen auf die Entscheidungsfreiheit eingewirkt und Druck in Richtung einer Akkreditierungsentscheidung ausgeübt, dann könne allein das Fehlen eines rechtlichen Zwangs durch eine im Grunde freiwillige Akkreditierung nicht zum Eingriffsausschluss führen[637]. Dem Staat dürfe eine „Flucht in die indirekte Steuerung des Marktes“ ohne imperative Ge- oder Verbote, aber unter Umständen mit den gleichen Grundrechtsbeeinträchtigungen, nicht möglich sein[638]. Ein Eingriff müsse deshalb jedenfalls dann angenommen werden, wenn sich dieser Druck – vermittelt durch den Markt – zu einem faktischen Zwang verdichte, also im Gegensatz zu einer rechtlichen keine tatsächliche Entscheidungsfreiheit mehr bestehe[639]. Vergleichbar mit dieser Zwangswirkung realisierten sich auch imperative Ge- oder Verbote meist über den Zwang bzw. den Druck, diese aus Angst vor Nachteilen durch Sanktionen zu befolgen, und nicht durch die Zwangsdurchsetzung dieser[640]. Durch die bei einem Dritten, also den Verbrauchern, verbleibende Entscheidungsfreiheit könne sich der Staat nicht seiner Verantwortung zur Rechtfertigung entledigen[641]. Eine ungewollte Auslösung von grundrechtsbeeinträchtigenden Folgen könne deshalb nur bei ganz ungewöhnlichen Reaktionen angenommen werden[642]. Aber auch unterhalb dieser Schwelle soll ein Eingriff nicht ausgeschlossen sein[643]. Dies gilt bspw., wenn der Staat das grundrechtlich geschützte Verhalten durch positive oder negative Reize bzw. Vor- und Nachteile und Verhaltenslenkung in eine Richtung beeinflussen wolle und die Entscheidung in tatsächlicher Hinsicht nicht mehr frei sei[644]. Dies müsse jedenfalls dann gelten, wenn der Staat das

---

637 *Bieback*, Zertifizierung und Akkreditierung, Das Zusammenwirken staatlicher und nichtstaatlicher Akteure in gestuften Prüfsystemen, 2008, S. 414; *Friauf*, DVBl 1971, 674 (679 ff.).

638 *Finckh*, Regulierte Selbstregulierung im Dualen System, 1998, S. 199.

639 *Voßkuhle*, Strukturen und Bauformen neuer Verwaltungsverfahren, in: Hoffmann-Riem/Schmidt-Aßmann (Hrsg.), Verwaltungsverfahren und Verwaltungsverfahrensgesetz, 2002, S. 277 (327); *Finckh*, Regulierte Selbstregulierung im Dualen System, 1998, S. 204.

640 *Bieback*, Zertifizierung und Akkreditierung, Das Zusammenwirken staatlicher und nichtstaatlicher Akteure in gestuften Prüfsystemen, 2008, S. 415; *Finckh*, Regulierte Selbstregulierung im Dualen System, 1998, S. 204.

641 *Sachs*, in: ders. (Hrsg.), GG, 6. Aufl. 2011, Vor Art. 1 Rn. 90.

642 *Sachs*, in: ders. (Hrsg.), GG, 6. Aufl. 2011, Vor Art. 1 Rn. 90.

643 *Bieback*, Zertifizierung und Akkreditierung, Das Zusammenwirken staatlicher und nichtstaatlicher Akteure in gestuften Prüfsystemen, 2008, S. 415; *Finckh*, Regulierte Selbstregulierung im Dualen System, 1998, S. 204.

644 *Bieback*, Zertifizierung und Akkreditierung, Das Zusammenwirken staatlicher und nichtstaatlicher Akteure in gestuften Prüfsystemen, 2008, S. 415; *Voßkuhle*, Strukturen und Bauformen neuer Verwaltungsverfahren, in: Hoffmann-Riem/Schmidt-Aßmann (Hrsg.), Verwaltungsverfahren und Verwaltungsverfahrensgesetz, 2002, S. 277 (327); *Finckh*, Regulierte Selbstregulierung im Dualen System, 1998, S. 205 f., 210.

Drittverhalten gezielt, also bewusst und gewollt, lenke[645]. Zwar entständen die entscheidenden Marktnachteile i. d. R. erst vermittelt durch den Markt, also durch die grundsätzlich freie Entscheidung des Verbrauchers. Dieses Verhalten müsse der Staat jedoch verantworten, wenn der Bürger aus vernünftigen Erwägungen handele und er sich aufgrund des staatlichen Verhaltens zu dieser Reaktion veranlasst fühle[646]. Folgt ein Grundrechtsträger dem Anreiz eines ökonomischen Lenkungsinstruments, seien die Auswirkungen dieser vermeintlich freiwilligen Entscheidung mit dem Vermeiden etwa einer Geldbuße vergleichbar[647]. Darüber hinaus nutze der Staat bspw. auch bei der Vergabe von Gütesiegeln seine übergeordnete Stellung aus, um seiner Ansicht Nachdruck zu verleihen, was ebenfalls vergleichbar mit der übergeordneten Stellung des Staates bei der Aussprache von Ge- und Verboten ist. Im Ergebnis mache es deshalb keinen Unterschied, ob ein Grundrechtsträger aufgrund eines gesetzlichen Verbots nicht entsprechend handeln dürfe oder aufgrund der interventionistischen Wirkungen mittelbar-faktischen Staatshandelns faktisch nicht handeln könne. In beiden Situationen müsse er dem staatlichen Lenkungsimpuls nachgeben[648].

Die Freiwilligkeit der Akkreditierung nach § 17 De-Mail-G stellt folglich keinen generellen Ausschlussgrund für einen Grundrechtseingriff dar.

(3) Erforderlichkeit der Einschränkung des modernen Eingriffsbegriffs

Durch die weite Definition des modernen Eingriffsbegriffs, der hier aus den bereits genannten Gründen anzuwenden ist, können nahezu alle Grundrechtsbeeinträchtigungen auch als Grundrechtseingriff qualifiziert werden. Deshalb besteht allgemein Einigkeit darüber, dass gewisse Einschränkungen des modernen Eingriffsbegriffs vorzunehmen sind[649]. Dies wird u. a. damit begründet, dass ohne eine Beschränkung des modernen Eingriffsbegriffs auch unüberschaubare Folgen als Eingriffe gelten. Dies könnte zu nachteiligen Wirkungen für die Rechtssicherheit führen und das staatliche Handeln beeinträchtigen bzw. sogar lähmen[650].

(a) Maßgebliche Kriterien

Eine einheitliche Lösung hinsichtlich der für eine Einschränkung heranzuziehenden Kriterien hat sich bisher jedoch nicht herausgebildet, sodass die gewählten Kriterien

---

645 *Sachs*, in: ders. (Hrsg.), GG, 6. Aufl. 2011, Vor Art. 1 Rn. 89.

646 *Akbarian*, Die Zertifizierung zum Entsorgungsfachbetrieb nach § 52 KrW-/AbfG, 2001, S. 222 f.

647 *Finckh*, Regulierte Selbstregulierung im Dualen System, 1998, S. 204.

648 *Friauf*, DVBl 1971, 674 (680).

649 *Bieback*, Zertifizierung und Akkreditierung, Das Zusammenwirken staatlicher und nichtstaatlicher Akteure in gestuften Prüfsystemen, 2008, S. 413.

650 Siehe zu diesen Bedenken umfassend *Finckh*, Regulierte Selbstregulierung im Dualen System, 1998, S. 187 ff.

innerhalb der zahlreichen Einzelmeinungen stark divergieren[651]. Die Diskussion wurde sogar bereits 1995 als „dogmatisches Chaos“[652] bezeichnet[653] und ist bisweilen immer noch nicht abgeschlossen[654].

Eine weitere Einzelmeinung würde hier deshalb nicht zu einem wissenschaftlichen Gewinn führen, zumal die zugrundeliegende Fragestellung nicht im Vordergrund der vorliegenden Untersuchung stehen soll. Aufgrund dessen wird an dieser Stelle nicht näher auf die allgemeine Frage nach den einzelnen anzuwenden Kriterien zur Einschränkung des modernen Eingriffsbegriffs eingegangen werden[655], sondern es sollen stattdessen die speziell für eine Akkreditierung als zweckmäßig erachteten Kriterien angewendet werden.

Bei der Einschränkung des modernen Eingriffsbegriffs erneut auf die Kriterien des klassischen Eingriffsbegriffs zurückzugreifen, würde indes wieder den Grundrechtsschutz verkürzen, der gerade durch die Erweiterung hin zum modernen Eingriffsbegriff umfassend gewährleistet werden soll. Insbesondere das Kriterium der Finalität kann nicht ausschlaggebend sein, da der Staat so durch seine eigene Zwecksetzung eine unter Umständen erforderliche Rechtfertigung für einen Eingriff mit möglicherweise gleicher Eingriffsintensität umgehen könnte[656].

Auch eine Anwendung der Kriterien in einer abgeschwächten Version führt nicht zu einem dogmatisch sauberen Ergebnis, da hierdurch die Kriterien nicht mehr mit dem, was im allgemeinen Sprachgebrauch darunter verstanden wird, übereinstimmen[657], was wiederum zu einem unterschiedlichen und unübersichtlichen Verständnis der Kriterien führen könnte. Deshalb sollten, auch wenn einzelne Elemente des klassischen Eingriffsbegriffs in den zugrunde gelegten Kriterien enthalten sind, neue Bezeichnungen hierfür gefunden werden, um Missverständnisse und Unüberschaubarkeiten zu vermeiden.

---

651 *Odewald*, Faktische und mittelbare Eingriffe in die Wettbewerbsfreiheit, 2011, S. 65 ff.; *Pieroth/Schlink/Kingreen/Poscher*, Grundrechte, Staatsrecht II, 29. Aufl. 2013, Rn. 256 f.; *Schliesky*, Öffentliches Wettbewerbsrecht, 1997, S. 203; *Michael/Morlok*, Grundrechte, 3. Aufl. 2012, Rn. 495. Siehe hierzu auch *Sachs*, in: ders. (Hrsg.), GG, 6. Aufl. 2011, Vor Art. 1 Rn. 85, m. w. N.

652 So bereits 1995 *Schulte*, Schlichtes Verwaltungshandeln, 1995, S. 88.

653 *Michael/Morlok*, Grundrechte, 3. Aufl. 2012, Rn. 495.

654 *Finckh*, Regulierte Selbstregulierung im Dualen System, 1998, S. 189.

655 Siehe hierzu den Überblick bei *Odewald*, Faktische und mittelbare Eingriffe in die Wettbewerbsfreiheit, 2011, S. 65 ff.; *Finckh*, Regulierte Selbstregulierung im Dualen System, 1998, S. 187 ff.; *Schliesky*, Öffentliches Wettbewerbsrecht, 1997, S. 203 ff.

656 *Finckh*, Regulierte Selbstregulierung im Dualen System, 1998, S. 189 f.

657 Siehe hierzu bspw. *Finckh*, Regulierte Selbstregulierung im Dualen System, 1998, S. 190 f., zur Einschränkung nach dem Kriterium der Unmittelbarkeit, das in einem Sinne verwendet wird, der dem Sprachgebrauch kaum noch entspreche.

Für Akkreditierungen lassen sich grundsätzlich zwei Zielrichtungen des Einschränkungsbedürfnisses ausmachen[658].

Zum einen wird eine Einschränkung nach dem Kriterium der grundrechtsspezifischen Beeinträchtigung vorgenommen. Das Grundrecht soll folglich nur vor einer Beeinträchtigung schützen, die der Zielrichtung des betroffenen Grundrechts zuwiderläuft[659]. Hierfür sprechen der enge Zusammenhang zwischen Schutzbereich und Eingriff und die durch dieses Kriterium erfolgende Zurechnung des allgemeinen Lebensrisikos an den Grundrechtsträger[660].

Zum anderen wird auf die Zurechenbarkeit der Grundrechtsbeeinträchtigung zu einem Verhalten der öffentlichen Hand abgestellt[661].

Als allgemeine Voraussetzung jeden Grundrechtseingriffs ist hinsichtlich der Intensität einer Grundrechtsbeeinträchtigung grundsätzlich das Überschreiten einer Geringsfügigkeits- bzw. Bagatellgrenze zu fordern[662], die Beeinträchtigungen durch alltägliche Lästigkeiten und subjektive Empfindlichkeiten vom Eingriffsbegriff

---

658 So *Bieback*, Zertifizierung und Akkreditierung, Das Zusammenwirken staatlicher und nichtstaatlicher Akteure in gestuften Prüfsystemen, 2008, S. 413. Im Ergebnis auch *Akbarian*, Die Zertifizierung zum Entsorgungsfachbetrieb nach § 52 KrW-/AbfG, 2001, S. 14 ff., indem dieser das Finalitätskriterium im Sinne einer weiterreichenden Kausalität weit fasst, und *Schliesky*, der zusätzlich eine Mindestintensität i. S. einer Bagatellgrenze fordert, Öffentliches Wettbewerbsrecht, 1997, S. 213 f.

659 *Bieback*, Zertifizierung und Akkreditierung, Das Zusammenwirken staatlicher und nichtstaatlicher Akteure in gestuften Prüfsystemen, 2008, S. 413; BVerwGE 71, 183 (192, 193 f.); *Finckh*, Regulierte Selbstregulierung im Dualen System, 1998, S. 208, 206 ff.; *Schliesky*, Öffentliches Wettbewerbsrecht, 1997, S. 213; *Akbarian*, Die Zertifizierung zum Entsorgungsfachbetrieb nach § 52 KrW-/AbfG, 2001, S. 216; *Sachs*, in: ders. (Hrsg.), GG, 6. Aufl. 2011, Vor Art. 1 Rn. 85; *Friauf*, DVBl 1971, 674 (682).

660 *Finckh*, Regulierte Selbstregulierung im Dualen System, 1998, S. 192 f.

661 *Bieback*, Zertifizierung und Akkreditierung, Das Zusammenwirken staatlicher und nichtstaatlicher Akteure in gestuften Prüfsystemen, 2008, S. 413; BVerfGE 66, 39 (60); *Roth*, Faktische Eingriffe in Freiheit und Eigentum, 1994, S. 129 ff.; *Schliesky*, Öffentliches Wettbewerbsrecht, 1997, S. 213; im Sinne einer Kausalität *Sachs*, in: ders. (Hrsg.), GG, 6. Aufl. 2011, Vor Art. 1 Rn. 83; zu den Unionsgrundrechten *Schmidt-Preuß*, Umweltschutz ohne Zwang – das Beispiel des Öko-Audit, in: Ziemske u. a. (Hrsg.), Festschrift Kriele zum 65. Geburtstag, 1997, S. 1169. So im Grunde auch *Akbarian*, Die Zertifizierung zum Entsorgungsfachbetrieb nach § 52 KrW-/AbfG, 2001, S. 215 f., der den Begriff der Finalität hierzu weit versteht und auch voraussehbare Folgen mit einbezieht. *Friauf*, DVBl 1971, 674 (682), stellt auf einen intentional lenkenden Einfluss des Staates ab.

662 So *Schliesky*, Öffentliches Wettbewerbsrecht, 1997, S. 213; *Pieroth/Schlink/Kingreen/Poscher*, Grundrechte, Staatsrecht II, 29. Aufl. 2013, Rn. 260 f.; *Finckh*, Regulierte Selbstregulierung im Dualen System, 1998, S. 191 f.

generell ausschließt[663], sowie allgemein als Mindestvoraussetzung anerkannt die grundsätzliche Kausalität des Staatshandelns[664].

Darüber hinausgehend sollten keine weiteren Einschränkungen des Eingriffsbegriffs vorgenommen werden, um den durch die Ablehnung des klassischen Eingriffsbegriffs gewonnenen Freiraum nicht erneut zu konterkarieren[665].

(b) Anwendung der Kriterien auf die De-Mail-Akkreditierung nach § 17 De-Mail-G

Entscheidend für einen Grundrechtseingriff sind hier deshalb nur die bereits genannten Kriterien der grundrechtsspezifischen Beeinträchtigung und der Zurechenbarkeit zu öffentlichem Handeln.

Eine grundrechtsspezifische Beeinträchtigung soll dann vorliegen, wenn eine Beeinträchtigung, also im vorliegenden Fall die Akkreditierung nach § 17 De-Mail-G, gerade der Zielrichtung des beeinträchtigten Grundrechts zuwiderläuft[666].

Staatliche Akkreditierungen und Zertifizierungen haben eine besondere Wirkung, da sie eine staatliche Anerkennung darstellen. Verbraucher schenken dieser staatlichen Überprüfung mehr Vertrauen als privaten Aussagen bzw. einer entsprechenden privaten Überprüfung[667]. Deshalb kann kein echter, gleichberechtigter Wettbewerb zwischen einem staatlich regulierten Akkreditierungs- oder Zertifizierungsverfahren und einem entsprechenden privaten entstehen. Es besteht folglich keine Freiheit zwischen privaten und staatlichen Nachweissystemen[668]. Ergeben sich diese Auswirkungen auf den Einzelnen nicht nur als Reflex einer die Rahmenbedingungen ändernden Maßnahme, sondern zielt diese gerade auf diese Auswirkungen ab, ist die Berufsfreiheit spezifisch betroffen. Es soll dann sogar eine objektiv berufsregelnde Tendenz vorliegen[669]. Denn „die staatliche Regelung eines Systems freiwilliger [Akkreditierung] ändert nicht lediglich die Rahmenbedingungen des Wettbewerbs. Sie will bewusst nachteilige Wirkungen für diejenigen schaffen, die sich nicht einer [Akkreditierung] unterziehen, um im Interesse von

663 *Pieroth/Schlink/Kingreen/Poscher*, Grundrechte, Staatsrecht II, 29. Aufl. 2013, Rn. 260 f.

664 *Sachs*, in: ders. (Hrsg.), GG, 6. Aufl. 2011, Vor Art. 1 Rn. 83 m. w. N.

665 *Schliesky*, Öffentliches Wettbewerbsrecht, 1997, S. 213 f.

666 *Bieback*, Zertifizierung und Akkreditierung, Das Zusammenwirken staatlicher und nichtstaatlicher Akteure in gestuften Prüfsystemen, 2008, S. 413; *Ramsauer*, Die faktischen Beeinträchtigungen des Eigentums, 1980, S. 176.

667 *Bieback*, Zertifizierung und Akkreditierung, Das Zusammenwirken staatlicher und nichtstaatlicher Akteure in gestuften Prüfsystemen, 2008, S. 415; *Akbarian*, Die Zertifizierung zum Entsorgungsfachbetrieb nach § 52 KrW-/AbfG, 2001, S. 222.

668 *Bieback*, Zertifizierung und Akkreditierung, Das Zusammenwirken staatlicher und nichtstaatlicher Akteure in gestuften Prüfsystemen, 2008, S. 415.

669 *Bieback*, Zertifizierung und Akkreditierung, Das Zusammenwirken staatlicher und nichtstaatlicher Akteure in gestuften Prüfsystemen, 2008, S. 416.

Verbraucher- und Umweltschutz möglichst viele Produkthersteller bzw. Organisationen zur Teilnahme an der [Akkreditierung] zu bewegen"[670].

Laut der Gesetzesbegründung sollen die Akkreditierung als Gütezeichen und die weiteren Kennzeichnungen, die einen akkreditierten Diensteanbieter als solchen kenntlich machen, die Verwendung von sicheren De-Mail-Diensten fördern[671]. Bestimmte Vorteile für De-Mail-Diensteanbieter und Anbieter ähnlicher Dienste sollen nur mit einer Akkreditierung möglich sein[672]. Der Gesetzgeber beabsichtigt folglich, die Verbraucher dahingehend zu beeinflussen, dass er die De-Mail-Dienste vermehrt nutzt, obwohl er anerkennt, dass es vergleichbar sichere nicht akkreditierte elektronische Zugangsformen gibt bzw. geben könnte. Aufgrund dieses Fürspruchs durch den Staat wird es für andere Anbieter sicherer elektronischer Zugangsformen schwierig sein, sich ohne eine Akkreditierung auf dem Markt behaupten zu können. Zwar werden Produkte mit anderen Sicherheitsniveaus, wie bspw. die herkömmliche E-Mail, weniger bzw. gar nicht von den grundrechtlichen Auswirkungen der Akkreditierung beeinflusst werden, da sie weiterhin angeboten werden können. Dies liegt aber daran, dass sie vom Produkt her nicht mit der De-Mail vergleichbar sind und somit nicht als Ersatz für diese dienen können. Entscheidender Unterschied zwischen De-Mail und E-Mail ist hier das Sicherheitsniveau durch den Schutz der Identität, der Integrität sowie der Vertraulichkeit der versendeten Nachrichten. Wer eine unwichtige Nachricht, die grundsätzlich auch keine Rechtswirkungen entfalten soll, versenden will, wird weiterhin die einfache E-Mail als Zugangsform nutzen, da die gebotenen Zusatzoptionen vom Zweck der Nachricht ausgehend nicht erforderlich sind, zumal die E-Mail im Gegensatz zur De-Mail und anderen sicheren elektronischen Zugangsformen generell kostenfrei angeboten wird. Dies ist in der analogen Welt vergleichbar mit dem Versenden einer Postkarte. Diese dient eben i. d. R. anderen Zwecken, nämlich den Daheimgebliebenen einen kleinen Eindruck und Grüße aus dem Urlaub zu übermitteln, und nicht wie ein Brief der sicher verschlossen Geschäftsgeheimnisse oder bspw. eine Kündigung enthält[673]. Diese unterschiedlichen Zwecksetzungen existieren bei der De-Mail und anderen sicheren elektronischen Zugangsformen jedoch gerade nicht. Sie sind beide darauf ausgerichtet, rechtssicher und vertraulich zu kommunizieren.

Erteilt der Staat nun akkreditierten De-Mail-Anbietern durch die Akkreditierung ein staatliches Gütezeichen und knüpft zudem weitere Rechtsfolgen bzw. -vorteile an die Akkreditierung, ist es zunächst sehr unwahrscheinlich, dass die Bürger ein Produkt nutzen, das nicht mit dem staatlichen Gütesiegel versehen ist, da der staatlichen Meinung, wie bereits dargelegt, ein hohes Vertrauen zukommt. Auch eine

670 *Bieback*, Zertifizierung und Akkreditierung, Das Zusammenwirken staatlicher und nichtstaatlicher Akteure in gestuften Prüfsystemen, 2008, S. 416 f.

671 BT-Drs. 17/3630, S. 37.

672 BT-Drs. 17/3630, S. 20.

673 Es gibt allerdings auch Postkarten, die rechtsverbindliche Erklärungen enthalten, bspw. bei der Meldung von Strom-Zählerständen oder der Rückschein bei einem Einschreiben, der dem Absender als Postkarte zugeht.

parallele Nutzung von De-Mail und anderen nicht akkreditierten sicheren elektronischen Zugangsformen durch die Bürger ist nicht zu erwarten, da hierfür einerseits mehrere Konten bzw. Accounts erforderlich sind, die i. d. R. getrennt gepflegt werden müssen, andererseits der Verbraucher nicht zwei gleichgelagerte Produkte nutzen wird, wenn beide die gleichen bzw. ein Produkt mehr Funktionen als das andere, in diesem Fall die Eigenschaft der staatlichen Prüfung, erfüllt. Zusätzlich kommt den nicht akkreditierten elektronischen Zugangsformen dadurch, dass sie nicht dieselben vorteilhaften Rechtswirkungen wie bspw. die Schriftformerfüllung oder Beweiswirkungen auslösen, nicht die gleiche Rechtsqualität zu. Durch die De-Mail sollen die Funktionsfähigkeit und Akzeptanz der elektronischen Kommunikation trotz steigender Internetkriminalität und wachsender Datenschutzprobleme erhalten und ausgebaut werden, um die notwendige zuverlässige und geschützte Infrastruktur, die die Vorteile der E-Mail mit Sicherheit und Datenschutz verbindet, zu schaffen. Durch die Akkreditierung will der Gesetzgeber dies umsetzen, indem er die Anforderungen an die Vertrauenswürdigkeit der Diensteanbieter und der De-Mail-Dienste regelt und den Nachweis ihrer Erfüllung ermöglicht[674]. Ein Aufbau einer solchen Infrastruktur macht nur Sinn, wenn möglichst viele Anbieter daran teilnehmen, was zwingend mit einer Akkreditierung verbunden ist. Dieser Aufbau sei nach Ansicht des Gesetzgebers auf die private Initiative der Diensteanbieter und das Vertrauen der Nutzer angewiesen. Um beides zu erleichtern, erachtet er es als erforderlich, einen verlässlichen Nachweis der überprüften Vertrauenswürdigkeit der angebotenen Dienste als Infrastrukturleistung des Staates durch die Akkreditierung nach § 17 De-Mail-G anzubieten. Entscheidende Voraussetzung für den Erfolg von De-Mail-Diensten sei das Vertrauen der Öffentlichkeit in ihre Vertrauenswürdigkeit. Notwendig sei es daher, dass Sicherheit und Datenschutz nicht nur behauptet, sondern nachgewiesen würden[675]. Wer die Verfügbarkeit, die Sicherheit und den Datenschutz seiner Dienste sowie ihr Zusammenwirken mit anderen De-Mail-Diensten überprüfen und bestätigen lassen möchte, könne die Akkreditierung und damit das staatliche Gütezeichen für vertrauenswürdige De-Mail-Dienste beantragen und mit diesem auf dem Markt um das Vertrauen seiner Kunden werben[676]. Der Gesetzgeber sieht die Akkreditierung deshalb als eine zentrale Voraussetzung für den sicheren Rechtsverkehr. Nur aufgrund der Akkreditierung lassen sich seiner Ansicht nach an die Nutzung von De-Mail-Diensten weitergehende Rechtsfolgen knüpfen (z. B. Ausstellung der Abholbestätigung des Versanddienstes nach § 5 Abs. 9 De-Mail-G in Verbindung mit § 5a VwZG)[677].

Die rechtssichere Kommunikation lebt jedoch gerade von dem Vertrauen und den an die Akkreditierung geknüpften Rechtsfolgen, also wesentlich von der Rechtswirksamkeit. Von dieser werden die nicht akkreditierten Anbieter durch die

674 BT-Drs. 17/3630, S. 1.
675 BT-Drs. 17/3630, S. 19.
676 BT-Drs. 17/3630, S. 37.
677 BT-Drs. 17/3630, S. 44.

Akkreditierung jedoch grundsätzlich schon im Vorhinein ausgeschlossen, wenn nicht eine technikneutrale Definition für solche Rechtswirkungen erfolgt, auch wenn sie die gleichen Sicherheitsstandards bieten können. Andere nicht akkreditierte sichere elektronische Zugangsformen bieten folglich ohne Akkreditierung aus Sicht des Verbrauchers fast keinen Mehrwert gegenüber weniger sicheren elektronischen Zugangsformen, sodass neben der staatlich geprüften De-Mail zusätzlich kein oder höchstens ein kleiner Markt für die Angebote von nicht akkreditierten Anbietern sicherer elektronischer Zugangsformen verbleiben wird. Ein echter Wettbewerb zwischen den Anbietern von vergleichbar sicheren Diensten kann so nicht stattfinden[678].

Die Entscheidung der Bürger ist auch nachvollziehbar, da sie sich bei anderen sicheren elektronischen Zugangsformen nach Ansicht des Staates, der die Akkreditierung selbst als erforderlich ansieht, nicht sicher sein können, ob die gewünschten Rechtswirkungen und Eigenschaften in ausreichendem Maße gewährleistet sind, was von den Entscheidungen von Gerichten und anderen öffentlichen Stellen abhängen kann. Dem Bürger ist hier nicht die Entscheidung zuzumuten, auf eine vermeintlich und auch in den Augen des Gesetzgebers „unsicherere" Zugangsform zurückzugreifen, wenn er rechtsverbindlich handeln will. Deshalb ist zwar die Entscheidung für die Akkreditierung rechtlich frei, es besteht aber vermittelt über den Markt ein faktischer Zwang, zwar nicht gegenüber signifikant weniger sicheren Zugangsformen wie der einfachen E-Mail, aber durchaus hinsichtlich der Anbieter sicherer elektronischer Zugangsformen. Die Berufsausübungsfreiheit umfasst jedoch auch die Entscheidung über die Qualität, nicht akkreditiert bzw. akkreditiert, ihrer angebotenen Produkte zu entscheiden[679] und ist deshalb durch die Regelung betroffen.

Eine grundrechtsspezifische Beeinträchtigung liegt somit vor.

Des Weiteren müsste eine Zurechenbarkeit zum Staat vorliegen[680]. Hierfür ist jedoch nicht jede Kausalität ausreichend. Insbesondere bei über den Markt vermittelten Beeinträchtigungen sind deshalb Einschränkungen geboten, da Veränderungen der Marktbedingungen zu einer Wettbewerbswirtschaft gehören[681].

Eine Zurechenbarkeit liegt jedoch dann vor, wenn die Beeinträchtigung gezielt beabsichtigt war. Auch eine Vermittlung des Nachteils über den Markt ist dann

---

678 *Heckmann*, E-Government-Gesetz und De-Mail: Eine europarechtliche brisante Mischung, Legal Tribune ONLINE, 15. 05. 2013, abrufbar unter www.lto.de/recht/hintergruende/h/e-government-de-mail-notifizierungspflicht/.

679 Vgl. *Akbarian*, Die Zertifizierung zum Entsorgungsfachbetrieb nach § 52 KrW-/AbfG, 2001, S. 222.

680 Siehe bereits Fn. 661.

681 *Bieback*, Zertifizierung und Akkreditierung, Das Zusammenwirken staatlicher und nichtstaatlicher Akteure in gestuften Prüfsystemen, 2008, S. 417.

unschädlich. Dies gebieten ein effektiver Grundrechtsschutz und der Schutz vor einer Umgehung durch den Staat[682].

Wie bereits festgestellt wurde, ist die Beeinträchtigung sehr wohl vom Staat beabsichtigt. Die Vermittlung des Nachteils über den Markt ist somit unerheblich.

Die berufliche Tätigkeit wird zwar nicht durch imperative Regelungen geregelt oder beeinträchtigt[683], da die Akkreditierung rechtlich freiwillig erfolgt, aufgrund des über den Markt vermittelten faktischen Zwangs ist die Beeinträchtigung der Berufsausübung dem Staat jedoch zurechenbar.

Folglich liegt auch die notwendige Kausalität vor. Auch von einer Unerheblichkeit des Eingriffs kann hier aufgrund des faktischen Zwangs zur Akkreditierung und der immensen Einschränkung des Marktes für nicht akkreditierte Anbieter sicherer elektronischer Zugangsformen nicht ausgegangen werden.

In der freiwilligen De-Mail-Akkreditierung nach § 17 De-Mail-G liegt somit zwar keine Berufszulassungsregelung, aber zumindest eine Berufsausübungsregelung durch den über den Markt vermittelten faktischen Druck zur Akkreditierung bzw. die Einschränkung der tatsächlichen Entscheidungsfreiheit hinsichtlich dieser[684]. Aus den dargelegten Gründen betrifft die Regelung auch nach Entstehungsgeschichte und Inhalt im Schwerpunkt Tätigkeiten, die typischerweise beruflich ausgeübt werden[685]. Eine objektiv berufsregelnde Tendenz liegt deshalb ebenfalls vor.

(4) Zwischenergebnis

Ein Eingriff in die Berufsausübungsfreiheit aus Art. 12 Abs. 1 Satz 1 GG liegt somit vor.

cc) Rechtfertigung

Der Eingriff, der aus der Beschränkung der De-Mail-Anbieter durch die freiwillige Akkreditierung resultiert, könnte jedoch gerechtfertigt sein.

(1) Gesetzesvorbehalt des Art. 12 Abs. 1 Satz 2 GG

Gem. Art. 12 Abs. 1 Satz 2 GG kann die Berufsausübung durch Gesetz oder auf Grund eines Gesetzes geregelt werden. Dem Gesetzesvorbehalt ist insofern Rechnung getragen, dass das De-Mail-G selbst ein Bundesgesetz ist.

---

682 *Bieback*, Zertifizierung und Akkreditierung, Das Zusammenwirken staatlicher und nichtstaatlicher Akteure in gestuften Prüfsystemen, 2008, S. 417.

683 *Manssen*, Staatsrecht II, Grundrechte, 10. Aufl. 2013, Rn. 605.

684 So auch *C. Hoffmann* und *Warnecke*, in: Schliesky (Hrsg.), Technikgestütztes Identitätsmanagement, Rechtsfragen und Lösungsvorschläge dargestellt am Beispiel der De-Mail und elektronischer Dokumentensafes, 2010, S. 117 (131) und S. 225 (234), hinsichtlich der Akkreditierung von Identitätsmanagementdiensten nach § 17 De-Mail-G.

685 BVerfGE 97, 228 (254); *Jarass*, in: ders./Pieroth, GG, 12. Aufl. 2012, Art. 12 Rn. 15.

(2) Drei-Stufen-Theorie (Verhältnismäßigkeit)

Der Eingriff wurde bereits als Berufsausübungsregelung der 1. Stufe qualifiziert. Auf der ersten und niedrigsten Stufe der Drei-Stufen-Theorie ist eine Rechtfertigung dadurch, dass „‚Gesichtspunkte der Zweckmäßigkeit' sie verlangen"[686], ausreichend.

(a) Legitimer Zweck

Zunächst müsste ein legitimer Zweck vorliegen. Die Akkreditierung soll der Sicherstellung der Vertrauenswürdigkeit der De-Mail-Dienste und zur Ermöglichung der Knüpfung weiterer Rechtsfolgen an diese dienen[687]. Durch dieses Gütezeichen und die weiteren Kennzeichnungen, die einen akkreditierten Diensteanbieter als solchen kenntlich machen, soll zudem die Verwendung von sicheren De-Mail-Diensten gefördert werden[688].

(b) Geeignetheit

Des Weiteren müsste die Akkreditierung nach § 17 De-Mail-G auch geeignet sein, diesen Zweck zumindest zu fördern. Der am Gemeinwohl und nicht am Gewinnstreben orientierte Staat und damit auch staatlich geprüfte Produkte genießen hohes Vertrauen in der Bevölkerung. Eine staatliche Akkreditierung ist somit auch geeignet, das Vertrauen in die elektronische De-Mail-Kommunikation zu erhöhen und deren Verwendung dadurch zu fördern. Ob die Akkreditierung letztlich tatsächlich zu einer Durchsetzung der De-Mail führt, ist hingegen unerheblich.

(c) Erforderlichkeit

Die Akkreditierung müsste jedoch auch zur Erreichung des legitimen Zwecks erforderlich sein. Dies ist dann der Fall, wenn der Zweck nicht durch ein gleich wirksames, aber weniger belastendes Mittel erreichbar ist[689].

Der Aufbau einer Infrastruktur von De-Mail-Diensten ist nach Ansicht des Gesetzgebers auf die private Initiative der Diensteanbieter und das Vertrauen der Nutzer angewiesen. Um beides zu erleichtern, sei es erforderlich, einen verlässlichen Nachweis der überprüften Vertrauenswürdigkeit der angebotenen Dienste als Infrastrukturleistung des Staates anzubieten. Wer die Verfügbarkeit, die Sicherheit und den Datenschutz seiner Dienste sowie ihr Zusammenwirken mit anderen De-Mail-Diensten überprüfen und bestätigen lassen möchte, könne die Akkreditierung und damit das staatliche Gütezeichen für vertrauenswürdige De-Mail-Dienste beantragen und mit diesem auf dem Markt um das Vertrauen seiner Kunden

---

686 *Pieroth/Schlink/Kingreen/Poscher*, Grundrechte, Staatsrecht II, 29. Aufl. 2013, Rn. 925.

687 BT-Drs. 17/3630, S. 20.

688 BT-Drs. 17/3630, S. 37.

689 *Pieroth/Schlink/Kingreen/Poscher*, Grundrechte, Staatsrecht II, 29. Aufl. 2013, Rn. 295.

werben[690]. Dies ist angesichts des mangelnden Vertrauens in den elektronischen Rechtsverkehr, welches sich auch in der geringen Verbreitung anderer elektronischer Zugangsformen wie bspw. der qeS zeigt, nachvollziehbar. Außerdem obliege dem Staat eine Gewährleistungsverantwortung, nach seinen Möglichkeiten eine sichere elektronische Kommunikationsinfrastruktur zu schaffen, die der Bürger dann in Eigenverantwortung nutzen könne[691]. Hierzu gehöre auch die Sicherstellung der erforderlichen Qualität der Infrastruktur[692]. Diese kann mit einer Standardsetzung, wie durch das De-Mail-G, verbunden mit einer Akkreditierung erreicht werden.

Zudem wurde hier, wie bereits festgestellt, die Form einer freiwilligen Akkreditierung gewählt, die selbst schon ein milderes Mittel gegenüber einer verpflichtenden Akkreditierung darstellt[693]. Allerdings hätte die freiwillige Akkreditierung auch anders ausgestaltet werden können, als es durch das De-Mail-G erfolgt ist. Als Vergleichsbeispiel kann hier wieder die freiwillige Akkreditierung nach § 15 SigG dienen. Wie oben bereits erörtert, können auch nicht akkreditierte Zertifizierungsdiensteanbieter dieselben Produkte anbieten wie die nicht De-Mail-akkreditierten Anbieter. Auch besteht diesbezüglich kein Namensunterschied. Es gelten folglich für jeden Diensteanbieter durch das SigG als Umsetzung der Signaturrichtlinie vergleichbare Anforderungen für die Bereitstellung der Dienste[694]. Zwar war, wie bereits erläutert, beabsichtigt, dass an die Akkreditierung aufgrund der besonderen Vertrauenswürdigkeit besondere Rechtswirkungen geknüpft werden sollten, hierzu kam es jedoch nicht. Im SigG ist jedoch grundsätzlich kein solcher Unterschied zu machen. Das De-Mail-G ist fast ausschließlich auf De-Mail-Dienste anwendbar, die nur mit einer Akkreditierung als De-Mail-Diensteanbieter angeboten werden können. In der Entwicklung des SigG ist jedoch auch zu erkennen, dass eine freiwillige Akkreditierung am Beispiel des De-Mail-G nicht das notwendige Vertrauen gewährleisten könnte bzw. dass an dieses Vertrauen keine besonderen Rechtswirkungen geknüpft werden könnten, wenn dies nicht ausdrücklich im Gesetz angelegt

690 BT-Drs. 17/3630, S. 37.

691 BT-Drs. 17/3630, S. 19.

692 *Roßnagel*, in: Kubicek u. a. (Hrsg.), Innovation@Infrastruktur, Jahrbuch Telekommunikation und Gesellschaft, 2002, 269 (274); vgl. hierzu auch bereits die Ausführungen unter dem Gliederungspunkt Teil II: E. II. 2. Anders jedoch *Skrobotz*, in: Manssen (Hrsg.), Telekommunikations- und Multimediarecht, Band 2, Stand: 33. Erg.-Lfg. 2013, K § 1 De-Mail-G Rn. 83.

693 So hinsichtlich der Identifizierungsdienste im De-Mail-G auch *Warnecke*, Rechtsfragen der staatlichen Regulierung der Identitätsmanagement-Anbieter, in: Schliesky (Hrsg.), Technikgestütztes Identitätsmanagement, Rechtsfragen und Lösungsvorschläge dargestellt am Beispiel der De-Mail und elektronischer Dokumentensafes, 2010, S. 225 (234).

694 *Heckmann*, E-Government-Gesetz und De-Mail: Eine europarechtliche brisante Mischung, Legal Tribune ONLINE, 15. 05. 2013, abrufbar unter www.lto.de/persistent/a_id/8735/.

ist. Deshalb wäre eine solche Art der Akkreditierung möglicherweise nicht gleich geeignet.

Letztlich dient die Akkreditierung auch dazu, die Vertraulichkeit der De-Mail-Dienste zu sichern, da De-Mail-Nachrichten bei den De-Mail-Anbietern unverschlüsselt vorliegen. Das Vertrauen, dass durch die Akkreditierung geschaffen werden soll, ist erforderlich, um diese Vertraulichkeitslücke zu schließen. Des Weiteren werden De-Mail-Anbieter nach § 5 Abs. 6 De-Mail-G im Bereich der förmlichen Zustellung beliehen, was ein bestimmtes Maß an Vertrauen erfordert.

Die Akkreditierung nach § 17 De-Mail-G ist somit als erforderlich anzusehen.

(d) Angemessenheit (Verhältnismäßigkeit i. e. S.)

Letztlich müsste die Akkreditierung nach § 17 De-Mail-G auch angemessen bzw. verhältnismäßig im engeren Sinne sein[695]. Auf dieser Stufe der Verhältnismäßigkeitsprüfung ist die Zweck-Mittel-Relation, d. h. das angemessene Verhältnis zwischen dem Zweck der eingreifenden Maßnahme und den beeinträchtigten Schutzgütern, zu prüfen[696]. Hierbei ist eine Abwägung der widerstreitenden Interessen vorzunehmen[697]. Welche Bedeutung die rechtfertigenden Gründe haben müssen, ist anhand der Drei-Stufen-Theorie zu bestimmen[698].

Hinsichtlich der Akkreditierung nach § 17 De-Mail-G stehen sich das Interesse des Staates bzw. der Verbraucher an staatlich geprüfter sicherer elektronischer Kommunikation und das Interesse der nicht akkreditierten Anbieter sicherer elektronischer Zugangsformen, durch die Akkreditierung als staatlich geprüftes Gütezeichen nicht in ihrer Berufsausübungsfreiheit, konkret in der Entscheidung über die Qualität ihrer Produkte, beeinträchtigt zu werden, gegenüber.

Möglich wäre als einschneidenderes Mittel auch eine Erbringung von De-Mail-Diensten durch den Staat gewesen. In diesem Fall wäre die Erbringung von De-Mail-Diensten den privaten Anbietern vollkommen vorenthalten worden[699].

Angesichts der Freiwilligkeit der Akkreditierung muss hier dem Interesse des Staates an der Schaffung einer vertrauensvollen und sicheren elektronischen Infrastruktur und deren Verbreitung Vorrang eingeräumt werden. Es entspricht auch

---

695 *Pieroth/Schlink/Kingreen/Poscher*, Grundrechte, Staatsrecht II, 29. Aufl. 2013, Rn. 299 ff.

696 *Schliesky*, Öffentliches Wirtschaftsrecht, 4. Aufl. 2014, S. 103; *Pieroth/Schlink/Kingreen/Poscher*, Grundrechte, Staatsrecht II, 29. Aufl. 2013, Rn. 925.

697 *Pieroth/Schlink/Kingreen/Poscher*, Grundrechte, Staatsrecht II, 29. Aufl. 2013, Rn. 925.

698 *Pieroth/Schlink/Kingreen/Poscher*, Grundrechte, Staatsrecht II, 29. Aufl. 2013, Rn. 916 ff.

699 So hinsichtlich der Identitätsmanagement-Anbieter im Rahmen des De-Mail-G *Warnecke*, Rechtsfragen der staatlichen Regulierung der Identitätsmanagement-Anbieter, in: Schliesky (Hrsg.), Technikgestütztes Identitätsmanagement, Rechtsfragen und Lösungsvorschläge dargestellt am Beispiel der De-Mail und elektronischer Dokumentensafes, 2010, S. 225 (234).

dem Interesse der Bürger, rechtssicher und verbindlich über eine besonders sichere, weil staatlich geprüfte, Infrastruktur kommunizieren zu können. Wie bereits dargestellt, wird eine Verbreitung der De-Mail bzw. die Gewinnung von Vertrauen wahrscheinlich nicht ohne eine staatliche Kontrolle möglich sein. Letztlich haben durch die zumindest rechtlich freiwillige Regelung der Akkreditierung die Anbieter die Wahl, ob sie sich dem De-Mail-G unterwerfen oder nicht.

Anders ist dies jedoch zu beurteilen, wenn der Akkreditierung bei kleineren oder mittleren Unternehmen eine erdrosselnde Wirkung durch die mit dieser verbundenen finanziellen Belastung zukommt[700]. Besonders für diese Unternehmen besteht die Gefahr, dass die Kosten für die Akkreditierung sich nicht wieder auszahlen und deshalb wirtschaftlich nicht lohnen[701] oder die finanziellen Mittel erst gar nicht aufgebracht werden können. Die Bundesregierung geht hier bei der Erstakkreditierung von Kosten in Höhe von einer halben Million Euro aus. Zusätzlich verursacht die Schadenshaftpflichtversicherung jährliche Kosten in Höhe von 100.000 Euro[702]. Ein Trend zeigt sich hier jetzt schon, da sich bisher nur große E-Mail-Diensteanbieter als De-Mail-Anbieter akkreditieren lassen haben[703]. Eine solche Erdrosselungswirkung ist jedoch nur im krassen Ausnahmefall dann anzunehmen, wenn ein absoluter Marktzwang zur Teilnahme mit einer ansonsten drohenden und nicht auf Unternehmensfehler zurückzuführenden Existenzgefährdung besteht[704].

Solange dies jedoch nicht der Fall ist, ist die vom Gesetzgeber gewählte Form der Akkreditierung als angemessen anzusehen.

dd) Ergebnis

Der Eingriff in die Berufsfreiheit aus Art. 12 Abs. 1 Satz 1 GG der nicht akkreditierten Anbieter sicherer elektronischer Zugangsformen durch die De-Mail-Akkreditierung nach § 17 De-Mail-G ist deshalb – vorbehaltlich einer möglichen erdrosselnden Wirkung der Akkreditierung für Kleinunternehmen – gerechtfertigt.

---

700 *C. Hoffmann*, Verfassungsrechtliche Rahmenbedingungen I: Grundrechte der Betroffenen, in: Schliesky (Hrsg.), Technikgestütztes Identitätsmanagement, Rechtsfragen und Lösungsvorschläge dargestellt am Beispiel der De-Mail und elektronischer Dokumentensafes, 2010, S. 117 (132).

701 So zur Zertifizierung zum Entsorgungsfachbetrieb nach § 52 KrW-/AbfG *Akbarian*, Die Zertifizierung zum Entsorgungsfachbetrieb nach § 52 KrW-/AbfG, 2001, S. 211.

702 BT-Drs. 17/3630, S. 3.

703 Zu dieser Tendenz bereits *C. Hoffmann*, Verfassungsrechtliche Rahmenbedingungen I: Grundrechte der Betroffenen, in: Schliesky (Hrsg.), Technikgestütztes Identitätsmanagement, Rechtsfragen und Lösungsvorschläge dargestellt am Beispiel der De-Mail und elektronischer Dokumentensafes, 2010, S. 117 (132, Fn. 74).

704 *Schmidt-Preuß*, Umweltschutz ohne Zwang – das Beispiel Öko-Audit, in: Ziemske u. a. (Hrsg.), Festschrift Kriele zum 65. Geburtstag, 1997, S. 1169.

b) Gleichbehandlungsgrundsatz, Art. 3 Abs. 1 GG

Durch die Akkreditierung nach § 17 De-Mail-G könnte auch der allgemeine Gleichbehandlungsgrundsatz aus Art. 3 Abs. 1 GG verletzt sein.

aa) Ungleichbehandlung

Zunächst müsste zwischen den akkreditierten De-Mail-Anbietern und den nicht akkreditierten Anbietern von sicheren elektronischen Zugangsformen eine Ungleichbehandlung durch die Akkreditierung nach § 17 De-Mail-G vorliegen.

Die De-Mail-Akkreditierung stellt an alle potenziellen De-Mail-Anbieter, vorbehaltlich der bereits im Rahmen der Berufsfreiheit angesprochenen möglichen finanziellen Erdrosselungswirkung der Akkreditierung für Kleinunternehmen, durch das De-Mail-G dieselben Voraussetzungen. Eine Ungleichbehandlung ergibt sich durch die Akkreditierung selbst somit nicht. Dies gilt im Übrigen auch für öffentliche Stellen, die sich dazu entschließen, De-Mail-Dienste anzubieten[705].

Die bloße gesetzliche Regelung der Akkreditierung legt jedoch den Grundstein für die Unterscheidung von akkreditierten De-Mail-Anbietern und den nicht akkreditierten Anbietern sicherer elektronischer Zugangsformen. Hierin könnte eine Ungleichbehandlung in dem Sinne gesehen werden, dass akkreditierte Anbieter sich als De-Mail-Anbieter und ihre Produkte als De-Mail-Dienste bezeichnen dürfen, was nicht akkreditierten Anbietern auch bei einem vergleichbaren Sicherheitsstandard verwehrt bleibt. Gleiches gilt für die Absicht des Gesetzgebers, besondere Rechtsfolgen an die Akkreditierung zu knüpfen.

Eine Ungleichbehandlung liegt somit vor.

(1) Wesentliche Gleichheit

Es müsste sich jedoch bei den De-Mail-Diensteanbietern und den anderen Anbietern sicherer elektronischer Zugangsformen um wesentlich Gleiches handeln. Ein umfassender Vergleich von De-Mail und anderen sicheren elektronischen Zugangsformen ist an dieser Stelle jedoch entbehrlich, denn selbst wenn die De-Mail und andere elektronische Zugangsformen insbesondere hinsichtlich des Sicherheitsniveaus keine wesentlichen Unterschiede aufweisen würden, käme der De-Mail durch die Akkreditierung immer noch ein Vertrauensvorsprung zugute, da bei ihr die Sicherheitsvorkehrungen und Funktionen eben staatlich überprüft sind, während dies bei anderen sicheren elektronischen Zugangsformen gerade nicht der Fall ist.

---

705 *Skrobotz*, in: Manssen (Hrsg.), Telekommunikations- und Multimediarecht, Band 2, Stand: 33. Erg.-Lfg. 2013, K § 1 De-Mail-G Rn. 73. Siehe zur Betätigung öffentlicher Stellen als De-Mail-Anbieter auch Gliederungspunkt Teil II: E. II. 8.

(2) Ergebnis

Die Akkreditierung nach § 17 De-Mail-G stellt somit keinen Eingriff in das Recht der nicht akkreditierten Anbieter sicherer elektronischer Zugangsformen auf Gleichbehandlung aus Art. 3 Abs. 1 GG dar.

c) Eigentumsgarantie, Art. 14 Abs. 1 Satz 1 GG

Da die Anbieter von nicht De-Mail-akkreditierten sicheren elektronischen Zugangsformen, wie schon erörtert, in ihrer beruflichen Betätigung beeinträchtigt sind und darüber hinaus das bereits mit ihren Produkten auf diesem Gebiet Erworbene besonders vor dem Hintergrund der Freiwilligkeit der Akkreditierung nach § 17 De-Mail-G nicht betroffen wird, ist in diesem Fall die Berufsfreiheit aus Art. 12 Abs. 1 Satz 1 GG und nicht die Eigentumsgarantie aus Art. 14 Abs. 1 Satz 1 GG einschlägig.

d) Allgemeine Handlungsfreiheit, Art. 2 Abs. 1 GG

Art. 12 Abs. 1 Satz 1 GG ist gegenüber Art. 2 Abs. 1 GG lex specialis. Art. 2 Abs. 1 GG ist somit dann nicht mehr anwendbar, wenn der Schutzbereich des Art. 12 Abs. 1 Satz 1 GG betroffen und beeinträchtigt ist und eine berufsregelnde Tendenz vorliegt[706]. Da im vorliegenden Fall sowohl der Schutzbereich des Art. 12 Abs. 1 Satz 1 GG betroffen ist als auch ein Eingriff vorliegt, ist Art. 2 Abs. 1 GG nicht mehr zu prüfen[707]. Dies gilt auch dann, wenn wie im vorliegenden Fall der Akkreditierung nach § 17 De-Mail-G der Eingriff gerechtfertigt ist[708].

Anders verhielte sich dies, wenn nicht akkreditierte Anbieter aus dem Ausland sichere elektronische Zugangsformen anbieten würden. In diesem Fall könnten sich diese auf Art. 2 Abs. 1 GG stützen[709].

3. Staatliche Subventionierung der De-Mail-Anbieter

Untersucht man das Verhältnis der De-Mail zu anderen sicheren elektronischen Zugangsformen, muss auch einer etwaigen Subventionierung der De-Mail Beachtung geschenkt werden. Eine Subventionierung wäre als wettbewerbsrelevantes Staatshandeln einzustufen und deshalb an den wettbewerbsrelevanten Grundrechten zu prüfen. Die Annahme einer Subventionierung darf jedoch nicht aus einem falschen Verständnis des rechtlichen Begriffs des „Subventionierens" i. S. einer „Privilegierung" herrühren. Nichtsdestotrotz soll der Frage, ob der Staat die De-Mail bzw. die privaten De-Mail-Anbieter subventioniert, im Folgenden in der gebotenen Kürze nachgegangen werden.

---

706 *Jarass*, in: ders./Pieroth, GG, 12. Aufl. 2012, Art. 12 Rn. 4.
707 *Jarass*, in: ders./Pieroth, GG, 12. Aufl. 2012, Art. 12 Rn. 4.
708 *Jarass*, in: ders./Pieroth, GG, 12. Aufl. 2012, Art. 12 Rn. 4.
709 *Jarass*, in: ders./Pieroth, GG, 12. Aufl. 2012, Art. 12 Rn. 12.

Ein einheitlich verwendeter Subventionsbegriff existiert nicht[710]. Einigkeit besteht aber weitgehend darüber, dass eine Subvention dann vorliegt, wenn ein Träger öffentlicher Verwaltung eine Leistung ohne marktmäßige Gegenleistung an eine natürliche oder juristische Person des Privatrechts erbringt, um einen öffentlichen Zweck zu erreichen[711].

Die Leistung kann hierbei in Geld- oder Sachmitteln bestehen[712]. Eine solche vermögenswerte Leistung ist schon nicht ersichtlich. Es sind in keiner Weise Geld- oder Sachmittel des Staates an private De-Mail-Anbieter geflossen[713]. Zumindest ist dies nicht bekannt. Auch kostenlose Dienstleistungen sind nicht ersichtlich. Im Gegenteil ist die Akkreditierung als De-Mail-Anbieter mit erheblichen Kosten verbunden[714], die die privaten Anbieter selbst tragen, und auch die De-Mail-Produkte werden auf Kosten der De-Mail-Anbieter am Markt angeboten. Man könnte also allenfalls eine „Privilegierung" der De-Mail annehmen, was in der vorliegenden Arbeit anhand von verschiedenen staatlichen Handlungen die De-Mail betreffend durchaus geprüft werden soll. Diese stellt aber nach dem rechtlichen Subventionsbegriff, wie gerade festgestellt, keine „Subventionierung" dar. Eine solche scheidet deshalb mangels einer geeigneten Leistung des Staates an die privaten De-Mail-Anbieter von vornherein aus.

Sollten in Zukunft staatliche Subventionierungen getätigt werden, um der De-Mail zur Durchsetzung zu verhelfen, wäre eine erneute Bewertung des Sachverhalts anhand des Öffentlichen Wettbewerbsrechts jedoch geboten.

---

710 *Wolf*, in: J. Bergmann (Hrsg.), Handlexikon der Europäischen Union, 4. Aufl. 2012, Stichwort: Subventionen; *Ziekow*, Öffentliches Wirtschaftsrecht, 3. Aufl. 2013, § 6 Rn. 2; *Oberrath*, Öffentliches Wirtschaftsrecht, 2005, Rn. 1272.

711 *Oberrath*, Öffentliches Wirtschaftsrecht, 2005, Rn. 1272; *Kallerhoff*, LKV 1992, 296 (297); *Wolf*, in: J. Bergmann (Hrsg.), Handlexikon der Europäischen Union, 4. Aufl. 2012, Stichwort: Subventionen; *Frotscher/Kramer*, Wirtschaftsverfassungs- und Wirtschaftsverwaltungsrecht, 6. Aufl. 2013, Rn. 647 f.; *Ziekow*, Öffentliches Wirtschaftsrecht, 3. Aufl. 2013, § 6 Rn. 5; *Storr*, in: Ruthig/Storr, Öffentliches Wirtschaftsrecht, 3. Aufl. 2011, Rn. 770; *Reiner Schmidt*, in: Achterberg/Püttner/Würtenberger (Hrsg.), Besonderes Verwaltungsrecht, Band I, 2. Aufl. 2000, § 1 Rn. 149; *Kallerhoff/Fischer*, LKV 1992, 296 (297); entsprechend BVerfGE 17, 210 (216); 72, 175 (193).

712 *Oberrath*, Öffentliches Wirtschaftsrecht, 2005, Rn. 1273; *Ziekow*, Öffentliches Wirtschaftsrecht, 3. Aufl. 2013, § 6 Rn. 9.

713 Insbesondere stellt eine Bewerbung des De-Mail-Standards keine vermögenswerte Leistung und somit keine Subvention dar. Siehe zum staatlichen Informationshandeln Gliederungspunkt Teil II: E. II. 7.

714 So geht die Bundesregierung von Kosten i. H. v. einer halben Million Euro für die Erstakkreditierung aus, vgl. *C. Hoffmann*, Verfassungsrechtliche Rahmenbedingungen I: Grundrechte der Betroffenen, in: Schliesky (Hrsg.), Technikgestütztes Identitätsmanagement, Rechtsfragen und Lösungsvorschläge dargestellt am Beispiel der De-Mail und elektronischer Dokumentensafes, 2010, S. 117 (132).

4. Verpflichtung öffentlicher Stellen zur Eröffnung eines elektronischen Zugangs

Findet eine vom Staat als sinnvoll erachtete und präferierte elektronische Zugangsform keine Verbreitung – sei es bei den staatlichen Stellen oder in der Bevölkerung –, liegt es nahe, ihr von staatlicher Seite durch eine Verpflichtung öffentlicher Stellen zur Eröffnung eines elektronischen Zugangs zur Durchsetzung zu verhelfen. Eine solche Verpflichtung auf einen elektronischen Zugang durch eine bestimmte Zugangsform kann hinsichtlich anderer gleich geeigneter sicherer elektronischer Zugangsformen, für die keine gesetzliche Verpflichtung besteht, zu einer Benachteiligung führen, die an den Grundrechten zu messen ist.

§ 2 Abs. 1 EGovG, der am 01. 07. 2014 in Kraft tritt, verpflichtet jede Behörde, auch einen Zugang für die Übermittlung elektronischer Dokumente, auch soweit sie mit einer qeS versehen sind, zu eröffnen. Durch die Hinzufügung des Wortes „auch" in diese Formulierung wird dem sog. Multi- bzw. Mehrkanalprinzip Rechnung getragen[715]. Eine Konkurrenz zwischen papierbasierter Kommunikation und elektronischen Zugangsformen entsteht gerade deshalb nicht, weil aufgrund dieses Grundsatzes nicht eine unter Umständen gänzliche Umstellung der papierbasierten Kommunikation auf eine elektronische intendiert ist, sondern mehrere klassische Zugänge, aber eben nun auch elektronische Zugangsformen genutzt werden sollen[716]. Auch eine Konkurrenz mehrerer elektronischer Kanäle entsteht durch die Verpflichtung nicht, da die Vorschrift technikneutral formuliert ist[717].

§ 2 Abs. 2 EGovG verpflichtet jedoch die Bundesbehörden[718] dazu, zusätzlich den elektronischen Zugang durch eine De-Mail-Adresse i. S. d. De-Mail-G zu eröffnen, es sei denn, die Bundesbehörde hat keinen Zugang zu dem zentral für die Bundesverwaltung angebotenen IT-Verfahren, über das De-Mail-Dienste für Bundesbehörden

715 BT-Drs. 17/11473, S. 34. Vgl. hierzu auch bereits Fn. 414.

716 Siehe hierzu BT-Drs. 17/11473, S. 24.

717 So zutreffend zumindest zur Verpflichtung der Eröffnung eines elektronischen Zugangs auch *Müller-Terpitz/Rauchhaus*, MMR 2013, 10 (11) und die Gesetzesbegründungen, BT-Drs. 557/12, S. 49, BT-Drs. 17/11473, S. 34.

718 Der EGovG-Entwurf richtet sich zwar vordergründig an die Bundesbehörden, geht jedoch auch teilweise darüber hinaus. So wird das Gesetz auch nach der Intention der Gesetzesbegründung als „Ermöglichungsgesetz" Vorbildcharakter für die Landesverwaltung haben (BT-Drs. 557/12, S. 33; BT-Drs. 17/11473, S. 24 f.; *Müller-Terpitz/Rauchhaus*, MMR 2013, 10 [11]), die hierdurch unter einen faktischen Zugzwang gesetzt werden, sich am EGovG zu orientieren und ähnliche Vorschriften aufzustellen. Zumindest politisch richtet sich das Gesetz auch an die Landes- und Kommunalbehörden, zumal das Gesetz nicht in allen Vorschriften ausdrücklich die Bundesbehörden adressiert. Die restlichen Vorschriften richten sich lediglich allgemein an die Behörden. Bei der Ausführung von Bundesrecht sowie bei den durch Landesrecht übertragenen Aufgaben wird das EGovG somit auch auf Landes- und kommunaler Ebene Anwendung finden (§ 1 Abs. 2 EGovG). Siehe hierzu *Heckmann/Albrecht*, ZRP 2013, 42 (43).

angeboten werden. Die Vorschrift tritt ein Kalenderjahr nach Aufnahme des Betriebes des zentral für die Bundesverwaltung angebotenen IT-Verfahrens, über das De-Mail-Dienste für Bundesbehörden angeboten werden, in Kraft. Die Verpflichtungen aus § 2 EGovG zur Eröffnung des elektronischen Zugangs zeigen die Abkehr des bisher vorherrschenden Grundsatzes der Freiwilligkeit bei der Eröffnung des elektronischen Zugangs[719]an[720].

Eine solche Verpflichtung der Bundesbehörden zur Eröffnung eines elektronischen Zugangs durch De-Mail ist für andere sichere elektronische Zugangsformen, die nicht De-Mail-akkreditiert sind, nicht vorgesehen. Hierin könnte ein Eingriff in die Grundrechte der Anbieter dieser weiteren sicheren elektronischen Zugangsformen, die nicht als De-Mail-Anbieter akkreditiert sind, liegen, was im Folgenden zu prüfen sein wird[721].

a) Wettbewerbsfreiheit, Art. 12 Abs. 1 Satz 1 GG

Zunächst könnte die Verpflichtung der Bundesbehörden zur Eröffnung eines elektronischen Zugangs durch De-Mail einen Eingriff in die Wettbewerbsfreiheit der Anbieter von nicht akkreditierten sicheren elektronischen Zugangsformen aus Art. 12 Abs. 1 Satz 1 GG darstellen.

aa) Schutzbereich

Die Wettbewerbsfreiheit umfasst unstreitig die Freiheit zum Wettbewerb, also die positive Freiheit, in den Wettbewerb einzutreten und sich unter Wettbewerbsbedingungen mit anderen zu messen[722].

Nicht De-Mail-akkreditierte sichere elektronische Zugangsformen können jedoch weiterhin angeboten werden, auch wenn die Verwaltung nicht verpflichtet ist, den Zugang für diese Zugangsformen zu eröffnen. Die Verpflichtung der

---

719 Siehe hierzu bereits die Ausführungen unter Gliederungspunkt Teil II: E. II. 4.

720 *Schliesky*, DVP 2013, 420 (423); *ders.*, in: Knack/Henneke, VwVfG, 9. Aufl. 2010, § 3a Rn. 35; *Roßnagel*, NJW 2013, 2710 (2712).

721 Auch *Heckmann/Albrecht* halten die Beschränkung der Regelungen des EGovG auf die De-Mail-Technologie für „aus verfassungsrechtlicher Sicht kritikwürdig", ZRP 2013, 42 (44). *Müller-Terpitz/Rauchhaus* problematisieren dies hingegen gar nicht erst, MMR 2013, 10 (12).

722 *Di Fabio*, in: Maunz/Dürig, Grundgesetz, Band I, Stand: 69. Erg.-Lfg. 2013, Art. 2 Rn. 117; *Axer*, in: Epping/Hillgruber (Hrsg.), Beck'scher Online-Kommentar GG, Stand: 01. 11. 2013, Ed. 19, Art. 14 Rn. 28; *Ruffert*, in: Epping/Hillgruber (Hrsg.), Beck'scher Online-Kommentar GG, Stand: 01. 11. 2013, Ed. 19, Art. 12 Rn. 49; *Jarass*, in: ders./Pieroth, GG, 12. Aufl. 2012, Art. 12 Rn. 20; *Leisner*, Wettbewerb als Verfassungsprinzip, 2012, S. 53, 75; *Schliesky*, Öffentliches Wettbewerbsrecht, 1997, S. 198; *Tsiliotis*, Der verfassungsrechtliche Schutz der Wettbewerbsfreiheit und seine Einwirkung auf die privatrechtlichen Beziehungen, S. 60; *Odewald*, Faktische und mittelbare Eingriffe in die Wettbewerbsfreiheit, 2011, S. 103; BVerfGE 105, 252 (265); 110, 274 (288); 115, 205 (229); 116, 135 (152); BVerwGE 60, 154 (159).

Bundesbehörden zur Eröffnung eines elektronischen Zugangs durch eine De-Mail-Adresse nach § 2 Abs. 2 EGovG verhindert dies nicht. Auch die Eröffnung des elektronischen Zugangs für nicht akkreditierte sichere elektronische Zugangsformen durch die Bundesbehörden neben dem Zugang durch De-Mail wird durch die Verpflichtung nicht untersagt. Folglich wird der Zugang zum Wettbewerb den Anbietern nicht durch die Regelung verwehrt.

Auch das Anbieten eines Konkurrenzproduktes wird ausdrücklich durch die Wettbewerbsfreiheit aus Art. 12 Abs. 1 Satz 1 GG nicht untersagt[723]. Einen generellen Schutz vor Konkurrenz beinhaltet der Schutzbereich der Wettbewerbsfreiheit gerade nicht[724].

Im vorliegenden Fall sind die nicht De-Mail-akkreditierten Anbieter sicherer elektronischer Zugangsformen nicht durch Einschränkungen ihrer beruflichen Tätigkeit, sondern dadurch bei ihrem Handeln im Wettbewerb beeinflusst, dass die De-Mail-Anbieter durch die Verpflichtung der Bundesbehörden zur Eröffnung eines Zugangs für De-Mail einen Vorteil genießen, der Anbietern von nicht akkreditierten elektronischen Zugangsformen nicht zukommt. Dieser liegt darin, dass Bundesbehörden den elektronischen Zugang für De-Mail eröffnen müssen. Sie also keine Wahlfreiheit zwischen den sicheren elektronischen Zugangsformen dahingehend haben, dass sie sich nicht nur für eine nicht akkreditierte sichere elektronische Zugangsform anstatt der De-Mail entscheiden können. Durch die Verpflichtung des § 2 Abs. 2 EGovG werden alle Bundesbehörden ab Inkrafttreten des § 2 Abs. 2 EGovG am 01. 07. 2014 pflichtgemäß den elektronischen Zugang durch De-Mail vorhalten müssen. Hierdurch wird die De-Mail zu einem „De-facto-Standard" in der Kommunikation der Bundesbehörden erklärt[725]. Eine solche Verpflichtung besteht für nicht De-Mail-akkreditierte sichere elektronische Zugangsformen nicht. Auch eine Wahlmöglichkeit, bspw. durch eine technikneutrale Formulierung, wird den Bundesbehörden nicht eröffnet. Da die Bundesbehörden durch § 2 Abs. 2 EGovG ohnehin verpflichtet sein werden, einen elektronischen Zugang für die De-Mail-Kommunikation vorzuhalten, werden sie ihn mit großer Wahrscheinlichkeit auch nutzen. Es ist darüber hinaus zu erwarten, dass auch die Bürger die De-Mail vermehrt nutzen werden. Da jede Bundesbehörde über den elektronischen Zugang für De-Mail erreichbar ist, ist der Reiz groß, die De-Mail zu nutzen, weil diese bei der Behördenkommunikation flächendeckend eingesetzt werden kann. Hierdurch motiviert, werden sich die Bürger eher für die De-Mail entscheiden als für ein anderes nicht akkreditiertes Produkt, welches nicht bei allen Bundesbehörden eingesetzt werden kann. Diese vermehrte Nutzung bei den Bürgern wird auch bei

723 Siehe hierzu insbesondere die Begründung zum De-Mail-G, BT-Drs. 17/3630, S. 19, insbesondere S. 20, 26, und zum E-Government-Gesetz des Bundes, BT-Drs. 17/11473, Einzelbegründung zu § 2 Abs. 2 EGovG, S. 25.

724 Siehe bereits Fn. 559.

725 E-Government-Gesetz: Treiber für De-Mail und Personalausweis?, Behörden Spiegel newsletter E-Government, Informationstechnologie und Politik, Nr. 616, August 2013, S. 5.

den Behörden wiederum zu einem Anstieg der Verwendung von De-Mail-Diensten führen. Zum einen, weil bei der Nutzung der De-Mail als Kanal zur Behörde diese oft auch diesen Rückkanal wählen wird, zum anderen aufgrund dessen, dass die Behörde, sollte der Bürger keinen anderen Kanal gegenüber der Behörde eröffnet haben, diesen wird nutzen müssen[726].

Für andere nicht De-Mail-akkreditierte sichere elektronische Zugangsformen, wie bspw. den elektronischen E-Postbrief, bleibt so wenig Raum. Es sei denn, eine bestimmte Zugangsform setzt sich, was unwahrscheinlich ist, bei den Bürgern in einem so starken Maße durch, dass die Bundesbehörden durch den privatwirtschaftlichen Druck dazu veranlasst werden, den Zugang für eine weitere Zugangsform zu öffnen. Dies liegt vor allem daran, dass nicht akkreditierte sichere elektronische Zugangsformen dieselben Funktionalitäten bieten bzw. bieten können wie die De-Mail, nur eben ohne eine Akkreditierung. So besteht neben dem verpflichtenden Zugang für De-Mail für Bundesbehörden kein Bedarf mehr für andere gleichgelagerte sichere elektronische Zugangsformen, die dieselben Funktionalitäten erfüllen[727], was dazu führen wird, dass diese weniger genutzt werden bzw. erst gar kein Zugang für diese eröffnet wird. Denn jede neue Zugangsform bedeutet Aufwand hinsichtlich der Pflege des Postfachs bzw. der eingehenden Nachrichten und hinsichtlich der Schulung des Personals im Umgang mit den unterschiedlichen Kommunikationsformen, ihren Eigenschaften, Rechtswirkungen und Funktionalitäten.

Zusätzlich könnten die Bürger durch die gesetzliche Verpflichtung der Bundesbehörden zur Eröffnung eines Zugangs für De-Mail dahingehend beeinflusst werden, die De-Mail zu nutzen, da sie der Verpflichtung ein besonderes Vertrauen des Staates in die De-Mail entnehmen. Aufgrund der starken Wirkung staatlichen Vertrauens könnten auch die Bürger der De-Mail-Technologie mehr Vertrauen schenken als anderen sicheren elektronischen Zugangsformen, die nicht De-Mail-akkreditiert sind.

Zwar ist das De-Mail-G selbst als Setzung eines Standards zu qualifizieren, der im Falle der Verfassungsmäßigkeit und Verhältnismäßigkeit durchaus möglich ist und auch erforderlich sein kann. Dadurch, dass der Standard jedoch einen Namen besitzt, den auch die Produkte der privaten De-Mail-Anbieter tragen, ist für den Verbraucher jedoch nicht erkennbar, was Standard und was Produkt ist[728]. Diese Namensgleichheit ist schon im Gesetz dadurch vorgegeben, dass die De-Mail-Adresse den Namensbestandteil „De-Mail" in sich tragen muss. Schreibt der Gesetzgeber also die Verpflichtung der Behörden des Bundes zur Eröffnung eines Zugangs für De-Mail nach dem De-Mail-Standard vor, begünstigt er automatisch auch die gleich benannten privaten Produkte, was zu einer Benachteiligung anderer gleich geeigneter und gleich sicherer Produkte, die nicht De-Mail-akkreditiert sind, wie bspw. des elektronischen E-Postbriefs, führt[729].

726 BT-Drs. 17/11473, S. 34.
727 So auch die Befürchtungen von *Heckmann/Albrecht*, ZRP 2013, 42 (43).
728 Siehe dazu auch *Schliesky*, in: Knack/Henneke, VwVfG, 10. Aufl. 2014, § 3a Rn. 47j.
729 So auch *Heckmann/Albrecht*, ZRP 2013, 42 (43).

Auch die Verpflichtung aller Behörden zur Eröffnung eines elektronischen Zugangs inklusive der Möglichkeit der Übermittlung von Dokumenten mit qeS durch § 2 Abs. 1 EGovG ändert an diesen zu erwartenden Entwicklungen nichts, da an diese Stelle mit sehr großer Wahrscheinlichkeit die herkömmliche E-Mail-Kommunikation mit zusätzlichen Vorkehrungen für den Empfang einer qeS treten wird. Dies liegt zum einen daran, dass der elektronische Zugang für die E-Mail-Kommunikation bereits bei den meisten Behörden für eine unverbindliche, teilweise aber auch förmliche Kommunikation vorgehalten wird, die Voraussetzungen wie Technik, Software und die entsprechenden Kenntnisse der Mitarbeiter bereits vorhanden sind und die Nutzung sowohl bedienerfreundlich als auch nahezu kostenfrei erfolgt. Zudem ist das Senden und Empfangen von Dokumenten mit qeS mit der entsprechenden Ausstattung[730] unproblematisch möglich. Es können über diese Zugangsform sowohl E-Mail-Nachrichten mit als auch ohne qeS versendet und empfangen werden. Diese Faktoren sind auch der Grund dafür, dass die einfache E-Mail als zusätzliche elektronische Zugangsform neben der De-Mail bestehen kann. E-Mail und De-Mail erfüllen unterschiedliche Funktionen, wie bereits in dieser Arbeit dargelegt wurde. Während die E-Mail zum einen für unverbindliche, nicht förmliche und nicht dem Geheimnisschutz unterliegende Kommunikation ohne qeS genutzt wird und zum anderen bei rechtsverbindlichen Dokumenten auf die qeS zurückgegriffen werden kann, findet die De-Mail generell für die förmliche und verbindliche Kommunikation ohne zusätzlich durch den Nutzer zu treffende Vorkehrungen ihren Anwendungsbereich.

Für die nicht akkreditierten Anbieter sicherer elektronischer Zugangsformen wird somit der Markt verkleinert, zumal die Behördenkommunikation für diese einen großen Marktanteil ausmacht, da gerade hier die besonderen Sicherheitsfunktionen, die diese bieten, von Bedeutung sind. Es wird also die Stellung der Anbieter nicht akkreditierter sicherer elektronischer Zugangsformen am Markt durch einen Nachteil, der durch die Verpflichtung des § 2 Abs. 2 EGovG geschaffen wird, beeinträchtigt. Ohne die gesetzliche Verpflichtung der Bundesbehörden zur Eröffnung eines elektronischen Zugangs für De-Mail gäbe es diesen Nachteil nicht. Behörden könnten frei entscheiden, mittels welcher elektronischen Zugangsform sie den elektronischen Zugang eröffnen, und darauf reagieren, welche elektronischen Zugangsformen sich auf dem Markt durchsetzen.

Somit ist nicht die Freiheit des Zugangs zum Wettbewerb (Freiheit zum Wettbewerb) betroffen, sondern nur eine Beeinträchtigung der Freiheit im Wettbewerb möglich. Konkret ist, wie dargelegt, somit die Stellung der nicht akkreditierten Anbieter sicherer elektronischer Zugangsformen im Markt, also ihre Marktposition, betroffen.

---

730 Siehe hierzu ausführlich Gliederungspunkt Teil II: A. II. 1. e).

Ob jedoch auch der Schutz der Marktstellung bzw. -position von Unternehmen im Wettbewerb von der grundrechtlich geschützten Wettbewerbsfreiheit umfasst sein soll, ist umstritten[731].

(1) Schutzbereichsbestimmung durch die Rechtsprechung

Das BVerfG erkennt das Grundrecht der Wettbewerbsfreiheit seit dem Jahr 1964 ausdrücklich an[732]. Es geht generell von einem weiten Schutzbereich aus, der das gesamte Verhalten der Unternehmer im Wettbewerb als Bestandteil der Berufsfreiheit aus Art. 12 Abs. 1 Satz 1 GG umfasst[733].

Das BVerwG bestimmte den Schutzbereich zunächst zurückhaltender als Freiheit zur Teilnahme am Wettbewerb. Folglich sollte nach Ansicht des BVerwG von vornherein nur der Zugang zum Markt und die Möglichkeit der wirtschaftlichen Betätigung durch Art. 2 Abs. 1 GG geschützt sein[734]. Später erweiterte das BVerwG nach dem Vorbild des BVerfG und im Rahmen der Einordnung der Wettbewerbsfreiheit bei Art. 12 Abs. 1 Satz 1 GG den Schutzbereich der Wettbewerbsfreiheit auf das gesamte Verhalten der Unternehmer im wirtschaftlichen Wettbewerb, soweit es von der Berufsausübungsfreiheit geschützt wird[735] bzw. den grundrechtlichen Anspruch, der sich aus Art. 2 Abs. 1 GG ergebe, durch den Staat nicht mit einem Wettbewerbsnachteil belastet zu werden, der in der verfassungsmäßigen Ordnung nicht begründet ist[736]. Diese Rechtsprechung bestätigte es in späteren Entscheidungen[737].

Die Rechtsprechung erkennt folglich zwei grundlegende Elemente der Wettbewerbsfreiheit an: Die Freiheit zum und die Freiheit im Wettbewerb[738].

Dem hier im Rahmen der Regelung elektronischer Zugangsformen möglicherweise betroffenen Schutz der Marktstellung bzw. -position eines Unternehmens

---

731 Siehe hierzu ausführlich den Überblick zum Meinungsstand bei *Odewald*, Faktische und mittelbare Eingriffe in die Wettbewerbsfreiheit, 2011, S. 127.

732 BVerfGE 18, 1 (10). Siehe hierzu *Odewald*, Faktische und mittelbare Eingriffe in die Wettbewerbsfreiheit, 2011, S. 105.

733 BVerfGE 46, 120 (137); 70, 1 (31); 86, 28 (37); BVerfG, GRUR 1993, 751 (751); *Odewald*, Faktische und mittelbare Eingriffe in die Wettbewerbsfreiheit, 2011, S. 115.

734 BVerwGE 17, 306 (309 f.); 39, 329 (337); 60, 154 (159, 161); BVerwG, NJW 1978, 1539 (1539 f.); *Odewald*, Faktische und mittelbare Eingriffe in die Wettbewerbsfreiheit, 2011, S. 114.

735 BVerwGE 71, 183 (189); 65, 167 (174); siehe hierzu *Odewald*, Faktische und mittelbare Eingriffe in die Wettbewerbsfreiheit, 2011, S. 114.

736 BVerwGE 71, 183 (189 f.); siehe hierzu *Odewald*, Faktische und mittelbare Eingriffe in die Wettbewerbsfreiheit, 2011, S. 114.

737 BVerwGE 87, 37 (39); 89, 281 (283); BVerwG, NJW 1996, 3161 (3161); anders aber BVerwGE 79, 326 (329 f.). Siehe hierzu *Odewald*, Faktische und mittelbare Eingriffe in die Wettbewerbsfreiheit, 2011, S. 114.

738 *Odewald*, Faktische und mittelbare Eingriffe in die Wettbewerbsfreiheit, 2011, S. 115.

steht die Rechtsprechung regelmäßig ablehnend gegenüber[739]. Art. 12 Abs. 1 Satz 1 GG schütze nur die Teilhabe am Wettbewerb nach Maßgabe seiner Funktionsbedingungen. Ein Schutz vor Einflüssen auf die wettbewerbsbestimmenden Faktoren bestehe nicht[740]. Es existiere kein Schutz eines bestimmten Geschäftsumfangs bzw. einer Sicherung weitergehender künftiger Erwerbsmöglichkeiten[741]. Eine solche Sicherung könne es im freien Wettbewerb nicht geben, da die wirtschaftlichen und sozialen Verhältnisse sich in einem ständigen Wandel der Veränderung befänden[742]. Es könne nicht eine bestimmte zu einem bestimmten Zeitpunkt bestehende Position bzw. Rahmenkonstellation auf dem Markt geschützt werden, da der Wettbewerb dem Risiko laufender Veränderung nach Maßgabe der Funktionsbedingungen des Marktes unterläge[743].

Näher konkretisiert und beschrieben wurden diese Ausführungen jedoch in der Rechtsprechung der Gerichte nicht[744]. So wurde die Eröffnung des Schutzbereichs häufig schlicht angenommen bzw. die Ebenen der Grundrechtsprüfung des Eingriffs und der Rechtfertigung mit der des Schutzbereichs vermischt[745].

Auch ist die Rechtsprechung in einigen Teilen uneinheitlich oder inkonsequent[746]. Dies zeigt sich bspw. am Transparenzlisten-[747] und Glykol-Urteil[748]. Im Transparenzlisten-Urteil nimmt das BVerwG an, dass ein Eingriff vorliegen könne, wenn die eingreifende Maßnahme zu einer spürbaren Veränderung der Marktbedingungen und zu nicht unbeträchtlichen Umsatzeinbußen führe. Letztlich verneint das BVerwG

---

739 Vgl. *Odewald*, Faktische und mittelbare Eingriffe in die Wettbewerbsfreiheit, 2011, S. 127.

740 BVerfGE 105, 252 (265).

741 BVerfGE 24, 236 (251); 34, 252 (256); 105, 252 (265); 106, 275 (299); 110, 274 (288); BVerwGE 39, 329 (336 f.); 71, 183 (193); 95, 341 (348); 132, 64 (74); OVG NW, Beschl. v. 03. 05. 1994, Az. 10a D 170/93.NE, NWVBl 1995, 99 (102); OVG Münster, Beschl. v. 23. 03. 2005, Az. 15 B 123/05, GewArch 2006, 122 (122); VGH Kassel, Urt. v. 16. 07. 2003, Az. 6 UE 3127/01, GewArch 2004, 36 (37); BVerfGE, NJW 1993, 1969 (1971); BVerwG, Urt. v. 30. 04. 2009, Az. 7 C 14/08, NVwZ 2009, 1441 (1444); BVerwG, Urt. v. 17. 12. 1991, Az. 1 C 42/90, NVwZ 1992, 378. Siehe hierzu *Odewald*, Faktische und mittelbare Eingriffe in die Wettbewerbsfreiheit, 2011, S. 127.

742 So bspw. BVerwGE 71, 183 (193). Siehe hierzu *Odewald*, Faktische und mittelbare Eingriffe in die Wettbewerbsfreiheit, 2011, S. 127.

743 BVerfGE 105, 252 (265); 106, 275 (299); 110, 274 (288); BVerfG, NJW 2005, 273 (274); BVerwGE 71, 183 (193). Siehe hierzu *Odewald*, Faktische und mittelbare Eingriffe in die Wettbewerbsfreiheit, 2011, S. 127.

744 *Odewald*, Faktische und mittelbare Eingriffe in die Wettbewerbsfreiheit, 2011, S. 115.

745 Bspw. BVerwGE 71, 183; BVerwG, NJW 1978, 1539 (1539 f.). Siehe hierzu die Feststellung bei *Odewald*, Faktische und mittelbare Eingriffe in die Wettbewerbsfreiheit, 2011, S. 115 Fn. 505.

746 *Odewald*, Faktische und mittelbare Eingriffe in die Wettbewerbsfreiheit, 2011, S. 131.

747 BVerwGE 71, 183 ff.

748 BVerfGE 105, 252 ff.; BVerwGE 87, 37 ff.

aber den Schutz des Marktanteils bzw. des Geschäftsumfangs in Anlehnung an das BVerfG. Eine Ausnahme sei nur dort zu machen, wo die Maßnahme staatlicherseits final und grundrechtsspezifisch sei. Diese Erwägungen können jedoch nur auf der Eingriffsebene angestellt werden. Dies führt dazu, dass der Schutzbereich im Falle der Prüfung eines Eingriffs bereits eröffnet sein muss. Im Glykol-Urteil spricht das BVerwG von einer nachhaltigen Einwirkung auf die Wettbewerbsposition[749] und bewertet die negativen Auswirkungen auf den Absatz als möglichen Eingriff. Die Verschlechterung der Wettbewerbsposition wird somit als möglicher Eingriff anerkannt[750].

Die Rechtsprechung verneint folglich grundsätzlich den Schutz der Marktstellung eines Unternehmens. Der Schutzbereich ist deshalb nach Ansicht der Rechtsprechung nicht eröffnet, da im vorliegenden Fall die Marktstellung bzw. -position der nicht De-Mail-akkreditierten Anbieter sicherer elektronischer Zugangsformen beeinträchtigt ist.

(2) Schutzbereichsbestimmung durch die Literatur

Die Schutzbereichsbestimmung der Wettbewerbsfreiheit wird in der Literatur unterschiedlich gehandhabt. Insbesondere zu der im Falle der Verpflichtung zur Eröffnung eines elektronischen Zugangs für De-Mail betroffenen Marktstellung bzw. -position gehen die Meinungen auseinander.

(a) Großteil der Literatur

Ein großer Teil der Literatur[751] folgt der Ansicht der Rechtsprechung mit dem Argument, dass der Wettbewerb einem ständigen Wandel unterläge und deshalb eine aktuelle Marktstellung bzw. -position nicht geschützt sein könne[752].

---

749 BVerwG 87, 37 (39), so auch das BVerfG, BVerfGE 105, 252 (256).

750 BVerwG 87, 37 (39); BVerfGE 105, 256 f.

751 *Kahl*, in: Landmann/Rohmer, GewO, Stand: 65. Erg.-Lfg. 2013, § 1 GewO Rn. 21; *Stober*, GewArch 1993, 136 (143); *ders.*, NJW 1990, 1335 (1337); *ders.*, Allgemeines Wirtschaftsverwaltungsrecht, 17. Aufl. 2011, § 21 II 6, S. 155; *Storr*, Der Staat als Unternehmer, 2001, S. 155 ff.; *M. Hoffmann*, Der grundrechtliche Schutz der marktwirtschaftlichen Unternehmenstätigkeit und der gesellschaftsrechtlichen Unternehmensorganisation durch die „Unternehmensfreiheit", 1988, S. 53; *ders.*, BB 1995, 53 (54); *Wallerath*, NJW 2001, 781 (787); *Di Fabio*, in: Maunz/Dürig, Grundgesetz, Band I, Stand: 69. Erg.-Lfg. 2013, Art. 2 Rn. 108; *Scholz*, in: Maunz/Dürig, Grundgesetz, Band II, Stand: 69. Erg.-Lfg. 2013, Art. 12 Rn. 412; *Jarass*, in: ders./Pieroth, GG, 12. Aufl. 2012, Art. 12 Rn. 20; *Heinrich*, WiVerw 1985, 1 (11); *Papier*, BB 1997, 1213 (1218); *Bungenberg/Motzkus*, GewArch-Beilage WiVerw Nr. 2/2013, 76 (84); *Ennuschat*, WRP 2008, 883 (884) m. w. N. in Fn. 11. Insofern widersprüchlich *Spaeth*, Grundrechtseingriff durch Information, 1995, S. 100, 165, die zwar die Wettbewerbsposition, aber nicht den Geschäftsumfang bzw. die Erwerbsmöglichkeiten als geschützt ansieht.

752 *Storr*, Der Staat als Unternehmer, 2001, S. 156 f.; *M. Hoffmann*, Der grundrechtliche Schutz der marktwirtschaftlichen Unternehmenstätigkeit und der

Die Marktstellung bzw. -position sei eine von der freien Wirtschaft abhängige, relative Größe und könne deshalb keine grundrechtsfähige Position sein[753]. Zudem könne die Marktstellung nur durch eine Gesamtschau mehrerer Faktoren, also nicht nur auf Grundlage des Umsatzes, bestimmt werden. Auch die in diese Gesamtschau einzubeziehenden Faktoren wie u. a. die Finanzkraft, der Marktanteil, die Marktmacht, Investitionen etc. unterlägen ständiger Veränderung und seien somit relativ[754]. Die Marktposition entstehe gerade erst durch die konkurrierende Ausübung der Wettbewerbsfreiheit der am Wettbewerb beteiligten Grundrechtsträger und sei deshalb grundsätzlich instabil[755]. Deshalb sei die Marktstellung nicht ermittelbar und könne nicht verfassungsrechtlich geschützt werden[756]. Allein die diese bestimmenden Faktoren und die (abstrakte) Erwerbschance, verstanden als Freiheit, am Geschäftsleben teilzunehmen, könnten deshalb grundrechtlich geschützt sein[757]. Außerdem werde bei einer Einbeziehung des Marktanteils in den Schutzbereich der Wettbewerbsfreiheit auch die zukunftsbezogene Berufsfreiheit, also die konkrete Marktchance erfasst. Dies hätte zur Folge, dass eine konkrete Marktchance sich immer als Erfolg realisieren würde[758].

(b) Gegenmeinung

Ein anderer Teil der Literatur[759] sieht hingegen die aktuelle Stellung eines Unternehmens im Wettbewerb bzw. die Erwerbschance als selbst erarbeitete Grundlage als geschützt an.

---

gesellschaftsrechtlichen Unternehmensorganisation durch die „Unternehmensfreiheit", 1988, S. 53; *Spaeth*, Grundrechtseingriff durch Information, 1995, S. 100; *Stober*, GewArch 1993, 136 (143); *Wallerath*, NJW 2001, 781 (787).

753 *M. Hoffmann*, Der grundrechtliche Schutz der marktwirtschaftlichen Unternehmenstätigkeit und der gesellschaftsrechtlichen Unternehmensorganisation durch die „Unternehmensfreiheit", 1988, S. 53; *Storr*, Der Staat als Unternehmer, 2001, S. 156.

754 *Storr*, Der Staat als Unternehmer, 2001, S. 156.

755 *Wallerath*, NJW 2001, 781 (787); *Preu*, Subjektivrechtliche Grundlagen des öffentlich-rechtlichen Drittschutzes, 1992, S. 180.

756 *Storr*, Der Staat als Unternehmer, 2001, S. 156 f.

757 *Storr*, Der Staat als Unternehmer, 2001, S. 157.

758 *Storr*, Der Staat als Unternehmer, 2001, S. 158.

759 *Schliesky*, DVBl 1999, 78 (82); *ders.*, JA 1997, 902 (904); *ders.*, JA 1997, 284 (285); *ders.*, Öffentliches Wirtschaftsrecht, 4. Aufl. 2014, S. 99, 186 f.; *ders.*, Öffentliches Wettbewerbsrecht, 1997, S. 198 ff.; *Odewald*, Faktische und mittelbare Eingriffe in die Wettbewerbsfreiheit, 2011, S. 127 ff.; *Eisenmenger*, Öffentliches Unternehmensrecht, S. 96; *Kahl*, Privatrechtliches Verwaltungshandeln und Verwaltungsverfahrensgesetz am Beispiel des Vergaberechts, in: Aschke/Hase/Schmidt-De Caluwe (Hrsg.), FS v. Zezschwitz, 2005, S. 151 (159 f.); *Tsiliotis*, Der verfassungsrechtliche Schutz der Wettbewerbsfreiheit und seine Einwirkung auf die privatrechtlichen Beziehungen, S. 89 Fn. 346; *P.-M. Huber*, JZ 2003, 290 (292); BVerwGE 87, 37 (41); *Di Fabio*, JZ 1993, 689 (694). *Lindner*, DÖV 2003, 185 (190 f.), sieht die gleiche Chance auf Erfolg als Ausprägung von Art. 3 Abs. 1 GG an (dazu sogleich unter

Die Teilnahme am Wettbewerb könne nur effektiv durch die Wettbewerbsfreiheit geschützt werden, wenn auch die Marktstellung durch diese geschützt werde, weil diese die notwendige Grundlage des Verhaltens im Wettbewerb darstelle[760]. Geschützt soll deshalb neben der Freiheit zum Wettbewerb – also dem Zugang zu den Märkten – auch die Freiheit im Wettbewerb sein[761]. Die Freiheit im Wettbewerb schütze nicht die bloße Hoffnung oder Erwartung auf Erfolg, sondern nur die selbst erarbeitete konkrete Stellung im Wettbewerb als Ausgangslage für weitere Gewinne bzw. die Erwerbschance[762]. Dies entspreche auch den tatsächlichen Gegebenheiten des Marktes. Es sei gerade marktimmanent, dass Ausgangslage für ein Unternehmen immer der jeweilige Marktanteil am Ende einer Periode sei. Auf dieser selbst erarbeiteten Basis baue das Unternehmen immer von Neuem auf. Durch die Ausgangslage werde somit auch die zukünftige Erwerbsmöglichkeit am Markt entscheidend mitbestimmt. Art. 12 Abs. 1 Satz 1 GG müsse deshalb im Gegensatz zum Erfolg im Wettbewerb auch die bloße Erwerbschance schützen[763].

Dieser Schutz sei auch deshalb für einen umfassenden Grundrechtsschutz der Wettbewerbs- und Berufsfreiheit erforderlich, da Art. 12 Abs. 1 Satz 1 GG einen zukunftsgerichteten Schutzbereich habe. Denn dieser umfasse den Erwerbsvorgang, also auch den künftigen, wohingegen Art. 14 Abs. 1 Satz 1 GG das Erworbene schützt, sich also auf die Vergangenheit bezieht[764]. Im Rahmen der bestehenden Wirtschaftsordnung sei das Verhalten des Unternehmers im Wettbewerb Bestandteil der geschützten unternehmerischen Betätigung[765].

Die Markstellung werde hierbei durch den Marktanteil im Zeitpunkt des Eingriffs, der sich aufgrund des Umsatzes ergibt, bestimmt[766].

Selbstverständlich unterliege der Wettbewerb, wie die Gegenmeinungen aus Literatur und Rechtsprechung es zutreffend anführen, einem stetigen Wandel. Auch

---

Gliederungspunkt Teil II: E. II. 4. b) aa)). *Porsch*, Warnungen und kritische Äußerungen als Mittel gemeindlicher Öffentlichkeitsarbeit, 1997, 117 f., sieht die Belegung mit staatlichen Nachteilen als geschützt an. Insofern widersprüchlich *Spaeth*, Grundrechtseingriff durch Information, 1995, S. 100, 165, die zwar die Wettbewerbsposition, aber nicht den Geschäftsumfang bzw. die Erwerbsmöglichkeiten als geschützt ansieht; so im Ansatz auch BVerwGE 87, 37 (41).

760 *Schliesky*, Öffentliches Wettbewerbsrecht, 1997, S. 198; *ders.*, JA 1997, 902 (904).

761 *Schliesky*, DVBl 1999, 78 ff. (82).

762 *Schliesky*, Öffentliches Wettbewerbsrecht, 1997, S. 199; *ders.*, DVBl 1999, 78 (82); *ders.*, Öffentliches Wirtschaftsrecht, 4. Aufl. 2014, S. 187; *Di Fabio*, JZ 1993, 689 (694).

763 *Odewald*, Faktische und mittelbare Eingriffe in die Wettbewerbsfreiheit, 2011, S. 133; *Schliesky*, Öffentliches Wettbewerbsrecht, 1997, S. 199.

764 *Schliesky*, Öffentliches Wettbewerbsrecht, 1997, S. 199 f.; *ders.*, DVBl 1999, 78 (82, Fn. 30); *Odewald*, Faktische und mittelbare Eingriffe in die Wettbewerbsfreiheit, 2011, S. 133. Siehe hierzu auch BVerfGE 30, 292 (334 f.); 84, 133 (157); 105, 252 (277 f.); BGH, DVBl 1996, 797 (799); *Reiner Schmidt*, Öffentliches Wirtschaftsrecht, Allgemeiner Teil, 1990, S. 130.

765 *Schliesky*, JA 1997, 284 ff. (285).

766 *Schliesky*, Öffentliches Wettbewerbsrecht, 1997, S. 198 f.

könne nicht der Marktanteil des Einzelnen im Ergebnis vor privater Konkurrenz geschützt sein, was sich schon aus der fehlenden Drittwirkung der Grundrechte gegenüber Privaten ergebe[767]. Dies folge schon daraus, dass nicht einem Grundrechtsträger und Wettbewerbsteilnehmer zugunsten der Sicherung des Marktanteils eines anderen der Schutz seines Marktanteils wiederum versagt würde. Dies gelte zwar für das Verhältnis zwischen Privaten, jedoch gerade nicht gegenüber staatlichen Einwirkungen auf den Markt[768]. Der Staat selbst sei kein Grundrechtsträger, sondern ein Grundrechtsverpflichteter, was sich aus der Funktion der Grundrechte als Abwehrrechte Privater gegenüber dem Staat ergebe[769]. In diesem Verhältnis stelle sich der Schutz vor in die Marktstellung eingreifenden Maßnahmen nicht als Schutz der Freiheit vor Konkurrenz dar, sondern als Schutz vor ungerechtfertigter staatlicher Einwirkung i. S. v. staatlicher Behinderung oder Verzerrung des Wettbewerbs[770].

Letztlich sei eine Feststellung des Marktanteils durchaus zu einem bestimmten Zeitpunkt möglich[771]. Dies zeige die kartellrechtliche Verwaltungs- und Rechtsprechungspraxis[772].

(c) Stellungnahme

Aufgrund der einheitlich ablehnenden Rechtsprechung gegenüber dem Schutz der Marktstellung dürfte bis auf Einzelfälle, die die Rechtsprechung durchaus anerkennt[773], eine Betroffenheit des Schutzbereichs im gerichtlichen Verfahren schwer zu begründen sein. Wenngleich die Rechtsprechung, wie bereits aufgezeigt, teilweise uneinheitlich und inkonsequent argumentiert.

So erkennt das BVerfG in seinem Beschluss zur Aufnahme einer Klinik in den Krankenhausplan[774] einen Konkurrenznachteil als von der Wettbewerbsfreiheit geschützt an. Ein Abstellen auf diesen setzt den Schutz der Stellung im Wettbewerb voraus[775], da sich der Konkurrenznachteil unzweifelhaft in der Marktstellung des Marktteilnehmers niederschlägt.

---

767 *Schliesky*, Öffentliches Wettbewerbsrecht, 1997, S. 199.

768 *Schliesky*, Öffentliches Wettbewerbsrecht, 1997, S. 199.

769 *Schliesky*, Öffentliches Wettbewerbsrecht, 1997, S. 199; *ders.*, Öffentliches Wirtschaftsrecht, 4. Aufl. 2014, S. 88. Vgl. zur Funktion der Grundrechte als Abwehrrechte bereits Gliederungspunkt Teil II: E. I. 1.

770 *Lindner*, DÖV 2003, 185 ff. (186); *Odewald*, Faktische und mittelbare Eingriffe in die Wettbewerbsfreiheit, 2011, S. 130.

771 *Odewald*, Faktische und mittelbare Eingriffe in die Wettbewerbsfreiheit, 2011, S. 131.

772 *Odewald*, Faktische und mittelbare Eingriffe in die Wettbewerbsfreiheit, 2011, S. 131, unter Verweis auf *Möschel*, in: Immenga/Mestmäcker (Hrsg.), Wettbewerbsrecht: GWB, 4. Aufl. 2007, § 19 Rn. 59 ff.

773 BVerwGE 87, 37 (41).

774 BVerfGE 82, 209 (223 f.); BVerfG, NJW 1990, 2306 ff.

775 BVerfG, NJW 1990, 2306 (2307). Vgl. hierzu auch *Schliesky*, Öffentliches Wettbewerbsrecht, 1997, S. 201 f.

Auch das BVerwG erkennt im Glykol-Urteil[776] an, dass die Verschlechterung der Wettbewerbsposition[777] bzw. die Einschränkung der Entfaltungsmöglichkeiten des Unternehmens[778] einen Eingriff in die Wettbewerbsfreiheit darstellen kann[779].

Hiervon geht das BVerwG auch in seiner Entscheidung zu Warentests durch eine Behörde aufgrund des Schutzes des Verhaltens im Wettbewerb aus[780].

Im Transparenzlisten-Urteil[781] spricht das BVerwG hinsichtlich der in Rede stehenden Beeinträchtigung von nicht unbeträchtlichen Absatzeinbußen sowie einer Schmälerung der Gewinnerzielungsmöglichkeiten und erkennt an, dass die Veränderungen der Erwerbsbedingungen ausnahmsweise einen Eingriff in die Wettbewerbsfreiheit darstellen können, wenn und soweit diese staatlicherseits final und grundrechtsspezifisch erfolgen[782]. Hiernach kann ein Eingriff also nicht pauschal ausgeschlossen werden. Diese zugrunde gelegten Kriterien sind bei der Qualifizierung eines Eingriffs zu verorten, was die Eröffnung des Schutzbereichs bereits voraussetzt[783].

Zudem entspricht die Einbeziehung des Schutzes der Marktposition dem europäischen Schutzniveau, da der EuGH bei der Bestimmung der Klagebefugnis in Konkurrentenstreitigkeiten bei unrechtmäßig gewährten Beihilfen auf die Wettbewerbsstellung des Begünstigten bzw. Nichtbegünstigten abstellt[784].

Aus wissenschaftlicher und somit für eine wissenschaftliche Dissertation entscheidender Perspektive ist jedoch der Literaturmeinung beizupflichten, die entgegen der Ansicht der Rechtsprechung einen Schutz der Marktstellung bzw. -position annimmt.

Die Marktstellung bzw. -position eines Unternehmens im Wettbewerb muss als Ausgangsbasis für das Verhalten des Unternehmens im Wettbewerb, das auch nach Ansicht der Rechtsprechung von der Wettbewerbsfreiheit umfasst ist, einen ausreichenden Schutz erfahren, da sonst über dieses Einfallstor eben dieses von allen Seiten unbestritten durch Art. 12 Abs. 1 Satz 1 GG geschützte Verhalten beschnitten werden könnte. Allein hieraus muss sich aufgrund der hinreichenden Sicherung der Grundrechte ein Schutz ergeben. Ob für diesen Schutz eine dogmatisch bessere Herleitung aus den Grundrechten möglich ist, wird im Folgenden noch beleuchtet

---

776 BVerwGE 87, 37 ff.

777 BVerwGE 87, 37 (44).

778 BVerwGE 87, 37 (41).

779 Siehe hierzu auch *Schliesky*, Öffentliches Wettbewerbsrecht, 1997, S. 200 f.; *Odewald*, Faktische und mittelbare Eingriffe in die Wettbewerbsfreiheit, 2011, S. 132 f.; *Faßbender*, NJW 2004, 816 (816).

780 BVerwG, NJW 1996, 3161 (3161).

781 BVerwGE 71, 183 ff.

782 BVerwGE 71, 183 (193 f.).

783 *Odewald*, Faktische und mittelbare Eingriffe in die Wettbewerbsfreiheit, 2011, S. 131 f.

784 Z. B. EuGH Slg. 1986, 391 (415 f., Rn. 25 ff.); EuGH, DVBl 2001, 270 (271). Vgl. hierzu *Schliesky*, Öffentliches Wirtschaftsrecht, 4. Aufl. 2014, S. 187.

werden[785]. Ein Schutz der Marktstellung ist jedoch aus den oben bereits angeführten Gründen zwingend erforderlich.

Bei der geschützten Marktstellung bzw. dem geschützten Marktanteil ist jedoch nicht von bloßen Umsatzzahlen im jeweiligen Geschäftsjahr auszugehen. Diese unterliegen dem auch von der Rechtsprechung oben zutreffend beschriebenen Wandel und Risiko des Marktes[786]. Auch kann kein Anspruch auf Erfolg bestehen, weil faktisch nicht jeder Wettbewerber im Wettbewerb erfolgreich sein kann[787]. Vielmehr geht es um den Schutz der Basis des Wirtschaftens als Grundlage des Verhaltens im Wettbewerb und nicht um den Schutz vor Konkurrenz. Ein Marktteilnehmer darf durch staatliches Handeln nicht um diese Grundlage gebracht werden, wenn die Einbuße des Marktanteils nicht mit den natürlichen Kräften des Marktes, also durch private Mitbewerber, bezweckt wurde. Denn, wie die Gegenmeinung richtig erkennt, kann es aufgrund der Grundrechtskollision der Wettbewerbsfreiheit jedes einzelnen Marktteilnehmers keinen Schutz vor Konkurrenz und keine uneingeschränkte Ausübung der Wettbewerbsfreiheit geben. Dies würde dazu führen, dass der Markt zu einem bestimmten Zeitpunkt eingefroren und es den Beteiligten am Markt hierdurch gänzlich unmöglich gemacht würde, auf den Wettbewerb einzuwirken.

Anders verhält sich dies jedoch, wenn nicht Private, sondern der Staat den Wettbewerb beeinflusst[788]. Ein Schutz der Marktposition darf, muss aber somit auch insoweit bestehen, dass der Marktteilnehmer in seiner Marktstellung vor staatlichen und nicht vor privaten Maßnahmen, also der natürlichen privatwirtschaftlichen Konkurrenz, in der Weise geschützt sein muss, dass weder er im Gegensatz zu den anderen Marktteilnehmern benachteiligt werden darf noch die anderen Marktteilnehmer aufgrund staatlicher Handlungen Vorteile erlangen dürfen. Dieser Schutz vor Bevorteilung oder Benachteiligung von Marktteilnehmern, die auf staatliche Tätigkeit zurückzuführen ist, muss vom Schutzbereich als Basis der Freiheit im Wettbewerb umfasst sein, da sich der Staat als Grundrechtsverpflichteter im Gegensatz zu den Grundrechtsberechtigten, wie es die Teilnehmer am Markt sind, nicht auf die grundgesetzliche Wettbewerbsfreiheit aus Art. 12 Abs. 1 Satz 1 GG berufen kann.

Auch dem Argument, dass der Staat durch eine Verschärfung der Konkurrenzverhältnisse lediglich den Wettbewerb verbessere bzw. begünstige, kann entgegengehalten werden, dass Schutzgut der Wettbewerbsfreiheit nicht der Wettbewerb als

---

785 Siehe hierzu Gliederungspunkt Teil II: E. II. 4. b) aa).

786 *Lindner*, DÖV 2003, 185 ff. (187).

787 *Lindner*, DÖV 2003, 185 ff. (187).

788 *Odewald*, Faktische und mittelbare Eingriffe in die Wettbewerbsfreiheit, 2011, S. 130 f. In diesem Sinne differenziert auch *Preu*, Subjektivrechtliche Grundlagen des öffentlichrechtlichen Drittschutzes, 1992, S. 180, 196 ff., zwischen privater und staatlicher Einwirkung auf den Markt.

Institution, sondern eben die Wettbewerbsfreiheit der einzelnen Wettbewerber ist[789], durch deren konkurrierende Ausübung der Wettbewerb erst entsteht.

Außerdem wäre der Staat ohne einen grundrechtlichen Schutz der Wettbewerbsposition in der Lage, durch die Veränderung der die Wettbewerbsposition beeinflussenden Faktoren nach seinem Ermessen günstige bzw. ungünstige Rahmenbedingungen für einzelne Bewerber zu schaffen, ohne sich hierfür überhaupt an den Grundrechten messen lassen zu müssen.

Letztlich ist auch zu bedenken, dass durch die bloße Eröffnung des Schutzbereichs weder immer ein Eingriff vorliegt noch dieser nicht gerechtfertigt werden könnte.

Aus diesen Gründen kann die Schutzbereichseröffnung der Wettbewerbsfreiheit aus Art. 12 Abs. 1 Satz 1 GG bei der Betroffenheit der Marktstellung bzw. -position – zumindest nicht pauschal – abgelehnt werden.

(d) Ergebnis

Durch § 2 Abs. 2 EGovG werden die Behörden des Bundes verpflichtet, einen elektronischen Zugang für De-Mail zu eröffnen. Eine solche Verpflichtung wird für andere sichere elektronische Zugangsformen, die nicht De-Mail-akkreditiert sind, nicht normiert. Durch diese Verpflichtung kann und wird es aller Wahrscheinlichkeit nach zu einer Benachteiligung der nicht De-Mail-akkreditierten Anbieter sicherer elektronischer Zugangsformen in dem bereits beschriebenen Maße kommen. Diese Wirkung wird über den Markt vermittelt werden und, wie beschrieben, zu einer Beeinträchtigung der Marktstellung der Anbieter nicht akkreditierter sicherer elektronischer Zugangsformen zugunsten der De-Mail-Anbieter führen. Aufgrund dieses Nachteils ist der Schutzbereich der Wettbewerbsfreiheit, der nach der hier vertretenen Ansicht auch den Schutz der Marktposition umfasst, eröffnet.

bb) Eingriff

(1) Feststellung des Eingriffscharakters

Der moderne Eingriffsbegriff lässt sich unproblematisch auf die gesetzliche Regelung von elektronischen Zugangsformen anwenden und wird i. d. R. auch vorliegen, da jede wahrnehmbare Beeinträchtigung erfasst ist, sofern der Schutzbereich der Wettbewerbsfreiheit berührt ist. Dies ist, wie bereits erörtert, bei einer Verpflichtung zur Eröffnung des elektronischen Zugangs mittels einer bestimmten elektronischen Zugangsform, wie im vorliegenden Fall für die De-Mail-Kommunikation, gegeben, da die Regelung des § 2 Abs. 2 EGovG die Marktposition der nicht akkreditierten Anbieter sicherer elektronischer Zugangsformen beeinträchtigt. Nach dem hier vertretenen Verständnis ist diese Stellung im Markt vom Schutzbereich der Wettbewerbsfreiheit aus Art. 12 Abs. 1 Satz 1 GG umfasst.

---

789 *Spaeth*, Grundrechtseingriff durch Information, 1995, S. 165; *Scholz*, in: Maunz/Dürig, Grundgesetz, Band II, Stand: 69. Erg.-Lfg. 2013, Art. 12 Rn. 88.

Darin, dass § 2 Abs. 2 EGovG die Bundesbehörden nur zur Eröffnung eines Zugangs für De-Mail verpflichtet, eine vergleichbare Verpflichtung für andere nicht De-Mail-akkreditierte sichere elektronische Zugangsformen aber nicht, auch nicht im Sinne einer Auswahlmöglichkeit oder einer technikneutralen Formulierung besteht, werden die nicht De-Mail-akkreditierten Anbieter benachteiligt. Diese Benachteiligung hat, wie bereits dargelegt, Auswirkungen auf die Marktposition der Anbieter nicht akkreditierter sicherer elektronischer Zugangsformen und stellt somit nach hier vertretener Ansicht einen Eingriff in die Wettbewerbsfreiheit aus Art. 12 Abs. 1 Satz 1 GG dar.

(2) Das Erfordernis der berufsregelnden Tendenz

Bei Eingriffen in das Grundrecht der Berufsfreiheit aus Art. 12 Abs. 1 Satz 1 GG wird bei der Anwendung des modernen Eingriffsbegriffs, insbesondere von der Rechtsprechung[790], im Gegenzug für die Erweiterung des klassischen Eingriffsbegriffs eine zusätzliche einschränkende Komponente im Sinne einer berufsregelnden Tendenz gefordert. Dies gilt insofern auch für die Wettbewerbsfreiheit aus Art. 12 Abs. 1 Satz 1 GG, wenn man diese, wie hier angenommen[791], bei Art. 12 Abs. 1 Satz 1 GG verortet. Aufgrund dessen sollten, da Art. 12 GG als einheitliches Grundrecht gilt[792], auch für die Wettbewerbsfreiheit grundsätzlich die gleichen Eingriffskriterien gelten.

(a) Subjektiv berufsregelnde Tendenz

Zum einen soll nur dann ein Eingriff vorliegen, wenn die Beeinträchtigung eine subjektiv berufsregelnde Tendenz besitzt. Dies ist dann der Fall, wenn die berufliche Tätigkeit bzw. die Berufswahl durch imperative Regelungen geregelt oder beeinträchtigt wird[793].

Der Gesetzgeber wird bei der Regelung elektronischer Zugangsformen grundsätzlich nicht direkt und final in die Wettbewerbsfreiheit eingreifen, obwohl auch solche Maßnahmen zumindest abstrakt durchaus denkbar sind[794].

Das Problem wird hier zum einen in der Absicht des Staates und somit in der Finalität des staatlichen Handelns liegen, wenn durch die Regelung von elektronischen Zugangsformen Nebenfolgen entstehen, die aber wie eine finale Beeinträchtigung wirken.

---

790 BVerfGE 95, 267, 302; 97, 228, 254 (ständige Rechtsprechung).

791 Siehe hierzu bereits Gliederungspunkt Teil II: E. II. 1. a) bb) (5).

792 *Pieroth/Schlink/Kingreen/Poscher*, Grundrechte, Staatsrecht II, 29. Aufl. 2013, Rn. 877.

793 *Manssen*, Staatsrecht II, Grundrechte, 10. Aufl. 2013, Rn. 605; BVerfGE 13, 181 (185); 113, 29 (48); *Manssen*, in: v. Mangoldt/Klein/Starck, Kommentar zum Grundgesetz, Band 1, 6. Aufl. 2010, Art. 12 Abs. 1 Rn. 74.

794 Bspw. Verbote einzelner elektronischer Zugangsmöglichkeiten insgesamt oder für einzelne Bereiche oder die Beschränkung auf nur einen elektronischen Zugang, die einem Verbot gleichkommen kann.

Zum anderen werden Beeinträchtigungen der Wettbewerbsfreiheit durch die Regelung von elektronischen Zugangsformen überwiegend erst durch den Markt, der z. B. gesetzliche Regelungen umsetzt, oder durch die durch die staatlichen Regelungen beeinflussten Entscheidungen der Verbraucher vermittelt entstehen. Sollte man dies nicht als gegebene Besonderheit der Beeinflussung des Marktes sehen, wäre das Merkmal der subjektiv berufsregelnden Tendenz besonders zu prüfen und ggf. zu problematisieren.

Zwar wird durch § 2 Abs. 2 EGovG die Verpflichtung der Behörden des Bundes zur Eröffnung eines Zugangs durch eine De-Mail-Adresse festgelegt und somit imperativ geregelt, Adressat der Regelung sind jedoch die Bundesbehörden und nicht die De-Mail-Anbieter oder andere Anbieter sicherer elektronischer Zugangsformen. Die Anbieter nicht akkreditierter sicherer elektronischer Zugangsformen sind zwar, wie oben bereits erörtert, in ihrem Grundrecht auf Wettbewerbsfreiheit aus Art. 12 Abs. 1 Satz 1 GG betroffen, dies jedoch erst mittelbar über die Folgen des Marktes. Die Berufswahl und Berufsausübung der nicht De-Mail-akkreditierten Anbieter sicherer elektronischer Zugangsformen soll und wird durch die gesetzliche Regelung selbst nicht direkt beeinträchtigt. Eine subjektiv berufsregelnde Tendenz liegt somit nicht vor.

(b) Objektiv berufsregelnde Tendenz

Zum anderen kann ein Eingriff auch bei mittelbaren oder tatsächlichen Auswirkungen auf die berufliche Tätigkeit vorliegen; und zwar dann, wenn eine objektiv berufsregelnde Tendenz zu erkennen ist. Dies sei dann der Fall, wenn die jeweilige Regelung nach Entstehungsgeschichte und Inhalt im Schwerpunkt Tätigkeiten betrifft, die typischerweise beruflich ausgeübt werden[795]. Das heißt, dass eine objektiv berufsregelnde Tendenz anzunehmen ist, wenn sich die Rahmenbedingungen der beruflichen Tätigkeit verändern oder aufgrund ihrer Gestaltung ein enger Zusammenhang mit der Ausübung des Berufs besteht[796]. Hierbei seien nicht nur die Zielsetzung der Regelung, sondern auch ihre tatsächlichen Auswirkungen auf den Betroffenen entscheidend[797]. Außerdem müsse die berufliche Tätigkeit durch die Regelung „nennenswert behindert"[798] werden[799].

Auch bei der objektiv berufsregelnden Tendenz stellen sich die oben genannten Probleme. Zwar muss die Berufswahl und Berufsausübung nicht imperativ geregelt werden, jedoch muss nach diesem Kriterium auch die Beeinträchtigung von

---

795 BVerfGE 13, 181 (185 f.); 16, 147 (162); 29, 327 (333 f.); 37, 1 (17); 97, 228 (254); *Jarass*, in: ders./Pieroth, GG, 12. Aufl. 2012, Art. 12 Rn. 15; *Manssen*, in: v. Mangoldt/Klein/Starck, Kommentar zum Grundgesetz, Band 1, 6. Aufl. 2010, Art. 12 Abs. 1 Rn. 74.

796 BVerfGE 111, 191 (213); *Manssen*, Staatsrecht II, Grundrechte, 10. Aufl. 2013, Rn. 606.

797 BVerfGE 110, 226 (254); *Jarass*, in: ders./Pieroth, GG, 12. Aufl. 2012, Art. 12 Rn. 15.

798 BVerfGE 81, 108 (122); 110, 370 (393 f.).

799 *Jarass*, in: ders./Pieroth, GG, 12. Aufl. 2012, Art. 12 Rn. 15.

Tätigkeiten, die typischerweise beruflich ausgeübt werden, im Schwerpunkt vorliegen. Auch hier findet sich also ein gewisses finales Element. Auch die Vermittlung von Nachteilen über den Markt bzw. durch die Gesetzesumsetzung kann hier im Rahmen der Regelung elektronischer Zugangsformen wieder zu Problemen bei der Annahme einer objektiv berufsregelnden Tendenz führen.

Wie schon festgestellt, soll durch die Vorschrift nicht direkt die berufliche Tätigkeit der nicht akkreditierten Anbieter sicherer elektronischer Zugangsformen geregelt werden. Hierfür ist jedoch nicht nur die Zielsetzung entscheidend, sondern auch die tatsächlichen Auswirkungen auf die Betroffenen. In tatsächlicher Weise werden die Anbieter sicherer elektronischer Zugangsformen auf dem Markt der sicheren elektronischen Zugangsformen in der oben beschriebenen Weise beeinträchtigt. Durch die Regelung werden jedoch nicht die Rahmenbedingungen für Anbieter sicherer elektronischer Zugangsformen verändert, die die Berufsausübung regeln. Es werden lediglich die Bundesbehörden zur Nutzung einer bestimmten elektronischen Zugangsform verpflichtet. Darüber hinaus können diese aber den elektronischen Zugang auch durch weitere Zugangsformen eröffnen. Diese Verpflichtung, die eine Nutzung weiterer Zugangsformen zumindest nicht gesetzlich ausschließt, ändert die Bedingungen, unter denen Anbieter sicherer elektronischer Zugangsformen ihre Produkte anbieten nicht. Sie können diese ohne Einschränkungen wie bisher anbieten. Was sich verändert, ist aber die Marktposition. Bei dieser handelt es sich jedoch nicht um eine berufliche Tätigkeit, sondern das Ergebnis dieser.

Anders verhielte sich dies selbstverständlich im Falle der Verpflichtung der Bundesbehörden, nur noch den elektronischen Zugang für De-Mail zu nutzen, da dies einem Verbot der Nutzung anderer sicherer elektronischer Zugangsformen entsprechen würde. Hierdurch würden die Marktgröße und der Kundenkreis erheblich verkleinert, da eine rechtssichere und vertrauliche Kommunikation, wie sie mit sicheren elektronischen Zugangsformen gewährleistet werden soll, für die Verwaltung von besonderer Bedeutung ist. Eine objektiv berufsregelnde Tendenz läge in diesem Fall vor.

Durch § 2 Abs. 2 EGovG ist dies jedoch aus den bereits genannten Gründen nicht der Fall.

(c) Entbehrlichkeit der berufsregelnden Tendenz

Somit liegt im vorliegenden Fall weder eine subjektiv noch eine objektiv berufsregelnde Tendenz vor.

Teilweise werden die Zusatzvoraussetzungen der berufsregelnden Tendenz für einen Eingriff in Art. 12 Abs. 1 Satz 1 GG aber auch als entbehrlich erachtet[800].

---

800 *Cremer*, DÖV 2003, 921 (928); *Papier*, Der Staat 11 (1972), 483 (493 ff.); *ders.*, DVBl 1984, 801 (805); *Schliesky*, Öffentliches Wirtschaftsrecht, 4. Aufl. 2014, S. 100; *Breuer*, in: Isensee/Kirchhof (Hrsg.), HStR VIII, 3. Aufl. 2010, § 171 Rn. 44 ff.; *Manssen*, Staatsrecht II, Grundrechte, 10. Aufl. 2013, Rn. 607 f.; *ders.*, in: v. Mangoldt/Klein/Starck, GG, 6. Aufl. 2006, Art. 12 Rn. 75 ff., 274.

So konstatiert *Schliesky*[801] bspw., dass die Prüfung der berufsregelnden Tendenz, insbesondere der objektiv berufsregelnden Tendenz, schlicht überflüssig sei. Zwar richte sich die Schutzwirkung des Art. 12 Abs. 1 Satz 1 GG nicht auf jede nur mittelbar wirkende Beeinträchtigung des Berufs und der Berufsausübung, das BVerfG[802] fordere aber im Rahmen einer nunmehr ausreichenden objektiven berufsregelnden Tendenz lediglich eine Intensität der Beeinträchtigung, die eine Berufsregelung objektiv wahrnehmbar mache. Die Prüfung einer solchen Intensität sei jedoch ohnehin schon Bestandteil des neuen Eingriffsbegriffs[803].

Ipsen[804] hält die objektiv berufsregelnde Tendenz indessen für eine „contradictio in adiecto“, also einen Widerspruch in sich[805]. Während der Begriff Tendenz auf ein finales, auf die Absicht des Gesetzgebers gegründetes Element abziele, solle, was nicht möglich sei, die Regelung zugleich objektiv sein. Als Maßstab für einen Eingriff könnten nach Ansicht *Ipsens* nur zwei Merkmale entscheidend sein: zum einen die Absicht des Gesetzgebers und zum anderen die Auswirkungen der Regelung[806]. Gegen eine Orientierung an der Absicht des Gesetzgebers spricht indes, dass auch unbeabsichtigte faktische und mittelbare Beeinträchtigungen die gleiche Intensität wie finale Beeinträchtigungen besitzen können[807]. Außerdem kann hier ein Vergleich zu der Schranke der „allgemeinen Gesetze“ in Art. 5 Abs. 2 GG angeführt werden, durch die gerade auch reflexive Auswirkungen auf die Meinungsfreiheit erfasst werden sollen[808]. Deshalb sei allein auf die Auswirkungen abzustellen, jedenfalls zumindest dann, wenn sich die Beeinträchtigung nicht auf alle Bürger gleich auswirke[809].

Auch *Manssen*[810] spricht sich gegen eine Abgrenzung nach der berufsregelnden Tendenz aus, da diese weder durch ihre dogmatische Fundierung noch durch ihre Ergebnisse überzeuge, und verweist, was im Einklang mit den zuerst genannten Ansichten stehen dürfte, auf die Erkenntnisse der allgemeinen Grundrechtsdogmatik[811].

---

801 *Schliesky*, Öffentliches Wirtschaftsrecht, 4. Aufl. 2014, S. 100; ausführlich *ders.*, Öffentliches Wettbewerbsrecht, 1997, S. 215 f.; so auch *Breuer*, in: Isensee/Kirchhof (Hrsg.), HStR VIII, 3. Aufl. 2010, § 171 Rn. 44. A. A. *Jarass*, in: ders./Pieroth, GG, 12. Aufl. 2012, Art. 12 Rn. 15, da sonst Art. 12 GG konturenlos würde.

802 BVerfGE 95, 267 (302); 97, 228 (254).

803 *Schliesky*, Öffentliches Wirtschaftsrecht, 4. Aufl. 2014, S. 100; ausführlich *ders.*, Öffentliches Wettbewerbsrecht, 1997, S. 216.

804 *Ipsen*, Staatsrecht II, Grundrechte, 16. Aufl. 2013, Rn. 658 ff.

805 *Ipsen*, Staatsrecht II, Grundrechte, 16. Aufl. 2013, Rn. 658.

806 *Ipsen*, Staatsrecht II, Grundrechte, 16. Aufl. 2013, Rn. 658.

807 *Ipsen*, Staatsrecht II, Grundrechte, 16. Aufl. 2013, Rn. 658.

808 *Ipsen*, Staatsrecht II, Grundrechte, 16. Aufl. 2013, Rn. 658 f.

809 *Ipsen*, Staatsrecht II, Grundrechte, 16. Aufl. 2013, Rn. 660.

810 *Manssen*, in: v. Mangoldt/Klein/Starck, Kommentar zum Grundgesetz, Band 1, 6. Aufl. 2010, Art. 12 Abs. 1 Rn. 75 f.

811 *Manssen*, in: v. Mangoldt/Klein/Starck, Kommentar zum Grundgesetz, Band 1, 6. Aufl. 2010, Art. 12 Abs. 1 Rn. 75.

Es spreche nichts gegen einen Schutz durch Art. 12 Abs. 1 Satz 1 GG vor jeder hoheitlichen Einwirkung und einer Orientierung an der materiellen Betroffenheit des Bürgers[812]. Nur diese entspreche nämlich der auch in Art. 12 Abs. 1 Satz 1 GG enthaltenen objektiven Wertentscheidung zugunsten des hierdurch garantierten Freiheitsgehaltes[813]. Es gäbe gerade in der Wirtschaftspolitik eine Vielzahl von Zwecken und Handlungsformen, die eine Reduzierung auf bestimmte Eingriffsformen verbieten würden[814]. Auch komme die Abgrenzung anhand der objektiv berufsregelnden Tendenz nicht zu überzeugenden Ergebnissen, da klare Abgrenzungskriterien, die die Entscheidungen nachvollziehbar machen würden, nicht erkennbar seien[815]. Deshalb komme es nach den allgemeinen Regeln der Grundrechtsdogmatik bei Rechtsakten mit imperativer Wirkung nicht auf die Finalität oder eine Tendenz der Maßnahme an. Im Gegensatz dazu sei Art. 12 Abs. 1 Satz 1 GG schon dann betroffen, wenn eine der hoheitlichen Gewalt zurechenbare Maßnahme den Grundrechtsträger in seiner beruflichen Tätigkeit erfasse[816]. Aufgrund dessen, dass es keinen abgeschlossenen Kreis von grundrechtlich geschützten Berufen gebe, sei es nicht einmal erforderlich, dass die Maßnahme sich typischerweise oder überwiegend auf die jeweilige berufliche Tätigkeit auswirke. Vielmehr sei die individuelle Situation des jeweiligen Grundrechtsträgers entscheidend[817].

In diesem Sinne spricht sich auch *Breuer* gegen die Voraussetzung der berufsregelnden Tendenz aus, da es seiner Ansicht nach nicht gerechtfertigt und plausibel sei, formale und modale Einschränkungen des Schutzbereichs vorzunehmen[818]. Die grundrechtlich geschützte Berufsfreiheit könne nicht nur durch subjektiv oder objektiv finale, unmittelbare oder rechtsförmliche Beeinträchtigungen, sondern auch durch unbeabsichtigte, mittelbare oder tatsächliche Neben- oder Folgewirkungen hoheitlicher Maßnahmen in relevanter Art und Weise betroffen sein[819].

---

812 *Manssen*, in: v. Mangoldt/Klein/Starck, Kommentar zum Grundgesetz, Band 1, 6. Aufl. 2010, Art. 12 Abs. 1 Rn. 75. So auch *Breuer*, in: Isensee/Kirchhof (Hrsg.), HStR VIII, 3. Aufl. 2010, § 171 Rn. 44; *Gallwas*, Faktische Beeinträchtigungen im Bereich der Grundrechte, Ein Beitrag zum Begriff der Nebenwirkungen, 1970, S. 166, These 8.

813 *Manssen*, in: v. Mangoldt/Klein/Starck, Kommentar zum Grundgesetz, Band 1, 6. Aufl. 2010, Art. 12 Abs. 1 Rn. 75.

814 *Manssen*, in: v. Mangoldt/Klein/Starck, Kommentar zum Grundgesetz, Band 1, 6. Aufl. 2010, Art. 12 Abs. 1 Rn. 75 mit Verweis auf BVerwGE 71, 183 (192); 87, 37 (43 f.).

815 *Manssen*, in: v. Mangoldt/Klein/Starck, Kommentar zum Grundgesetz, Band 1, 6. Aufl. 2010, Art. 12 Abs. 1 Rn. 76. So auch *Breuer*, in: Isensee/Kirchhof (Hrsg.), HStR VIII, 3. Aufl. 2010, § 171 Rn. 44; *Cremer*, DÖV 2003, 921 (928).

816 *Manssen*, in: v. Mangoldt/Klein/Starck, Kommentar zum Grundgesetz, Band 1, 6. Aufl. 2010, Art. 12 Abs. 1 Rn. 77.

817 *Manssen*, in: v. Mangoldt/Klein/Starck, Kommentar zum Grundgesetz, Band 1, 6. Aufl. 2010, Art. 12 Abs. 1 Rn. 77.

818 *Breuer*, in: Isensee/Kirchhof (Hrsg.), HStR VIII, 3. Aufl. 2010, § 171 Rn. 44.

819 *Breuer*, in: Isensee/Kirchhof (Hrsg.), HStR VIII, 3. Aufl. 2010, § 171 Rn. 44.

Es sei hingegen auch bei mittelbaren Beeinträchtigungen allein erforderlich, dass aus der staatlichen Maßnahme eine spezifische, rechtlich oder faktisch wirkende Betroffenheit des Bürgers bei seiner beruflichen Tätigkeit resultiere[820].

Auch *Papier*[821] und *Cremer*[822] sprechen sich gegen die berufsregelnde Tendenz als Voraussetzung für einen Eingriff in Art. 12 Abs. 1 Satz 1 GG aus. *Cremer* verweist wie *Manssen* darauf, dass eine Begründung für eine Abweichung von der allgemeinen Grundrechtsdogmatik fehle. Außerdem gibt er zu bedenken, dass in diesem Fall bei der Annahme der Notwendigkeit einer objektiv berufsregelnden Tendenz der Eingriffscharakter der Wettbewerbsfreiheit abhängig von der Einordnung der Wettbewerbsfreiheit bei Art. 12 GG oder Art. 2 GG wäre, da bei Art. 2 GG keine berufsregelnde Tendenz erforderlich sei[823]. *Papier* konstatiert hingegen, dass die Grundrechte als Abwehrrechte nicht nur Schutz vor gezielten und gewollten Eingriffen der Staatsgewalt, sondern auch vor jeder hoheitlich bewirkten tatsächlichen Einwirkung oder Störung gewährleisten. Eine Differenzierung dahingehend, dass nur gezielte Einwirkungen als Eingriffe zu qualifizieren seien, sei nicht einzusehen und lasse eine Begründung vermissen[824]. Die Finalität sei deshalb kein Begriffserfordernis des Eingriffsbegriffs[825]. Demnach seien finale, rechtliche oder faktische Eingriffe umfasst, also auch unbeabsichtigte Aus- oder Folgewirkungen[826].

Dieser Ansicht im Schrifttum ist zuzustimmen, zumal sich auch in der Rechtsprechung[827] eine Abkehr von dem Erfordernis der objektiv berufsregelnden Tendenz abzeichnen könnte[828]. So führt das BVerwG in seiner Glykol-Entscheidung aus, dass mangels einer berufsregelnden Tendenz nicht ein Eingriff in das Grundrecht auf Berufsfreiheit ausgeschlossen werden könne[829]. Es verweist hierbei auf das BVerfG und frühere Entscheidungen desselben Senats, dass keine abschließende Bewertung vorgenommen worden ist, die besagt, dass Art. 12 Abs. 1 Satz 1 GG nur bei Vorliegen einer berufsregelnden Tendenz beeinträchtigt sein könne[830]. Der Schutz des Art. 12 Abs. 1 Satz 1 GG sei „vielmehr unvollständig, wenn an ihm nicht auch mit staatlicher Autorität vorgenommene Handlungen gemessen würden, die als nicht bezweckte, aber voraussehbare und in Kauf genommene Nebenfolge eine schwerwiegende

---

820 *Breuer*, in: Isensee/Kirchhof (Hrsg.), HStR VIII, 3. Aufl. 2010, § 171 Rn. 45.
821 *Papier*, Der Staat 11 (1972), 483 (493 ff.); *ders.*, DVBl 1984, 801 (805).
822 *Cremer*, DÖV 2003, 921 (928).
823 *Cremer*, DÖV 2003, 921 (928).
824 *Papier*, Der Staat 11 (1972), 483 (494); *ders.*, DVBl 1984, 801 (805).
825 *Papier*, Der Staat 11 (1972), 483 (495).
826 *Papier*, DVBl 1984, 801 (805).
827 BVerwGE 87, 37 (43 f.).
828 So *Cremer*, DÖV 2003, 921 (928). *Kluth*, WiVerw 2000, 184 (198 f.) sieht dies als nicht zwingend an.
829 BVerwGE 87, 37 (43).
830 BVerwGE 87, 37 (43).

Beeinträchtigung der beruflichen Betätigungsfreiheit bewirken“[831]. Das BVerfG hat die Überprüfung einer Verbotsnorm an Art. 12 Abs. 1 Satz 1 GG nicht von vornherein ausgeschlossen, wenn das Verbot keine bestimmte berufsregelnde Tendenz enthält[832]. Diese Linie hat es dann weiter verfolgt[833].

Die Finalität einer grundrechtlichen Beeinträchtigung könne, gleich in welcher Ausformung, sei es als subjektiv oder objektiv berufsregelnde Tendenz, nicht allein entscheidend für die Qualifizierung als Eingriff sein. Vielmehr sei die Finalität als Indiz zu sehen. Liege diese vor, könne unproblematisch ein Eingriff in die Wettbewerbsfreiheit angenommen werden, da sich die Beeinträchtigung nach eigenen Angaben des Staates gerade auf diesen Zweck beziehe und beabsichtigt sei. Doch dieser Zweck dürfe nicht allein maßgeblich sein. Sonst wäre es für den Gesetzgeber ein Leichtes, den Schutzbereich zu umgehen, indem er andere Absichten vorschiebt, oder er könnte sich der Verantwortlichkeit für faktische oder mittelbare Nebenfolgen, die der Intensität eines klassischen Grundrechtseingriffs gleichkommen, mit der Berufung auf die beabsichtigten Hauptzwecke entziehen[834].

Wie oben schon dargestellt, ist es deshalb vertretbar und zudem sinnvoll, auf das Kriterium der berufsregelnden Tendenz zu verzichten. Sollte man im vorliegenden Fall, also wie nach hier vertretener Ansicht, eine subjektiv oder objektiv berufsregelnde Tendenz verneinen, ist deshalb trotzdem ein Eingriff in den Schutzbereich der Wettbewerbsfreiheit aus Art. 12 Abs. 1 Satz 1 GG anzunehmen.

(3) Zwischenergebnis

Folglich liegt ein Eingriff in die Wettbewerbsfreiheit aus Art. 12 Abs. 1 Satz 1 GG der Anbieter von nicht De-Mail-akkreditierten sicheren elektronischen Kommunikationsmöglichkeiten gegenüber der De-Mail durch die Verpflichtung zur Eröffnung eines elektronischen Zugangs durch eine De-Mail-Adresse aus § 2 Abs. 2 EGovG vor.

cc) Rechtfertigung

Fraglich ist, ob der festgestellte Eingriff gerechtfertigt werden kann.

---

831 BVerwGE 87, 37 (43 f.) unter Verweis auf BVerwGE 82, 76 (78 f.) für die Grundrechte aus Art. 2 und 4 GG; bestätigt durch BVerwGE 89, 281 (283); BVerwG, NJW 1996, 1361 (1361).

832 BVerfGE 61, 291 (308); 13, 181 (185 f.). Vgl. hierzu *Schliesky*, Öffentliches Wettbewerbsrecht, 1997, S. 215.

833 BVerfGE 82, 209 (223 f.); 86, 28 (37). Vgl. hierzu *Schliesky*, Öffentliches Wettbewerbsrecht, 1997, S. 215.

834 *Glos*, Die deutsche Berufsfreiheit und die europäischen Grundfreiheiten, 2003, S. 168; *Manssen*, in: v. Mangoldt/Klein/Starck, Kommentar zum Grundgesetz, Band 1, 6. Aufl. 2010, Art. 12 Abs. 1 Rn. 100; *Bäcker*, Wettbewerbsfreiheit als normgeprägtes Grundrecht, 2007, S. 89, 91 f.

(1) Gesetzesvorbehalt des Art. 12 Abs. 1 Satz 2 GG

Da Art. 12 GG ein einheitliches Grundrecht darstellt[835], bezieht sich der einfache Gesetzesvorbehalt in Art. 12 Abs. 1 Satz 2 GG auch auf die nach hier vertretener Ansicht bei Art. 12 Abs. 1 Satz 1 GG einzuordnende Wettbewerbsfreiheit. Diesem ist somit Rechnung zu tragen. Da der festgestellte Eingriff selbst durch § 2 Abs. 2 EGovG, also eine gesetzliche Regelung in Form eines Bundesgesetzes, hervorgerufen wird, ist der Gesetzesvorbehalt im vorliegenden Fall unproblematisch erfüllt.

(2) Drei-Stufen-Lehre des BVerfG

Eine objektive Berufszulassungsregel, bei der die Zulassung zu einem bestimmten Beruf von objektiven, durch den Grundrechtsträger nicht beeinflussbaren Kriterien und nicht von seiner Qualifikation abhängt[836], kann hier schon deshalb nicht angenommen werden, da die Regelung im vorliegenden Sachverhalt nicht an objektive, unbeeinflussbare Kriterien, sondern einen freiwillig erfüllbaren Standard, nämlich den De-Mail-Standard, anknüpft. Zudem wurde bereits festgestellt, dass die Tätigkeit als De-Mail-Anbieter keinen eigenständigen Beruf darstellt. Es ist nicht möglich, ohne eine Akkreditierung als De-Mail-Anbieter als solcher am Markt aufzutreten und so von der Verpflichtung der Bundesbehörden zur Eröffnung eines Zugangs für De-Mail nach § 2 Abs. 2 EGovG zu profitieren. Eine Akkreditierung ist grundsätzlich für jeden möglich; bei Erfüllung der Akkreditierungsvoraussetzungen hat ein Anbieter einen Anspruch auf die Akkreditierung[837]. Eine generelle Tätigkeit als Anbieter sicherer elektronischer Zugangsformen, also der De-Mail vergleichbarer Dienste, kann jedoch auch ohne eine Akkreditierung weiterhin ausgeübt werden[838].

Folglich verbleiben für eine Einordnung der Verpflichtung der Bundesbehörden zur Eröffnung eines elektronischen Zugangs für De-Mail nach § 2 Abs. 2 EGovG die Stufen der subjektiven Zulassungsregelung, die an subjektive Merkmale, wie persönliche Eigenschaften und Fähigkeiten anknüpft[839], und der bloßen Berufsausübungsregelung. Die Grenzen zwischen diesen Kategorien können fließend sein. So kann auch eine Regelung, die lediglich die Rahmenbedingungen der Berufsausübung regelt, sich so stark begrenzend auswirken, dass sie wie eine subjektive Berufszulassungsregelung wirkt[840].

Gegen eine subjektive Berufszulassungsregelung sprechen im Falle des § 2 Abs. 2 EGovG jedoch gewichtige Gründe. Zunächst handelt es sich bei der Tätigkeit der De-Mail-Anbieter nicht um ein eigenständiges Berufsbild. Die Anbieter nicht akkreditierter sicherer elektronischer Kommunikationsmöglichkeiten, wie bspw. die

---

835 Siehe bereits Fn. 792.

836 *Pieroth/Schlink/Kingreen/Poscher*, Grundrechte, Staatsrecht II, 29. Aufl. 2013, Rn. 895.

837 Siehe bereits Fn. 576.

838 Siehe hierzu auch bereits Fn. 723.

839 *Pieroth/Schlink/Kingreen/Poscher*, Grundrechte, Staatsrecht II, 29. Aufl. 2013, Rn. 901.

840 *Pieroth/Schlink/Kingreen/Poscher*, Grundrechte, Staatsrecht II, 29. Aufl. 2013, Rn. 922 ff.

Deutsche Post AG mit dem elektronischen E-Postbrief, Regify mit der Regimail oder Anbieter von Pretty-Good-Privacy-Produkten, können ihre Produkte, wie bereits erörtert, auch weiterhin im selben Maße anbieten. Dies gilt auch grundsätzlich für die Zielgruppe der Bundesbehörden, die zur Eröffnung eines elektronischen Zugangs für De-Mail verpflichtet sind. Diese können neben dem verpflichtenden elektronischen Zugang für De-Mail-Nachrichten elektronische Zugangsformen nutzen. So ist nach dem Wortlaut des § 2 Abs. 1 Satz 1 EGovG „auch" ein elektronischer Zugang vorzuhalten, mit dem die Versendung von elektronischen Dokumenten mit einer qeS möglich ist, und der verpflichtende elektronische Zugang durch eine De-Mail-Adresse „zusätzlich" zu eröffnen. Auch der Referentenentwurf intendiert grundsätzlich einen Mehrkanalansatz[841].

Zwar warnen Kritiker vor einem schleichenden (faktischen) Zwang zur Nutzung von De-Mail, bspw. aufgrund Gebührenfreiheit nur bei der Nutzung von De-Mail-Diensten bei Anträgen und Steuererklärungen[842], eine gesetzliche oder faktische Verpflichtung der Bürger zur Nutzung der De-Mail besteht jedoch derzeit nicht, sodass auch die Bürger weiterhin nicht akkreditierte sichere elektronische Zugangsformen bei der Kommunikation mit der Behörde nutzen können.

Darüber hinaus ist die Akkreditierung als De-Mail-Anbieter freiwillig. Andere Anbieter sicherer elektronischer Zugangsformen werden durch die Verpflichtung der Bundesbehörden zur Eröffnung des elektronischen Zugangs durch De-Mail nach § 2 Abs. 2 EGovG selbst nicht daran gehindert, sich akkreditieren zu lassen. Zwar stellt die Akkreditierung eine technische, organisatorische und vor allem finanzielle Hürde dar, sodass es einigen Anbietern aus den genannten Gründen nicht möglich sein wird, den Akkreditierungsstatus zu erlangen. Dies kann jedoch bei einer Verpflichtung zur Eröffnung des elektronischen Zugangs durch eine De-Mail-Adresse nicht erheblich sein, da es bei einer subjektiven Zulassungsregelung gerade darauf ankommt, dass der Beruf bzw. der Wettbewerbszweig nicht mehr ausgeübt bzw. bewirtschaftet werden kann. Die Verpflichtung zur Zugangseröffnung selbst verhindert dies nicht, sondern allenfalls die Regelung der Akkreditierung[843].

Somit können nicht akkreditierte Anbieter sicherer elektronischer Zugangsformen ihre Produkte grundsätzlich weiter anbieten. Da die Tätigkeit der De-Mail-Anbieter keinen eigenständigen Beruf darstellt, wird den nicht akkreditierten Anbietern sicherer elektronischer Zugangsformen eine spezielle Berufszulassung nicht verwehrt. Deshalb liegt keine subjektive Berufszulassungsregelung durch die Verpflichtung der Bundesbehörden zur Eröffnung des elektronischen Zugangs für De-Mail-Kommunikation nach § 2 Abs. 2 EGovG vor.

---

841 Siehe hierzu den Gesetzentwurf der Bundesregierung für ein Gesetz zur Förderung der elektronischen Verwaltung sowie zur Änderung weiterer Vorschriften, Stand: 14. 11. 2012, BT-Drs. 17/11473, S. 24.

842 *Werner/Wegener*, CR 2009, 310 (316).

843 Dies ist, wie bereits festgestellt, nicht der Fall. Vgl. hierzu bereits Gliederungspunkt Teil II: E. II. 2.

Da der Markt durch die Verpflichtung zur Eröffnung des elektronischen Zugangs durch eine De-Mail-Adresse nach § 2 Abs. 2 EGovG jedoch, in dem bereits bei der Prüfung des Eingriffs beschriebenen Maße, den Markt der sicheren elektronischen Zugangsformen beeinflusst, indem die Regelung der De-Mail einen Vorteil verschafft, und sowohl eine objektive als auch eine subjektive Berufszulassungsregel ausscheiden[844], liegt eine Berufsausübungsregelung auf der ersten Stufe der Drei-Stufen-Theorie vor.

Auf der ersten und niedrigsten Stufe der Drei-Stufen-Theorie ist eine Rechtfertigung dadurch, dass „‚Gesichtspunkte der Zweckmäßigkeit' sie verlangen"[845], ausreichend.

(a) Legitimer Zweck

Zunächst müsste ein legitimer Zweck des Gesetzgebers vorliegen. In der Begründung zu § 2 Abs. 2 EGovG wird zu den Beweggründen hauptsächlich auf die Begründung zum De-Mail-G verwiesen[846]. Dort werden in der allgemeinen Begründung vorwiegend vier Gesetzesziele[847] genannt: Zunächst soll das De-Mail-G einen Rechtsrahmen für die Einführung vertrauenswürdiger De-Mail-Dienste schaffen und so für die Diensteanbieter für Rechtssicherheit sorgen sowie die Rechtsqualität der elektronischen Kommunikation steigern. Es sollen deshalb vertrauenswürdige Lösungen geschaffen werden, die die Vertraulichkeit der Nachrichten und die Identität des Kommunikationspartners sicherstellen. Des Weiteren soll durch die Verbesserung von Beweismöglichkeiten im elektronischen Rechtsverkehr die Rechtssicherheit gestärkt und ein rechtlicher Rahmen für eine rechtssichere Zustellung elektronischer Dokumente geschaffen werden.

Übergeordneter Zweck dieser Ziele ist es, eine elektronische Kommunikationsmöglichkeit zu schaffen, die eine vergleichbare Vertrauenswürdigkeit gewährleistet wie die auf Papier beruhende Kommunikation. Aufgrund der Tatsache, dass sich die bereits vorhandenen sicheren elektronischen Kommunikationstechniken nicht durchsetzen konnten, soll eine einfach nutzbare und gleichzeitig ein signifikant höheres Maß an Sicherheit gegenüber der herkömmlichen E-Mail-Kommunikation gewährleistende Kommunikationsform geschaffen werden[848].

---

844 *Pieroth/Schlink/Kingreen/Poscher*, Grundrechte, Staatsrecht II, 29. Aufl. 2013, Rn. 904.

845 *Pieroth/Schlink/Kingreen/Poscher*, Grundrechte, Staatsrecht II, 29. Aufl. 2013, Rn. 925.

846 Gesetzentwurf der Bundesregierung für ein Gesetz zur Förderung der elektronischen Verwaltung (E-Government-Gesetz) sowie zur Änderung weiterer Vorschriften, Stand: 14. 11. 2012, BT-Drs. 17/11473, Einzelbegründung zu § 2 Abs. 2 EGovG, S. 24.

847 Begründung zum De-Mail-G, BT-Drs. 17/3630, A. Allgemeiner Teil, I. 1., S. 18.

848 BT-Drs. 17/3630, S. 18; BR-Drs. 557/12 (Beschluss), S. 13. Man nimmt bspw. an, dass die qeS lediglich von 300.000 meist professionellen Anwendern genutzt wird, vgl. hierzu *Müller-Terpitz/Rauchhaus*, MMR 2013, 10 (13); BR-Drs. 557/12, S. 28 f.

Zu der konkreten Regelung des § 2 Abs. 1 Satz 2 EGovG wird in der Begründung lediglich weitergehend ausgeführt, die Vorschrift diene dem Zweck, dass der Bürger nicht ohne Grund auf andere Kommunikationswege als auf die elektronische De-Mail verwiesen werden können soll[849].

Die Schaffung einer hinreichend sicheren Kommunikationsform für den elektronischen Rechtsverkehr und die Bindung der Behörden des Bundes an die Verwendung dieser Kommunikationsform, um dieser zur Durchsetzung zu verhelfen, ist als legitimer Zweck zu beurteilen.

Da im Wege des Fortschritts der Technologie immer mehr elektronische Prozesse und Arbeitsweisen im Vordergrund stehen, ist schon aus Gründen der Praktikabilität und der Vermeidung von Medienbrüchen eine rechtssichere elektronische Kommunikationsform von Vorteil, da diese dem Fortschritt offen gegenüber steht und zugleich Rechtssicherheit schafft. Darüber hinaus werden staatliche Stellen auch durch das Verlangen der Bürger früher oder später dazu bewogen werden, elektronische Kommunikation rechtssicher möglich zu machen. Spätestens ab dem Zeitpunkt, ab dem die Bürger überwiegend elektronisch kommunizieren. Hier dürfen öffentliche Stellen sich dem Fortschritt nicht verschließen, da zeitliche und räumliche Grenzen sich in Zukunft durch die elektronische Kommunikation über das Internet nahezu auflösen werden. Da sich die bisherigen diesen Voraussetzungen entsprechenden Kommunikationsformen, wie bspw. die qeS oder das EGVP, nicht durchgesetzt haben[850] und sich auch die Einführung der De-Mail-Dienste schleppend gestaltet[851], ist es als legitim anzusehen, dass der Gesetzgeber versucht, die Nutzung von sicheren elektronischen Zugangsformen durch eine Verpflichtung der Bundesbehörden zur Eröffnung des elektronischen Zugangs durch eine De-Mail-Adresse zur Durchsetzung zu verhelfen. Ein legitimer Zweck liegt somit vor.

---

849 BT-Drs. 17/11473, S. 24.

850 BT-Drs. 17/3630, S. 18.

851 Seit Inkrafttreten des De-Mail-G Ende April 2011 haben sich lediglich die Telekom Deutschland GmbH inklusive T-Systems, der Großkundensparte der Telekom, die Mentana Claimsoft GmbH und die 1&1 De-Mail GmbH akkreditieren lassen; siehe hierzu die Liste der bereits akkreditierten De-Mail-Diensteanbieter auf der Internetpräsenz des Bundesamts für Sicherheit in der Informationstechnik (BSI); abrufbar unter www.bsi.bund.de. Zur Internationalen Funkausstellung 2012 startete die Deutsche Telekom mit Angeboten für Privatkunden und kleinere Betriebe, vgl. Meldung bei heise online: „Deutsche Telekom: De-Mail geht zur IFA in Betrieb", abrufbar unter www.heise.de/newsticker/meldung/Deutsche-Telekom-De-Mail-geht-zur-IFA-in-Betrieb-1673810.html. Vgl. hierzu auch die Veränderung von einer freiwilligen Nutzung im Entwurf für das De-Mail-G (BT-Drs. 17/3630, S. 19, 20, 26) zu einer Verpflichtung zur Eröffnung im EGovG-Entwurf (BT-Drs. 17/11473, Stand: 14. 11. 2012, Einzelbegründung zu § 2 Abs. 2 EGovG, S. 25). Zur Veränderung der freiwilligen Nutzung von elektronischen öffentlichen Zugangsmöglichkeiten *Müller-Terpitz/Rauchhaus*, MMR 1/2013, 10 (11).

(b) Geeignetheit

Außerdem müsste die Verpflichtung der Bundesbehörden zur Eröffnung des elektronischen Zugangs durch eine De-Mail-Adresse geeignet sein, diesen Zweck zu erreichen[852]. Dies ist dann der Fall, wenn das gewählte Mittel dazu in der Lage ist, den öffentlichen Zweck zumindest zu fördern[853]. Hierbei ist dem Gesetzgeber eine weite Einschätzungsprärogative zuzubilligen[854].

Die De-Mail-Nutzung ist signifikant sicherer als die Nutzung der herkömmlichen E-Mail-Kommunikation. Im Gegensatz zur E-Mail gewährleistet die De-Mail die Vertraulichkeit der Nachricht, die Identität des Absenders und die Integrität der Nachricht[855].

Auch ist es nicht ausgeschlossen, dass durch die Verpflichtung der Bundesbehörden zur Eröffnung des elektronischen Zugangs durch eine De-Mail-Adresse die Durchsetzung der Zugangsform De-Mail zumindest gefördert wird. Hinsichtlich der Bundesbehörden ist dies aufgrund der Verpflichtung sogar zumindest im Hinblick auf die bloße Eröffnung des elektronischen Zugangs und der Bereitstellung zu erwarten. Durch die einheitliche Zugangseröffnung werden sich auch höchstwahrscheinlich mehr Bürger dafür entscheiden, die De-Mail zu nutzen, da sie mit dieser elektronischen Zugangsform aufgrund der Verpflichtung aus § 2 Abs. 2 EGovG alle Bundesbehörden rechtssicher elektronisch erreichen können. Jedenfalls ist zu erwarten, dass sich die Bürger eher für die De-Mail als eine andere sichere elektronische Zugangsform entscheiden, da ihnen dieser zu allen Bundesbehörden und in der Folge evtl. auch bald zu den Landesbehörden offen steht.

Letztlich können die Bundesbehörden die Bürger, wenn diese den elektronischen Zugang für De-Mail nutzen, nicht mehr ohne Weiteres auf andere Kommunikationsformen verweisen, da jede Bundesbehörde einen solchen vorhalten muss.

Die Verpflichtung der Bundesbehörden zur Eröffnung des elektronischen Zugangs durch eine De-Mail-Adresse nach § 2 Abs. 2 EGovG ist folglich geeignet, um den legitimen öffentlichen Zweck der Einführung und Durchsetzung rechtssicherer elektronischer Kommunikationsstrukturen im Vergleich zur E-Mail-Kommunikation zu fördern.

(c) Erforderlichkeit

Des Weiteren müsste die Regelung auch zur Erreichung des öffentlichen Zwecks erforderlich sein[856]. Dies ist dann der Fall, wenn kein anderes gleich geeignetes milderes Mittel zur Erreichung des öffentlichen Zwecks zur Verfügung steht[857]. Bei

---

852 *Pieroth/Schlink/Kingreen/Poscher*, Grundrechte, Staatsrecht II, 29. Aufl. 2013, Rn. 293.

853 *Schliesky*, Öffentliches Wirtschaftsrecht, 4. Aufl. 2014, S. 102; *Pieroth/Schlink/Kingreen/Poscher*, Grundrechte, Staatsrecht II, 29. Aufl. 2013, Rn. 293.

854 *Schliesky*, Öffentliches Wirtschaftsrecht, 4. Aufl. 2014, S. 102.

855 Vgl. hierzu Gliederungspunkte Teil II: A. II. 5. d) bb), Teil II: A. II. 5. d) cc) und Teil II: A. II. 5. d) dd).

856 *Pieroth/Schlink/Kingreen/Poscher*, Grundrechte, Staatsrecht II, 29. Aufl. 2013, Rn. 295.

857 *Pieroth/Schlink/Kingreen/Poscher*, Grundrechte, Staatsrecht II, 29. Aufl. 2013, Rn. 295.

zukünftigen Entwicklungen ist dem Gesetzgeber wiederum insoweit ein Einschätzungsspielraum zuzusprechen[858].

Die E-Mail-Kommunikation bietet nicht die ausreichende Vertraulichkeit, da die E-Mail i. d. R. nicht verschlüsselt versendet wird, lässt die Identität des Absenders ohne zusätzliche Maßnahmen nicht sicher erkennen, da E-Mail-Adressen schon aufgrund der freien Wählbarkeit der Adresse nicht einer bestimmten Person zugeordnet werden können, gewährleistet grundsätzlich keinen hinreichend nachprüfbaren Zugang und hat deshalb ohne zusätzliche Vorkehrungen nicht genug Beweissicherheit, um so sicher wie die Papierkommunikation zu sein.

Als milderes Mittel könnte eine offenere Formulierung der Verpflichtung in Hinblick auf eine Erweiterung der Zugangsformen, die von den Behörden vorgehalten werden müssen, erfolgen. Es könnte folglich eine Verpflichtung der Behörden zur Eröffnung des elektronischen Zugangs durch eine De-Mail-Adresse oder für gleich sichere Zugangsformen erfolgen. Dies würde jedoch dazu führen, dass einige Bundesbehörden den elektronischen Zugang durch De-Mail nutzen, während andere wiederum andere sichere elektronische Kommunikationsformen präferieren könnten. Auch die Bürger würden sich dann auf unterschiedliche Kommunikationsformen einstellen. In diesem Fall würde sich wieder die Problematik stellen, die durch die einheitliche Verpflichtung zur Eröffnung des elektronischen Zugangs durch eine De-Mail-Adresse gerade vermieden werden soll, dass eine Behörde den Bürger auf andere Kommunikationsformen verweisen könnte. Eine einheitliche Erreichbarkeit aller Bundesbehörden über eine sichere elektronische Zugangsform würde so durch die Regelung nicht ermöglicht.

Denkbar wären auch im Sinne der Parallelität von elektronischen Zugangsformen mehrere Verpflichtungen zur Eröffnung des elektronischen Zugangs und zwar zu allen sicheren elektronischen Zugangsformen, bspw. durch Gesetz oder in einer Rechtsverordnung aufgrund Gesetzes. Zu allen sicheren elektronischen Zugangsformen deshalb, weil sonst wiederum unter den verpflichtenden und nicht verpflichtenden elektronischen Zugangsformen grundrechtsrelevante Benachteiligungen zu befürchten wären. Diese Lösung würde jedoch zu einem erheblichen Mehraufwand für öffentliche Stellen, da diese über mehrere Zugangsformen erreichbar sein und die jeweiligen Empfangseinrichtungen betreuen müssten, und den Gesetz- bzw. Verordnungsgeber, der zur Eröffnung aller neu auftretenden sicheren elektronischen Zugangsformen gesetzlich verpflichten müsste, führen. Dies scheint vor allem unter dem Gesichtspunkt der Praktikabilität und laufender zu erwartender grundrechtlicher Beeinträchtigungen nicht als ein gleich geeignetes Mittel, da es die Funktionsfähigkeit öffentlicher Stellen gefährdet. Zudem würde eine solche Regelung immer die Gefahr bergen, dass durch die Entwicklung neuer elektronischer Zugangsformen zumindest teilweise dadurch Grundrechtseingriffe entstehen könnten, dass diese noch nicht durch Gesetz oder Rechtsverordnung normiert sind. Diese Ausgestaltung stellt somit kein milderes Mittel dar.

---

858 *Schliesky*, Öffentliches Wirtschaftsrecht, 4. Aufl. 2014, S. 105.

Gleiches gilt für die Möglichkeit einer technikneutralen Definition in dem Sinne, dass eine Zugangsverpflichtung für alle sicheren elektronischen Zugangsformen besteht, die bestimmte Voraussetzungen erfüllen.

Die Regelung muss also, auch im Hinblick auf den Gestaltungsspielraum des Gesetzgebers, als erforderlich eingestuft werden, zumal es den Bundesbehörden trotz der Verpflichtung unbenommen bleibt, den elektronischen Zugang auch durch weitere Zugangsformen zu eröffnen.

(d) Angemessenheit (Verhältnismäßigkeit i. e. S.)

Da es sich bei dem hier vorliegenden Eingriff durch die Verpflichtung der Bundesbehörden zur Eröffnung des elektronischen Zugangs durch eine De-Mail-Adresse lediglich um eine bloße Berufsausübungsregelung der ersten Stufe der Drei-Stufen-Theorie handelt, lässt sich die gesetzliche Regelung durch „Gesichtspunkte der Zweckmäßigkeit" rechtfertigen[859].

Die Beeinträchtigung der Wettbewerbsfreiheit der nicht De-Mail-akkreditierten Anbieter sicherer elektronischer Zugangsformen aus Art. 12 Abs. 1 Satz 1 GG steht der öffentliche Zweck entgegen, eine gegenüber der herkömmlichen E-Mail-Kommunikation signifikant sicherere elektronische Zugangsform zu schaffen und dieser zur Durchsetzung zu verhelfen, sodass es den Bundesbehörden nicht mehr möglich ist, Bürger auf einen anderen Zugang oder eine andere elektronische Zugangsform zu verweisen, wie bspw. den Briefverkehr oder die qeS, die nicht weit verbreitet ist.

Da die E-Mail-Kommunikation sehr unsicher ist, was die Vertraulichkeit der versendeten Nachricht und die Identifizierbarkeit des Absenders betrifft[860], ist die Einführung einer signifikant sichereren Zugangsform und deren Durchsetzung als Gesichtspunkt der Zweckmäßigkeit anzusehen. Zwar muss der Gesetzgeber darauf achten, dass nicht bestimmte Produkte ungerechtfertigt bevorzugt werden und damit der Wettbewerb verzerrt und die Chancengleichheit der Mitbewerber beeinträchtigt wird. Durch die bloße Schaffung eines De-Mail-Standards, auf dessen Grundlage privatwirtschaftliche Produkte zur Schaffung einer sichereren elektronischen Kommunikation angeboten werden, wird nicht verhindert oder beeinträchtigt, dass andere Produkte sich am Markt etablieren[861]. Dies geschieht erst durch eine konkrete Verpflichtung der Bundesbehörden zur Eröffnung des elektronischen Zugangs durch eine De-Mail-Adresse, wie sie in § 2 Abs. 2 EGovG hinsichtlich der Bundesbehörden vorliegt. Mit dieser Vorschrift soll gerade die Durchsetzung der Annahme von Nachrichten und Dokumenten per De-Mail, also in rein elektronischer Form, vorangetrieben werden. Sie soll nicht die Behörden dazu verpflichten, lediglich die De-Mail als elektronische Kommunikationsform zu verwenden. Dies ist bereits daran erkennbar, dass weitere elektronische Kanäle möglich sind, weil

---

859 *Pieroth/Schlink/Kingreen/Poscher*, Grundrechte, Staatsrecht II, 29. Aufl. 2013, Rn. 925.
860 Vgl. hierzu bereits die Erläuterungen zur Funktionsweise der E-Mail unter dem Gliederungspunkt Teil II: A. II. 1. a).
861 Siehe hierzu bereits Gliederungspunkt Teil II: E. II. 4. a) aa).

ein Nebeneinander der Kommunikationsformen beabsichtigt ist. So wird auch die E-Mail-Kommunikation weiter genutzt werden und die Behörden, die sich bspw. bereits für den E-Postbrief entschieden haben, können diesen weiterhin nutzen, wenn daneben der elektronische Zugang durch eine De-Mail-Adresse eröffnet wird. Die Verpflichtung, zusätzlich ein De-Mail-Konto zu eröffnen und vorzuhalten, sollte hinsichtlich des Zweckes, eine vom Bürger durchführbare und nicht wie bei der qeS von weiterer Software und Hardware abhängige sichere elektronische Zugangsform zu schaffen, die auch von den Behörden nicht abgelehnt werden kann, zurückstehen. Stellt man sich die Konsequenzen vor, die entstehen würden, wenn der elektronische Zugang durch eine De-Mail-Adresse nicht verpflichtend eingeführt wird, könnte die Verwendung der De-Mail durch die Bundesbehörden abgelehnt werden, indem diese vom Bürger weiterhin keine Dokumente über elektronische Kommunikationsformen annehmen und auch selbst bei passenden Anlässen die De-Mail nicht nutzen. In diesem Fall gäbe es für den Bürger gar keine Möglichkeit, mit den Behörden rein elektronisch zu kommunizieren. Deshalb muss die Wettbewerbsfreiheit der anderen Anbieter von sicheren elektronischen Kommunikationsformen zurückstehen, da dem Bürger sonst selbst diese Möglichkeit verwehrt bliebe. Zumal eine Eröffnung des elektronischen Zugangs durch weitere Zugangsformen den Behörden unbenommen bleibt. Dies gilt um so mehr, da andere Möglichkeiten der Durchsetzung von elektronischen Kommunikationsformen, wie oben schon erörtert, schwer umzusetzen sind. Es besteht bei der Verpflichtung der Behörden auf ein anderes elektronisches Kommunikationsmittel ebenfalls das Problem des Eingriffs in die Wettbewerbsfreiheit der anderen Mitbewerber. Eine Rechtfertigung wird hier jedoch schwerer fallen, da die Wahl der De-Mail durch die Schaffung des Akkreditierungsstandards einen gewissen Vertrauensvorschuss des Staates genießt. Insofern hat der Gesetzgeber bei der Wahl der De-Mail bereits zutreffend die aus seiner Sicht sicherste und mit dem größten Vertrauen ausgestattete elektronische Zugangsform ausgewählt. Wie bereits erörtert, sind andere Gestaltungsmöglichkeiten bei gleich erfolgreicher Erreichung des angestrebten Zwecks auch nicht ersichtlich.

Letztlich überzeugt auch der übergeordnete Zweck, dass die Bundesbehörden dazu bewegt werden sollen, zumindest auch elektronisch zu arbeiten. Dies wird zukünftig aufgrund des technischen Fortschritts unumgänglich sein. Zumal die Gesellschaft einen Stillstand im Bereich der Technik nicht akzeptieren wird, wenn diese sich im privaten Bereich ständig weiterentwickelt. Da ohne „Anleitung" des Staates viele Behörden nicht auf die elektronische Kommunikation zurückgreifen und auch das durch eine freiwillige Haltung geprägte De-Mail-G sowie die qeS nicht zu einer Durchsetzung der elektronischen Kommunikation im öffentlichen Bereich führten, ist es auch hinsichtlich der bisherigen Entwicklungen als zweckmäßig anzusehen, verpflichtende Maßnahmen zu ergreifen.

Ein Unterlassen der Regelung würde dem Bürger zudem die Möglichkeit verwehren, wenn auch nicht durch andere sichere elektronische Zugangsformen, dann doch wenigstens durch die De-Mail, rein elektronisch und sicher mit den Behörden kommunizieren zu können. Dieser Mehrwert muss hier die Wettbewerbsfreiheit der Mitbewerber überwiegen, zumal die Verpflichtung zur De-Mail grundsätzlich eine

Verpflichtung auf den De-Mail-Standard und nicht auf einen bestimmten Anbieter darstellt und der Mehrkanalansatz berücksichtigt wird.

Die Ausgestaltung der Regelung ist somit als angemessen bzw. verhältnismäßig i. e. S. anzusehen.

(3) Zwischenergebnis

Folglich ist der durch die Verpflichtung der Behörden zur Eröffnung des elektronischen Zugangs durch eine De-Mail-Adresse nach § 2 Abs. 2 EGovG entstehende Eingriff in die Wettbewerbsfreiheit aus Art. 12 Abs. 1 Satz 1 GG gerechtfertigt.

dd) Ergebnis

Die Verpflichtung der Bundesbehörden zur Eröffnung des elektronischen Zugangs durch eine De-Mail-Adresse nach § 2 Abs. 2 EGovG greift somit nicht rechtswidrig in das Grundrecht der Wettbewerbsfreiheit der nicht akkreditierten Anbieter sicherer elektronischer Zugangsformen aus Art. 12 Abs. 1 Satz 1 GG ein.

b) Allgemeiner Gleichbehandlungsgrundsatz, Art. 3 Abs. 1 GG

Des Weiteren könnte die Verpflichtung der Bundesbehörden zur Eröffnung des elektronischen Zugangs durch eine De-Mail-Adresse durch § 2 Abs. 2 EGovG einen Verstoß gegen den allgemeinen Gleichbehandlungsgrundsatz aus Art. 3 Abs. 1 GG darstellen.

Art. 3 Abs. 1 GG schützt die Grundrechtsträger vor einer Ungleichbehandlung, d. h. vor einer unterschiedlichen Behandlung zweier vergleichbarer Sachverhalte[862]. Eine Ungleichbehandlung soll dann vorliegen, wenn wesentlich Gleiches ungleich bzw. im Umkehrschluss wesentlich Ungleiches gleich behandelt wird[863].

aa) Das Grundrecht auf Wettbewerbsgleichheit als gleichheitsrechtliche Ausprägung der Wettbewerbsfreiheit

Im vorliegenden Fall der Verpflichtung der Bundesbehörden zur Eröffnung des elektronischen Zugangs durch eine De-Mail-Adresse nach § 2 Abs. 2 EGovG könnte zudem eine spezielle wettbewerbsrechtliche Ausprägung des allgemeinen Gleichbehandlungsgrundsatzes aus Art. 3 Abs. 1 GG betroffen sein: die Wettbewerbsgleichheit.

Eine verfassungsrechtliche Verpflichtung des Staates auf die Herstellung faktischer wirtschaftlicher Freiheit ergibt sich aus dem allgemeinen Gleichheitsgrundsatz grundsätzlich nicht[864]. Dies würde dazu führen, dass die Freiheitsgrundrechte

862 *Jarass*, in: ders./Pieroth, GG, 12. Aufl. 2012, Art. 3 Rn. 7.

863 *Jarass*, in: ders./Pieroth, GG, 12. Aufl. 2012, Art. 3 Rn. 8.

864 *Tsiliotis*, Der verfassungsrechtliche Schutz der Wettbewerbsfreiheit und seine Einwirkung auf die privatrechtlichen Beziehungen, 2000, S. 115; *Götz*, Recht der Wirtschaftssubventionen, 1966, S. 263; *Bettermann*, Gewerbefreiheit der öffentlichen

übermäßig eingeschränkt würden, was jedoch nicht bedeuten darf, dass jegliche Ungleichheiten hingenommen werden dürfen[865].

Einer Zusammenschau von Art. 3 Abs. 1 GG und Art. 12 Abs. 1 Satz 1 GG kann man jedoch aufgrund einer einheitlichen Wertung entnehmen, dass auch eine Ungleichbehandlung im Rahmen der Wettbewerbsfreiheit geschützt sein und ein Grundrecht auf gleiche Wettbewerbsfreiheit bestehen muss[866], wenn jeweils einzeln die Wettbewerbsfreiheit durch Art. 12 Abs. 1 Satz 1 GG und die Ungleichbehandlung durch Art. 3 Abs. 1 GG geschützt werden, was auch ein umfassender Grundrechtsschutz gebietet.

Ein solcher Schutz der wirtschaftlichen Gleichbehandlung lässt sich auch dogmatisch als allgemeiner Grundsatz aus dem Verhältnis von Menschenwürde und dem allgemeinen Gleichbehandlungsgrundsatz herleiten: Die Wahrung der Menschenwürde bedeutet allgemein anerkannt die Gewährung des Rechts auf Selbstbestimmung im Gegensatz zur Fremdbestimmung. Art. 1 Abs. 1 GG i. V. m. Art. 3 Abs. 1 GG garantiert jedem Grundrechtsträger das gleiche Recht auf Selbstbestimmung, da die Selbstbestimmung des Einzelnen dort seine Grenze findet, wo sie die Selbstbestimmung eines anderen berührt bzw. in eine Fremdbestimmung umschlägt. Eine solche Einschränkung widerspricht dem allgemeinen Gleichbehandlungsgrundsatz bzw. der gleichheitsrechtlichen Dimension der Menschenwürde[867]. Gleiches muss aufgrund der Kohärenzklausel des Art. 1 Abs. 3 GG übertragen auch für alle anderen Freiheitsgrundrechte gelten[868]. Dies kann auch dadurch bestätigt werden, dass die freiheitlichen Grundrechte die Selbstbestimmung, die die Menschenwürde im Allgemeinen dem grundrechtlichen Schutz unterstellt, im Speziellen bzw. in speziellen Selbstbestimmungsbereichen sichern, um das Ziel des Art. 1 Abs. 1 GG eines umfassenden Schutzes der Menschenwürde zu erreichen. Dass demzufolge auch eine wettbewerbsrechtliche Ungleichbehandlung geschützt sein muss, ist aufgrund dieser Wertung einleuchtend. Der allgemeine Gleichheitssatz aus Art. 3 Abs. 1 GG ist gerade auf alle ungerechtfertigten Ungleichbehandlungen

Hand, in: Müller (Hrsg.), FS Hirsch, 2008, S. 1 (21); *Scholz*, Wirtschaftsaufsicht und subjektiver Konkurrentenschutz, 1971, S. 147 ff.; *Kreussler*, Der allgemeine Gleichheitssatz als Schranke für Subventionsgeber unter besonderer Berücksichtigung von wirtschaftspolitischen Differenzierungszielen, 1972, S. 63; *Zippelius*, VVdDStRL 47 (1989), 7 (15); *Huster*, Rechte und Ziele, 1993, S. 23 f.; *Alexy*, Theorie der Grundrechte, 3. Aufl. 1996, S. 359 ff.; *Jarass*, in: ders./Pieroth, GG, 12. Aufl. 2012, Art. 3 Rn. 1; *Heun*, in: Dreier (Hrsg.), Grundgesetz, Band I, 3. Aufl. 2013, Art. 3 Rn. 67 f.; *Schliesky*, Öffentliches Wettbewerbsrecht, 1997, S. 276.

865 *Tsiliotis*, Der verfassungsrechtliche Schutz der Wettbewerbsfreiheit und seine Einwirkung auf die privatrechtlichen Beziehungen, 2000, S. 115.

866 *Wallerath*, NJW 2001, 781 (786 f.).

867 *Lindner*, DÖV 2003, 185 (189 f.).

868 *Lindner*, DÖV 2003, 185 (190).

anwendbar[869]. Deshalb muss er auch wettbewerbsrechtliche Ungleichbehandlungen erfassen[870]. Insbesondere die vom Grundgesetz besonders geschützten freiheitlichen Grundrechte müssen dann vor Ungleichbehandlungen in ihrem jeweiligen Bereich geschützt sein. So enthält jedes Freiheitsrecht auch ein Element von Gleichheit, also auch ein Recht auf Gleichbehandlung, da die Gleichheitsrechte, insbesondere der allgemeine Gleichheitsgrundsatz, die gleiche Anwendung der grundrechtlich garantierten Freiheitsrechte garantieren[871]. Denn auch eine Ungleichbehandlung bewirkt eine Beschränkung der Freiheit des Grundrechtsträgers, nämlich eine Freiheitsbeschränkung, die einem anderen Grundrechtsträger ungerechtfertigter Weise nicht auferlegt ist. Die Verwirklichung individueller wirtschaftlicher Freiheit setzt die Gleichbehandlung unabdingbar voraus, da privilegierte Freiheit individualfreiheitsfeindlich ist und die Chancen der Wettbewerber im Wettbewerb verzerrt[872]. Nichts anderes ergibt sich aus dem Grundsatz der Wettbewerbsneutralität, der Wettbewerbsverzerrungen durch den Staat gerade verhindern soll. Außerdem findet der Gleichheitsgrundsatz auch in allen Sonderaspekten des Wirtschafts- und Wirtschaftsverwaltungsrechts unmittelbare Anwendung, bspw. im Berufsrecht, im Abgabenrecht und im Gewerberecht[873].

Da eine faktische Gleichheit aller Marktteilnehmer aufgrund des Wesens des Marktes nicht möglich ist – denn dieser besteht in der Verdrängung von Konkurrenten und ist systemimmanent durch Ungleichheiten gekennzeichnet[874] –, könnte man annehmen, dass das Grundgesetz die durch das Spiel der Kräfte im Wettbewerb bestehenden Ungleichbehandlungen aufrechterhalten oder in Kauf nehmen will[875]. Diese Schlussfolgerung verkennt jedoch den sozialen Charakter des

---

869 *Tsiliotis*, Der verfassungsrechtliche Schutz der Wettbewerbsfreiheit und seine Einwirkung auf die privatrechtlichen Beziehungen, 2000, S. 116; *Stober*, Allgemeines Wirtschaftsverwaltungsrecht, 17. Aufl. 2011, § 23 I 2, S. 174.

870 *Tsiliotis*, Der verfassungsrechtliche Schutz der Wettbewerbsfreiheit und seine Einwirkung auf die privatrechtlichen Beziehungen, 2000, S. 116; *Stober*, Allgemeines Wirtschaftsverwaltungsrecht, 17. Aufl. 2011, § 23 I 2, S. 174.

871 *Tsiliotis*, Der verfassungsrechtliche Schutz der Wettbewerbsfreiheit und seine Einwirkung auf die privatrechtlichen Beziehungen, 2000, S. 115; *Lindner*, DÖV 2003, 185 (189); *Stober*, Allgemeines Wirtschaftsverwaltungsrecht, 17. Aufl. 2011, § 23 I 2, S. 174; *Rüfner*, in: Kahl/Waldhoff/Walter (Hrsg.), Bonner Kommentar zum Grundgesetz, Stand: 166. Erg.-Lfg. 2014, Art. 3 Abs. 1, Rn. 3 f.; *P.-M. Huber*, Konkurrenzschutz im Verwaltungsrecht, 1991, S. 524 ff.; *P. Kirchhof*, Gleichmaß und Übermaß, in: Badura (Hrsg.), FS Lerche, 1993, S. 133 (137 f.); *Isensee*, in: ders./Kirchhof (Hrsg.), HStR V, 3. Aufl. 2011, § 199 Rn. 88.

872 *Stober*, Allgemeines Wirtschaftsverwaltungsrecht, 17. Aufl. 2011, § 23 I 2, S. 174.

873 *Tsiliotis*, Der verfassungsrechtliche Schutz der Wettbewerbsfreiheit und seine Einwirkung auf die privatrechtlichen Beziehungen, 2000, S. 116.

874 *Leisner*, Wettbewerb als Verfassungsprinzip, 2012, S. 80 f.

875 *Tsiliotis*, Der verfassungsrechtliche Schutz der Wettbewerbsfreiheit und seine Einwirkung auf die privatrechtlichen Beziehungen, 2000, S. 115.

Grundgesetzes und den wirklichen Umfang des Gleichheitsgrundsatzes[876]. Dem widerspricht auch nicht die Neutralität des Grundgesetzes. Denn trotz dieser Neutralität ist das Grundgesetz durchaus durch soziale Komponenten gekennzeichnet, was jedoch, wie bereits erörtert, nicht zwangsläufig zu einer Entscheidung für eine soziale Marktwirtschaft führen muss[877].

Zwar ist der Erfolg im Wettbewerb gerade nicht durch die Grundrechte, insbesondere die Wettbewerbsfreiheit geschützt, dies bedeutet jedoch nicht, dass der Staat die Erfolgschancen einzelner Wettbewerber willkürlich verringern darf[878]. „Der Staat oder ein sonstiger Hoheitsträger darf ohne zureichenden sachlichen Grund dem oder den Konkurrenten durch die Beeinflussung marktspezifischer Funktionsbedingungen nicht einen Wettbewerbsvorteil verschaffen oder nehmen, den er einem oder mehreren anderen Konkurrenten vorenthält oder gewährt[879].“ Insofern erfüllt der allgemeine Gleichbehandlungsgrundsatz eine Kompensationsfunktion. Dem Argument, dass dieser hierfür nicht genüge, da er keine materiellen Maßstäbe beinhalte, also insofern inhaltsleer sei, kann entgegen gehalten werden, dass sich der Maßstab des allgemeinen Gleichbehandlungsgrundsatzes anhand der Schwere der beeinträchtigenden Ungleichbehandlung ergibt[880].

Letztlich dominiert heute ein weites Begriffsverständnis der Wettbewerbsfreiheit. Über die Betätigungsmöglichkeiten im Wettbewerb hinaus soll zusätzlich die Freiheit vor staatlicher Behinderung bzw. vor Verzerrung des Wettbewerbs geschützt sein[881]. Besonderes Merkmal einer Verzerrung ist jedoch vom allgemeinen Sprachgebrauch her gerade eine Ungleichbehandlung von Konkurrenten.

Während die Wettbewerbsfreiheit aus Art. 12 Abs. 1 Satz 1 GG die Freiheit zur Teilnahme am Wettbewerb und die freie Betätigung im Wettbewerb schützt, wird von Art. 3 Abs. 1 GG die wettbewerbsrechtliche Chancengleichheit zum und im Wettbewerb als wettbewerbsrechtliche Ausprägung des Gleichheitsgrundsatzes geschützt[882]. Diese beinhaltet zunächst die Chancengleichheit beim Start in den Wettbewerb und die Chancengleichheit im Wettbewerb, also die Gewährleistung gleicher Teilnahmebedingungen bzw. der Wettbewerbsneutralität des Staates als

---

876 *Tsiliotis*, Der verfassungsrechtliche Schutz der Wettbewerbsfreiheit und seine Einwirkung auf die privatrechtlichen Beziehungen, 2000, S. 115.

877 Siehe hierzu bereits unter Gliederungspunkt Teil II: E. II. 1. a) aa).

878 *Lindner*, DÖV 2003, 185 (190).

879 *Lindner*, DÖV 2003, 185 (191).

880 *Lindner*, DÖV 2003, 185 (191).

881 *Lindner*, DÖV 2003, 185 (186).

882 Siehe zur Unterscheidung *Lindner*, DÖV 2003, 185 (189). *Leisner* verortet die Wettbewerbsgleichheit bei Art. 3 Abs. 1 GG i. V. m. Art. 12 Abs. 1 GG, sieht diese jedoch eher als Verfassungsvorbehalt bzw. grundrechtliche Schranke mit begrenzender Wirkung für den Schutzbereich der Wettbewerbsfreiheit, Wettbewerb als Verfassungsprinzip, 2012, S. 80.

gleichheitsrechtliche Chance auf Erfolg[883] durch die hoheitliche Respektierung der wettbewerblichen Ausgangslage[884]. Hierzu gehört in Bezug auf die Regelung von elektronischen Zugangsformen auch, dass der Staat einzelne elektronische Zugangsformen, wie in diesem Fall möglicherweise die De-Mail, nicht bevorzugt, indem er ihr Vorteile verschafft, die andere vergleichbare Zugangsformen nicht haben, oder Konkurrenten mit Nachteilen behindert.

Sinn dieser Gewährleistung soll indes nicht die Schaffung von gleichen Erfolgs- oder Absatzmöglichkeiten bzw. eine gerechte Verteilung von Marktanteilen sein, da der freie Markt gerade ein Kampf der Wettbewerbsteilnehmer um den größten Marktanteil ist. Dieses natürliche Gefüge wird jedoch beeinträchtigt, wenn nicht gleiche Erfolgschancen bzw. Startbedingungen und nachträgliche Behinderungen, die nur einige Konkurrenten benachteiligen, bestehen. Bspw. darf nicht ungerechtfertigt eine Stärkung der Schwachen am Markt erfolgen. Dies gilt umgekehrt auch für die damit verbundene Schwächung der starken Mitbewerber. Durch den Schutz der Chancengleichheit am Markt resultiert auch kein Schutz vor Konkurrenz, da auch für neu entstandene Konkurrenz die gleichen Bedingungen gelten müssen. Verdrängungen unter den Wettbewerbsteilnehmern sind marktimmanent und dürfen durch Wettbewerbsteilnehmer ebenfalls erfolgen. Würde man diese Verdrängung verhindern, gäbe es keinen funktionierenden Wettbewerb mehr[885].

Der Staat muss sich im Gegensatz zu privaten Dritten, die sich wechselseitig auf ihre Wettbewerbsfreiheit aus Art. 12 Abs. 1 Satz 1 GG berufen können, aufgrund seiner Grundrechtsverpflichtung bei Eingriffen in den Markt zurückhalten, da er sich selbst nicht auf die grundrechtlich geschützte Wettbewerbsfreiheit berufen kann und grundsätzlich keine Verpflichtung des Staates besteht, die Marktchancen einzelner Mitbewerber zu schützen.

Indes verdrängt Art. 12 Abs. 1 Satz 1 GG nicht grundsätzlich den allgemeinen Gleichbehandlungsgrundsatz aus Art. 3 Abs. 1 GG. Freiheitsrechte haben grundsätzlich die gleiche Rangordnung wie Gleichheitsrechte. Während Art. 12 Abs. 1 Satz 1 GG als Freiheitsrecht die Wettbewerbsfreiheit schützt, verbürgt der allgemeine Gleichbehandlungsgrundsatz aus Art. 3 Abs. 1 GG die gleiche Wettbewerbsfreiheit bzw. die Wettbewerbsgleichheit für alle Grundrechtsträger. Bei einer

---

883 So auch *Tsiliotis*, Der verfassungsrechtliche Schutz der Wettbewerbsfreiheit und seine Einwirkung auf die privatrechtlichen Beziehungen, 2000, S. 117; *Lindner*, DÖV 2003, 185 (189); *Leisner*, Wettbewerb als Verfassungsprinzip, 2012, S. 81; *Schliesky*, Öffentliches Wettbewerbsrecht, 1997, S. 276. Anders hingegen *Bäcker*, Wettbewerbsfreiheit als normgeprägtes Grundrecht, 2007, S. 317, der eine Garantie der wirtschaftlichen Chancengleichheit nicht anerkennt; auf den Gleichheitsgrundsatz könne sich außerdem nur derjenige berufen, der durch eine Ungleichbehandlung rechtlich betroffen ist.

884 *Schliesky*, Öffentliches Wettbewerbsrecht, 1997, S. 276; *Bösmeier*, Staatlich verursachte Wettbewerbsverzerrungen durch die Subventionierung privater Unternehmen, 1989, S. 67.

885 *Leisner*, Wettbewerb als Verfassungsprinzip, 2012, S. 80 ff.

Überschneidung oder Kumulation der Schutzbereiche herrscht dann grundsätzlich Idealkonkurrenz[886], wenn nicht bei einem der Grundrechte dem Sinngehalt nach eine stärkere sachliche Beziehung zu dem zu prüfenden Sachverhalt besteht[887]. Dieser Schwerpunkt ist aber nicht Grund einer Verdrängung, da kein Subsidiaritäts- oder Spezialitätsverhältnis zwischen Art. 12 Abs. 1 Satz 1 GG und Art. 3 Abs. 1 GG besteht[888]. Während der allgemeine Gleichbehandlungsgrundsatz aus Art. 3 Abs. 1 GG jedoch nur einen allgemeinen Grundsatz darstellt, enthält das Grundrecht der Berufsfreiheit bzw. der Wettbewerbsfreiheit aus Art. 12 Abs. 1 Satz 1 GG eine klare materielle Wertentscheidung des Grundgesetzes für einen konkreten wichtigen Lebensbereich[889]. Daher tritt der allgemeine Gleichheitsgrundsatz in diesem Fall zurück[890]. Ein weiterer Grund, warum Art. 12 Abs. 1 Satz 1 GG als vorrangig anzusehen sein könnte, ist seine Rechtsfolge. Während der Abwehranspruch aus Art. 3 Abs. 1 GG nur auf eine Unterlassung der Ungleichbehandlung oder eine Gleichbehandlung gerichtet ist, hat der Anspruch aus Art. 12 Abs. 1 Satz 1 GG die Abwehr der gesamten belastenden Maßnahme zum Ziel und geht somit weiter als der gleichheitsrechtliche Anspruch aus Art. 3 Abs. 1 GG[891]. Aus diesen Gründen ist auch die Wettbewerbsgleichheit aus Art. 3 Abs. 1 GG hier zu prüfen.

(1) Ungleichbehandlung von wesentlich Gleichem

Ein Eingriff in die Wettbewerbsgleichheit aus Art. 3 Abs. 1 GG setzt voraus, dass eine Ungleichbehandlung von wesentlich Gleichem bzw. eine Gleichbehandlung von wesentlich Ungleichem vorliegt[892].

Da zwei Sachverhalte bzw. Personen nicht genau gleich sein können, muss unter einer wesentlichen Gleichheit verstanden werden, dass Personen, Personengruppen oder Situationen vergleichbar sind[893]. Hierfür ist ein Bezugspunkt (tertium comparationis) erforderlich, der in einem gemeinsamen Oberbegriff (genus proximum) besteht[894].

---

886 *Tsiliotis*, Der verfassungsrechtliche Schutz der Wettbewerbsfreiheit und seine Einwirkung auf die privatrechtlichen Beziehungen, 2000, S. 398; *Jarass*, in: ders./Pieroth, GG, 12. Aufl. 2012, Art. 3 Rn. 3.

887 *Jarass*, in: ders./Pieroth, GG, 12. Aufl. 2012, Art. 3 Rn. 3.

888 *Tsiliotis*, Der verfassungsrechtliche Schutz der Wettbewerbsfreiheit und seine Einwirkung auf die privatrechtlichen Beziehungen, 2000, S. 398 f.

889 *Tsiliotis*, Der verfassungsrechtliche Schutz der Wettbewerbsfreiheit und seine Einwirkung auf die privatrechtlichen Beziehungen, 2000, S. 400.

890 *Tsiliotis*, Der verfassungsrechtliche Schutz der Wettbewerbsfreiheit und seine Einwirkung auf die privatrechtlichen Beziehungen, 2000, S. 400.

891 *Schliesky*, Öffentliches Wettbewerbsrecht, 1997, S. 276.

892 *Jarass*, in: ders./Pieroth, GG, 12. Aufl. 2012, Art. 3 Rn. 7 f.

893 *Pieroth/Schlink/Kingreen/Poscher*, Grundrechte, Staatsrecht II, 29. Aufl. 2013, Rn. 463.

894 *Pieroth/Schlink/Kingreen/Poscher*, Grundrechte, Staatsrecht II, 29. Aufl. 2013, Rn. 463 ff.; *Kischel*, in: Epping/Hillgruber (Hrsg.), Beck'scher Online-Kommentar GG, Stand: 01. 11. 2013, Ed. 19, Art. 3 Rn. 15.2.

(a) Ungleichbehandlung

Zunächst könnte hinsichtlich der De-Mail-Anbieter und der nicht De-Mail-akkreditierten Anbieter von sicheren elektronischen Kommunikationstechniken eine Ungleichbehandlung vorliegen.

Durch § 2 Abs. 2 EGovG werden alle Bundesbehörden dazu verpflichtet, den elektronischen Zugang durch eine De-Mail-Adresse zu eröffnen. Eine Verpflichtung zur Eröffnung des elektronischen Zugangs für die Kommunikation mit anderen sicheren elektronischen Zugangsformen ist zwar möglich, aber nicht verpflichtend geregelt.

Somit liegt eine Ungleichbehandlung zwischen den De-Mail-Anbietern und den nicht akkreditierten Anbietern sicherer elektronischer Zugangsmöglichkeiten vor[895].

(b) Wesentliche Gleichheit

Des Weiteren müssten die De-Mail-Anbieter und die nicht De-Mail-akkreditierten Anbieter sicherer elektronischer Zugangsformen als wesentlich gleich zu bezeichnen sein.

Dies soll exemplarisch am E-Postbrief der Deutschen Post AG als Beispiel für eine nicht De-Mail-akkreditierte sichere elektronische Zugangsform untersucht werden.

Zunächst müsste ein gemeinsamer Oberbegriff (genus proximum) als Bezugspunkt bestehen.

Man könnte zwar grundsätzlich zwischen De-Mail und anderen nicht De-Mail-akkreditierten sicheren elektronischen Zugangsformen unterscheiden, da die De-Mail-Anbieter staatlich akkreditiert sind und sich so von den anderen Anbietern unterscheiden. Die De-Mail ist jedoch wie die vergleichbaren nicht akkreditierten Dienste eine sichere elektronische Zugangsform, die im Vergleich zur herkömmlichen E-Mail einen signifikant höheren Sicherheitsgrad gewährleistet, und kann somit gemeinsam mit nicht akkreditierten Diensten unter diesen gemeinsamen Oberbegriff gefasst werden. Hierfür ist die Eigenschaft der Akkreditierung nicht entscheidend, zumal die Tätigkeit der akkreditierten De-Mail-Anbieter keinen eigenständigen, von nicht akkreditierten Anbietern zu unterscheidenden Beruf darstellt[896]. Vielmehr sind die akkreditierten De-Mail-Anbieter als eine spezielle Untergruppe der Anbieter sicherer elektronischer Zugangsformen zu bezeichnen, die durch die Akkreditierung besonderes staatliches Vertrauen genießen.

Gerade der E-Postbrief und die De-Mail unterscheiden sich mit Ausnahme der Akkreditierung nicht wesentlich hinsichtlich des gegenüber der einfachen E-Mail-Kommunikation erhöhten Sicherheitsstandards, der bei sicheren elektronischen Zugangsformen das entscheidende Merkmal darstellt. Nicht einmal die Funktionsweise weicht signifikant voneinander ab[897]. Eine Akkreditierung der Deutschen Post AG als De-Mail-Anbieter wäre grundsätzlich von den Voraussetzungen, die an die

895 So auch *Heckmann/Albrecht*, ZRP 2013, 42 (43).
896 Siehe bereits Gliederungspunkt Teil II: E. II. 2. a) bb) (1) (a).
897 Vgl. hierzu bereits die Darstellungen unter den Gliederungspunkten Teil II: A. II. 4. und Teil II: A. II. 5.

Akkreditierung gestellt werden, möglich[898]. Die De-Mail-Akkreditierung soll jedoch nach der Gesetzesbegründung zum De-Mail-G hinsichtlich des Anbietens sicherer elektronischer Zugangsformen freiwillig sein[899] und kann deshalb hier zumindest nicht als einzig entscheidendes Differenzierungsmerkmal zum Tragen kommen.

Soweit nicht De-Mail-akkreditierte sichere elektronische Zugangsformen dieselben Voraussetzungen erfüllen, bspw. hinsichtlich der Erfüllung von Formerfordernissen, der Beweiswirkungen oder der Vertraulichkeit, sind sie und die De-Mail deshalb als wesentlich gleich anzusehen.

(c) Zwischenergebnis

Dadurch, dass durch § 2 Abs. 2 EGovG zwar eine Verpflichtung für Bundesbehörden zur Eröffnung des elektronischen Zugangs durch eine De-Mail-Adresse, aber keine entsprechende Verpflichtung für die Eröffnung des elektronischen Zugangs für andere nicht akkreditierte sichere elektronische Zugangsformen besteht, resultiert folglich eine Ungleichbehandlung von wesentlich Gleichem.

(2) Rechtfertigung

Diese Ungleichbehandlung könnte jedoch gerechtfertigt sein.

(aa) Maßstab der Rechtfertigungsprüfung

Zunächst muss der Maßstab der Rechtfertigungsprüfung festgelegt werden. Dieser variiert beim allgemeinen Gleichheitsgrundsatz je nach Intensität der Ungleichbehandlung zwischen einer großzügigen Prüfung anhand des Willkürverbots, bei der ein sachlicher Grund für die Rechtfertigung ausreichend ist[900], und einer strengen Prüfung anhand des Verhältnismäßigkeitsgrundsatzes, bei der hingegen ein gewichtiger Grund zu fordern und eine Verhältnismäßigkeitsprüfung vorzunehmen ist[901].

Welcher Maßstab anzulegen ist, ergibt sich aufgrund verschiedener Kriterien:

Die Intensität der Prüfung steigt, je mehr die Ungleichbehandlung personen- bzw. personengruppenbezogen und nicht sachverhaltsbezogen ist[902]. Eine Ungleichbehandlung kann hier auch zwischen juristischen Personen, also auch Unternehmen, die sichere elektronische Zugangsformen anbieten, erfolgen.

In diesem Sinne ist im vorliegenden Fall ein Personenbezug anzunehmen, da die De-Mail-Anbieter und die Anbieter von anderen sicheren elektronischen

---

898 Der Akkreditierung stehen vielmehr nicht die Voraussetzungen der Akkreditierung, sondern andere rechtliche Umsetzungsregeln und tatsächliche Gründe entgegen, die in der Rechtfertigung näher auszuführen sein werden.

899 Siehe hierzu bereits Fn. 723.

900 *Pieroth/Schlink/Kingreen/Poscher*, Grundrechte, Staatsrecht II, 29. Aufl. 2013, Rn. 471.

901 *Pieroth/Schlink/Kingreen/Poscher*, Grundrechte, Staatsrecht II, 29. Aufl. 2013, Rn. 472.

902 *Pieroth/Schlink/Kingreen/Poscher*, Grundrechte, Staatsrecht II, 29. Aufl. 2013, Rn. 470.

Kommunikationsmitteln als Unternehmen und somit regelmäßig als juristische Personen des Privatrechts hinsichtlich ihrer Produkte ungleich behandelt werden.

Als weiteres Kriterium wird die Ähnlichkeit der Ungleichbehandlung zu den in Art. 3 Abs. 3 GG verbotenen Ungleichbehandlungen herangezogen[903]. Nach Art. 3 Abs. 3 GG darf niemand wegen seines Geschlechtes, seiner Abstammung, seiner Rasse, seiner Sprache, seiner Heimat und Herkunft, seines Glaubens, seiner religiösen oder politischen Anschauungen benachteiligt oder bevorzugt werden sowie aufgrund einer Behinderung eine Benachteiligung erfahren. Im vorliegenden Fall wird nicht anhand eines der in Art. 3 Abs. 3 GG aufgezählten Merkmale differenziert.

Des Weiteren wird danach differenziert, in welchem Maße der Grundrechtsträger die Ungleichbehandlung selbst beeinflussen bzw. sogar aufheben kann. Jeder Anbieter sicherer elektronischer Zugangsformen, wie bspw. die Deutsche Post AG mit ihrem Produkt „E-Postbrief", könnte sich, wenn die Voraussetzungen der Akkreditierung erfüllt sind, akkreditieren lassen. Zum einen ist die Akkreditierung als freiwilliges Element, als Gütesiegel für Vertrauen gedacht, zum anderen ändert sich der tatsächliche Sicherheitsstandard durch die Akkreditierung, also die Überprüfung der gesetzlich vorgeschriebenen Voraussetzungen, selbst nicht. Problematisch wäre folglich nicht die Akkreditierung selbst, sondern die tatsächliche Umsetzung dieser nach Maßgabe des De-Mail-G. Da die Deutsche Post AG den E-Postbrief vor Inkrafttreten des De-Mail-G auf den Markt brachte, beständen jetzt bei einer möglichen Akkreditierung Umsetzungsprobleme. Eine Akkreditierung des gesamten Produktes ist nicht möglich, da nach dem De-Mail-G eine Verbindung von elektronischer De-Mail-Kommunikation mit hybriden Postdienstleistungen, wie die Deutsche Post AG sie mit dem hybriden E-Postbrief derzeit anbietet, nach der gegenwärtigen Ausgestaltung nicht möglich ist. Dies ergibt sich bspw. daraus, dass die §§ 5–8 De-Mail-G Vorgaben für verpflichtend oder optional auszuführende Dienste machen, während weitere Dienste der De-Mail-Anbieter zwar möglich, aber streng von dem eigentlichen De-Mail-Angebot zu trennen sind. Dieses Trennungserfordernis führt zu einer Benachteiligung bestimmter Marktanbieter, die Zusatzdienste anbieten, die ihrerseits nicht vom De-Mail-G als optionale De-Mail-Dienste bezeichnet werden. Dokumentensafe und Identitätsbestätigungsdienst sind bereits im Gesetz vorgesehen und können mit den De-Mail-Diensten kombiniert werden, während eine Verbindung der elektronischen De-Mail mit weiteren Postdienstleistungen, wie sie bei der Deutschen Post AG mit der zusätzlichen Möglichkeit der Versendung eines Hybridbriefes, bei dem die gesendete elektronische Nachricht auf Verlangen des Absenders oder, wenn der Empfänger kein E-Postbrief-Konto besitzt, ausgedruckt, kuvertiert und zugestellt wird, von vornherein über die De-Mail-Adresse ausgeschlossen wird[904]. Ein solcher Ausschluss

---

903 *Pieroth/Schlink/Kingreen/Poscher*, Grundrechte, Staatsrecht II, 29. Aufl. 2013, Rn. 470.

904 BT-Drs. 17/3630, S. 26.

scheint nicht unbedingt verständlich, da ein hybrider Brief die Lücke zwischen elektronischer und postalischer Erreichbarkeit schließen kann. Angesichts des Umstandes, dass voraussichtlich noch über lange Zeit elektronische und „analoge" Kommunikation nebeneinander stehen werden[905], bietet dieses Angebot durchaus einen Mehrwert gegenüber anderen Diensten. Es wäre folglich hinsichtlich des Produkts „E-Postbrief" eine vollständige Trennung der Dienste erforderlich, um sich akkreditieren zu lassen. Der Vorteil des E-Postbriefs, der alle erreicht, ob elektronisch oder per Hybridbrief, selbst Personen, die keine E-Postbrief-Adresse besitzen, wäre aufgehoben. Probleme bestehen des Weiteren bei der Werbung für die getrennten Produkte und bei der Handhabung der De-Mail-Adresse. Eine Akkreditierung wäre für die Deutsche Post AG zumindest bezogen auf das Produkt „E-Postbrief" nicht ohne Umgestaltungen möglich, was im Rahmen des Kriteriums der Beeinflussbarkeit eher für eine strengere Prüfung spricht.

Auch die Beeinträchtigung freiheitlicher Grundrechte durch die Ungleichbehandlung spricht für eine strengere Prüfung. Denn, wie schon erörtert, wird durch die Ungleichbehandlung die Wettbewerbsfreiheit der Anbieter von nicht De-Mail-akkreditierten sicheren elektronischen Zugangsformen aus Art. 12 Abs. 1 Satz 1 GG beeinträchtigt, was hier für einen strengeren Prüfungsmaßstab spricht.

Eine eher großzügige Prüfung soll jedoch bei komplexen Zusammenhängen bei wirtschaftslenkenden und wirtschaftsordnenden Maßnahmen erfolgen. Ob man den vorliegenden Sachverhalt als komplexen Zusammenhang bezeichnen kann, ist indes fraglich. Direkt wirtschaftslenkendes oder wirtschaftsordnendes Verhalten des Staates ist in der vorliegenden Ungleichbehandlung eher nicht zu sehen. Der Staat lenkt hier höchstens mittelbar den Markt dadurch, dass er vordringlich elektronische Zugangsformen regelt. Hier kann zwar von einem wettbewerbsrelevanten Staatshandeln, aber nicht von einer konkreten Wirtschaftslenkung gesprochen werden. Beabsichtigt ist hier lediglich eine Regelung elektronischer Zugangsformen, die zumindest nicht direkt als wirtschaftslenkend bezeichnet werden kann. Einen Ausschlussgrund für eine strengere Prüfung stellt dieses Kriterium im vorliegenden Fall somit nicht dar.

Zusammenfassend lässt sich festhalten, dass die überwiegenden Kriterien für eine Prüfung anhand eines strengeren Maßstabs sprechen. Im Folgenden ist deshalb eine Verhältnismäßigkeitsprüfung durchzuführen. Stellt sich die vorliegende Ungleichbehandlung an diesem strengen Maßstab als verhältnismäßig dar, wird dies auch bei einem moderateren Maßstab der Fall sein.

---

905 Durch die Schaffung von Anreizen für die Nutzung des elektronischen Kanals (Gebührenreduzierung, bevorzugte Behandlung etc.) ist zumindest eine Steigerung aber denkbar; dazu *S. E. Schulz/C. Hoffmann/Tallich*, Die Verwaltung 45 (2012), 207 ff.

(bb) Verhältnismäßigkeit

Eine Regelung ist dann verhältnismäßig, wenn mit ihr ein legitimer öffentlicher Zweck verfolgt wird und die Maßnahme geeignet, erforderlich und angemessen ist[906].

(i) Legitimer öffentlicher Zweck

Zunächst müsste die Ungleichbehandlung einem legitimen öffentlichen Zweck dienen.

Mit der Verpflichtung der Bundesbehörden zur Eröffnung des elektronischen Zugangs durch eine De-Mail-Adresse nach § 2 Abs. 2 EGovG verfolgt der Gesetzgeber, wie bereits erörtert, den Zweck, dass die Bundesbehörden den Bürger nicht mehr auf andere Zugänge bzw. elektronische Zugangsformen verweisen können, um so die elektronische Kommunikation mittels De-Mail zu erleichtern und durchzusetzen. Der Grund der unterschiedlichen Behandlung von De-Mail und anderen sicheren elektronischen Kommunikationsmitteln wie dem E-Postbrief kann indes nur darin gesehen werden, dass De-Mail-Anbieter akkreditiert, also staatlich geprüft, sind, wodurch ihnen ein gewisser Vertrauensvorsprung gegenüber anderen nicht akkreditierten sicheren elektronischen Zugangsformen seitens des Staates zukommt. Dieser möchte mit der zwingenden Einführung der Zugangsform der De-Mail bei Bundesbehörden eine möglichst sichere elektronische Kommunikation auch hinsichtlich der Vertrauenswürdigkeit der Diensteanbieter erreichen. Dies liegt auch darin begründet, dass die De-Mail grundsätzlich keine Ende-zu-Ende-Verschlüsselung gewährleistet. D. h., dass die Nachricht nicht gänzlich verschlüsselt vom Versender zum Empfänger übermittelt wird. Vielmehr wird die Nachricht bei den jeweiligen De-Mail-Anbietern entschlüsselt, auf schädliche Programme wie Viren geprüft und wieder verschlüsselt weiter übermittelt. Die De-Mail-Anbieter können also als einzige Einsicht in die versendete Nachricht nehmen. Die Akkreditierung soll deshalb ein gewisses Vertrauen schaffen, indem sie die getroffenen Sicherheitsstandards und somit die Eignung der De-Mail-Anbieter überprüft[907]. Ein legitimer Zweck, der auch für die reine Willkürprüfung ausreichend wäre, liegt somit vor.

(ii) Geeignetheit

Des Weiteren muss die Ungleichbehandlung auch geeignet sein, das verfolgte Ziel zu erreichen. Eine Akkreditierung ist eine geeignete Maßnahme, um die Diensteanbieter auf die Einhaltung der De-Mail-Standards zu prüfen und ihre Vertrauenswürdigkeit zu testen. Durch einen verpflichtenden elektronischen Zugang durch eine De-Mail-Adresse können die Bundesbehörden den Bürger auch nicht mehr auf

906 *Pieroth/Schlink/Kingreen/Poscher*, Grundrechte, Staatsrecht II, 29. Aufl. 2013, Rn. 289.

907 Siehe hierzu bereits ausführlich Gliederungspunkt Teil II: E. II. 2. A) cc) (2) (a).

einen anderen Zugang oder auf eine andere Zugangsform verweisen. Die Ungleichbehandlung ist folglich auch geeignet, das verfolgte Ziel zu erreichen.

(iii) Erforderlichkeit

Außerdem müsste die Ungleichbehandlung auch erforderlich sein.

Wie schon bei der Prüfung der Wettbewerbsfreiheit aus Art. 12 Abs. 1 Satz 1 GG erörtert, gäbe es zwar Möglichkeiten, die Verpflichtung offener zu gestalten. Andere mögliche Regelungsmöglichkeiten sind aber entweder nicht gleich geeignet oder als nicht zweckmäßig anzusehen. Die Regelung ist somit als erforderlich einzustufen.

(iv) Angemessenheit (Verhältnismäßigkeit i. e. S.)

Letztlich müsste der Rechtfertigungsgrund noch in einem angemessenen Verhältnis zu dem Grad der Ungleichbehandlung stehen.

Auch hier kann auf die Prüfung der Angemessenheit im Rahmen der Wettbewerbsfreiheit aus Art. 12 Abs. 1 Satz 1 GG verwiesen werden. Um zu erreichen, dass der Bürger nicht mehr von der Behörde auf andere Zugangsformen verwiesen werden kann, ist kein anderes praktikables Mittel denkbar. Gegenüber dem Interesse, dass die Bürger von den Bundesbehörden nicht mehr auf andere Zugangsformen verwiesen werden können, muss das Interesse der nicht akkreditierten Anbieter sicherer elektronischer Zugangsformen an einer Gleichbehandlung mit der De-Mail zurückstehen. Deshalb ist die Rechtfertigung als angemessen im Verhältnis zu dem Grad der Ungleichbehandlung zu sehen.

(v) Zwischenergebnis

Die Ungleichbehandlung im Rahmen des § 2 Abs. 2 EGovG ist aus diesen Gründen als verhältnismäßig anzusehen.

(cc) Zwischenergebnis

Die Ungleichbehandlung ist infolgedessen gerechtfertigt.

(3) Ergebnis

Die Verpflichtung der Bundesbehörden zur Eröffnung des elektronischen Zugangs durch eine De-Mail-Adresse nach § 2 Abs. 2 EGovG stellt somit keinen ungerechtfertigten Eingriff in das Recht der nicht akkreditierten Anbieter sicherer elektronischer Zugangsformen auf Wettbewerbsgleichheit aus Art. 3 Abs. 1 GG als spezielle Ausprägung des allgemeinen Gleichbehandlungsgrundsatzes dar.

c) Eigentumsgarantie, Art. 14 Abs. 1 Satz 1 GG

Während Art. 12 Abs. 1 Satz 1 GG die Betätigung, die zum Wettbewerb führt, schützt, erfasst Art. 14 Abs. 1 Satz 1 GG lediglich den Schutz des Erworbenen, unabhängig von der Erwerbsbetätigung. Da die nicht akkreditierten Anbieter sicherer elektronischer Zugangsformen, wie schon erörtert, in ihrer beruflichen Betätigung beeinträchtigt sind und darüber hinaus das bereits mit ihren Produkten auf diesem Gebiet Erworbene nicht betroffen wird, ist in diesem Fall die Berufsfreiheit bzw. die Wettbewerbsfreiheit aus Art. 12 Abs. 1 Satz 1 GG und nicht die Eigentumsgarantie aus Art. 14 Abs. 1 Satz 1 GG einschlägig.

d) Allgemeine Handlungsfreiheit, Art. 2 Abs. 1 GG

Da die Wettbewerbsfreiheit nach der hier vertretenen Ansicht der Berufsfreiheit aus Art. 12 Abs. 1 Satz 1 GG zuzuordnen ist, ist Art. 2 Abs. 1 GG als Auffanggrundrecht hinsichtlich seines wettbewerbsrechtlichen Gehalts nicht mehr zu prüfen. Art. 12 Abs. 1 Satz 1 GG ist gegenüber Art. 2 Abs. 1 GG lex specialis. Art. 2 Abs. 1 GG ist somit dann nicht mehr anwendbar, wenn der Schutzbereich des Art. 12 Abs. 1 Satz 1 GG betroffen und beeinträchtigt ist und eine berufsregelnde Tendenz vorliegt[908]. Da im vorliegenden Fall sowohl der Schutzbereich betroffen ist als auch ein Eingriff vorliegt und die berufsregelnde Tendenz nach hier vertretener Ansicht entbehrlich ist, ist Art. 2 Abs. 1 GG nicht mehr zu prüfen[909]. Dies gilt auch dann, wenn wie im Fall der Verpflichtung der Bundesbehörden zur Eröffnung des elektronischen Zugangs durch eine De-Mail-Adresse nach Art. 12 Abs. 1 Satz 1 GG der Eingriff gerechtfertigt ist[910].

Anders verhielte sich dies, wenn nicht akkreditierte Anbieter aus dem Ausland nicht akkreditierte sichere elektronische Zugangsformen anbieten würden. In diesem Fall könnten sich diese auf Art. 2 Abs. 1 GG stützen[911].

5. Gesetzliche Regelung von an elektronische Zugangsformen geknüpften Rechtswirkungen

Hat der Staat eine neue elektronische Zugangsform, wie bspw. die De-Mail, geschaffen, kann er Rechtsfolgen an die Nutzung dieser knüpfen.

So ist es ihm z. B. möglich, die Erfüllung von Formvorschriften durch eine Zugangsform zu regeln, einer Zugangsform besondere Beweiswirkungen zuzusprechen oder die Modalitäten des Zugangs von Nachrichten, wie bspw. den Zugangszeitpunkt beim Empfänger, zu regeln.

Welchen Grenzen eine solche Regelung von Rechtswirkungen hinsichtlich des Öffentlichen Wettbewerbsrechts auf grundrechtlicher Ebene unterliegen, soll im Folgenden am Beispiel der De-Mail beleuchtet werden.

---

908 *Jarass*, in: ders./Pieroth, GG, 12. Aufl. 2012, Art. 12 Rn. 4.
909 *Jarass*, in: ders./Pieroth, GG, 12. Aufl. 2012, Art. 12 Rn. 4.
910 *Jarass*, in: ders./Pieroth, GG, 12. Aufl. 2012, Art. 12 Rn. 4.
911 *Jarass*, in: ders./Pieroth, GG, 12. Aufl. 2012, Art. 12 Rn. 12.

a) *Die Ersetzung der Schriftform durch die elektronische Form*

aa) Ersetzung der Schriftform im Verwaltungsverfahren

Durch den Gesetzentwurf für ein Gesetz zur Förderung der elektronischen Verwaltung (E-Government-Gesetz) sowie zur Änderung weiterer Vorschriften wurde § 3a Abs. 2 VwVfG[912] umgestaltet. Dieser regelte bislang die Ersetzung der Schriftform durch die elektronische Form mittels einer qeS. Im Rahmen der Gesetzesänderung wurden weitere Schriftformäquivalente normiert. Während die meisten Änderungen bereits mit Inkrafttreten des EGovG am 01. 08. 2013 Geltung erlangten, werden andere, nämlich die Normierung der De-Mail als Schriftformäquivalent (§ 3a Abs. 2 Satz 4 Nr. 2 und 3 VwVfG), erst am 01. 07. 2014 Wirkung entfalten. Der Wortlaut der Gesetzesänderung änderte sich während des Gesetzgebungsverfahrens indes bis zu dessen Abschluss. Erst mit der Beschlussempfehlung stand der endgültige Wortlaut fest.

Um diese für die Regelung von sicheren elektronischen Zugangsformen besonders relevante Entwicklung nachvollziehen zu können, wird im Folgenden zunächst auf den Entwurf in seiner ursprünglichen Form eingegangen, bevor auch die endgültig verabschiedete Fassung einer Prüfung unterzogen wird.

(1) Zunächst beabsichtigter Entwurf für eine Änderung des § 3a Abs. 2 VwVfG ohne technikneutrale Definition

Der Gesetzentwurf der Bundesregierung für ein Gesetz zur Förderung der elektronischen Verwaltung sowie zur Änderung weiterer Vorschriften regelt die Ersetzung der Schriftform durch die elektronische Form im Verwaltungsverfahren durch eine Änderung des § 3a Abs. 2 VwVfG neu[913].

Nach § 3a Abs. 2 Satz 2 VwVfG soll die Schriftform weiterhin durch ein elektronisches Dokument mit einer qeS ersetzt werden können.

Neu ist hingegen die Einfügung weiterer Möglichkeiten der Ersetzung der Schriftform durch die elektronische Form nach § 3a Abs. 2 Satz 4 VwVfG.

Nach § 3a Abs. 2 Satz 4 Nr. 1 VwVfG kann die Schriftform seit dem 01. 08. 2013 auch durch die unmittelbare Abgabe einer Erklärung in ein elektronisches Formular, das von der Behörde in einem Eingabegerät – also bspw. einem von einer Behörde bereitgestellten Computer bzw. Automaten (Eingabeautomaten) – oder durch ein über zugängliche Netze zur Verfügung gestelltes Formular – bspw. durch eine im Internet vorgehaltene Eingabemaske – ersetzt werden. Allerdings ist für diese Variante nach § 3a Abs. 2 Satz 5 VwVfG bei der Eingabe über öffentlich zugängliche

912 Vgl. hierzu den Gesetzentwurf der Bundesregierung für ein Gesetz zur Förderung der elektronischen Verwaltung sowie zur Änderung weiterer Vorschriften, BT-Drs. 17/11473, Art. 3: Änderung des Verwaltungsverfahrensgesetzes, sowie die Beschlussempfehlung und den Bericht des Innenausschusses, BT-Drs. 17/13139. Siehe hierzu auch *Prell*, NVwZ 2013, 1514 (1515 ff.); *S. E. Schulz*, DÖV 2013, 882 ff.

913 BT-Drs. 17/11473.

Netze ein zusätzlicher Identitätsnachweis nach § 18 PAuswG – also mittels der eID-Funktion – oder nach § 78 Abs. 2 des Aufenthaltsgesetzes (AufenthG) notwendig.

§ 3a Abs. 2 Satz 4 Nr. 2 und 3 VwVfG sieht ab dem 01. 07. 2014 die De-Mail in der absenderbestätigten Form nach § 5 Abs. 5 De-Mail-G in beiden Richtungen, sowohl vom Bürger in Richtung Behörde – so Nr. 2 für Anträge und Anzeigen des Bürgers – als auch für elektronische Verwaltungsakte oder sonstige elektronische Dokumente der Behörde in Richtung Bürger – so Nr. 3 –, als Möglichkeit der Ersetzung der Schriftform bei elektronischer Übermittlung vor.

An die De-Mail als sichere elektronische Zugangsform wird auf diese Weise eine Rechtswirkung geknüpft, nämlich die der Erfüllung der Schriftform.

Zunächst sah der Entwurf für § 3a Abs. 2 VwVfG bzw. für die Neuregelung der Ersetzung der Schriftform durch die elektronische Form nur die Normierung der qeS (Abs. 2 Satz 2), der De-Mail (Abs. 2 Satz 4 Nr. 2 und 3) und der Eingabe in elektronische Formulare in Verbindung mit einem Identitätsnachweis (Abs. 2 Satz 4 Nr. 1, Satz 5) vor[914].

Da bei dieser Form der Gestaltung des § 3a VwVfG lediglich drei unterschiedliche neue Zugangsformen, die explizit im Gesetz genannt wurden, geeignet gewesen wären, die Schriftform zu erfüllen, stellte sich die Frage, ob hieraus nicht eine Benachteiligung anderer sicherer elektronischer Zugangsformen, die die Funktionen der Schriftform (zumindest) in gleichem Maße gewährleisten könnten, resultierte und ob an dieser Stelle nicht eine entwicklungsoffene und technikneutrale Formulierung verfassungsrechtlich geboten gewesen wäre.

Unter einer technikneutralen Definition versteht man eine Definition bzw. Beschreibung, die nicht an eine bestimmte Technik bzw. einen bestimmten technischen Standard oder ein Produkt bzw. eine Marke anknüpft, sondern zur Bestimmung eines Begriffs oder der Knüpfung einer Rechtsfolge auf die hierfür erforderlichen, aber von bestimmten Techniken, Standards, Produkten oder Marken unabhängig erfüllbaren Voraussetzungen abstellt. Im vorliegenden Fall wäre eine technikneutrale Definition eine Regelung zur Ersetzung der Schriftform bzw. die Knüpfung der Rechtsfolge der Schriftformwahrung durch die Regelung der zur Erfüllung der Schriftform vom Gesetzgeber als erforderlich angesehenen Voraussetzungen, also der Gewährleistung der Schriftformfunktionen.

Technikneutrale Definitionen haben zudem den Vorteil, entwicklungsoffen zu sein, da sie nicht an spezielle Techniken anknüpfen, die durch den Fortschritt der technischen Entwicklung überholt sein könnten[915].

---

914 Vgl. BT-Drs. 17/11473, Art. 3, S. 13, zur Begründung S. 48 ff.

915 Zu den Vorteilen einer technikneutralen Definition, insbesondere der Entwicklungsoffenheit *S. E. Schulz/Brackmann*, ISPRAT-Stellungnahme zum Diskussionsentwurf des Bundesministeriums der Justiz für ein Gesetz zur Einführung der elektronischen Akte in Strafsachen, 2012, abrufbar unter www.isprat.net.

(a) Wettbewerbsfreiheit, Art. 12 Abs. 1 Satz 1 GG

Zunächst ist zu prüfen, ob durch den ursprünglichen Entwurf, in dem die Möglichkeiten der Schriftformsetzung abschließend aufgezählt wurden, die Wettbewerbsfreiheit der nicht De-Mail-akkreditierten Anbieter sicherer elektronischer Zugangsformen aus Art. 12 Abs. 1 Satz 1 GG beeinträchtigt gewesen wäre. Dies könnte eine entwicklungs- und technikoffenere Formulierung der Regelung, wie sie nun in Kraft getreten ist, verfassungsrechtlich erforderlich gemacht haben.

(aa) Schutzbereich

Wie bereits dargelegt, könnten andere sichere elektronische Zugangsformen, die nicht als Schriftformäquivalent vorgesehen wurden, in der Entwurfsfassung dadurch beeinträchtigt gewesen sein, dass die absenderbestätigte De-Mail explizit als Schriftformäquivalent in § 3a Abs. 2 Satz 4 Nr. 2 und Nr. 3 VwVfG gelten sollte, obwohl auch die Produkte nicht De-Mail-akkreditierter Anbieter sicherer elektronischer Zugangsformen die Schriftformfunktionen unter Umständen im gleichen bzw., was entscheidend ist, in dem erforderlichen Maße[916] erfüllen könnten.

Dadurch, dass nach dem Entwurf allein die De-Mail als von privaten Anbietern angebotenes Produkt die Schriftform, die bei vielen Anträgen und Behördenangelegenheiten erforderlich ist, erfüllen können sollte, wäre zu erwarten gewesen, dass die Bürger eher auf die De-Mail zurückgreifen, also ein De-Mail-Konto eröffnen und dieses nutzen, um schriftformwahrend elektronisch mit den Bundesbehörden kommunizieren zu können, ohne wie bei der qeS weitere Software- und Hardwarekomponenten zu benötigen.

Zusätzlich hätte es nahe gelegen, dass die Normierung der De-Mail und nicht anderer nicht De-Mail-akkreditierter sicherer elektronischer Zugangsformen beim Bürger den Eindruck erweckt, dass die De-Mail sicherer ist als die nicht genannten sicheren elektronischen Zugangsformen, mit der Folge, dass der De-Mail ein besonderes Vertrauen der Bürger zugekommen wäre.

Ein besonderes Vertrauen des Staates liegt, wie bereits erörtert, vor und ist aufgrund der Akkreditierung auch nachvollziehbar.

Jedoch ist zum einen nicht ausgeschlossen, dass andere sichere elektronische Zugangsformen einen vergleichbaren Sicherheitsstandard gewährleisten, zum anderen ist es möglich, dass auch diese die Schriftformfunktionen (zumindest) in hinreichendem Maße erfüllen können. Die Entwurfsregelung erweckte indes auch beim Bürger den Eindruck, dass unter den sicheren elektronischen Zugangsformen lediglich die De-Mail und die weiteren normierten Schriftformäquivalente in der Lage wären, die Schriftform auf elektronischem Wege zu erfüllen.

916 Grundsätzlich kann für die Ersetzung der Schriftform nur die Abbildung der Schriftformfunktionen als erforderlich angesehen werden.

Dies gilt auch für die Kommunikationsrichtung von der Verwaltung zum Bürger. Da Behörden auch in der endgültig beschlossenen Fassung[917] Bescheide in Zukunft nach § 3a Abs. 2 Satz 4 Nr. 3 VwVfG durch die De-Mail schriftformwahrend versenden können, wird auch die Verwaltung die De-Mail mehr nutzen und nicht auf andere sichere elektronische Zugangsformen zurückgreifen, auch wenn diese die Schriftformfunktionen in gleichem Maße gewährleisten. Diese vermehrte Nutzung durch die Behörden führt wiederum auch dazu, dass die Bürger den elektronischen Zugang durch die De-Mail-Adresse vor allem aus Praktikabilitätsgründen vermehrt nutzen werden.

Zudem ist die Schriftformerfüllung von besonderer Bedeutung im Verwaltungs- wie auch in anderen Verfahren, da es zahlreiche Schriftformerfordernisse[918] sowohl für die Verwaltung als auch für Anträge und Anzeigen des Bürgers gibt, ohne deren Erfüllung Leistungsgewährung und -beantragung nicht möglich wären. Deshalb ist eine Ersetzung der Schriftform durch die elektronische Form von besonderer Bedeutung.

Durch die skizzierten Entwicklungen hätte in der ursprünglichen Entwurfsfassung die Marktposition bzw. -stellung der nicht De-Mail-akkreditierten Anbieter sicherer elektronischer Zugangsformen beeinträchtigt sein können. Diese ist nach hier vertretener Ansicht von der Wettbewerbsfreiheit aus Art. 12 Abs. 1 Satz 1 GG geschützt.

Folglich wäre der Schutzbereich der Wettbewerbsfreiheit nach Art. 12 Abs. 1 Satz 1 GG eröffnet.

(bb) Eingriff

Des Weiteren müsste die Ersetzung der Schriftform mittels der absenderbestätigten De-Mail nach § 5 Abs. 5 De-Mail-G durch § 3a Abs. 2 Satz 4 Nr. 2 und 3 VwVfG, ohne dass eine Schriftformerfüllung für andere nicht De-Mail-akkreditierte sichere elektronische Zugangsformen, die die Schriftformfunktionen im gleichen Maße gewährleisten könnten, möglich ist, in diesen Schutzbereich eingreifen.

Das oben bereits beschriebene, den Schutzbereich der Wettbewerbsfreiheit aus Art. 12 Abs. 1 Satz 1 GG tangierende Verhalten wäre geeignet gewesen, die vom Schutzbereich der Wettbewerbsfreiheit umfasste Marktposition der nicht De-Mail-akkreditierten Anbieter sicherer elektronischer Zugangsformen zu beeinträchtigen. Ein Eingriff nach dem modernen Eingriffsbegriff liegt somit vor.

---

917 Siehe dazu im Folgenden Gliederungspunkt Teil II: E. II. 5. A) aa) (2).

918 So wird laut BMI in 3500 Fachgesetzen im Verwaltungsrecht die Schriftform gefordert (Referatsleiterin Dr. Tanja Laier auf dem 20. EDV-Gerichtstag im September 2011; siehe hierzu den Artikel „Vom Papier zum Datenstrom" auf der Plattform Publicus, Der Online-Spiegel für das Öffentliche Recht von Dr. Alexander Konzelmann, abrufbar unter www.publicus-boorberg.de/sixcms/detail.php?template=pub_artikel&id=boorberg01.c.243254.de).

Des Weiteren könnte sogar eine subjektiv berufsregelnde Tendenz angenommen werden.

Zwar wurde durch die Regelung der Ersetzung der Schriftform durch die De-Mail im ursprünglichen Entwurf des § 3a Abs. 2 Satz 4 Nr. 2 und 3 VwVfG durch Gesetz imperativ festgelegt, dass die De-Mail im Gegensatz zu anderen sicheren elektronischen Zugangsformen die Schriftform erfüllt, unmittelbarer Regelungsgegenstand war jedoch nicht die berufliche Tätigkeit der Anbieter sicherer elektronischer Zugangsformen, sondern die Regelung der Rechtswirkungen dieser im Rahmen der Erfüllung der Schriftform. Die Regelung war und ist vielmehr darauf gerichtet, den elektronischen Rechtsverkehr zu erleichtern. Die Marktnachteile werden zwar durch die Regelung ausgelöst, entstehen aber letztendlich erst durch das Verhalten der Verbraucher am Markt. Die berufliche Betätigung bzw. die Tätigkeit der Anbieter sicherer elektronischer Zugangsformen soll dadurch nicht gezielt geregelt werden. Folglich liegt keine subjektiv berufsregelnde Tendenz vor.

Die Regelung könnte jedoch auch eine objektiv berufsregelnde Tendenz aufweisen.

Wie schon festgestellt, soll durch die Vorschrift des § 3a Abs. 2 VwVfG nicht direkt die berufliche Tätigkeit der Anbieter von sicheren elektronischen Zugangsformen geregelt werden. Ein Zusammenhang zwischen der Tätigkeit als Anbieter von De-Mail-Diensten bzw. als Anbieter von anderen sicheren elektronischen Zugangsformen ist jedoch nicht von der Hand zu weisen. Vielmehr kommt den De-Mail-Produkten durch die Regelung der Ersetzung der Schriftform durch diese eine neue Funktion und damit auch eine neue Qualifikation zu, die es ermöglicht, dass die Kunden auch schriftformgebundene Kommunikation elektronisch abwickeln können. Die Rahmenbedingungen werden folglich i. S. d. Produkteigenschaften geändert. Hierdurch wäre die Marktstellung anderer Anbieter von sicheren elektronischen Zugangsformen mit hoher Wahrscheinlichkeit nicht unerheblich beeinträchtigt worden, da diese, auch wenn sie den gleichen Sicherheitsstandard wie die De-Mail-Produkte erfüllen, ohne Akkreditierung als De-Mail-Anbieter nicht die Möglichkeit gehabt hätten, durch ihre Produkte die Schriftform zu wahren. Diese Feststellung hätte auch für die Zukunft gegolten, bis eine neue Regelung gefasst worden wäre. Zumindest indirekt ist bei dieser Gestaltung der Norm zu erkennen, dass der Gesetzgeber eine vermehrte Nutzung der De-Mail beabsichtigt. Zwar zielt die gesetzliche Regelung nicht darauf ab, dass andere nicht De-Mail-akkreditierte sichere elektronische Zugangsformen aufgrund dessen weniger genutzt werden, allerdings wäre dies eine unumgängliche und voraussehbare Folge der Regelung gewesen. Eine objektiv berufsregelnde Tendenz ist somit zu erkennen.

Wie bereits dargestellt, ist es jedoch vertretbar und sinnvoll, auf das Kriterium der berufsregelnden Tendenz gänzlich zu verzichten[919]. Sollte man hier also eine objektiv berufsregelnde Tendenz verneinen wollen, wäre dennoch ein Eingriff in den Schutzbereich der Wettbewerbsfreiheit aus Art. 12 Abs. 1 Satz 1 GG anzunehmen.

---

919 Vgl. hierzu bereits Gliederungspunkt Teil II: E. II. 4. a) bb) (2).

Folglich lag durch die nicht Gesetz gewordene Neufassung des § 3a Abs. 2 Satz 4 VwVfG ein Eingriff in die Wettbewerbsfreiheit aus Art. 12 Abs. 1 Satz 1 GG der nicht De-Mail-akkreditierten Anbieter von sicheren elektronischen Zugangsformen vor.

(cc) Rechtfertigung

Dieser Eingriff könnte jedoch gerechtfertigt sein.

(i) Gesetzesvorbehalt des Art. 12 Abs. 1 Satz 2 GG

Da der Eingriff durch § 3a Abs. 2 Satz 4 Nr. 2 und 3 VwVfG bewirkt wird, ist der Gesetzesvorbehalt hier erfüllt.

(ii) Drei-Stufen-Lehre des BVerfG

Eine objektive Berufszulassungsregel scheidet hier offenkundig aus. Die nicht akkreditierten Anbieter sicherer elektronischer Zugangsformen hätten, wie bereits bei der Verpflichtung zur Zugangseröffnung durch § 2 Abs. 2 EGovG erörtert, weiterhin ihre Produkte anbieten können. Die Tätigkeit als De-Mail-Anbieter stellt zudem keinen eigenständigen Beruf dar[920]. § 3a Abs. 2 Satz 4 Nr. 2 und 3 VwVfG regelt allein die Erfüllung der Schriftform durch die De-Mail und nicht durch andere nicht De-Mail-akkreditierte sichere elektronische Zugangsformen. Er regelt damit nicht das „Ob", sondern das „Wie" bzw. die Funktionen und Eigenschaften sicherer elektronischer Zugangsformen, indem er der De-Mail die Eigenschaft „schriftformwahrend" zuordnet, während anderen nicht De-Mail-akkreditierten sicheren elektronischen Zugangsformen dieses Attribut nicht bzw. die Eigenschaft „nicht schriftformwahrend" zugeordnet wird. Es wird folglich nicht der Zugang zum Markt geregelt, sondern es werden die Rahmenbedingungen für die Anbieter sicherer elektronischer Zugangsformen festgelegt.

Eine subjektive Berufszulassungsregel ergibt sich aus den bereits genannten Gründen ebenfalls nicht.

Die Regelung des § 3a Abs. 2 Satz 4 Nr. 2 und 3 VwVfG stellt deshalb eine bloße Berufsausübungsregelung dar, die durch Gesichtspunkte der Zweckmäßigkeit gerechtfertigt werden kann.

α Legitimer öffentlicher Zweck

Zunächst müsste vom Gesetzgeber ein legitimer öffentlicher Zweck mit der Regelung verfolgt worden sein. Durch § 3a Abs. 2 Satz 4 Nr. 2 und 3 VwVfG soll geregelt werden, dass die absenderbestätigte De-Mail in der Versandart nach § 5 Abs. 5 De-Mail-G die Schriftform ersetzt, da die De-Mail nach Auffassung des Gesetzgebers alle

920 Vgl. hierzu bereits Gliederungspunkt Teil II: E. II. 2. a) bb) (1) (a).

Schriftformfunktionen gewährleisten soll, die für die Kommunikation mit Behörden wesentlich sind[921].

Zugrundeliegender übergeordneter Zweck der Regelung ist somit die Ermöglichung des schriftformersetzenden elektronischen Rechtsverkehrs aus Gründen der Effektivität, der Ressourcen- und Zeitersparnis, der Vermeidung von Medienbrüchen und der besseren Erreichbarkeit durch den Bürger, da sich die bisher vorhandenen schriftformwahrenden elektronischen Zugangsformen wie bspw. die qeS nicht durchgesetzt haben[922]. Ein legitimer öffentlicher Zweck hätte folglich vorgelegen.

β Geeignetheit

Die Regelung müsste jedoch auch geeignet gewesen sein, diesen Zweck zumindest zu fördern. Mit der Festlegung, dass der De-Mail-Standard die Schriftform ersetzen kann, schafft der Gesetzgeber eine einfache Möglichkeit für Bürger und Behörde, rein elektronisch schriftformwahrend zu kommunizieren. Im Gegensatz zu der qeS, die zusätzliche Software und Hardware erfordert und sich unter anderem aufgrund dessen nicht durchgesetzt hat, kann die De-Mail ohne zusätzliche Installationen genutzt werden, auch wenn der Registrierungsprozess mit nicht unerheblichem Aufwand verbunden ist[923], da der De-Mail-Anbieter für den Absender die zur Schriftformersetzung erforderlichen Sicherungsmaßnahmen vornimmt, die die Schriftformfunktionen gewährleisten sollen. Die Normierung der Ersetzung der Schriftform durch die De-Mail kann deshalb geeignet sein, den schriftformwahrenden rein elektronischen Rechtsverkehr zu ermöglichen und durchzusetzen. Die Regelung ist somit auch geeignet, den legitimen öffentlichen Zweck zu fördern.

γ Erforderlichkeit

Die Regelung müsste jedoch auch zur Erreichung des Zwecks erforderlich gewesen sein.

Anstatt einer Regelung, die lediglich die absenderbestätigte De-Mail nach § 5 Abs. 5 De-Mail-G, die Eingabe in elektronische Formulare in Verbindung mit einem Identitätsnachweis und die bereits geregelte Möglichkeit der qeS aufführt, wären zumindest alternative Gestaltungsmöglichkeiten der Regelung des § 3a Abs. 2 VwVfG denkbar gewesen.

Eine dieser Alternativen ist die Möglichkeit, mehrere sichere elektronische Zugangsformen aufzuzählen, die die Schriftform ersetzen können. Dies erscheint jedoch impraktikabel, da es schlichtweg unmöglich sein wird, alle bestehenden und zukünftigen sicheren elektronischen Zugangsformen, die die Schriftformfunktionen erfüllen können, direkt im Gesetz aufzuführen. Dies hätte laufende Gesetzesänderungen zur Folge. Zudem bestände, wie bereits erörtert, immer die Gefahr

921 Vgl. hierzu BT-Drs. 17/11473, S. 48.
922 Siehe hierzu bereits Fn. 850.
923 Siehe hierzu Gliederungspunkt Teil II: A. II. 5. d).

grundrechtlicher Benachteiligungen, wenn eine neue sichere elektronische Zugangsmöglichkeit nicht sofort nach ihrer Entwicklung in das Gesetz aufgenommen wird. Bei Unvollständigkeit der Liste könnte dies wie die Nichtnormierung nicht De-Mail-akkreditierter sicherer elektronischer Zugangsformen im vorliegenden Fall wettbewerbsrechtliche Folgen nach sich ziehen.

Eine sinnvollere Maßnahme stellt die Regelung durch eine technikneutrale Definition, die zusätzlich auch entwicklungsoffen ist, dar[924]. Eine solche allgemeine Definition kann die für die Ersetzung der Schriftform durch die elektronische Form erforderlichen Voraussetzungen enthalten. Erfüllt eine sichere elektronische Zugangsform diese, kann die Schriftform als gewahrt angesehen werden. Dies hat den großen Vorteil, dass wettbewerbsrechtliche Folgen vermieden werden, da nicht (ausschließlich) auf eine bestimmte Zugangsform explizit abgestellt wird und so alle sicheren elektronischen Zugangsformen die Möglichkeit haben, die Schriftform zu erfüllen.

Zusätzlich ist die Vorschrift dann entwicklungsoffen gestaltet und unterläge in der Zukunft nicht einem ständigen Änderungsdruck.

Hier mag eingewendet werden, dass die direkte Normierung der absenderbestätigten De-Mail nach § 5 Abs. 5 De-Mail-G mehr Rechtssicherheit schaffe als eine offene technikneutrale Definition, die erst durch die Rechtsprechung und die Verwaltungspraxis mit Leben gefüllt wird. Auch ist nachzuvollziehen, wenn befürchtet wird, dass so unterschiedliche Rechtsauffassungen die Nachvollziehung, ob die Schriftform erfüllt ist oder nicht, erschweren würden. Zudem ist auch die Wahl der De-Mail als sicherer Übermittlungsweg durch den Gesetzgeber, wie bereits dargelegt, durchaus verständlich.

---

924 So auch *Heckmann/Albrecht*, ZRP 2013, 42 (45); *dies.*, Das E-Government-Gesetz des Bundes als Motor der Verwaltungsmodernisierung, in: Kammer/Zapp (Hrsg.), Das E-Government-Gesetz des Bundes, ISPRAT Dossier, 2013, S. 51 (61 f.), abrufbar unter http://isprat.net/fileadmin/downloads/publikationen/ISPRAT_Dossier_E-Gov-Gesetz_4_MB.pdf; *Müller-Terpitz/Rauchhaus*, MMR 1/2013, 10 (14); *S. E. Schulz/Brackmann*, ISPRAT-Stellungnahme zum Referentenentwurf des Bundesministeriums der Justiz für ein Gesetz zur Förderung des elektronischen Rechtsverkehrs mit den Gerichten, Stand: 06. 06. 2012, S. 2, 4, abrufbar unter www.isprat.net; *Schliesky*, Abgleich mit der Bundesratsinitiative E-Justice, in: Kammer/Zapp (Hrsg.), Das E-Government-Gesetz des Bundes, ISPRAT Dossier, 2013, S. 18 (29), abrufbar unter http://isprat.net/fileadmin/downloads/publikationen/ISPRAT_Dossier_E-Gov-Gesetz_4_MB.pdf; *S. E. Schulz*, Abgleich mit europäischen Initiativen, in: Kammer/Zapp (Hrsg.), Das E-Government-Gesetz des Bundes, ISPRAT Dossier, 2013, S. 10 (15), abrufbar unter http://isprat.net/fileadmin/downloads/publikationen/ISPRAT_Dossier_E-Gov-Gesetz_4_MB.pdf; *Schliesky*, in: Knack/Henneke, VwVfG, 10. Aufl. 2014, § 3a Rn. 47j. Vgl. hierzu auch die Stellungnahme des Bundesrates zum Entwurf eines Gesetzes zur Förderung der elektronischen Verwaltung sowie zur Änderung weiterer Vorschriften, Stand: 02. 11. 2012, BR-Drs. 557/12 (Beschluss), S. 13, der anmerkt, dass so auch internationale Standards durch eine technikneutrale Ausgestaltung möglich wären.

Dem kann jedoch eine Lösung in Form einer Rechtsverordnung entgegen gehalten werden. Die als schriftformwahrend erachteten sicheren elektronischen Zugangsformen können in einer Rechtsverordnung aufgezählt werden[925]. Auch eine Nennung von Beispielen, wie im vorliegenden Fall der De-Mail, zusätzlich zu der allgemeinen Definition kann dann wettbewerbsrechtlich unproblematisch sein[926]. Dass eine solche Definition möglich ist, zeigen der Diskussionsentwurf des Bundesministeriums der Justiz für ein Gesetz zur Einführung der elektronischen Akte in Strafsachen[927] sowie der Gesetzentwurf für ein Gesetz zur Förderung des elektronischen Rechtsverkehrs mit den Gerichten[928].

Der Kritik *Prells* an einer Festlegung sonstiger Schriftformäquivalente in einer Rechtsverordnung muss vehement widersprochen werden[929]. Dieser hält eine solche „Vorratsregelung“ für unnötig[930] und hofft, dass von ihr kein Gebrauch gemacht wird[931]. Das Argument, dass eine solche Regelung in einer Rechtsverordnung dem VwVfG fremd sei[932], kann nicht überzeugen. Denn nur, weil dieses Regelungskonzept noch nicht gewählt wurde, heißt dies nicht, dass es nicht möglich oder nicht sinnvoll ist[933]. Selbstverständlich sollen Formvorschriften möglichst einfach und übersichtlich gehalten werden[934], eine technikneutrale Definition, die die erforderlichen Voraussetzungen enthält, i. V. m. der Normierung aller elektronischen Schriftformäquivalente, die diese Voraussetzungen erfüllen, in einer Rechtsverordnung genügt aber diesen Voraussetzungen und schafft Rechtssicherheit. Außerdem steht die Übersichtlichkeit und Einfachheit nicht über den Anforderungen des Grundgesetzes. Ist eine Rechtsverordnung erforderlich, um Grundrechte nicht ungerechtfertigt zu beeinträchtigen, steht auch die Notwendigkeit einer solchen nicht in Frage. Es können nicht Einschränkungen der wettbewerbsrelevanten Grundrechte in Kauf

925 Dies empfiehlt auch der Bundesrat in seiner Stellungnahme zum Entwurf eines Gesetzes zur Förderung der elektronischen Verwaltung sowie zur Änderung weiterer Vorschriften, Stand: 02. 11. 2012, BT-Drs. 557/12 (Beschluss), S. 14.

926 *S. E. Schulz/Brackmann*, ISPRAT-Stellungnahme zum Referentenentwurf des Bundesministeriums der Justiz für ein Gesetz zur Förderung des elektronischen Rechtsverkehrs mit den Gerichten, Stand: 06. 06. 2012, S. 2, abrufbar unter www.isprat.net.

927 Diskussionsentwurf des Bundesministeriums der Justiz, Entwurf eines Gesetzes zur Einführung der elektronischen Akte in Strafsachen, abrufbar unter www.bmj.de/SharedDocs/Downloads/DE/pdfs/Diskussionsentwurf_Gesetz_zur_Einfuehrung_der_elektronischen_Akte_in_Strafsachen.pdf?__blob=publicationFile. Vgl. hierzu im Folgenden Gliederungspunkt Teil II: E. II. 5. a) bb).

928 BT-Drs. 17/12634, S. 9, Beschlussempfehlung und Bericht, BT-Drs. 17/13948. Vgl. hierzu im Folgenden Gliederungspunkt Teil II: E. II. 5. a) cc).

929 *Prell*, NVwZ 2013, 1514 (1518 f.)

930 *Prell*, NVwZ 2013, 1514 (1518).

931 *Prell*, NVwZ 2013, 1514 (1519).

932 *Prell*, NVwZ 2013, 1514 (1518).

933 So *Prell*, NVwZ 2013, 1514 (1518).

934 So die Forderung von *Prell*, NVwZ 2013, 1514 (1518).

genommen werden, um den Bürger vor einer Variantenvielfalt bei der Schriftformersetzung zu bewahren[935].

Eine solche technik- und entwicklungsoffene Definition gewährleistet die Schriftformfunktion, vermeidet dauerhaften gesetzlichen Anpassungsbedarf sowie wettbewerbsrechtliche Benachteiligungen, kann aber durch eine Rechtsverordnung in vergleichbarem Maße die Rechtssicherheit gewährleisten wie eine direkte Normierung der sicheren Übermittlungswege bzw. der Schriftformäquivalente direkt im Gesetz.

Warum eine solche technikneutrale Definition nicht auch für die Ersetzung der Schriftform bei elektronischer Kommunikation geeignet sein sollte, erscheint fraglich. Zumal diese, wie bereits erwähnt, in anderen Verfahrens- und Prozessordnungen möglich erscheint und eine unterschiedliche Handhabung der sicheren Übermittlungswege bzw. der Schriftformersetzung in den unterschiedlichen Prozess- und Verfahrensordnungen zu einer Inkohärenz führen würde, wenn diese nicht einheitlich geregelt werden.

Die enge Formulierung der Regelung des § 3a Abs. 2 Satz 4 Nr. 2 und 3 VwVfG wäre deshalb nicht als erforderlich anzusehen gewesen.

δ Zwischenergebnis

Die ursprünglich vorgesehene Regelung des § 3a Abs. 2 Satz 4 Nr. 2 und 3 VwVfG war infolgedessen mangels Erforderlichkeit nicht verhältnismäßig.

(ii) Ergebnis zur Rechtfertigung

Der Eingriff durch die ursprüngliche Entwurfsfassung des § 3a Abs. 2 Satz 4 Nr. 2 und 3 VwVfG in die Wettbewerbsfreiheit aus Art. 12 Abs. 1 Satz 1 GG der nicht De-Mail-akkreditierten Anbieter von sicheren elektronischen Zugangsformen wäre somit nicht gerechtfertigt gewesen.

(dd) Ergebnis

Die Ersetzung der Schriftform durch die absenderbestätigte De-Mail nach § 5 Abs. 5 De-Mail-G und der damit verbundene Ausschluss der Schriftformwahrung durch andere nicht De-Mail-akkreditierte sichere elektronische Zugangsformen durch § 3a Abs. 2 Satz 4 Nr. 2 und 3 VwVfG hätte folglich ungerechtfertigt in die Wettbewerbsfreiheit der nicht De-Mail-akkreditierten Anbieter sicherer elektronischer Zugangsformen aus Art. 12 Abs. 1 Satz 1 GG eingegriffen. Es ist somit eine technikneutrale und entwicklungsoffene Gestaltung der Regelung als milderes Mittel verfassungsrechtlich geboten.

---

935 So aber *Prell*, NVwZ 2013, 1514 (1518).

(b) Wettbewerbsgleichheit, Art. 3 Abs. 1 GG

In der ursprünglichen Fassung des § 3a Abs. 2 Satz 4 Nr. 2 und 3 VwVfG hätte zudem ein Eingriff in die aus Art. 3 Abs. 1 GG hergeleitete Wettbewerbsgleichheit liegen können.

(aa) Ungleichbehandlung

Hierfür müsste zunächst eine Ungleichbehandlung vorliegen.

Nach § 3a Abs. 2 Satz 4 Nr. 2 und 3 VwVfG sollte die absenderbestätigte De-Mail in der Versandart nach § 5 Abs. 5 De-Mail-G die Schriftform im Verwaltungsverfahren erfüllen. Neben dieser sollten nur die qeS (§ 3a Abs. 2 Satz 2 VwVfG) und die unmittelbare Abgabe der Erklärung in einem elektronischen Formular, das von der Behörde in einem Eingabegerät oder über öffentlich zugängliche Netze zur Verfügung gestellt wird in Verbindung mit einem Identitätsnachweis (§ 3a Abs. 2 Satz 4 Nr. 1, Satz 5 VwVfG) die Schriftform erfüllen. Andere sichere elektronische Kommunikationsmittel, deren Anbieter nicht De-Mail-akkreditiert sind, wurden in der hier geprüften Fassung des § 3a Abs. 2 VwVfG nicht genannt und erfüllten somit nicht die Schriftform. Bei diesen sollte weiterhin eine zusätzliche qeS zur Wahrung der Schriftform erforderlich sein. Es ergab sich folglich eine Ungleichbehandlung zwischen der schriftformwahrenden absenderbestätigten De-Mail nach § 5 Abs. 5 De-Mail-G und anderen nicht De-Mail-akkreditierten sicheren elektronischen Zugangsformen, die die Schriftform nicht erfüllen können sollten, bzw. deren Anbietern.

Eine Ungleichbehandlung lag somit vor.

(bb) Wesentliche Gleichheit

Des Weiteren müssten die De-Mail und die anderen sicheren elektronischen Zugangsformen in Bezug auf die Ersetzung der Schriftform wesentlich gleich gewesen sein.

Dies soll exemplarisch am E-Postbrief als Beispiel für eine nicht De-Mail-akkreditierte sichere elektronische Zugangsform dargestellt werden. Im Schwerpunkt geht es bei der Frage, ob die De-Mail und andere nicht De-Mail-akkreditierte sichere elektronische Zugangsformen wesentlich gleich sind, darum, aufzuzeigen, ob es möglich ist, dass auch andere sichere elektronische Zugangsformen grundsätzlich in der Lage sind, die Schriftform zumindest in einem der De-Mail vergleichbaren Maße elektronisch zu ersetzen.

De-Mail und E-Postbrief können, wie bereits dargelegt, grundsätzlich unter den gemeinsamen Oberbegriff der sicheren elektronischen Zugangsformen gefasst werden[936].

In Bezug auf die Ersetzung der Schriftform ist hier jedoch entscheidend, ob die De-Mail und der E-Postbrief als Vertreter der nicht De-Mail-akkreditierten sicheren

---

936 Vgl. hierzu bereits Gliederungspunkt Teil II: E. II. 4. b) aa) (1) (b).

elektronischen Zugangsformen auch im Hinblick auf die Ersetzung der Schriftform als wesentlich gleich anzusehen sind.

Grundsätzlich kann für die Ersetzung der klassischen Schriftform durch die elektronische Form nur die Erfüllung der Schriftformfunktionen als erforderlich angesehen werden. Sind die Schriftformfunktionen erfüllt, sollte eine Abbildung der Schriftform durch die elektronische Form möglich sein, da diese dann der klassischen Schriftform entspricht bzw. funktionsgleich ist. Weitere Voraussetzungen, wie bspw. die Barrierefreiheit[937], basieren auf zusätzlichen Erwägungen wie bspw. Gleichstellungsgründen oder dem Schutz besonders sensibler Daten, haben aber mit der Schriftformerfüllung grundsätzlich nichts zu tun[938]. Sie bedingen nur das „Wie“ und nicht das „Ob“ der Schriftformersetzung und stellen damit Zusatzmaßnahmen dar.

Ausreichend für die Bejahung der wesentlichen Gleichheit von De-Mail und E-Postbrief im konkreten Fall der Schriftformersetzung ist es, wenn der E-Postbrief zumindest in einem der De-Mail vergleichbaren Maße die Schriftformfunktionen erfüllt. Eine vollumfängliche Abbildung aller Schriftformfunktionen in dem Maße, wie es die klassische Schriftform ermöglicht, ist hingegen hierfür grundsätzlich nicht erforderlich.

Die Schriftform erfüllt eine Abschlussfunktion, eine Perpetuierungsfunktion, eine Identitätsfunktion, eine Echtheitsfunktion, eine Verifikationsfunktion, eine Beweisfunktion sowie eine Warnfunktion[939].

---

937 Hierunter ist bei IT-Angeboten zu verstehen, dass diese auch von Menschen mit Behinderungen genutzt werden können (*S. E. Schulz/Tischer*, Ansprüche auf Tätigwerden des Verordnungsgebers und Rechtsschutz, dargestellt am Beispiel der Verordnungsermächtigung in § 3a Abs. 2 Satz 4 Nr. 4 VwVfG, S. 5 f., im Erscheinen). Vgl. dazu auch *Roggenkamp*, NVwZ 2006, 1239 ff., und zur Barrierefreiheit allgemein *Welti*, DÖV 2013, 795 ff.

938 *S. E. Schulz*, DÖV 2013, 882 (888 f.); *ders./Tischer*, Ansprüche auf Tätigwerden des Verordnungsgebers und Rechtsschutz, dargestellt am Beispiel der Verordnungsermächtigung in § 3a Abs. 2 Satz 4 Nr. 4 VwVfG, S. 5 f., im Erscheinen. und *S. E. Schulz/Brackmann*, ISPRAT-Stellungnahme zum Referentenentwurf des Bundesministeriums der Justiz für ein Gesetz zur Einführung der elektronischen Akte in Strafsachen, Stand: 16. 11. 2012, S. 3, abrufbar unter www.isprat.net.

939 *Schmitz*, in: Stelkens/Bonk/Sachs (Hrsg.), VwVfG, 8. Aufl. 2014, § 3a Rn. 17; *Tschoepe*, in: Heise Online-Recht, 3. Erg.-Lfg. 2011, Teil C., Kapitel III, Rn. 28; *C. Hoffmann u. a.*, Der *E-POSTBRIEF* in der öffentlichen Verwaltung – Chancen, Einsatzoptionen, rechtliche Handlungsspielräume, Band 1, 2011, S. 37; *Kastner*, in: Fehling/Kastner/Störmer (Hrsg.), Verwaltungsrecht, 3. Aufl. 2013, § 3a VwVfG Rn. 14; *Stollhof*, DuD 2013, 691 (692). Siehe hierzu auch bereits die Ausführungen unter Gliederungspunkt Teil II: A. I. 3. c).

(i) Abschlussfunktion

Eine Abschlussfunktion leistet die Schriftform, indem sie das Ende der Erklärung zum Ausdruck bringt[940] und verbindliche Erklärungen von bloßen Entwürfen abgrenzt[941].

Diese Funktion soll nach Auffassung der Bundesregierung bei der De-Mail erfüllt sein[942]. Dies könnte durch die Wahl der absenderbestätigten Versandart nach § 5 Abs. 5 De-Mail-G mit sicherer Anmeldung nach § 4 Abs. 4 De-Mail-G gewährleistet werden. Ob dies aber ausreicht, ist zweifelhaft, da ein wirklicher räumlicher Abschluss fehlt[943]. Das Versehen einer Nachricht mit einer qeS kann die Abschlussfunktion hinreichend erfüllen, da diese abschließend elektronisch am Dokument bzw. einer Nachricht angebracht wird. Das Signieren stellt so einen bewussten abschließenden Akt des Absenders dar. Zwar trägt auch eine absenderbestätigte De-Mail eine qeS. Diese wird jedoch als Bestätigung der sicheren Anmeldung durch den De-Mail-Diensteanbieter an der Nachricht angebracht und nicht durch den Absender selbst. Dies geschieht bei dieser Versandart automatisch ohne Zutun des Absenders, sodass man grundsätzlich beim Absenden der Nachricht nicht von einem Abschluss durch die qeS sprechen kann. Ein bewusster Akt des Signierens liegt nicht vor[944]. Deshalb besteht prinzipiell trotz der qeS die Gefahr, dass Entwürfe aus Versehen abgeschickt werden, da die Signierung automatisch erfolgt. Eine elektronische Nachricht ist im Zweifel immer rascher gesendet, als ein Dokument unterschrieben wird[945].

Beim E-Postbrief kann zusätzlich durch die Erforderlichkeit der Eingabe einer Handy-TAN, ohne die ein Verschicken der Nachricht nicht möglich ist, sichergestellt werden, dass Entwürfe nicht ungewollt in den Rechtsverkehr gelangen. Auch hier muss der Absender die sichere Anmeldung und die absenderbestätigte Versandart wählen, um die Nachricht rechtsverbindlich zu versenden. Ein Unterschied besteht hier zwischen E-Postbrief und De-Mail lediglich darin, dass der Absender eines E-Postbriefs eine qualifiziert signierte Absendebestätigung erhält, während bei der De-Mail die De-Mail-Nachricht selbst durch den De-Mail-Anbieter für den Absender mit einer qeS signiert wird. Diese qeS stammt jedoch nicht vom Absender selbst und kann deshalb nicht als abschließender Akt durch diesen angesehen werden.

---

940 *Schmitz*, in: Stelkens/Bonk/Sachs (Hrsg.), VwVfG, 8. Aufl. 2014, § 3a Rn. 17.

941 BT-Drs. 17/10720, S. 4.

942 BT-Drs. 17/10720, S. 6; anders *Skrobotz*, Schriftformfunktionen und De-Mail, abrufbar unter http://skrobotz.de/de-mail/?p=241, der die Abschlussfunktion zumindest im Vergleich mit der klassischen Schriftform nicht in hinreichendem Maße als erfüllt ansieht.

943 So *Skrobotz*, Schriftformfunktionen und De-Mail, abrufbar unter http://skrobotz.de/de-mail/?p=241.

944 Siehe *Skrobotz*, Schriftformfunktionen und De-Mail, abrufbar unter http://skrobotz.de/de-mail/?p=241.

945 Siehe *Skrobotz*, Schriftformfunktionen und De-Mail, abrufbar unter http://skrobotz.de/de-mail/?p=241.

Deshalb kann die durch den De-Mail-Anbieter an der Nachricht angebrachte qeS bei der Prüfung der Abschlussfunktion keinen Unterschied machen.

Der E-Postbrief als nicht De-Mail-akkreditierte sichere elektronische Zugangsform ist somit in der Lage, die Abschlussfunktion der Schriftform zumindest in vergleichbarem Maße wie die De-Mail zu gewährleisten. Durch die Erforderlichkeit der bewussten Handy-TAN-Eingabe ist die Abschlussfunktion beim E-Postbrief sogar in einem höheren Maße als gewährleistet anzusehen als bei der De-Mail.

Im Übrigen kann die Abschlussfunktion bereits durch eine einfache Signatur, also die einfache Namensangabe auch unter einer elektronischen Nachricht, gewährleistet werden, was sowohl beim E-Postbrief als auch bei der De-Mail unproblematisch möglich ist. In den Gesetzentwürfen für die Ersetzung der Schriftform im Zivilverfahren (§ 130a Abs. 3 ZPO) und im Strafverfahren (§ 32a Abs. 1 StPO-E) ist diese einfache Signatur sogar als Voraussetzung, auch bei der De-Mail, normiert.

(ii) Warnfunktion

Die Warnfunktion der Schriftform soll den Erklärenden auf die rechtliche Verbindlichkeit der Erklärung hinweisen und so vor einer Übereilung schützen[946].

Diese Funktion könnte sowohl bei der De-Mail als auch beim E-Postbrief durch die Vorkehrungen, die auch der Erfüllung der Abschlussfunktion dienen, gewährleistet werden, nämlich die sichere Anmeldung und die absenderbestätigte Versandoption sowie beim E-Postbrief zusätzlich das Erfordernis der Eingabe der Handy-TAN[947]. Eine zusätzliche Sicherung durch einen Button mit dem Text „elektronische Form“ oder „absenderbestätigt“ ist bei der De-Mail zumindest nicht gesetzlich vorgesehen[948]. Eine solche könnte sowohl beim E-Postbrief als auch bei der De-Mail eingesetzt werden. Allerdings erscheinen die vorhandenen Sicherungsmittel ausreichend zu sein[949]. Der Bürger ist schon dadurch gewarnt, dass er die Schriftform überhaupt erfüllen muss. Dies dürfte ihm schon unweigerlich dadurch bewusst werden, dass er nicht eine einfache kostenfreie E-Mail, die die Schriftformfunktionen nicht in ausreichendem Maße erfüllen soll, sondern eine andere sichere elektronische Zugangsform wie die De-Mail oder den E-Postbrief mit zusätzlichen Sicherungsmechanismen wählen muss. Zumal die elektronische Kommunikation inzwischen weit verbreitet ist, sodass klar sein dürfte, dass auch auf elektronischem Wege rechtsverbindlich gehandelt werden kann, bspw. beim Online-Einkauf etc. Zwar lassen Bürger bei ihrer Unterschrift besondere Vorsicht walten. Dies ist aber traditionsbedingt, was bei neuen Technologien gerade nicht möglich ist. Aus Richtung der Behörde, die einen schriftformgebundenen Verwaltungsakt versendet, hat die Warnfunktion ohnehin allenfalls untergeordnete Bedeutung.

---

946 *Schmitz*, in: Stelkens/Bonk/Sachs (Hrsg.), VwVfG, 8. Aufl. 2014, § 3a Rn. 17.

947 Vgl. hierzu bzgl. der De-Mail auch BT-Drs. 17/10720, S. 7.

948 Eine solche Lösung wird aber in BT-Drs. 17/10720, S. 7, gefordert.

949 Anders *Skrobotz*, Schriftformfunktionen und De-Mail, abrufbar unter http://skrobotz.de/de-mail/?p=241.

Die Warnfunktion wird also ebenfalls von De-Mail und E-Postbrief in gleichem Maße gewährleistet, zumal die Versendung des E-Postbriefs zusätzlich die Eingabe der Handy-TAN als Schutz vor Übereilung erfordert.

(iii) Perpetuierungsfunktion

Die Perpetuierungsfunktion erfüllt die Schriftform, indem sie die fortdauernde Wiedergabe der Erklärung in einer Urkunde mit der Möglichkeit zur Überprüfung gewährleistet[950].

Weder der E-Postbrief noch die De-Mail sind regelmäßig mit einer qeS des Absenders versehen. Die De-Mail wird in der absenderbestätigten Versandart lediglich durch den De-Mail-Anbieter qualifiziert signiert, um die sichere Anmeldung zu bestätigen. Der E-Postbrief wird hingegen mit einer qualifiziert signierten Absenderbestätigung versendet.

Die De-Mail soll die Perpetuierungsfunktion dadurch erfüllen, dass sie für eine ausreichende Dauer lesbar und überprüfbar sei, wenn sie auf einem Datenträger gespeichert ist. Sie könne dann beliebig aufgerufen, am Bildschirm gelesen oder ausgedruckt werden[951]. Eine qeS wird anscheinend nicht für erforderlich gehalten, da diese zumindest im Zusammenhang mit der Perpetuierungsfunktion nicht erwähnt wird.

Eine Speicherung auf einem Datenträger ist auch beim E-Postbrief im gleichen Maße wie bei der De-Mail möglich. Gleiches gilt für den Aufruf oder einen Ausdruck.

Auch hinsichtlich der Speicherdauer ergeben sich keine Unterschiede. Denn die Speicherdauer ist auch beim E-Postbrief während der Vertragslaufzeit unbegrenzt. Nach einer Kündigung kann der Nutzer immer noch Einsicht in sein E-Postbrief-Postfach nehmen (lesender Zugriff), sodass die Nachrichten weiterhin gesichert sind bzw. auf einem Datenträger gesichert werden können. Erst dann erfolgt eine vollständige Löschung des Nutzerkontos sowie aller Inhalte, Nachrichten und Dateien gemäß der gesetzlichen Vorgaben, sodass eine Wiederherstellung nicht mehr möglich ist[952].

Dies entspricht in etwa den Voraussetzungen, denen ein De-Mail-Anbieter unterliegt. Nach § 12 De-Mail-G ist der akkreditierte De-Mail-Anbieter verpflichtet, dem De-Mail-Nutzer für einen Zeitraum von drei Monaten nach Vertragsende den Zugriff auf die im Postfach und in der Dokumentenablage abgelegten Daten zu ermöglichen und ihn auf ihre Löschung mindestens einen Monat vor dieser in Textform hinzuweisen.

In beiden Fällen wird dem Nutzer in ausreichendem Maße die Möglichkeit gegeben, die für ihn relevanten Nachrichten aus dem Postfach auf anderen Datenträgern zu

---

950 *Schmitz*, in: Stelkens/Bonk/Sachs (Hrsg.), VwVfG, 8. Aufl. 2014, § 3a Rn. 17.

951 BT-Drs. 17/10720, S. 6. Anders *Skrobotz*, Schriftformfunktionen und De-Mail, abrufbar unter http://skrobotz.de/de-mail/?p=241.

952 Leistungsbeschreibung E-POST, Stand: 09/2012, abrufbar unter www.epost.de/content/dam/dp/service/FAQ/leistungsbeschreibung_epost_20130207.pdf.

sichern. Hinsichtlich der Speicherdauer ergeben sich also keine nennenswerten Unterschiede. Zwar ist es einem De-Mail-Anbieter im Gegensatz zu anderen Anbietern nicht De-Mail-akkreditierter sicherer elektronischer Zugangsformen durch Gesetz versagt, den Nutzungsvertrag zu kündigen, doch auch in diesem Fall hat der Nutzer, bspw. beim E-Postbrief, die oben genannten Möglichkeiten, seine Nachrichten weiterhin zu speichern. Dies muss hier als ausreichend angesehen werden.

Unterschiede könnten sich jedoch aufgrund der unterschiedlichen Modalitäten bei der Einstellung der Tätigkeit ergeben. § 11 De-Mail-G regelt diese für De-Mail-Anbieter genau. Der akkreditierte Diensteanbieter hat die Einstellung seiner Tätigkeit nach § 11 De-Mail-G unverzüglich der zuständigen Behörde anzuzeigen. Er hat dafür zu sorgen, dass das De-Mail-Konto von einem anderen akkreditierten Diensteanbieter übernommen werden kann. Hierfür hat er die betroffenen Nutzer unverzüglich über die Einstellung seiner Tätigkeit zu benachrichtigen und deren Zustimmung zur Übernahme des De-Mail-Kontos durch einen anderen akkreditierten Diensteanbieter einzuholen. Übernimmt kein anderer akkreditierter Diensteanbieter das De-Mail-Konto, muss der akkreditierte Diensteanbieter sicherstellen, dass die im Postfach und in der Dokumentenablage gespeicherten Daten für wenigstens drei Monate ab dem Zeitpunkt der Benachrichtigung des Nutzers abrufbar bleiben. Der akkreditierte Diensteanbieter hat zudem die Dokumentation nach § 13 De-Mail-G an den akkreditierten Diensteanbieter, der das De-Mail-Konto nach § 11 Abs. 1 De-Mail-G übernimmt, zu übergeben. Führt kein anderer akkreditierter Diensteanbieter das De-Mail-Konto weiter, verwaltet die zuständige Behörde die Dokumentation. In diesem Fall erteilt die zuständige Behörde bei Vorliegen eines berechtigten Interesses Auskunft aus den Dokumentationen, soweit dies ohne unverhältnismäßigen Aufwand möglich ist. Letztlich hat der akkreditierte Diensteanbieter einen Antrag auf Eröffnung eines Insolvenzverfahrens der zuständigen Behörde unverzüglich anzuzeigen.

Vergleichbare Regelungen existieren für andere nicht De-Mail-akkreditierte sichere elektronische Zugangsformen nicht. Aber auch in dem zumindest bei der Deutschen Post AG unwahrscheinlichen Fall einer Insolvenz wird der Nutzer immer noch die oben genannten ausreichenden Möglichkeiten zur Sicherung der Nachrichten haben, sei es durch eine Speicherung auf einem anderen Datenträger oder einen Ausdruck. Zudem werden die Gläubiger, also im vorliegenden Fall die Kontoinhaber, im Falle eines Insolvenzverfahrens ohnehin durch den Insolvenzverwalter informiert. Im schlimmsten Fall könnte das Konto insofern eingeschränkt sein, dass die Nachrichten nur noch gelesen, aber nicht mehr gesendet und empfangen werden können.

Der E-Postbrief als Beispiel für eine sichere elektronische Zugangsform kann somit im mit der De-Mail vergleichbaren Maße die Perpetuierungsfunktion erfüllen. Da der Gesetzgeber der Ansicht ist, dass die De-Mail die Perpetuierungsfunktion in ausreichendem Maße erfüllt, dürfte hiervon auch beim E-Postbrief ausgegangen werden können.

(iv) Identitätsfunktion

Die Identitätsfunktion der Schriftform ermöglicht es, die Identität des Erklärenden festzustellen[953]. Diese wird beim E-Postbrief ebenso wie bei der De-Mail sichergestellt. Durch die sichere Erstanmeldung über das Postident-Verfahren wird eine Verknüpfung der Identität des Nutzers mit der E-Postbrief-Adresse gewährleistet. Durch die Möglichkeit der sicheren Anmeldung mit zwei Sicherungsmitteln ist zudem sichergestellt, dass der Absender auch der Inhaber der E-Postbrief-Adresse ist. Gleiches gilt für die sichere Erstregistrierung nach § 3 De-Mail-G und die sichere Anmeldung nach § 4 De-Mail-G bei der De-Mail[954].

(v) Echtheitsfunktion

Die Echtheitsfunktion erfüllt die Schriftform dadurch, dass sie den Inhalt der Erklärung dem Erklärenden zuordnet[955]. Dies kann beim E-Postbrief durch die oben erläuterte Feststellung der Identität des Nutzers und die Möglichkeit einer qualifiziert elektronisch signierten Bestätigung sichergestellt werden, die die Prüfsumme der Nachricht, die Rückschlüsse auf die Integrität der Nachricht zulässt, enthält. Bei der De-Mail wird dies durch die sichere Anmeldung nach § 4 De-Mail-G und die durch den De-Mail-Diensteanbieter im Falle der absenderbestätigten Versandvariante beigefügte qeS sichergestellt[956].

(vi) Verifikationsfunktion

Die Verifikationsfunktion gewährleistet die Überprüfbarkeit der Echtheit der Erklärung bzw. die inhaltliche Zuordnung der Erklärung zum Erklärenden[957]. Dies wird sowohl bei der De-Mail als auch beim E-Postbrief durch die Sicherungsmittel, die die Identitäts- und Echtheitsfunktion gewährleisten, insbesondere aber durch die in der absenderbestätigten Form durch den De-Mail-Anbieter angefügte qeS bei der De-Mail und die qualifiziert elektronischen Bestätigungen des E-Postbriefs, sichergestellt[958].

---

953 *Schmitz*, in: Stelkens/Bonk/Sachs (Hrsg.), VwVfG, 8. Aufl. 2014, § 3a Rn. 17.
954 So auch BT-Drs. 17/10720, S. 7; *Skrobotz*, Schriftformfunktionen und De-Mail, abrufbar unter http://skrobotz.de/de-mail/?p=241.
955 *Schmitz*, in: Stelkens/Bonk/Sachs (Hrsg.), VwVfG, 8. Aufl. 2014, § 3a Rn. 17.
956 So zur De-Mail BT-Drs. 17/10720, S. 6; anders *Skrobotz*, Schriftformfunktionen und De-Mail, abrufbar unter http://skrobotz.de/de-mail/?p=241.
957 *Schmitz*, in: Stelkens/Bonk/Sachs (Hrsg.), VwVfG, 8. Aufl. 2014, § 3a Rn. 17.
958 So für die De-Mail BT-Drs. 17/10720, S. 7. Anders im Hinblick auf die De-Mail *Skrobotz*, Schriftformfunktionen und De-Mail, abrufbar unter http://skrobotz.de/de-mail/?p=241.

(vii) Beweisfunktion

Die Schriftform erfüllt die Beweisfunktion, da sie zum Nachweis der Erklärung geeignet ist[959]. Die Beweisfunktion wird bei der De-Mail dadurch gewährleistet, dass durch die sichere Anmeldung nach § 4 De-Mail-G und die absenderbestätigte Form nach § 5 Abs. 5 De-Mail-G die Echtheit der Erklärung, die Zuordnung der Identität des Absenders zur Erklärung sowie die Integrität der Nachricht nachgewiesen werden können. Dies ist, wie bereits dargestellt, auch beim E-Postbrief möglich. Der einzige Unterschied zwischen De-Mail und E-Postbrief liegt darin, dass bei der De-Mail in der absenderbestätigten Versandart der Nachricht selbst durch den De-Mail-Diensteanbieter eine qeS, beim E-Postbrief der Nachricht wiederum eine qualifiziert signierte Bestätigung beigefügt wird. Dies kann jedoch keinen entscheidenden Unterschied darstellen, da beide Versandformen geeignet sind, die Erklärung nachzuweisen. Dies ergibt sich schon daraus, dass die Erfüllung der anderen Schriftformfunktionen nachgewiesen werden kann. Dadurch, dass ein Dokument unterschrieben wird, hat die enthaltene Erklärung eine höhere Rechtssicherheit als bspw. eine mündliche Erklärung, weil ein schriftliches Dokument die Existenz der Erklärung nachweisen kann. Eine bloße mündliche Erklärung kann unterdessen lediglich durch eine Zeugenaussage oder eine selten vorhandene Tonaufzeichnung belegt werden. Eine E-Mail kann diese Funktion nicht erfüllen, da sie bspw. schon die Identitätsfunktion und die Echtheitsfunktion nicht gewährleisten kann, sodass Identität und Echtheit gerade nicht i. S. d. Beweisfunktion nachgewiesen werden können. Auch der Umstand, dass der Nachweis beim E-Postbrief durch die Nachricht in Verbindung mit der angefügten qualifiziert signierten Absenderbestätigung erfolgt und nicht durch eine vom De-Mail-Anbieter angefügte qeS, kann an der Erfüllung der Beweisfunktion nichts ändern, da dies rein tatsächlich für den Nachweis keinen Unterschied macht. Hieran ändert sich auch dadurch nichts, dass der Nachweis beim E-Postbrief durch die Absenderbestätigung und nicht durch die Nachricht selbst erfolgt. Zum einen müssen auch bei der De-Mail die Gesamtumstände, dass die De-Mail-Nachricht qualifiziert signiert wurde, weil der De-Mail-Nutzer sich sicher angemeldet hat, berücksichtigt werden, um bspw. die Identität nachzuweisen, zum anderen ist die qualifiziert signierte Absenderbestätigung der E-Postbrief-Nachricht angehängt und somit auf gewisse Art mit der Nachricht verbunden. Auch bei der klassischen Unterschrift kann der Nachweis der Echtheit dieser erst durch einen Unterschriftenvergleich eines Gutachters und nicht aus sich heraus erfolgen. Letztlich sind die Beweiswirkungen der Dokumente im Prozess für die bloße Erfüllung der Beweisfunktion nicht entscheidend[960]. Zwar kann beim Vorliegen von Urkunden mit besonderen Beweiswirkungen im Verfahren davon ausgegangen werden, dass die Beweisfunktion erfüllt ist, umgekehrt sind hingegen besondere Beweiswirkungen im Prozess für den bloßen Nachweis der Erklärung

---

959 *Schmitz*, in: Stelkens/Bonk/Sachs (Hrsg.), VwVfG, 8. Aufl. 2014, § 3a Rn. 17.
960 Zu der Regelung von Beweiswirkungen im Folgenden Gliederungspunkt Teil II: E. II. 5. b).

nicht erforderlich. Die Beweisfunktion ist deshalb bei De-Mail und E-Postbrief in gleichem Maße erfüllt.

(viii) Zwischenergebnis

Der E-Postbrief erfüllt folglich die Voraussetzungen der Schriftformfunktionen ebenso gut wie die De-Mail[961]. Der entscheidende Unterschied, der über die Erfüllung der Schriftform im vorliegenden Fall entscheidet, bestand also darin, dass der Staat der De-Mail aufgrund der staatlichen Akkreditierung mehr Vertrauen entgegenbringt. Die Akkreditierung sagt jedoch nur aus, dass die Sicherheitskriterien erfüllt wurden. Da diese freiwillig ist, kann auch ein nicht De-Mail-akkreditierter Anbieter die gleichen Sicherheitsstandards oder sogar einen höheren Sicherheitsstandard erfüllen. Die Akkreditierung sagt folglich über den Grad des Sicherheitsstandards nur aus, dass die Voraussetzungen des De-Mail-G zum Zeitpunkt der Prüfung vorlagen. Eine fehlende De-Mail-Akkreditierung bedeutet hingegen nicht, dass die Voraussetzungen des De-Mail-G nicht vorliegen können.

Aus diesen Gründen sind andere nicht akkreditierte sichere elektronische Zugangsformen, die wie der E-Postbrief in Bezug auf die Schriftformersetzung die gleichen Standards wie die De-Mail erfüllen, als wesentlich gleich i. S. d. gemeinsamen Oberbegriffs der sicheren elektronischen Zugangsformen in Abgrenzung zur E-Mail anzusehen. Sie können beide die Schriftformfunktionen in vergleichbarem Maße erfüllen.

(cc) Rechtfertigung

Die Ungleichbehandlung hätte jedoch gerechtfertigt sein können.

(i) Maßstab der Rechtfertigungsprüfung

Da auch bei der ursprünglich vorgesehenen Fassung des § 3a Abs. 2 Satz 4 Nr. 2 und 3 VwVfG eine Ungleichbehandlung zwischen der absenderbestätigten De-Mail und anderen sicheren elektronischen Zugangsformen vorgelegen hätte, wäre auch hier aufgrund der oben genannten Kriterien eine Verhältnismäßigkeitsprüfung durchzuführen gewesen.

---

961 *Skrobotz*, Schriftformfunktionen und De-Mail, abrufbar unter http://skrobotz.de/de-mail/?p=241, prüft an dieser Stelle hinsichtlich der De-Mail noch eine Traditions- und eine Seriositätsfunktion. Eine Erfüllung dieser Funktionen kann aber nicht als erforderlich für die Ersetzung der Schriftform durch die elektronische Form angesehen werden, da sie lediglich auf die Außenwirkung abstellen, die rechtlich nicht relevant ist, und von einer elektronischen Form nie von Anfang an gegeben sein werden, da sich eine solche Wirkung erst entwickeln muss. Dies ist jedoch nur möglich, wenn ein elektronisches Schriftformäquivalent überhaupt erstmal anerkannt wird. Eine Gewährleistung dieser Funktionen zu fordern, würde deshalb eine elektronische Ersetzung der Schriftform unmöglich machen, da nicht einmal hinsichtlich der qeS von einer Erfüllung gesprochen werden kann.

(ii) Verhältnismäßigkeit

Zu prüfen ist deshalb, ob die Ungleichbehandlung verhältnismäßig gewesen wäre.

α Legitimer Zweck

Zunächst müsste der Gesetzgeber mit der Ungleichbehandlung durch § 3a Abs. 2 Satz 4 Nr. 2 und 3 VwVfG einen legitimen öffentlichen Zweck verfolgt haben.

Der Gesetzgeber möchte mit der Regelung, dass die absenderbestätigte De-Mail in der Versandart nach § 5 Abs. 5 De-Mail-G die Schriftform ersetzen kann, eine Möglichkeit schaffen, auch elektronisch rechtssicher und schriftformwahrend mit der Verwaltung kommunizieren zu können. Er wählte hierbei die De-Mail, da er davon ausgeht, dass diese alle für die Verwaltung wesentlichen Schriftformfunktionen erfüllt und die Schriftform somit rechtssicher ersetzen kann[962]. Außerdem hat bei der Auswahl der De-Mail auch das Vertrauen durch die De-Mail-Akkreditierung eine Rolle gespielt. Der Gesetzgeber verfolgte deshalb mit der Ungleichbehandlung einen legitimen öffentlichen Zweck.

β Geeignetheit

Die Ungleichbehandlung müsste auch geeignet gewesen sein, um das verfolgte Ziel zu erreichen. § 3a Abs. 2 Satz 4 Nr. 2 und 3 VwVfG hat zur Folge, dass eine rechtssichere und schriftformwahrende Möglichkeit besteht, mit der Verwaltung zu kommunizieren, die darüber hinaus noch durch die staatliche Akkreditierung und die staatliche Aufsicht das besondere Vertrauen des Gesetzgebers genießt. Die Ungleichbehandlung wäre deshalb geeignet gewesen, das verfolgte Ziel zu erreichen.

γ Erforderlichkeit

Zudem müsste die Ungleichbehandlung auch erforderlich gewesen sein. Dies wäre dann der Fall gewesen, wenn keine weniger belastende Differenzierung zur Verfügung gestanden hätte, um das verfolgte Ziel zu erreichen.

Eine weniger belastende Differenzierung bestand in der Möglichkeit einer technikneutralen und zugleich entwicklungsoffenen Definition, wie sie bereits im Rahmen der Prüfung eines Eingriffs in die Wettbewerbsfreiheit aus Art. 12 Abs. 1 Satz 1 GG dargestellt wurde. Durch eine technikneutrale Definition gibt es zumindest bei Erfüllung der Voraussetzungen dieser Definition keine Ungleichbehandlung. Hinsichtlich der Vorteile einer solchen Definition kann auf die Erforderlichkeit der Regelung des § 3a Abs. 2 Satz 4 Nr. 2 und 3 VwVfG im Rahmen der Wettbewerbsfreiheit verwiesen werden[963].

Die Ungleichbehandlung war somit nicht als erforderlich anzusehen.

---

962 BT-Drs. 17/11473, S. 48.

963 Siehe hierzu bereits Gliederungspunkt Teil II: E. II. 5. a) aa) (1) (a) (cc) (ii) γ.

δ Zwischenergebnis

Die Ungleichbehandlung durch § 3a Abs. 2 Satz 4 Nr. 2 und 3 VwVfG wäre deshalb mangels Erforderlichkeit als unverhältnismäßig einzustufen gewesen.

(dd) Ergebnis

Die ursprüngliche Fassung des § 3a Abs. 2 Satz 4 Nr. 2 und 3 VwVfG griff somit ebenfalls ungerechtfertigt in das aus Art. 3 Abs. 1 GG abgeleitete Recht der nicht De-Mail akkreditierten Anbieter sicherer elektronischer Zugangsformen auf Wettbewerbsgleichheit ein, indem vorgesehen war, dass zwar die absenderbestätigte De-Mail in der Versandart nach § 5 Abs. 5 De-Mail-G, aber nicht andere nicht De-Mail-akkreditierte sichere elektronische Zugangsformen, die die Schriftformfunktionen in vergleichbarem Maße erfüllen können, als Schriftformäquivalent anerkannt worden wären[964].

(c) Eigentumsgarantie, Art. 14 Abs. 1 Satz 1 GG

Wie bereits erörtert, schützt Art. 14 Abs. 1 Satz 1 GG im Gegensatz zu Art. 12 Abs. 1 Satz 1 GG nicht die Erwerbstätigkeit, sondern lediglich das Erworbene, unabhängig von der Erwerbsbetätigung. Da die Anbieter von nicht De-Mail-akkreditierten sicheren elektronischen Zugangsformen in ihrer Wettbewerbsfreiheit beeinträchtigt gewesen wären und darüber hinaus das bereits mit ihren Produkten Erworbene nicht betroffen gewesen wäre, wäre in diesem Fall die Berufsfreiheit bzw. die Wettbewerbsfreiheit aus Art. 12 Abs. 1 Satz 1 GG und nicht die Eigentumsgarantie aus Art. 14 Abs. 1 Satz 1 GG einschlägig gewesen.

(d) Allgemeine Handlungsfreiheit, Art. 2 Abs. 1 GG

Da die Wettbewerbsfreiheit nach der hier vertretenen Ansicht der Berufsfreiheit aus Art. 12 Abs. 1 Satz 1 GG zuzuordnen ist, wäre Art. 2 Abs. 1 GG hinsichtlich eines wettbewerbsrechtlichen Gehalts nicht mehr zu prüfen gewesen.

(e) Allgemeiner Gleichbehandlungsgrundsatz, Art. 3 Abs. 1 GG

Gleiches gilt aufgrund der Einschlägigkeit der spezielleren Wettbewerbsgleichheit aus Art. 3 Abs. 1 GG auf Ebene der Gleichheitsrechte für den allgemeinen Gleichbehandlungsgrundsatz aus Art. 3 Abs. 1 GG.

964 So auch *Schliesky*, in: Knack/Henneke, VwVfG, 10. Aufl. 2014, § 3a Rn. 47j.

(2) Wortlaut der endgültigen Fassung des § 3a Abs. 2 VwVfG

Die endgültige Fassung des § 3a Abs. 2 VwVfG sieht im Gegensatz zum dargestellten Vorentwurf nun zusätzlich eine technikneutrale und entwicklungsoffene Definition für die Ersetzung der Schriftform vor[965].

Dem bereits dargestellten Wortlaut wurde diese in § 3a Abs. 2 Satz 4 Nr. 4 VwVfG hinzugefügt. Andere Änderungen ergaben sich nicht.

§ 3a Abs. 2 Satz 4 Nr. 4 VwVfG sieht nun vor, dass die Schriftform auch durch sonstige sichere Verfahren, die durch Rechtsverordnung der Bundesregierung mit Zustimmung des Bundesrates festgelegt werden, welche den Datenübermittler (Absender der Daten) authentifizieren und die Integrität des elektronisch übermittelten Datensatzes sowie die Barrierefreiheit gewährleisten, ersetzt werden kann. Der IT-Planungsrat gibt Empfehlungen zu geeigneten Verfahren ab.

§ 3a Abs. 2 Satz 4 Nr. 4 VwVfG ist in dieser Form bereits am 01. 08. 2013 in Kraft getreten und somit geltendes Recht.

(a) Wettbewerbsfreiheit, Art. 12 Abs. 1 Satz 1 GG

Fraglich ist, ob durch diese Änderung der oben festgestellte Eingriff in die Wettbewerbsfreiheit der nicht De-Mail-akkreditierten Anbieter sicherer elektronischer Zugangsformen aus Art. 12 Abs. 1 Satz 1 GG verhindert werden kann oder ob auch durch die explizite Nennung der De-Mail in § 3a Abs. 2 Satz 4 Nr. 2 und 3 VwVfG neben einer technikneutralen Definition mit Festlegung in einer Rechtsverordnung ein Eingriff besteht.

(aa) Schutzbereich

Da auch die Freiheit im Wettbewerb von Art. 12 Abs. 1 Satz 1 GG geschützt ist und diese nach hier vertretener Ansicht auch den Schutz der Marktposition eines Unternehmens umfasst[966], ist der Schutzbereich im vorliegenden Fall eröffnet.

(bb) Eingriff

Durch die technikneutrale Definition für sonstige sichere Verfahren zur Ersetzung der Schriftform in § 3a Abs. 2 Satz 4 Nr. 4 VwVfG wird nicht De-Mail-akkreditierten sicheren elektronischen Zugangsformen die Möglichkeit der Schriftformersetzung grundsätzlich nicht mehr verwehrt. Sie können die Voraussetzungen des § 3a Abs. 2 Satz 4 Nr. 4 VwVfG erfüllen und dann in eine Rechtsverordnung aufgenommen werden.

Ein Eingriff könnte durch § 3a Abs. 2 Satz 4 Nr. 2 und 3 VwVfG aber immer noch darin liegen, dass in diesem explizit die absenderbestätigte De-Mail nach § 5 Abs. 5 De-Mail-G als Schriftformäquivalent genannt ist. Andere nicht

---

965 Siehe hierzu im Überblick *S. E. Schulz*, DÖV 2013, 882 ff.; *Prell*, NVwZ 2013, 1514 (1516 ff.).

966 Siehe hierzu bereits Gliederungspunkt Teil II: E. II. 4. a) aa).

De-Mail-akkreditierte sichere elektronische Zugangsformen sind hingegen nicht ausdrücklich normiert, auch wenn diese unter Umständen einen gleichen Sicherheitsstandard und in gleichem Maße die Funktionen der Schriftform erfüllen könnten. Sie müssen zur Schriftformerfüllung auf die technikneutrale Definition aus § 3a Abs. 2 Satz 4 Nr. 4 VwVfG zurückgreifen, die Voraussetzungen erfüllen und in die Rechtsverordnung aufgenommen werden. Hierfür ist keine konkrete Technik, kein konkretes Produkt bzw. kein konkreter Standard vorgeschrieben, wie dies beim Vorentwurf durch die ausschließliche Nennung des De-Mail-Standards der Fall gewesen wäre.

Sonstige sichere Verfahren zur Schriftformersetzung müssen durch Rechtsverordnung der Bundesregierung mit Zustimmung des Bundesrates festgelegt sein. Voraussetzung hierfür ist es nach § 3a Abs. 2 Satz 4 Nr. 4 VwVfG, dass sie den Datenübermittler, also den Absender der Daten, authentifizieren (Authentizität) und die Integrität des elektronisch übermittelten Datensatzes sowie die Barrierefreiheit gewährleisten.

Die im Gesetz genannten elektronischen Zugangsformen wie die qeS (§ 3a Abs. 2 Satz 2 VwVfG) und die absenderbestätigte De-Mail in der Versandart nach § 5 Abs. 5 De-Mail-G erfüllen diese Voraussetzungen.

Bei der qeS kann der Absender sicher durch das qualifizierte Zertifikat identifiziert werden (§ 5 Abs. 1 SigG). Die Integrität der übermittelten Nachricht kann aufgrund der enthaltenen Prüfsummen überprüft werden[967]. Die Barrierefreiheit kann als Zusatzvoraussetzung bei der entsprechenden Ausgestaltung gewährleistet sein.

Die Authentizität ist bei der De-Mail durch die feste Zuordnung der De-Mail-Adresse zur Identität des Kontoinhabers und die Möglichkeit der sicheren Anmeldung nach § 4 Abs. 4 De-Mail-G sowie die Bestätigung dieser nach § 5 Abs. 5 De-Mail-G gewährleistet. Die Integrität einer versendeten Nachricht kann durch die Prüfsumme, die in den Bestätigungen enthalten ist, bzw. über die vom De-Mail-Anbieter für den De-Mail-Nutzer bei der absenderbestätigten Variante angebrachte qeS überprüft werden[968].

Gleiches ist bei Eingabe in von der Verwaltung bereitgestellte Formulare realisierbar. Die Identität ist bei öffentlich zugänglichen Netzen durch den nach § 3a Abs. 2 Satz 5 VwVfG erforderlichen Identitätsnachweis sichergestellt (Authentizität). Bei der Eingabe in von der Behörde aufgestellte Eingabegeräte vor Ort ist dies nicht erforderlich, da hier eine Ausweiskontrolle erfolgt. Die weiteren Voraussetzungen müssen durch das System selbst gewährleistet werden, was durchaus möglich ist[969].

Auch der elektronische E-Postbrief als Beispiel für eine nicht De-Mail-akkreditierte sichere elektronische Zugangsform kann die Voraussetzungen der Definition auch ohne eine Akkreditierung erfüllen. Zwar wird das Vorliegen dieser Voraussetzungen nicht wie bei der De-Mail durch die Akkreditierung geprüft und bescheinigt,

---

967 Siehe hierzu bereits ausführlich Gliederungspunkt Teil II A. II. 2. f).
968 Siehe hierzu ausführlich Gliederungspunkt Teil II: A. II. 5. d).
969 Siehe hierzu bereits Gliederungspunkt Teil II: A. II. 7. b).

kann aber unproblematisch, bspw. durch Zertifikate und eine unabhängige Prüfung, in hinreichendem Maße sichergestellt werden, zumal die Funktionsweise des E-Postbriefs, die die Erfüllung der Voraussetzungen gewährleistet, Vertragsbestandteil der Vereinbarung mit dem Nutzer ist. Die Authentizität der Nachricht ist beim elektronischen E-Postbrief wie bei der De-Mail durch eine feste Verbindung von E-Postbrief-Adresse und Kontoinhaber sowie die Möglichkeit einer sicheren Anmeldung und der Bestätigung dieser gewährleistet. Die Integrität kann wie bei der De-Mail mittels der in den qualifiziert signierten Bestätigungen enthaltenen Prüfsumme überprüft werden. Eine barrierefreie Ausgestaltung ist zudem denkbar. Somit können die Voraussetzungen der Definition für sonstige sichere Verfahren zur Ersetzung der Schriftform auch beim E-Postbrief als nicht akkreditierte sichere elektronische Zugangsform vorliegen.

Aus dieser Untersuchung ergibt sich, dass die technikneutrale Definition in § 3a Abs. 2 Satz 4 Nr. 4 VwVfG keine Anforderungen an sonstige sichere elektronische Zugangsformen stellt, die von den ausdrücklich im Gesetz genannten sicheren sonstigen Verfahren zur Ersetzung der Schriftform nicht erfüllt werden können. Eine Bevorzugung der ausdrücklich im Gesetz genannten sicheren Übermittlungswege gegenüber den nicht genannten hinsichtlich der Voraussetzungen für die Qualifikation als sicherer Übermittlungsweg bzw. infolgedessen als Schriftformäquivalent ist deshalb nicht ersichtlich.

Ein Eingriff könnte jedoch in der Hinsicht vorliegen, dass die absenderbestätigte De-Mail in der Versandart nach § 5 Abs. 5 De-Mail-G im Gegensatz zu anderen sicheren elektronischen Zugangsformen ausdrücklich in § 3a Abs. 2 Satz 4 Nr. 2 und 3 VwVfG im Gesetz genannt sein wird, während nicht De-Mail-akkreditierte sichere elektronische Zugangsformen die Voraussetzungen des § 3a Abs. 2 Satz 4 Nr. 4 VwVfG erst erfüllen und durch Festlegung in der Rechtsverordnung anerkannt werden müssen. Auch hierdurch könnte der Absatz der De-Mail zum Nachteil nicht De-Mail-akkreditierter sicherer elektronischer Zugangsformen in dem oben bereits beschriebenen Maße gefördert werden.

Hierbei ist zu beachten, dass die De-Mail der einzige ausdrücklich im Gesetz genannte sichere Übermittlungsweg ist. Die qeS, die bereits in der vorhergehenden Fassung des § 3a Abs. 2 VwVfG als Schriftformäquivalent geregelt war, nimmt bei den sicheren elektronischen Zugangsformen eine Sonderstellung ein, da sie direkt mit dem Dokument bzw. der gesamten Nachricht fest verbunden ist. Es handelt sich bei der qeS streng genommen nicht um eine eigenständige sichere elektronische Zugangsform, sondern allgemein um ein zusätzliches Sicherungsmittel, das auch bei anderen sicheren elektronischen Zugangsformen zum Einsatz kommt, bspw. bei der herkömmlichen E-Mail-Kommunikation. Eine Akkreditierung ist im Gegensatz zur De-Mail bei der qeS nicht erforderlich, um die Schriftform ersetzen zu können[970].

---

970 Vgl. bereits Fn. 597 und die Ausführungen unter Gliederungspunkt Teil II: A. II. 2. Siehe hierzu auch *Prell*, NVwZ 2013, 1514 (1517).

Für einen Eingriff spricht, dass andere nicht De-Mail-akkreditierte Zugangsformen nach § 3a Abs. 2 Satz 4 Nr. 4 VwVfG erst die darin aufgezählten Voraussetzungen erfüllen und dann in die durch die Bundesregierung mit Zustimmung des Bundesrates zu erlassende Rechtsverordnung aufgenommen werden müssen, um die Schriftform letztendlich erfüllen zu können. Die De-Mail erfüllt die dort aufgestellten Voraussetzungen, wie bereits erörtert, jedoch ebenfalls und ist durch die Aufnahme im Gesetz als Schriftformäquivalent auch vom Gesetzgeber anerkannt. Außerdem haben sich die De-Mail-Anbieter bereits beim komplizierten Akkreditierungsverfahren bewähren müssen. Auch die Rechtsverordnung gilt zwar nicht als formelles, aber doch materielles Gesetz. Zwar steht die Rechtsverordnung in der Normenhierarchie unter dem Parlamentsgesetz[971], dies hat jedoch auf die Rechtswirkungen keinen Einfluss. Parlamentsgesetze und Rechtsverordnungen unterscheiden sich lediglich durch die erlassende Stelle[972], haben jedoch die gleichen Bindungswirkungen[973]. Es besteht folglich kein Qualitätsunterschied. Außerdem macht es hinsichtlich der Rechtswirkungen keinen Unterschied, ob die De-Mail oder ein sicheres Verfahren nach der Rechtsverordnung zur Schriftformwahrung genutzt wird. In beiden Fällen gilt die Schriftform mach dem Willen des Gesetzgebers als gewahrt. Deshalb wird es sowohl Behörden als auch den Bürgern zumindest in Bezug auf die Schriftformerfüllung gleichgültig sein, welches Schriftformäquivalent sie nutzen, da es ihnen auf die Rechtswirkung der Schriftformwahrung ankommt, die auf beiden Wegen zu erreichen ist. Vielmehr besteht somit eine Wahlfreiheit. Die Entscheidung ist dabei durch andere subjektive und objektive Faktoren bestimmt und steht somit im freien Wettbewerb.

Der Einwand, dass die Normierung der De-Mail im Gesetz und der anderen nicht De-Mail-akkreditierten sicheren elektronischen Zugangsformen „nur" in einer Rechtsverordnung zur Folge haben könnte, dass die Bürger denken könnten, dass die De-Mail die Schriftform besser erfüllt als andere in der Rechtsverordnung aufgeführte Zugangsformen, ist zu vernachlässigen. Zum einen wird es auch den Bürgern lediglich darauf ankommen, dass die Schriftform gewahrt wird, was in beiden Fällen gleichermaßen erfüllt ist, zum anderen werden sie im wahrscheinlichsten Falle noch nicht einmal die gesetzliche Vorschrift selbst kennen, sondern sich auf die Aussagen der Verwaltung zur Schriftformerfüllung und andere Quellen verlassen, die für sie leichter zugänglich sind. Deshalb ist auch der Einwand, dass die Bürger womöglich nur ins Gesetz und nicht in die Rechtsverordnung schauen, nicht von entscheidendem Gewicht, zumal in § 3a Abs. 2 Satz 4 Nr. 4 VwVfG ausdrücklich geregelt ist, dass es noch weitere sichere Verfahren zur Ersetzung der Schriftform gibt.

---

971 *Erbguth*, Allgemeines Verwaltungsrecht, 6. Aufl. 2014, § 7 Rn. 5.

972 Während Parlamentsgesetze durch den Gesetzgeber selbst erlassen werden, ist bei einer Rechtsverordnung die Befugnis zum Erlass an die Exekutive delegiert (*Erbguth*, Allgemeines Verwaltungsrecht, 6. Aufl. 2014, § 7 Rn. 3, § 25 Rn. 2).

973 *Erbguth*, Allgemeines Verwaltungsrecht, 6. Aufl. 2014, § 7 Rn. 6.

Als Vorteil der De-Mail könnte auch der zeitliche Aspekt angesehen werden, da die Rechtsverordnung nach § 3a Abs. 2 Satz 4 Nr. 4 VwVfG nach Inkrafttreten der Ermächtigung erst erlassen werden muss, die De-Mail hingegen direkt bei Inkrafttreten des Gesetzes als Schriftformäquivalent genutzt werden könnte. Dies ist hier jedoch nicht der Fall. Zwar besteht bislang noch keine Rechtsverordnung nach § 3a Abs. 2 Satz 4 Nr. 4 VwVfG, die Ermächtigung, die die Vorschrift enthält, ist jedoch schon am 01. 08. 2013 in Kraft getreten, während § 3a Abs. 2 Satz 4 Nr. 2 und 3 VwVfG erst am 01. 07. 2014 Geltung erlangt. Ein zeitlicher Vorteil ergibt sich deshalb zugunsten der De-Mail wohl eher nicht. Obwohl zugegebenermaßen im Gegensatz zu anderen sicheren elektronischen Zugangsformen schon jetzt feststeht, dass die De-Mail die Schriftform ersetzen können wird.

Letztlich könnten die Bundesregierung und der Bundesrat als Verordnungsgeber auch nicht den Erlass der Rechtsverordnung verhindern, wenn die Voraussetzungen des § 3a Abs. 2 Satz 4 Nr. 4 VwVfG vorliegen, da in diesem Fall ein Anspruch auf Normerlass bzw. Normergänzung besteht, der im Wege der Leistungs- bzw. der Feststellungsklage geltend gemacht werden kann[974]. Dieser ergibt sich daraus, dass man der Ermächtigungsgrundlage für die Verordnung eine Vorabentscheidung des parlamentarischen Gesetzgebers dahingehend entnehmen kann, dass den Verordnungsgeber eine objektive Handlungspflicht zum Erlass dieser treffen soll[975]. Diese Entscheidung resultiert wiederum daraus, dass der parlamentarische Gesetzgeber die Verordnungsermächtigung aufgenommen hat, um die Vorschrift des § 3a Abs. 2 VwVfG technologie- und nach EU-Recht binnenmarktoffen zu gestalten[976]. Wie bereits dargestellt, war die technikneutrale Definition des § 3a Abs. 2 Satz 4 Nr. 4 VwVfG zunächst nicht vorgesehen[977]. Der Gesetzgeber geht also davon aus, dass zukünftig weitere sichere Verfahren zur Ersetzung der Schriftform existieren werden, die durch die Rechtsverordnung als Schriftformäquivalent zugelassen werden können[978]. Die Normierung dieser in einer Rechtsverordnung soll hierfür die notwendige Flexibilität ermöglichen. Mit § 3a Abs. 2 Satz 4 Nr. 4 VwVfG verfolgt der parlamentarische Gesetzgeber einen Gleichstellungszweck[979]. Diese

974 Siehe hierzu ausführlich *S. E. Schulz/Tischer*, Ansprüche auf Tätigwerden des Verordnungsgebers und Rechtsschutz, dargestellt am Beispiel der Verordnungsermächtigung in § 3a Abs. 2 Satz 4 Nr. 4 VwVfG, im Erscheinen.

975 *S. E. Schulz/Tischer*, Ansprüche auf Tätigwerden des Verordnungsgebers und Rechtsschutz, dargestellt am Beispiel der Verordnungsermächtigung in § 3a Abs. 2 Satz 4 Nr. 4 VwVfG, S. 15, im Erscheinen.

976 BT-Drs. 17/13139, S. 17.

977 Siehe hierzu bereits Gliederungspunkt Teil II: E. 2 a) bb) (1) (a).

978 BT-Drs. 17/13139, S. 17; *S. E. Schulz/Tischer*, Ansprüche auf Tätigwerden des Verordnungsgebers und Rechtsschutz, dargestellt am Beispiel der Verordnungsermächtigung in § 3a Abs. 2 Satz 4 Nr. 4 VwVfG, S. 14, im Erscheinen.

979 *S. E. Schulz/Tischer*, Ansprüche auf Tätigwerden des Verordnungsgebers und Rechtsschutz, dargestellt am Beispiel der Verordnungsermächtigung in § 3a Abs. 2 Satz 4 Nr. 4 VwVfG, S. 14, im Erscheinen.

Vorabentscheidung, nach der sich der Verordnungsgeber richten muss, wird vor allem auch dadurch deutlich, dass die konkreten Voraussetzungen für eine Aufnahme in die Rechtsverordnung (Authentizität, Integrität und Barrierefreiheit) bereits ausdrücklich im Gesetz genannt sind.

Bei dem Anspruch auf Erlass der Verordnung nach § 3a Abs. 2 Satz 4 Nr. 4 VwVfG handelt es sich streng genommen um einen Normerlassanspruch im Gewand eines Normergänzungsanspruchs. Dies ist dadurch bedingt, dass es für den Verordnungsgeber nur durch den Erlass der Rechtsverordnung nach § 3a Abs. 2 Satz 4 Nr. 4 VwVfG möglich ist, die Nachteile für die nicht im Gesetz genannten sicheren elektronischen Zugangsformen, die deren Wettbewerbsfreiheit aus Art. 12 Abs. 1 Satz 1 GG und Wettbewerbsgleichheit aus Art. 3 Abs. 1 GG beeinträchtigen, aufzuheben, auch wenn diese die Voraussetzungen erfüllen. Dies liegt an der Ausgestaltung des § 3a Abs. 2 Satz 4 VwVfG, da die De-Mail als Schriftformersatz bereits im Gesetz genannt wird. Ist eine Verordnung bereits erlassen, besteht dementsprechend ein Normergänzungsanspruch für andere sichere elektronische Zugangsformen, die die Voraussetzungen nach § 3a Abs. 2 Satz 4 Nr. 4 VwVfG erfüllen. Etwas anderes kann indes nur gelten, wenn die Voraussetzungen des § 3a Abs. 2 Satz 4 Nr. 4 VwVfG von keiner sicheren elektronischen Zugangsmöglichkeit erfüllt werden können[980]. Der E-Postbrief erfüllt jedoch die in § 3a Abs. 2 Satz 4 Nr. 4 VwVfG festgelegten Voraussetzungen, sodass ein Anspruch auf Verordnungserlass besteht[981].

Ein Eingriff kann deshalb durch die Regelung nicht angenommen werden.

(cc) Ergebnis

Die Fassung des § 3a Abs. 2 Satz 4 Nr. 2 und 3 VwVfG greift nicht in die Wettbewerbsfreiheit der nicht akkreditierten Anbieter sicherer elektronischer Zugangsformen aus Art. 12 Abs. 1 Satz 1 GG ein[982], insbesondere nicht durch die explizite Nennung der De-Mail als sicherer Übermittlungsweg und somit als Schriftformäquivalent, während andere nicht De-Mail-akkreditierte sichere elektronische Zugangsformen auf die technikneutrale Definition in § 3a Abs. 2 Satz 4 Nr. 4 VwVfG zurückgreifen müssen[983].

---

980 Siehe hierzu *S. E. Schulz/Tischer*, Ansprüche auf Tätigwerden des Verordnungsgebers und Rechtsschutz, dargestellt am Beispiel der Verordnungsermächtigung in § 3a Abs. 2 Satz 4 Nr. 4 VwVfG, S. 14 f., im Erscheinen.

981 So auch *S. E. Schulz/Tischer*, Ansprüche auf Tätigwerden des Verordnungsgebers und Rechtsschutz, dargestellt am Beispiel der Verordnungsermächtigung in § 3a Abs. 2 Satz 4 Nr. 4 VwVfG, S. 15, im Erscheinen.

982 *Schliesky*, in: Knack/Henneke, VwVfG, 10. Aufl. 2014, § 3a Rn. 47j.

983 Während § 36a Abs. 2 SGB I, der die Ersetzung der Schriftform durch die elektronische Form im Sozialverfahren regelt, an die endgültige Fassung des § 3a Abs. 2 VwVfG angepasst wurde und dessen Wortlaut entspricht, erfolgte bei § 87a Abs. 3 AO eine solche Anpassung nicht. Dieser nennt weiterhin nur die De-Mail in der Versandart nach § 5 Abs. 5 De-Mail-G und die Eingabe in elektronische Formulare in Verbindung mit einem Identitätsnachweis, wie es auch im Vorentwurf zu

(b) Wettbewerbsgleichheit, Art. 3 Abs. 1 GG

Außerdem könnte durch die Ausgestaltung des § 3a Abs. 2 VwVfG auch ein Eingriff in das Recht der nicht De-Mail-akkreditierten Anbieter sicherer elektronischer Zugangsformen auf Wettbewerbsgleichheit aus Art. 3 Abs. 1 GG vorliegen.

Dass die De-Mail und der E-Postbrief als Beispiel für eine nicht De-Mail-akkreditierte sichere elektronische Zugangsform hinsichtlich der Erfüllung der Schriftform wesentlich gleich sind bzw. sein können, wurde bereits festgestellt[984].

Eine Ungleichbehandlung könnte bei der Ausgestaltung des § 3a Abs. 2 Satz 4 VwVfG darin liegen, dass die De-Mail in § 3a Abs. 2 Satz 2 und 3 VwVfG ausdrücklich als sicheres Verfahren zur Ersetzung der Schriftform genannt wird, während nicht De-Mail-akkreditierte sichere elektronische Zugangsformen zur Schriftformwahrung nur auf die Definition für sonstige sichere Verfahren zur Ersetzung der Schriftform in § 3a Abs. 2 Satz 4 Nr. 4 VwVfG zurückgreifen können und zunächst die Erfüllung der dort aufgeführten Voraussetzungen durch die Festlegung in einer Rechtsverordnung anerkannt werden muss. Eine Ungleichbehandlung liegt hierdurch zumindest rein tatsächlich vor.

Aus der technikneutralen Definition bzw. den darin normierten Voraussetzungen der sonstigen sicheren Verfahren in § 3a Abs. 2 Satz 4 Nr. 4 VwVfG resultiert indes keine Ungleichbehandlung, da sowohl die De-Mail als auch nicht De-Mail-akkreditierte sichere elektronische Zugangsformen, wie anhand des E-Postbriefs dargestellt, die normierten Voraussetzungen erfüllen können. Die De-Mail wird somit nicht dadurch privilegiert, dass an diese geringere Anforderungen zur Schriftformersetzung gestellt werden als an andere sichere elektronische Zugangsformen.

Eine Ungleichbehandlung durch § 3a Abs. 2 Satz 4 VwVfG kann also nicht darin liegen, dass die De-Mail in der Vorschrift genannt ist, sondern allein darin, dass die De-Mail nicht erst bei Erfüllung der Voraussetzungen in eine Rechtsverordnung aufgenommen werden muss.

Wie bereits erwähnt, würde es sich hierbei aber allein um eine rein tatsächliche Ungleichbehandlung handeln. Denn hinsichtlich der Rechtswirkungen, also der Erfüllung der Schriftform, ergeben sich, wie bereits dargelegt, keine Unterschiede. Dies gilt insbesondere, wenn bereits eine Rechtsverordnung erlassen wurde, aber aus den bereits genannten Gründen, vor allem aufgrund des bestehenden Anspruchs auf Verordnungserlass, auch schon vorher. In Bezug auf die Erfüllung der Schriftform, was hier entscheidend sein dürfte, kann deshalb keine (rechtliche) Ungleichbehandlung vorliegen. Es besteht allenfalls ein tatsächlicher, aber kein qualitativer Unterschied. Darüber hinaus kommt der De-Mail, wie ebenfalls bereits dargelegt wurde, durch die ausdrückliche Nennung im Gesetz und nicht in der Verordnung

§ 3a Abs. 2 VwVfG der Fall war. Allerdings enthält § 87a Abs. 6 AO bereits eine Verordnungsermächtigung zur Festlegung weiterer Verfahren, die die Authentizität und die Integrität der übermittelten Nachricht sicherstellen, sodass es einer weiteren technikneutralen Definition in § 87a Abs. 3 AO hier nicht mehr bedarf.

984 Siehe hierzu bereits Gliederungspunkt Teil II: E. 5. a) aa) (1) (b) (bb).

kein Marktvorteil zu. Eine Ungleichbehandlung i. S. d. Wettbewerbsgleichheit aus Art. 3 Abs. 1 GG liegt somit nicht vor.

Wollte man jedoch auch den rein tatsächlichen Unterschied als Ungleichbehandlung ausreichen lassen, wäre diese jedenfalls gerechtfertigt. Der Aufbau der Vorschrift und somit die Nennung der De-Mail direkt im Gesetz sind dem Umstand geschuldet, dass sich die Vorschrift auf den De-Mail-Standard bezieht. Dieser ist ausdrücklich und zudem sehr detailliert im De-Mail-G geregelt und stellt die Voraussetzungen der technikneutralen Definition in § 3a Abs. 2 Satz 4 Nr. 4 VwVfG bereits „serienmäßig" sicher, sodass jede De-Mail auch die Voraussetzungen der technikneutralen Definition erfüllt. Zudem wird das Vorliegen der Voraussetzungen durch die De-Mail-Akkreditierung geprüft und bescheinigt. Bei anderen sicheren elektronischen Zugangsformen ist dies hingegen nicht der Fall und somit eine Prüfung der Voraussetzungen zwingend erforderlich, deren positives Ergebnis durch die Aufnahme in die Rechtsverordnung bestätigt wird. Dass die De-Mail als direkt im Gesetz genanntes Schriftformäquivalent ausgewählt wurde, ist zudem durchaus nachvollziehbar.

Letztlich sind an die Rechtfertigung im Rahmen der Wettbewerbsgleichheit aus Art. 3 Abs. 1 GG nach den bereits dargelegten Kriterien nicht allzu strenge Anforderungen zu stellen, da es für andere sichere elektronische Zugangsformen durch die technikneutrale Definition ohne besondere Hindernisse möglich ist, die Schriftform zu erfüllen.

Folglich kann nicht angenommen werden, dass die Regelung des § 3a Abs. 2 Satz 4 VwVfG durch ihre Ausgestaltung, insbesondere durch die explizite Nennung der De-Mail in § 3a Abs. 2 Satz 4 Nr. 2 und 3 VwVfG als Schriftformäquivalent, in das Recht der nicht De-Mail-akkreditierten Anbieter sicherer elektronischer Zugangsformen auf Wettbewerbsgleichheit aus Art. 3 Abs. 1 GG eingreift.

(c) Eigentumsgarantie, Art. 14 Abs. 1 GG

Da die Anbieter von nicht De-Mail-akkreditierten sicheren elektronischen Zugangsformen, wie schon erörtert, in ihrer Wettbewerbsfreiheit beeinträchtigt sind und darüber hinaus das bereits mit ihren Produkten auf diesem Gebiet Erworbene nicht betroffen ist, ist in diesem Fall die Wettbewerbsfreiheit aus Art. 12 Abs. 1 Satz 1 GG und nicht die Eigentumsgarantie aus Art. 14 Abs. 1 Satz 1 GG einschlägig.

(d) Allgemeine Handlungsfreiheit, Art. 2 Abs. 1 GG

Da die Wettbewerbsfreiheit nach der hier vertretenen Ansicht der Berufsfreiheit aus Art. 12 Abs. 1 Satz 1 GG zuzuordnen ist, ist Art. 2 Abs. 1 GG, wie bereits erörtert, hinsichtlich eines wettbewerbsrechtlichen Gehalts nicht zu prüfen.

(e) Allgemeiner Gleichbehandlungsgrundsatz, Art. 3 Abs. 1 GG

Gleiches gilt aufgrund der Einschlägigkeit der spezielleren Wettbewerbsgleichheit aus Art. 3 Abs. 1 GG auf Ebene der Gleichheitsrechte für den allgemeinen Gleichbehandlungsgrundsatz aus Art. 3 Abs. 1 GG.

bb) Ersetzung der Schriftform im Strafverfahren

Im Diskussionsentwurf des BMJ für ein Gesetz zur Einführung der elektronischen Akte in Strafsachen fand sich bereits eine technikneutrale und entwicklungsoffene Definition für sichere Übermittlungswege i. S. d. Strafprozessordnung (StPO), die die Schriftform nach § 32a Abs. 1 StPO-E elektronisch wahren sollen, bevor eine solche überhaupt in die Entwürfe für § 3a Abs. 2 VwVfG aufgenommen wurde[985].

Anders als die Änderungen des VwVfG und der ZPO sowie weiterer Prozessordnungen ist der Gesetzentwurf für eine elektronische Akte in Strafsachen bislang nicht verabschiedet worden. Dies ist jedoch für 2014/2015 vorgesehen[986].

Im Folgenden sollen zunächst die für die Ersetzung der Schriftform durch die elektronische Form relevanten Inhalte der Norm zusammengefasst und erläutert werden.

§ 23a Abs. 1 StPO-E sieht zunächst allgemein vor, dass an Behörden oder Gerichte gerichtete elektronische Dokumente von der verantwortenden Person signiert und für die Bearbeitung durch die Behörde oder das Gericht geeignet sein müssen. Die für die Bearbeitung geeigneten Formate bestimmt die Bundesregierung durch Rechtsverordnung (Satz 2) unter Berücksichtigung der Beschlüsse des IT-Planungsrates (Satz 3). Die Vorschrift setzt somit für jedes elektronische Dokument als Grundvoraussetzung eine einfache Signatur, für die die einfache Namenswiedergabe ausreicht, und ein für die Bearbeitung geeignetes Format voraus.

Darüber hinaus müssen Erklärungen, Anträge oder deren Begründungen sowie Gutachten, die schriftlich abzufassen, zu unterschreiben oder zu unterzeichnen sind, nach § 32a Abs. 2 StPO-E mit einer qeS nach dem Signaturgesetz versehen sein oder über einen sicheren Übermittlungsweg versendet werden.

---

985 Diskussionsentwurf des Bundesministeriums der Justiz, Entwurf eines Gesetzes zur Einführung der elektronischen Akte in Strafsachen, abrufbar unter www.bmj.de/SharedDocs/Downloads/DE/pdfs/Diskussionsentwurf_Gesetz_zur_Einfuehrung_der_elektronischen_Akte_in_Strafsachen.pdf?__blob=publicationFile, Entwurf zu § 32a StPO auf S. 4 f., Begründung S. 23 ff. Siehe hierzu *S. E. Schulz/Brackmann*, ISPRAT-Stellungnahme zum Diskussionsentwurf des Bundesministeriums der Justiz für ein Gesetz zur Einführung der elektronischen Akte in Strafsachen, Stand: 30. 05. 2012, S. 3, 4 f. und die jeweilige Stellungnahme zum Referentenentwurf, abrufbar unter www.isprat.net.

986 Vgl. hierzu die Meldung „Elektronischer Rechtsverkehr verabschiedet – schrittweise Einführung beginnt 2014" vom 08. 07. 2013, abrufbar unter www.haufe.de/recht/kanzleitipps/elektronische-rechtsverkehr-verabschiedet-einfuehrung-beginnt-2014_222_187238.html, und *Brosch*, K&R 2014, 9 (14).

In § 32a Abs. 3 Nr. 3 StPO-E werden diese sicheren Übermittlungswege festgelegt. Zunächst soll nach § 32a Abs. 3 Nr. 1 StPO-E die De-Mail als sicherer Übermittlungsweg gelten, wenn der Nutzer i. S. d. § 4 Abs. 1 Satz 2 De-Mail-G sicher angemeldet ist und er sich diese Anmeldung nach § 5 Abs. 5 De-Mail-G bestätigen lässt (absenderbestätigte De-Mail).

Nach § 32a Abs. 3 Nr. 2 StPO-E gelten des Weiteren bundeseinheitliche Verfahren, die den Einsatz eines offenen Protokollstandards zur vertraulichen und sicheren Übermittlung von Nachrichten und eines sicheren Verzeichnisdienstes vorsehen, als sichere elektronische Übermittlungswege. Dies können bspw. das EGVP oder das beAp sein[987].

Letztlich sollen nach § 32a Abs. 3 Nr. 3 StPO-E auch sonstige bundeseinheitliche Übermittlungswege, bei denen die Authentizität und Integrität der Daten gewährleistet ist und im Falle der Nutzung allgemein zugänglicher Netze ein Verschlüsselungsverfahren angewendet wird, das die Vertraulichkeit der übermittelten Daten sicherstellt, zur Wahrung der Schriftform i. S. d. § 32a Abs. 2 StPO-E als sicherer Übermittlungsweg genügen. Eine Ermächtigungsgrundlage zur Festlegung der sicheren Übermittlungswege in einer Rechtsverordnung, wie sie in § 3a Abs. 2 Satz 4 Nr. 4 VwVfG zu finden ist, wurde nicht vorgesehen.

Diese Regelungen gelten nach dem Diskussionsentwurf auch für das Bußgeldverfahren des Gesetzes über Ordnungswidrigkeiten (OWiG), da § 110b OWiG-E auf die Regelungen in der StPO verweisen soll[988].

Fraglich ist, ob eine solche technikneutrale und entwicklungsoffene Definition der sicheren Übermittlungswege bzw. der Ersetzung der Schriftform ohne Normierung in einer Rechtsverordnung mit der expliziten Nennung der absenderbestätigten De-Mail grundrechtlichen Bedenken unterliegt.

(1) Wettbewerbsfreiheit, Art. 12 Abs. 1 Satz 1 GG

Zunächst könnte durch die Vorschrift des § 32a Abs. 2, 3 StPO-E dadurch ein Eingriff in die Wettbewerbsfreiheit der nicht De-Mail-akkreditierten Anbieter sicherer elektronischer Zugangsformen aus Art. 12 Abs. 1 Satze 1 GG vorliegen, dass deren Produkte im Gegensatz zur De-Mail nicht in § 32a Abs. 3 StPO-E als sicherer Übermittlungsweg und somit nicht als Schriftformäquivalent genannt sind.

(a) Schutzbereich

Da, wie bereits dargestellt, auch die Freiheit im Wettbewerb von Art. 12 Abs. 1 Satz 1 GG geschützt ist und diese nach hier vertretener Ansicht auch den Schutz der Marktposition eines Unternehmens umfasst, ist der Schutzbereich im vorliegenden Fall eröffnet.

---

987 Diskussionsentwurf des Bundesministeriums der Justiz für ein Gesetz zur Einführung der elektronischen Akte in Strafsachen, S. 25.

988 Diskussionsentwurf des Bundesministeriums der Justiz für ein Gesetz zur Einführung der elektronischen Akte in Strafsachen, S. 18.

(b) Eingriff

Ein Eingriff könnte in § 32a Abs. 2 und 3 StPO-E wie bei § 3a Abs. 2 Satz 4 Nr. 2 und 3 VwVfG darin liegen, dass in § 32a Abs. 3 Nr. 1 StPO-E explizit die absenderbestätigte De-Mail nach § 5 Abs. 5 De-Mail-G als sicherer Übermittlungsweg bzw. Schriftformäquivalent im Strafverfahren genannt ist, andere sichere elektronische Zugangsformen hingegen nicht normiert werden, auch wenn diese unter Umständen einen gleichen Sicherheitsstandard und in gleichem Maße die Funktionen der Schriftform erfüllen könnten. Wie bereits erörtert, ist aufgrund dieser Ausgestaltung der Norm zu erwarten, dass mehr Behörden und infolgedessen auch Bürger die De-Mail aufgrund der Möglichkeit der Schriftformwahrung nutzen, was mit hoher Wahrscheinlichkeit zu einer nachteiligen Veränderung der Marktposition nicht De-Mail-akkreditierter sicherer elektronischer Zugangsformen führen wird.

Wie in der Regelung des § 3a Abs. 2 Satz 4 Nr. 2 und 3 VwVfG ist in § 32a Abs. 3 Nr. 3 StPO-E eine technikneutrale und entwicklungsoffene Definition für sonstige bundeseinheitliche sichere Übermittlungswege und somit Schriftformäquivalente angelegt. Hierfür ist keine spezielle Technik vorgeschrieben. Es müssen lediglich die Voraussetzungen der Definition erfüllt werden.

Sichere Übermittlungswege müssen nach § 32a Abs. 3 Nr. 3 StPO-E bundeseinheitlich sein und die Authentizität, die Integrität der Daten sowie ein Verschlüsselungsverfahren, das die Vertraulichkeit der übermittelten Daten sicherstellt, gewährleisten. § 32a Abs. 3 Nr. 3 StPO-E fordert folglich anders als § 3a Abs. 2 Satz 4 Nr. 4 VwVfG als zusätzliche Voraussetzung die Vertraulichkeit, verzichtet aber auf die Barrierefreiheit. Für das Erfordernis der Vertraulichkeit gelten indes die Ausführungen zur Barrierefreiheit, denn auch die Notwendigkeit der Vertraulichkeit ergibt sich aus den Schriftformfunktionen grundsätzlich nicht. Bspw. kann auch eine Erklärung auf einer Postkarte mit abschließender Unterschrift die Schriftform erfüllen. Diese ist jedoch während des Versandvorgangs für jedermann lesbar und somit gerade nicht vertraulich.

Die im Gesetz genannten elektronischen Zugangsformen wie die qeS und die absenderbestätigte De-Mail in der Versandart nach § 5 Abs. 5 De-Mail-G erfüllen diese Voraussetzungen.

Die qeS, die direkt mit dem Dokument verbunden ist, ist im SigG bundeseinheitlich geregelt. Des Weiteren kann der Absender sicher durch das qualifizierte Zertifikat identifiziert werden (§ 5 Abs. 1 SigG). Die Integrität der übermittelten Nachricht kann aufgrund der enthaltenen Prüfsummen überprüft werden. Eine Verschlüsselung ist mit der qeS nicht automatisch verbunden, aber durchaus durch zusätzliche Maßnahmen möglich[989].

Auch die De-Mail ist durch das De-Mail-G bundeseinheitlich geregelt. Die Authentizität ist bei der De-Mail durch die feste Zuordnung der De-Mail-Adresse zur Identität des Kontoinhabers und die Möglichkeit der sicheren Anmeldung nach § 4 Abs. 4 De-Mail-G sowie die Bestätigung dieser nach § 5 Abs. 5 De-Mail-G

989 Siehe hierzu bereits ausführlich Gliederungspunkt Teil II A. II. 2. f.

gewährleistet. Die Integrität einer versendeten Nachricht kann durch die Prüfsumme, die in den Bestätigungen enthalten ist, bzw. über die vom De-Mail-Anbieter für den De-Mail-Nutzer bei der absenderbestätigten Variante angebrachte qeS überprüft werden. Verschlüsselt werden die versendeten Daten zwar nicht durch eine Ende-zu-Ende-Verschlüsselung, sie werden aber zwischen den De-Mail-Anbietern verschlüsselt übertragen. Nur bei den De-Mail-Anbietern liegt die Nachricht kurzzeitig unverschlüsselt vor, um diese auf Schadsoftware zu überprüfen. Zusätzliche Sicherheit bietet hier die Tatsache, dass die De-Mail-Anbieter durch die Akkreditierung staatlich geprüft sind und sie deshalb als besonders vertrauenswürdig einzustufen sind[990].

Das in der Gesetzesbegründung als Beispiel für einen Fall des § 32a Abs. 3 Nr. 2 StPO-E genannte EGVP[991] erfüllt die Voraussetzungen der technikneutralen Definition in § 32a Abs. 3 Nr. 3 StPO-E ebenfalls. Das EGVP ist bundesweit einheitlich geregelt. Die Authentizität und die Integrität werden durch die Verwendung einer qeS gewährleistet. Außerdem gibt es im Rahmen eines Quittungsmechanismus qualifiziert signierte Bestätigungen. Die Verschlüsselung ist zudem durch die besonders sichere Ende-zu-Ende-Verschlüsselung garantiert[992].

Auch das geplante und in der Gesetzesbegründung erwähnte beAp soll bundeseinheitlich geregelt werden und ähnlich wie das EGVP funktionieren[993]. Die Authentizität soll durch ein Identifikationsverfahren über die Bundesrechtsanwaltskammer als besonders vertrauenswürdige Stelle in Verbindung mit einer sicheren Anmeldung gewährleistet werden. So kann die Postfachadresse dem jeweiligen Rechtsanwalt sicher zugeordnet werden. Auf dem Übertragungsweg sollen die Integrität und die Vertraulichkeit der versendeten Daten wie beim EGVP durch eine standardmäßige Ende-zu-Ende-Verschlüsselung bzw. eine qeS geschützt werden[994].

Der E-Postbrief als Beispiel für eine nicht De-Mail-akkreditierte sichere elektronische Zugangsform kann die Voraussetzungen der Definition auch ohne eine Akkreditierung erfüllen. Der E-Postbrief wird in der Bundesrepublik Deutschland einheitlich angeboten. Die Authentizität der Nachricht ist beim elektronischen E-Postbrief wie bei der De-Mail durch eine feste Verbindung von E-Postbrief-Adresse und Kontoinhaber sowie die Möglichkeit einer sicheren Anmeldung und der Bestätigung dieser gewährleistet. Die Integrität kann wie bei der De-Mail mittels der in den qualifiziert signierten Bestätigungen enthaltenen Prüfsumme überprüft werden. Die Vertraulichkeit der Nachricht ist durch die sichere Transportverschlüsselung

---

990 Siehe hierzu ausführlich Gliederungspunkt Teil II: A. II. 5. d) aa).

991 Diskussionsentwurf des Bundesministeriums der Justiz für ein Gesetz zur Einführung der elektronischen Akte in Strafsachen, S. 25, abrufbar unter www.bmj.de.

992 Siehe hierzu ausführlich Gliederungspunkt Teil II: A. II. 3. c).

993 Siehe hierzu bereits den Gesetzentwurf der Bundesregierung für ein Gesetz zur Förderung des elektronischen Rechtsverkehrs mit den Gerichten und den Gesetzentwurf des Bundesrates für ein Gesetz zur Förderung des elektronischen Rechtsverkehrs in der Justiz, BT-Drs. 17/111691, Stand: 28. 11. 2012, S. 2.

994 Siehe hierzu ausführlich Gliederungspunkt Teil II: A. II. 3. g).

und die Übertragung in einem geschlossenen System zumindest in dem Maße, wie es die De-Mail gewährleistet, sichergestellt. Sogar eine Ende-zu-Ende-Verschlüsselung wird zwar nicht standardmäßig, aber als Zusatzoption unterstützt[995]. Somit liegen die Voraussetzungen der Definition für einen sicheren Übermittlungsweg i. S. d. § 32a Abs. 3 Nr. 3 StPO-E auch beim E-Postbrief als nicht akkreditierte sichere elektronische Zugangsform vor.

Aus dieser Untersuchung ergibt sich, dass die technikneutrale Definition in § 32a Abs. 3 Nr. 3 StPO-E wie in § 3a Abs. 2 Satz 4 Nr. 4 VwVfG keine Anforderungen an sonstige sichere elektronische Zugangsformen stellt, die von den ausdrücklich im Gesetz genannten sicheren Übermittlungswegen nicht erfüllt werden. Eine Bevorzugung der ausdrücklich im Gesetz genannten sicheren Übermittlungswege gegenüber den nicht genannten hinsichtlich der Voraussetzungen für die Qualifikation als sicherer Übermittlungsweg bzw. infolgedessen als Schriftformäquivalent ist deshalb nicht ersichtlich.

Ein Eingriff könnte jedoch wie im Falle des § 3a Abs. 2 Satz 4 VwVfG in der Hinsicht vorliegen, dass die absenderbestätigte De-Mail in der Versandart nach § 5 Abs. 5 De-Mail-G im Gegensatz zu anderen sicheren elektronischen Zugangsformen ausdrücklich im Gesetz genannt wird, während nicht De-Mail-akkreditierte sichere elektronische Zugangsformen die Voraussetzungen erst erfüllen bzw. erst durch Verwaltungspraxis, Wissenschaft und Rechtsprechung anerkannt werden müssen. Da es bei § 32a Abs. 3 Nr. 3 StPO-E, anders als bei § 3a Abs. 2 Satz 4 Nr. 4 VwVfG, aber an einer Ermächtigungsnorm für eine Rechtsverordnung, in der die sicheren Übermittlungswege festgelegt werden, fehlt, könnte der Absatz der De-Mail bei § 32a Abs. 3 Nr. 3 StPO-E im Gegensatz zu § 3a Abs. 2 Satz 4 Nr. 4 VwVfG gefördert werden. Zwar können nach § 32a Abs. 3 Nr. 3 StPO-E als sonstiger sicherer Übermittlungsweg durch Rechtsprechung und Verwaltungspraxis anerkannte nicht De-Mail-akkreditierte sichere elektronische Zugangsformen dieselben Rechtswirkungen haben, also die Schriftform im Strafverfahren erfüllen, da es aber an einer Normierung in einer Rechtsverordnung fehlt, die mit einer Nennung im Gesetz vergleichbar wäre, ist die De-Mail in diesem Fall begünstigt. Insbesondere besteht ohne eine Verordnungsermächtigung kein Anspruch auf Normerlass. Rechtsprechung und Verwaltungspraxis entscheiden darüber, ob nach den Kriterien des § 32a Abs. 3 Nr. 3 StPO-E ein sicherer Übermittlungsweg vorliegt. Hierbei kann es zu unterschiedlichen Ansichten der Gerichte und Behörden sowie der Wissenschaft kommen. Doch auch, wenn Einigkeit über die Eignung als sicherer Übermittlungsweg besteht, kann eine Normierung im Gesetz oder in einer Rechtsverordnung entscheidend mehr Rechtssicherheit bieten. Es ist zu erwarten, dass Bürger und Behörden aufgrund dieser Unsicherheiten bei sonstigen sicheren Übermittlungswegen nach § 32a Abs. 3 Nr. 3 StPO-E vermehrt auf im Gesetz normierte sichere Übermittlungswege zurückgreifen werden, was die Marktposition nicht De-Mail-akkreditierter sicherer elektronischer Zugangsformen zugunsten der De-Mail wahrscheinlich beeinträchtigen wird.

---

995 Siehe hierzu ausführlich Gliederungspunkt Teil II: A. II. 4. c).

Hierbei ist zu beachten, dass die De-Mail der einzige ausdrücklich im Gesetz genannte sichere Übermittlungsweg ist. Auch bei § 32a Abs. 3 Nr. 2 StPO-E handelt es sich um eine technikneutrale und entwicklungsoffene Definition von sicheren Verzeichnisdiensten[996]. Die qeS, die bereits in der StPO als Schriftformäquivalent geregelt ist (§ 41a Abs. 1 Satz 1 StPO) und auch in dem Entwurf in § 32a Abs. 2 StPO-E normiert ist, nimmt bei den sicheren elektronischen Zugangsformen eine Sonderstellung ein. Es handelt sich bei dieser nicht um einen sicheren Übermittlungsweg, denn die qeS steht als eigenständiges Schriftformäquivalent neben diesen („[...] mit einer qualifizierten elektronischen Signatur nach dem Signaturgesetz versehen sein oder über einen sicheren Übermittlungsweg übermittelt werden[997]." [Hervorhebung durch Verfasserin])[998]. Zumal es sich bei der qeS, wie bereits erwähnt, streng genommen nicht um eine eigenständige sichere elektronische Zugangsform, sondern allgemein um ein Sicherungsmittel handelt, das auch bei anderen sicheren elektronischen Zugangsformen zum Einsatz kommt.

Eine objektiv berufsregelnde Tendenz der Regelung kann, wie bereits erörtert, bei der gesetzlichen Regelung der Ersetzung der Schriftform durch die elektronische Form angenommen werden. Das Vorliegen dieser ist jedoch nicht von Belang, wenn man wie nach hier vertretener Ansicht von einer Entbehrlichkeit der berufsregelnden Tendenz ausgeht.

Durch die ausdrückliche Nennung der De-Mail in § 32a Abs. 3 Nr. 1 StPO-E verbunden mit der Nichtnennung anderer sicherer elektronischer Zugangsformen, die die Schriftformfunktionen in gleichem Maße gewährleisten können, greift die Regelung des § 32a Abs. 2 und 3 StPO-E in die Wettbewerbsfreiheit der Anbieter nicht De-Mail-akkreditierter sicherer elektronischer Zugangsformen aus Art. 12 Abs. 1 Satz 1 GG ein.

(c) Rechtfertigung

(aa) Gesetzesvorbehalt

Dem Gesetzesvorbehalt ist dadurch Rechnung getragen, dass die eingreifende Regelung des § 32a Abs. 2 und 3 StPO-E eine bundesgesetzliche Regelung darstellt.

(bb) Drei-Stufen-Theorie (Verhältnismäßigkeit)

Die Regelung müsste auch verhältnismäßig sein. Wie bereits bei der Prüfung des § 3a Abs. 2 VwVfG erörtert, handelt es sich bei der Normierung der Ersetzung der Schriftform bei elektronischen Dokumenten um eine bloße Festlegung der

996 Dies zeigt bereits, dass hierunter auch das neue beAP gefasst werden könnte.

997 Wortlaut des § 32a Abs. 2 Satz 1 StPO-E.

998 Vgl. auch *S. E. Schulz/Brackmann*, ISPRAT-Stellungnahme zum Diskussionsentwurf des Bundesministeriums der Justiz für ein Gesetz zur Einführung der elektronischen Akte in Strafsachen, Stand: 30. 05. 2012, S. 5, abrufbar unter www.isprat.net.

Rahmenbedingungen und somit um eine Berufsausübungsregelung i. S. d. Drei-Stufen-Theorie des BVerfG, die durch Gesichtspunkte der Zweckmäßigkeit gerechtfertigt werden kann.

(i) Legitimer Zweck

Die Vorschrift des § 32a StPO-E soll als Ergänzung zur elektronischen Aktenführung das Einreichen elektronischer Dokumente bei Gerichten oder Staatsanwaltschaften durch sämtliche Verfahrensbeteiligte regeln[999]. Hierdurch soll die schriftformwahrende Einreichung elektronischer Dokumente erreicht werden. Übergeordnete Ziele der Regelung sind wie bei der Einführung der elektronischen Aktenführung die Effizienz- und Einsparpotenziale sowie die Vereinfachung gerade bei umfangreichen Strafverfahren[1000].

Die explizite Nennung der De-Mail als elektronisches Schriftformäquivalent kann dadurch begründet werden, dass die De-Mail durch die staatliche Akkreditierung und die staatliche Aufsicht, der sie unterliegt, ein besonderes staatliches Vertrauen genießt, was die Wahl der De-Mail durch den Gesetzgeber nachvollziehbar macht. Außerdem wird durch die Nennung zumindest einer sicheren elektronischen Zugangsform insofern Rechtssicherheit geschaffen, dass wenigstens ein sicherer Übermittlungsweg i. S. d. StPO existiert, der direkt aufgrund Gesetzes die Schriftform erfüllt. Bei anderen sicheren elektronischen Zugangsformen muss zunächst durch Rechtsprechung und Verwaltung anerkannt werden, dass diese die Voraussetzungen des § 32a Abs. 3 Nr. 3 StPO-E erfüllen. Hierbei kann es bis zur konkreten Festlegung, insbesondere ohne die Normierung in einer Rechtsverordnung, wie dies bei § 3a Abs. 2 Satz 4 Nr. 4 VwVfG der Fall ist, zu unterschiedlichen Rechtsauffassungen kommen. Der Gesetzgeber schafft somit durch die explizite Nennung der De-Mail zumindest eine neue von Anfang an rechtssichere Form der elektronischen schriftformwahrenden Kommunikation neben der qeS.

Ein legitimer Zweck liegt deshalb vor.

(ii) Geeignetheit

Durch § 32a Abs. 2 und 3 StPO-E wird die schriftformwahrende elektronische Kommunikation auch ohne die nicht weit verbreitete qeS ermöglicht. Durch die Normierung der De-Mail als Schriftformäquivalent in § 32a Abs. 3 Nr. 1 StPO-E ist auch gewährleistet, dass eine von Anfang an rechtssichere schriftformwahrende elektronische Zugangsform auf elektronischer Ebene besteht. Die Regelung ist deshalb geeignet, den öffentlichen Zweck zu fördern.

---

999 Vgl. Diskussionsentwurf des BMJ (Fn. 985), S. 23.
1000 Vgl. Diskussionsentwurf des BMJ (Fn. 985), S. 16 f.

(iii) Erforderlichkeit

Fraglich ist, ob die Regelung in der Ausgestaltung des Diskussionsentwurfs auch erforderlich ist.

Ein milderes Mittel könnte zunächst eine ausschließlich allgemeine Formulierung sicherer Übermittlungswege durch eine technikneutrale und entwicklungsoffene Definition i. S. d. § 32a Abs. 3 Nr. 3 StPO-E ohne eine spezielle Nennung der De-Mail sein[1001]. Die De-Mail erfüllt, wie bereits dargelegt, die Voraussetzungen, die in § 32a Abs. 3 Nr. 3 StPO-E an sonstige bundeseinheitliche sichere Übermittlungswege gestellt werden, und könnte so auch bei einer allgemeinen Definition die Schriftform ersetzen. Bei einer ausschließlich allgemeinen Definition müsste jedoch, wie bereits angeführt, erst bei allen sicheren elektronischen Zugangsformen das Vorliegen der Voraussetzungen der Definition geprüft werden, was zunächst, insbesondere ohne eine Rechtsverordnung, zu zumindest vorübergehenden Rechtsunsicherheiten führen könnte. Die Wahl der De-Mail ist hier durch das besondere Vertrauen des Staates aufgrund der staatlichen Akkreditierung und der staatlichen Aufsicht über die De-Mail-Anbieter begründet. Die Nennung der De-Mail ist somit nachvollziehbar. Dies gilt umso mehr, weil eine explizite Nennung der De-Mail im Gesetz als Schriftformäquivalent mit der bereits geprüften Verpflichtung der Bundesbehörden zur Eröffnung des elektronischen Zugangs durch eine De-Mail-Adresse aus § 2 Abs. 2 EGovG korrespondiert, die sicherstellen soll, dass Behörden auf jeden Fall über die De-Mail erreicht werden können, ohne dass staatliche Stellen auf einen anderen Zugang oder eine andere elektronische Zugangsform verweisen können[1002].

Ein weiteres milderes Mittel stellt jedoch die Festlegung der anderen sicheren Übermittlungswege, die die Voraussetzungen des § 32a Abs. 3 Nr. 3 StPO-E erfüllen, in einer Rechtsverordnung nach dem Vorbild des § 3a Abs. 2 Satz 4 Nr. 4 VwVfG dar. Hierdurch könnte, wie dort bereits erörtert, ein Eingriff in die Wettbewerbsfreiheit aus Art. 12 Abs. 2 Satz 1 GG sogar verhindert werden.

Die Nennung der De-Mail in § 32a Abs. 3 Nr. 1 StPO-E ist somit zwar als erforderlich anzusehen, der Eingriff, der hieraus resultiert, könnte jedoch durch die Festlegung der sicheren Übermittlungswege nach § 32a Abs. 3 Nr. 3 StPO-E verhindert werden, sodass diese Möglichkeit der Ausgestaltung ein milderes Mittel darstellt, auf das der Gesetzgeber vorrangig zurückgreifen muss.

(d) Ergebnis

Die Regelung des § 32a Abs. 2 und 3 StPO-E greift mangels Erforderlichkeit ungerechtfertigt in die Wettbewerbsfreiheit der nicht akkreditierten Anbieter sicherer elektronischer Zugangsformen aus Art. 12 Abs. 1 Satz 1 GG ein, indem insbesondere in § 32a Abs. 3 Nr. 1 StPO-E explizit die De-Mail als sicherer Übermittlungsweg

---

1001 Zur vergleichbaren Problematik bei § 3a siehe bereits Gliederungspunkt Teil II: E. II. 5. a) aa) (1) (a) (cc) (ii) γ.

1002 Siehe hierzu bereits Gliederungspunkt Teil II: E. II. 4.

und somit als Schriftformäquivalent genannt wird, anderen sicheren elektronischen Zugangsformen dies aber in vergleichbar rechtssicherem Maße, bspw. durch Rechtsverordnung, verwehrt bleibt. Eine Änderung des Entwurfs dahingehend, dass sonstige sichere Übermittlungswege bei Erfüllung der Voraussetzungen der technikneutralen Definition des § 32a Abs. 3 Nr. 3 StPO-E in eine Rechtsverordnung aufgenommen werden, wäre deshalb zu empfehlen.

(2) Wettbewerbsgleichheit, Art. 3 Abs. 1 GG

Außerdem könnte durch die Ausgestaltung des § 32a Abs. 3 StPO-E ein Eingriff in das Recht der nicht De-Mail-akkreditierten Anbieter sicherer elektronischer Zugangsformen auf Wettbewerbsgleichheit aus Art. 3 Abs. 1 GG vorliegen.

(a) Ungleichbehandlung von wesentlich Gleichem

(aa) Ungleichbehandlung

Eine Ungleichbehandlung könnte bei der Ausgestaltung des § 32a Abs. 3 StPO-E darin liegen, dass die De-Mail in § 32a Abs. 3 Nr. 1 StPO-E ausdrücklich als sicherer Übermittlungsweg und somit als Schriftformäquivalent im Strafverfahren genannt wird, während nicht De-Mail-akkreditierte sichere elektronische Zugangsformen zur Schriftformwahrung nur auf die Definition für sonstige bundeseinheitliche sichere Übermittlungswege in § 32a Abs. 3 Nr. 3 StPO-E zurückgreifen können und zunächst die Erfüllung der dort festgelegten Voraussetzungen anerkannt sein muss. Eine § 3a Abs. 2 Satz 4 VwVfG entsprechende rein tatsächliche Ungleichbehandlung liegt somit vor.

Aus der technikneutralen Definition der sonstigen bundeseinheitlichen sicheren Übermittlungswege resultiert indes keine Ungleichbehandlung, da, wie bereits erörtert, auch die De-Mail diese Voraussetzungen erfüllt und die Voraussetzungen, wie anhand des E-Postbriefs dargestellt, auch durch nicht De-Mail-akkreditierte sichere elektronische Zugangsformen erfüllt werden können. Eine Privilegierung der De-Mail erfolgt hierdurch nicht.

Die Ungleichbehandlung durch § 32a Abs. 3 StPO-E liegt also nicht darin, dass nur die De-Mail in der Vorschrift ausdrücklich genannt ist, sondern, dass bei anderen sicheren elektronischen Zugangsformen erst die Voraussetzungen der technikneutralen Definition in § 32a Abs. 3 Nr. 3 StPO-E durch Rechtsprechung und Verwaltungspraxis anerkannt werden müssen, damit diese die Schriftform erfüllen können.

(bb) Wesentliche Gleichheit

Wie bereits am E-Postbrief als Beispiel für eine sichere elektronische Zugangsform dargestellt, kann es sich bei der De-Mail und anderen sicheren elektronischen Zugangsformen je nach Ausgestaltung des Angebots um wesentlich Gleiches handeln[1003].

1003 Vgl. hierzu bereits Gliederungspunkt Teil II: E. II. 5. a) aa) (1) (b) (bb).

(b) Rechtfertigung

Diese Ungleichbehandlung müsste jedoch auch ungerechtfertigt sein. Hier kann auf die im Rahmen der Wettbewerbsfreiheit aus Art. 12 Abs. 1 Satz 1 GG erfolgte Verhältnismäßigkeitsprüfung verwiesen werden, die zu dem Ergebnis gelangt, dass die explizite Nennung der De-Mail in § 32a Abs. 3 Nr. 1 StPO-E als ungerechtfertigt anzusehen ist, wenn die sonstigen sicheren Übermittlungswege nach § 32a Abs. 3 Nr. 3 StPO-E nicht zur Gleichstellung mit der De-Mail in einer Rechtsverordnung festgehalten werden[1004].

(c) Ergebnis

Folglich greift die Regelung des § 32a Abs. 3 StPO-E durch ihre Ausgestaltung, insbesondere durch die explizite Nennung der De-Mail in § 32a Abs. 3 Nr. 1 GG als sicherer Übermittlungsweg bzw. die fehlende Normierung der sonstigen sicheren Übermittlungswege in einer Rechtsverordnung, in das Recht der nicht akkreditierten Anbieter sicherer elektronischer Zugangsformen auf Wettbewerbsgleichheit aus Art. 3 Abs. 1 GG ein.

(3) Eigentumsgarantie, Art. 14 Abs. 1 GG

Da die Anbieter von nicht De-Mail-akkreditierten sicheren elektronischen Zugangsformen, wie schon erörtert, in ihrer Wettbewerbsfreiheit beeinträchtigt sind und darüber hinaus das bereits mit ihren Produkten auf diesem Gebiet Erworbene nicht betroffen ist, ist in diesem Fall die Wettbewerbsfreiheit aus Art. 12 Abs. 1 Satz 1 GG und nicht die Eigentumsgarantie aus Art. 14 Abs. 1 Satz 1 GG einschlägig.

(4) Allgemeine Handlungsfreiheit, Art. 2 Abs. 1 GG

Da die Wettbewerbsfreiheit nach der hier vertretenen Ansicht der Berufsfreiheit aus Art. 12 Abs. 1 Satz 1 GG zuzuordnen ist, ist Art. 2 Abs. 1 GG, wie bereits erörtert, hinsichtlich eines wettbewerbsrechtlichen Gehalts nicht zu prüfen.

(5) Allgemeiner Gleichbehandlungsgrundsatz, Art. 3 Abs. 1 GG

Gleiches gilt aufgrund der Einschlägigkeit der spezielleren Wettbewerbsgleichheit aus Art. 3 Abs. 1 GG auf Ebene der Gleichheitsrechte für den allgemeinen Gleichbehandlungsgrundsatz aus Art. 3 Abs. 1 GG.

1004 Siehe hierzu bereits Gliederungspunkt Teil II: E. II. 5. a) bb) (1) (c) (bb) (iii).

cc) Ersetzung der Schriftform im Zivilgerichtsverfahren und in weiteren Gerichtsordnungen

§ 130a ZPO in der Form des Gesetzentwurfes der Bundesregierung für ein Gesetz zur Förderung des elektronischen Rechtsverkehrs mit den Gerichten regelt die Übermittlung elektronischer Dokumente im Zivilverfahren[1005].

Er legt nach Absatz 1 fest, unter welchen Voraussetzungen vorbereitende Schriftsätze und deren Anlagen, schriftlich einzureichende Anträge und Erklärungen der Parteien sowie schriftlich einzureichende Auskünfte, Aussagen, Gutachten, Übersetzungen und Erklärungen Dritter als elektronisches Dokument im Zivilverfahren bei Gericht eingereicht werden können.

Nach Absatz 2 muss das elektronische Dokument zunächst für die Bearbeitung durch das Gericht geeignet sein (Satz 1). Die für die Übermittlung und Bearbeitung geeigneten technischen Rahmenbedingungen bestimmt die Bundesregierung durch Rechtsverordnung mit Zustimmung des Bundesrates (Satz 2).

§ 130a Abs. 3 ZPO sieht vor, dass ein elektronisches Dokument entweder mit der qeS der verantwortenden Person, also des Absenders, versehen sein, oder von dieser signiert und auf einem sicheren Übermittlungsweg eingereicht werden muss.

Die als sicher eingestuften Übermittlungswege werden in § 130a Abs. 4 ZPO aufgeführt.

Nach § 130a Abs. 4 Nr. 1 ZPO soll die De-Mail als sicherer Übermittlungsweg gelten, wenn der Absender bei Versand der Nachricht sicher im Sinne des § 4 Abs. 1 Satz 2 De-Mail-G angemeldet ist und er sich die sichere Anmeldung gem. § 5 Abs. 5 De-Mail-G bestätigen lässt. Diese Regelung entspricht § 32a Abs. 3 Nr. 1 StPO-E.

Des Weiteren soll der Übermittlungsweg zwischen dem beAP nach § 31a BRAO oder einem entsprechenden, auf gesetzlicher Grundlage errichteten elektronischen Postfach und der elektronischen Poststelle des Gerichts sicher i. S. d. § 130a Abs. 4 ZPO sein. Die Regelung des § 32a Abs. 3 Nr. 2 StPO-E ist an dieser Stelle offener gehalten und nennt nicht explizit das beAP.

Nach § 130a Abs. 1 Nr. 4 ZPO soll auch der Übermittlungsweg zwischen einem nach Durchführung eines Identifizierungsverfahrens eingerichteten elektronischen Postfachs einer Behörde oder einer juristischen Person des öffentlichen Rechts und der elektronischen Poststelle des Gerichts einen sicheren Übermittlungsweg darstellen. Näheres soll eine Rechtsverordnung nach § 130a Abs. 2 Satz 2 ZPO regeln.

In § 130a Abs. 3 Nr. 4 ZPO findet sich auch eine technikneutrale und entwicklungsoffene Definition der sonstigen bundeseinheitlichen sicheren Übermittlungswege, wie sie auch in § 32a Abs. 3 Nr. 3 StPO-E angelegt und in der endgültigen

---

1005 Siehe hierzu BGBl I 2013, S. 3786; BT-Drs. 17/12634 und 17/13948. Siehe hierzu auch *Müller-Teckhof*, MMR 2014, 95 (96 f.); *Brosch*, K&R 2014, 9 (10 f.). Im Gesetzentwurf sind gleichlautende Wortlaute für weitere Prozessordnungen vorgesehen: FamFG, ArbGG, SGG, VwGO, FGO.

Fassung des § 3a Abs. 2 Satz 4 Nr. 4 VwVfG vorhanden ist[1006]. Hierunter sollen alle bundeseinheitlichen Übermittlungswege fallen, die durch Rechtsverordnung der Bundesregierung mit Zustimmung des Bundesrates festgelegt werden, bei denen die Authentizität und Integrität der Daten sowie die Barrierefreiheit gewährleistet sind.

§ 130a Abs. 4 Nr. 4 ZPO ordnet wie § 3a Abs. 2 Satz 4 VwVfG und im Gegensatz zu § 32a Abs. 3 Nr. 3 StPO-E eine Festlegung der sonstigen sicheren Übermittlungswege in einer Rechtsverordnung an. Diese soll von der Bundesregierung mit Zustimmung des Bundesrates erlassen werden. Auch die Voraussetzungen für die Qualifizierung als sicherer Übermittlungsweg unterscheiden sich in den beiden Gesetzesentwürfen. Bei § 130a Abs. 4 Nr. 4 ZPO fehlt das Erfordernis der Verschlüsselung zur Sicherung der Vertraulichkeit bei einer Übermittlung über öffentlich zugängliche Netze. Zusätzlich ist jedoch die Gewährleistung der Barrierefreiheit normiert. § 130a Abs. 4 Nr. 4 ZPO entspricht insoweit in der Ausgestaltung § 3a Abs. 2 Satz 4 Nr. 4 VwVfG.

Die Regelungen werden am 01. 01. 2018 in Kraft treten.

Ein Eingriff könnte hier wie bei § 3a Abs. 2 Satz 4 VwVfG in der expliziten Nennung der absenderbestätigten De-Mail in § 130a Abs. 4 Nr. 1 ZPO liegen. Wie dort bereits erörtert, stellt eine explizite Nennung der De-Mail als sicherer Übermittlungsweg aufgrund der Normierung der sonstigen sicheren Übermittlungswege weder einen Eingriff in die Wettbewerbsfreiheit aus Art. 12 Abs. 1 Satz 1 GG noch in die Wettbewerbsgleichheit aus Art. 3 Abs. 1 GG dar, zumal sich in § 130a Abs. 4 Nr. 3 ZPO eine technikneutrale und entwicklungsoffene Definition sicherer Übermittlungswege findet, durch die auch für nicht De-Mail-akkreditierte sichere elektronische Zugangsformen die Möglichkeit besteht, durch die Qualifikation als sicherer Übermittlungsweg aufgrund der Rechtsverordnung die Schriftform zu erfüllen. Insofern kann auf die Ausführungen zu § 3a Abs. 2 Satz 4 VwVfG verwiesen werden[1007]. Hinsichtlich der fehlenden Einschlägigkeit der Eigentumsgarantie aus Art. 14 Abs. 1 Satz 1 GG und der allgemeinen Handlungsfreiheit aus Art. 2 Abs. 2 GG sowie des allgemeinen Gleichheitsgrundsatzes aus Art. 3 Abs. 1 GG kann ebenfalls nach oben verwiesen werden.

1006 Siehe hierzu *S. E. Schulz/Brackmann*, ISPRAT-Stellungnahme zum Referentenentwurf des Bundesministeriums der Justiz für ein Gesetz zur Förderung des elektronischen Rechtsverkehrs mit den Gerichten, Stand: 06. 06. 2012, S. 2, 4, abrufbar unter www.isprat.net, und *Schliesky*, Abgleich mit der Bundesratsinitiative E-Justice, in: Kammer/Zapp (Hrsg.), Das E-Government-Gesetz des Bundes, ISPRAT Dossier, 2013, S. 18 ff., abrufbar unter http://isprat.net/fileadmin/downloads/publikationen/ISPRAT_Dossier_E-Gov-Gesetz_4_MB.pdf.

1007 Siehe bereits Gliederungspunkt Teil II: E. II. 5. a) aa) (2) (a) (bb).

dd) Verfassungsrechtliche Gebotenheit einer technikneutralen Definition bei der Normierung der Ersetzung der Schriftform durch die elektronische Form

Es beschäftigen sich folglich derzeit mehrere Gesetze und Gesetzesentwürfe mit der Ersetzung der Schriftform durch die elektronische Form.

Die vorgestellten Regelungen bzw. Gesetzesentwürfe zeigen, dass eine technikneutrale und entwicklungsoffene Definition für Schriftformäquivalente bzw. sichere Übermittlungswege durchaus möglich ist. Darüber hinaus ist sie dann aber auch verfassungsrechtlich geboten, wenn die Anbieter sicherer elektronischer Zugangsformen im Wettbewerb benachteiligt werden. Eine technikneutrale Definition ist zudem geeignet, den freien Binnenmarkt der EU nicht zu beeinträchtigen.

Zur Ausgestaltung einer solchen technikneutralen und entwicklungsoffenen Formulierung der Schriftformersetzung bestehen grundsätzlich mehrere Möglichkeiten.

Denkbar erscheint zunächst eine ausschließliche Regelung sicherer Übermittlungswege bzw. Schriftformäquivalente in einer Rechtsverordnung durch eine Verordnungsermächtigung im Gesetz.

Aus Gründen der Transparenz und der Vermeidung von willkürlichen Entscheidungen sollten jedoch die entscheidenden Kriterien für die Ersetzung der Schriftform in einer technikneutralen Definition im Gesetzes- oder Verordnungstext genannt werden. Außerdem kann hierdurch und durch die Gesetzesintention ein Normerlass- bzw. Normergänzungsanspruch entstehen.

Die Voraussetzungen müssen sich an den wesentlichen Schriftformfunktionen orientieren, die zu gewährleisten sind, um die Schriftform in hinreichendem Maße zu ersetzen. Denn grundsätzlich können elektronische Schriftformäquivalente nur daran gemessen werden.

Darüber hinausgehende Kriterien müssen hingegen für die Wahrung der Schriftform an sich grundsätzlich nicht erfüllt werden, da sie für die Gewährleistung der Schriftformfunktionen nicht erforderlich sind. Dies folgt daraus, dass an die Schriftformerfüllung auf elektronischer Ebene zumindest keine anderen bzw. höheren Anforderungen gestellt werden können als an die analoge Erfüllung der Schriftform, bspw. durch die Unterschrift. So ist eine Normierung des Kriteriums der Barrierefreiheit zwar grundsätzlich zu begrüßen, jedoch aus den genannten Gründen eben nicht zur Schriftformersetzung erforderlich, da die Schriftformfunktionen diese nicht erfordern[1008]. Auch die handschriftliche Unterschrift kann in bestimmten Fällen durchaus nicht barrierefrei sein, bspw. bei einer Sehbehinderung.

Gleiches gilt für die Gewährleistung der Vertraulichkeit der über öffentlich zugängliche Netze übermittelten Daten durch eine Verschlüsselung. Die Schriftform gewährleistet eine Abschlussfunktion, die das Ende der Erklärung ausdrückt, eine Perpetuierungsfunktion, die die fortdauernde Wiedergabe gewährleistet, eine Identitätsfunktion, die es ermöglicht, den Absender zu erkennen, die Echtheitsfunktion,

---

1008 Siehe hierzu bereits Fn. 938.

die den Inhalt der Erklärung dem Erklärenden zuordnet, eine Beweisfunktion, die manifestiert, dass die Erklärung zum Nachweis geeignet ist, und letztlich eine Warnfunktion, die den Erklärenden auf die Verbindlichkeit hinweisen und vor Übereilung schützen soll[1009]. Die Vertraulichkeit einer Erklärung ist hingegen nicht Bestandteil der Schriftform. Zieht man hier eine Parallele zur analogen Welt, so erfüllen auch ein offener unterschriebener Brief oder eine unterschriebene Postkarte die Schriftform.

Deshalb sind die Kriterien der Authentizität, also der eindeutigen Bestimmbarkeit des Erklärenden, und der Integrität, d. h. die hinreichende Gewähr für eine fehlende Veränderung der Nachricht, für Schriftformäquivalente grundsätzlich ausreichend. Die Vertraulichkeit wäre lediglich ein zusätzlicher Sicherheitsaspekt für den Übermittlungsvorgang, nicht jedoch Maßstab für die Erfüllung der Schriftform. Teilweise kann jedoch, wie bspw. bei einer Ende-zu-Ende-Verschlüsselung, durch die Gewährleistung der Vertraulichkeit gleichzeitig die Integrität der Daten geschützt werden, wenn eine nicht entschlüsselbare Nachricht wie ein verschlossener Briefumschlag nicht unerkannt verändert werden kann.

Zu empfehlen wäre deshalb zuerst eine allgemeine, technikneutral und entwicklungsoffen ausgestaltete Definition der sicheren Übermittlungswege bzw. der Ersetzung der Schriftform auf elektronischer Ebene im jeweiligen Gesetzestext. Damit die Entscheidung über das Sicherheitsniveau nicht den öffentlichen Stellen überlassen bleibt, sollten die maßgeblichen Kriterien für einen Schriftformersatz darin enthalten sein[1010]. Zusätzliche Rechtssicherheit würde die Verbindung dieser mit der Festlegung der Schriftformäquivalente in einer Rechtsverordnung schaffen.

Auch die Schaffung eines gesetzlichen Standards ist zur Knüpfung von Rechtsfolgen nicht zwingend erforderlich[1011]. Dies zeigen schon die vorgestellten Gesetzesentwürfe, die zumindest auch eine solche Definition enthalten. Eine Notwendigkeit einer derartigen Beschränkung der Gesetzesausgestaltung ist nicht ersichtlich, zumal jedes Verfahrensgesetz bzw. jede Prozessordnung die Voraussetzungen des Verfahrens – und somit auch die Erfüllung der Schriftform – selbst regelt bzw. regeln kann. Entscheidend ist zur Ersetzung der Schriftform allein die hinreichende Erfüllung der Schriftformvoraussetzungen. Ein zwingender Verweis auf ein anderes Gesetz oder eine gesetzlich geregelte Zugangsform ergibt sich aus diesen nicht. Diese Einschätzung wird auch durch die Tatsache untermauert, dass neue nicht elektronische Zugänge, wie bspw. das Fax, auch ohne eine ausdrückliche gesetzliche Regelung die Schriftform erfüllen können, was durch die technische Entwicklung bedingt ist. Auch für den Hybridbrief, bspw. den klassischen E-Postbrief, wird dies allmählich anerkannt[1012].

1009 *Schmitz*, in: Stelkens/Bonk/Sachs (Hrsg.), VwVfG, 8. Aufl. 2014, § 3a Rn. 17.

1010 *Habammer/Denkhaus*, MMR 2013, 358 (361).

1011 Siehe hierzu bereits Fn. 569.

1012 So bspw. *Stelkens*, in: Stelkens/Bonk/Sachs (Hrsg.), VwVfG, 8. Aufl. 2014, § 37 Rn. 63a, § 41 Rn. 86a, 113a, 118c; *Ritgen*, in: Bauer u. a. (Hrsg.), Verwaltungsverfahrensgesetz, 2012, § 41 Rn. 64; *C. Hoffmann u. a.*, Der *E-POSTBRIEF* in der öffentlichen Verwaltung – Chancen, Einsatzoptionen, rechtliche Handlungsspielräume,

Eine zusätzliche Nennung bzw. Auflistung von elektronischen Zugangsformen kann indes nicht als zwingend erforderlich erachtet werden, da auch diese die Voraussetzungen der technikneutralen Definition erfüllen müssen, um die Schriftform zu ersetzen. Zwar entsteht durch die explizite Nennung von elektronischen Zugangsformen als Schriftformäquivalent im Gesetz ein Eingriff in dem Maße, dass auch hierdurch wie bei der ausdrücklichen Nennung der De-Mail im Gesetz eine Beeinträchtigung der Marktpositionen der Anbieter anderer sicherer elektronischer Zugangsformen resultiert. Dieser kann jedoch i. d. R. dadurch gerechtfertigt werden, dass die im Gesetz aufgeführten Zugangsformen ein besonderes staatliches Vertrauen, bspw. durch staatliche Akkreditierung und staatliche Aufsicht, genießen bzw. besondere technische Sicherungen bieten, wenn zusätzlich eine technikneutrale Definition normiert ist[1013].

Ein besonderes staatliches Vertrauen besteht beispielsweise bei freiwillig akkreditierten Zertifizierungsdiensteanbietern nach § 15 SigG, die qualifizierte elektronische Signaturen anbieten, aber auch durch die staatliche Aufsicht bei nicht akkreditierten Zertifizierungsdiensteanbietern, die ihre Tätigkeit nach § 4 SigG anzeigen müssen.

Dies gilt auch für besonders vertrauensvolle Institutionen, die sichere elektronische Zugangsformen bieten, bspw. das beAP, das von der Bundesrechtsanwaltskammer betrieben werden soll, die bereits ein Verzeichnis aller zugelassenen Rechtsanwälte führt und diese deshalb sicher identifizieren kann. Die Ersetzung der Schriftform durch das beAP korrespondiert auch mit der angelegten Verpflichtung zur Erstellung eines solchen Postfachs.

Die qeS, auch wenn der jeweilige Zertifizierungsdiensteanbieter nicht freiwillig akkreditiert ist, geht auch technisch über die Schutzwirkung anderer sicherer elektronischer Zugangsformen hinaus, da diese direkt mit dem Dokument verbunden ist und dadurch nicht wie bei anderen sicheren elektronischen Zugangsformen zusätzliche Sicherungen bei der Übermittlung erforderlich sind. So wird sie auch als Element zur Schriftformersetzung bei anderen sicheren elektronischen Zugangsformen, wie bspw. der De-Mail oder dem E-Postbrief, genutzt.

Gleiches gilt für den Einsatz des elektronischen Personalausweises.

Eine Rechtfertigung ist somit besonders bei einer Nennung von elektronischen Zugangsformen im Gesetz, zusätzlich zu einer technikneutralen Definition für andere sichere elektronische Zugangsformen, gegeben, da diese so nicht von der Funktion der Erfüllung der Schriftform ausgeschlossen werden. Eine technikneutrale Definition in Verbindung mit einer Festlegung der Schriftformäquivalente, die

---

Band 1, 2011, S. 132 ff.; *Luch/Tischer*, DÖV 2011, 598 (605); *C. Hoffmann/Tallich/Warnecke*, MMR 2011, 775 (779).

1013 So bereits angedeutet in *S. E. Schulz/Brackmann*, ISPRAT-Stellungnahme zum Diskussionsentwurf des Bundesministeriums der Justiz für ein Gesetz zur Einführung der elektronischen Akte in Strafsachen, Stand: 30. 05. 2012, S. 5, abrufbar unter www.isprat.net.

diese erfüllen, in einer Rechtsverordnung kann einen Grundrechtseingriff durch die Nennung von Schriftformäquivalenten direkt im Gesetz sogar verhindern, da eine Gleichstellung hinsichtlich der Rechtswirkungen und der Rechtssicherheit durch die technikneutrale Definition in Verbindung mit einer Rechtsverordnung möglich ist.

Eine technikneutrale Definition ist somit immer grundsätzlich dann erforderlich, wenn mehrere elektronische Zugangsformen existieren bzw. existieren könnten, die die Voraussetzungen für die Auslösung der Rechtswirkungen erfüllen könnten, und diese nicht abschließend im Gesetz genannt werden. Eine entwicklungsoffene Definition ist aus Zweckmäßigkeitserwägungen grundsätzlich geboten, wird bei einer technikneutralen Definition aber im Zweifel bereits vorliegen.

Zudem sollte in den verschiedenen Prozessordnungen auf Kohärenz geachtet werden[1014], was bei einer einheitlichen technikneutralen Definition unproblematisch möglich wäre. Auch Besonderheiten in den verschiedenen Verfahrensarten könnten hierbei berücksichtigt werden.

b) Regelung von Beweiswirkungen

§ 371a Abs. 2 und 3 ZPO des Gesetzentwurfes für ein Gesetz zur Förderung des elektronischen Rechtsverkehrs mit den Gerichten[1015] sieht eine Beweiserleichterung für die absenderbestätigte De-Mail nach § 5 Abs. 5 De-Mail-G in der Form des Entwurfs eines Gesetzes zur Förderung der elektronischen Verwaltung (E-Government-Gesetz) sowie zur Änderung weiterer Vorschriften vor[1016]. Diese Beweiserleichterung soll die absenderbestätigte De-Mail der qeS beweisrechtlich gleichstellen, sodass für die Authentizität und Integrität der Anschein der Echtheit gilt. Dieser kann nur durch Tatsachen erschüttert werden, die ernstliche Zweifel daran begründen, dass die Erklärung mit diesem Inhalt vom Signaturschlüssel-Inhaber abgegeben worden ist. Ohne diese Beweiserleichterung müsste nach den Regelungen über den Augenscheinsbeweis die Echtheit der Signatur bzw. die Tatsache, dass diese vom angegebenen Absender stammt, bewiesen werden. Die Beweiserleichterung wird zum 01. 07. 2014 in Kraft treten.

Vorher besteht für die absenderbestätigte De-Mail nach § 5 Abs. 5 De-Mail-G gem. § 371a Abs. 1 Satz 2 ZPO der Anschein der Echtheit hinsichtlich der Identität des Absenders und des Inhalts der Nachricht. Dies ist darin begründet, dass die Absenderbestätigung nach § 5 Abs. 5 De-Mail-G, die die sichere Anmeldung mit zwei unabhängigen Sicherungsmitteln bestätigt und somit die Identität des De-Mail-Nutzers sicherstellt, vom De-Mail-Diensteanbieter qualifiziert signiert erfolgt. Hierdurch besteht der Anschein der Echtheit hinsichtlich der Identität des Absenders. Durch die Versand- bzw. die Eingangsbestätigung nach § 5 Abs. 7 und 8 De-Mail-G,

---

1014 Vgl. *Werner/Wegener*, CR 2009, 310 (316).

1015 BT-Drs. 17/12634 (Gesetzentwurf); BT-Drs. 17/13948 (Beschlussempfehlung und Bericht).

1016 BT-Drs. 17/11473 (Gesetzentwurf); BT-Drs. 17/13139 (Beschlussempfehlung und Bericht). Die Regelung tritt am 01. 07. 2014 in Kraft.

die vom De-Mail-Diensteanbieter qualifiziert elektronisch signiert werden, kann wiederum mittels der in den Bestätigungen enthaltenen Prüfsumme (§ 5 Abs. 7 Nr. 4 und Abs. 8 Nr. 4 De-Mail-G) der versendeten Nachricht, die Rückschlüsse auf den Inhalt zulässt, der Anschein der Echtheit bzgl. des Inhalts bewirkt werden.

Das Verfahren der Absenderbestätigung nach § 5 Abs. 5 De-Mail-G wird jedoch durch das Gesetz zur Förderung der elektronischen Verwaltung (EGovG) sowie zur Änderung weiterer Vorschriften[1017] geändert werden. Derzeit bestätigt der De-Mail-Diensteanbieter die sichere Anmeldung dadurch, dass er den Hashwert des Metadatums der Nachricht, das Aufschluss über die sichere Anmeldung gibt, qualifiziert signiert. Es handelt sich dabei nicht um eine gesonderte Bestätigung, wie bspw. bei der Versand- oder Eingangsbestätigung. Der qualifiziert signierte Hashwert ist vielmehr der Nachricht beigefügt[1018]. § 5 Abs. 5 De-Mail-G wird nun aber dahingehend geändert, dass der De-Mail-Diensteanbieter nicht mehr nur eine solche qualifiziert elektronische Absenderbestätigung erstellt, sondern die De-Mail-Nachricht im Auftrag des De-Mail-Nutzers für diesen qualifiziert signiert. Dadurch, dass nun nicht mehr die vom De-Mail-Diensteanbieter erstellte qualifiziert signierte Absenderbestätigung als Beweis dient, sondern die gesamte vom De-Mail-Diensteanbieter für den De-Mail-Nutzer qualifiziert signierte Nachricht, gilt die Beweiserleichterung des § 371a Abs. 1 Satz 2 ZPO hinsichtlich der Identität des Absenders nicht mehr, da die qeS nicht vom Absender und Urheber der Nachricht selbst, sondern vom Diensteanbieter herrührt. Urheber der Nachricht (De-Mail-Nutzer) und Urheber der qeS (De-Mail-Diensteanbieter) fallen somit auseinander. Eine Verknüpfung von Signatur und Absender besteht nicht. Deshalb war eine Gleichstellung dieser Versandform der De-Mail im Wege der Gesetzesänderung notwendig, um auch weiterhin den Anschein der Echtheit zu bewirken. Es handelt sich somit bei der Änderung des § 371a Abs. 2 ZPO letztendlich um eine Folgeänderung aufgrund der Änderung des § 5 Abs. 5 De-Mail-G.

Der Entwurf sieht weiterhin in § 371a Abs. 3 Satz 3 ZPO vor, dass die Beweiserleichterung des § 437 ZPO für öffentliche Urkunden auch gelten soll, wenn ein Dokument von der erstellenden öffentlichen Behörde oder der mit öffentlichem Glauben versehenen Person durch einen akkreditierten Diensteanbieter mit einer qeS gem. § 5 Abs. 5 De-Mail-G versehen ist und die Absenderbestätigung die erstellende öffentliche Behörde oder die mit öffentlichem Glauben versehene Person als Nutzer des De-Mail-Kontos ausweist. Nach der noch geltenden Fassung des § 371a Abs. 2 Satz 2 ZPO findet § 437 ZPO nur Anwendung, wenn die öffentliche Urkunde durch eine öffentliche Behörde innerhalb der Grenzen ihrer Amtsbefugnisse oder von einer mit öffentlichem Glauben versehenen Person innerhalb des ihr zugewiesenen Geschäftskreises in der vorgeschriebenen Form erstellt und auch durch diese qualifiziert signiert worden ist.

1017 Siehe bereits Fn. 1016.

1018 *Skrobotz*, in: Manssen (Hrsg.), Telekommunikations- und Multimediarecht, Band 2, Stand: 33. Erg.-Lfg. 2013, K § 5 De-Mail-G Rn. 30.

Vergleichbare Beweiserleichterungen existieren für nicht De-Mail-akkreditierte sichere elektronische Zugangsformen nicht und bleiben deshalb der absenderbestätigten De-Mail vorbehalten. Das Eingreifen von Beweiserleichterungen ist nur durch eine qeS über § 371a Abs. 1 Satz 2 ZPO bzw. § 371a Abs. 2 ZPO möglich.

Es stellt sich deshalb die Frage, ob hierin eine grundrechtlich relevante Beeinträchtigung der nicht De-Mail-akkreditierten Anbieter sicherer elektronischer Zugangsformen zu sehen ist.

aa) Wettbewerbsfreiheit, Art. 12 Abs. 1 Satz 1 GG

Zunächst könnte durch die Änderung der Regelung ein Eingriff in die Wettbewerbsfreiheit der nicht De-Mail-akkreditierten Anbieter sicherer elektronischer Zugangsformen aus Art. 12 Abs. 1 Satz 1 GG vorliegen.

(1) Schutzbereich

Die explizite Normierung einer Beweiserleichterung für die De-Mail durch die Änderung des § 371a Abs. 2 ZPO, sodass der De-Mail in der absenderbestätigten Form nach § 5 Abs. 5 De-Mail-G durch die beweisrechtliche Gleichstellung mit der qeS bei Versendung durch eine natürliche Person der Anscheinsbeweis zukommt, könnte einen ungerechtfertigten Vorteil am Markt für die vornehmlich privaten De-Mail-Anbieter gegenüber den nicht De-Mail-akkreditierten Anbietern sicherer elektronischer Zugangsformen bedeuten.

Gleiches gilt für die Änderung des § 371a Abs. 3 Satz 3 ZPO, in der der absenderbestätigten De-Mail nach § 5 Abs. 5 De-Mail-G in der Form, dass der De-Mail-Anbieter die Nachricht für den Absender qualifiziert signiert, öffentlichen Urkunden, § 437 ZPO entsprechend, der volle Beweis zukommen soll.

Aufgrund der mit diesen Gesetzesänderungen verbundenen höheren Beweiswirkungen der De-Mail und der wiederum damit verbundenen Rechtssicherheit der gegenüber anderen nicht akkreditierten sicheren elektronischen Zugangsformen könnten besonders öffentliche Stellen wie Behörden[1019], für die Rechtssicherheit von besonderer Bedeutung ist, die De-Mail im Gegensatz zu anderen nicht akkreditierten elektronischen Zugangsformen vermehrt nutzen, sodass die Marktstellung nicht De-Mail-akkreditierter Anbieter sicherer elektronischer Zugangsformen durch die staatliche Regelung zugunsten der De-Mail beeinträchtigt sein könnte.

1019 Für Unternehmen soll die Beweiserleichterung hingegen nicht gelten. Dies soll nur möglich sein, wenn die De-Mail von einem „Individualkonto" des jeweiligen Mitarbeiters versendet worden ist, da die Nachricht nur so seiner Person zugeordnet werden kann, da lediglich das Unternehmen als juristische Person nach dem De-Mail-G registriert ist und die Mitarbeiter die jeweiligen Nachrichten über ein Gateway-System erhalten, aber selbst nicht registriert sind. Anders soll dies bei Behörden sein, wenn diese die Zuordnung durch geeignete organisatorische Maßnahmen gewährleisten können. Vgl. hierzu BT-Drs. 17/12634, S. 32.

Gleiches gilt im Falle der Änderung des § 371a Abs. 2 ZPO auch für die Nutzung durch die Bürger, die sich ebenfalls mit hoher Wahrscheinlichkeit aufgrund der erhöhten Beweiswirkungen und der Rechtssicherheit der De-Mail für deren Nutzung entscheiden werden.

Potenziert wird diese vermehrte Nutzung durch die Bürger aufgrund der höheren Erreichbarkeit wiederum durch die vermehrte Nutzung der Behörden.

Nach hier vertretener Ansicht ist auch die Marktstellung durch Art. 12 Abs. 1 Satz 1 GG geschützt, weshalb der Schutzbereich im vorliegenden Sachverhalt eröffnet ist.

(2) Eingriff

Die absenderbestätigte De-Mail hat nach der bereits dargestellten Gesetzesänderung den Anscheinsbeweis für sich. Dies war zwar auch zuvor bereits der Fall, da der De-Mail-Diensteanbieter qualifiziert signierte Bestätigungen erstellt, die die Versendung der Nachricht und den Absender bescheinigen[1020]. Diese Bestätigungen können schon aufgrund des Einsatzes der qeS nach § 371a Abs. 1 Satz 2 ZPO den Anscheinsbeweis begründen.

Nach der oben beschriebenen Änderung des De-Mail-G durch das EGovG kann die De-Mail die Anforderungen des § 371a Abs. 1 Satz 2 ZPO hinsichtlich der Bestätigung des Absenders in der jetzigen Form aber nicht mehr erfüllen, weil, wie bereits dargelegt, Urheber der Nachricht und der qeS auseinanderfallen. Die Änderung ist also erforderlich, um die Beweiswirkungen der De-Mail in Form des Anscheinsbeweises zu erhalten.

Für andere nicht De-Mail-akkreditierte sichere elektronische Zugangsformen ist eine Beweiserleichterung nicht explizit vorgesehen. Ihnen kommt nur der Anscheinsbeweis zu, wenn sie qualifiziert signiert sind (§ 371a Abs. 1 Satz 2 ZPO).

Fraglich ist jedoch, ob eine oben beschriebene Beweiserleichterung für nicht De-Mail-akkreditierte sichere elektronische Zugangsformen erforderlich ist, da die Beweiserleichterung nur durch die Änderung des Verfahrens der Absenderbestätigung nach § 5 Abs. 5 De-Mail-G bedingt ist. Diese betrifft jedoch nicht andere nicht De-Mail-akkreditierte sichere elektronische Zugangsformen.

Die Führung des Anscheinsbeweises erscheint indes auch bei nicht De-Mail-akkreditierten sicheren elektronischen Zugangsformen möglich. Dies zeigt sich am Beispiel des E-Postbriefs. Der E-Postbrief-Nutzer kann bei der Versendung eines E-Postbriefs eine von der Deutschen Post AG qualifiziert signierte Versandbestätigung und eine Absenderbestätigung erhalten, die Aufschluss über die Authentizität und die Integrität der versendeten Nachricht geben. So kommt zwar nicht der E-Postbrief-Nachricht, da diese selbst i. d. R. nicht qualifiziert signiert ist und auch nicht durch die Deutsche Post AG als Anbieter qualifiziert signiert wird, der Anscheinsbeweis zu, aber dieser kann durch die Bestätigungen, die über Absender, Inhalt und

1020 Siehe hierzu bereits Gliederungspunkt Teil II: E. II. 5. b).

Unverändertheit der Nachricht den Anscheinsbeweis erbringen, geführt werden. Die Bestätigungen erfolgen in der Form, wie sie derzeit im De-Mail-G geregelt ist.

Es ist folglich durchaus für nicht De-Mail-akkreditierte sichere elektronische Zugangsformen möglich, über das Erfordernis der qeS in § 371a Abs. 1 Satz 2 ZPO den Anscheinsbeweis zu erbringen. Dies wird auch weiterhin nach der Gesetzesänderung möglich sein.

Für die De-Mail ist dies nach der Änderung des De-Mail-G hingegen nicht mehr möglich. Sie kann jedoch durch § 371a Abs. 2 ZPO weiterhin, ohne eine vom Nutzer selbst erstellte qeS für die Nachricht und ohne eine qualifiziert signierte Absenderbestätigung vorzuweisen, den Anscheinsbeweis erbringen.

De-Mail und andere nicht De-Mail-akkreditierte sichere elektronische Zugangsformen sind somit beweisrechtlich gleichgestellt, da sie beide den Anscheinsbeweis erbringen können.

Fraglich ist, ob dennoch ein Eingriff in die Wettbewerbsfreiheit der nicht De-Mail-akkreditierten sicheren elektronischen Zugangsformen aus Art. 12 Abs. 1 Satz 1 GG vorliegt.

Für einen Eingriff spricht, dass die De-Mail ohne die Beweiserleichterung in § 371a Abs. 2 ZPO nicht mehr in der Lage wäre, den Anscheinsbeweis zu erbringen. Hiergegen kann jedoch angeführt werden, dass es der De-Mail vor der Änderung durchaus möglich war, über § 371a Abs. 1 Satz 2 ZPO den Anscheinsbeweis zu erbringen. Auch wurde der Sicherheitsstandard durch die Änderung des § 5 Abs. 5 De-Mail-G nicht abgesenkt. Es kann nämlich letztlich für die Beweiswirkungen keinen Unterschied machen, ob die Absenderbestätigung durch die qualifizierte Signierung des Hashwerts des Metadatums der Nachricht, die der Nachricht angefügt wird, oder direkt durch eine qeS an der Nachricht im Auftrag des Absenders durch den Diensteanbieter erfolgt. Außerdem können auch nicht De-Mail-akkreditierte sichere elektronische Zugangsformen weiterhin über § 371a Abs. 1 Satz 2 ZPO den Anscheinsbeweis erbringen, weshalb eine technikneutrale Definition nicht erforderlich wäre[1021]. Es ist jedoch zu bedenken, dass die De-Mail im Gegensatz zu anderen nicht De-Mail-akkreditierten sicheren elektronischen Zugangsformen, die dieselben Beweiswirkungen erreichen können, direkt in § 371a Abs. 2 ZPO genannt wird und ihr der Anscheinsbeweis zukommt. Auch ist dem Rechnung zu tragen, dass Anbieter nicht De-Mail-akkreditierter sicherer elektronischer Zugangsformen nicht durch dieselbe Verfahrensweise, also die qualifizierte Signierung der Nachrichten im Auftrag der Nutzer, den Anscheinsbeweis nach § 371a Abs. 1 Satz 2 ZPO erbringen können. Deshalb ist von einem Eingriff auszugehen.

Hinsichtlich des § 371a Abs. 3 Satz 3 ZPO verhält sich dies ähnlich. Nach § 371a Abs. 3 Satz 3 ZPO soll, wenn ein Dokument von der erstellenden öffentlichen

1021 Siehe hierzu *S. E. Schulz/Brackmann*, ISPRAT-Stellungnahme zum Referentenentwurf des Bundesministeriums der Justiz für ein Gesetz zur Förderung des elektronischen Rechtsverkehrs mit den Gerichten, Stand: 06. 06. 2012, S. 8, abrufbar unter www.isprat.net.

Behörde oder der mit öffentlichem Glauben versehenen Person durch einen akkreditierten Diensteanbieter gem. § 5 Abs. 5 De-Mail-G mit einer qeS versehen ist und die Absenderbestätigung die erstellende Behörde oder die mit öffentlichem Glauben versehene Person als Nutzer des De-Mail-Kontos ausweist, diesem Dokument eine mit einer öffentlichen Urkunde vergleichbare Beweiswirkung nach § 437 Abs. 1 ZPO zukommen. Somit wird die De-Mail in der oben beschriebenen Versandform einem durch die öffentliche Behörde oder die mit öffentlichem Glauben versehene Person qualifiziert signierten Dokument gleichgestellt, obwohl die qeS eigentlich nicht von der Behörde, sondern vom De-Mail-Diensteanbieter im Auftrag der Behörde stammt.

Fraglich ist, ob auch hierdurch ein Eingriff angenommen werden kann. Dieser könnte darin liegen, dass die De-Mail einer Behörde in der absenderbestätigten Form nach § 5 Abs. 5 De-Mail-G einer öffentlichen Urkunde gleichgestellt wird, was ansonsten nur bei einer durch die Behörde qualifiziert signierten Erklärung der Fall wäre. Nicht De-Mail-akkreditierten sicheren elektronischen Zugangsformen, die denselben Sicherheitsstandard gewährleisten, bleibt dies jedoch verwehrt, worin ein Eingriff gesehen werden kann.

Hinsichtlich des Vorliegens einer subjektiv oder objektiv berufsregelnden Tendenz kann auf die Ausführungen zur Regelung der Schriftform verwiesen werden[1022]. Auch hier betrifft die Regelung nicht konkret die Betätigung oder Berufswahl der Anbieter sicherer elektronischer Zugangsformen, sondern knüpft – im vorliegenden Fall beweisrechtliche – Rechtswirkungen an eine elektronische Zugangsform. Eine subjektiv berufsregelnde Tendenz liegt somit nicht vor, da Regelungsgegenstand nicht die berufliche Tätigkeit der Anbieter sicherer elektronischer Zugangsformen, sondern die Beweiswirkung derer Produkte ist. Die nachteilige Wirkung der Regelung tritt erst über den Markt vermittelt ein.

Eine objektiv berufsregelnde Tendenz kann jedoch in beiden Fällen festgestellt werden, da entsprechend der Regelung der Schriftformerfüllung der De-Mail durch die Beweiswirkungen eine neue Qualifikation zukommt.

Verneint man diese im Gegensatz zum Dargestellten, kann nach hier vertretener Ansicht gänzlich auf das Vorliegen einer berufsregelnden Tendenz verzichtet werden.

Wie bei der Regelung der Ersetzung der Schriftform handelt es sich bei der Regelung von Beweiswirkungen nach der Drei-Stufen-Theorie um eine Berufsausübungsregel, da die Tätigkeit als Anbieter sicherer elektronischer Zugangsformen weder objektiv noch subjektiv verhindert wird. Diese kann durch Gesichtspunkte der Zweckmäßigkeit gerechtfertigt werden.

(3) Rechtfertigung

Zu prüfen ist, ob die Eingriffe gerechtfertigt werden können.

1022 Siehe hierzu Gliederungspunkt Teil II: E. II. 4. a) bb) (2).

(a) Gesetzesvorbehalt des Art. 12 Abs. 1 Satz 2 GG

Dem Gesetzesvorbehalt ist dadurch Rechnung getragen, dass die eingreifende Regelung des § 371a Abs. 2 ZPO selbst eine bundesgesetzliche Regelung darstellt.

(b) Drei-Stufen-Theorie (Verhältnismäßigkeit)

Die Regelung müsste jedoch auch verhältnismäßig sein.

(aa) Legitimer Zweck

Zunächst müsste ein legitimer Zweck seitens des Gesetzgebers vorliegen.

Der Gesetzgeber möchte durch die Knüpfung von – beweisrechtlichen – Rechtsfolgen an die De-Mail, deren Nutzung und übergeordnet den elektronischen Rechtsverkehr fördern und erleichtern, indem er der De-Mail eine Beweiserleichterung zukommen lässt bzw. die De-Mail beweisrechtlich mit der qeS gleichstellt.

Nach der Gesetzesbegründung erfolgt die Regelung der Beweiserleichterung im Interesse der Rechtssicherheit[1023]. Es liegt im Interesse des Gesetzgebers, speziell der De-Mail besondere Beweiswirkungen zukommen zu lassen, da diese durch den gesetzlich geregelten Standard im De-Mail-G und die staatliche Akkreditierung besonderes Vertrauen genießt und er ihr deshalb auch hohe Beweiswirkungen zukommen lassen möchte.

Aufgrund der (technischen) Änderungen des De-Mail-G hinsichtlich der Versandart der absenderbestätigten De-Mail wäre ohne die Normierung der Beweiserleichterung durch die Gesetzesänderung des § 371a Abs. 2 ZPO der Anscheinsbeweis angesichts der oben beschriebenen Gegebenheiten bei der De-Mail nicht mehr möglich. Bei schriftlichen Urkunden ist die Echtheit der Unterschrift zu beweisen, wenn der Beweisgegner diese nicht anerkennt (§ 440 ZPO). Dies sei, wie die Gesetzesbegründung ausführt, bei der absenderbestätigten De-Mail wie bei der qeS nicht sachgerecht, da diesen durch die technischen und rechtlichen Rahmenbedingungen ein höherer Beweiswert zukäme[1024]. Dies wird damit begründet, dass die De-Mail die Kriterien der Authentizität und der Integrität erfülle und sicherstelle. Die sichere Anmeldung nach § 4 Abs. 1 Satz 2 De-Mail-G und der absenderbestätigte Versand (§ 5 Abs. 5 De-Mail-G) stellten die erforderliche Zuverlässigkeit für den Anschein der Urheberschaft und der Unverfälschtheit sicher. Die absenderbestätigte De-Mail sei beweisrechtlich mit der qeS gleichzustellen, da es keinen Unterschied mache, ob das Dokument eine qeS enthalte oder der akkreditierte De-Mail-Anbieter die Nachricht für den Absender qualifiziert signiere[1025]. Zusätzlich sei die Zuverlässigkeit und Fachkunde durch die Gewährleistung der technischen und organisatorischen

---

1023 BT-Drs. 17/12634, S. 31.
1024 Vgl. hierzu BT-Drs. 17/12634, S. 31 ff.
1025 Vgl. hierzu BT-Drs. 17/12634, S. 31 f.

Sicherheitsmaßnahmen bei der De-Mail geprüft[1026] und sowohl die De-Mail als auch die qeS unterlägen der staatlichen Aufsicht (§ 20 De-Mail-G; § 19 SigG)[1027].

Ein legitimer Zweck liegt somit vor.

(bb) Geeignetheit

Durch die Beweiserleichterungen in § 371a Abs. 2 und 3 ZPO kann die absenderbestätigte De-Mail den Anscheinsbeweis erbringen, wodurch der sichere Rechtsverkehr mittels De-Mail erleichtert und infolgedessen gefördert wird. Die Regelung der Beweiserleichterung ist deshalb auch geeignet, den legitimen Zweck zu fördern.

(cc) Erforderlichkeit

Außerdem müsste die Gesetzesänderung auch erforderlich sein.

Fraglich ist jedoch, ob nicht, insbesondere unter dem Aspekt der Technikneutralität und der Entwicklungsoffenheit, eine für nicht De-Mail-akkreditierte Anbieter sicherer elektronischer Zugangsformen weniger einschneidende Ausgestaltung der Vorschrift gleich geeignet wäre. Um diese Frage zu beantworten, sollen im Folgenden mögliche Alternativlösungen zur Ausgestaltung des § 371a Abs. 2 und 3 ZPO hinsichtlich ihrer Geeignetheit untersucht werden.

Zunächst bestände die Möglichkeit, gar keine Änderung des § 371a ZPO vorzunehmen. Dies hätte jedoch die bereits erläuterte Folge, dass die absenderbestätigte De-Mail nach der Änderung des § 5 Abs. 5 De-Mail-G durch die mit dem EGovG verbundenen Gesetzesänderungen des De-Mail-G nicht mehr den Anscheinsbeweis erbringen könnte, da Urheber der qeS (De-Mail-Diensteanbieter) und Urheber der Nachricht (De-Mail-Nutzer) auseinanderfallen und keine Absenderbestätigung durch qeS mehr existiert, die nach § 371a Abs. 1 Satz 2 ZPO den Anscheinsbeweis erbringen kann. Eine solche Regelung wäre somit gänzlich ungeeignet, um den legitimen Zweck zu erreichen, und zudem nicht sachgerecht.

Gleiches gilt für eine Regelung, bei der für mit einer qeS versehenen Dokumenten und qualifiziert elektronischen Bestätigungen der jeweiligen Diensteanbieter der Anscheinsbeweis gelten soll, da nach der Änderung des De-Mail-G die Absenderbestätigung nicht mehr vom De-Mail-Diensteanbieter qualifiziert signiert werden muss. Der Anscheinsbeweis über die Authentizität der Nachricht kann deshalb nicht durch die einfache Absenderbestätigung ohne qeS geführt werden.

Fraglich ist jedoch, ob überhaupt eine gesetzliche Regelung der Beweiswirkungen der De-Mail bzw. eine Beweiserleichterung erforderlich ist, da die Rechtsprechung nach den Grundsätzen des Anscheinsbeweises aufgrund der sicheren Anmeldung bzw. der festen Verknüpfung von De-Mail-Adresse und De-Mail-Nutzer

1026 Vgl. hierzu BT-Drs. 17/12634, S. 32.
1027 Vgl. hierzu BT-Drs. 17/12634, S. 32.

auch ohne eine gesetzliche Regelung den Anscheinsbeweis annehmen dürfte[1028]. Der Anscheinsbeweis ist eine typisierte Form des Indizienbeweises. Er gilt bei typischen Geschehensabläufen, also Fällen, in denen ein bestimmter Tatbestand nach der Lebenserfahrung auf eine bestimmte Ursache für den Eintritt eines bestimmten Erfolgs hinweist[1029]. In diesem Fall braucht nicht bewiesen zu werden, dass es auch im konkreten Einzelfall zu diesem Ablauf gekommen ist, wenn nicht konkrete Anhaltspunkte für einen gegenteiligen Verlauf vorliegen[1030]. Typisch ist ein Kausalverlauf immer dann, wenn er so häufig vorkommt, dass die Wahrscheinlichkeit, dass ein solcher Fall vorliegt, sehr groß ist[1031]. Durch die sichere Anmeldung am De-Mail-Konto kann aufgrund der der Eröffnung eines De-Mail-Kontos vorausgehenden Identifizierung des Nutzers sichergestellt werden, dass die Identität des Absenders auch dem Inhaber des Kontos entspricht. Dies kann nur anders sein, wenn eine andere Person Benutzername sowie Passwort (Wissen) und bspw. das Mobiltelefon oder den elektronischen Personalausweis des Kontoinhabers (Besitz) besitzt. Dass diese zwei Umstände zutreffen, ist, abgesehen von einer selbst verschuldeten Weitergabe oder einem sorglosen Umgang mit den Daten, bspw. Speicherung der Zugangsdaten im Mobiltelefon sehr unwahrscheinlich. Denn selbst wenn das Mobiltelefon oder der elektronische Personalausweis eines Nutzers unbemerkt entwendet wird, muss der Entwender zusätzlich die Zugangsdaten in Erfahrung bringen. Andersherum muss er, wenn er die Zugangsdaten erfahren hat, zusätzlich das Mobiltelefon oder den elektronischen Personalausweis entwenden, was vor allem Hackerangriffe über andere Rechner verhindert. Dies muss zudem unbemerkt passieren, denn sonst besteht für den Nutzer die Möglichkeit, das Konto zu sperren. Dieser Fall ist sehr unwahrscheinlich, sogar noch unwahrscheinlicher als die Fremdnutzung einer EC-Karte bei Diebstahl, bei der ebenfalls ein Anscheinsbeweis dafür gilt, dass der Karteninhaber den PIN auf der Karte notiert oder mit dieser aufbewahrt hat, wenn andere Ursachen für den Missbrauch nach der Lebenserfahrung außer Betracht bleiben[1032].

1028 Eine ausdrückliche Normierung war nach der Gesetzesbegründung bei Inkrafttreten des Gesetzes noch nicht vorgesehen, vgl. hierzu die Gesetzesbegründung zum De-Mail-G, die einen Anscheinsbeweis intendiert, BT-Drs. 17/3630, S. 19, 20, 27. Vgl. auch *Geis*, in: Hoeren/Sieber/Holznagel (Hrsg.), Multimedia-Recht, Stand: 37. Erg.-Lfg. 2014, Teil 13.2 Rn. 21, 25; *Kitz*, in: Hoeren/Sieber/Holznagel (Hrsg.), Multimedia-Recht, Stand: 37. Erg.-Lfg. 2014, Teil 13.1 Rn. 124; *Roßnagel*, NJW 2011, 1473 (1477); *Roßnagel/Hornung/Knopp/Wilke*, DuD 2009, 718 (733); *Warnecke*, MMR 2010, 227 (230); die einen Anscheinsbeweis durch die Rechtsprechung annehmen.

1029 *Bacher*, in: Vorwerk/Wolf (Hrsg.), Beck'scher Online-Kommentar ZPO, Stand: 15. 03. 2014, Ed.: 12, § 284 Rn. 94; BGH, NJW 2010, 1072 Rn. 8.

1030 *Bacher*, in: Vorwerk/Wolf (Hrsg.), Beck'scher Online-Kommentar ZPO, Stand: 15. 03. 2014, Ed.: 12, § 284 Rn. 94.

1031 *Bacher*, in: Vorwerk/Wolf (Hrsg.), Beck'scher Online-Kommentar ZPO, Stand: 15. 03. 2014, Ed.: 12, § 284 Rn. 95; BGH, NJW 2010, 1073 Rn. 8.

1032 *Bacher*, in: Vorwerk/Roth (Hrsg.), Beck'scher Online-Kommentar ZPO, Stand: 15. 03. 2014, Ed.: 12, § 249 Rn. 95.4; BGH, NJW 2004, 3623 (3624).

Dem Gesetzgeber ist jedoch zuzugestehen, dass eine gesetzliche Regelung besonders aufgrund der noch nicht vorhandenen Rechtsprechung zu dieser Thematik mehr Rechtssicherheit schafft als eine mögliche Anwendung des Anscheinsbeweises durch die Rechtsprechung, die noch abzuwarten ist. Hinzu kommt, dass für die qeS eine Beweiserleichterung im Gesetz verankert ist (§ 371a Abs. 1 Satz 2 ZPO)[1033]. Die Möglichkeit einer Beweiserleichterung allein durch die Entwicklung der Rechtsprechung ist somit verglichen mit einer gesetzlichen Regelung von Beweiswirkungen nicht gleich geeignet, da eine gesetzliche Regelung immer mehr Rechtssicherheit bietet.

Die Gleichstellung mit der qeS könnte bei den De-Mail-Anbietern durch ihre Beleihung nach § 5 Abs. 6 De-Mail-G gerechtfertigt werden. Hiernach werden akkreditierte Diensteanbieter mit Ausnahme der Diensteanbieter nach § 19 De-Mail-G (Ausländische Dienste) verpflichtet, elektronische Nachrichten nach den Vorschriften der Prozessordnungen und der Gesetze, die die Verwaltungszustellung regeln, förmlich zuzustellen. Im Umfang dieser Verpflichtung ist der akkreditierte Diensteanbieter als beliehener Unternehmer mit Hoheitsbefugnissen ausgestattet.

Fraglich ist, ob die Erstellung einer qeS für den Absender einer De-Mail-Nachricht im Rahmen der Absenderbestätigung auch unter diese Beleihung fällt bzw. ob eine Erweiterung des Umfangs der Beleihung, die derzeit nicht in den Gesetzesentwürfen vorgesehen ist, hierfür erforderlich wäre.

Nach dem Wortlaut des § 5 Abs. 6 De-Mail-G ist die Beleihung nur auf die förmliche Zustellung bezogen. Die Prüfung des Absenders, die Bestätigung seiner Identität sowie eine Signierung mit einer qeS für den Absender im Falle der Identitätsbestätigung durch eine sichere Anmeldung fallen nach dem allgemeinen Sprachgebrauch grundsätzlich nicht unter den Begriff der förmlichen Zustellung. Diese Einschätzung stützt auch die Gesetzesbegründung zum De-Mail-G[1034]. Zielsetzung der Norm und somit der Beleihung ist es, auch im Internet ohne Beweisverlust förmliche Zustellungen durchführen zu können[1035]. Hierzu soll der elektronischen Abholbestätigung nach § 5 Abs. 9 De-Mail-G der Beweiswert einer öffentlichen Urkunde nach § 371a Abs. 2 Satz 1 i. V. m. § 418 ZPO zukommen. Um dies zu erreichen, muss der akkreditierte Diensteanbieter mit Hoheitsbefugnissen ausgestattet sein und ist in diesem Umfang, also im Rahmen der öffentlichen Zustellung durch eine elektronische Abholbestätigung, beliehener Unternehmer[1036]. Auf andere Bestätigungen des De-Mail-Diensteanbieters, insbesondere auf die im vorliegenden Fall entscheidende Absenderbestätigung durch Signierung der Nachricht durch den Diensteanbieter, wird kein Bezug genommen. Auch die Systematik von § 5 De-Mail-G lässt hierauf schließen, da die Absenderbestätigung in § 5 Abs. 5

1033 Eine gesetzliche Regelung des Anscheinsbeweises schlägt auch *Warnecke*, MMR 2010, 227 (230), bereits beim Bürgerportal-Gesetz vor.

1034 BT-Drs. 17/3630, S. 29 f.

1035 Siehe BT-Drs. 17/3630, S. 29 f.

1036 Siehe BT-Drs. 17/3630, S. 30.

De-Mail-G vor der Beleihung in § 5 Abs. 6 De-Mail-G geregelt ist. Die Regelung der Abholbestätigung erfolgt dagegen erst nach der Beleihung in § 5 Abs. 9 De-Mail-G. Da die De-Mail-Diensteanbieter folglich zwar für die förmliche Zustellung, aber nicht für die qualifiziert elektronische Signierung im Rahmen der Absenderbestätigung für den Absender mit Hoheitsbefugnissen ausgestattet sind, kann die Vermutung der Echtheit aufgrund der Gleichstellung der Beweiswirkung der durch den De-Mail-Diensteanbieter qualifiziert signierten De-Mail-Nachricht mit der Beweiswirkung einer öffentlichen Urkunde nicht auf die Beleihung zurückgeführt werden. Wäre dies der Fall gewesen, hätte eine technikneutrale Ausgestaltung der Vorschrift in der Form, dass auch nicht-akkreditierte Anbieter sicherer elektronischer Zugangsformen dieselben Beweiswirkungen erreichen könnten, ausscheiden müssen, da diese ohne eine De-Mail-Akkreditierung nicht durch § 5 Abs. 6 De-Mail-G beliehen werden.

Letztlich kann die Gesetzesänderung jedoch dadurch als erforderlich angesehen werden, dass die De-Mail durch die staatliche Akkreditierung ein besonderes Vertrauen des Staates genießt. Durch dieses Vertrauen kann die dadurch bestehende Lücke, dass nicht der Absender der Nachricht, sondern der De-Mail-Anbieter die Nachricht mit einer qeS signiert, ausgeglichen werden. So macht es, wie bereits dargelegt, keinen Unterschied, ob der De-Mail-Anbieter die Nachricht im Auftrag des Absenders signiert oder eine Absenderbestätigung durch qeS erstellt. Das staatliche Vertrauen durch Akkreditierung und die staatliche Aufsicht stellen hinreichend sicher, dass der De-Mail-Anbieter die De-Mail-Nachricht auftragsgemäß qualifiziert signiert. Dies ist bei nicht De-Mail-akkreditierten Anbietern sicherer elektronischer Zugangsformen hingegen nicht der Fall, da hier kein besonderes staatliches Vertrauen besteht. Dies gilt insbesondere für die Gleichstellung der absenderbestätigten De-Mail mit einer öffentlichen Urkunde in § 371a Abs. 3 ZPO. Wie bereits erörtert, erscheint die Gleichstellung auch sachgerecht, kann aber ohne die Gesetzesänderung nicht erfolgen.

Die Gesetzesänderungen des § 371a Abs. 2 und 3 ZPO sind deshalb als erforderlich anzusehen.

(dd) Angemessenheit (Verhältnismäßigkeit i. e. S.)

Das Interesse der nicht De-Mail-akkreditierten Anbieter sicherer elektronischer Zugangsformen daran, dass die De-Mail durch § 371a Abs. 2 und 3 ZPO keine Beweiserleichterung erhält bzw. dass die Vorschriften über öffentliche Urkunden auf De-Mail-Nachrichten Anwendung finden, muss gegenüber dem Interesse des Gesetzgebers, der mit besonderem Vertrauen ausgestatteten De-Mail zur Durchsetzung des elektronischen Rechtsverkehrs im Allgemeininteresse die Beweiswirkungen des Anscheinsbeweises bzw. die Beweiswirkungen einer öffentlichen Urkunde zukommen zu lassen, zurückstehen. Wie bereits erörtert, wäre es nicht sachgerecht, wenn die De-Mail den Anscheinsbeweis nicht erbringen könnte, wofür die Regelungen des § 371a Abs. 2 und 3 ZPO erforderlich sind. Insbesondere die Anwendbarkeit der Vorschriften über öffentliche Urkunden wäre bei anderen nicht De-Mail-akkreditierten sicheren elektronischen Zugangsformen aufgrund des fehlenden staatlichen Vertrauens nicht gerechtfertigt. Die Regelungen erscheinen deshalb angemessen, zumal die nicht De-Mail-akkreditierten Anbieter sicherer elektronischer Zugangsformen, wie bspw. der E-Postbrief, weiterhin in der Lage sind, den Anscheinsbeweis über § 371a Abs. 1 Satz 2 ZPO zu führen, die De-Mail also lediglich diesen gleichgestellt wird. Eine technikneutrale Definition ist aus diesen Gründen schon gar nicht erforderlich. Die Regelung des § 371a Abs. 2 und 3 ZPO ist somit als angemessen einzustufen.

(4) Ergebnis

Die Ausgestaltung des § 371a Abs. 2 und 3 ZPO in der Form des Gesetzentwurfes für ein Gesetz zur Förderung des elektronischen Rechtsverkehrs mit den Gerichten greift folglich nicht ungerechtfertigt in die Wettbewerbsfreiheit der nicht De-Mail-akkreditierten Anbieter sicherer elektronischer Zugangsformen aus Art. 12 Abs. 1 Satz 1 GG ein.

bb) Wettbewerbsgleichheit, Art. 3 Abs. 1 GG

Es könnte durch die Ausgestaltung der Regelung des § 371a Abs. 2 und 3 ZPO jedoch nicht nur in die Wettbewerbsfreiheit aus Art. 12 Abs. 1 Satz 1 GG, sondern auch in das Recht auf Wettbewerbsgleichheit der nicht De-Mail-akkreditierten Anbieter sicherer elektronischer Zugangsformen aus Art. 3 Abs. 1 GG eingegriffen werden.

(1) Ungleichbehandlung von wesentlich Gleichem

Wie bereits dargelegt, soll die Beweiserleichterung durch § 371a Abs. 2 und 3 ZPO nur für die absenderbestätigte De-Mail nach § 5 Abs. 5 De-Mail-G und nicht auch für nicht De-Mail-akkreditierte sichere elektronische Zugangsformen gelten, die einen vergleichbaren Sicherheitsstandard gewährleisten[1037]. Es liegt hinsichtlich des Beweisgehaltes folglich eine Ungleichbehandlung von wesentlich Gleichem vor.

(2) Rechtfertigung

Eine Ungleichbehandlung der absenderbestätigten De-Mail nach § 5 Abs. 5 De-Mail-G und anderen nicht De-Mail-akkreditierten sicheren elektronischen Zugangsformen ist, wie bereits im Rahmen der Wettbewerbsfreiheit aus Art. 12 Abs. 1 Satz 1 GG erörtert, sogar bei dem strengen Maßstab einer Verhältnismäßigkeitsprüfung gerechtfertigt. Die Regelungen des 371a Abs. 2 und 3 ZPO sind deshalb als gerechtfertigt einzustufen.

1037 Siehe bereits Gliederungspunkt Teil II: E. II. 5. b) aa) (2).

(3) Ergebnis

Die Regelungen des 371a Abs. 2 und 3 ZPO stellen deshalb auch keinen ungerechtfertigten Eingriff in die Wettbewerbsgleichheit der nicht De-Mail-akkreditierten Anbieter sicherer elektronischer Zugangsformen aus Art. 3 Abs. 1 GG dar.

cc) Eigentumsgarantie, Art. 14 Abs. 1 Satz 1 GG

Die Eigentumsgarantie aus Art. 14 Abs. 1 Satz 1 GG ist aus den bereits genannten Gründen nicht berührt.

dd) Allgemeine Handlungsfreiheit, Art. 2 Abs. 1 GG

Gleiches gilt aufgrund der hier vertretenen Zuordnung der Wettbewerbsfreiheit zu Art. 12 Abs. 1 Satz 1 GG und dessen Auffangcharakters auch für die allgemeine Handlungsfreiheit aus Art. 2 Abs. 1 GG.

ee) Allgemeiner Gleichbehandlungsgrundsatz, Art. 3 Abs. 1 GG

Aufgrund der Einschlägigkeit der spezielleren Wettbewerbsgleichheit aus Art. 3 Abs. 1 GG gilt dies auch auf Ebene der Gleichheitsrechte für den allgemeinen Gleichbehandlungsgrundsatz aus Art. 3 Abs. 1 GG.

c) Wahrung des Sozial- und Steuergeheimnisses

Da sichere elektronische Zugangsformen einen signifikant höheren Schutz als die einfache elektronische Kommunikation hinsichtlich der zu versendenden Daten bieten können, der dem der klassischen Zugänge entsprechen kann, ist auch die Wahrung des Sozial- und des Steuergeheimnisses bei der Versendung von besonders schutzwürdigen Sozial- und Steuerdaten ein wesentlicher Aspekt der Regelung sicherer elektronischer Zugangsformen.

aa) Wahrung des Sozialgeheimnisses

In § 67 Abs. 6 Satz 2 Nr. 3 lit. b 3. Halbsatz SGB X[1038] wurde durch den Gesetzentwurf zum EGovG geregelt, dass das Senden von Sozialdaten durch eine De-Mail-Nachricht an die jeweiligen akkreditierten Diensteanbieter zur kurzfristigen automatisierten Entschlüsselung zum Zweck der Überprüfung auf Schadsoftware und zum Zweck der Weiterleitung an den Adressaten der De-Mail-Nachricht kein Übermitteln i. S. d. § 67 Abs. 6 Nr. 3 SGB X sein soll.

Eine solche Regelung wurde allein für die De-Mail normiert. Für andere sichere elektronische Zugangsformen existiert eine vergleichbare Norm hingegen nicht. In dieser unterschiedlichen Regelung könnte deshalb eine Benachteiligung der nicht akkreditierten Anbieter sicherer elektronischer Zugangsformen gegenüber der

1038 Die Vorschrift trat am 01. 08. 2013 in Kraft.

staatlich akkreditierten De-Mail liegen, die an den wettbewerbsrelevanten Grundrechten zu prüfen ist.

(1) Berufsfreiheit/Wettbewerbsfreiheit, Art. 12 Abs. 1 Satz 1 GG

Zunächst erscheint ein Eingriff in die Berufsfreiheit bzw. die Wettbewerbsfreiheit der nicht De-Mail-akkreditierten Anbieter sicherer elektronischer Zugangsformen aus Art. 12 Abs. 1 Satz 1 GG durch diese Unterscheidung möglich.

(a) Schutzbereich

Wie bereits festgestellt, handelt es sich bei der Tätigkeit als Anbieter sicherer elektronischer Zugangsformen um eine berufliche Betätigung i. S. d. Art. 12 Abs. 1 Satz 1 GG[1039]. Der Schutzbereich der Berufsfreiheit ist somit eröffnet.

Da, wie bereits dargestellt, auch die Freiheit im Wettbewerb von Art. 12 Abs. 1 Satz 1 GG geschützt ist und diese nach hier vertretener Ansicht auch den Schutz der Marktposition eines Unternehmens umfasst[1040], ist auch der Schutzbereich der Wettbewerbsfreiheit im vorliegenden Fall eröffnet.

(b) Eingriff

Des Weiteren müsste ein Eingriff in einen dieser Schutzbereiche vorliegen.

Ein Eingriff könnte darin liegen, dass in § 67 Abs. 6 Satz 2 Nr. 3 lit. b 3. Halbsatz SGB X ausdrücklich die De-Mail als Möglichkeit genannt wird, Sozialdaten auch ohne eine Ende-zu-Ende-Verschlüsselung bzw. trotz kurzzeitiger Entschlüsselung der Daten beim Anbieter unter Wahrung des Sozialgeheimnisses elektronisch zu versenden, während andere sichere elektronische Zugangsformen nicht normiert werden, obwohl diese unter Umständen einen gleichen Sicherheitsstandard hinsichtlich der Übertragung der Daten gewährleisten.

(aa) Berufsfreiheit

Die Regelung des § 67 Abs. 6 Satz 2 Nr. 3 lit. b 3. Halbsatz SGB X greift dann in die Berufsausübungsfreiheit der nicht akkreditierten Anbieter sicherer elektronischer Zugangsformen ein, wenn sie die Berufsausübung beeinträchtigt oder sogar teilweise unmöglich macht. Dies kann jedoch nur angenommen werden, wenn, was die Regelung des § 67 Abs. 6 Satz 2 Nr. 3 lit. b 3. Halbsatz SGB X durch die ausdrückliche und alleinige Nennung der De-Mail nahelegen könnte, ein Einsatz von anderen sicheren elektronischen Zugangsformen bei der Versendung von Sozialdaten unter Wahrung des Sozialgeheimnisses aus § 35 SGB I nicht möglich wäre. Fraglich ist, ob dies hier der Fall ist oder ob es sich lediglich um eine Regelung deklaratorischer Art handelt. Dies stellt die Gesetzesbegründung zumindest hinsichtlich der De-Mail

---

1039 Siehe hierzu bereits Gliederungspunkt Teil II: E. II. 2. a) aa).

1040 Siehe hierzu bereits Gliederungspunkt Teil II: E. II. 4. a) aa).

fest („notwendige Klarstellung“)[1041]. In diesem Fall stellt sich auch die Frage, ob eine solche Klarstellung, die zu einer Benachteiligung führt, gerechtfertigt sein kann.

(i) Einsatz der De-Mail und anderer sicherer elektronischer Zugangsformen im Sozialverfahren unter Wahrung des Sozialgeheimnisses

Deshalb wird zunächst zu prüfen sein, ob die De-Mail, aber auch andere sichere elektronische Zugangsformen, wie bspw. der E-Postbrief der Deutschen Post AG, auch vor dieser Gesetzesänderung bereits unter Wahrung des Sozialgeheimnisses zur Versendung von Sozialdaten eingesetzt werden konnten.

α Rechtslage vor der Gesetzesänderung

Eine elektronische Kommunikation im Sozialverfahren ist nach § 36a SGB I grundsätzlich möglich. Verschlüsselungen und andere Schutzmaßnahmen sind i. d. R. hierfür nach dem Gesetzeswortlaut nicht erforderlich.

Das Sozialgeheimnis ist in § 35 Abs. 1 SGB I normiert. Die nähere Ausformung erfolgt in den §§ 67 ff. SGB X[1042].

Die §§ 67 ff. SGB X differenzieren zwischen zwei Fallgruppen: Der Übermittlung an Dritte (§§ 67d-78 SGB X) und der Erhebung, Verarbeitung oder Nutzung von Sozialdaten im Auftrag (§ 80 SGB X). Diese Varianten schließen sich gegenseitig aus, da eine Auftragsverarbeitung durch Dritte i. S. d. § 67 Abs. 10 Satz 2, 3 SGB X nicht möglich ist[1043].

Eine weitere anerkannte Fallgruppe ist die Funktionsübertragung, bei der nicht nur die Daten übertragen, sondern auch die dazugehörige Verwaltungsaufgabe verlagert wird[1044].

Wenn es sich bei der Versendung von Sozialdaten um eine dieser Fallgruppen handelt, wären die Vorschriften der §§ 67 ff. SGB X einschlägig.

Es gibt jedoch auch Formen unterhalb dieser Fallgruppen, bei denen Hilfspersonen zur Versendung von Sozialdaten eingeschaltet werden. Dies ist bspw. bei der Nutzung von Telefonanbietern und Postdienstleistern anerkannt, sodass die Voraussetzungen der §§ 67 ff. SGB X nicht erfüllt werden müssen[1045].

Es stellt sich deshalb die Frage, ob die §§ 67 ff. SGB X bei der Versendung von Sozialdaten durch sichere elektronische Zugangsformen, also auch die De-Mail, überhaupt einschlägig sind.

1041 BT-Drs. 17/11473, S. 51.

1042 *S. E. Schulz/Tischer*, NZS 2012, 254 (254).

1043 *S. E. Schulz/Tischer*, NZS 2012, 254 (254).

1044 *S. E. Schulz/Tischer*, NZS 2012, 254 (254); siehe zur Funktionsübertragung *Rombach*, in: Hauck/Noftz (Hrsg.), SGB X, 2. Band, Stand: 24. 02. 2013, § 80 Rn. 6; *Spindler*, in: ders./Schuster (Hrsg.), Recht der elektronischen Medien, 2. Aufl. 2011, § 11 BDSG Rn. 10 ff.; *Gola/Schomerus*, BDSG, 11. Aufl. 2012, § 11 Rn. 9 ff.

1045 *S. E. Schulz/Tischer*, NZS 2012, 254 (254 f.); anders *Cebulla*, DuD 2010, 308 (310 f.).

Dies wäre zunächst der Fall, wenn eine Datenverarbeitung durch die Versendung von Sozialdaten über sichere elektronische Zugangsformen vorliegt. Unter einer Datenverarbeitung i. S. d. SGB X versteht man das Speichern, Verändern, Sperren und Löschen von Sozialdaten (§ 67 Abs. 6 Satz 1 SGB X). Bei der Versendung über Anbieter sicherer elektronischer Zugangsformen kommt lediglich ein Übermitteln in Frage. Als Übermitteln bezeichnet man nach § 67 Abs. 6 Satz 2 Nr. 3 SGB X das Bekanntgeben gespeicherter oder durch Datenverarbeitung gewonnener Sozialdaten an einen Dritten in der Weise, dass die Daten an den Dritten weitergegeben werden oder der Dritte zur Einsicht oder zum Abruf bereitgehaltene Daten einsieht oder abruft. Eine Bekanntgabe setzt wiederum die zweckgerichtete Tätigkeit voraus, die dem Empfänger eine Kenntnisnahme zumindest ermöglicht. Dies ist als Minimalbedingung sowohl der Datenübermittlung als auch der Auftragsdatenverarbeitung und der Funktionsübertragung anzusehen, was darin begründet liegt, dass der Empfänger gerade Kenntnis der versandten Daten nehmen soll bzw. dies gerade bezweckt ist[1046]. Einen weiteren Grund liefert die Anlage zu § 78a SGB X Nr. 4, die die Weitergabe und den Transport als weitere Formen nennt, die nicht unbedingt ein Übermitteln oder eine Auftragsdatenverarbeitung darstellen müssen[1047].

Es bestehen folglich Möglichkeiten der Versendung von Sozialdaten, bei denen eine Bekanntgabe nicht vorliegt. Dies ist zum einen bei einer fehlenden tatsächlichen und zum anderen auch bei einer fehlenden rechtlichen Kenntnisnahmemöglichkeit der Fall.

Eine fehlende tatsächliche Kenntnisnahmemöglichkeit ist bspw. im Falle technischer Vorkehrungen oder die Person betreffender Umstände wie Blind- oder Taubheit anzunehmen. Die fehlende rechtliche Kenntnisnahmemöglichkeit ist der tatsächlichen gleichgestellt. Eine solche liegt bspw. dann vor, wenn die Kenntnisnahme i. d. R. durch gesetzliche Regelungen rechtlich untersagt ist. Hierauf darf der Absender vertrauen[1048]. Beim Einsatz von Telefonanbietern und Postdienstleistern wurde dies nie in Frage gestellt[1049], da die speziellen Regelungsregime des Telekommunikationsgesetzes (TKG) bzw. des Postgesetzes (PostG) hinreichenden Schutz bieten und als sozialadäquat anerkannt sind[1050].

Folglich sind die §§ 67 ff. SGB X bei der Einschaltung dritter Hilfspersonen in den bereits dargestellten Fällen nicht anwendbar[1051]. Das TKG und das PostG gehen diesen vor, aber nur dann, wenn sie ihren besonderen rechtlichen Schutz in Form des Verbots der Kenntnisnahme tatsächlich entfalten können[1052]. Die reinen Kommunikationsdienste der De-Mail und anderer rein elektronischer sicherer

---

1046 *S. E. Schulz/Tischer*, NZS 2012, 254 (255).

1047 *S. E. Schulz/Tischer*, NZS 2012, 254 (255).

1048 *S. E. Schulz/Tischer*, NZS 2012, 254 (255); *Stern*, in: Badura u. a. (Hrsg.), Beck'scher PostG-Kommentar, 2. Aufl. 2004, § 39 Rn. 16.

1049 Anders *Cebulla* (Fn. 1045).

1050 *S. E. Schulz/Tischer*, NZS 2012, 254 (254); *Cebulla*, DuD 2010, 308 (310 f.).

1051 *S. E. Schulz/Tischer*, NZS 2012, 254 (255).

1052 *S. E. Schulz/Tischer*, NZS 2012, 254 (255 f.).

Zugangsformen wie dem E-Postbrief der Deutschen Post AG werden i. d. R. als Telekommunikationsdienste anzusehen sein[1053]. Dies gilt hingegen nicht für Dienste, die über das Internet zur Verfügung gestellt werden, und für sonstige Zusatzdienste, die dem TMG unterliegen[1054]. Dieser Umstand kann jedoch im Falle der staatlichen Nutzung durch die Verwaltung vernachlässigt werden, da diese die Nachrichten i. d. R. mittels sicherer elektronischer Zugangsformen über ein Gateway, also eine Übergabestelle, die verschiedene Nachrichten-Formen, bspw. De-Mail und E-Mail, zusammenführt[1055], und nicht über Web-Portal-Dienste, also Anmeldeplattformen auf einer Internetseite, erhält[1056].

Die Regelungen des Sozialverfahrensrechts verlangen für die elektronische Kommunikation keine zusätzliche technische Sicherung. Anders stellt sich dies im Steuerverfahrensrecht dar. Hier legt § 87a Abs. 1 AO fest, dass die dem Steuergeheimnis unterliegenden Daten bei der Übermittlung durch ein geeignetes Verfahren zu verschlüsseln sind. Wäre dieses Erfordernis rein deklaratorisch, würde die Möglichkeit der elektronischen Kommunikation in allen Bereichen, in denen mit besonders schutzwürdigen Daten gearbeitet wird, konterkariert. Eine Verschlüsselung ist somit nur bei ausdrücklicher gesetzlicher Anordnung als erforderlich anzusehen. Sonst hätte der Gesetzgeber auch die Parallelvorschrift im Sozialverfahrensrecht anders ausgestaltet[1057].

§ 78a SGB X und Nummer 4 der entsprechenden Anlage zu dieser Vorschrift regeln eine sog. Weitergabekontrolle[1058]. Nach dieser ist zu gewährleisten, dass Sozialdaten bei der elektronischen Übertragung oder während ihres Transports oder ihrer Speicherung auf Datenträgern nicht unbefugt gelesen, kopiert, verändert oder entfernt werden können und dass überprüft und festgestellt werden kann, an welche Stellen eine Übermittlung von Sozialdaten durch Einrichtungen zur Datenübertragung vorgesehen ist. Durch das Abstellen auf die Weitergabe und den Transport werden auch Datenweitergaben, die nicht als Datenübermittlung oder Auftragsdatenverarbeitung i. S. d. SGB X qualifiziert werden, umfasst[1059]. Eine vergleichbare Regelung zur Weitergabekontrolle findet man auch in § 9 des Bundesdatenschutzgesetzes (BDSG) und dessen Anlage. Dies zeigt, dass es sich im vorliegenden Fall nicht um eine sozialdatenspezifische, sondern um eine allgemeine datenschutzrechtliche

---

1053 *S. E. Schulz/Tischer*, NZS 2012, 254 (256).

1054 *S. E. Schulz/Tischer*, NZS 2012, 254 (256).

1055 Siehe hierzu den Wikipedia-Eintrag zum Stichwort Gateway bzw. Gateway (Informatik), abrufbar unter de.wikipedia.org/wiki/Gateway und de.wikipedia.org/wiki/Gateway_%28Informatik%29.

1056 *C. Hoffmann u. a.*, Der *E-POSTBRIEF* in der öffentlichen Verwaltung – Einsatzoptionen im Sozial- und Steuerverfahren sowie für Berufsgeheimnisträger, Band 2, 2011, S. 45.

1057 *S. E. Schulz/Tischer*, NZS 2012, 254 (256 f.).

1058 Siehe hierzu ausführlich *C. Hoffmann u. a.*, Der *E-POSTBRIEF* in der öffentlichen Verwaltung – Einsatzoptionen im Sozial- und Steuerverfahren sowie für Berufsgeheimnisträger, Band 2, 2011, S. 50 ff.

1059 *Bieresborn*, in: v. Wulffen (Hrsg.), SGB X, 7. Aufl. 2010, § 78a Rn. 12.

Thematik handelt. Nimmt man dies an, müssten vielmehr auch in vielen anderen Rechtsbereichen, in denen mit besonders schutzwürdigen Daten gearbeitet wird, diese Anforderungen erfüllt werden, was eine elektronische Kommunikation und zudem das Konzept der staatlich akkreditierten De-Mail insgesamt in Frage stellen würde. Der Weitergabekontrolle kann jedoch durch ein „dem Stand der Technik" entsprechendes (Anlage zu § 9 Abs. 1 BDSG) bzw. ein „geeignetes" Verfahren (§ 87a Abs. 1 Satz 3 AO) Rechnung getragen werden[1060].

Ein Erfordernis zusätzlicher Schutzvorkehrungen kann auch nicht aus § 35 SGB I selbst abgeleitet werden. § 78a SGB X und auch § 9 BDSG wären dann lediglich deklaratorischer Art. Zumal durch das Post- bzw. das Telekommunikationsgesetz und die strafbewährten Vorschriften des Strafgesetzbuches (bspw. §§ 201, 202, 202a und b, 206 StGB) ein hohes Schutzniveau hinsichtlich der Sozialdaten besteht[1061]. Auch im allgemeinen Verwaltungsrecht werden aus den bestehenden, § 35 SGB I vergleichbaren Vorschriften keine Erfordernisse für zusätzliche Sicherheitsvorkehrungen abgeleitet[1062].

Bei der Versendung von Sozialdaten ist aber hinsichtlich der Schutzwürdigkeit der unterschiedlichen Daten zu differenzieren[1063]. Bei der Auswahl der Sicherungsmittel gilt der Vorbehalt der Verhältnismäßigkeit (§ 9 Satz 2 BDSG, § 78a Satz 2 SGB X)[1064], sodass eine Risikoanalyse anzustellen ist[1065]. In diese sind auch die Schutzmechanismen des PostG bzw. des TKG sowie der strafrechtlichen Vorschriften einzubringen[1066]. Zudem wird durch den Grundsatz der Verhältnismäßigkeit deutlich, dass keine hundertprozentige Sicherheit, sondern nur ein hinreichendes Schutzniveau erforderlich ist[1067].

Sowohl bei der De-Mail als auch beim E-Postbrief werden die zu versendenden Nachrichten vom jeweiligen Provider verschlüsselt. Diese verschlüsselten Nachrichten werden dann bei der De-Mail über eine gesicherte Tunnelverbindung an den Empfängerprovider, bei dem E-Postbrief über das geschlossene System des E-Postbrief-Versands übermittelt. Hier werden diese dann entschlüsselt und wieder über eine gesicherte Verbindung dem Empfänger zugeleitet. Bei der Deutschen Post AG bzw. bei den De-Mail-Providern wird die Nachricht deshalb kurzzeitig entschlüsselt, um sie auf Schadsoftware zu prüfen. Für den Teil der Übermittlung, während dem die Daten kurzzeitig unverschlüsselt vorliegen, gelten, wie bereits dargelegt, die speziellen Schutzregime des PostG-, des TKG und des StGB, sodass eine

---

1060 *S. E. Schulz/Tischer*, NZS 2012, 254 (258).
1061 *S. E. Schulz/Tischer*, NZS 2012, 254 (256).
1062 *S. E. Schulz/Tischer*, NZS 2012, 254 (257).
1063 *S. E. Schulz/Tischer*, NZS 2012, 254 (257).
1064 *S. E. Schulz/Tischer*, NZS 2012, 254 (257 f.).
1065 *S. E. Schulz/Tischer*, NZS 2012, 254 (258); *Gola/Schomerus*, BDSG, 11. Aufl. 2012, § 9 Rn. 9; *Mucksch*, Datenschutz und Datensicherung in Klein- und Mittelbetrieben, 1988, S. 117 ff.
1066 *S. E. Schulz/Tischer*, NZS 2012, 254 (258).
1067 *S. E. Schulz/Tischer*, NZS 2012, 254 (257 f.).

Kenntnisnahme zwar tatsächlich, aber rechtlich nicht möglich ist. Dafür, dass die De-Mail und andere sichere elektronische Zugangsformen auch für besonders sensible Daten genutzt werden können, spricht zudem, dass durch die Verschlüsselung im Gegensatz zu einer unverschlüsselten Nachricht[1068] zusätzlich der strafrechtliche Schutz durch § 202a StGB kommt, der ein höheres Strafmaß vorsieht. Außerdem besteht bei der De-Mail zusätzlich durch die staatliche Akkreditierung ein besonderes Vertrauen hinsichtlich der Diensteanbieter. Zusätzlich wird zum einen ein Zugriff auf die Nachricht von außen durch die gesicherten Verbindungen verhindert und zum anderen ist die Nachricht selbst zusätzlich verschlüsselt. Dadurch wird verhindert, dass die Daten auch im Falle eines Zugriffs im Klartext vorliegen[1069].

Die De-Mail und andere sichere elektronische Verfahren, die die Sicherheitsstandards der De-Mail erfüllen, sind im Rahmen des § 78a SGB X in Verbindung mit der entsprechenden Anlage und der Anlage zu § 9 Abs. 1 BDSG als hinreichend anzusehen. Zudem macht die Entscheidung des Gesetzgebers, trotz entsprechender Forderungen[1070] auf eine Ende-zu-Ende-Verschlüsselung zu verzichten, deutlich, dass er das Schutzniveau der De-Mail für ausreichend erachtet[1071]. Abschließend bleibt darauf hinzuweisen, dass die Einsatzmöglichkeiten der De-Mail erheblich eingeschränkt würden, wenn sich nachträglich durch eine weite Auslegung der Vorschriften zur Verschlüsselung eine Unmöglichkeit des Einsatzes der De-Mail und anderer sicherer elektronischer Zugangsformen ergeben würde. Diese Schlussfolgerung müsste, da in vielen Bereichen der Verwaltung besonders schutzwürdige Daten verarbeitet werden, auch für diese Bereiche gelten, was den Einsatz der De-Mail und anderer sicherer elektronischer Zugangsformen konterkarieren würde[1072].

β Rechtslage nach der Gesetzesänderung

Im Ergebnis war es folglich bereits vor der Änderung des SGB X durch das EGovG und die damit verbundenen Gesetzesänderungen weiterer Vorschriften möglich, mit der De-Mail Sozialdaten unter Wahrung des Sozialgeheimnisses zu versenden[1073], mit Ausnahme darüber hinaus besonders sensibler Daten wie bspw. Gesundheitsdaten[1074]. Aber auch für andere sichere elektronische Zugangsformen wie bspw. den

---

1068 Hier gilt nur § 202b StGB.

1069 *S. E. Schulz/Tischer*, NZS 2012, 254 (258).

1070 *S. E. Schulz/Tischer*, NZS 2012, 254 (258); vgl. auch Pressemitteilung des Deutschen Bundestages v. 17. 12. 2010, „Bundesrat fordert ‚Ende-zu-Ende-Verschlüsselung' bei De-Mail", abrufbar unter www.bundestag.de, und die Stellungnahme des Bundesrates zum Gesetzentwurf, BT-Drs. 17/4145, S. 2; dazu auch *Roßnagel*, CR 2011, 23 (27); *Lechtenbörger*, DuD 2011, 268 f.

1071 *S. E. Schulz/Tischer*, NZS 2012, 254 (258).

1072 *S. E. Schulz/Tischer*, NZS 2012, 254 (258).

1073 *S. E. Schulz/Brackmann*, DuD 2014, 186 (189 f.).

1074 *C. Hoffmann* u. a., Der *E-POSTBRIEF* in der öffentlichen Verwaltung – Einsatzoptionen im Sozial- und Steuerverfahren sowie für Berufsgeheimnisträger, Band 2, 2011, S. 58.

E-Postbrief besteht, sofern sie einen vergleichbaren Standard erfüllen, diese Möglichkeit. Die staatliche Akkreditierung ist gerade nicht als Voraussetzung hierfür anzusehen, sie verdeutlicht lediglich das Vorliegen der erforderlichen Voraussetzungen für die Versendung nach außen i. S. einer Bestätigung dieser[1075].

Zu fragen ist nun, ob das bereits Dargestellte durch die Gesetzesänderung des § 67 Abs. 6 Satz 2 Nr. 3 lit. b 3. Halbsatz SGB X eine Änderung erfordert. Die ausdrückliche Nennung der De-Mail in § 67 Abs. 6 Satz 2 Nr. 3 lit. b 3. Halbsatz SGB X könnte darauf schließen lassen, dass nur die De-Mail als Möglichkeit der Versendung von Sozialdaten zugelassen werden soll. Dies kann hier allerdings bezweifelt werden, da die Gesetzesbegründung selbst von einer „notwendigen Klarstellung" betreffend die Nutzung von De-Mail spricht[1076]. Die Notwendigkeit der Klarstellung ergibt sich wohl aufgrund einer missverständlichen Formulierung in der Begründung des De-Mail-G, die eine Übermittlung von Nachrichten per De-Mail von der Behörde zum Steuerpflichtigen im Bereich des § 30 AO, also von dem Steuergeheimnis unterliegenden Daten, ausschließt[1077]. Hiermit sollte allerdings allein darauf hingewiesen werden, dass die De-Mail das ELSTER-Verfahren im Steuerrecht nicht ablösen soll[1078]. Aufgrund dieses Missverständnisses im Steuerverfahrensrecht könnte die Gefahr bestehen, dass dieses Verständnis sich auch für andere Bereiche, in denen mit besonders schutzwürdigen Daten gearbeitet wird, also auch auf die Sozialdaten, ausbreitet. Darauf, dass dies die Befürchtungen des Gesetzgebers waren, die ihn auch im Sozialverfahrensrecht zu einer Klarstellung bewogen haben, lässt auch schließen, dass die Begründungen für die Klarstellung im Steuerverfahrensrecht und im Sozialverfahrensrecht gleich lauten und beide auf die Begründung zu Art. 2 Nr. 2 der Gesetzesänderung verweisen, in der gerade die oben beschriebene Problematik erläutert wird. Die Klarstellung im Wege der Gesetzesänderung bestätigt somit sogar die oben beschriebene Ansicht. Deshalb bleibt auch nach der Gesetzesänderung ein Versand von De-Mail-Nachrichten und anderen vergleichbar sicheren elektronischen Zugangsformen wie dem E-Postbrief weiterhin möglich.

(ii) Ergebnis

Die berufliche Betätigung der Anbieter nicht akkreditierter sicherer elektronischer Zugangsformen wird somit nicht eingeschränkt, da weiterhin eine Versendung von Sozialdaten unter Wahrung des Sozialgeheimnisses möglich bleibt.

1075 *C. Hoffmann* u. a., Der *E-POSTBRIEF* in der öffentlichen Verwaltung – Einsatzoptionen im Sozial- und Steuerverfahren sowie für Berufsgeheimnisträger, Band 2, 2011, S. 65 f.; *S. E. Schulz/Brackmann*, DuD 2014, 186 (189).

1076 BT-Drs. 17/11473, S. 51.

1077 BT-Drs. 17/3630, S. 29.

1078 BT-Drs. 17/11473, S. 47.

(bb) Wettbewerbsfreiheit

Durch die ausdrückliche und alleinige Nennung der De-Mail in § 67 Abs. 6 Satz 2 Nr. 3 lit. b 3. Halbsatz SGB X könnte jedoch ein Wettbewerbsnachteil für die nicht De-Mail-akkreditierten Anbieter sicherer elektronischer Zugangsformen bestehen und damit ein Eingriff in die nach hier vertretener Ansicht von der Wettbewerbsfreiheit geschützte Wettbewerbsposition vorliegen. Ein Eingriff könnte hier dadurch gegeben sein, dass die De-Mail im Gegensatz zu anderen sicheren elektronischen Zugangsformen direkt im Gesetz genannt wird, obwohl diese ebenfalls auch als sichere Übermittlungsmöglichkeit taugen, jedoch erst durch Verwaltungspraxis, Wissenschaft und Rechtsprechung anerkannt werden müssen. Auch hiedurch könnte der Absatz der De-Mail zum Nachteil nicht akkreditierter sicherer elektronischer Zugangsformen gefördert werden. Wie bereits erörtert, ist auch aufgrund der Ausgestaltung dieser Norm zu erwarten, dass mehr Behörden, insbesondere Behörden, die mit Sozialdaten arbeiten, und Bürger die De-Mail aufgrund der Möglichkeit der Wahrung des Sozialgeheimnisses bei der elektronischen Versendung von Sozialdaten nutzen, was mit hoher Wahrscheinlichkeit zu einer nachteiligen Veränderung des Marktanteils nicht akkreditierter sicherer elektronischer Zugangsformen führen wird.

Eine berufsregelnde Tendenz muss hier jedoch ausscheiden. Die Regelung des § 67 Abs. 6 Satz 2 Nr. 3 lit. b 3. Halbsatz SGB X bezieht sich nicht direkt, also unmittelbar, auf die Regelung des Berufsbildes der Anbieter von sicheren elektronischen Zugangsformen, sondern auf die allgemeine Regelung der Möglichkeit, Sozialdaten unter Wahrung des Sozialgeheimnisses versenden zu können. Der Gesetzgeber stellt lediglich klar, dass die Versendung von Sozialdaten per De-Mail kein Übermitteln i. S. d. § 67 Abs. 6 Nr. 3 SGB X darstellt. Gleiches gilt für eine objektiv berufsregelnde Tendenz. Da es, wie bereits erörtert, weiterhin möglich ist, Sozialdaten auch mit anderen sicheren elektronischen Zugangsformen zu versenden, werden auch die Rahmenbedingungen für die Produkte der Anbieter sicherer elektronischer Zugangsformen nicht geändert.

Das Vorliegen einer berufsregelnden Tendenz ist nach hier vertretener Ansicht jedoch entbehrlich.

Durch die ausdrückliche Nennung der De-Mail in § 67 Abs. 6 Satz 2 Nr. 3 lit. b 3. Halbsatz SGB X verbunden mit der Nichtnennung anderer sicherer elektronischer Zugangsformen, die ebenfalls eine sichere Versendung von Sozialdaten unter Wahrung des Sozialgeheimnisses gewährleisten können, greift die Regelung des § 67 Abs. 6 Satz 2 Nr. 3 lit. b 3. Halbsatz SGB X in die Wettbewerbsfreiheit der Anbieter nicht akkreditierter sicherer elektronischer Zugangsformen aus Art. 12 Abs. 1 Satz 1 GG ein.

(c) Rechtfertigung

(aa) Gesetzesvorbehalt des Art. 12 Abs. 1 Satz 2 GG

Dem Gesetzesvorbehalt ist dadurch Rechnung getragen, dass die eingreifende Regelung des § 67 Abs. 6 Satz 2 Nr. 3 lit. b 3. Halbsatz SGB X selbst eine bundesgesetzliche Regelung darstellt.

(bb) Drei-Stufen-Theorie (Verhältnismäßigkeit)

Die Regelung müsste jedoch auch verhältnismäßig sein. Da, wie bereits erörtert, der Wettbewerbsnachteil lediglich in der ausdrücklichen Nennung der De-Mail in § 67 Abs. 6 Satz 2 Nr. 3 lit. b 3. Halbsatz SGB X besteht und auch andere nicht akkreditierte sichere elektronische Zugangsformen als Versandmedium für Sozialdaten, die dem Sozialgeheimnis unterliegen, dienen können, liegt lediglich ein Eingriff auf der Ebene einer Berufsausübungsregelung vor.

(i) Legitimer Zweck

Zweck der Änderung des § 67 Abs. 6 Satz 2 Nr. 3 lit. b 3. Halbsatz SGB X ist die notwendige Klarstellung, dass Sozialdaten unter Wahrung des Sozialgeheimnisses auch mit der De-Mail versendet werden können. Dieses Erfordernis ergibt sich aus den bereits dargestellten Gründen.

Konkreter Grund der Klarstellung ist, wie bereits dargelegt, dass die Nutzung der De-Mail im Steuerverfahren missverständlich durch die De-Mail-Begründung ausgeschlossen wurde[1079], was den Schluss zulässt, dass dies auch für besonders schutzwürdige Daten, die dem Sozialgeheimnis unterliegen, gelten müsste. Auch die gleichlautende Klarstellung in der Parallelvorschrift der Abgabenordnung, § 30 Abs. 7 AO, wird hiermit begründet[1080]. Eine unterschiedliche Handhabung im Sozial- und Steuerverfahrensrecht wäre hier irreführend, wenn Steuerdaten ausgeschlossen, aber Sozialdaten, die unter Umständen sogar schutzwürdiger sein können, mit der De-Mail versendet werden könnten. Insbesondere da die Bedeutung des Sozialgeheimnisses weit über die des Steuergeheimnisses hinausgeht[1081].

Die Wahl des Gesetzgebers, ausdrücklich die De-Mail als Möglichkeit der Versendung von Daten unter Wahrung des Sozialgeheimnisses zu nennen, kann dadurch begründet werden, dass die De-Mail durch die staatliche Akkreditierung und die staatliche Aufsicht, der sie unterliegt, ein besonderes staatliches Vertrauen genießt. Außerdem wird durch die Nennung zumindest einer sicheren elektronischen Zugangsform als Mittel zur Versendung von Sozialdaten sichergestellt, dass eine Zugangsform existiert, mit der die Versendung von Sozialdaten unter Wahrung des

---

1079 BT-Drs. 17/3630, S. 29.

1080 BT-Drs. 17/11473, S. 51.

1081 *C. Hoffmann u. a.*, Der *E-POSTBRIEF* in der öffentlichen Verwaltung – Einsatzoptionen im Sozial- und Steuerverfahren sowie für Berufsgeheimnisträger, Band 2, 2011, S. 27, 99; *S. E. Schulz/Brackmann*, DuD 2014, 186 (189).

Sozialgeheimnisses direkt aufgrund Gesetzes möglich ist. Dies ist zwar auch mit anderen sicheren elektronischen Zugangsformen wie dem E-Postbrief möglich, diese müssen jedoch erst in der Verwaltungspraxis allgemein anerkannt werden bzw. sich etablieren. Hierbei kann es zu unterschiedlichen Rechtsansichten kommen.

Ein legitimer Zweck liegt deshalb vor.

(ii) Geeignetheit

Des Weiteren müsste die Regelung auch geeignet sein, diesen Zweck zumindest zu fördern. Durch § 67 Abs. 6 Satz 2 Nr. 3 lit. b 3. Halbsatz SGB X ist gewährleistet, dass eine von Anfang an rechtssichere und gesetzlich anerkannte Möglichkeit auf elektronischer Ebene besteht, Sozialdaten unter Wahrung des Sozialgeheimnisses zu versenden. Die Regelung ist deshalb geeignet, den öffentlichen Zweck zu fördern. Sie stellt klar, dass auch die De-Mail entgegen der missverständlichen Ausführungen in der Begründung zum De-Mail-G hinsichtlich des Steuerverfahrens eine Möglichkeit ist, besonders schutzwürdige Daten unter Wahrung des Sozialgeheimnisses zu versenden.

(iii) Erforderlichkeit

Fraglich ist jedoch, ob die Regelung in der Ausgestaltung des Diskussionsentwurfs auch erforderlich ist.

Ein milderes Mittel könnte der Verzicht auf die gesamte Klarstellung sein. In diesem Fall könnte das Missverständnis in der Begründung des De-Mail-G, dass die De-Mail nicht für eine Versendung von Steuerdaten geeignet sein soll, ausgeräumt werden, was gerade Ziel der Regelung ist. Ein Verzicht auf eine Klarstellung erreicht folglich nicht das Ziel der Regelung und scheidet deshalb als milderes Mittel aus.

Eine weitere Möglichkeit wäre eine Aufzählung aller Möglichkeiten, Sozialdaten sicher zu versenden. Dies erscheint jedoch nicht praktikabel, da es zu immer wiederkehrenden Gesetzesänderungen, wie schon im Rahmen der Regelung der Schriftformersetzung erörtert[1082], führen würde. Zusätzlich müssten dann auch weitere anerkannte Zugänge wie das Telefon, die Briefzustellung sowie das Telefax aufgenommen werden, da sonst angenommen werden könnte, dass mit diesen die Versendung von Sozialdaten nicht möglich sei. Gleiches gilt für eine Aufzählung aller Versandmöglichkeiten in einer Rechtsverordnung, zumal auch ohne eine solche eine das Sozialgeheimnis wahrende Versendung von Sozialdaten mit nicht De-Mail-akkreditierten sicheren elektronischen Zugangsformen möglich wäre.

Auch eine technikoffene Definition, vergleichbar mit der Definition der sicheren Übermittlungswege bzw. der Schriftformersetzung durch die elektronische Form, ist zwar denkbar. Ein Übermitteln nach § 67 Abs. 6 Satz 2 Nr. 3 SGB X könnte nach einer solchen Definition ausscheiden, wenn technisch oder rechtlich eine Kenntnisnahme unmöglich ist und eine hinreichend geeignete Verschlüsselung nach dem Stand der

1082 Siehe hierzu Gliederungspunkt Teil II: E. II. 5. a) aa) (1) (a) (cc) (ii) γ.

Technik vorliegt. Die Voraussetzungen der Definition müssten sich dann aus den bereits genannten Umständen ableiten, dass eine Versendung von Sozialdaten mit sicheren elektronischen Zugangsformen möglich ist. In diesem Fall würde aber das bestehende Missverständnis hinsichtlich der De-Mail, was Zweck der Regelung ist, nicht ausgeräumt, da die De-Mail weiterhin als hiervon ausgeschlossen angesehen werden könnte. Eine ausschließlich technikoffene Definition wird somit dem öffentlichen Zweck nicht gerecht.

Es bestände jedoch auch die Möglichkeit einer Kombination einer expliziten Nennung der De-Mail im Gesetz und einer zusätzlichen technikneutralen Definition. Einen solchen Weg hat man etwa bei der Regelung der Schriftformersetzung durch die elektronische Form gewählt[1083]. Es stellt sich jedoch die Frage, ob eine technikneutrale Definition hier ein zwingendes Erfordernis für den Gesetzgeber darstellt, da diese, wie bereits erörtert, grundsätzlich nicht erforderlich ist, damit auch mittels nicht akkreditierter sicherer elektronischer Zugangsformen Sozialdaten versendet werden können. Die Situation stellt sich insofern anders dar als bei der Ersetzung der Schriftform und ist nicht vergleichbar, da bei der Ersetzung der Schriftform durch die elektronische Form die De-Mail und andere sichere elektronische Zugangsformen neu eingeführt bzw. ermöglicht werden. Bei der Versendung von Sozialdaten ist der Einsatz dieser Versandformen jedoch schon ohne eine explizite Normierung aufgrund der bestehenden Gesetzeslage möglich. Es handelt sich um keine Neueinführung, sondern um eine, wie die Begründung es auch konkret benennt, notwendige Klarstellung.

Die Versendung per De-Mail und auch mit vergleichbaren elektronischen Zugangsformen war bereits vor der Gesetzesänderung möglich. Es stellt sich daher die Frage, ob der Staat dann eine technikneutrale Definition schaffen muss, wenn sich die Voraussetzungen schon aus den gegebenen Rechtsnormen ergeben. Diese Entscheidung muss dem Gestaltungsspielraum des Gesetzgebers überlassen werden, weil dieser hier durch den Verzicht auf eine zusätzliche technikneutrale Definition anderen sicheren elektronischen Zugangsformen die Möglichkeit der Versendung von Sozialdaten nicht verwehrt. Zudem verändert sich die bestehende Rechtslage durch die Regelung etwa im Vergleich zur Schriftformregelung nicht. Dies gilt umso mehr, da die Klarstellung notwendig war und auch als solche in der Gesetzesbegründung explizit genannt wird. Es handelt sich um keinen Ausschluss von nicht akkreditierten sicheren elektronischen Zugangsformen, sondern lediglich um eine zusätzliche Normierung. Bei anderen sicheren elektronischen Zugangsformen wurde die Nutzung für Steuerdaten nicht wie bei der De-Mail missverständlich ausgeschlossen, weshalb eine Klarstellung bei diesen nicht erforderlich ist. Es bleibt den Anbietern nicht De-Mail-akkreditierter sicherer elektronischer Zugangsformen unbenommen, damit zu werben, dass auch sie Sozialdaten sicher versenden können. Hierdurch kann der geringfügige Nachteil durch die Klarstellung, der einzig und allein durch die bloß deklaratorische Nennung der De-Mail im Gesetz entsteht,

1083 Siehe hierzu bereits Gliederungspunkt Teil II: E. II. 5.

ohne Weiteres ausgeglichen werden. Eine technikneutrale Definition wäre streng genommen sogar überflüssig. Dies würde auch ohne das Missverständnis im Hinblick auf den Einsatz der De-Mail gelten. Überflüssige Regelungen sollten jedoch zur Verhinderung von Unübersichtlichkeiten vermieden werden. Auch das Interesse des Staates, dass er die besonders geprüfte De-Mail als elektronische Zugangsform im Sozialverfahren einsetzen möchte, ist verständlich. Die Regelung des § 67 Abs. 6 Satz 2 Nr. 3 lit. b 3. Halbsatz SGB X bzw. die explizite Nennung der De-Mail ist somit als erforderlich anzusehen.

(iv) Angemessenheit (Verhältnismäßigkeit i. e. S.)

Die Regelung müsste jedoch auch verhältnismäßig im engeren Sinne, also angemessen, sein.

Im vorliegenden Fall stehen sich das Interesse des Gesetzgebers, der elektronischen Kommunikation, insbesondere mittels der staatlich akkreditierten De-Mail, zur Verbreitung und Durchsetzung auch im Sozialverfahren zu verhelfen sowie das konkrete Missverständnis hinsichtlich eines Ausschlusses des Einsatzes der De-Mail im Sozialverfahren auszuräumen, und das Interesse der nicht akkreditierten Anbieter sicherer elektronischer Zugangsformen, nicht durch die konkrete Nennung der De-Mail im Gesetz benachteiligt zu werden, gegenüber.

Der Vorzug gilt hier dem staatlichen Interesse an der Ausgestaltung der Regelung. Die Beeinträchtigung, die durch die bloße deklaratorische Nennung der De-Mail ohne rechtliche Auswirkungen entsteht, ist gering und kann außerdem durch zulässige Werbung mit der Möglichkeit, Sozialdaten unter Wahrung des Sozialgeheimnisses zu versenden, ausgeglichen werden. Diese Möglichkeit besteht auch für nicht explizit im Gesetz genannte nicht akkreditierte sichere elektronische Zugangsformen. Hier kann insofern auf die bereits im Rahmen der Erforderlichkeit angeführten Gründe verwiesen werden. Außerdem entsteht durch die Deklarierung als „notwendige Klarstellung" in der Gesetzesbegründung nicht der Eindruck, dass andere nicht akkreditierte sichere elektronische Zugangsformen nicht oder nicht mehr zur Versendung von Sozialdaten nutzbar sein sollen. Die ausgleichbare Beeinträchtigung kann somit als verhältnismäßig angesehen werden.

(d) Ergebnis

Die Regelung des § 67 Abs. 6 Satz 2 Nr. 3 lit. b 3. Halbsatz SGB X greift weder ungerechtfertigt in die Berufsfreiheit noch in die Wettbewerbsfreiheit der nicht akkreditierten Anbieter sicherer elektronischer Zugangsformen aus Art. 12 Abs. 1 Satz 1 GG ein, insbesondere nicht, indem in § 67 Abs. 6 Satz 2 Nr. 3 lit. b 3. Halbsatz SGB X klargestellt wird, dass auch mit der De-Mail unter Wahrung des Sozialgeheimnisses Sozialdaten versendet werden können, also eine Übermittlung i. S. d. § 67 Abs. 6 Satz 2 Nr. 3 SGB X nicht vorliegt.

(2) Allgemeiner Gleichbehandlungsgrundsatz/Wettbewerbsgleichheit, Art. 3 Abs. 1 GG

Durch dieselbe Regelung könnte aus den bereits genannten Gründen auch ein Verstoß gegen den Gleichheitsgrundsatz oder die speziellere Wettbewerbsgleichheit aus Art. 3 Abs. 1 GG resultieren.

(a) Ungleichbehandlung von wesentlich Gleichem

Hierfür müsste hinsichtlich der De-Mail und anderen sicheren elektronischen Zugangsformen durch die Regelung des § 67 Abs. 6 Satz 2 Nr. 3 lit. b 3. Halbsatz SGB X eine Ungleichbehandlung von wesentlich Gleichem erfolgen.

(aa) Ungleichbehandlung

Wie bereits erörtert, wird die De-Mail als Möglichkeit, Sozialdaten unter Wahrung des Sozialgeheimnisses zu versenden, ausdrücklich im Gesetz genannt, andere sichere elektronische Zugangsformen, die ebenfalls nach den allgemeinen Vorschriften für die Versendung von Sozialdaten eingesetzt werden können, hingegen nicht. Eine Ungleichbehandlung liegt somit vor.

(bb) Wesentliche Gleichheit

Fraglich ist aber, ob es sich bei der De-Mail und anderen sicheren elektronischen Zugangsformen auch um wesentlich Gleiches handelt.

Entscheidend kann hier nicht sein, ob die De-Mail und andere sichere elektronische Zugangsformen an sich wesentlich gleich sind, was aufgrund der staatlichen Akkreditierung und dem damit verbundenen besonderen staatlichen Vertrauen grundsätzlich nicht der Fall sein wird. Entscheidend muss die wesentliche Gleichheit im konkreten Fall, nämlich bzgl. des Versands von Sozialdaten unter Wahrung des Sozialgeheimnisses, sein. Es kommt deshalb im vorliegenden Fall nicht auf die rechtliche, sondern vielmehr auf die technische bzw. tatsächliche Gleichheit an.

Dass das Versenden von Sozialdaten bereits vor der Änderung des § 67 Abs. 6 Satz 2 Nr. 3 lit. b 3. Halbsatz SGB X durch die mit dem EGovG verbundenen Gesetzesänderungen sowohl mit der De-Mail als auch mit anderen sicheren elektronischen Zugangsformen unter Wahrung des Sozialgeheimnisses möglich gewesen ist, wurde bereits dargelegt. Daran ändert sich auch nach der Gesetzesänderung nichts. Es handelt sich lediglich um eine notwendige Klarstellung. Deshalb sind die De-Mail und andere nicht akkreditierte sichere elektronische Zugangsformen hinsichtlich der Wahrung des Sozialgeheimnisses als wesentlich gleich anzusehen.

(b) Rechtfertigung

Hinsichtlich des Maßstabs der Rechtfertigungsprüfung kann auf die Ausführungen zur Regelung des Schriftformersatzes durch die elektronische Form verwiesen werden[1084], da die Vergleichsgruppen hier dieselben sind. Deshalb ist der Verhältnismäßigkeitsgrundsatz anzuwenden. Hinsichtlich der Verhältnismäßigkeit der Ungleichbehandlung gilt das bereits im Rahmen der Berufs-/Wettbewerbsfreiheit Gesagte. Insbesondere resultiert die Ungleichbehandlung gerade daraus, dass die De-Mail durch die missverständliche Gesetzesbegründung einen Nachteil erlitten hat, der durch die notwendige Klarstellung ausgeglichen werden soll. Folglich soll durch die Ungleichbehandlung gerade wieder ein Gleichgewicht hergestellt werden.

(c) Ergebnis

Die Regelung des § 67 Abs. 6 Satz 2 Nr. 3 lit. b 3. Halbsatz SGB X verstößt ebenfalls weder ungerechtfertigt gegen den allgemeinen Gleichbehandlungsgrundsatz noch greift sie in das Recht auf Wettbewerbsgleichheit der nicht akkreditierten Anbieter sicherer elektronischer Zugangsformen aus Art. 3 Abs. 1 GG ein. Daran ändert sich auch dadurch nichts, dass durch § 67 Abs. 6 Satz 2 Nr. 3 lit. b 3. Halbsatz SGB X klargestellt wird, dass auch mit der De-Mail unter Wahrung des Sozialgeheimnisses Sozialdaten versendet werden können, also eine Übermittlung i. S. d. § 67 Abs. 6 Satz 2 Nr. 3 SGB X nicht vorliegt.

(3) Weitere Grundrechte

Die Eigentumsgarantie aus Art. 14 Abs. 1 GG ist aus den bereits mehrfach genannten Gründen hier nicht einschlägig. Die allgemeine Handlungsfreiheit aus Art. 2 Abs. 1 GG ist, da sie ein Auffanggrundrecht darstellt und Art. 12 hier einschlägig ist, nicht mehr zu prüfen.

bb) Wahrung des Steuergeheimnisses

In § 30 Abs. 7 AO wird durch die mit dem EGovG verbundenen Gesetzesänderungen geregelt, dass, wenn dem Steuergeheimnis unterliegende Daten durch einen Amtsträger oder diesem nach Absatz 3 gleichgestellte Personen nach Maßgabe des § 87a Abs. 4 AO über De-Mail-Dienste i. S. d. § 1 De-Mail-G versendet werden, keine unbefugte Offenbarung, Verwertung und kein unbefugter Abruf nach § 30 AO von dem Steuergeheimnis unterliegenden Daten vorliegt. Dies gilt auch dann, wenn beim Versenden eine kurzzeitige automatisierte Entschlüsselung durch den akkreditierten Diensteanbieter zum Zweck der Überprüfung auf Schadsoftware und zum Zweck der Weiterleitung an den Adressaten der De-Mail-Nachricht erfolgt[1085].

1084 Siehe hierzu Gliederungspunkt Teil II: E. II. 5. a) aa) (1) (b) (cc) (i).

1085 Siehe hierzu *Drüen*, in: Tipke/Kruse, Kommentar zur AO und FGO, Band I, Stand: 134. Erg.-Lfg., Dezember 2013, § 30 AO Rn. 146c f.

Hierdurch könnten sich dieselben Beeinträchtigungen der wettbewerbsrelevanten Grundrechte der nicht akkreditierten Anbieter sicherer elektronischer Zugangsformen wie durch die Regelung des § 67 Abs. 6 Satz 2 Nr. 3 lit. b 3. Halbsatz SGB X ergeben.

(1) Berufsfreiheit/Wettbewerbsfreiheit, Art. 12 Abs. 1 Satz 1 GG

§ 30 Abs. 7 AO könnte deshalb zunächst in die Berufsfreiheit bzw. in die Wettbewerbsfreiheit der Anbieter nicht De-Mail-akkreditierter sicherer elektronischer Zugangsformen aus Art. 12 Abs. 1 Satz 1 GG eingreifen, indem er ausdrücklich regelt, dass Steuerdaten unter Wahrung des Steuergeheimnisses mit der De-Mail versendet werden können, eine vergleichbare Regelung für nicht De-Mail-akkreditierte Anbieter sicherer elektronischer Zugangsformen, die unter Umständen einen vergleichbaren Sicherheitsstandard bieten, hingegen nicht besteht.

(a) Schutzbereich

Hinsichtlich der Schutzbereichseröffnung kann auf die Prüfung der Regelung des § 67 Abs. 6 Satz 2 Nr. 3 lit. b 3. Halbsatz SGB X verwiesen werden[1086], da die gleichen Grundrechtsbereiche, also die berufliche Betätigung und die Marktposition, betroffen sind. Der Schutzbereich sowohl der Berufs- als auch der Wettbewerbsfreiheit aus Art. 12 Abs. 1 Satz 1 GG ist somit eröffnet.

(b) Eingriff

Wie bei § 67 Abs. 6 Satz 2 Nr. 3 lit. b 3. Halbsatz SGB X könnte ein Eingriff darin liegen, dass in § 30 Abs. 7 AO ausdrücklich die De-Mail als Möglichkeit genannt wird, Steuerdaten unter Wahrung des Steuergeheimnisses elektronisch zu versenden, andere sichere elektronische Zugangsformen jedoch nicht normiert werden, obwohl diese unter Umständen einen gleichen Sicherheitsstandard hinsichtlich der Übertragung der Daten gewährleisten können.

(aa) Berufsfreiheit

Ein Eingriff in die Berufsfreiheit liegt auch im Falle des § 30 Abs. 7 AO nur dann vor, wenn die berufliche Betätigung der nicht akkreditierten Anbieter sicherer elektronischer Zugangsformen eingeschränkt wird. Dies ist wie im Sozialverfahren dann der Fall, wenn nur über De-Mail-Dienste und nicht auch über andere nicht akkreditierte sichere elektronische Zugangsformen Steuerdaten unter Wahrung des Steuergeheimnisses versendet werden können. Zu fragen ist folglich, ob dies im Steuerverfahren abweichend vom Sozialverfahren der Fall ist. Deshalb ist, wie bei § 67 Abs. 6 Satz 2 Nr. 3 lit. b 3. Halbsatz SGB X, zu prüfen, ob Steuerdaten mit der De-Mail und anderen sicheren elektronischen Zugangsformen im Steuerverfahren

---

1086 Siehe hierzu Gliederungspunkt Teil II: E. 5. c) aa) (1) (a).

unter Wahrung des Steuergeheimnisses auch ohne die ausdrückliche Regelung des § 30 Abs. 7 AO versendet werden können[1087].

(i) Versendung von Steuerdaten unter Wahrung des Steuergeheimnisses mittels De-Mail und anderen sicheren elektronischen Zugangsformen

Ausgangsnorm für diese Bewertung ist § 87a AO, der die elektronische Form ausdrücklich für alle durch die AO eröffneten Verfahren ermöglicht[1088], wenn sie nicht ausdrücklich ausgeschlossen ist[1089].

α Ausschluss der Nutzung durch die Gesetzesbegründung zum De-Mail-G

Fraglich ist jedoch, ob der Einsatz der De-Mail im Steuerverfahren, also im Anwendungsbereich des § 87a AO, nicht schon durch die bereits angeführte Formulierung in der Begründung zum De-Mail-G ausgeschlossen wurde. Nach dieser kommt ein Einsatz der De-Mail von der Behörde zum Steuerpflichtigen im Anwendungsbereich des § 30 AO nicht in Betracht[1090]. In diesem Fall wäre ein Einsatz der De-Mail im Steuerverfahren schon aufgrund dieses Ausschlusses nicht möglich und eine weitergehende Prüfung nicht mehr erforderlich.

Wie bereits erörtert, sollte durch die Formulierung jedoch lediglich betont werden, dass die De-Mail das etablierte Fachverfahren ELSTER nicht ersetzen soll[1091], was die Gesetzesbegründung zum EGovG und weiterer damit verbundener Vorschriften ausdrücklich bestätigt[1092]. Auch ohne diese Bestätigung wäre eine Gesetzesbegründung jedoch selbstverständlich nicht in der Lage, ein Gesetz zu ändern. Da diese nicht die gleichen Rechtswirkungen hat wie ein Gesetz, bleibt der Gesetzestext

---

1087 Im Folgenden soll schwerpunktmäßig die allgemeine Kommunikation im Steuerverfahren nach der AO betrachtet werden. Dies beinhaltet grundsätzlich auch die Kommunikation vom Verwaltungsadressaten zur Verwaltung. Hiervon ausgenommen sind allerdings die Abgabe der Steuererklärung als spezielle Kommunikation sowie die Anmeldung anderer Steuern.

1088 *Thürmer*, in: Hübschmann/Hepp/Spitaler (Hrsg.), AO/FGO, Stand: 225. Erg.-Lfg. 12/2013, § 87a AO Rn. 30; *Wünsch*, in: Pahlke/König (Hrsg.), AO, 2. Aufl. 2009, § 87a Rn. 8; *Rätke*, in: Klein (Hrsg.), AO, 11. Aufl. 2012, § 87a Rn. 1.

1089 *Thürmer*, in: Hübschmann/Hepp/Spitaler (Hrsg.), AO/FGO, Stand: 225. Erg.-Lfg. 12/2013, § 87a AO Rn. 32; *C. Hoffmann u. a.*, Der *E-POSTBRIEF* in der öffentlichen Verwaltung – Einsatzoptionen im Sozial- und Steuerverfahren sowie für Berufsgeheimnisträger, Band 2, 2011, S. 83 f.; *Wünsch*, in: Pahlke/König (Hrsg.), AO, 2. Aufl. 2009, § 87a Rn. 8; *Rätke*, in: Klein (Hrsg.), AO, 11. Aufl. 2012, § 87a Rn. 1.

1090 BT-Drs. 17/3630, S. 29.

1091 Siehe zum Hintergrund dieser Passage in der Gesetzesbegründung *C. Hoffmann u. a.*, Der *E-POSTBRIEF* in der öffentlichen Verwaltung – Einsatzoptionen im Sozial- und Steuerverfahren sowie für Berufsgeheimnisträger, Band 2, 2011, S. 81 f., 97.

1092 BT-Drs. 17/11473, S. 47.

maßgeblich[1093]. Hinzu kommt, dass die Gesetzesbegründung einen Bezug zu den Vorschriften, die diesen Umstand begründen sollen, vermissen lässt[1094]. Wollte man trotzdem die Schlussfolgerung ziehen, dass die De-Mail im Steuerverfahren nicht einsetzbar ist, stünde dies zudem im Widerspruch zu § 87a Abs. 1 AO, der gerade die elektronische Kommunikation für zulässig erklärt bzw. ermöglicht[1095]. Eine Gesetzesbegründung kann diese Regelung aus den bereits dargelegten Gründen nicht außer Kraft setzen[1096]. Auch wäre dann § 87a Abs. 1 Satz 3 AO überflüssig, der regelt, dass im Falle der Versendung von Steuerdaten besondere Schutzvorkehrungen durch eine Verschlüsselung sicherzustellen sind[1097]. Diese Argumentation ist jedoch nach der Gesetzesänderung entbehrlich, da durch die Regelung des § 30 Abs. 7 AO dieses Missverständnis aus dem Weg geräumt wurde[1098]. Durch die Gesetzesbegründung zum De-Mail-G wird folglich der Einsatz der De-Mail im Steuerverfahren nicht ausgeschlossen. Dies muss auch für andere nicht akkreditierte sichere elektronische Zugangsformen gelten, die einen vergleichbaren Sicherheitsstandard gewährleisten, und wird, wie bereits hinsichtlich des Sozialverfahrens erörtert, nicht durch die ausdrückliche Regelung der De-Mail als Versandmöglichkeit für Steuerdaten geändert.

Insofern kann hinsichtlich der Begründung weitgehend auf den Einsatz der De-Mail und anderer nicht De-Mail-akkreditierter sicherer elektronischer Zugangsformen im Sozialverfahren verwiesen werden, da sich hier die gleiche Problematik stellt[1099].

β Ausschluss der Nutzung durch den Gesetzeswortlaut

Maßgeblich ist somit nicht die Gesetzesbegründung, sondern allein der Gesetzeswortlaut, anhand dessen die Möglichkeit des Einsatzes der De-Mail und anderer sicherer elektronischer Zugangsformen zu prüfen ist.

1093 *C. Hoffmann u. a.*, Der *E-POSTBRIEF* in der öffentlichen Verwaltung – Einsatzoptionen im Sozial- und Steuerverfahren sowie für Berufsgeheimnisträger, Band 2, 2011, S. 96.

1094 *C. Hoffmann u. a.*, Der *E-POSTBRIEF* in der öffentlichen Verwaltung – Einsatzoptionen im Sozial- und Steuerverfahren sowie für Berufsgeheimnisträger, Band 2, 2011, S. 96.

1095 *C. Hoffmann u. a.*, Der *E-POSTBRIEF* in der öffentlichen Verwaltung – Einsatzoptionen im Sozial- und Steuerverfahren sowie für Berufsgeheimnisträger, Band 2, 2011, S. 85, 96.

1096 *C. Hoffmann u. a.*, Der *E-POSTBRIEF* in der öffentlichen Verwaltung – Einsatzoptionen im Sozial- und Steuerverfahren sowie für Berufsgeheimnisträger, Band 2, 2011, S. 97.

1097 *C. Hoffmann u. a.*, Der *E-POSTBRIEF* in der öffentlichen Verwaltung – Einsatzoptionen im Sozial- und Steuerverfahren sowie für Berufsgeheimnisträger, Band 2, 2011, S. 85.

1098 BT-Drs. 17/11473, S. 47, 51.

1099 *C. Hoffmann u. a.*, Der *E-POSTBRIEF* in der öffentlichen Verwaltung – Einsatzoptionen im Sozial- und Steuerverfahren sowie für Berufsgeheimnisträger, Band 2, 2011, S. 85.

Das Steuergeheimnis ist in § 30 AO geregelt. Jeder Amtsträger hat es zu wahren[1100]. Anknüpfungspunkt für die Wahrung des Steuergeheimnisses ist im Steuerverfahrensrecht im Gegensatz zum Übermitteln im Sozialverfahrensrecht das Offenbaren i. S. d. § 30 Abs. 2 AO. Regelungen zur Auftragsdatenverarbeitung existieren anders als im Sozialverfahrensrecht nicht, was diese aber nicht pauschal ausschließt[1101]. Mit ihr ist aber ohnehin immer ein Offenbaren verbunden[1102]. Wie im Sozialrecht ist auch ein Einsatz privater Hilfspersonen möglich, der nicht als ein Offenbaren i. S. d. § 30 Abs. 2 AO eingestuft wird, so wie es allgemein bei Telefonanbietern und Postdienstleistern anerkannt ist[1103].

Ein Offenbaren ist in jeder Handlung zu sehen, durch die einem anderen Verhältnisse oder Daten, die dem Steuergeheimnis unterliegen, bekannt werden oder bekannt werden könnten. Erforderlich ist hierfür die Offenlegung eines im Zeitpunkt der Offenbarung noch bestehenden Geheimnisses, das ein Dritter (noch) nicht, nicht in diesem Umfang, nicht in dieser Form oder nicht sicher kennt[1104]. Ein Offenbarungswille ist nicht erforderlich[1105]. Soweit jedoch rechtliche Hindernisse bestehen, dass die Daten zur Kenntnis genommen werden können, darf hierauf vertraut werden. Wie im Sozialverfahrensrecht scheidet folglich ein Offenbaren aus, soweit der Schutz des TKG bzw. des PostG reicht[1106]. Diese sind vorrangig und

---

1100 Siehe hierzu *C. Hoffmann u. a.*, Der *E-POSTBRIEF* in der öffentlichen Verwaltung – Einsatzoptionen im Sozial- und Steuerverfahren sowie für Berufsgeheimnisträger, Band 2, 2011, S. 86.

1101 *C. Hoffmann u. a.*, Der *E-POSTBRIEF* in der öffentlichen Verwaltung – Einsatzoptionen im Sozial- und Steuerverfahren sowie für Berufsgeheimnisträger, Band 2, 2011, S. 89.

1102 *C. Hoffmann u. a.*, Der *E-POSTBRIEF* in der öffentlichen Verwaltung – Einsatzoptionen im Sozial- und Steuerverfahren sowie für Berufsgeheimnisträger, Band 2, 2011, S. 90.

1103 *C. Hoffmann u. a.*, Der *E-POSTBRIEF* in der öffentlichen Verwaltung – Einsatzoptionen im Sozial- und Steuerverfahren sowie für Berufsgeheimnisträger, Band 2, 2011, S. 90.

1104 *Alber*, in: Hübschmann/Hepp/Spitaler (Hrsg.), AO/FGO, Stand: 225. Erg.-Lfg. 12/2013, § 30 AO Rn. 120; *C. Hoffmann u. a.*, Der *E-POSTBRIEF* in der öffentlichen Verwaltung – Einsatzoptionen im Sozial- und Steuerverfahren sowie für Berufsgeheimnisträger, Band 2, 2011, S. 90; *Drüen*, in: Tipke/Kruse, Kommentar zur AO und FGO, Band I, Stand: 134. Erg.-Lfg., Dezember 2013, § 30 AO Rn. 51; *Rüsken*, in: Klein (Hrsg.), AO, 11. Aufl. 2012, § 30 Rn. 59.

1105 *C. Hoffmann u. a.*, Der *E-POSTBRIEF* in der öffentlichen Verwaltung – Einsatzoptionen im Sozial- und Steuerverfahren sowie für Berufsgeheimnisträger, Band 2, 2011, S. 91; *Alber*, in: Hübschmann/Hepp/Spitaler (Hrsg.), AO/FGO, Stand: 225. Erg.-Lfg. 12/2013, § 30 AO Rn. 122 m. w. N. in Fn. 3; *Drüen*, in: Tipke/Kruse, Kommentar zur AO und FGO, Band I, Stand: 134. Erg.-Lfg., Dezember 2013, § 30 AO Rn. 51; anders *Schuhmann*, DStZ 1989, 618 (619).

1106 *C. Hoffmann u. a.*, Der *E-POSTBRIEF* in der öffentlichen Verwaltung – Einsatzoptionen im Sozial- und Steuerverfahren sowie für Berufsgeheimnisträger, Band 2, 2011, S. 91.

ausschließlich anwendbar, wenn sie ihren Schutz auch tatsächlich entfalten. Dies ist hier der Fall, da die reinen Kommunikationsdienste der De-Mail und anderer sicherer elektronischer Zugangsformen, wie bereits dargestellt, als Telekommunikationsdienste qualifiziert werden können. Hier ergeben sich keine abweichenden Ergebnisse zum Sozialverfahrensrecht[1107].

γ Erforderlichkeit besonderer Verschlüsselung

Zu fragen bleibt jedoch, ob es aufgrund der besonderen Schutzwürdigkeit von Steuerdaten einer besonderen Verschlüsselung bedarf. Auch im Steuerverfahrensrecht handelt es sich wie im Sozialverfahrensrecht hinsichtlich des Erfordernisses einer besonderen Verschlüsselung um kein bereichsspezifisches Problem, da in vielen Verwaltungsbereichen mit sensiblen Daten gearbeitet wird[1108].

In § 87a Abs. 1 AO wird im Gegensatz zum allgemeinen Verwaltungsrecht und zum Sozialverfahrensrecht explizit eine Verschlüsselung gefordert, über die Art der Verschlüsselung werden aber keine weiteren Angaben gemacht. Zudem muss es lediglich ein geeignetes und kein speziell angeordnetes Verfahren sein[1109]. Es muss dem Stand der Technik entsprechen und hinreichende Sicherheit bieten[1110]. Da sich die Sicherheitsstandards jedoch aufgrund des Fortschritts der Technik ständig erhöhen, kann nicht von den Finanzbehörden verlangt werden, immer das sicherste Verfahren zu verwenden[1111]. Maßgeblich muss auch hier wie im Sozialverfahren der Grundsatz der Verhältnismäßigkeit sein. Weitere Regelungen hinsichtlich einer Verschlüsselung finden sich in der AO lediglich für das ELSTER-Verfahren[1112].

Für die Regelung von organisatorischen und technischen Schutzmaßnahmen zur Wahrung des Steuergeheimnisses, insbesondere zur Verhinderung des unbefugten Zugangs zu Daten, die durch § 30 AO geschützt sind, besteht zwar eine

---

1107 *C. Hoffmann u. a.*, Der *E-POSTBRIEF* in der öffentlichen Verwaltung – Einsatzoptionen im Sozial- und Steuerverfahren sowie für Berufsgeheimnisträger, Band 2, 2011, S. 91 f.

1108 *C. Hoffmann u. a.*, Der *E-POSTBRIEF* in der öffentlichen Verwaltung – Einsatzoptionen im Sozial- und Steuerverfahren sowie für Berufsgeheimnisträger, Band 2, 2011, S. 92.

1109 *C. Hoffmann u. a.*, Der *E-POSTBRIEF* in der öffentlichen Verwaltung – Einsatzoptionen im Sozial- und Steuerverfahren sowie für Berufsgeheimnisträger, Band 2, 2011, S. 93 f.; *Schmitz*, in: Schwarz (Hrsg.), Kommentar zur Abgabenordnung, Band 1, Stand: 156. Erg.-Lfg., 12/2013, § 87a Rn. 13; *Wünsch*, in: Pahlke/König (Hrsg.), AO, 2. Aufl. 2009, § 87a Rn. 30; *Rätke*, in: Klein (Hrsg.), AO, 11. Aufl. 2012, § 87a Rn. 3.

1110 *Schmitz*, in: Schwarz (Hrsg.), Kommentar zur Abgabenordnung, Band 1, Stand: 156. Erg.-Lfg., 12/2013, § 87a Rn. 13.

1111 *Schmitz*, in: Schwarz (Hrsg.), Kommentar zur Abgabenordnung, Band 1, Stand: 156. Erg.-Lfg., 12/2013, § 87a Rn. 13.

1112 *C. Hoffmann u. a.*, Der *E-POSTBRIEF* in der öffentlichen Verwaltung – Einsatzoptionen im Sozial- und Steuerverfahren sowie für Berufsgeheimnisträger, Band 2, 2011, S. 97 f.

Verordnungsermächtigung in § 139d Nr. 1 AO, von der auch mit der Verordnung zur Einführung dauerhafter Identifikationsnummern in Besteuerungsverfahren und zur Änderung der Zweiten Bundesmeldedatenübermittlungsverordnung vom 28. 11 2006[1113] Gebrauch gemacht wurde[1114]. Allerdings verweist diese ebenfalls nur auf den Stand der Technik. Da die AO mit § 87a Abs. 1 Satz 3 AO eine abschließende Regelung hinsichtlich der elektronischen Übermittlung enthält, ist auch nicht auf das BDSG zurückzugreifen[1115].

Hinsichtlich des Erfordernisses etwaiger zusätzlicher tatsächlicher Schutzvorkehrungen direkt aus § 30 AO ist § 87a Abs. 1 Satz 3 AO ebenfalls vorrangiger Maßstab für die elektronische Übermittlung von Steuerdaten[1116].

Letztlich ist das Schutzniveau von Steuerdaten nicht höher als bei Sozialdaten zu beurteilen, da das Sozialgeheimnis sogar von höherer Bedeutung ist als das Steuergeheimnis[1117]. Hieraus kann geschlossen werden, dass sichere elektronische Zugangsformen, ob akkreditiert oder nicht, wenn sie, wie bereits festgestellt, im Sozialverfahren eingesetzt werden können, auch dem Schutz des Steuergeheimnisses genügen. Außerdem entspricht es dem Willen des Gesetzgebers, die De-Mail gerade auch in besonders sensiblen Bereichen als sichere elektronische Zugangsform einzuführen[1118].

Aus § 20 Abs. 2 des Gesetzes über die Finanzverwaltung (FVG) lässt sich im Umkehrschluss ein Privatisierungsverbot für technische Hilfstätigkeiten im Steuerverfahren entnehmen. § 30 AO enthält aber bereits ein Privatisierungsverbot. Eine Auftragsdatenverarbeitung ist deshalb grundsätzlich nur durch andere öffentliche Stellen möglich[1119]. Die Regelung soll hier lediglich die eigentlich unzulässige Mischverwaltung legitimieren. Auch wenn man von der Einschlägigkeit der

---

1113 BGBl I 2006, S. 2726.

1114 Siehe *Cöster*, in: Pahlke/Koenig (Hrsg.), Abgabenordnung, 2. Aufl. 2009, § 139d Rn. 1.

1115 *C. Hoffmann u. a.*, Der *E-POSTBRIEF* in der öffentlichen Verwaltung – Einsatzoptionen im Sozial- und Steuerverfahren sowie für Berufsgeheimnisträger, Band 2, 2011, S. 94 f.

1116 *C. Hoffmann u. a.*, Der *E-POSTBRIEF* in der öffentlichen Verwaltung – Einsatzoptionen im Sozial- und Steuerverfahren sowie für Berufsgeheimnisträger, Band 2, 2011, S. 95.

1117 *C. Hoffmann u. a.*, Der *E-POSTBRIEF* in der öffentlichen Verwaltung – Einsatzoptionen im Sozial- und Steuerverfahren sowie für Berufsgeheimnisträger, Band 2, 2011, S. 27, 99.

1118 Siehe hierzu *C. Hoffmann u. a.*, Der *E-POSTBRIEF* in der öffentlichen Verwaltung – Einsatzoptionen im Sozial- und Steuerverfahren sowie für Berufsgeheimnisträger, Band 2, 2011, S. 99.

1119 *Gola/Schomerus*, BDSG, 11. Aufl. 2012, § 11 Rn. 2; *Ambs*, in: Erbs/Kohlhaas (Hrsg.), Strafrechtliche Nebengesetze, Band 1, Stand: 196. Erg.-Lfg., Januar 2013, § 11 BDSG Rn. 3; *L. Bergmann/Möhrle/Herb*, Datenschutzrecht, Kommentar, Stand: April 2013, § 11 BDSG Rn. 24 f.; *C. Hoffmann u. a.*, Der *E-POSTBRIEF* in der öffentlichen Verwaltung – Einsatzoptionen im Sozial- und Steuerverfahren sowie für Berufsgeheimnisträger, Band 2, 2011, S. 100.

Vorschrift ausgehen will, wäre eine Kenntnisnahme der Steuerdaten erforderlich, diese wird jedoch durch die bereits geschilderten gesetzlichen Sicherheitsmechanismen verhindert. Diese Ansicht wird auch dadurch unterstützt, dass, wie bereits mehrfach erwähnt, die Einschaltung von Telefonanbietern und Postdienstleistern allgemein als zulässig anerkannt wird[1120].

(ii) Ergebnis

Im Ergebnis war die Gesetzesänderung des § 30 Abs. 7 AO, wie bei § 67 Abs. 6 Nr. 3 SGB X, lediglich deklaratorischer Art. Sowohl vor als auch nach dieser ist eine Versendung von Steuerdaten mit der De-Mail möglich. Dies gilt auch für andere sichere elektronische Zugangsformen, die einen vergleichbaren Sicherheitsstandard gewährleisten, da die staatliche Akkreditierung, wie bereits hinsichtlich des Steuergeheimnisses erwähnt, nicht als Voraussetzung hierfür anzusehen ist. Sie verdeutlicht lediglich das Vorliegen der erforderlichen Voraussetzungen für die Versendung nach außen i. S. einer Bestätigung dieser[1121].

Deshalb wird durch die Regelung des § 30 Abs. 7 AO nicht in die Berufsfreiheit aus Art. 12 Abs. 1 Satz 1 GG eingegriffen.

(bb) Wettbewerbsfreiheit

Es könnte sich jedoch, wie bei der Regelung des § 67 Abs. 6 Nr. 3 SGB X bereits geprüft wurde, trotzdem durch die explizite Nennung der De-Mail als Versandmöglichkeit von Steuerdaten unter Wahrung des Steuergeheimnisses im Gesetz eine Beeinträchtigung der Marktposition der nicht De-Mail-akkreditierten Anbieter sicherer elektronischer Zugangsformen ergeben.

Sowohl eine subjektive als auch eine objektive berufsregelnde Tendenz scheiden bei der Regelung des § 30 Abs. 7 AO wie bei § 67 Abs. 6 Nr. 3 SGB X aus. Eine solche ist jedoch nach hier vertretener Auffassung entbehrlich.

Ein Eingriff in die Wettbewerbsfreiheit der nicht akkreditierten Anbieter sicherer elektronischer Zugangsformen aus Art. 12 Abs. 1 Satz 1 GG liegt somit vor.

(c) Rechtfertigung

Der Eingriff könnte jedoch gerechtfertigt sein.

(aa) Gesetzesvorbehalt des Art. 12 Abs. 1 Satz 2 GG

Der Gesetzesvorbehalt ist unproblematisch dadurch erfüllt, dass § 30 Abs. 7 AO ein Bundesgesetz darstellt.

1120 Siehe hierzu *C. Hoffmann u. a.*, Der *E-POSTBRIEF* in der öffentlichen Verwaltung – Einsatzoptionen im Sozial- und Steuerverfahren sowie für Berufsgeheimnisträger, Band 2, 2011, S. 99 f.

1121 Siehe bereits Fn. 1075.

(bb) Drei-Stufen-Theorie (Verhältnismäßigkeit)

Hinsichtlich der Verhältnismäßigkeitsprüfung kann auf die Verhältnismäßigkeit der parallelen Regelung im Sozialverfahren verwiesen werden, zumal die Gesetzesbegründungen für die Regelung des § 30 Abs. 7 AO und des § 67 Abs. 6 Nr. 3 SGB X gleichlautend sind. Wie bereist dargestellt, rührt das Missverständnis des Ausschlusses der De-Mail für Sozialdaten von einer missverständlichen Formulierung in der Begründung zum De-Mail-G her, die die Nutzung der De-Mail explizit für den Anwendungsbereich des § 30 AO ausschließt. Der Eingriff ist somit gerechtfertigt.

(d) Ergebnis

Die Regelung des § 30 Abs. 7 AO greift somit ebenfalls weder ungerechtfertigt in die Berufsfreiheit noch in die Wettbewerbsfreiheit der nicht akkreditierten Anbieter sicherer elektronischer Zugangsformen aus Art. 12 Abs. 1 Satz 1 GG ein, insbesondere nicht, indem in § 30 Abs. 7 AO klargestellt wird, dass auch mit der De-Mail unter Wahrung des Steuergeheimnisses Steuerdaten versendet werden können, also ein Offenbaren i. S. d. § 30 Abs. 2 AO nicht vorliegt.

(2) Gleichheitsgrundsatz/Wettbewerbsgleichheit, Art. 3 Abs. 1 GG

§ 30 Abs. 7 AO könnte aus den bereits genannten Gründen auch gegen den allgemeinen Gleichheitsgrundsatz bzw. die Wettbewerbsgleichheit der Anbieter nicht akkreditierter sicherer elektronischer Zugangsformen aus Art. 3 Abs. 1 GG verstoßen.

(a) Ungleichbehandlung von wesentlich Gleichem

(aa) Ungleichbehandlung

Auch in der expliziten Nennung der De-Mail in § 30 Abs. 7 AO als Möglichkeit der Versendung von Steuerdaten unter Wahrung des Steuergeheimnisses im Gegensatz zu anderen nicht akkreditierten sicheren elektronischen Zugangsformen, die nicht im Gesetz genannt werden, liegt eine Ungleichbehandlung.

(bb) Wesentliche Gleichheit

Ob die De-Mail und andere nicht akkreditierte sichere elektronische Zugangsformen im vorliegenden Fall als wesentlich gleich i. S. d. Art. 3 Abs. 1 GG bezeichnet werden können, muss am konkreten Einsatz bewertet werden. Wie bereits dargelegt wurde, können Steuerdaten sowohl mit der De-Mail als auch mit anderen nicht akkreditierten sicheren elektronischen Zugangsformen unter Wahrung des Steuergeheimnisses versendet werden. Es ergeben sich also in diesem konkreten Fall keine Unterschiede zwischen der De-Mail und anderen nicht akkreditierten sicheren elektronischen Zugangsformen, sodass sie als wesentlich gleich zu bezeichnen sind.

(b) Rechtfertigung

Hinsichtlich der Rechtfertigung sowohl in Bezug auf den Maßstab der Prüfung als auch der Verhältnismäßigkeit des Eingriffs kann auf die Prüfung der Verhältnismäßigkeit im Rahmen des § 67 Abs. 6 Satz 2 Nr. 3 lit. b 3. Halbsatz SGB X verwiesen werden, da sich sowohl die Vergleichsgruppen als auch die Begründung der Gesetzesausgestaltung entsprechen. Die Ungleichbehandlung ist deshalb wie bei § 67 Abs. 6 Satz 2 Nr. 3 SGB X auch bei § 30 Abs. 7 AO verhältnismäßig und damit gerechtfertigt.

(c) Ergebnis

Die Regelung des § 30 Abs. 7 AO verstößt folglich weder ungerechtfertigt gegen den allgemeinen Gleichbehandlungsgrundsatz noch gegen die Wettbewerbsgleichheit der nicht akkreditierten Anbieter sicherer elektronischer Zugangsformen aus Art. 3 Abs. 1 GG, insbesondere nicht, indem in § 30 Abs. 7 AO wie in der Parallelvorschrift in § 67 Abs. 6 Satz 2 Nr. 3 lit. b 3. Halbsatz SGB X klargestellt wird, dass auch mit der De-Mail unter Wahrung des Steuergeheimnisses Steuerdaten versendet werden können, also ein Offenbaren i. S. d. § 30 Abs. 2 AO nicht vorliegt.

(3) Weitere Grundrechte

Da der Schutzbereich des Art. 14 Abs. 1 Satz 1 GG aus den bereits genannten Gründen nicht tangiert ist und die allgemeine Handlungsfreiheit aus Art. 2 Abs. 1 GG sowie der allgemeine Gleichbehandlungsgrundsatz aus Art. 3 Abs. 1 GG aufgrund der Spezialität der Wettbewerbsfreiheit des Art. 12 Abs. 1 Satz 1 GG bzw. der Wettbewerbsgleichheit aus § 3 Abs. 1 GG nicht zu prüfen sind, scheidet ein Eingriff in weitere wettbewerbsrelevante Grundrechte im vorliegenden Fall aus.

6. Beleihung der De-Mail-Diensteanbieter im Rahmen der förmlichen Zustellung nach § 5 Abs. 6 De-Mail-G

De-Mail-Anbieter werden durch § 5 Abs. 6 De-Mail-G dahingehend mit Hoheitsrechten ausgestattet, dass sie Nachrichten nach § 5a VwZG förmlich zustellen können. Eine förmliche Zustellung ist nur durch eine solche Beleihung möglich. Andere Anbieter sicherer elektronischer Zugangsformen haben hingegen nicht die Möglichkeit, Nachrichten elektronisch förmlich zuzustellen, wenn sie sich nicht nach dem De-Mail-G akkreditieren lassen. Zwar war ihnen dies auch nicht vor der Beleihung der De-Mail-Diensteanbieter mit der förmlichen Zustellung möglich, allerdings war vor diesem Zeitpunkt keine andere sichere elektronische Zugangsform in der Lage, ohne den Einsatz einer qeS (§ 5 Abs. 5 Satz 3 VwZG) elektronische Nachrichten förmlich zuzustellen, da hierfür Hoheitsbefugnisse erforderlich wären. Die Beleihung mit der förmlichen Zustellung ist untrennbar mit der Akkreditierung als De-Mail-Anbieter verbunden. Durch die Regelung der Beleihung nur für akkreditierte De-Mail-Anbieter wird vor allem die öffentliche Verwaltung als besonders vielversprechender Markt für andere sichere elektronische Zugangsformen im Bereich der förmlichen Zustellung ausgeklammert, da gerade die Verwaltung auf eine rechtssichere und vertrauliche Kommunikation angewiesen ist. Die Verpflichtung bzw. das Recht, förmlich elektronisch zustellen zu können, und die Akkreditierung als De-Mail-Anbieter sind unmittelbar miteinander verbunden. Mit Wirksamwerden der Akkreditierung sind akkreditierte De-Mail-Anbieter auch beliehen, ohne dass ein gesondertes Beleihungsverfahren erforderlich ist[1122].

Die Regelung der De-Mail-Akkreditierung als solche ist, wie bereits festgestellt, gerechtfertigt. Grundsätzlich gelten für alle Beliehenen die gleichen Voraussetzungen, nämlich die Voraussetzungen der De-Mail-Akkreditierung. Das Problem bei der Regelung der Beleihung besteht vielmehr in der Verknüpfung zwischen De-Mail-Akkreditierung und Beleihung. Das für eine Beleihung erforderliche Vertrauen kann auch bei nicht akkreditierten Anbietern bestehen. Es ist bspw. davon auszugehen, dass die E-Postbrief-Zusatzoption „Einschreiben Einwurf" die Anforderungen der Versandbestätigung des § 5 Abs. 6 De-Mail-G erfüllt[1123]. Ein Anbieter, der durch hoheitliche Beleihung förmlich zustellen können möchte, ist jedoch durch die ausschließliche Anknüpfung der Beleihung an die Akkreditierung eben nicht frei in seiner Entscheidung. Er muss sich, um öffentlich zustellen zu können, dem De-Mail-Standard unterwerfen. Die ausschließliche und ausdrückliche Nennung der De-Mail kritisierte bereits der Bundesrat und sprach sich für eine technikneutrale Ausgestaltung aus[1124].

Fraglich ist, ob hierdurch wettbewerbsrelevante Grundrechte beeinträchtigt werden.

a) Berufsfreiheit, Art. 12 Abs. 1 Satz 1 GG

aa) Schutzbereich

Die Tätigkeit von Anbietern sicherer elektronischer Zugangsformen ist, wie bereits festgestellt wurde, eine berufliche Betätigung. Teil der Betätigung ist auch eine etwaige förmliche Zustellung. Diese unterfällt, wie in der analogen Welt die förmliche Zustellung den Postdienstleistungen, den elektronischen Zustellungsleistungen. Grundsätzlich wäre deshalb der Schutzbereich der Berufsfreiheit aus Art. 12 Abs. 1 Satz 1 GG berührt.

Hinsichtlich einer Beleihung gelten jedoch besondere Voraussetzungen: Wem der Staat Hoheitsrechte überträgt und ob er dies durch oder aufgrund Gesetzes macht,

1122 BT-Drs. 17/3630, S. 30.

1123 *C. Hoffmann u. a.*, Der *E-POSTBRIEF* in der öffentlichen Verwaltung – Chancen, Einsatzoptionen, rechtliche Handlungsspielräume, Band 1, 2011, S. 107 f.

1124 BT-Drs. 17/4145, S. 7, 8, 11; *Skrobotz*, in: Manssen (Hrsg.), Telekommunikations- und Multimediarecht, Band 2, Stand: 33. Erg.-Lfg. 2013, K § 5 De-Mail-G Rn. 36, K § 1 Rn. 61.

kann er aufgrund seines staatlichen Organisationsermessens selbst entscheiden[1125]. So gibt es keinen Anspruch auf eine Beleihung aus Art. 12 GG[1126]. Es obliegt folglich der staatlichen Organisationsgewalt im Rahmen des Art. 33 GG, zu bestimmen, wie und durch wen staatliche Aufgaben erfüllt werden. Die Ausübung staatlicher Funktionen ist der Verfügungsgewalt des Einzelnen entzogen[1127]. Dies kann damit begründet werden, dass der Beliehene als Glied der (mittelbaren) Staatsverwaltung handelt[1128] und dass der Staat bzw. die Körperschaft, die ihn beliehen hat, für sein Handeln haftet[1129].

Der Gesetzgeber darf also grundsätzlich selbst entscheiden, ob, welche und in welchem Umfang er Anbieter sicherer elektronischer Zugangsformen mit hoheitlichen Aufgaben wie der Möglichkeit der öffentlichen Zustellung betraut. Deshalb greift es grundsätzlich auch nicht in Art. 12 Abs. 1 Satz 1 GG ein, wenn er gesetzlich ausschließlich De-Mail-Anbieter beleiht.

Ausnahmen hiervon gelten indes nur dann, wenn der Gesetzgeber die staatliche Anerkennung von beruflichen Qualifikationen einführt und hierdurch Vorteile im Wettbewerb für Einzelne schafft. In diesem Fall soll der Schutzbereich des Art. 12 Abs. 1 Satz 1 GG betroffen sein, obwohl die staatliche Zulassung Voraussetzung für die Wahrnehmung hoheitlicher Aufgaben ist[1130].

Dies fände allerdings im vorliegenden Fall nur Anwendung, wenn einem Anbieter sicherer elektronischer Zugangsformen die beantragte Akkreditierung versagt werden würde, betrifft aber nicht die gesetzliche Regelung der Beleihung.

Art. 12 GG bietet u. a. auch Schutz vor ungerechtfertigten, den Freiheitsraum einengenden Aufgabenmonopolisierungen durch den Staat[1131]. De-Mail-Anbieter sollen bzw. sind bisher jedoch nur private Anbieter, sodass auch dies hier nicht zutrifft.

Der Schutzbereich des Art. 12 Abs. 1 Satz 1 GG bietet folglich keinen Schutz vor einer ausschließlichen Beleihung der De-Mail-Anbieter mit der Fähigkeit, förmlich zustellen zu können.

1125 *Kiefer*, LKRZ 2009, 441 (443); *Steiner*, Fragen der Beleihungsdogmatik aus österreichischer und deutscher Sicht, in: Schäffer (Hrsg.), FS Koja, 1998, S. 603 (616).

1126 *Kiefer*, LKRZ 2009, 441 (443); *Ossenbühl*, VVDStL 29 (1971), 136 (185 ff., insbes. 187, 189); *Barthel/Lepczyk*, JA 2008, 436 (442) zu Art. 45 Abs. 1 EGV.

1127 *Kiefer*, LKRZ 2009, 441 (443); *ders.*, NVwZ 2001, 1109 (1111 ff., insbes. 1114); *P. M. Schulz*, ZfW 1998, 277 (281).

1128 *Ronellenfitsch*, in: Bader/Ronellenfitsch (Hrsg.), Beck'scher Online-Kommentar VwVfG, Stand: 01. 01. 2014, Ed. 22, § 1 Rn. 72; *Suerbaum*, in: Epping/Hillgruber (Hrsg.), Beck'scher Online-Kommentar GG, Stand: 01. 11. 2013, Ed. 19, Art. 86 Rn. 21.

1129 *Hübinger*, in: Büchting/Heussen (Hrsg.), Beck'sches Rechtsanwalts-Handbuch, 10. Aufl. 2011, § 26 Rn. 66.

1130 *Kiefer*, LKRZ 2009, 441 (443); OVG Münster, NZV 2001, 184 (185); BVerfGE 86, 28 (37); BVerwGE 89, 281 (283), NJW 1992, 1641 ff.

1131 *Ossenbühl*, VVDStL 29 (1971), 136 (187) m. w. N.

bb) Ergebnis

Es liegt folglich kein ungerechtfertigter Eingriff in die Berufsfreiheit aus Art. 12 Abs. 1 Satz 1 GG durch die ausschließliche Beleihung der akkreditierten De-Mail-Anbieter mit der Fähigkeit, nach § 5 Abs. 6 De-Mail-G förmlich zustellen zu können, vor.

b) Allgemeiner Gleichbehandlungsgrundsatz, Art. 3 Abs. 1 GG

Auch ein Verstoß gegen den Gleichbehandlungsgrundsatz aus Art. 3 Abs. 1 GG aufgrund der ausschließlichen Beleihung der De-Mail-Anbieter mit der Fähigkeit, nach § 5 Abs. 6 De-Mail-G zustellen zu können, liegt aufgrund des bereits im Rahmen des Art. 12 Abs. 2 GG Festgestellten nicht vor. Anders verhält sich dies auch hier lediglich, wenn einem Anbieter sicherer elektronischer Zugangsformen die beantragte Akkreditierung ungerechtfertigt versagt wird.

c) Eigentumsgarantie, Art. 14 Abs. 1 Satz 1 GG

Art. 14 Abs. 1 Satz 1 GG schützt im Gegensatz zu Art. 12 Abs. 1 Satz 1 GG nicht die Erwerbstätigkeit, sondern lediglich das Erworbene, unabhängig von der Erwerbsbetätigung[1132]. Das bereits Erworbene wird durch die ausschließliche Möglichkeit der De-Mail-Anbieter zur förmlichen Zustellung im Gegensatz zu anderen sicheren elektronischen Zugangsformen nach § 5 Abs. 6 GG nicht beeinträchtigt, weshalb der Schutzbereich der Eigentumsgarantie nicht eröffnet ist.

d) Allgemeine Handlungsfreiheit, Art. 2 Abs. 1 GG

Für Art. 2 Abs. 1 GG als Auffanggrundrecht gilt das bereits zu Art. 12 Abs. 1 Satz 1 GG und Art. 3 Abs. 1 GG Gesagte.

7. Staatliche Informationstätigkeit

Die staatliche Informationstätigkeit kann enormen Einfluss auf den Wettbewerb nehmen, da Informationen einen starken Faktor im wirtschaftlichen Gefüge darstellen. Informationen lassen Börsenkurse fallen, entscheiden darüber, welche Produkte in aller Munde sind und deshalb mehr als andere gekauft werden, und können Wettbewerbsteilnehmer sogar in den Ruin treiben. All dies, obwohl die bloße Veröffentlichung von Informationen im Gegensatz zu Ge- und Verboten letztlich keinen Zwang auf Bürger und Verbraucher ausübt.

Diese nicht zu unterschätzende Wirkung gilt besonders für staatliche Äußerungen, da diesen ein besonderes Vertrauen seitens der Bürger zukommt[1133].

1132 *Jarass*, in: ders./Pieroth, GG, 12. Aufl. 2012, Art. 12 Rn. 3.

1133 *Bieback*, Zertifizierung und Akkreditierung, Das Zusammenwirken staatlicher und nichtstaatlicher Akteure in gestuften Prüfsystemen, 2008, S. 415; *Akbarian*, Die Zertifizierung zum Entsorgungsfachbetrieb nach § 52 KrW-/AbfG, 2001, S. 222;

Informationen sind jedoch auch der „Sauerstoff der Demokratie“[1134], weshalb staatliches Informationshandeln notwendig sein kann.

Aus diesen Gründen ist die staatliche Informationstätigkeit als Fallgruppe des wettbewerbsrelevanten Staatshandelns hier zu behandeln.

a) Bedeutung der staatlichen Informationstätigkeit im Hinblick auf die Etablierung elektronischer Zugangsformen

Staatliche Informationstätigkeit stellt auch im Hinblick auf elektronische Zugangsformen ein wirksames Mittel des Staates dar, diese zu etablieren. Negative wie positive oder auch nur vermehrt auftauchende Informationen, die die Aufmerksamkeit zielgesteuert lenken, in Bezug auf einzelne oder Gruppen von elektronischen Zugangsformen können den Wettbewerb beeinflussen und zu Umsatzsteigerungen bzw. Umsatzeinbußen führen.

b) Bedeutung der staatlichen Informationstätigkeit für die De-Mail

Eine Beeinträchtigung des Wettbewerbs durch staatliche Informationstätigkeit könnte im Hinblick auf die Behandlung von elektronischen Zugangsformen in der staatlichen Informationstätigkeit über die De-Mail bzw. den De-Mail-Standard liegen.

Der Staat informiert über einzelne Stellen umfassend über das staatlich veranlasste Vorhaben der De-Mail bzw. den De-Mail-Standard.

Besonders im Internet wird Informationsmaterial bereitgestellt. Neben dem BMI[1135] stellen auch das BSI[1136] und der Bundesbeauftragte der Bundesregierung für Informationstechnik[1137] auf ihren Internetpräsenzen Informationsmaterial zur De-Mail bzw. zum De-Mail-Standard zur Verfügung. Es existiert sogar eine eigene Domain für die De-Mail[1138], die den Internetnutzer auf die entsprechenden

---

Martini/Kühl, DÖV 2013, 573 (573); *Köhler*, in: ders./Bornkamm, UWG, 32. Aufl. 2014, § 4 Rn. 13.49; *Ossenbühl*, NVwZ 2011, 1357 (1358); *Guckelberger*, Rechtliche Anforderungen an die aktive Informationsvorsorge des Staates im Internet, in: Hill/Schliesky (Hrsg.), Die Vermessung des virtuellen Raums, 2012, S. 73 (77 f.); BGH, WRP 2009, 1369 (1371).

1134 So *Martini/Kühl*, DÖV 2013, 573 (573).

1135 Abrufbar auf der Internetpräsenz des Bundesministeriums des Innern unter www.bmi.bund.de/DE/Themen/IT-Netzpolitik/De-Mail/de-mail_node.html.

1136 Abrufbar auf der Internetpräsenz des Bundesamts für Sicherheit in der Informationstechnik unter www.bsi-fuer-buerger.de/BSIFB/DE/SicherheitImNetz/KommunikationUeberInternet/De-Mail/VorteileundFunktionen/Registrierung/registrierung_node.html.

1137 Abrufbar auf der Internetpräsenz des Bundesbeauftragten der Bundesregierung für Informationstechnik unter www.cio.bund.de/DE/Innovative-Vorhaben/De-Mail/de_mail_node.html.

1138 www.de-mail.de.

Informationsseiten zur De-Mail auf der Internetpräsenz des Bundesbeauftragten der Bundesregierung für Datenschutz weiterleitet. Auch ein E-Mail-Newsletter mit Informationen über die De-Mail existiert, dessen Ausgaben man abonnieren oder im Internet nachlesen kann[1139].

Auf den Internetseiten informieren die staatlichen Stellen nicht nur umfassend über die Funktionsweise der De-Mail, die Voraussetzungen der Akkreditierung der Anbieter sowie die Möglichkeiten der Nutzung, sondern führen auch zumeist in Abgrenzung zur E-Mail-Kommunikation die Vorteile der De-Mail auf. Verwendet werden auf diesen Seiten auch aussagekräftige Sprüche, die Werbesprüchen zumindest sehr ähneln. Beispielsweise heißt es „De-Mail – So einfach wie E-Mail, so sicher wie Papierpost".

Parallel werden auch Broschüren mit ähnlichen Inhalten gedruckt. Auch in vielen Fachzeitschriften und Druckerzeugnissen des Staates findet man das De-Mail-Logo wieder.

Im März 2012 hat das BMI zudem eine Initiative zur Förderung des Einsatzes von De-Mail – mit gleichzeitiger Förderung des nPA – ins Leben gerufen[1140]. Durch diese sollen Behörden bei der Umsetzung unter anderem durch Informationsveranstaltungen, Beratungen zu Prozessen, dem Projektmanagement, der technischen Integration und zum Einsatz sowie durch Bereitstellung von Informationen bei der Umsetzung der De-Mail unterstützt werden. Eine solche Hilfe kommt anderen sicheren elektronischen Zugangstechniken selbstverständlich nicht zu.

Nun könnte man hier auf den ersten Blick einwenden, dass lediglich Informationen für die Bürger zur Verfügung gestellt werden, damit diese überhaupt Kenntnis von der Möglichkeit der Nutzung der De-Mail erlangen und sich frei zwischen den Zugangsformen entscheiden können. Dennoch könnte bereits darin eine Verzerrung des Marktes liegen, wenn die Informationstätigkeit in besonderem Ausmaß erfolgt. Auch ist zumindest zu prüfen, ob in diesem Handeln eine intendierte Empfehlung des Staates liegt, wenn die Vorteile der De-Mail herausgestrichen werden und von staatlicher Seite um Aufmerksamkeit für die De-Mail gerungen wird.

Als zweiter Punkt könnte eingewendet werden, dass der Staat nur über einen bloßen von ihm festgelegten Standard, den De-Mail-Standard nach dem De-Mail-G, informiert und nicht über die De-Mail-Produkte der privaten Anbieter. Problematisch stellt sich in diesem Zusammenhang jedoch dar, dass der De-Mail-Standard bereits sehr konkretisiert ist. Das De-Mail-G regelt alle Einzelheiten der verpflichtenden und freiwilligen Dienste und Funktionen. Darüber hinaus schränkt es auch

---

1139 Newsletter-Anmeldungen unter www.cio.bund.de/DE/Service/Newsletter/news letter_node.html?lv2=2114496. Die einzelnen Ausgaben können auf der Internetpräsenz des Bundesbeauftragten der Bundesregierung für Sicherheit in der Informationstechnik unter www.cio.bund.de/DE/Innovative-Vorhaben/De-Mail/ de_mail_node.html nachgelesen werden.

1140 Siehe hierzu den Artikel „eGovernment-Initiative zur Förderung von nPA und De-Mail – Umsetzung der Vorhaben beginnt" in eGovernment Computing, Ausgabe 11/2012, S. 3.

die Gestaltungsmöglichkeiten in Verbindung mit anderen Diensten ein[1141]. Deshalb könnte man vertreten, dass die De-Mail bereits ein vom Staat entwickeltes Produkt darstellt und keinen bloßen Standard[1142]. Dies kann jedoch dahinstehen, da De-Mail-Standard und De-Mail-Produkt aus der Perspektive eines Verbrauchers bzw. Bürgers nicht zu trennen sind. Erregt der Staat bzw. erregen staatliche Stellen Aufmerksamkeit für die De-Mail, kommt diese Aufmerksamkeit auch den privaten De-Mail-Diensteanbietern zugute. Selbst wenn die staatlichen Stellen ausdrücklich Informationen über den De-Mail-Standard verbreiten, bestünde aufgrund der Namensgleichheit von Standard und Produkt eine unbestreitbare Verwechslungsgefahr.

Aus dieser staatlichen Tätigkeit, sei es die Verbreitung von Informationen in Form von „Werbung" oder eine intendierte Empfehlung, könnte sich ein Eingriff in die wettbewerbsrelevanten Grundrechte ergeben. Im Folgenden sollen deshalb am Beispiel des elektronischen Zugangs für De-Mail die Grenzen staatlicher Informationstätigkeit im Rahmen der Schaffung und Regelung von elektronischen Zugangsformen analysiert und deren Grenzen aufgezeigt werden.

aa) Wettbewerbsfreiheit, Art. 12 Abs. 1 Satz 1 GG

Zunächst könnte durch die staatliche Informationstätigkeit ein Eingriff in die Wettbewerbsfreiheit vorliegen.

(1) Schutzbereich

Die Wettbewerbsfreiheit schützt nach der hier vertretenen Ansicht auch die Marktposition der Mitbewerber bzw. ihre Stellung im Wettbewerb gegenüber staatlichen Eingriffen. Dies umfasst auch Absatzeinbußen, die durch eine staatliche Verzerrung bedingt sind bzw. Nachteile, die privaten Wettbewerbern durch staatliches Handeln auferlegt werden.

Dadurch, dass der Staat in der geschilderten Weise vermehrt über die De-Mail informiert, worin eine indirekte Empfehlung des Staates für die De-Mail liegen könnte, wäre es möglich, dass für andere Anbieter von sicheren elektronischen Kommunikationsmöglichkeiten Nachteile entstehen. Es liegt nahe, dass die Verbraucher bzw. Bürger durch die staatliche Informationstätigkeit leichter auf die De-Mail aufmerksam werden, was sich in den Absatzzahlen der De-Mail positiv und auf Seiten der Anbieter anderer sicherer elektronischer Kommunikationstechniken

---

1141 So ist eine Verknüpfung von De-Mail-Leistungen mit hybriden Postdienstleistungen nach den Vorgaben des De-Mail-G nicht möglich, da die De-Mail-Adresse und das De-Mail-Siegel nur für die elektronischen Dienste nach dem De-Mail-G genutzt werden dürfen, was eine Verbindung der Dienste unmöglich macht, vgl. § 5 Abs. 1 De-Mail-G. Hybride Dienste, wie bspw. der E-Postbrief mit klassischer Zustellung, können nicht mit De-Mail kombiniert werden, wie es beim elektronischen und hybriden E-Postbrief der Fall ist.

1142 So auch *Heckmann/Albrecht*, ZRP 2013, 42 (44).

negativ auswirken wird. Zumindest werden diese, um hier gegenzusteuern, einen erheblichen Werbeaufwand tätigen müssen, damit ihre Produkte eine vergleichbare Aufmerksamkeit erlangen.

Zusätzlich wird den staatlichen Informationen besonderes Vertrauen von Seiten der Bürger entgegengebracht[1143]. Seine Informationen und Empfehlungen werden grundsätzlich als richtig und gut angesehen. Aufgrund der Beeinflussung durch die amtliche Autorität des Staates könnten die Verbraucher bzw. Bürger gehalten sein, statt anderer sicherer elektronischer Kommunikationsmittel die De-Mail zu nutzen, was sich wiederum in der oben beschriebenen Weise im Absatz niederschlagen wird.

Der Schutzbereich ist folglich nach der hier vertretenen Ansicht eröffnet.

(2) Eingriff

Des Weiteren müsste ein Eingriff in diesen Schutzbereich vorliegen.

Die staatliche Informationstätigkeit ist sehr vielgestaltig. Ein einheitliches Begriffsverständnis herrscht zum derzeitigen Zeitpunkt (noch immer) nicht vor[1144]. Deshalb erscheint es hilfreich, für die weiteren Ausführungen zunächst die verwendeten Begrifflichkeiten festzulegen und zu systematisieren. Zwar handelt es sich bei den verwendeten Begriffen nicht um dogmatische Rechtsbegriffe bzw. -institute, sondern um typisierende Beschreibungen[1145]. Nicht die Bezeichnung, sondern der Inhalt bzw. die Definition und die Grundrechtsrelevanz sind insoweit für die Feststellung eines Eingriffs maßgeblich, obwohl einige Begriffe sich bereits auf dem Weg zu juristischen Instituten befinden[1146]. Eine Begriffsfestlegung erleichtert hier jedoch die Abgrenzung der unterschiedlichen Handlungsformen.

1143 Siehe bereits Fn. 1133.

1144 *Haussühl*, Die Produktwarnung im System des Öffentlichen Rechts, 1999, S. 17 mit Beispielen; *Heintzen*, NuR 1991, 301 (301); *Leidinger*, DÖV 1993, 925 (926) mit Beispielen; *Odewald*, Faktische und mittelbare Eingriffe in die Wettbewerbsfreiheit, 2011, S. 143; *Rolf Schmidt*, Staatliches Informationshandeln und Grundrechtseingriff, 2004, S. 25.

1145 *Haussühl*, Die Produktwarnung im System des Öffentlichen Rechts, 1999, S. 17; *Heintzen*, NuR 1991, 301 (301); *Leidinger*, DÖV 1993, 925 (926); *Berg*, ZLR 1990, 565 (566 f.); *Gramm*, Der Staat 30 (1991), 51 (53 f.); *Odewald*, Faktische und mittelbare Eingriffe in die Wettbewerbsfreiheit, 2011, S. 144; *Porsch*, Warnungen und kritische Äußerungen als Mittel gemeindlicher Öffentlichkeitsarbeit, 1997, S. 41; *Rolf Schmidt*, Staatliches Informationshandeln und Grundrechtseingriff, 2004, S. 25.

1146 *Heintzen*, NuR 1991, 301 (301); *ders.*, Die öffentliche Warnung als Handlungsform der Verwaltung?, in: Becker-Schwarze u. a. (Hrsg.), Wandel der Handlungsformen im Öffentlichen Recht, 1991, S. 167 (173 ff.); *Berg*, ZLR 1990, 565 (566 f.).

(a) Erläuterung der Systematik und der verwendeten Begriffe

Die staatliche Informationstätigkeit als Fallgruppe des Öffentlichen Wettbewerbsrechts soll im Folgenden als Obergruppe für alle informierenden Tätigkeiten des Staates dienen, unabhängig davon, ob sie Grundrechtsrelevanz besitzen oder nicht.

Die staatliche Informationstätigkeit lässt sich zunächst in zwei Untergruppen gliedern: Die Öffentlichkeitsarbeit des Staates und die verhaltenslenkende Informationstätigkeit.

Abbildung 4: Staatliche Informationstätigkeit

(aa) Verhaltenslenkende Informationstätigkeit

Eine Fallgruppe der staatlichen Informationstätigkeit bildet das verhaltenslenkende Informationshandeln, welcher bspw. Empfehlungen und Warnungen zuzuordnen sind. Prägendes Merkmal diesen Informationshandelns ist die Intention des informierenden Staates, mittelbar das Verhalten der Bürger zu lenken.

Im Bereich der verhaltenslenkenden Informationstätigkeit des Staates haben sich wiederum unterschiedliche Instrumente herausgebildet.

(i) Warnungen

Von der Intensität der Instrumente der verhaltenslenkenden Informationstätigkeit des Staates her ist die Warnung das stärkte Mittel zur Verhaltenslenkung. Sie ist auf einen bestimmten Erfolg gerichtet, der i. d. R. in der Gefahrenabwehr liegt. Besonderes Merkmal der Warnung ist ihre Individualität, d. h. ihre Bestimmtheit bzw. Bestimmbarkeit: Sie warnt vor einer bestimmten Person/Personengruppe, einem Produkt oder einer bestimmten Verhaltensweise (Individualität der Warnung)[1147]. Zwar hat die Warnung keinen imperativen bzw. sanktionierenden Charakter, denn dem Bürger bleibt in der Theorie seine Entscheidungsfreiheit erhalten, letztlich wird diese jedoch tatsächlich erheblich dadurch eingeschränkt, dass er bei

1147 *C. Schmidt*, Verhaltenslenkende Informationsmaßnahmen der Bundesregierung, 2003, S. 27.

Nichtbeachtung der Warnung mit den in dieser geäußerten Risiken konfrontiert wird. Faktisch bleibt dem Adressaten somit keine vernünftige andere Wahl[1148].

(ii) Empfehlungen

Im Gegensatz zur Warnung bleiben dem Bürger bei einer Empfehlung mehrere Handlungsmöglichkeiten, unter denen zumindest eine realistische und vernünftige besteht und zwischen denen er sich grundsätzlich frei entscheiden kann. Der Staat äußert lediglich eine Präferenz für eine von mehreren möglichen, rechtlich unbedenklichen und ungefährlichen Möglichkeiten. Es handelt sich deshalb im Gegensatz zur Warnung nicht um eine Maßnahme zur Gefahrenabwehr. So hat auch die Empfehlung keinen imperativen Charakter. Sie ist jedoch wie die Warnung individuell (Individualität der Empfehlung)[1149]. Besteht keine als sicher zu bewertende Alternative, handelt es sich streng genommen nicht um eine Empfehlung, sondern um eine positiv formulierte Warnung[1150].

(bb) Öffentlichkeitsarbeit

Dem verhaltenslenkenden Informationshandeln des Staates steht die staatliche Öffentlichkeitsarbeit gegenüber[1151]. Bei dieser informieren die Regierung(en) und die Verwaltung über ihre Tätigkeiten[1152]. Hierzu zählen sowohl bereits Erreichtes sowie noch zu erledigende Aufgaben als auch Lösungsmöglichkeiten für bestehende

---

1148 Siehe zum Begriff der Warnung allgemein *Rolf Schmidt*, Staatliches Informationshandeln und Grundrechtseingriff, 2004, S. 25; *C. Schmidt*, Verhaltenslenkende Informationsmaßnahmen der Bundesregierung, 2003, S. 27 f.; *Käß*, WiVerw 2002, 197 (198 ff.); *Leidinger*, DÖV 1993, 925 (926); *Haussühl*, Die Produktwarnung im System des Öffentlichen Rechts, 1999, S. 21 f.

1149 *C. Schmidt*, Verhaltenslenkende Informationsmaßnahmen der Bundesregierung, 2003, S. 29.

1150 Siehe zum Begriff der Empfehlung allgemein *Rolf Schmidt*, Staatliches Informationshandeln und Grundrechtseingriff, 2004, S. 26; *C. Schmidt*, Verhaltenslenkende Informationsmaßnahmen der Bundesregierung, 2003, S. 28 f.; *Leidinger*, DÖV 1993, 925 (926); *Haussühl*, Die Produktwarnung im System des Öffentlichen Rechts, 1999, S. 19 ff.

1151 Siehe zur Öffentlichkeitsarbeit allgemein *Leisner*, Öffentlichkeitsarbeit der Regierung im Rechtsstaat, 1966; *Kempen*, Grundgesetz, amtliche Öffentlichkeitsarbeit und politische Willensbildung, 1975; *Schürmann*, Öffentlichkeitsarbeit der Bundesregierung, 1992; BVerfGE 20, 56 (100); 44, 125; 63, 230; *Odewald*, Faktische und mittelbare Eingriffe in die Wettbewerbsfreiheit, 2011, S. 361 ff.; *P. Kirchhof*, in: Isensee/Kirchhof (Hrsg.), HStR V, 3. Aufl. 2007, § 99 Rn. 214. Kritisch *Schoch*, in: Isensee/Kirchhof (Hrsg.), HStR III, 3. Aufl. 2005, § 37 Rn. 111, der vor einer Erweiterung des Begriffs der Öffentlichkeitsarbeit jegliches Informationshandeln wie bspw. Verhaltensempfehlungen, wie das BVerfG sie vornimmt, warnt.

1152 *Spaeth*, Grundrechtseingriff durch Information, 1995, S. 25.

Probleme[1153]. Dies ist in einem demokratischen Rechtsstaat erforderlich, um eine Übereinstimmung bzw. Akzeptanz des Bürgers mit den staatlichen Maßnahmen herbeizuführen[1154].

Als Formen der Öffentlichkeitsarbeit sind Hinweise und die Aufklärungstätigkeit zu sehen[1155].

Von Empfehlungen unterscheiden sich Hinweise bzw. die allgemeine Aufklärungstätigkeit[1156] des Staates durch ihre Abstraktheit bzw. Generalität hinsichtlich ihres Gegenstandes und ihren fehlenden Maßnahmencharakter[1157]. Im Gegensatz zur Individualität der Empfehlungen thematisiert die bloße Aufklärung bzw. ein bloßer Hinweis keine konkrete Person/Personengruppe, Produkte oder Verhaltensweisen. Der Staat gibt lediglich eine Wissenserklärung in Bezug auf einen bestimmten Informationsgegenstand ab und klärt so über die Wirkungsweise und/oder Ursachenzusammenhänge zwischen bestimmten Verhaltensmustern auf. Hinweise und die bloße Aufklärung stellen grundsätzlich keinen Eingriff in Grundrechte dar[1158], gehen also nicht zu Lasten eines individualisierbaren Grundrechtsträgers (Generalität der Aufklärung)[1159]. Ihre Wirksamkeit hängt deshalb von der Vernunft und der Mündigkeit des Bürgers ab, der sich vollkommen frei entscheiden kann[1160]. Die Aufklärung bzw. ein Hinweis kann aber auch mit positiv oder negativ wertenden Elementen

---

1153 *Spaeth*, Grundrechtseingriff durch Information, 1995, S. 25. Siehe zur Öffentlichkeitsarbeit allgemein: *Kempen*, Grundgesetz, amtliche Öffentlichkeitsarbeit und politische Willensbildung, 1975; *Jerschke*, Öffentlichkeitspflicht der Exekutive und Informationsrecht der Presse, 1971; *Leisner*, Öffentlichkeitsarbeit der Regierung im Rechtsstaat, 1966; BVerfGE 44, 125 (147 ff.); 63, 230 (243).

1154 *Spaeth*, Grundrechtseingriff durch Information, 1995, S. 25.

1155 So *C. Schmidt*, Verhaltenslenkende Informationsmaßnahmen der Bundesregierung, 2003, S. 19; a. A. wohl *Leidinger*, DÖV 1993, 925 (927), der auch bei Hinweisen eine Intention der Verhaltenslenkung durch den Staat annimmt.

1156 *Rolf Schmidt*, Staatliches Informationshandeln und Grundrechtseingriff, 2004, S. 26 f., unterscheidet hier zusätzlich zwischen Aufklärung und Hinweisen, wobei die Aufklärung näher an dem Begriff der Empfehlung liegt, aber keine Individualität aufweist.

1157 *Spaeth*, Grundrechtseingriff durch Information, 1995, S. 26 f.; *Heintzen*, Die öffentliche Handlungsform der Verwaltung?, in: Becker-Schwarze u. a. (Hrsg.), Wandel der Handlungsformen im öffentlichen Recht, 1991, S. 167 (174).

1158 *Leidinger*, DÖV 1993, 925 (930, 934); *Gramm*, NJW 1989, 2917 (2921); *ders.*, Der Staat 1991, 51 (78 f.); *Tremml*, NJW 1997, 2265 (2269); *C. Schmidt*, Verhaltenslenkende Informationsmaßnahmen der Bundesregierung, 2003, S. 19, 96; *Di Fabio*, JuS 1997, 1 (4); VGH Bad.-Württ., DÖV 1989, 169 ff.

1159 *C. Schmidt*, Verhaltenslenkende Informationsmaßnahmen der Bundesregierung, 2003, S. 30.

1160 Siehe zum Begriff des Hinweises und der Aufklärung allgemein *Rolf Schmidt*, Staatliches Informationshandeln und Grundrechtseingriff, 2004, S. 26; *C. Schmidt*, Verhaltenslenkende Informationsmaßnahmen der Bundesregierung, 2003, S. 30; *Leidinger*, DÖV 1993, 925 (927); *Tremml*, NJW 1997, 2265 (2266, 2269).

versehen sein. Dies zeigt die fließenden Grenzen zwischen den Instrumentarien des verhaltenssteuernden Informationshandelns auf. Wird ein Hinweis mit positiven Elementen versehen und ist hinreichend konkret, kann dieser sich als Empfehlung entpuppen, während sich ein kritischer Hinweis bei dem Ziel der Gefahrenabwehr als Warnung darstellen kann. Es wird dann jeweils hinsichtlich der Intensität der Grundrechtsbeeinträchtigung zu differenzieren sein[1161].

(cc) Abgrenzung

Eine Differenzierung dieser beiden Fallgruppen erscheint sinnvoll, da sie unterschiedliche Grundrechtsrelevanz haben und somit unterschiedlichen Rechtsmäßigkeitsanforderungen unterliegen.

(i) Abgrenzung nach dem Zweck der Informationstätigkeit

Eine Abgrenzung kann zunächst nach dem Zweck der Informationstätigkeit erfolgen. Soll die Informationstätigkeit vordergründig durch Beeinflussung der Verbraucher mittels gezielter Produktinformationen zu Verhaltensänderungen führen, um einen bestimmten Erfolg zu erzielen, handelt es sich um verhaltenslenkendes Informationshandeln und nicht um bloße Öffentlichkeitsarbeit, die primär die politische Willensbildung der Bürger und die Akzeptanzförderung staatlicher Aufgabenerledigung, also „PR in eigener Sache“[1162], beabsichtigt[1163].

Eine trennscharfe Grenze kann durch dieses Abgrenzungskriterium jedoch nicht gezogen werden, da die Übergänge zwischen den Fallgruppen fließend sind[1164]. So sind Elemente der einen Fallgruppe zwar nicht vordergründig, aber doch in Ansätzen auch in der jeweils anderen Fallgruppe feststellbar. Einerseits dient auch die verhaltenslenkende Informationstätigkeit in Teilen der Selbstdarstellung des Staates[1165]. Dadurch, dass er Warnungen oder Empfehlungen abgibt, macht er zugleich

---

1161 So zum kritischen Hinweis *Rolf Schmidt*, Staatliches Informationshandeln und Grundrechtseingriff, 2004, S. 27.

1162 *C. Schmidt*, Verhaltenslenkende Informationsmaßnahmen der Bundesregierung, 2001, S. 18.

1163 *Philipp*, Staatliche Verbraucherinformationen im Umwelt- und Gesundheitsrecht, 1989, S. 2; *C. Schmidt*, Verhaltenslenkende Informationsmaßnahmen der Bundesregierung, 2001, S. 18; *Spaeth*, Grundrechtseingriff durch Information, 1995, S. 25 f.; *Gröschner*, DVBl 1990, 619 (320).

1164 *Porsch*, Warnungen und kritische Äußerungen als Mittel gemeindlicher Öffentlichkeitsarbeit, S. 41; *Philipp*, Staatliche Verbraucherinformationen im Umwelt- und Gesundheitsrecht, 1989, S. 3; *Spaeth*, Grundrechtseingriff durch Information, 1995, S. 26; *Käß*, WiVerW 2002, 197 (200); *Quaritsch*, in: ders. (Hrsg.), Die Selbstdarstellung des Staates, 1977, S. 3 (4); *Rolf Schmidt*, Staatliches Informationshandeln und Grundrechtseingriff, 2004, S. 28.

1165 *Spaeth*, Grundrechtseingriff durch Information, 1995, S. 26; *Quaritsch*, in: ders. (Hrsg.), Die Selbstdarstellung des Staates, 1977, S. 3 (4).

deutlich, dass er das Problem erkannt hat und informiert zeitgleich über diese[1166]. Er definiert sich folglich über seine Taten selbst. Andererseits liegt auch in jeder Information über die Staatstätigkeit eine Wertung, wie sie in verhaltenslenkender Informationstätigkeit zu finden ist. In der Regel werden Regierung und Verwaltung ihre Tätigkeit und zukünftige Aktivitäten positiv darstellen, um hierauf aufmerksam zu machen und die notwendige Akzeptanz zu erzeugen. Eine Zuordnung im Einzelfall ist deshalb geboten[1167].

(ii) Abgrenzung nach der Funktion der Informationstätigkeit

Als genauer erweist sich hier die Differenzierung nach der Funktion der Informationstätigkeit. Ist die Informationstätigkeit selbst das Mittel zur Erfüllung einer öffentlichen Aufgabe, handelt es sich um verhaltenslenkende Informationstätigkeit. Die bloße Öffentlichkeitsarbeit stellt sich im Gegensatz dazu als bloß ergänzende (Annex-)Tätigkeit der Aufgabenerfüllung dar. Sie informiert lediglich über erfolgte oder geplante Maßnahmen, stellt aber selbst keine solche dar. Lässt sich die Informationstätigkeit folglich wegdenken, ohne dass der Erfolg entfiele, ist diese als Öffentlichkeitsarbeit zu qualifizieren[1168].

(b) Anwendung der Begrifflichkeiten auf den Sachverhalt der De-Mail

Es ist festzustellen, dass staatliche Stellen ausschließlich in positiver Weise über die De-Mail berichten.

Wie eingangs bereits erwähnt, informiert die Bundesregierung die Bürger sowohl über das Internet1169 als auch in Broschüren1170 und auf Veranstaltungen[1171] über die Existenz und die Funktionsweise der De-Mail.

So werden bspw. auf der für die De-Mail eingerichteten Internet-Domain[1172] neben der Funktionsweise die Vorteile der De-Mail gegenüber der herkömmlichen E-Mail-Kommunikation aufgezählt und diese mit Sätzen, die an Werbeslogans

---

1166 *Philipp*, Staatliche Verbraucherinformationen im Umwelt- und Gesundheitsrecht, 1989, S. 3; *Spaeth*, Grundrechtseingriff durch Information, 1995, S. 26; *Porsch*, Warnungen und kritische Äußerungen als Mittel gemeindlicher Öffentlichkeitsarbeit, 1997, S. 40.

1167 *Käß*, WiVerw 2002, 197 (200).

1168 Vgl. zur Abgrenzung nach der Funktion *Spaeth*, Grundrechtseingriff durch Information, 1995, S. 26; *Philipp*, Staatliche Verbraucherinformationen im Umwelt- und Gesundheitsrecht, 1989, S. 3; *Haussühl*, Die Produktwarnung im System des Öffentlichen Rechts, 1999, S. 18; *Heintzen*, NuR 1991, 301 (301); *Brandt*, Umweltaufklärung und Verfassungsrecht, 1994, S. 40 f.; *Porsch*, Warnungen und kritische Äußerungen als Mittel gemeindlicher Öffentlichkeitsarbeit, 1997, S. 38 f.

1169 Bspw. www.de-mail.de; www.bsi.bund.de/DE/Themen/EGovernment/DeMail/DeMail_node.html.

1170 Bspw. abrufbar unter www.de-mail.de.

1171 Bspw. auf der CeBIT.

1172 www.de-mail.de.

erinnern, wie bspw. „De-Mail – So einfach wie E-Mail, so sicher wie Papierpost“ und „Verschlüsselt, geschützt, nachweisbar“ einprägsam verdeutlicht. Außerdem wird ein De-Mail-Newsletter angeboten und alle akkreditierten De-Mail-Anbieter werden auf der Internetseite verlinkt. Auch auf der Internetpräsenz des BSI finden sich plakative Überschriften wie „De-Mail – eine Infrastruktur für sichere Kommunikation“[1173] und „De-Mail – sicherer elektronischer Nachrichtenverkehr – einfach und nachweisbar“[1174]. Eine eher kritische Auseinandersetzung erfolgt demgegenüber nicht. Ebenso wenig wird auf andere nicht-De-Mail-akkreditierte sichere elektronische Zugangsformen hingewiesen.

Konkrete Empfehlungen oder sogar Warnungen werden jedoch nicht ausgesprochen. So wird weder vor anderen sicheren elektronischen Zugangsformen gewarnt, was gefahrenabwehrrechtlich aufgrund des gleichen Sicherheitsstandards auch nicht erforderlich wäre, noch wird die De-Mail explizit empfohlen, indem der Staat etwa äußert, dass er die De-Mail für geeigneter hält als andere sichere elektronische Zugangsformen. Die Informationstätigkeit des Staates im Falle der De-Mail ist deshalb allenfalls zwischen den Formen der Öffentlichkeitsarbeit und des verhaltenslenkenden Staatshandelns anzusiedeln, wenn nicht sogar ausschließlich bei der Öffentlichkeitsarbeit. Über die Zugehörigkeit innerhalb dieses Überschneidungsbereiches muss der Einzelfall entscheiden. Im weiteren Sinne vertretbar erscheint es, in der staatlichen Informationstätigkeit in Bezug auf die De-Mail einen positiven Hinweis zu sehen; dies bedingt durch das Ausmaß der Informationstätigkeit und die Tatsache, dass über andere sichere elektronische Zugangsformen durch den Staat nicht informiert wird. Wie bereits erörtert, ist eine Maßnahme der Öffentlichkeitsarbeit ohne ein gewisses Werturteil ausgeschlossen. Durch die Öffentlichkeitsarbeit stellt sich der Staat bzw. die Regierung selbst dar. Verständlicherweise wird diese positiv ausfallen, da die handelnde Regierung i. d. R. von ihren Entscheidungen und Maßnahmen überzeugt ist. Deshalb ist es auch in ihrem Sinne, den Bürger davon zu überzeugen. Im vorliegenden Fall möchte der Staat, dass der De-Mail-Standard mit Leben gefüllt wird. Zum einen durch das Angebot der privaten De-Mail-Anbieter, zum anderen durch die deren Produkte nutzenden Bürger. Eine Infrastruktur, die nicht genutzt wird, hat keinen Sinn. Angesichts bereits gescheiterter elektronischer Zugangsformen (wie bspw. der qeS) ist der Staat daran interessiert, der De-Mail erhöhte Aufmerksamkeit zukommen zu lassen. Wenn der Staat mit dieser Motivation über die De-Mail informiert, berichtet er aber nur über seine Tätigkeit. Dass dies unter einem positiven Blickwinkel geschieht, ist erwartbar. Dies gilt auch hinsichtlich des Umfangs der Informationstätigkeit. Letztlich ist es notwendig, über gesetzliche Änderungen zu berichten, da die meisten Bürger und auch Unternehmer sonst wahrscheinlich nicht auf diese aufmerksam würden. Dies mag zwar bei den

1173 www.bsi.bund.de/DE/Themen/EGovernment/DeMail/DeMail_node.html.

1174 Gleichnamige Broschüre des BSI als PDF-Datei, abrufbar unter www.bsi.bund.de/SharedDocs/Downloads/DE/BSI/Egovernment/De_Mail/De-Mail-Broschuere.pdf?__blob=publicationFile.

Bürger konkret betreffenden Änderungen, bspw. Verboten, anders sein, bei einem Thema wie dem sicheren elektronischen Rechtsverkehr, dem bei Weitem nicht so viel Beachtung geschenkt wird, muss der Staat für diese Aufmerksamkeit sorgen. Denn ohne Aufmerksamkeit kann und wird ein Angebot des Staates nicht in Anspruch genommen werden. Ein gewisses Element der Verhaltenslenkung ist folglich in der staatlichen Informationstätigkeit in Bezug auf die De-Mail zu erkennen. Dieses ist jedoch als der Öffentlichkeitsarbeit in diesem Maße immanentes Element der Selbstdarstellung anzusehen und deshalb zu vernachlässigen.

Zu diesem Ergebnis kommt auch die Abgrenzung nach der Funktion der Informationstätigkeit. Denkt man sich die bereits beschriebene Informationstätigkeit des Staates für die De-Mail weg, bleibt als Erfolg der Maßnahme, einen sicheren elektronischen Rechtsverkehr zu gewährleisten, immer noch der De-Mail-Standard, der im De-Mail-G festgelegt wurde und auf dessen Basis private Anbieter sichere elektronische Zugangsformen, die wiederum von den Bürgern genutzt werden, anbieten können. Ob der Staat nun über die Möglichkeiten der De-Mail informiert oder nicht, die geschaffene De-Mail-Infrastruktur bleibt und ist wesentlicher Teil der Maßnahme. Umgekehrt würde die reine Informationstätigkeit ohne die Schaffung einer De-Mail-Infrastruktur ebenfalls keinen Sinn machen.

(c) Zwischenergebnis

Die Informationstätigkeit des Staates in Bezug auf die De-Mail bzw. den De-Mail-Standard ist deshalb als Öffentlichkeitsarbeit zu qualifizieren.

(d) Rechtmäßigkeitsanforderungen an die Öffentlichkeitsarbeit des Staates bzw. der Regierung

Die staatliche Öffentlichkeitsarbeit wird grundsätzlich als zulässig und sogar notwendig angesehen[1175]. Sie gilt sogar als unvertretbare Staatsaufgabe, da sie Authentizität beansprucht[1176]. Viele Gesetze seien heute infolge ihrer hohen Technizität ohne eine sachkundige Anleitung kaum noch hinreichend verständlich[1177]. Die Zulässigkeit der staatlichen Öffentlichkeitsarbeit folge, da sie Voraussetzung für den Grundkonsens zwischen Bürgern und Staat und somit für die Demokratie sei, aus dem Demokratieprinzip aus Art. 20 Abs. 1, 2 GG[1178]. Doch werden auch an diese Öffentlichkeitsarbeit Anforderungen gestellt, selbst wenn dies andere und offenere sind als bei der verhaltenslenkenden und damit i. d. R. in Grundrechte eingreifenden Informationstätigkeit[1179]. Das BVerfG hat für die Öffentlichkeitsarbeit eine Grenze

1175 BVerfGE 20, 56 (100); 44, 125 (147); 63, 230 (242 f.); *Philipp*, Staatliche Verbraucherinformationen im Umwelt und Gesundheitsrecht, 1989, S. 2; *Gusy*, NJW 2000, 977; *Degenhart*, Staatsrecht I, Staatsorganisationsrecht, 29. Aufl. 2013, Rn. 758.

1176 *Isensee*, in: Isensee/Kirchhof (Hrsg.), HStR IV, 3. Aufl. 2006, § 73 Rn. 31.

1177 BVerfGE 44, 125 (148).

1178 *Degenhart*, Staatsrecht I, Staatsorganisationsrecht, 29. Aufl. 2013, Rn. 758.

1179 *P. Kirchhof*, in: Isensee/Kirchhof (Hrsg.), HStR V, 3. Aufl. 2007, § 99 Rn. 216.

hinsichtlich der unzulässigen Wahlwerbung gezogen[1180]. Diese Grundsätze müssen, sofern sie übertragbar sind, auch für die Öffentlichkeitsarbeit der Bundesregierung, die geeignet sein kann, den Wettbewerb zu verfälschen, gelten. Zusätzlich sind die Anforderungen an die staatliche Öffentlichkeitsarbeit zu stellen, die auch für nicht in Grundrechte eingreifendes verhaltenslenkendes Informationshandeln des Staates gelten, da von beiden die gleichen Wirkungen ausgehen. An diesen Kriterien soll die als Öffentlichkeitsarbeit eingestufte staatliche Informationstätigkeit hinsichtlich der De-Mail bzw. des De-Mail-Standards im Folgenden bewertet werden.

(aa) Wahrung der Aufgaben-, Zuständigkeits- und Befugnisordnung

Zunächst muss auch bei der staatlichen Öffentlichkeitsarbeit die Aufgaben-, Zuständigkeits- und Befugnisordnung gewahrt werden[1181], da die Öffentlichkeitsarbeit ansonsten ihren Annexcharakter verlieren würde. Dies gilt bspw. für das Bund-Länder-Verhältnis. Grundsätzlich ist bezogen auf die Öffentlichkeitsarbeit danach zu fragen, ob der informierenden staatlichen Stelle die Zuständigkeit für die der Öffentlichkeitsarbeit zugrunde liegende Aufgabe zukommt. Denn: „Wer eine Staatsaufgabe wahrnimmt, darf auch über ihre Wahrnehmung informieren[1182]." Informationszuständigkeiten sind deshalb immer Annexzuständigkeiten[1183]. Die Gesetzgebungszuständigkeit kann somit als Bestätigung der Zuständigkeit für die staatliche Öffentlichkeitsarbeit dienen. Hat der Bund die Gesetzgebungszuständigkeit, darf er auch über seine Gesetzgebungstätigkeit informieren.

Die Gesetzgebungskompetenz für das De-Mail-G, also für die Schaffung der De-Mail durch die Festlegung des De-Mail-Standards, welcher das Akkreditierungsverfahren und die Anforderungen an das Angebot von De-Mail-Diensten festlegt, soll sich nach der Gesetzesbegründung aus der konkurrierenden Gesetzgebungskompetenz für das Recht der Wirtschaft aus Art. 74 Abs. 1 Nr. 11 GG ergeben. Die Berechtigung des Bundes zur Inanspruchnahme dieser Gesetzgebungskompetenz stammt wiederum aus Art. 72 Abs. 2 GG. Eine bundesgesetzliche Regelung der Materie soll zur Wahrung der Wirtschaftseinheit im Bundesgebiet im gesamtstaatlichen Interesse erforderlich sein. Eine Regelung durch den Landesgesetzgeber führe zu erheblichen Nachteilen für die Gesamtwirtschaft, die sowohl im Interesse des

---

1180 BVerfGE 44, 125 (147 ff.); 63, 230 (242 ff.); *Spaeth*, Grundrechtseingriff durch Information, 1995, S. 25; *P. Kirchhof*, in: Isensee/Kirchhof (Hrsg.), HStR V, 3. Aufl. 2007, § 99 Rn. 215; *Degenhart*, Staatsrecht I, Staatsorganisationsrecht, 29. Aufl. 2013, Rn. 758.

1181 So für generelle Empfehlungen und Hinweise ohne Eingriffscharakter *Leidinger*, DÖV 1993, 925 (934); *Martini/Kühl*, DÖV 2013, 573 (574); *Ossenbühl*, Umweltpflege durch behördliche Warnungen und Empfehlungen, 1986, S. 60; *Gramm*, NJW 1989, 2917 (2920); *ders.*, Der Staat 1991, 51 (74 f.); *Robbers*, AfP 1990, 84 (85); BVerfGE 105, 252 (270). Explizit zur Öffentlichkeitsarbeit BVerfGE 44, 125 (149); 63, 230 (243 f.); *P. Kirchhof*, in: Isensee/Kirchhof (Hrsg.), HStR V, 3. Aufl. 2007, § 99 Rn. 5, 215.

1182 *Gusy*, NJW 2000, 977 (978).

1183 *Gusy*, NJW 2000, 977 (980).

Bundes als auch der Länder nicht hingenommen werden könnten. Insbesondere sei zu befürchten, dass unterschiedliche landesrechtliche Behandlungen gleicher Lebenssachverhalte, bspw. unterschiedliche Voraussetzungen für die Akkreditierung von Diensteanbietern von De-Mail-Diensten, erhebliche Wettbewerbsverzerrungen und störende Schranken für die länderübergreifende Wirtschaftstätigkeit zur Folge hätten. Die Kommunikation über De-Mail-Dienste zeichne sich gerade durch einen grenzüberschreitenden Bezug aus. Die Anknüpfung von Rechtsfolgen an die Vorabprüfung der Dienste verlange ebenfalls einheitliche Rahmenbedingungen[1184].

Die Gesetzgebungskompetenz für die Änderung der Zivilprozessordnung durch die Einführung des De-Mail-G ergebe sich aus Art. 74 Abs. 1 Nr. 1 GG. Die Änderungen des Verwaltungszustellungsgesetzes könne der Bund als Annex zur Sachkompetenz mitregeln[1185].

Dem ist nicht zu widersprechen[1186].

Das Recht der Wirtschaft umfasst grundsätzlich alle Normen, die das wirtschaftliche Leben und die wirtschaftliche Betätigung regeln[1187]. So können das Wirtschaftsleben insgesamt, seine Steuerung und Lenkung sowie Fragen der Wirtschaftsorganisation einzelner Wirtschaftszweige und bestimmter wirtschaftender Personen auf Grundlage des Art. 74 Abs. 1 Nr. 11 GG normiert werden[1188]. Hierunter fallen auch Regelungen des Gewerbes, wobei der Begriff i. S. v. Art. 74 Abs. 1 Nr. 11 GG zwar an den Gewerbebegriff der GewO angelehnt, aber weiter zu verstehen ist. So unterfallen auch gewerberechtliche Sondergebiete Art. 74 Abs. 1 Nr. 11 GG, zu denen auch die Regelung von Dienstleistungen gehört, die nicht der GewO unterliegen[1189].

Hierunter fällt auch die Tätigkeit als De-Mail-Anbieter, da das De-Mail-G insbesondere die Anforderungen an die Erbringung von De-Mail-Diensten festlegt und so die wirtschaftliche Betätigung der De-Mail-Anbieter regelt. Mit der Akkreditierung werden bspw. die Zugangsformen für die Tätigkeit als De-Mail-Anbieter festgelegt.

1184 BT-Drs. 17/3630, S. 20.

1185 BT-Drs. 17/3630, S. 20.

1186 *Skrobotz*, in: Manssen (Hrsg.), Telekommunikations- und Multimediarecht, Band 2, Stand: 33. Erg.-Lfg. 2013, K § 1 De-Mail-G Rn. 42.

1187 *Seiler*, in: Epping/Hillgruber (Hrsg.), Beck'scher Online-Kommentar GG, Stand: 01. 11. 2013, Ed. 19, Art. 74 Rn. 31; BVerfGE 8, 143, 148 f., NJW 1959, 29; BVerfGE 55, 274 (308), NJW 1981, 329 (332); BVerfGE 68, 319 (330), NJW 1985, 2185 (2186).

1188 *Seiler*, in: Epping/Hillgruber (Hrsg.), Beck'scher Online-Kommentar GG, Stand: 01. 11. 2013, Ed. 19, Art. 74 Rn. 31.

1189 *Seiler*, in: Epping/Hillgruber (Hrsg.), Beck'scher Online-Kommentar GG, Stand: 01. 11. 2013, Ed. 19, Art. 74 Rn. 38; BVerfGE 5, 25 (28 ff.), NJW 1956, 1025 f.; BVerfGE 41, 344 (352 f.); vgl. auch BVerfGE 68, 319 (331), NJW 1985, 2185 (2186).

Eine Regelung durch den Bund kann dadurch begründet werden, dass für alle De-Mail-Anbieter die gleichen Anforderungen und Zugangsformen gelten müssen[1190].

Für die die De-Mail weitergehend regelnden Gesetze wie das EGovG und die Änderung des § 3a VwVfG stehe dem Bund laut der Gesetzesbegründung die Gesetzgebungskompetenz zur Regelung von Organisation und Verfahren der Bundes- und Landesbehörden beim Vollzug von Bundesrecht zu. Für die Bundesverwaltung folge die Gesetzgebungszuständigkeit des Bundes aus der Natur der Sache oder als Annexkompetenz zur jeweiligen Gesetzgebungskompetenz (Art. 72 ff. GG). Die Gesetzgebungskompetenz des Bundes für Organisation und Verfahren der Landesbehörden beim Vollzug von Bundesrecht in landeseigener Verwaltung oder in Bundesauftragsverwaltung ergebe sich ebenfalls als Annexkompetenz zur jeweiligen Gesetzgebungskompetenz oder aus den ausdrücklichen Kompetenzzuweisungen in Art. 84 Abs. 1 und Art. 85 Abs. 1 Satz 1 GG[1191].

Die Regelungen im Bereich des Sozialrechts (SGB I, SGB IV, SGB X) würden auf die Gesetzgebungskompetenz der Sozialversicherung einschließlich der Arbeitslosenversicherung aus Art. 74 Abs. 1 Nr. 12 GG gestützt[1192], während die Regelungen der AO sich auf Art. 108 Abs. 5 GG stützten.

Die Voraussetzungen der Erforderlichkeitsklausel nach Art. 72 Abs. 2 i. V. m. Art. 74 Abs. 1 Nr. 4, 11 und 22 GG seien gegeben, da eine bundesgesetzliche Regelung der Materie zur Wahrung der Rechts- und Wirtschaftseinheit im Bundesgebiet im gesamtstaatlichen Interesse erforderlich sei. Gleiche Voraussetzungen und Bedingungen, insbesondere einheitliche rechtliche Rahmenbedingungen, seien für die wirtschaftliche Betätigung im gesamten Bundesgebiet notwendig. Eine Regelung durch den Landesgesetzgeber führe zu erheblichen Nachteilen für die Gesamtwirtschaft und für die Rechtseinheit im Bundesgebiet, die sowohl im Interesse des Bundes als auch der Länder nicht hingenommen werden könne. Insbesondere seien unterschiedliche landesrechtliche Behandlungen gleicher Lebenssachverhalte zu befürchten, bspw. unterschiedliche Voraussetzungen hinsichtlich der elektronischen Verwaltung oder der elektronischen Kommunikation mit der Verwaltung sowie störende Schranken für die länderübergreifende Kommunikation. Dadurch käme es auch zu einer Zersplitterung rechtlicher Regelungszusammenhänge, die es dem Bürger erschwerten, sich in zumutbarer Weise an dem jeweils zu beachtenden Recht zu orientieren. Die Förderung des ebenenübergreifenden E-Governments zeichne sich jedoch gerade durch einen Ländergrenzen überschreitenden Bezug aus[1193].

1190 BVerfGE 106, 62 (147), NJW 2003, 41 (53); *Seiler*, in: Epping/Hillgruber (Hrsg.), Beck'scher Online-Kommentar GG, Stand: 01. 11. 2013, Ed. 19, Art. 74 Rn. 38.
1191 Siehe hierzu BT-Drs. 17/11473, S. 23.
1192 BT-Drs. 17/11473, S. 23.
1193 BT-Drs. 17/11473, S. 23.

Die Regelungen des Strafverfahrens (StPO) stützten sich auf die Gesetzgebungskompetenz betreffend das gerichtliche Verfahren aus Art. 74 Abs. 1 Nr. 1 GG[1194].

Für weitergehende Regelungen in der ZPO ergebe sich die Gesetzgebungszuständigkeit ebenfalls aus Art. 74 Abs. 1 Nr. 1 GG[1195].

Die Gesetzgebungskompetenz für die Änderung der Finanzgerichtsordnung ergäben sich aus Art. 108 GG[1196].

An diesen Ausführungen der Gesetzesbegründung zur Gesetzgebungskompetenz bestehen keine Zweifel. Deshalb ist anzunehmen, dass der Staat bzw. die Bundesregierung auch dazu befugt ist, Öffentlichkeitsarbeit hinsichtlich der De-Mail zu betreiben.

(bb) Wahrheitspflicht (Gebot der Richtigkeit)

Öffentlichkeitsarbeit greift immer dann in die Wettbewerbsfreiheit ein, wenn die durch diese verbreiteten Informationen unwahr sind. Es gilt also auch für die staatliche Öffentlichkeitsarbeit grundsätzlich eine allgemeine Wahrheitspflicht[1197]. Die gezielte Verbreitung falscher Informationen ist mit dem Gleichheitsgrundsatz und dem Rechtsstaatsprinzip nicht vereinbar[1198]. Falsche Informationen verzerren immer den Wettbewerb und verstoßen gegen den Gleichheitsgrundsatz. Deshalb muss auch bei der grundsätzlich zulässigen und notwendigen Öffentlichkeitsarbeit des Staates die Wahrheitspflicht gewahrt bleiben, da die Verbreitung von unwahren Aussagen immer in Grundrechte eingreift und unter keinen Umständen gerechtfertigt werden kann.

Die Aussagen, die der Staat zum Zwecke der Öffentlichkeitsarbeit über die De-Mail tätigt, sind insgesamt zutreffend, da es sich bei der De-Mail ohne Frage um eine gegenüber der herkömmlichen E-Mail-Kommunikation, die den Normalfall der elektronischen Kommunikation darstellt, signifikant sicherere Kommunikationsform handelt. Ebenso kann nicht bestritten werden, dass die Versendung der De-Mail verschlüsselt erfolgt und somit zumindest gegenüber der herkömmlichen E-Mail-Kommunikation ein höheres Maß an Vertraulichkeit gewährleistet. Dies gilt auch

---

1194 Diskussionsentwurf des Bundesministeriums der Justiz für ein Gesetz zur Einführung der elektronischen Akte in Strafsachen, S. 19, abrufbar unter www.bmj.de/SharedDocs/Downloads/DE/pdfs/Diskussionsentwurf_Gesetz_zur_Einfuehrung_der_elektronischen_Akte_in_Strafsachen.pdf?__blob=publicationFile.

1195 BT-Drs. 17/12634, S. 22.

1196 BT-Drs. 17/12634, S. 22.

1197 *Martini/Kühl*, DÖV 2013, 573 (574); Umkehrschluss aus BVerfGE 105, 252 (272); *Spaeth*, Grundrechtseingriff durch Information, 1995, S. 218 ff.; *Leidinger*, DÖV 1993, 925 (932 f.); *Ossenbühl*, Umweltpflege durch behördliche Warnungen und Empfehlungen, 1986, S. 60; *P. Kirchhof*, in: Isensee/Kirchhof (Hrsg.), HStR V, 3. Aufl. 2007, § 99 Rn. 215; *Gramm*, NJW 1989, 2917 (2920); *ders.*, Der Staat 1991, 51 (75); *Robbers*, AfP 1990, 84 (88); *Fiebig*, NVwZ 1992, 37 (38).

1198 *Spaeth*, Grundrechtseingriff durch Information, 1995, S. 218 ff.; *Leidinger*, DÖV 1993, 925 (932 f.); *Gramm*, Der Staat 1991, 51 (75); *Heintzen*, NuR 1991, 301 (302).

für die Nachweisbarkeit. Die Einfachheit der Nutzung im Gegensatz zu anderen sicheren elektronischen Zugangsformen, die wie bspw. die qeS zusätzliche Soft- und Hardware erfordern, kann als zutreffender Vorteil für die De-Mail gewertet werden. Letztlich geht aufgrund des Gesagten auch der Vergleich mit einem Brief nicht fehl.

Der Staat kommt somit seiner Wahrheitspflicht nach.

(cc) Sachlichkeit

Die Aussagen des Staates müssen auch im Rahmen der Öffentlichkeitsarbeit immer sachlich sein[1199]. Die im Wege der Öffentlichkeitsarbeit geäußerten Informationen müssen vertretbar und in den vorliegenden Tatsachen begründet[1200] und angemessen, also nicht aggressiv verletzend oder unfair[1201], sein. Eine Informationstätigkeit, die frei von allen Werten ist, kann aber ebenfalls nicht gefordert werden. Sie ist aufgrund der Selbstdarstellung, die grundsätzlich Zweck der Öffentlichkeitsarbeit ist, nicht möglich[1202]. Außerdem ist auch eine werbende Öffentlichkeitsarbeit zur Leistung von Überzeugungsarbeit im Rahmen der sprachlichen Einflussnahme durchaus zulässig[1203].

Zwar wird die De-Mail durch die Öffentlichkeitsarbeit positiv beleuchtet und etwaige Vorteile hervorgehoben, was jedoch der Öffentlichkeitsarbeit der Bundesregierung durch das Element der Selbstdarstellung, wie gerade dargelegt wurde, immanent ist. Eine Vermeidung jeglicher Subjektivität ist nicht möglich und wird vom Staat auch nicht gefordert[1204]. Die Aussagen sind deshalb als angemessen anzusehen.

(dd) Neutralität/Objektivität

Des Weiteren muss die staatliche Öffentlichkeitsarbeit auch das Neutralitätsgebot bzw. das Gebot der Objektivität wahren[1205]. Es muss ausgeschlossen sein, dass

---

1199 *P. Kirchhof*, in: Isensee/Kirchhof (Hrsg.), HStR V, 3. Aufl. 2007, § 99 Rn. 5, 215; *Martini/Kühl*, DÖV 2013, 573 (574); BVerfGE 44, 125 (148); 63, 230 (243, 247, 248); 105, 252 (272); 57, 1 (8); *Spaeth*, Grundrechtseingriff durch Information, 1995, S. 224; *Schürmann*, Öffentlichkeitsarbeit der Bundesregierung, 1992, S. 312 f.

1200 *Spaeth*, Grundrechtseingriff durch Information, 1995, S. 224; BVerfGE 40, 287 (293); *Robbers*, AfP 1990, 84 (88).

1201 *Spaeth*, Grundrechtseingriff durch Information, 1995, S. 224; OVG Münster, Beschl. v. 31. 08. 1984, Az. 20 B 1361/84, NVwZ 1985, 123 (123 f.); *Robbers*, AfP 1990, 84 (88).

1202 BVerfGE 63, 230 (246); *Spaeth*, Grundrechtseingriff durch Information, 1995, S. 224.

1203 *Schürmann*, Öffentlichkeitsarbeit der Bundesregierung, 1992, S. 311 f.

1204 *Spaeth*, Grundrechtseingriff durch Information, 1995, S. 224; *Gramm*, Der Staat 1991, 51 (75); a. A. *Krüger*, Von der Staatspflege überhaupt, in: Quaritsch (Hrsg.), Die Selbstdarstellung des Staates, 1977, S. 21 (27 f.).

1205 BVerfGE 44, 125 (150) (verbietet parteiergreifendes Verhalten); BVerfGE 63, 230 (245 f.); *Schürmann*, Öffentlichkeitsarbeit in der Bundesregierung, 1992, S. 302 ff.; *Leidinger*, DÖV 1993, 925 (933); *Spaeth*, Grundrechtseingriff durch Information,

der Staat sich mit bestimmten Anschauungen identifiziert und damit als befangen erscheint[1206]. Die Informationen selbst müssen hierzu aufgrund von Art. 3 Abs. 1 GG unparteiisch sein[1207]. Hierzu gehört unter anderem die parteipolitische, die weltanschauliche und die Meinungsneutralität[1208]. Sowohl die Informationen selbst als auch der Staat (Identifikationsverbot) müssen folglich neutral sein. Dies ergibt sich schon aus Art. 3 Abs. 1 GG[1209].

Die Öffentlichkeitsarbeit hinsichtlich der De-Mail bzw. des De-Mail-Standards erfolgt ohne Bezugnahme auf andere sichere elektronische Zugangsformen mit einem der De-Mail vergleichbaren Sicherheitsstandard. Zur Erläuterung wird zwar auf die Funktionsweise der E-Mail-Infrastruktur Bezug genommen, da die De-Mail auf der E-Mail-Infrastruktur aufbaut und so die Sicherheitsunterschiede anschaulich dargestellt werden können. Die E-Mail gehört jedoch nicht zu den mit der De-Mail vergleichbar sicheren elektronischen Zugangsformen und steht deshalb nicht in direkter Konkurrenz zu diesen. Eine solche Abgrenzung nach den Sicherheitsstandards muss hier im Wege der Öffentlichkeitsarbeit erlaubt sein, um eine bessere und verständliche Darstellung für den Bürger zu ermöglichen. Dies gilt umso mehr, da kein Bezug auf einzelne private E-Mail-Anbieter genommen wird.

Die Gefahr der Verwechslung von staatlichem De-Mail-Standard und privatem Produkt kann hier vernachlässigt werden, da die Bundesregierung im Rahmen ihrer Öffentlichkeitsarbeit keine klare Präferenz für die De-Mail gegenüber anderen sicheren elektronischen Zugangsformen ausspricht. Wäre dies der Fall, so würde es sich nicht mehr um Öffentlichkeitsarbeit, sondern um eine verhaltenssteuernde Empfehlung handeln. Letztlich wird auch kein Bezug zu den privaten De-Mail-Angeboten hergestellt. Es werden lediglich die Unternehmen aufgelistet, die De-Mail-akkreditiert sind, nicht aber deren konkrete Dienste.

(ee) Verhältnismäßigkeit

Des Weiteren wird teilweise auch der Verhältnismäßigkeitsgrundsatz als Grenze der Öffentlichkeitsarbeit genannt[1210]. Dies erscheint zur Bestimmung eines Eingriff durch die Öffentlichkeitsarbeit des Staates zutreffend, da der

---

1995, S. 224 ff.; *P. Kirchhof*, in: Isensee/Kirchhof (Hrsg.), HStR V, 3. Aufl. 2007, § 99 Rn. 215; BVerfGE 44, 125 (148); 63, 230 (244).

1206 *Leidinger*, DÖV 1993, 925 (933).

1207 *Spaeth*, Grundrechtseingriff durch Information, 1995, S. 224.

1208 *Schürmann*, Öffentlichkeitsarbeit in der Bundesregierung, 1992, S. 302 ff.

1209 *Spaeth*, Grundrechtseingriff durch Information, 1995, S. 224 ff.

1210 *Martini/Kühl*, DÖV 2013, 573 (574); BVerfGE 105, 252 (273).

Verhältnismäßigkeitsgrundsatz, der sowohl aus den Grundrechten als auch dem Rechtsstaatsprinzip herrührt[1211], auf jegliches Staatshandeln anzuwenden ist[1212].

Die Informationstätigkeit des Staates in Bezug auf die De-Mail dient der Öffentlichkeitsarbeit über die Regierungstätigkeit, genauer gesagt über die Gesetzgebungstätigkeit. Dies ist als legitimer Zweck anzusehen, da die Bürger über die Gesetzgebung informiert und ihnen die Möglichkeiten der sicheren elektronischen Kommunikation aufgezeigt werden. Diese Form der Öffentlichkeitsarbeit ist, wie bereits erörtert, zulässig und erforderlich. Des Weiteren ist die Informationstätigkeit über das Internet und andere Medien auch geeignet, um diesen Zweck zu erreichen. Ein Übermaß an Informationsmaßnahmen ist nicht zu erkennen, weshalb auch der Grundsatz der Erforderlichkeit nicht überschritten wurde. Auch an der Angemessenheit bestehen keine Zweifel, da nach der Prüfung der Kriterien keine beeinträchtigten Interessen, insbesondere in Form eines Grundrechtseingriffs, festgestellt werden konnten, für die ein Ausgleich zu erfolgen hätte.

(e) Zwischenergebnis

Es liegt deshalb durch die Informationstätigkeit der Bundesregierung im Rahmen ihrer Öffentlichkeitsarbeit über die De-Mail bzw. den De-Mail-Standard kein Eingriff vor.

(3) Ergebnis

Die Informationstätigkeit der Bundesregierung im Rahmen ihrer Öffentlichkeitsarbeit über die De-Mail bzw. den De-Mail-Standard verstößt deshalb auch nicht gegen die Wettbewerbsfreiheit der nicht akkreditierten Anbieter sicherer elektronischer Zugangsformen aus Art. 12 Abs. 1 Satz 1 GG.

1211 *Schlink*, Der Grundsatz der Verhältnismäßigkeit, in: Badura/Dreier (Hrsg.), FS 50 Jahre Bundesverfassungsgericht, 2001, S. 444 (447 ff.); *Odewald*, Faktische und mittelbare Eingriffe in die Wettbewerbsfreiheit, 2011, S. 390; BVerfGE 19, 342 (348 f.); 61, 126 (134); 80, 109 (119 f.); 86, 288 (347); BVerwG, NVwZ-RR 1995, 94 (96); *Jarass*, in: ders./Pieroth, GG, 12. Aufl. 2012, Art. 20 Rn. 80; BVerfGE 19, 342 (348 f.); 61, 126 (134); 90, 145 (173).

1212 BVerfGE 16, 194 (201 f.); 17, 306 (313 f.); 19, 342 (348 f.); 23, 127 (133); 35, 382 (400 f.); 55, 159 (165); 76, 1 (50 f.); 92, 262 (273); 120, 274 (322); 126, 112 (144 ff.); 127, 132 (146); *Klatt/Meister*, Der Staat 51 (2012), 159 (159); *Schlink*, Der Grundsatz der Verhältnismäßigkeit, in: Badura/Dreier (Hrsg.), FS 50 Jahre Bundesverfassungsgericht, 2001, S. 444 (449); *Schmidt-Aßmann*, in: Isensee/Kirchhof (Hrsg.), HStR II, 3. Aufl. 2004, § 26 Rn. 87; *Jakobs*, DVBl 1985, 97 (101 f.); *Lerche*, Übermass und Verfassungsrecht, 1961; *Odewald*, Faktische und mittelbare Eingriffe in die Wettbewerbsfreiheit, 2011, S. 390.

(2) Wettbewerbsgleichheit, Art. 3 Abs. 1 GG

Da die staatliche Informationstätigkeit der Bundesregierung hinsichtlich der De-Mail als Öffentlichkeitsarbeit einzustufen ist und alle Kriterien, die an diese gestellt werden, erfüllt wurden, verstößt sie auch nicht gegen die Wettbewerbsgleichheit aus Art. 3 Abs. 1 GG.

8. Erwerbswirtschaftliche Betätigung öffentlicher Stellen bzw. Unternehmen im Bereich der elektronischen Zugangsformen

Zur Schaffung elektronischer Zugangsformen ist im weiteren Sinne auch das Angebot dieser auf dem freien Markt zu zählen. Auch dies kann durch öffentliche Stellen bzw. öffentliche Unternehmen erfolgen.

Eine erwerbswirtschaftliche Betätigung des Staates kommt im Rahmen sicherer elektronischer Zugangsformen durch eine Tätigkeit öffentlicher Stellen, wie bspw. Behörden, Eigen-, Regiebetrieben, Anstalten des öffentlichen Rechts oder öffentlichen Unternehmen in Privatrechtsform (bspw. GmbH), als De-Mail-Diensteanbieter in Betracht.

Das De-Mail-G bestimmt die Organisationsform des De-Mail-Diensteanbieters nicht[1213]. Es spricht nur allgemein von Diensteanbietern, die sich akkreditieren lassen können. Die Gesetzesbegründung stellt zusätzlich klar, dass auch Behörden im zulässigen Rahmen De-Mail-Dienste anbieten können[1214]. Es sollen jedoch in erster Linie private Anbieter De-Mail-Dienste anbieten, um den Wettbewerb und die Verbreitung von De-Mail-Diensten zu fördern[1215].

Eine erwerbswirtschaftliche Tätigkeit des Staates ist auch im Bereich der elektronischen Zugangsformen grundsätzlich nicht per se unzulässig[1216]. Das Grundgesetz macht diesbezüglich keine expliziten Aussagen, kennt aber mit Art. 87e Abs. 3, 87f Abs. 2, 134, 135 Abs. 6, 15 GG grundsätzlich eine wirtschaftliche Tätigkeit des Staates[1217]. Eine erwerbswirtschaftliche Tätigkeit ist immer dann als zulässig anzusehen, wenn sie im Zusammenhang mit der Wahrnehmung öffentlicher Aufgaben erfolgt. Lediglich die rein erwerbswirtschaftliche Betätigung des Staates, die allein auf die Gewinnerzielung gerichtet ist, bleibt dem Staat verwehrt. Dies gilt auch dann, wenn den Gemeinwohlzwecken mittelbar durch die erzielten Gewinne und Erträge gedient wird[1218].

1213 *Skrobotz*, in: Manssen (Hrsg.), Telekommunikations- und Multimediarecht, Band 2, Stand: 33. Erg.-Lfg. 2013, K § 1 De-Mail-G Rn. 73.

1214 BT-Drs. 17/3630, S. 19, 21. Siehe hierzu auch *Skrobotz*, in: Manssen (Hrsg.), Telekommunikations- und Multimediarecht, Band 2, Stand: 33. Erg.-Lfg. 2013, K § 1 De-Mail-G Rn. 73.

1215 BT-Drs. 17/3630, S. 19.

1216 *Ziekow*, Öffentliches Wirtschaftsrecht, 3. Aufl. 2013, § 7 Rn. 27.

1217 *Ziekow*, Öffentliches Wirtschaftsrecht, 3. Aufl. 2013, § 7 Rn. 27.

1218 *Ziekow*, Öffentliches Wirtschaftsrecht, 2007, § 7 Rn. 28; *Manssen*, in: v. Mangoldt/Klein/Starck, Kommentar zum Grundgesetz, Band 1, 6. Aufl. 2010, Art. 12 Rn. 83; BVerfGE 61, 82 (107 f.); *Ehlers*, Jura 1999, 212 (214).

So stellt die staatliche Konkurrenz grundsätzlich keinen Eingriff in Art. 12 Abs. 1 Satz 1 GG dar[1219]. Dies ist nur anders zu beurteilen, wenn, wie bereits im Rahmen der Schaffung neuer elektronischer Zugangsformen erörtert, ein Verdrängungswettbewerb bzw. eine Monopolstellung, die private Konkurrenz unmöglich macht oder auszehrt[1220], oder eine sonstige empfindliche Belastung vorliegt[1221]. Ein Eingriff in Art. 12 Abs. 1 Satz 1 GG soll auch dann vorliegen, wenn das staatliche Unternehmen einen unangemessenen Wettbewerbsvorteil genießt, wenn ihm also Vorteile eingeräumt werden, die den privaten Unternehmen nicht zukommen und denen keine ausreichenden Sonderlasten gegenüberstehen[1222].

Fraglich ist, ob durch die erwerbswirtschaftliche Tätigkeit öffentlicher Stellen als De-Mail-Anbieter wettbewerbsrelevante Grundrechte beeinträchtigt werden können. Diese Fragestellung ist bislang rein theoretischer Natur, da sich bis zum jetzigen Zeitpunkt keine Behörde und auch keine andere öffentliche Stelle bzw. ein öffentliches Unternehmen als De-Mail-Anbieter akkreditieren lassen hat[1223]. Dies könnte sich aber in Zukunft ändern:

§ 2 Abs. 2 EGovG, der die Bundesbehörden zur Eröffnung des elektronischen Zugangs durch eine De-Mail-Adresse verpflichtet, sieht vor, dass die Behörden des Bundes an ein zentral für die Bundesverwaltung angebotenes IT-Verfahren angeschlossen werden, über das „De-Mail-Dienste" für die Bundesverwaltung zentral durch ein Dienstleistungszentrum IT (DLZ-IT) angeboten werden sollen[1224]. Dieses Vorhaben soll durch ein Netz realisiert werden, über das die Bundesbehörden sicher und hochverfügbar miteinander verbunden sind (zukünftig Netze des Bundes [NdB], zurzeit IVBB, IVBV/BVN sowie das Verbindungsnetz gemäß IT-NetzG)[1225]. Die Anbindung wird über ein „zentrales De-Mail-Gateway" realisiert werden. Im Rahmen des Arbeitsschwerpunktepapiers des Rates der IT-Beauftragten (IT-Rat) wird ein Konzept für die zentrale Anbindung der Bundesverwaltung an De-Mail erarbeitet. Diese Verfahrensweise soll kostengünstiger sein als eine Eigenerbringung durch jede Behörde[1226]. Da es geplant ist, über das Gateway alle Bundesbehörden

---

1219 *Jarass*, in: ders./Pieroth, GG, 12. Aufl. 2012, Art. 12 Rn. 23; BVerwGE 39, 329 (336); *Manssen*, in: v. Mangoldt/Klein/Starck, Kommentar zum Grundgesetz, Band 1, 6. Aufl. 2010, Art. 12 Rn. 83; *Wieland*, in: Dreier (Hrsg.), Grundgesetz-Kommentar, Band I, 3. Aufl. 2013, Art. 12 Rn. 74; a. A. *Ruffert*, in: Epping/Hillgruber (Hrsg.), Beck'scher Online-Kommentar GG, Stand: 01. 11. 2013, Ed. 19, Art. 12 Rn. 66.

1220 Vgl. bereits Fn. 562.

1221 Vgl. bereits Fn. 563.

1222 Vgl. bereits Fn. 564.

1223 Vgl. hierzu die Auflistung der bislang akkreditierten Diensteanbieter in Fn. 265.

1224 *Roßnagel*, NJW 2013, 2710 (2712).

1225 BT-Drs. 17/11473, S. 34.

1226 Siehe hierzu die Machbarkeitsstudie zur Anbindung der Bundesverwaltung an De-Mail vom 05. 01. 2012, S. 7, abrufbar unter www.cio.bund.de/SharedDocs/Publikationen/DE/Bundesbeauftragte-fuer-Informationstechnik/IT_Rat_Beschluesse/beschluss_77_2012_dokument_download.pdf?__blob=publicationFile, die den

anzuschließen, wird diesbezüglich wohl kein Wahlrecht der Behörden bestehen. Die Ausnahme in § 2 Abs. 2 EGovG von der Verpflichtung zur Eröffnung des elektronischen Zugangs durch eine De-Mail-Adresse bezieht sich insofern nur auf Behörden, die bis zum Inkrafttreten der Vorschrift noch nicht angeschlossen werden konnten. Das Gateway soll nach der derzeitigen Planung noch 2014 zur Verfügung stehen[1227].

Es stellt sich hier die Frage, ob es sich bei dem DLZ-IT, das das zentrale De-Mail-Gateway betreiben soll, um einen öffentlichen De-Mail-Diensteanbieter handeln soll, der selbst De-Mail-Dienste am Markt anbietet. In diesem Fall würde es sich hierbei um eine erwerbswirtschaftliche Betätigung der öffentlichen Hand im Bereich der elektronischen Zugangsformen handeln.

Nach der Begriffsbestimmung in der Informatik verbindet ein Gateway (englisch für Ausfahrt und Einfahrt, wörtlich Torweg), wie es nach § 2 Abs. 2 EGovG vorgesehen ist, Rechnernetze, die auf völlig unterschiedlichen Netzwerkprotokollen basieren können, bspw. E-Mail und Telefax[1228]. Es handelt sich bei einem Gateway schon rein begrifflich nicht um die Erbringung von „De-Mail-Diensten", wie sie von den akkreditierten De-Mail-Anbietern nach dem De-Mail-Gesetz erbracht werden, sondern um eine Art Vermittlungs-, Bündelungs- bzw. Umwandlungsdienst, der die Nachrichten an die einzelnen Behörden weiterleitet bzw. den Versand der Nachrichten der einzelnen Behördern an den De-Mail-Provider veranlasst und die Behörden untereinander verbindet. An dieser Stelle ist die Gesetzesbegründung, die von „De-Mail-Diensten" spricht, folglich unklar formuliert.

Aufschluss darüber, dass es sich bei dem Vorhaben nicht um die Erbringung von De-Mail-Diensten für die gesamte Bundesverwaltung handelt, gibt auch die Machbarkeitsstudie zur Anbindung der Bundesverwaltung an De-Mail vom 05. 01. 2012[1229]. Auf diese wird in der Gesetzesbegründung Bezug genommen[1230]. Die Machbarkeitsstudie geht davon aus, dass die De-Mail-Dienste „extern von einem De-Mail-Diensteanbieter bezogen"[1231] und nicht vom DLZ-IT selbst erbracht werden.

Eigenbetrieb eines De-Mail-Gateways durch jede nutzende Behörde allein als Übergangslösung qualifiziert.

1227 Behörden Spiegel, newsletter E-Government, Informationstechnologie und Politik, Nr. 16, August 2013, S. 5.

1228 Wikipedia, Eintrag „Gateway (Informatik)", abrufbar unter http://de.wikipedia.org/wiki/Gateway_%28Informatik%29.

1229 Vgl. zur Ausgestaltung und Funktionsweise des Gateways, Gliederungspunkt 3.2.1: Option 1: Einbindung eines De-Mail-Gateways in die Architektur von NdB, S. 6 f. inkl. Abbildung 1, abrufbar unter www.cio.bund.de/SharedDocs/Publikationen/DE/Bundesbeauftragte-fuer-Informationstechnik/IT_Rat_Beschluesse/beschluss_77_2012_dokument_download.pdf?__blob=publicationFile.

1230 BT-Drs. 17/11473, S. 34.

1231 Machbarkeitsstudie zur Anbindung der Bundesverwaltung an De-Mail vom 05. 01. 2012, S. 10, abrufbar unter www.cio.bund.de/SharedDocs/Publikationen/DE/Bundesbeauftragte-fuer-Informationstechnik/IT_Rat_Beschluesse/beschluss_77_2012_dokument_download.pdf?__blob=publicationFile.

Der De-Mail-Anbieter soll im Wege einer Ausschreibung bestimmt werden[1232]. Auch der Auftrag für Betrieb und Wartung des Gateways, also des DLZ-IT, soll durch Ausschreibung vergeben werden[1233]. Eine interne Erbringung dieser beiden Leistungen würde zu hohen Investitionen führen und die Einführung von De-Mail erheblich verzögern, da die Verpflichtung des § 2 Abs. 2 EGovG erst dann seine volle Wirkung entfalten könne. Dies liegt daran, dass, wie bereits dargelegt, bisher durch öffentliche Stellen keine solchen Dienste angeboten werden[1234]. Die öffentliche Stelle bzw. Stellen, die die De-Mail-Dienste erbringen sollten, müssten sich erst nach dem De-Mail-G akkreditieren lassen, was hohe Investitionen erfordert und Zeit kostet. Hierfür würden die für die Planung und Entwicklung des Gateways angesetzten einmaligen Kosten in Höhe von ca. 400.000 Euro schon nicht ausreichen[1235]. Außerdem wird innerhalb der Kostenbetrachtung auf die Preise der privaten De-Mail-Provider für De-Mail-Dienste eingegangen, was bei einer Eigenerbringung durch die Bundesverwaltung überflüssig gewesen sein dürfte.

Alle Bundesbehörden werden über ein gemeinsames Netz Zugang zu dem Angebot haben[1236]. Die De-Mail-Nachrichten an Bundesbehörden gelten dann als eingegangen, wenn sie sich im De-Mail-Postfach der jeweiligen Behörde beim zugehörigen De-Mail-Provider befinden[1237]. Das IT-Verfahren stellt bei der Versendung und dem Empfang von De-Mail-Nachrichten lediglich sicher, dass die eingegangenen Nachrichten schnellstens aus den Postfächern beim De-Mail-Provider an die Infrastrukturkomponenten der Behörden des Bundes ausgeliefert werden[1238]. Auch hieran ist die Vermittlungsstellung des De-Mail-Gateways im Gegensatz zu der Erbringung von De-Mail-Diensten erkennbar.

Eine erwerbswirtschaftliche Betätigung der öffentlichen Hand wird also auch nicht durch die Realisierung des zentralen De-Mail-Gateways erfolgen.

Die weiteren Ausführungen zur erwerbswirtschaftlichen Betätigung öffentlicher Stellen basieren deshalb mangels einer solchen derzeitigen Tätigkeit auf einer abstrakten Einschätzung. Die denkbaren Ausgestaltungen sollen aber trotzdem der Vollständigkeit halber in der gebotenen Kürze besprochen werden, da die erwerbswirtschaftliche Betätigung eine Fallgruppe des wettbewerbsrelevanten Staatshandelns ist, die dem Regime des Öffentlichen Wettbewerbsrechts unterfällt, und eine erwerbswirtschaftliche Betätigung in diesem Bereich, wie bereits erwähnt, in Zukunft auch aus Sicht des Gesetzgebers durchaus vorstellbar erscheint.

Denkbar ist eine erwerbswirtschaftliche Tätigkeit als De-Mail-Diensteanbieter im Wettbewerb mit privaten De-Mail-Diensteanbietern, aber auch eine Tätigkeit der öffentlichen De-Mail-Diensteanbieter zur Deckung ihres Eigenbedarfs. Zwischen

---

1232 Siehe Fn. 1231.

1233 Siehe Fn. 1231.

1234 Siehe Fn. 1231.

1235 BT-Drs. 17/11473, S. 28.

1236 *Ramsauer/Frische*, NVwZ 2013, 1505 (1508); BT-Drs. 17/11473, S. 34.

1237 BT-Drs. 17/11473, S. 34.

1238 BT-Drs. 17/11473, S. 34.

diesen beiden Varianten muss unterschieden werden. Des Weiteren muss zwischen öffentlichen Stellen und öffentlichen Unternehmen in Privatrechtsform differenziert werden.

Für öffentliche De-Mail-Diensteanbieter gelten indes dieselben Voraussetzungen wie für private[1239]. Auch sie müssen sich akkreditieren lassen und die vorgeschriebene Deckungsvorsorge vorhalten[1240]. Ein Wettbewerbsvorteil öffentlicher Stellen besteht folglich nicht per se. Wie die Gesetzesbegründung klarstellt, dürfen öffentliche Stellen De-Mail-Dienste jedoch nur im für sie zulässigen Rahmen anbieten[1241]. Zu diesem Rechtsrahmen gehören auf verfassungsrechtlicher Ebene auch die wettbewerbsrelevanten Grundrechte.

Im Laufe des Gesetzgebungsverfahrens machte der Bundesrat jedoch den Vorschlag, bei Behörden des Bundes, der Länder und Kommunen auf die Akkreditierung zu verzichten, sodass diese als „geborene" De-Mail-Anbieter das Gütezeichen „De-Mail" führen könnten[1242]. Ihre besondere Stellung biete bereits die Gewähr für die Einhaltung der gesetzlichen Vorgaben[1243]. Der Vorschlag wurde jedoch vom Bundestag damit abgelehnt, dass die Akkreditierung auch technische Notwendigkeiten sicherstelle. So sei sie erforderlich, um die Interoperabilität der Anbieter und ein einheitliches Sicherheits- und Datenschutzniveau sicherzustellen[1244]. Wie der endgültige Gesetzestext zeigt, wurde dieser Vorschlag nicht weiter verfolgt[1245]. Dies erscheint auch sinnvoll, da zwar öffentlichen Stellen durch die Bindung an Gesetz und Recht in Art. 20 Abs. 3 GG die Gesetzestreue auch gegenüber dem De-Mail-G vorgeschrieben ist und diesen besonderes Vertrauen zukommt. Behörden könnten jedoch ebenfalls rechtswidrig handeln oder technische Vorgaben nicht erfüllen, zumal auch private Diensteanbieter an das Gesetz gebunden sind und bei Verstößen Sanktionen in Kauf nehmen müssen. Eine technische Überprüfung wird durch das Vertrauen gerade nicht ersetzt.

1239 *Skrobotz*, in: Manssen (Hrsg.), Telekommunikations- und Multimediarecht, Band 2, Stand: 33. Erg.-Lfg. 2013, K § 1 De-Mail-G Rn. 73.

1240 *Skrobotz*, in: Manssen (Hrsg.), Telekommunikations- und Multimediarecht, Band 2, Stand: 33. Erg.-Lfg. 2013, K § 1 De-Mail-G Rn. 73.

1241 BT-Drs. 17/3630, S. 2, 19, 21.

1242 BT-Drs. 16/12598, S. 39 f.; vgl. hierzu auch *Skrobotz*, in: Manssen (Hrsg.), Telekommunikations- und Multimediarecht, Band 2, Stand: 33. Erg.-Lfg. 2013, K § 17 De-Mail-G Rn. 3.

1243 *Skrobotz*, in: Manssen (Hrsg.), Telekommunikations- und Multimediarecht, Band 2, Stand: 33. Erg.-Lfg. 2013, K § 17 De-Mail-G Rn. 3.

1244 BT-Drs. 16/12598, S. 45; *Skrobotz*, in: Manssen (Hrsg.), Telekommunikations- und Multimediarecht, Band 2, Stand: 33. Erg.-Lfg. 2013, K § 17 De-Mail-G Rn. 3.

1245 Vgl. hierzu BT-Drs. 17/3630; *Skrobotz*, in: Manssen (Hrsg.), Telekommunikations- und Multimediarecht, Band 2, Stand: 33. Erg.-Lfg. 2013, K § 17 De-Mail-G Rn. 3. Auf die Auswirkungen einer Befreiung öffentlicher Stellen von der Akkreditierung wird noch zurückzukommen sein.

Problematisch scheint dies auch hinsichtlich der Beeinträchtigung der wettbewerbsrelevanten Grundrechte. Die De-Mail-Akkreditierung, insbesondere der Aufwand zur Erfüllung der technischen Anforderungen und die Deckungsvorsorge, stellt eine hohe finanzielle Belastung und Hürde für Unternehmen dar. Würde das Erfordernis der Akkreditierung öffentlichen Stellen im Gegensatz zu privaten Unternehmen erlassen und würden diese De-Mail-Dienste nicht lediglich für sich selbst erbringen, sondern in Konkurrenz zu den privaten Unternehmen im Wettbewerb um den Verbraucher treten, entstünde hierdurch ein Wettbewerbsvorteil der öffentlichen Diensteanbieter, der privaten Anbietern nicht zukommt. Gleiches gälte für die nicht erforderliche Überprüfung der Interoperabilität und der technischen Anforderungen. Zwar trifft es zu, dass öffentliche Stellen in dem bereits erörterten Maße besonderes Vertrauen zukommt. Wie ebenfalls bereits ausgeführt, ist jedoch auch hier rechtswidriges Handeln der Mitarbeiter zumindest theoretisch nicht ausgeschlossen. Aufgrund der Bindung an Recht und Gesetz aus Art. 20 Abs. 3 Satz 2 GG könnte allenfalls auf die Prüfung der Zuverlässigkeit verzichtet werden. Anders verhält sich dies bereits bei der erforderlichen Fachkunde. Diese ist nicht zwingend aufgrund der Gesetzesbindung vorhanden. Auch öffentliches Personal müsste hier kontrolliert werden. Für öffentliche Stellen, die nicht insolvenzfähig sind, wie bspw. bei unselbstständigen Behörden, hat der jeweilige Träger für die finanziellen Verbindlichkeiten einzustehen. Bei diesen ist nicht zu befürchten, dass sie für Schäden im Zusammenhang mit ihrer Tätigkeit als De-Mail-Diensteanbieter nicht einstehen können, da ihre Träger ebenfalls i. d. R. nicht insolvenzfähig sind. Eine zusätzliche Deckungsvorsorge wäre dann grundsätzlich nicht erforderlich. Bei in gewisser Weise verselbstständigten öffentlichen Stellen und öffentlichen Unternehmen in Privatrechtsform, die insolvenzfähig sein können und deren Träger bzw. Inhaber nicht dazu verpflichtet sind, für ihre Verbindlichkeiten einzustehen, ist dies hingegen nicht der Fall[1246]. Den entscheidenden Aspekt, der gegen einen Erlass der Akkreditierungspflicht für öffentliche Stellen spricht, stellt jedoch die Überprüfung der technischen Voraussetzungen und des Datenschutzes dar. Ein Verzicht auf die Akkreditierungspflicht für öffentliche Stellen wäre somit gemessen an Art. 12 Abs. 1 Satz 1 GG und Art. 3 Abs. 1 GG nicht gerechtfertigt gewesen.

Wie eine Tätigkeit einer öffentlichen Stelle als De-Mail-Anbieter organisatorisch und rechtlich ausgestaltet sein soll, gibt das De-Mail-G bis auf die allgemeinen Voraussetzungen, die das De-Mail-G auch an private De-Mail-Diensteanbieter stellt, nicht vor. Solange der Staat oder die öffentlichen De-Mail-Diensteanbieter unter den gleichen Voraussetzungen wie ihre privaten Konkurrenten am Markt auftreten, also ihre genuinen Hoheitsmittel nicht einsetzen, liegt kein Eingriff vor[1247].

1246 Siehe zur Insolvenzfähigkeit öffentlicher Stellen und öffentlicher Unternehmen in Privatrechtsform *Schliesky/Tallich/Classen*, DVP 2011, 134 ff.; *Röger*, Insolvenz kommunaler Unternehmen in Privatrechtsform, 2005.

1247 *Wieland*, in: Dreier (Hrsg.), Grundgesetz-Kommentar, Band I, 3. Aufl. 2013, Art. 12 Rn. 74.

Das mögliche Nebeneinander von öffentlichen und privaten Anbietern hat jedoch für das staatliche Handeln im Zusammenhang mit Diensten nach dem De-Mail-G weitergehende Folgen[1248]. Denn weniger das „Ob" der Tätigkeit öffentlicher Stellen als De-Mail-Anbieter, sondern vielmehr das „Wie" wird durch die wettbewerbsrelevanten Grundrechte eingeschränkt, wenn auch öffentliche Stellen als De-Mail-Anbieter auftreten.

Sollten sich Behörden entscheiden, sich als De-Mail-Anbieter akkreditieren zu lassen und De-Mail-Dienste am Markt in Konkurrenz zu den privaten Diensteanbietern anzubieten, muss der Staat die bereits dargestellten Grenzen zu einem Grundrechtseingriff einhalten. So hat er dafür Sorge zu tragen, dass die Tätigkeit nicht zu einem Verdrängungswettbewerb bzw. einer Monopolstellung oder zu einer sonstigen empfindlichen Belastung der privaten Anbieter führt. Dies sollte, zumal sich bereits mehrere private De-Mail-Diensteanbieter akkreditieren lassen haben, zu verhindern sein. Als Eingriff in den Wettbewerb wäre es auch zu qualifizieren, wenn öffentliche De-Mail-Diensteanbieter ihre Produkte im Gegensatz zu den privaten Anbietern dauerhaft kostenlos bzw. ohne entsprechende Gegenleistung[1249] oder zu Dumpingpreisen anbieten und dadurch andere private Anbieter vom Markt verdrängt werden[1250].

Weitaus schwieriger ist es jedoch, zu gewährleisten, dass öffentlichen Diensteanbietern keine unangemessenen Vorteile zukommen, in deren Genuss private Diensteanbieter nicht kommen können. Insbesondere bei öffentlichen Unternehmen in Privatrechtsform ist deshalb darauf zu achten, dass diesen keine ungerechtfertigten Subventionen zukommen. Aber auch andere öffentliche Stellen dürfen im Wettbewerb mit privaten Dritten nicht ihre besondere Insolvenzsicherung, etwa durch ihre Träger, in dem bereits beschriebenen Maße ausnutzen[1251]. Je nach Organisation des öffentlichen Diensteanbieters kann aus zuwendungsrechtlicher Sicht deshalb auch eine Abtrennung bzw. eine gewisse Verselbstständigung der De-Mail-Dienste anbietenden öffentlichen Stelle geboten sein, wenn den Markt verfälschende Zuwendungen des Trägers nicht anders verhindert werden können. Dies kann in Abgrenzung zum Regiebetrieb durch einen Eigenbetrieb, die Gründung einer Anstalt oder als Unternehmen in Privatrechtsform erfolgen.

1248 An dieser Stelle sollen zunächst nur die grundrechtlichen Beschränkungen beleuchtet werden. Auf weitere wettbewerbsrechtliche und haushaltsrechtliche Vorgaben wird im Rahmen der einfachgesetzlichen Grenzen näher eingegangen werden.

1249 Dies können bspw. die Daten der Nutzer sein, die der Anbieter vermarkten kann.

1250 *Manssen*, in: v. Mangoldt/Klein/Starck, Kommentar zum Grundgesetz, Band 1, 6. Aufl. 2010, Art. 12 Rn. 84; *P.-M. Huber*, Konkurrenzschutz im Verwaltungsrecht, 1991, S. 328; *Schricker*, Wirtschaftliche Tätigkeit der öffentlichen Hand und unlauterer Wettbewerb, 2. Aufl. 1987, S. 207 ff.

1251 Siehe bereits Fn. 1250.

Daneben ist auch eine Bevorzugung von staatlichen De-Mail-Anbietern bei der Vergabe von öffentlichen Aufträgen als Wettbewerbsvorteil anzusehen, es sei denn, es bestehen Ausnahmen vom Vergaberecht wie bspw. eine In-House-Vergabe oder ein Ausschließlichkeitsrecht nach § 100a Abs. 3 GWB.

Außerdem ist der Staat auch hinsichtlich der beleuchteten staatlichen Informationstätigkeit, bspw. bei Empfehlungen und Fürspruch für De-Mail-Dienste, eingeschränkt. Dies gilt zum einen, wenn er staatliche De-Mail-Anbieter empfiehlt, die dann gegenüber nicht staatlichen De-Mail-Diensteanbietern bevorzugt werden. Zum anderen aber auch, wenn der Staat generell Empfehlungen für die De-Mail ausspricht, da er selbst De-Mail-Dienste anbietet und so nicht akkreditierte Anbieter sicherer elektronischer Zugangsformen benachteiligt werden.

Die erwerbswirtschaftliche Tätigkeit öffentlicher Stellen als akkreditierte De-Mail-Anbieter hat somit auch Einfluss auf andere Bereiche des wettbewerbsrelevanten Staatshandelns.

Anders ist dies nur zu beurteilen, wenn eine öffentliche Stelle De-Mail-Dienstleistungen nur für sich selbst erbringt, bspw. durch einen Regiebetrieb, und somit nicht in Konkurrenz zu privaten De-Mail-Anbietern tritt. Dies erscheint jedoch, genau wie die Schaffung eines zentralen staatlichen De-Mail-Dienstleisters für die öffentliche Verwaltung, eher unwahrscheinlich, da die private Tätigkeit, wie es die Gesetzesbegründung zum Ausdruck bringt, gerade gewollt ist. Dieser Gedanke soll hier daher nicht weiter verfolgt werden.

Festzuhalten bleibt, dass eine erwerbswirtschaftliche Tätigkeit öffentlicher Stellen oder öffentlicher Unternehmen in Privatrechtsform als De-Mail-Anbieter allein grundsätzlich keinen Eingriff in Art. 12 Abs. 1 Satz 1 GG oder Art. 3 Abs. 1 GG darstellt, da die Grundrechte die Wettbewerber grundsätzlich nicht vor staatlicher Konkurrenz am Markt schützen. Entscheidend für einen etwaigen Grundrechtseingriff ist die konkrete Ausgestaltung der erwerbswirtschaftlichen Tätigkeit öffentlicher Stellen. Soweit sich diese in dem dargestellten zulässigen Rahmen bewegt, liegt kein Eingriff vor.

Das De-Mail-G stellt an alle De-Mail-Diensteanbieter, ob öffentlich oder privatwirtschaftlich, die gleichen Voraussetzungen und greift insofern nicht ungerechtfertigt in die Grundrechte der Wettbewerber ein. Ein Eingriff wäre hingegen anzunehmen gewesen, wenn öffentliche De-Mail-Diensteanbieter von der Akkreditierungspflicht befreit worden wären.

Eine erwerbswirtschaftliche Betätigung öffentlicher Stellen bzw. öffentlicher Unternehmen als De-Mail-Anbieter erfolgt derzeit nicht. Eine solche ist auch nicht mit dem Vorhaben, ein zentrales De-Mail-Gateway durch ein Dienstleistungszentrum IT für die Bundesverwaltung bereitzustellen, verbunden.

F. Einfachgesetzliche Grenzen der Schaffung und Regelung elektronischer Zugangsformen durch das Öffentliche Wettbewerbsrecht

Neben den bereits aufgezeigten grundrechtlichen Grenzen steckt auch das einfachgesetzlich geregelte Wettbewerbsrecht durch das UWG[1252] und das GWB[1253] den Rahmen für wettbewerbsrelevantes Staatshandeln ab, die deshalb dem Öffentlichen Wettbewerbsrecht zuzuordnen sind.

I. UWG

Auf einfachgesetzlicher Ebene dient das UWG dem Schutz der Mitbewerber, der Verbraucherinnen und Verbraucher sowie der sonstigen Marktteilnehmer vor unlauteren geschäftlichen Handlungen und dem Interesse der Allgemeinheit am unverfälschten Wettbewerb (vgl. § 1 UWG). Das Lauterkeitsrecht des UWG stellt somit ein Marktverhaltensrecht dar[1254].

Wie schon dargelegt, tangiert wettbewerbsrelevantes Staatshandeln, ob in Form von wettbewerbsrelevanter Gesetzgebung oder durch schlicht-hoheitliches Handeln, bspw. in Form von staatlicher Informationstätigkeit, grundsätzlich immer den Wettbewerb. Diese Auswirkung auf den Wettbewerb bzw. die grundsätzliche Möglichkeit ist gerade das prägende Merkmal wettbewerbsrelevanten Staatshandelns[1255].

Aufgrund dieser Berührungspunkte ist auch das UWG auf seine Anwendbarkeit und Einschlägigkeit bei wettbewerbsrelevantem Staatshandeln durch die Regelung elektronischer Zugangsformen zu prüfen.

1. *Allgemeine Anwendbarkeit der Vorschriften des UWG auf wettbewerbsrelevantes Staatshandeln*

Zunächst gilt es, die generelle Anwendbarkeit der Vorschriften des UWG auf wettbewerbsrelevantes Staatshandeln durch die Regelung elektronischer Zugangsformen zu prüfen, um feststellen zu können, ob das UWG als Grenze und Rahmenbedingung

---

1252 Gesetz gegen den unlauteren Wettbewerb in der Fassung der Bekanntmachung vom 03. 03. 2010 (BGBl I 2010, S. 254), zuletzt geändert durch Art. 6 Gesetz gegen unseriöse Geschäftspraktiken vom 01. 10. 2013 (BGBl I 2013, S. 3714).

1253 Gesetz gegen Wettbewerbsbeschränkungen in der Fassung der Bekanntmachung vom 26. 06. 2013 (BGBl I 2013, S. 1750, 3245), zuletzt geändert durch Art. 2 Abs. 78 Gesetz zur Strukturreform des Gebührenrechts des Bundes vom 07. 08. 2013 (BGBl I 2013, S. 3154).

1254 *Schliesky*, Öffentliches Wirtschaftsrecht, 4. Aufl. 2014, S. 188; *Köhler*, in: ders./ Bornkamm, UWG, 32. Aufl. 2014, § 4 Rn. 9.4; BT-Drs. 15/1487, S. 12, 15 f.; BT-Drs. 16/10145, S. 11.

1255 *Schliesky*, JA 1997, 902 (903); *ders.*, DVBl 1999, 78 (80). Eine ausführliche Herleitung findet sich bei *Schliesky*, Öffentliches Wettbewerbsrecht, 1997, S. 22 ff., insbes. S. 92 f.

der Schaffung und Regelung elektronischer Zugangsformen, insbesondere im Fall der Schaffung und Regelung der Zugangsform De-Mail, zu qualifizieren ist.

Die Fragestellung nach der generellen Anwendbarkeit der Vorschriften des UWG auf wettbewerbsrelevantes Staatshandeln durch die Schaffung und Regelung von elektronischen Zugangsformen ist von der Frage nach der konkreten Eröffnung des Anwendungsbereichs durch das Merkmal der geschäftlichen Handlung i. S. v. § 1 Satz 1 UWG zu unterscheiden. Während sich die allgemeine Anwendbarkeit auf das gesamte wettbewerbsrelevante Staatshandeln bezieht, muss die Eröffnung des Anwendungsbereichs am konkreten Einzelfall, bspw. der staatlichen Informationstätigkeit hinsichtlich der De-Mail durch eine Empfehlung, geprüft werden. Bei der allgemeinen Anwendbarkeit handelt es sich nämlich nicht um ein Problem des Vorliegens von Tatbestandsvoraussetzungen einer konkreten Norm. Die konkrete Subsumtion findet erst bei der Prüfung der Eröffnung des Anwendungsbereichs bzw. der Unlauterkeit statt[1256]. Scheidet die allgemeine Anwendbarkeit einer Fallgruppe des wettbewerbsrelevanten Staatshandelns bereits vorab aus, ist eine Prüfung der Eröffnung des Anwendungsbereichs in der Folge entbehrlich.

Zunächst ist deshalb unabhängig vom Vorliegen der konkreten Tatbestandsvoraussetzungen, insbesondere des § 1 Satz 1 UWG, der den Anwendungsbereich des UWG nur für geschäftliche Handlungen i. S. d. § 2 Abs. 1 Nr. 1 UWG eröffnet, die generelle Anwendbarkeit des UWG auf wettbewerbsrelevantes Staatshandeln im Rahmen der Schaffung und Regelung von elektronischen Zugangsformen zu prüfen.

Das UWG ist als Marktverhaltensrecht ausgestaltet[1257]. Wenn der Staat in das Marktgeschehen eingreift, sollte er deshalb bei eigener erwerbswirtschaftlicher Tätigkeit, bspw. wenn er selbst elektronische Zugangsformen am Markt anbietet oder wenn er den Markt, bspw. durch seine staatliche Informationstätigkeit, von außen beeinflusst, zumindest wie ein sonstiger Marktteilnehmer behandelt werden[1258]. Der in § 1 UWG genannte Zweck des Gesetzes beinhaltet seit der Gesetzesnovellierung des UWG im Jahre 2004 auch den Schutz der Allgemeinheit vor einem verfälschten Wettbewerb und dient somit einem umfassenden Schutz vor unlauterem Wettbewerb. Dies gilt unabhängig von der Art des Akteurs auf dem Markt, also auch für den Staat[1259]. Aus diesen Gründen sollte von einer generellen Anwendbarkeit des UWG bei wettbewerbsrelevantem Staatshandeln, wie

---

1256 Siehe hierzu *Schliesky*, Öffentliches Wettbewerbsrecht, 1997, S. 279 f.; *ders.*, Öffentliches Wirtschaftsrecht, 4. Aufl. 2014, S. 188.

1257 Siehe bereits Fn. 1254.

1258 Siehe hierzu *Schliesky*, Öffentliches Wirtschaftsrecht, 4. Aufl. 2014, S. 188; *ders.*, JA 1997, 902 (906); *ders.*, DVBl 1999, 78 (83). Eine ausführliche Begründung der Anwendbarkeit des UWG auf wettbewerbsrelevantes Staatshandeln findet sich bei *Schliesky*, Öffentliches Wettbewerbsrecht, 1997, S. 278 ff. So auch *Köhler*, in: ders./Bornkamm, UWG, 32. Aufl. 2014, § 4 Rn. 13.9, 13.17, der lediglich das Vorliegen einer geschäftlichen Handlung fordert, dann aber diese bei hoheitlichem, nicht rein erwerbswirtschaftlichem Handeln verneint.

1259 *Schliesky*, Öffentliches Wirtschaftsrecht, 4. Aufl. 2014, S. 188.

der Schaffung und Regelung von elektronischen Zugangsformen, ausgegangen werden, da dieses als Marktverhaltensrecht auf wettbewerbliche Auswirkungen eines Marktteilnehmers oder Marktbeeinflussers ausgerichtet ist[1260]. Dies ist für die erwerbswirtschaftliche Tätigkeit des Staates auch allgemein anerkannt[1261], muss jedoch grundsätzlich, unabhängig vom Vorliegen der konkreten Tatbestandsvoraussetzungen, insbesondere der Eröffnung des Anwendungsbereichs durch das Merkmal der geschäftlichen Handlung i. S. v. § 2 Abs. 1 Nr. 1 UWG, auch für andere Formen des wettbewerbsrelevanten Staatshandelns im Rahmen der Schaffung und Regelung von elektronischen Zugangsformen gelten[1262], da die Gemeinsamkeit des wettbewerbsrelevanten Staatshandelns, wie bereits eingangs erwähnt, gerade die Einwirkung auf das Marktgeschehen ist[1263].

Grundsätzlich muss das UWG, unabhängig vom Vorliegen der Tatbestandsvoraussetzungen im Einzelfall, auf das Handeln der öffentlichen Hand, also auch auf die Schaffung und Regelung elektronischer Zugangsformen wie bspw. der De-Mail, anwendbar sein.

Eine Ausnahme hiervon könnte jedoch für die gesetzgebende wettbewerbsrelevante Staatstätigkeit gelten[1264], da gegen formelle Gesetze in der Bundesrepublik Deutschland grundsätzlich kein direkter Rechtsweg gegeben ist[1265], ein solcher jedoch auf Umwegen durch eine Anwendbarkeit des UWG entstehen könnte. Um gegen verfassungswidrige Gesetze, die gegen die wettbewerbsrelevanten Grundrechte verstoßen, vorzugehen, bleiben für private Wettbewerbsteilnehmer als direkter Weg allein die Verfassungsbeschwerde nach Art. 93 Abs. 1 Nr. 4a GG, §§ 13 Nr. 8a, 90 ff. Bundesverfassungsgerichtsgesetz (BVerfGG) oder die einstweilige Anordnung nach § 32 BVerfGG, durch die die Verletzung von Grundrechten, im vorliegenden Fall der wettbewerbsrelevanten Grundrechte der Wettbewerbsfreiheit und Wettbewerbsgleichheit, geltend gemacht werden kann. Ansonsten kann eine

---

1260 So auch *Schliesky*, Öffentliches Wirtschaftsrecht, 4. Aufl. 2014, S. 188. Für eine Anwendbarkeit des UWG auf den Wettbewerb der öffentlichen Hand auch *Poppen*, in: Gloy/Loschelder/Erdmann, Wettbewerbsrecht, 4. Aufl. 2010, Rn. 62.

1261 Statt Vieler *Köhler*, in: ders./Bornkamm (Hrsg.), UWG, 32. Aufl. 2014, § 4 Rn. 13.18, 13.41; *Keller*, in: Harte-Bavendamm/Henning-Bodewig (Hrsg.), Gesetz gegen den unlauteren Wettbewerb, 3. Aufl. 2013, § 2 Rn. 52, 56; *Diemer*, in: Erbs/Kohlhaas (Hrsg.), Strafrechtliche Nebengesetze, Stand: 196. Ergänzungslieferung 2013, § 2 UWG Rn. 9; *Erdmann*, in: Gloy/Loschelder/Erdmann, Wettbewerbsrecht, 4. Aufl. 2010, § 31 Rn. 26; *Haberstrumpf/Husemann*, Wettbewerbs- und Kartellrecht, Gewerblicher Rechtsschutz, 5. Aufl. 2012, S. 58.

1262 Siehe hierzu eine ausführliche Begründung bei *Schliesky*, Öffentliches Wettbewerbsrecht, 1997, S. 278 ff.

1263 Siehe bereits Fn. 1255.

1264 So zutreffend *Köhler*, in: ders./Bornkamm, UWG, 31. Aufl. 2013, § 4 Rn. 13.29.

1265 *Morgenthaler*, in: Epping/Hillgruber (Hrsg.), Beck'scher Online-Kommentar GG, Stand: 01. 11. 2013, Ed. 19, Art. 93 Rn. 70.1; *Maunz*, in: ders./Dürig, Grundgesetz, Band VI, Stand: 69. Erg.-Lfg. 2013, § 93 Rn. 70.

Feststellung der Rechtswidrigkeit von formellen Gesetzen nur über eine Vorlage eines Gerichts zur konkreten Normenkontrolle nach Art. 100 GG, § 13 Nr. 11 BVerfGG, also indirekt, erreicht werden[1266].

Wie bereits erörtert, kann auch Gesetzgebung eine Form von wettbewerbsrelevantem Staatshandeln sein, auf das das UWG grundsätzlich von seiner Zielrichtung und aufgrund seines Schutzumfangs anwendbar sein könnte.

Die Gesetzgebung ist unzweifelhaft als hoheitliches Staatshandeln einzustufen. Daran ändert sich auch nichts, wenn das gesetzgeberische Handeln den Wettbewerb tangiert.

Dies wird überwiegend auch für die i. d. R. gesetzliche Schaffung und Regelung von elektronischen Zugangsformen gelten[1267], da diese grundsätzlich zumindest mittelbar den Markt der Anbieter der verschiedenen elektronischen Zugangsformen berührt.

Der Grund für den allgemeinen Ausschluss der Anwendbarkeit des UWG auf die wettbewerbsrelevante Gesetzgebung soll nach hier vertretener Ansicht jedoch nicht die Hoheitlichkeit der Handlung sein, denn diese ist, wie im Folgenden noch zu zeigen sein wird, gerade kein hinreichend genaues Abgrenzungskriterium[1268]. Die Besonderheit des Gesetzgebungsaktes liegt hingegen darin, dass er nicht direkt mit Rechtsmitteln angegriffen werden kann. Gegen formelle Gesetze existiert in der Bundesrepublik Deutschland kein Rechtsweg[1269]. Ein solcher würde jedoch eröffnet, wenn man das UWG auf gesetzgeberisches Handeln anwenden würde. In diesem Fall wäre es möglich, gegenüber dem Gesetzgeber eine Unterlassung des Gesetzes bzw. zumindest seines Vollzugs zu erwirken, wenn sich das Gesetz als unlauter herausstellt.

Dass in Deutschland kein Rechtsweg gegen formelle Gesetze besteht, ist zwar unbestritten, wird jedoch - soweit ersichtlich - nicht begründet.

Als Grund für den Ausschluss eines direkten Rechtswegs gegen formelle Gesetze könnte man zunächst daran denken, dass durch ein direktes Vorgehen erhebliche Rechtsunsicherheiten resultieren würden. Durch den Instanzenzug hindurch könnte ein formelles Gesetz im Verfahren bis zu den höchsten Gerichten zeitweise ungültig und dann wieder gültig sein, je nachdem, wie die einzelnen Instanzen entscheiden. Um dem Vertrauensschutz zu genügen, müsste jede Änderung des Rechtsstandes zeitnah und mit ausreichender Reichweite bekannt gemacht werden. Doch selbst dies wäre für den Bürger schwer nachzuverfolgen. So wäre es auch nach außen,

1266 Anders verhält sich dies bei untergesetzlichem Landesrecht (bspw. Verordnungen aufgrund Landesrecht), das lediglich den Status von materiellen und nicht formellen (Parlaments-)Gesetzen hat, sofern das Landesrecht dies bestimmt, und Satzungen nach dem Baugesetzbuch (BauGB) sowie Verordnungen aufgrund von § 246 Abs. 2 BauGB. Hier besteht die Möglichkeit einer abstrakten Normenkontrolle nach § 47 VwGO zum Oberverwaltungsgericht.

1267 Siehe bereits Gliederungspunkt Teil II: D. II. 2. e).

1268 Siehe hierzu im Folgenden Gliederungspunkt Teil II: F. I. 2. a) ee).

1269 Siehe bereits Fn. 1265.

insbesondere für den Bürger, schwer, zu erkennen, wann ein Gesetz Gültigkeit besitzt und wann nicht. Aus diesem Grund ist es sinnvoll, dass gegen ein formelles Gesetz lediglich die Verfassungsbeschwerde eingelegt bzw. ein Antrag auf einstweilige Anordnung nach § 32 BVerfGG beim BVerfG gestellt werden kann. Wenn gesetzliche Regelungen jederzeit durch alle Gerichte für verfassungswidrig und nichtig erklärt werden können, besteht die Gefahr der Vermischung der Gewalten der Legislative und der Judikative. Daher ist das BVerfG als alleinige Schnittstelle von Legislative und Judikative notwendig.

Aus diesen Gründen darf auch nicht über die Anwendbarkeit des UWG auf wettbewerbsrelevantes gesetzgeberisches Staatshandeln ein Einfallstor gegen formelle Gesetze geschaffen werden, was bei Bejahung der Anwendbarkeit des UWG der Fall sein könnte.

Das UWG ist deshalb grundsätzlich nicht auf gesetzgeberische Tätigkeiten anwendbar.

Dies gilt im Fall der Schaffung und Regelung der De-Mail für die Schaffung neuer elektronischer Zugangsformen durch Gesetz (Setzung des De-Mail-Standards), die gesetzliche Regelung der De-Mail-Akkreditierung, die gesetzliche Regelung von Rechtswirkungen und Beleihungen sowie die gesetzliche Verpflichtung zur Eröffnung eines De-Mail-Accounts durch Behörden (§ 2 Abs. 2 EGovG). Eine Prüfung der Eröffnung des konkreten Anwendungsbereichs anhand des Merkmals der geschäftlichen Handlung i. S. d. § 2 Abs. 1 Nr. 1 UWG ist bei diesen Fallgruppen somit entbehrlich.

Einen derartigen Grund gibt es für einen pauschalen Ausschluss hoheitlichen Handelns hingegen nicht. Dies würde dem Schutzumfang des UWG auch nicht gerecht werden[1270].

Deshalb ist das UWG wiederum prinzipiell auf die Umsetzung dieser Gesetzgebung, also das Handeln aufgrund dieser, anwendbar.

2. Eröffnung des Anwendungsbereichs des UWG durch wettbewerbsrelevantes Staatshandeln (geschäftliche Handlung i. S. v. § 1 Satz 1 UWG)

Es ist jedoch trotz dieser grundsätzlichen Anwendbarkeit des UWG auf wettbewerbsrelevantes Staatshandeln im Rahmen der Schaffung und Regelung von elektronischen Zugangsformen das Vorliegen der einzelnen Tatbestandsvoraussetzungen, insbesondere des § 1 Satz 1 UWG als Einfallstor für das Lauterkeitsrecht, zu prüfen, um die Anwendbarkeit im konkreten Fall festzustellen. Die Eröffnung des Anwendungsbereichs des UWG setzt eine geschäftliche Handlung i. S. d. § 2 Abs. 1 Nr. 1 UWG voraus, deren Vorliegen im Folgenden am konkreten Fall zu prüfen sein wird.

1270 Siehe hierzu Gliederungspunkt Teil II: F. I. 2. a) bb).

a) Geschäftliche Handlung i. S. v. § 1 Satz 1 UWG

Damit das UWG überhaupt anwendbar ist, muss eine geschäftliche Handlung vorliegen, die auf ihre Unlauterkeit untersucht werden kann, da das UWG gem. § 1 Satz 1 UWG nur vor diesen Handlungen schützt[1271].

Die geschäftliche Handlung ist in § 2 Abs. 1 Nr. 1 UWG legaldefiniert.

Hiernach versteht man unter einer geschäftlichen Handlung jedes Verhalten einer Person zugunsten des eigenen oder eines fremden Unternehmens vor, bei oder nach einem Geschäftsabschluss, das mit der Förderung des Absatzes oder des Bezuges von Waren oder Dienstleistungen oder mit dem Abschluss oder der Durchführung eines Vertrags über Waren oder Dienstleistungen objektiv zusammenhängt. Als Waren gelten hierbei auch Grundstücke, als Dienstleistungen auch Rechte und Verpflichtungen.

aa) Verhalten einer Person

Zunächst ist demnach das Verhalten einer Person erforderlich.

Der Begriff des Verhaltens ist weit zu verstehen und erfasst alle menschlichen Verhaltensweisen, folglich auch positives Tun und Unterlassen, Äußerungen sowie tatsächliche Handlungen[1272].

Ein solches Verhalten ist grundsätzlich auch durch wettbewerbsrelevantes Staatshandeln zur Schaffung und Regelung von elektronischen Zugangsformen möglich. So kann der Staat bspw. im Rahmen der Schaffung von elektronischen Zugangsformen informierend, empfehlend oder warnend tätig werden, Subventionen tätigen, den Markt auf verschiedene Weise regulieren oder selbst erwerbswirtschaftlich im Bereich der elektronischen Zugangsformen[1273] tätig werden.

Das Verhalten muss von einer Person ausgehen. Als Personen sind hierbei natürliche, aber auch juristische Personen zu verstehen. Bei juristischen Personen ist gem. § 31 BGB das Verhalten ihrer Organe maßgeblich[1274].

Unter den Oberbegriff juristische Personen fallen grundsätzlich auch juristische Personen des öffentlichen Rechts. Sowohl der Bund als auch die Länder als Hauptverwaltungsträger[1275], Gemeinden und Städte sind als Gebietskörperschaften juristische Personen des öffentlichen Rechts. Auch Körperschaften und Stiftungen

---

1271 *Köhler*, in: ders./Bornkamm, UWG, 32. Aufl. 2014, § 2 Rn. 3; *Poppen*, in: Gloy/Loschelder/Erdmann, Wettbewerbsrecht, 4. Aufl. 2010, Rn. 68; *Keller*, in: Harte-Bavendamm/Henning-Bodewig (Hrsg.), UWG, 3. Aufl. 2013, § 2 Rn. 2.

1272 *Köhler*, in: ders./Bornkamm, UWG, 32. Aufl. 2014, § 2 Rn. 11.

1273 Vgl. hierzu die Begründung zum De-Mai-Gesetz, BT Drs. 17/3630, vom 08. 11. 2010, S. 19, insbesondere S. 37, nach der es auch öffentliche Stellen und ausdrücklich auch Behörden frei steht, De-Mail-Dienste im zulässigen Rahmen anzubieten.

1274 *Köhler*, in: ders./Bornkamm, UWG, 32. Aufl. 2014, § 2 Rn. 11.

1275 *Jestaedt*, in: Hoffmann-Riem/Schmidt-Aßmann/Voßkuhle (Hrsg.), Grundlagen des Verwaltungsrechts, Band I, 2. Aufl. 2012, § 14 Rn. 23.

des öffentlichen Rechts sind diesen zuzuordnen[1276]. Wettbewerbsrelevantes Staatshandeln ist immer auch einer juristischen Person zuzuordnen. Das Handeln von Organen wird der jeweiligen juristischen Person des öffentlichen Rechts, die dessen Rechtsträger ist, zugerechnet. Unter einem Organ versteht man nach der Begriffsbestimmung von *Hans J. Wolff* „ein[en] durch die Organisation objektiv eingeräumte[n], durch seine Bezogenheit auf eine oder mehrere organisatorisch verbundene Pflichtsubjekte (die Organwalter) geeinte[n], aber unter Abstraktion von deren Individualität (abstrakt, institutionell) bestimmten Komplex von Berechtigungen und Verpflichtungen i. w. S., d. h. von gegenständlich und oft auch modal normierter Geschäftsbesorgungs- und Vertretungsmacht für die Organisation geeinte Vielheit“, kurz „ein[en] durch die Organisation begründete[n] *Zuständigkeitskomplex*“ („subjektivierter Zuständigkeitskomplex“)[1277].

Behörden nehmen in der Organisation der Verwaltung bestimmte Verwaltungszuständigkeiten wahr. „Eine (Verwaltungs-)Behörde im funktionellen Sinne ist jede Verwaltungseinheit mit Organcharakter, soweit sie im Außenverhältnis zur Wahrnehmung von Verwaltungstätigkeiten berufen ist“[1278]. Der Organcharakter ist somit schon Voraussetzung für die Eigenschaft als Behörde.

Handeln Behörden, die selbst nicht juristische Personen des öffentlichen Rechts sind, ist ihr Handeln somit ihrem Träger zuzuordnen. Handelt bspw. das Bundesinnenministerium, wird dessen Verhalten dem Bund zugerechnet, der als Gebietskörperschaft juristische Person des öffentlichen Rechts ist.

Das Merkmal des Handelns einer Person kann deshalb bei wettbewerbsrelevantem Staatshandeln zur Schaffung und Regelung elektronischer Zugangsformen bei juristischen Personen des öffentlichen Rechts und deren Organen angenommen werden.

bb) Zugunsten des eigenen oder eines fremden Unternehmens

Um ein Verhalten als geschäftliche Handlung qualifizieren zu können, muss das Handeln der öffentlichen Hand jedoch auch zugunsten des eigenen oder eines fremden Unternehmens erfolgen. Es ist folglich ein Unternehmensbezug erforderlich[1279].

Keinen Handlungsbezug weisen Handlungen von Verbrauchern auf[1280]. „Handelt folglich eine natürliche Person nicht als Unternehmer, also als Inhaber eines Unternehmens oder als Vertreter oder Beauftragter eines Unternehmers und auch

1276 *Schöpflin*, in: Bamberger/Roth (Hrsg.), Beck'scher Online-Kommentar BGB, Stand: 01. 02. 2014, Ed. 30, § 21 Rn. 4; *Schauhoff*, in: ders. (Hrsg.), Handbuch der Gemeinnützigkeit, 3. Aufl. 2010, § 5 Rn. 1.

1277 *H. J. Wolff*, Organschaft und juristische Person, Band 2, 1934, S. 236.

1278 *Jestaedt*, in: Hoffmann-Riem/Schmidt-Aßmann/Voßkuhle (Hrsg.), Grundlagen des Verwaltungsrechts, Band I, 2. Aufl. 2012, § 14 Rn. 36.

1279 *Köhler*, in: ders./Bornkamm, UWG, 32. Aufl. 2014, § 2 Rn. 17.

1280 *Köhler*, in: ders./Bornkamm, UWG, 32. Aufl. 2014, § 2 Rn. 18.

sonst nicht zugunsten eines fremden Unternehmens, sondern als Verbraucher im Eigeninteresse, so liegt von vornherein keine geschäftliche Handlung vor"[1281].

Die Akteure wettbewerbsrelevanten Staatshandelns sind schon keine natürlichen Personen und scheiden somit als Verbraucher aus.

Fraglich ist indes, ob der Unternehmensbezug voraussetzt, dass der Akteur der Handlung selbst ein Unternehmer i. S. d. § 2 Abs. 1 Nr. 6 UWG oder ein Mitbewerber i. S. d. § 2 Abs. 1 Nr. 3 UWG ist.

Von der Definition der geschäftlichen Handlung werden jedoch auch Handlungen Dritter, die selbst nicht Unternehmer sind, erfasst[1282].

So fordert bereits der Wortlaut lediglich ein Handeln zugunsten des eigenen oder eines fremden Unternehmens. Dass der Handelnde selbst zwingend ein Unternehmer sein muss, wird hierdurch jedoch nicht festgelegt. Ein solches Erfordernis ergibt sich auch aus Gründen der Systematik nicht daraus, dass das Handeln zugunsten eines eigenen oder eines fremden Unternehmens erfolgen muss. Durch die Fremdförderung ist gerade der Fall einer Beeinflussung durch Nicht-Unternehmen zugunsten anderer Unternehmen erfasst. Es wird folglich ein Unternehmensbezug und nicht die Unternehmens- oder Mitbewerbereigenschaft des Akteurs gefordert.

Auch die Schutzziele des UWG sprechen nicht gegen eine Einbeziehung der Handlungen von Nicht-Unternehmen. Im heutigen UWG ist gerade nicht wie im früheren UWG vor der Gesetzesnovellierung im Jahr 2004 nur der Schutz der Mitbewerber bezweckt[1283], vielmehr sollen nun auch gem. § 1 UWG die Verbraucher, sonstige Marktteilnehmer und das allgemeine Interesse am Wettbewerb geschützt sein[1284].

Mit der Einführung des Begriffs der geschäftlichen Handlung sollte zudem auch keine Einschränkung des Anwendungsbereichs des UWG erfolgen, vielmehr war eine Erweiterung von einem reinen Wettbewerbs- hin zu einem allgemeinen Lauterkeitsrecht beabsichtigt. Die Änderung erfolgte lediglich zur Harmonisierung des Verbraucherrechts innerhalb der Mitgliedstaaten der EU durch die UGP-Richtlinie[1285].

Bei wettbewerbsrelevantem Staatshandeln zur Regelung und Schaffung von elektronischen Zugangsformen ist prägendes Merkmal die (mögliche) Betroffenheit des Wettbewerbs, die dem wettbewerbsrelevanten Staatshandeln immanent ist[1286].

Somit kann ein Verhalten zugunsten eines eigenen oder fremden Unternehmens auch bei wettbewerbsrelevantem Staatshandeln durch die Schaffung und Regelung

1281 *Köhler*, in: ders./Bornkamm, UWG, 32. Aufl. 2014, § 2 Rn. 18.

1282 *Schliesky*, Öffentliches Wettbewerbsrecht, 1997, S. 322; BGH, GRUR 1953, 293 (294); BGHZ 19, 299 (303); *Erdmann*, in: Gloy/Loschelder/Erdmann, Handbuch des Wettbewerbsrechts, 4. Aufl. 2010, 1. Teil, 10. Kapitel, § 31 Rn. 16.

1283 *Köhler*, in: ders./Bornkamm, UWG, 32. Aufl. 2014, § 1 Rn. 1.

1284 *Köhler*, in: ders./Bornkamm, UWG, 32. Aufl. 2014, § 1 Rn. 1 ff.

1285 Richtlinie 2005/29/EG über unlautere Geschäftspraktiken (UGP-RL); siehe hierzu *Köhler*, in: ders./Bornkamm, UWG, 32. Aufl. 2014, § 1 Rn. 5.

1286 Siehe Fn. 1255.

elektronischer Zugangsformen, insbesondere wenn ein Unternehmen der öffentlichen Hand durch dieses gefördert wird, vorliegen.

cc) Verhalten vor, bei oder nach einem Geschäftsabschluss

Das Verhalten kann vor, bei oder nach einem Geschäftsabschluss stattfinden. Dass überhaupt ein Geschäftsabschluss erfolgen muss, ist hingegen nicht erforderlich[1287]. Der Anwendungsbereich des UWG 2004 sollte durch die Hinzufügung dieser Formulierung nicht auf Tätigkeiten mit Geschäftsabschluss beschränkt, sondern – über das Verhalten im Wettbewerb bzw. das Marktverhalten hinaus – auch auf die Phase, in der der Wettbewerb zwischen Anbieter und Nachfrager eigentlich schon abgeschlossen ist, also in zeitlicher Hinsicht, erweitert werden[1288]. Vor dieser Erweiterung war nämlich lediglich der Zeitraum vor Geschäftsabschluss mit einem Nachfrager oder Anbieter erfasst[1289]. Zudem würde eine solche Beschränkung des Anwendungsbereichs auch nicht dem Schutzzweck des UWG genügen, da auch Handlungen ohne einen konkreten Geschäftsabschluss den Wettbewerb mit gleicher Intensität beeinflussen können (s. o.).

Da die ausdrückliche Erwähnung dieser Phase lediglich für das geschäftliche Verhalten im Vertikalverhältnis, also gegenüber Nachfragern oder Anbietern als Vertragspartnern, und nicht im Horizontalverhältnis, also bei Handlungen gegenüber Mitbewerbern ohne Einwirkung auf Marktpartner, Bedeutung hat, ist ein konkreter Geschäftsabschluss im Horizontalverhältnis insofern bedeutungslos[1290].

dd) Objektiver Zusammenhang mit der Förderung des Absatzes oder des Bezuges von Waren oder Dienstleistungen

Darüber hinaus muss das Verhalten der öffentlichen Hand mit der Förderung des Absatzes oder des Bezuges von Waren oder Dienstleistungen objektiv zusammenhängen.

Hierfür ist es erforderlich, dass das Verhalten nach außen in Erscheinung tritt, also ein Marktbezug im Gegensatz zu rein internen Unternehmensvorgängen besteht[1291].

Ein Marktbezug liegt dann vor, wenn die Handlungen ihrer Art nach auf die Marktteilnehmer (Mitbewerber, Verbraucher und sonstige Marktteilnehmer) einwirken und

---

1287 *Haberstrumpf/Husemann*, Wettbewerbs- und Kartellrecht, Gewerblicher Rechtsschutz, 5. Aufl. 2012, S. 58; *Köhler*, in: ders./Bornkamm, UWG, 32. Aufl. 2014, § 2 Rn. 31.

1288 *Haberstrumpf/Husemann*, Wettbewerbs- und Kartellrecht, Gewerblicher Rechtsschutz, 5. Aufl. 2012, S. 58; *Köhler*, in: ders./Bornkamm, UWG, 32. Aufl. 2014, § 2 Rn. 31.

1289 *Köhler*, in: ders./Bornkamm, UWG, 32. Aufl. 2014, § 2 Rn. 31.

1290 *Köhler*, in: ders./Bornkamm, UWG, 32. Aufl. 2014, § 2 Rn. 32.

1291 *Köhler*, in: ders./Bornkamm, UWG, 32. Aufl. 2014, § 2 Rn. 35 f., insbesondere für die öffentliche Hand § 4 Rn. 13.20.

damit das Marktgeschehen beeinflussen können[1292]. Dies ist wettbewerbsrelevantem Staatshandeln im Rahmen der Schaffung und Regelung elektronischer Zugangsformen immanent, da die (mögliche) Beeinflussung des Marktes gerade wesentliches Merkmal aller Formen wettbewerbsrelevanten Staatshandelns ist (s. o.)[1293]. Auszuschließen wäre dieses Merkmal nur bei gänzlich behördeninternem bzw. bei öffentlich-rechtlichem Verhalten, das keinerlei Außenwirkung besitzt.

Außerdem muss eine objektive Eignung zur Förderung des Absatzes oder Bezuges bestehen. Die Handlung muss somit objektiv geeignet sein, den Absatz oder Bezug des eigenen oder eines fremden Unternehmens zu fördern[1294]. Die bloße Absicht, den Absatz oder Bezug zu fördern, reicht hierbei nicht aus. Ebenso ist unerheblich, ob es tatsächlich zu einer solchen Förderung kommt[1295]. Es ist folglich nur auf die bloße Eignung abzustellen.

Eine Förderung des Absatzes oder des Bezuges durch wettbewerbsrelevantes Verhalten des Staates im Bereich der Regelung elektronischer Zugangsformen ist durchaus möglich und auch wahrscheinlich. Dies wird nicht nur bei staatlichem Informationshandeln vorhersehbare Folge sein, auch zugunsten der erwerbswirtschaftlichen Tätigkeit des Staates können Handlungen eine solche Eignung durchaus aufweisen. Durch staatliche Subventionen wird dies zwar nicht unmittelbar der Fall sein, jedoch können finanzielle Hilfen den Absatz und den Bezug durchaus mittelbar beeinflussen, bspw. wenn durch die finanzielle Hilfe eine Verbesserung der Produkte einen erhöhten Absatz oder Bezug bewirkt oder Produkte kostengünstiger angeboten werden können.

Auch wenn der Staat bei diesem wettbewerbsrelevanten Handeln aufgrund seiner eigentlich neutralen Funktion im Wettbewerb derartige Folgen – mit Ausnahme der Wettbewerbsförderung bzw. -lenkung – nicht unmittelbar bezwecken wird, besteht doch unter Umständen ein mittelbarer Einfluss und zumindest die objektive Eignung zur Absatz- und Bezugsförderung, da die Förderungsabsicht und die tatsächliche Förderung des Absatzes bzw. des Bezuges, wie eingangs erwähnt, gerade nicht entscheidend sind.

Zusätzlich ist jedoch über die bloße objektive Eignung zur Förderung des Absatzes oder Bezuges hinaus ein objektiver Zusammenhang zwischen der Handlung und der Absatzförderung erforderlich.

Dieser soll dann gegeben sein, wenn anzunehmen ist, dass die in Frage stehende Handlung das Ziel hat, die geschäftlichen Entscheidungen des Verbrauchers in Bezug auf Produkte zu beeinflussen[1296]. Auch in diesem Fall sind Konstellationen denkbar, in denen der Staat insbesondere im Rahmen der Wirtschaftslenkung

---

1292 *Köhler*, in: ders./Bornkamm, UWG, 32. Aufl. 2014, § 2 Rn. 35.

1293 *Schliesky*, JA 1997, 902 (903); *ders.*, DVBl 1999, 78 (80). Eine ausführliche Herleitung findet sich bei *Schliesky*, Öffentliches Wettbewerbsrecht, 1997, S. 22 ff., insbes. S. 92 f.

1294 *Köhler*, in: ders./Bornkamm, UWG, 32. Aufl. 2014, § 2 Rn. 37.

1295 *Köhler*, in: ders./Bornkamm, UWG, 32. Aufl. 2014, § 2 Rn. 37.

1296 *Köhler*, in: ders./Bornkamm, UWG, 32. Aufl. 2014, § 2 Rn. 45.

gerade beabsichtigt, Verbraucher zu beeinflussen. Bestes Beispiel hierfür ist die Besteuerung von gewissen Produkten, um den Verbraucher davon abzuhalten, diese Produkte zu erwerben. Dies ist aus Gründen des Gesundheitsschutzes bspw. bei Zigaretten und Tabak der Fall, die durch die Tabaksteuer verteuert werden, um einen Lenkungsreiz zu setzen. Auch wenn der Staat vor bestimmten Produkten warnt bzw. diese empfiehlt, möchte er die Verbraucher neben dem Hinweis auf eine möglicherweise bestehende Gefahr auch zu ihrem Besten davon abhalten bzw. dazu bewegen, diese Produkte zu kaufen.

Eine Wettbewerbsförderungsabsicht ist, wie eingangs bereits erwähnt, weder ausreichend noch erforderlich[1297]. Ebenfalls muss kein unmittelbarer Kausalzusammenhang zwischen Handlung und Förderung des Absatzes oder des Bezuges bestehen. Es ist vielmehr auf einen funktionalen Zusammenhang abzustellen. Hierfür ist ausreichend, dass die Handlung bei objektiver Betrachtung darauf gerichtet ist, durch Beeinflussung der geschäftlichen Entscheidungen der Verbraucher (oder sonstiger Marktteilnehmer) den Absatz oder Bezug zu fördern[1298]. Der Begriff ist insofern so weit zu verstehen, dass er jede Entscheidung eines Verbrauchers darüber, ob, wie und unter welchen Bedingungen er einen Kauf tätigen möchte, und unabhängig davon, ob der Verbraucher beschließt, tätig zu werden oder ein Tätigwerden zu unterlassen, erfasst[1299]. Aus den oben genannten Gründen ist dies auch bei wettbewerbsrelevantem Staatshandeln im Rahmen der Schaffung und Regelung von elektronischen Zugangsformen möglich.

An einem objektiven Zusammenhang fehlt es jedoch bei der Verfolgung von nichtgeschäftlichen Zielen, wenn also die Handlung sich zwar auf die geschäftlichen Entscheidungen von Verbrauchern und sonstigen Marktteilnehmern tatsächlich auswirken kann, aber vorrangig anderen Zielen als der Förderung des Absatzes oder Bezuges dient[1300]. Die Zielsetzung der Förderung des Absatzes oder Bezuges von Waren oder Dienstleistungen zugunsten des eigenen oder eines fremden Unternehmens darf nicht vollkommen hinter anderen Zielen stehen[1301], also die Wettbewerbsförderung nicht als völlig nebensächlich hinter anderen Beweggründen zurücktreten lassen[1302]. Dieses Tatbestandserfordernis ist im Falle der Tätigkeit der öffentlichen

1297 *Köhler*, in: ders./Bornkamm, UWG, 32. Aufl. 2014, § 2 Rn. 46; *ders.*, GRUR 2005, 793 (795); *Henning-Bodewig*, GRUR Int. 2005, 629 (631); *Fezer*, WRP 2006, 781 (787).

1298 *Köhler*, in: ders./Bornkamm, UWG, 32. Aufl. 2014, § 2 Rn. 48; OLG Hamm, MMR 2008, 750 (751); OLG Karlsruhe GRUR-RR 2010, 47 (48); *Erdmann*, in: Gloy/Loschelder/Erdmann, Handbuch des Wettbewerbsrechts, 4. Aufl. 2010, § 31 Rn. 60.

1299 *Köhler*, in: ders./Bornkamm, UWG, 32. Aufl. 2014, § 2 Rn. 48a.

1300 *Köhler*, in: ders./Bornkamm, UWG, 32. Aufl. 2014, § 2 Rn. 51; OLG Karlsruhe GRUR-RR 2010, 47 (48).

1301 *Köhler*, in: ders./Bornkamm, UWG, 32. Aufl. 2014, § 4 Rn. 13.17.

1302 *Köhler*, in: ders./Bornkamm, UWG, 32. Aufl. 2014, § 4 Rn. 13.23; BGHZ 3, 270 (277); 19, 299 (303); BGH, GRUR 1953, 293 (294); BGH, GRUR 1969, 418 (419 f.); BGH, GRUR 1974, 733 (734); BGH, GRUR 1988, 38 (39); BGH, GRUR 1990, 609 (610 f.); BGH, WRP 1993, 106 (108); KG, WRP 1986, 207 (209).

Hand genau zu prüfen, da durchaus Handlungen der öffentlichen Hand denkbar sind, die Auswirkungen auf den Wettbewerb haben, aber dies gerade nicht oder nicht vordergründig beabsichtigen, die Auswirkung auf den Wettbewerb also einen bloßen Reflex darstellt. Dies ist insbesondere bei der redaktionellen Unterrichtung der Öffentlichkeit, insbesondere der Verbraucher, der Fall[1303]. Entscheidend soll sein, ob die öffentliche Hand das Ziel verfolgt, in den Wettbewerb einzugreifen. Stelle sich das Eingreifen aber als sachlich notwendig und als bloße Begleiterscheinung dar, soll keine geschäftliche Handlung vorliegen[1304].

Zwar sind auch solche wettbewerbsrelevanten Verhaltensweisen des Staates denkbar, bei denen eine gewisse Förderung des Absatzes nicht vordergründig beabsichtigt ist, insbesondere bei wirtschaftslenkendem Verhalten wird aber eine solche Förderung regelmäßig im Vordergrund stehen bzw. nicht gänzlich in den Hintergrund treten.

ee) Ausschluss einer geschäftlichen Handlung bei hoheitlichem Handeln der öffentlichen Hand

Teilweise wird das Vorliegen einer geschäftlichen Handlung bei hoheitlichen Handlungen der öffentlichen Hand aufgrund der Verneinung der Merkmale des Unternehmensbezugs oder des objektiven Zusammenhangs mit der Förderung des Absatzes oder Bezuges von Waren oder Dienstleistungen grundsätzlich abgelehnt. Dies ist umstritten.

Einigkeit besteht, wie bereits erwähnt, zumindest darüber, dass die erwerbswirtschaftliche Tätigkeit der öffentlichen Hand dem Anwendungsbereich des UWG unterfällt[1305].

Eine vertretene Ansicht schließt das Vorliegen einer geschäftlichen Handlung und somit die Anwendbarkeit auf hoheitliche Handlungen generell aus[1306].

Andere verneinen das Vorliegen einer geschäftlichen Handlung hingegen nur bei hoheitlichem Handeln aufgrund einer ausdrücklichen gesetzlichen Ermächtigungsgrundlage bzw. einer Verpflichtung und einem Handeln innerhalb dieser Rechtsgrundlage[1307]. Bei einem hoheitlichen Handeln ohne eine solche Rechtsgrundlage

---

1303 Vgl. Begründung des Regierungsentwurfs zum UWG 2008 zu § 2 Abs. 1 Nr. 1, BT-Drs. 16/10145, S. 21; OLG Hamburg, GRUR-RR 2007, 206 (208); KG Berlin, WRP 2009, 1296 (Leitsatz 1).

1304 *Köhler*, in: ders./Bornkamm, UWG, 32. Aufl. 2014, § 4 Rn. 13.23; OLG Stuttgart, NJWE-WettbR 1999, 3 (4); KG, GRUR-RR 2002, 198 (200).

1305 Siehe bereits Fn. 1261.

1306 *Poppen*, in: Gloy/Loschelder/Erdmann, Wettbewerbsrecht, 4. Aufl. 2010, § 66 Rn. 71; BGH, GRUR 2006, 428 (428 f.); BGH, GRUR 1960, 384 (386); OLG München, GRUR 2004, 169 (171); OLG Düsseldorf, Urt. v. 16. 10. 2007, Az. I-20 U 55/07.

1307 Für einen Ausschluss einer geschäftlichen Handlung nur bei hoheitlichem Handeln aufgrund ausdrücklicher gesetzlicher Ermächtigung oder Verpflichtung und innerhalb dieser Rechtsgrundlage mangels erwerbswirtschaftlicher Betätigung *Erdmann*, in: Gloy/Loschelder/Erdmann, Handbuch des Wettbewerbsrechts, 4. Aufl. 2010,

könne eine geschäftliche Handlung jedoch vorliegen, was im Einzelfall zu prüfen sei, da sich der Staat ansonsten bei der Erfüllung öffentlicher Aufgaben immer auf einen öffentlichen Zweck berufen könne[1308]. Dies gelte auch, wenn die öffentliche Hand ihren Aufgabenbereich deutlich erkennbar verlasse und dann ohne eine Rechtsgrundlage in den Wettbewerb eingreife[1309].

Öffentliche Aufgaben fänden außerhalb des geschäftlichen Verkehrs statt und ließen keinen Bezug zur Absatz- oder Bezugsförderung erkennen[1310]. Außerdem hingen sie mit dem Abschluss oder der Durchführung eines Vertrags objektiv nicht zusammen[1311].

Anderer Ansicht ist hier *Schliesky*[1312], der das UWG für auf das gesamte wettbewerbsrelevante Staatshandeln anwendbar hält. Dies begründet er damit, dass die bereits dargestellten Abgrenzungsversuche nicht überzeugen können. Entscheidend sei allein, dass die Handlungen der öffentlichen Hand Auswirkungen auf den Wettbewerb hätten. Sei dies der Fall, müsse sich der Staat am Verhaltensrecht des UWG in Form eines „Öffentlichen Wettbewerbsrechts" messen lassen. Es leuchte nicht ein, warum ansonsten die wettbewerblichen Auswirkungen, wie bspw. bei der Abgrenzung von betriebsinternen Handlungen zu geschäftlichen Handlungen, Auslöser für die Anwendbarkeit des UWG seien, wenn dies bei hoheitlichem Handeln nicht gelte. Der legitimierende Geschäftszweck sei im Falle des Handelns der öffentlichen Hand der zugrundeliegende öffentliche Zweck, da dem Staat privatnütziges Verhalten untersagt sei. Fehle dieser, sei das Handeln in jedem Fall rechtswidrig. Auch die Rechtsprechung halte die Abgrenzung nicht konsequent durch.

---

§ 31 Rn. 27; *Köhler*, in: ders./Bornkamm, UWG, 32. Aufl. 2014, § 2 Rn. 19 ff., § 4 Rn. 13.19 ff.; *Haberstrumpf/Husemann*, Wettbewerbs- und Kartellrecht, Gewerblicher Rechtsschutz, 5. Aufl. 2012, S. 58; BGH, GRUR 2006, 428 (429 Rn. 12). Nach Ansicht von *Erdmann*, in: Gloy/Loschelder/Erdmann, Handbuch des Wettbewerbsrechts, 4. Aufl. 2010, § 31 Rn. 27, soll eine Anwendbarkeit auch dann möglich sein, wenn die öffentliche Hand bei der Erfüllung einer öffentlichen Aufgabe gleichzeitig hoheitlich tätig wird und ohne gesetzliche Ermächtigung erwerbswirtschaftliche Ziele verfolgt, indem sie am wirtschaftlichen Erfolg des geförderten Unternehmens durch vertragliche oder sonstige Beziehungen profitiert. *Ohly*, in: Piper/Ohly/Sosnitza, Gesetz gegen den unlauteren Wettbewerb, 5. Aufl. 2010, Teil D. Rn. 27 ff., schließt bei schlicht-hoheitlichem und hoheitlichem Handeln zwar grundsätzlich das Vorliegen einer geschäftlichen Handlung aus, hält das Vorliegen einer geschäftlichen Handlung aber in Einzelfällen für durchaus möglich. Ebenso *Keller*, in: Harte-Bavendamm/Henning-Bodewig (Hrsg.), UWG, 3. Aufl. 2013, § 2 Rn. 95.

1308 *Köhler*, in: ders./Bornkamm, UWG, 32. Aufl. 2014, § 4 Rn. 13.22; OLG Stuttgart, WRP 2011, 1207 (1210).

1309 *Köhler*, in: ders./Bornkamm, UWG, 32. Aufl. 2014, § 4 Rn. 13.21; BGH, WRP 1991, 393 (397); BayObLG, GRUR 1982, 500 (503).

1310 *Poppen*, in: Gloy/Loschelder/Erdmann, Wettbewerbsrecht, 4. Aufl. 2010, § 66 Rn. 71.

1311 *Poppen*, in: Gloy/Loschelder/Erdmann, Wettbewerbsrecht, 4. Aufl. 2010, § 66 Rn. 71.

1312 *Schliesky*, Öffentliches Wettbewerbsrecht, 1997, S. 316 ff.

Entscheidend sei deshalb nur, dass es sich um eine staatliche Tätigkeit handele, die einen öffentlichen Zweck verfolge und sich im Wettbewerb nach außen auswirke. Eine generelle Ausgrenzung hoheitlichen Handelns vom Anwendungsbereich des UWG sei deshalb nicht überzeugend[1313].

Dieser Ansicht ist zunächst in dem Punkt zuzustimmen, dass die dargestellten Abgrenzungsversuche zwischen öffentlichem Handeln aufgrund und im zulässigen Rahmen einer Ermächtigungsgrundlage und einem öffentlichen Handeln ohne Ermächtigungsgrundlage nicht überzeugen können.

Ob die öffentliche Hand die Grenzen ihrer Ermächtigungsgrundlagen überschreitet, ist eine Frage der Lauterkeit und nicht der Eröffnung des Anwendungsbereichs des UWG bzw. des Vorliegens einer geschäftlichen Handlung. Die Überschreitung der Grenzen einer Ermächtigungsgrundlage oder das Handeln ohne diese kann nicht als Kriterium dienen, eine geschäftliche Handlung und somit den Anwendungsbereich des UWG auszuschließen. Es ist allein entscheidend, ob die Voraussetzungen einer geschäftlichen Handlung vorliegen, was auch bei hoheitlichem Handeln der Fall sein kann. Deshalb kann ein Ausschluss vom Anwendungsbereich des UWG nicht schon allein aufgrund des Umstandes erfolgen, dass die öffentliche Hand sich nicht an ihre Gesetzesbindung hält[1314].

Legt man zugrunde, dass die Funktion des Begriffs des Handelns im geschäftlichen Verkehr, der der geschäftlichen Handlung zugrunde liegt, darin liegen soll, den Marktbezug der jeweiligen Handlung zu kennzeichnen[1315], muss gerade im Falle des wettbewerbsrelevanten Staatshandelns ein solcher Marktbezug vorliegen, da die (mögliche) Betroffenheit des Wettbewerbs prägendes Merkmal des wettbewerbsrelevanten Staatshandelns ist[1316].

Die Einbeziehung des erwerbswirtschaftlichen Handelns der öffentlichen Hand in den Anwendungsbereich des UWG wird damit begründet, dass die öffentliche Hand nicht besser gestellt werden soll als private Mitbewerber, die grundsätzlich dem Lauterkeitsrecht unterliegen[1317]. Es erscheint jedoch fraglich, warum eine solche Privilegierung bei anderem staatlichen Handeln, insbesondere im Falle der Hoheitlichkeit der Handlung, angezeigt sein soll, wenn doch auch hier ein Wettbewerbsbezug vorliegt und der Wettbewerb beeinflusst werden kann. Dass die öffentliche Hand, wie bei erwerbswirtschaftlichem Handeln grundsätzlich gegeben, selbst Mitbewerber ist, dürfte aufgrund der inzwischen weiten Zweckbestimmung des UWG nicht als Abgrenzungskriterium taugen.

1313 *Schliesky*, Öffentliches Wettbewerbsrecht, 1997, S. 316 ff.

1314 Hierzu sodann bei der Prüfung der Unlauterkeit.

1315 *Erdmann*, in: Gloy/Loschelder/Erdmann, Handbuch des Wettbewerbsrechts, 4. Aufl. 2010, § 31 Rn. 15.

1316 *Schliesky*, JA 1997, 902 (903); *ders.*, DVBl 1999, 78 (80). Eine ausführliche Herleitung findet sich bei *Schliesky*, Öffentliches Wettbewerbsrecht, 1997, S. 22 ff., insbes. S. 92 f.

1317 Dazu *Köhler*, in: ders./Bornkamm, UWG, 32. Aufl. 2014, § 4 Rn. 13.41.

Zudem soll bei einer Vermischung von hoheitlichem Tätigwerden und der gleichzeitigen Verfolgung erwerbswirtschaftlicher Ziele wiederum eine geschäftliche Handlung vorliegen, wenn die öffentliche Hand von dem Erfolg des geförderten Unternehmens profitiert[1318]. Dies zeigt, dass hoheitliches Handeln nach der dargestellten Ansicht gleichzeitig eine geschäftliche Handlung darstellen kann, aber nicht muss. Ein genaues taugliches Abgrenzungskriterium für einen generellen Ausschluss hoheitlicher Handlungen stellt die Hoheitlichkeit aufgrund dieser Schwäche deshalb nicht dar.

Soweit darüber hinaus befürchtet wird, dass hoheitliches Handeln durch das UWG zu einem Unterlassungsanspruch führt, kann diesen Bedenken durch die Beachtung des öffentlichen Zwecks und der damit einhergehenden Modifikation der Tatbestandsmerkmale begegnet werden[1319]. Hinzu kommt, dass es nicht in die Zuständigkeit der Zivilgerichte fällt, Verstöße gegen öffentlich-rechtliche Marktzutrittsnormen zu sanktionieren[1320].

Es sprechen demnach gute Gründe dafür, der Ansicht *Schlieskys* zu folgen und das UWG grundsätzlich auf das gesamte wettbewerbsrelevante Staatshandeln im Rahmen der Schaffung und Regelung von elektronischen Zugangsformen, mit Ausnahme der bereits vom allgemeinen Anwendungsbereich ausgeschlossenen formellen Gesetzgebungstätigkeit, anzuwenden. Entscheidend ist allein das Vorliegen einer geschäftlichen Handlung i. S. d. § 2 Abs. 1 Nr. 1 UWG im konkreten Fall.

b) Ergebnis

Die einzelnen Voraussetzungen einer geschäftlichen Handlung i. S. d. den Anwendungsbereich des UWG eröffnenden § 1 UWG können bei wettbewerbsrelevantem Staatshandeln im Rahmen der Schaffung und Regelung von elektronischen Zugangsformen durchaus, wenn auch mit wenigen Modifikationen aufgrund der Berücksichtigung des öffentlichen Zwecks des Handelns der öffentlichen Hand, erfüllt werden.

3. Prüfung der Schaffung und Regelung der Zugangsform De-Mail an den Tatbeständen des UWG

Im Folgenden soll deshalb die Einschlägigkeit des UWG hinsichtlich der herausgearbeiteten Fallgruppen der Schaffung und Regelung von elektronischen Zugangsformen am Beispiel der De-Mail geprüft werden, da für die Eröffnung des Anwendungsbereichs des UWG allein das Vorliegen einer geschäftlichen Handlung i. S. d. § 2 Abs. 1 Nr. 1 UWG ausschlaggebend ist.

1318 *Erdmann*, in: Gloy/Loschelder/Erdmann, Handbuch des Wettbewerbsrechts, 4. Aufl. 2010, § 31 Rn. 27.

1319 Siehe hierzu *Schliesky*, Öffentliches Wirtschaftsrecht, 4. Aufl. 2014, S. 188 f.

1320 *Köhler*, in: ders./Bornkamm, UWG, 32. Aufl. 2014, § 4 Rn. 13.15 f.

a) Eröffnung des Anwendungsbereichs (geschäftliche Handlung i. S. v. § 1 Satz 1 UWG) anhand der herausgearbeiteten Fallgruppen am Beispiel der De-Mail

aa) Einführung neuer elektronischer Zugangsformen

Bei der Einführung neuer elektronischer Zugangsformen kann nur dann der Anwendungsbereich des UWG eröffnet sein, wenn die Einführung rein tatsächlich und nicht durch Gesetz erfolgt, da eine Anwendung des UWG auf die gesetzgebende Tätigkeit, wie bereits dargelegt, schon generell ausscheidet. Dies ist bei der De-Mail, die durch gesetzliche Standardsetzung mit dem De-Mail-G eingeführt wurde, nicht der Fall[1321].

bb) Handeln aufgrund der gesetzgebenden wettbewerbsrelevanten Tätigkeit

Im Gegensatz zur wettbewerbsrelevanten Gesetzgebungstätigkeit des Staates ist das UWG auf das (hoheitliche) Handeln aufgrund dieser Gesetzgebung grundsätzlich anwendbar. Es ist folglich im konkreten Fall zu prüfen, ob der Anwendungsbereich des UWG eröffnet ist, was der Fall ist, sofern in dem staatlichen Handeln aufgrund Gesetzes eine geschäftliche Handlung i. S. d. § 2 Abs. 1 Nr. 1 UWG liegt.

Zu dieser Fallgruppe gehört das Handeln aufgrund der gesetzlichen Vorschriften zur De-Mail-Akkreditierung (Akkreditierungserteilung etc.)[1322], die Umsetzung der Verpflichtung zur Eröffnung des elektronischen Zugangs durch eine De-Mail-Adresse[1323], das Handeln aufgrund der Regelungen zu Formerfordernissen[1324], Beweiswirkungen[1325] und der Geheimniswahrung[1326] sowie das Handeln aufgrund der Regelungen zur Beleihung[1327].

Als Beispiel für eine mögliche geschäftliche Handlung kann folgender Fall dienen:

Ein Bürger stellt bei einer Behörde einen Antrag, der der Schriftform bedarf. Er nutzt hierfür eine der De-Mail vergleichbar sichere, aber nicht akkreditierte elektronische Zugangsform wie bspw. den E-Postbrief der Deutschen Post AG. Die Behörde lehnt daraufhin den Antrag unter Berufung darauf ab, dass die genutzte elektronische Zugangsform nicht den gesetzlich festgelegten Formvorschriften zur Ersetzung der Schriftform nach § 3a VwVfG entspricht, der nur die De-Mail, eine direkte Eingabe in ein elektronisches Formular in Verbindung mit einem Identitätsnachweis sowie in einer Rechtsverordnung festgelegte sichere Verfahren als Schriftformäquivalent anerkennt. Der elektronische E-Postbrief unterfällt dieser Regelung nicht.

1321 Bietet der Staat selbst erwerbswirtschaftlich eine elektronische Zugangsform am Markt an, gilt das für die erwerbswirtschaftliche Tätigkeit Maßgebliche. Siehe hierzu Gliederungspunkt Teil II: E. II. 8.

1322 Siehe hierzu bereits Gliederungspunkt Teil II: E. II. 2.

1323 Siehe hierzu bereits Gliederungspunkt Teil II: E. II. 4.

1324 Siehe hierzu bereits Gliederungspunkt Teil II: E. II. 5. a).

1325 Siehe hierzu bereits Gliederungspunkt Teil II: E. II. 5. b).

1326 Siehe hierzu bereits Gliederungspunkt Teil II: E. II. 5. c).

1327 Siehe hierzu bereits Gliederungspunkt Teil II: E. II. 6.

Hierdurch kommt es zu einer durch das angewandte Gesetz vermittelten Benachteiligung dieser elektronischen Zugangsform aufgrund des hoheitlichen Handelns der Behörde durch die Ablehnung des Antrags, obwohl die genutzte Zugangsform mit der De-Mail vergleichbar sicher ist.

Im UWG ist anders als im Verwaltungsverfahren nicht nur der konkret von der Maßnahme Betroffene, also in diesem Fall der antragstellende Bürger, klagebefugt, sondern auch der benachteiligte Marktteilnehmer als Mitbewerber (§ 8 Abs. 3 Nr. 1 UWG)[1328]. Er genießt sowohl einen Schutz gegenüber dem Wettbewerbsverhalten der mit ihm konkurrierenden Wettbewerber im Rahmen des UWG als auch hinsichtlich der Schutzzwecke des UWG[1329]. Deshalb ist ein Vorgehen gegen die hoheitliche Handlung der Behörde hier möglich. Dies muss auch dann gelten, wenn es sich um eine hoheitliche Tätigkeit handelt, die durch die gesetzliche Ausgestaltung bedingt ist, da hierdurch nicht, wie oben dargestellt, ein direkter Rechtsweg gegen formelle Gesetze entsteht. In diesem Fall hat das entscheidende Gericht nämlich nur die Möglichkeit, das Gesetz dem BVerfG vorzulegen. Deshalb besteht kein Grund, warum das UWG nicht grundsätzlich auf hoheitliches Handeln aufgrund (evtl. verfassungswidriger) Gesetzgebung Anwendung finden sollte.

Das Vorliegen eines Verhaltens einer Person ist nach dem bereits Dargestellten bei juristischen Personen des öffentlichen Rechts sowie ihren Organen (Behörden) unproblematisch zu bejahen.

Der erforderliche Unternehmensbezug ist dem wettbewerbsrelevanten Staatshandeln immanent. Wie bereits dargelegt, ist auch hoheitliches Handeln nach der hier vertretenen Auffassung vom Schutzzweck des UWG umfasst.

Fraglich ist deshalb beim Handeln der öffentlichen Hand aufgrund gesetzgebender wettbewerbsrelevanter Staatstätigkeit allein, ob ein objektiver Zusammenhang mit der Förderung des Absatzes oder Bezuges von Waren oder Dienstleistungen besteht.

Zunächst tritt das in Frage stehende Handeln nach außen in Erscheinung, weist also folglich einen Marktbezug auf, der wettbewerbsrelevantem Staatshandeln immanent ist. Eine objektive Eignung zur Förderung des Absatzes oder Bezuges kann ebenfalls nicht verneint werden, da durch die Gesetze, wie bereits dargelegt, schon eine Beeinträchtigung des Marktes entstehen kann, welche durch deren Umsetzung bzw. das Handeln aufgrund dieser noch verstärkt wird. Problematisch erweist sich aber das Bestehen eines objektiven Zusammenhangs zwischen der Handlung und der Absatzförderung. Dieser erfordert gerade die Annahme, dass die in Frage stehende Handlung das Ziel hat, die geschäftlichen Entscheidungen des Verbrauchers

---

1328 Vgl. hierzu *Köhler*, in: ders./Bornkamm, UWG, 32. Aufl. 2014, § 8 Rn. 3.8a; *A. Bergmann/Goldmann*, in: Harte-Bavendamm/Henning-Bodewig (Hrsg.), UWG, 3. Aufl. 2013, § 8 Rn. 334: Die Eigenschaft als Mitbewerber stelle im UWG keine Voraussetzung der Zulässigkeit, sondern der Begründetheit dar, sei also materielle Anspruchsvoraussetzung. Die Prozessführungsbefugnis ergebe sich allgemein aus § 51 ZPO.

1329 *Sosnitza*, in: Piper/Ohly/Sosnitza, Gesetz gegen den unlauteren Wettbewerb, 5. Aufl. 2010, § 1 Rn. 16.

in Bezug auf Produkte zu beeinflussen. Dies ist beim Handeln aufgrund der hier in Rede stehenden wettbewerbsrelevanten Gesetzgebung hinsichtlich der De-Mail i. d. R. nicht der Fall. Die Behörden, die die Gesetze umsetzen, verfolgen allein das Ziel, rechtmäßig nach den geltenden Vorschriften zu handeln. Zwar hatte der Gesetzgeber womöglich die Absicht, den Markt zu beeinflussen, eine Vertiefung dieser Intention resultiert jedoch bei der Behörde eher reflexartig und damit keinesfalls vorrangig. Anders ist dies nur zu beurteilen, wenn die Behörde selbst innerhalb ihres Ermessensspielraums beabsichtigt, auf den Markt einzuwirken. Bei den betrachteten Gesetzen handelt es sich aber ausschließlich um gebundene Entscheidungen, sodass dies auszuschließen ist.

Eine geschäftliche Handlung i. S. v. § 1 Satz 1 UWG durch das Handeln aufgrund wettbewerbsrelevanter Gesetzgebung scheidet folglich in den vorliegenden Konstellationen mangels der vorrangigen Zielsetzung, den Wettbewerb zu beeinflussen, aus. Der erforderliche objektive Zusammenhang mit der Förderung des Absatzes oder Bezuges von Waren oder Dienstleistungen liegt nicht vor.

cc) Subventionierung

Teilweise wird die Anwendbarkeit des UWG auf Subventionen durch die öffentliche Hand mit dem Argument verneint, dass das UWG lediglich tatsächliche oder vermeintliche Schutzlücken des öffentlichen Rechts schließe. Eine geschäftliche Handlung läge nicht vor, weil der Staat nicht am Wettbewerb teilnehme, sondern diesen durch Ausübung seiner hoheitlichen Regelungsbefugnis nur fördere. Dadurch erfolge die Subventionierung im Vorfeld des eigentlichen Marktgeschehens[1330].

Für die Möglichkeit des Vorliegens einer geschäftlichen Handlung und somit die Anwendbarkeit des UWG auf Subventionen spricht jedoch, dass staatliche Beihilfen den Wettbewerb stark verfälschen können und das UWG hierfür eine effektive Abwehrmöglichkeit bietet[1331]. Die Subventionierung unterscheidet sich von ihrer Wirkung auf den Markt nicht von staatlichem Informationshandeln. Es sei deshalb allein darauf abzustellen, ob eine geschäftliche Handlung vorliege. Dies könne auch bei hoheitlichem Handeln der Fall sein[1332]. Subventionen können deshalb ohne Zweifel alle Merkmale einer geschäftlichen Handlung aufweisen[1333].

1330 *Ohly*, in: Piper/Ohly/Sosnitza, Gesetz gegen den unlauteren Wettbewerb, 5. Aufl. 2010, Teil D. Rn. 30; OLG München, GRUR 2004, 169 (171); *Mees*, in: Ahrens (Hrsg.), FS Erdmann, 2002, S. 657 (659).

1331 *Tilmann/Schreibauer*, GRUR 2002, 212 (220); *Köhler*, in: ders./Bornkamm, UWG, 32. Aufl. 2014, § 4 Rn. 13.75.

1332 *Köhler*, in: ders./Bornkamm, UWG, 32. Aufl. 2014, § 4 Rn. 13.30; anders OLG München, GRUR 2004, 169 (171); *Mees*, Wettbewerbsrechtliche Ansprüche und EG-Beihilfenrecht, in: Ahrens (Hrsg.), FS Erdmann, 2002, S. 657 (659); *Ohly*, in: Piper/Ohly/Sosnitza, Gesetz gegen den unlauteren Wettbewerb, 5. Aufl. 2010, Teil D. Rn. 30.

1333 So auch *Tilmann/Schreibauer*, GRUR 2002, 212 (220); *Köhler*, in: ders./Bornkamm, UWG, 32. Aufl. 2014, § 4 Rn. 13.30.

Insbesondere der für eine geschäftliche Handlung i. S. d. § 1 Satz 1 UWG erforderliche objektive Zusammenhang mit der Förderung des Absatzes oder Bezuges von Waren oder Dienstleistungen ist Subventionen meist immanent. Durch eine Subventionierung wird immer auf den Markt eingewirkt, indem das Marktgleichgewicht durch finanzielle Leistungen an einzelne Marktteilnehmer verändert wird.

Im Zusammenhang mit der De-Mail sind jedoch bisher keine Subventionen von staatlicher Seite getätigt worden.

dd) Staatliche Informationstätigkeit

Die staatliche Informationstätigkeit im Rahmen der De-Mail stellt sich, wie bereits festgestellt wurde, als Öffentlichkeitsarbeit dar. Bei dieser handelt es sich in erster Linie um die Selbstdarstellung des Staates und die Information über seine Tätigkeit. Selbstverständlich wird im Rahmen der Öffentlichkeitsarbeit, wie ebenfalls bereits dargelegt, um Akzeptanz und Umsetzung der Regierungsmaßnahmen geworben; sie hat jedoch im Gegensatz zum verhaltenslenkenden Informationshandeln gerade nicht das vorrangige Ziel, den Wettbewerb bzw. das Verbraucherverhalten zu beeinflussen. Dies entspricht auch der Ansicht, dass bei verbraucheraufklärenden, nicht auf einen Geschäftszweck gerichteten Tätigkeiten bzw. der Unterrichtung der Öffentlichkeit grundsätzlich kein Absatzförderungszusammenhang anzunehmen ist[1334]. Eine geschäftliche Handlung i. S. v. § 1 Satz 1 UWG liegt auch in diesem Fall mangels eines objektiven Zusammenhangs mit der Förderung des Absatzes oder Bezuges von Waren oder Dienstleistungen nicht vor.

Etwas anderes gilt jedoch für verhaltenslenkendes Informationshandeln des Staates, bspw. durch Empfehlungen und Warnungen, da dieses gerade darauf gerichtet ist, das Verbraucherverhalten zu beeinflussen, sodass eine geschäftliche Handlung i. S. v. § 1 Satz 1 UWG i. d. R. zu bejahen sein wird. Dies gilt umso mehr, da kein unmittelbarer, sondern ein funktionaler Zusammenhang zwischen der Handlung und der Absatzförderung gefordert wird. Die UGP-Richtlinie, die durch die UWG-Novellierung 2008 umgesetzt wurde, bezieht sich auf Geschäftspraktiken, die in unmittelbarem Zusammenhang mit der Beeinflussung der geschäftlichen Entscheidungen des Verbrauchers in Bezug auf Produkte stehen, jedoch nicht auf Geschäftspraktiken, die vorrangig anderen Zielen dienen[1335]. Eine solche Beeinflussung geht von Empfehlungen und Warnungen, wie bereits erörtert, generell aus.

Allerdings wird auch die entgegenstehende Auffassung, die bei hoheitlichem Handeln das Vorliegen einer geschäftlichen Handlung grundsätzlich verneint, häufig zu diesem Ergebnis kommen, da die amtliche Aussprache von Empfehlungen und Warnungen i. d. R. nicht gesetzlich geregelt ist und insofern keine

---

1334 *Keller*, in: Harte-Bavendamm/Henning-Bodewig (Hrsg.), UWG, 3. Aufl. 2013, § 2 Rn. 96; *Köhler*, in: ders./Bornkamm, UWG, 32. Aufl. 2014, § 2 Rn. 51; BT-Drs. 16/10145, S. 40.

1335 *Köhler*, in: ders./Bornkamm, UWG, 32. Aufl. 2014, § 2 Rn. 48.

Ermächtigungsgrundlage besteht. *Köhler* räumt sogar ein, dass im Einzelfall trotz hoheitlichen Handelns eine geschäftliche Handlung i. S. d. § 1 Satz 1 UWG vorliegen kann, wenn die öffentliche Hand mit Maßnahmen der Eingriffs- oder Leistungsverwaltung - hier nennt er als Beispiel neben Warnungen und Werbeverboten ausdrücklich auch Empfehlungen - in den Wettbewerb zwischen privaten Mitbewerbern eingreift und so fremden Wettbewerb fördert. Dies könne auch beim Vorliegen einer öffentlichen Aufgabe der Fall sein[1336], gelte jedoch nur, wenn die Handlung der öffentlichen Hand dazu diene, den Absatz oder den Bezug bestimmter Unternehmen zu fördern[1337]. Dies soll dann der Fall sein, wenn die öffentliche Hand zugunsten eigener oder fremder Geschäftstätigkeit eingreift, bspw. wenn sie einen bestimmten Wettbewerber bevorzugen will[1338].

Da es jedoch auch Ermächtigungsgrundlagen für verhaltenslenkendes Informationshandeln des Staates gibt, zeigt sich an der Fallgruppe des staatlichen Informationshandelns einmal mehr, dass ein pauschaler Ausschluss hoheitlichen Staatshandelns vom Anwendungsbereich des UWG ungeeignet ist, da die Beeinträchtigung des Wettbewerbs bzw. der Schutzzwecke des UWG dieselbe bleibt, unabhängig davon, ob verhaltenslenkendes Informationshandeln auf einer Ermächtigungsgrundlage beruht.

Bei verhaltenslenkendem Informationshandeln des Staates liegt deshalb im Gegensatz zur Öffentlichkeitsarbeit des Staates i. d. R. eine geschäftliche Handlung i. S. d. § 2 Abs. 1 Nr. 1 UWG vor.

Eine solche verhaltenslenkende Informationstätigkeit erfolgte jedoch hinsichtlich der De-Mail nicht, sodass im konkreten Fall keine geschäftliche Handlung i. S. d. UWG vorliegt.

ee) Erwerbswirtschaftliche Betätigung öffentlicher Stellen bzw. Unternehmen durch die Tätigkeit als De-Mail-Anbieter

Derzeit wird der Staat bzw. werden staatliche Stellen nicht als De-Mail-Diensteanbieter tätig, sodass für private Anbieter sicherer elektronischer Zugangsformen bisher keine staatliche Konkurrenz hierdurch besteht. Wie bereits erörtert, besteht diese Möglichkeit jedoch. Sollten sich staatliche Stellen dafür entscheiden, als De-Mail-Diensteanbieter tätig zu werden, besteht Einigkeit darüber, dass auf das Verhalten der staatlichen De-Mail-Diensteanbieter oder bei einer Begünstigung dieser durch die öffentliche Hand das UWG Anwendung findet.

1336 *Köhler*, in: ders./Bornkamm, UWG, 32. Aufl. 2014, § 4 Rn. 13.22 ff.; BGH, GRUR 1992, 463 (464); OLG Stuttgart, NJWE-WettbR 1999, 3 (4); KG, GRUR-RR 2002, 198 (200); OLG Stuttgart, WRP 1991, 531 (533); *Kramm*, WRP 1992, 365 (370).

1337 *Köhler*, in: ders./Bornkamm, UWG, 32. Aufl. 2014, § 4 Rn. 13.21.

1338 *Köhler*, in: ders./Bornkamm, UWG, 32. Aufl. 2014, § 4 Rn. 13.27; OLG Stuttgart, NJWE-WettbR 1999, 3 (4).

b) Prüfung der Unlauterkeit

Zwar scheidet ein Verstoß gegen das UWG in allen hinsichtlich der De-Mail herausgearbeiteten Fallgruppen der Schaffung und Regelung von elektronischen Zugangsformen entweder deshalb aus, weil ein entsprechendes staatliches Handeln nicht stattgefunden hat oder ein solches nicht als geschäftliche Handlung i. S. d. § 2 Abs. 1 Nr. 1 UWG qualifiziert werden kann. Es soll im Folgenden dennoch in gebotener Kürze die Prüfung der Unlauterkeit staatlicher Handlungen anhand der Generalklausel des § 3 UWG skizziert werden, da die Darstellung als Beispiel für zukünftige öffentliche Handlungen im Bereich der Schaffung und Regelung von elektronischen Zugangsformen und für neue elektronische Zugangsformen dienen kann.

Das UWG schützt nur vor unlauteren geschäftlichen Handlungen. Da es vor allem (auch) auf das Wettbewerbshandeln zwischen privaten Wettbewerbern zugeschnitten ist und die vermittelten Ansprüche zur Untersagung von Staatshandeln führen können, müssen bei der Beurteilung der Unlauterkeit von öffentlich-rechtlichem Handeln die Besonderheiten des öffentlichen Rechts hinreichende Beachtung finden[1339].

Von besonderer Bedeutung ist hier die Bindung des Staatshandelns an Recht und Gesetz, also die Verpflichtung der öffentlichen Hand, rechtmäßig zu handeln (Art. 20 Abs. 3 GG). Die Unlauterkeit[1340] ist somit bezogen auf das Öffentliche Wettbewerbsrecht als besondere Ausprägung der Rechtswidrigkeit zu verstehen[1341]. Dies bedeutet, dass rechtswidriges Handeln immer auch unlauter i. S. d. UWG sein muss. Umgekehrt kann rechtmäßiges öffentlich-rechtliches Verhalten wiederum nicht unlauter sein, weil rechtmäßiges Handeln der öffentlichen Hand immer erlaubt sein muss, da bei öffentlichem Handeln aufgrund der Gesetzesbindung die Rechtmäßigkeit darüber entscheidet, was der öffentlichen Hand erlaubt ist und was nicht. Ein rechtmäßiges Handeln kann einer staatlichen Stelle deshalb nicht vorgeworfen werden. Handelt eine öffentliche Stelle also rechtmäßig, liegt keine Unlauterkeit vor. Umgekehrt liegt bei einem rechtswidrigen Handeln aber immer auch ein unlauteres Handeln vor, ohne dass es auf die einzelnen Fallgruppen der Unlauterkeit ankäme[1342]. Rechtmäßig und damit lauter ist ein Handeln der öffentlichen Hand

1339 *Schliesky*, Öffentliches Wirtschaftsrecht, 4. Aufl. 2014, S. 188 f.; *ders.*, JA 1997, 902 (907 f.); *ders.*, DVBl 1999, 78 (83); ausführlich *ders.*, Öffentliches Wettbewerbsrecht, 1997, S. 317.

1340 Vor der Gesetzesnovellierung des UWG 2008 noch „Sittenwidrigkeit". Die neue Bezeichnung der Unlauterkeit macht aber keinen sachlichen Unterschied. Vgl. *Schliesky*, Öffentliches Wirtschaftsrecht, 4. Aufl. 2014, S. 190 f.

1341 So *Schliesky*, DVBl 1999, 78 (84); *Schliesky*, Öffentliches Wirtschaftsrecht, 4. Aufl. 2014, S. 190 f.

1342 So im Ergebnis auch *Köhler*, in: ders./Bornkamm, UWG, 32. Aufl. 2014, § 4 Rn. 13.46, 13.64a ff. Eine Interessenabwägung zwischen der Wettbewerbsfreiheit der Wettbewerbsteilnehmer und dem öffentlichen Zweck des öffentlichen Handelns, wie *Schliesky* sie fordert, ist zwar zutreffend, bei festgestelltem rechtmäßigen bzw. rechtswidrigen staatlichen Handeln aber entbehrlich, da eine solche zwangsläufig

aber nur, wenn es nicht gegen die Vorschriften des UWG verstößt. Denn auch die Vorschriften des UWG müssen bei öffentlichem Handeln beachtet werden, wenn diese aufgrund des Vorliegens einer geschäftlichen Handlung Anwendung finden[1343]. Die zum UWG entwickelten Fallgruppen sind hierbei auch auf wettbewerbsrelevantes Verhalten des Staates anwendbar, wenn das öffentliche Interesse ausreichend berücksichtigt wird[1344].

Handelt eine staatliche Stelle aufgrund eines rechtmäßigen Gesetzes, so wird ihr Handeln, soweit es eine gebundene Entscheidung darstellt, also keinen Ermessensspielraum eröffnet und die Anforderungen der Norm erfüllt sind, auch rechtmäßig sein. Umgekehrt muss ein Handeln aufgrund einer rechtswidrigen Norm auch rechtswidrig und damit unlauter sein.

Unter Beachtung dieser Besonderheit können die allgemeinen Regelungen zum UWG herangezogen werden. Ungeachtet des Umstandes, dass entweder das UWG generell nicht anwendbar, der Anwendungsbereich nicht eröffnet ist oder im Falle der Eröffnung des Anwendungsbereichs einer Fallgruppe kein wettbewerbsrelevantes Staatshandeln im Rahmen der Schaffung und Regelung der De-Mail erfolgt, sind, wie bereits geprüft, die gesetzlichen Regelungen verfassungsgemäß. Ein öffentlich-rechtliches Handeln, das sich auf diese gründet und die Voraussetzungen der Rechtsgrundlage erfüllt, wird in der Folge ebenfalls rechtmäßig sein. Etwas anderes ergäbe sich lediglich für die zunächst im EGovG enthaltene nicht technikneutral ausgestaltete Regelung der Schriftform in § 3a VwVfG, die bereits als rechtswidrig qualifiziert wurde[1345]. Eine Anwendbarkeit des UWG auf diese Gesetzgebungstätigkeit wäre zwar aus den oben genannten Gründen nicht möglich. Ein öffentlich-rechtliches Handeln aufgrund dieser Norm hätte sich jedoch generell am UWG messen lassen müssen. Letztendlich wäre eine Eröffnung des Anwendungsbereichs des UWG im konkreten Fall jedoch am objektiven Zusammenhang mit der Förderung des Absatzes oder des Bezuges von Waren oder Dienstleistungen mangels des vorrangigen Ziels der Wettbewerbsbeeinflussung gescheitert, da die ausführende Behörde vorrangig bei der Berücksichtigung der Vorschrift ihrer Verpflichtung zum rechtmäßigen Handeln nachkommen wollte.

Im Falle der erwerbswirtschaftlichen Betätigung der öffentlichen Hand ist im Vergleich zu privatwirtschaftlichen Unternehmen grundsätzlich kein strengerer

---

im Rahmen der Prüfung der Verhältnismäßigkeit erfolgt. Vgl. hierzu noch zur „Sittenwidrigkeit“ des UWG vor der Novellierung 2004 *Schliesky*, DVBl 1999, 78 (84 f.); *ders.*, JA 1997, 902 (907 f.); ausführlich *ders.*, Öffentliches Wettbewerbsrecht, 1997, S. 343 ff. Zur heutigen „Unlauterkeit“ i. S. d. UWG siehe *Schliesky*, Öffentliches Wirtschaftsrecht, 4. Aufl. 2014, S. 190 f.

1343 Siehe zur Anwendbarkeit weiterer UWG-Vorschriften neben der Generalklausel des § 3 UWG *Schliesky*, Öffentliches Wettbewerbsrecht, 1997, S. 405 f.

1344 *Schliesky*, DVBl 1999, 78 (85); *ders.*, Öffentliches Wirtschaftsrecht, 4. Aufl. 2014, S. 191; ausführlich hierzu *ders.*, Öffentliches Wettbewerbsrecht, 1997, S. 352 ff., insbes. 405.

1345 Siehe hierzu bereits Gliederungspunkt Teil II: E. II. 5. a) aa) (1).

Maßstab für die Ermittlung der Unlauterkeit anzulegen[1346], was auch § 4 Nr. 11 UWG widerspräche[1347]. Dies würde wiederum zu einer Benachteiligung staatlicher Unternehmen führen. Unterliegt die erwerbswirtschaftliche Betätigung jedoch der Bindung an Gesetz und Recht, muss sie diesem selbstredend genügen. Handelt sie gegen diesen Grundsatz, ist die Handlung bei einer entsprechenden objektiv möglichen Auswirkung auf den Markt oberhalb einer Bagatellgrenze immer als unlauter einzustufen.

II. GWB

Grundsätzlich ist auch eine Anwendbarkeit des GWB bei wettbewerbsrelevantem Staatshandeln denkbar. Zur Eröffnung des Anwendungsbereichs müssen jedoch die Voraussetzungen der konkreten Vorschriften im Einzelfall vorliegen.

Die meisten Vorschriften des GWB richten sich jedoch nach dem für das gesamte Gesetz einheitlichen und unabhängig von anderen Gesetzen zu bestimmenden Unternehmensbegriff, der sich aus dem Gesetzeszusammenhang und dem Sinn und Zweck des Gesetzes ergibt[1348]. Der nach h. M.[1349] zugrunde zu legende „funktionale Unternehmensbegriff" umfasst jede sich auf Waren oder gewerbliche Leistungen erstreckende Betätigung im geschäftlichen Verkehr[1350]. Diese unternehmerische

---

1346 *Poppen*, in: Gloy/Loschelder/Erdmann, Wettbewerbsrecht, 4. Aufl. 2010, § 66 Rn. 72; BGH, GRUR 1965, 373 (375); GRUR 1987, 116 (118). Anders *Ackermann*, Der Rückzug des Zivilrechts von der wettbewerbsrechtlichen Beurteilung des Handelns der öffentlichen Hand, in: Keller (Hrsg.), FS Tilmann, 2003, S. 73 (84); *v. Gamm*, WRP 1984, 303 (308); *Burmann*, DB 1966, 369 (369); *Dreher*, Wirtschaftsrecht und Wirtschaftsaufsicht, in: Heldrich/Hopt (Hrsg.), FS BGH, Band II, 2000, S. 713 (727 ff.); *Emmerich*, Der unlautere Wettbewerb der öffentlichen Hand, 1969, S. 67 f.; *Frentzel*, Wirtschaftsverfassungsrechtliche Betrachtungen zur wirtschaftlichen Betätigung der öffentlichen Hand, 1961, S. 25; *Schricker*, Wirtschaftliche Tätigkeit der öffentlichen Hand und unlauterer Wettbewerb, 2. Aufl. 1987, S. 137 ff. m. w. N.; *Schroeder*, GRUR 1978, 273 (279 f.); *Ulmer*, ZHR 146 (1982), 466 (484 ff.).

1347 *Poppen*, in: Gloy/Loschelder/Erdmann, Wettbewerbsrecht, 4. Aufl. 2010, § 66 Rn. 72.

1348 *Zimmer*, in: Immenga/Mestmäcker (Hrsg.), Wettbewerbsrecht: GWB, 4. Aufl. 2007, § 1 Rn. 27; *Nordemann*, in: Loewenheim/Meessen/Riesenkampff (Hrsg.), Kartellrecht, 2. Aufl. 2009, § 1 GWB Rn. 18.

1349 BGH, Beschl. v. 16. 12. 1976, WuW/E BGH 1474 (1477), GRUR 1977, 739 (741); BGH, Urt. v. 16. 02. 1981, BGHZ 80, 69 (72), NJW 1981, 1512 (1513), BB 1981, 574 (575); *Zimmer*, in: Immenga/Mestmäcker (Hrsg.), Wettbewerbsrecht: GWB, 4. Aufl. 2007, § 1 Rn. 27; *Bunte*, in: Langen/Bunte, Kommentar zum deutschen und europäischen Kartellrecht, Band 1, 11. Aufl. 2011, § 1 GWB Rn. 19; *Nordemann*, in: Loewenheim/Meessen/Riesenkampff (Hrsg.), § 1 Rn. 18; *Diemer*, in: Erbs/Kohlhaas (Hrsg.), Strafrechtliche Nebengesetze, Stand: 196. Erg.-Lfg. 2013, § 1 GWB Rn. 5; *Schliesky*, Öffentliches Wettbewerbsrecht, 1997, S. 408; zu den Art. 101 ff. AEUV *Emmerich*, Kartellrecht, 12. Aufl. 2012, § 3 Rn. 25.

1350 *Zimmer*, in: Immenga/Mestmäcker (Hrsg.), Wettbewerbsrecht: GWB, 4. Aufl. 2007, § 1 Rn. 32; *Diemer*, in: Erbs/Kohlhaas (Hrsg.), Strafrechtliche Nebengesetze,

Tätigkeit sei entscheidend, ohne dass es auf die Rechtsform oder die Absicht der Gewinnerzielung ankomme[1351].

§ 130 Abs. 1 Satz 1 GWB erstreckt den Geltungsbereich des GWB ausdrücklich auch auf öffentliche Unternehmen, also auf jene Unternehmen, die ganz oder teilweise im Eigentum der öffentlichen Hand stehen oder von dieser verwaltet oder betrieben werden[1352]. Diese Regelung besitzt jedoch nur klarstellende Bedeutung[1353], da erwerbswirtschaftliches Handeln der öffentlichen Hand bereits von sich aus den funktionellen Unternehmensbegriff erfüllt. Eine Anwendbarkeit des GWB soll jedoch nicht schon dann vorliegen, wenn bloß ein öffentlicher Zweck durch die Erfüllung einer öffentlichen Aufgabe oder die Rechnungstragung öffentlicher Interessen verfolgt wird[1354].

Aufgrund des Ausschlusses rein hoheitlichen Handelns ohne wirtschaftliche Tätigkeit kann nicht das gesamte wettbewerbsrelevante Staatshandeln unter den Anwendungsbereich des GWB gefasst werden[1355]. Handelt es sich jedoch um eine erwerbswirtschaftliche Betätigung der öffentlichen Hand am Markt, bspw. durch öffentliche Unternehmen, wird die Anwendbarkeit des GWB unter dem Gesichtspunkt der Unternehmenseigenschaft bejaht werden müssen, da öffentliche Unternehmen durch die Ausnahme vom Anwendungsbereich des GWB nicht besser gestellt werden dürfen als ihre privaten Konkurrenten[1356]. Dies ist immer nur dann

---

Stand: 196. Erg.-Lfg. 2013, § 1 GWB Rn. 5; BGH GrZS, Beschl. v. 22. 03. 1976, WuW/E BGH 1469, BGHZ 67, 81 (84), NJW 1976, 1941 (1942), GRUR 1977, 51 (52); BGH, Urt. v. 19. 09. 1974, WuW/E BGH 1325 (841), NJW 1974, 2236 (2236); BGH, Urt. v. 14. 03. 1990, WuW/E BGH 2627 (2632), BGHZ 110, 371 (380), NJW 1990, 2815 (2817), GRUR 1990, 702 (704); BGH, Beschl. v. 11. 12. 1997, WuW/E DE-R 17 (18 f.), WRP 1998, 188 (190); BGH, Beschl. v. 09. 03. 1999, WuW/E DE-R 289 (291); BGH, NJW 1990, 2815 (2817).

1351 *Zimmer*, in: Immenga/Mestmäcker (Hrsg.), Wettbewerbsrecht: GWB, 4. Aufl. 2007, § 1 Rn. 4.

1352 *Zimmer*, in: Immenga/Mestmäcker (Hrsg.), Wettbewerbsrecht: GWB, 4. Aufl. 2007, § 1 Rn. 30; *Schliesky*, Öffentliches Wirtschaftsrecht, 4. Aufl. 2014, S. 198; *Nordemann*, in: Loewenheim/Meessen/Riesenkampff (Hrsg.), Kartellrecht, 2. Aufl. 2009, § 1 GWB Rn. 18; *Stockmann*, in: Loewenheim/Meessen/Riesenkampff (Hrsg.), Kartellrecht, 2. Aufl. 2009, § 130 GWB Rn. 1.

1353 *Stockmann*, in: Loewenheim/Meessen/Riesenkampff (Hrsg.), Kartellrecht, 2. Aufl. 2009, § 130 GWB Rn. 1; *Schliesky*, Öffentliches Wettbewerbsrecht, 1997, S. 408; *Emmerich/Rehbinder/Markert*, in: Immenga/Mestmäcker (Hrsg.), Wettbewerbsrecht: GWB, 4. Aufl. 2007, § 130 Rn. 8.

1354 *Zimmer*, in: Immenga/Mestmäcker (Hrsg.), Wettbewerbsrecht: GWB, 4. Aufl. 2007, § 1 Rn. 30; *Nordemann*, in: Loewenheim/Meessen/Riesenkampff (Hrsg.), Kartellrecht, 2. Aufl. 2009, § 1 GWB Rn. 18; BGH v. 09. 03. 1999, WuW/E DE-R 289 (291); BKartA 23. 08. 2006, WuW/E DE-V 1251 ff.

1355 *Schliesky*, Öffentliches Wettbewerbsrecht, 1997, S. 409.

1356 *Schliesky*, Öffentliches Wettbewerbsrecht, 1997, S. 408 f.; *Emmerich/Rehbinder/Markert*, in: Immenga/Mestmäcker (Hrsg.), Wettbewerbsrecht: GWB, 4. Aufl. 2007, § 130 Rn. 8.

der Fall, wenn der Staat als Anbieter oder auch als Nachfrager am Markt auftritt[1357]. Die Fallgruppe des Vergaberechts ist somit ebenfalls umfasst. Auch Körperschaften des öffentlichen Rechts können unter den Unternehmensbegriff gefasst werden[1358]. Dem Unternehmensbegriff unterfällt somit jede Tätigkeit im geschäftlichen Verkehr, unabhängig von der Rechtsform des Unternehmers und davon, ob er daneben noch hoheitlich handelt[1359]. Ausgeschlossen vom Anwendungsbereich des GWB soll allein die ausschließlich öffentliche bzw. hoheitliche Tätigkeit der öffentlichen Hand sein[1360]. Handelt die öffentliche Hand jedoch mit Mitteln der Privatrechtsordnung, soll sie wie jeder andere Mitbewerber dem Anwendungsbereich des GWB unterliegen[1361]. Dies muss jedoch auch gelten, wenn die öffentliche Hand ihre Leistungsbeziehungen öffentlich-rechtlich oder sogar hoheitlich ausgestaltet, entscheidend bleibt allein die wirtschaftliche Tätigkeit[1362]. Denn primäres Schutzziel des GWB ist es, den Wettbewerb als rechtliches Ordnungsprinzip vor einer Marktmacht zu bewahren, die den Wettbewerb behindert oder sogar ausschalten kann, also vor wettbewerbsgefährdenden Marktteilnehmern[1363]. Ein solcher Schutz könnte nicht

1357 *Schliesky*, Öffentliches Wettbewerbsrecht, 1997, S. 411.

1358 *Zimmer*, in: Immenga/Mestmäcker (Hrsg.), Wettbewerbsrecht: GWB, 4. Aufl. 2007, § 1 Rn. 56; BGH, Urt. v. 26. 10. 1961, WuW/E BGH 442 (444), BGHZ 36, 91 (102 f.), NJW 1962, 196 (198), BB 1961, 1339 (1340); OLG Düsseldorf, Urt. v. 09. 04. 1974, WuW/E OLG 1523 (1526 f.), DB 1974, 1228 (1229); BGH, Urt. v. 04. 04. 1975, WuW/E BGH 1361 (1363), BGHZ 64, 232 (234 f.); BKartA v. 16. 01. 1984, WuW/E BKartA 2150 (2152). Siehe auch *Bernhard*, EuZW 2013, 732 (735 f.), zur Geltung des GWB für Krankenkassen im Gegensatz zur Rechtsprechung des EuGH.

1359 *Diemer*, in: Erbs/Kohlhaas (Hrsg.), Strafrechtliche Nebengesetze, Stand: 195. Erg.-Lfg. 2013, § 1 GWB Rn. 5; *Nordemann*, in: Loewenheim/Meessen/Riesenkampff (Hrsg.), Kartellrecht, 2. Aufl. 2009, § 1 GWB Rn. 34; BGHZ 67, 81 (84); BGH, NJW 1990, 1531 (1531); BGH, NJW-RR 2000, 90 (90 f.).

1360 *Nordemann*, in: Loewenheim/Meessen/Riesenkampff (Hrsg.), Kartellrecht, 2. Aufl. 2009, § 1 GWB Rn. 34; *Stockmann*, in: Loewenheim/Meessen/Riesenkampff (Hrsg.), Kartellrecht, 2. Aufl. 2009, § 130 GWB Rn. 4.

1361 *Nordemann*, in: Loewenheim/Meessen/Riesenkampff (Hrsg.), Kartellrecht, 2. Aufl. 2009, § 1 GWB Rn. 34; *Stockmann*, in: Loewenheim/Meessen/Riesenkampff (Hrsg.), Kartellrecht, 2. Aufl. 2009, § 130 GWB Rn. 4.

1362 *Schliesky*, Öffentliches Wettbewerbsrecht, 1997, S. 409; *Zimmer*, in: Immenga/Mestmäcker (Hrsg.), Wettbewerbsrecht: GWB, 4. Aufl. 2007, § 1 Rn. 30; *Diemer*, in: Erbs/Kohlhaas (Hrsg.), Strafrechtliche Nebengesetze, Stand: 196. Erg.-Lfg. 2013, § 1 GWB Rn. 5; *Nordemann*, in: Loewenheim/Meessen/Riesenkampff (Hrsg.), Kartellrecht, 2. Aufl. 2009, § 1 GWB Rn. 34 f.; *Stockmann*, in: Loewenheim/Meessen/Riesenkampff (Hrsg.), Kartellrecht, 2. Aufl. 2009, § 130 GWB Rn. 4 f.; *Emmerich/Rehbinder/Markert*, in: Immenga/Mestmäcker (Hrsg.), Wettbewerbsrecht: GWB, 4. Aufl. 2007, § 130 Rn. 14. Für einen generellen Ausschluss öffentlich-rechtlichen bzw. nicht privatrechtlichen Handelns *Ulmer*, ZHR 146 (1982), 466 (492 f.); *Werner*, Die Abwehr staatlicher Wettbewerbseinflüsse, 1986, S. 44; angedeutet in BGHZ 36, 91 (101).

1363 *Schliesky*, Öffentliches Wettbewerbsrecht, 1997, S. 409.

hinreichend gewährleistet werden, wenn öffentliche Marktteilnehmer vom Anwendungsbereich des GWB ausgeschlossen würden[1364].

Das GWB stellt somit einen Teil des Öffentlichen Wettbewerbsrechts dar[1365]. Es findet grundsätzlich auf erwerbswirtschaftliches Handeln der öffentlichen Hand Anwendung. Für die anderen Fallgruppen des wettbewerbsrelevanten Staatshandelns, wie bspw. Subventionen und Informationshandeln, die Gesetzgebung sowie das Handeln aufgrund dieser ist das GWB jedoch mangels Erfüllung des funktionalen Unternehmensbegriffs nicht anwendbar.

Eine erwerbswirtschaftliche Betätigung staatlicher Stellen als De-Mail-Anbieter in Konkurrenz zu privaten Anbietern unterläge folglich dem GWB.

1364 *Schliesky*, Öffentliches Wettbewerbsrecht, 1997, S. 409 f.
1365 *Schliesky*, Öffentliches Wirtschaftsrecht, 4. Aufl. 2014, S. 198.

Teil III: Fazit

Aus den Ergebnissen dieser Dissertation lassen sich neben den konkreten Ergebnissen, die anschließend geordnet nach den Themenbereichen in Thesen zusammengefasst werden, auch generelle Einschätzungen zur Schaffung und Regelung elektronischer Zugangsformen treffen.

Zum einen sollte bei der Schaffung und Regelung von elektronischen Zugangsformen darauf geachtet werden, ob überhaupt Bedarf für neue elektronische Zugangsformen besteht. Zum anderen sollten die Fehler im Zusammenhang mit den bereits an der Durchsetzung gescheiterten sicheren elektronischen Zugangsformen, wie bspw. der qeS, vermieden werden.

Die im darstellenden Teil dieser Arbeit aufgezeigten zahlreichen Formen von (sicheren) elektronischen Zugangsformen, die nahezu – teilweise mit, aber auch ohne zusätzliche Sicherungsmaßnahmen – die gleichen Sicherheitsfunktionen erfüllen können, wenn der Nutzer dies wollte[1366], zeigen, dass es nicht an sicheren elektronischen Zugangsformen mangelt, sondern deren Nutzung bzw. Durchsetzung das eigentliche Problem darstellt.

Dass sich bei einem entsprechenden Bedarf an sicherer elektronischer Kommunikation auch ohne staatlichen Einfluss ausreichende Lösungen ergeben, zeigt sich an der Initiative deutscher E-Mail-Diensteanbieter[1367] „E-Mail made in Germany", die nach Bekanntwerden der PRISM-Affäre entstand. Die teilnehmenden Dienstleister stellen sicher, dass bei ihren E-Mail-Diensten Daten sowohl zwischen den Nutzern als auch den Rechenzentren mit Hilfe des Secure-Sockets-Layer-Protokolls (SSL bzw. TLS) verschlüsselt übertragen und seit Anfang 2014 auch verschlüsselt gespeichert werden sowie die Datenverarbeitung in Deutschland und somit nach deutschem Datenschutzrecht erfolgt[1368]. Dies verdeutlicht, dass, wenn ein Bedürfnis nach sicherer elektronischer Kommunikation besteht, die Wirtschaft zumindest in Teilen durchaus in der Lage ist, dies zu regeln. Auch lässt sich hieraus entnehmen, dass die Vertraulichkeit zumindest für den Bürger viel wichtiger zu sein scheint als bspw. die Authentizität und Integrität von Nachrichten, die wiederum für die Arbeit der

---

1366 Bspw. kann sogar die E-Mail, die in ihrer herkömmlichen Form nicht einmal als sichere elektronische Zugangsform angesehen werden kann, mit Hilfe einer qeS die Schriftform nach § 3a Abs. 2 Satz 2 VwVfG erfüllen (vgl. hierzu Gliederungspunkt Teil II: A. II. 2. e).

1367 Dies sind die Deutsche Telekom AG mit ihrem E-Mail-Dienst T-Online und die United Internet AG mit ihren E-Mail-Diensten Web.de und GMX (vgl. hierzu *Sturm*, CRaktuell 2013, R93 f.; *Gerling*, DuD 2014, 109 ff.). Inzwischen ist auch Freenet dem Projekt, das auch für weitere Partner offen steht, beigetreten (vgl. hierzu www.e-mail-made-in-germany.de/index.html).

1368 Siehe hierzu *Sturm*, CRaktuell 2013, R93 f., *Gerling*, DuD 2014, 109 ff. und www.e-mail-made-in-germany.de/index.html.

öffentlichen Verwaltung von besonderer Bedeutung sind. Dies legt auch der Streit bzgl. der Notwendigkeit der Inkorporierung der Ende-zu-Ende-Verschlüsselung bei der De-Mail nahe. Insofern muss unterschiedlichen Bedürfnissen Rechnung getragen werden.

Dennoch kann die Lösung nicht in der Schaffung immer neuer elektronischer Zugangsformen liegen. So steht jedoch mit dem „Bürgerkonto“[1369] schon die nächste elektronische Zugangsform in Gestalt einer Portallösung mit Unterstützung der eID-Funktion im Koalitionsvertrag und somit in den Startlöchern[1370]. Vielmehr sollten stattdessen allgemeine Regelungen für sichere elektronische Zugangsformen geschaffen werden. Solche allgemeinen Regelungen sind, wie die vorliegende Arbeit zeigt, ausreichend, um die Voraussetzungen für den elektronischen Rechtsverkehr zu schaffen und Rechtswirkungen daran zu knüpfen.

Es erscheint dementsprechend nicht erforderlich und zudem wenig sinnvoll, immer wieder konkrete Regelungen für einzelne sichere elektronische Zugangsformen zu schaffen. Zu Recht wurde schon an der Erforderlichkeit des De-Mail-G[1371] und auch am beAP[1372] Kritik geübt. Vielmehr sollte, wie die vorliegende Arbeit zeigt, eine Orientierung an den Zielen „Technikneutralität“, „Entwicklungsoffenheit“ und „EU-Binnenmarktoffenheit“ erfolgen. Ein solches Vorgehen erspart weitere neue Regelungen oder Gesetzesänderungen und ermöglicht eine freie Weiterentwicklung sicherer elektronischer Zugangsformen nach den Bedürfnissen der Bürger und der Verwaltung nach Maßgabe des freien Wettbewerbs.

Deshalb ist insofern eine Zurückhaltung des Staates hinsichtlich der Schaffung und Regelung konkreter Kommunikationstechniken geboten. Die Schaffung immer neuer sicherer elektronischer Zugangsformen ohne wesentliche neue Funktionen produziert hingegen nur gescheiterte Innovationen, die sich nicht durchsetzen können, überflüssige Gesetze – im besten Fall gesetzlichen Überarbeitungsbedarf – und infolgedessen eine Unüberschaubarkeit der Regelungen und sicheren elektronischen Zugangsformen, insbesondere für den Bürger. Seiner Verpflichtung zur Schaffung einer sicheren elektronischen Infrastruktur ist der Staat in der Vergangenheit sogar

---

1369 Der Name „Bürgerkonto“ erinnert an den Begriff „Bürgerportal“, wie das Vorhaben der De-Mail zu Beginn des Gesetzgebungsverfahrens zum De-Mail-G noch bezeichnet wurde.

1370 Deutschlands Zukunft gestalten, Koalitionsvertrag zwischen CDU, CSU und SPD, S. 107, abrufbar unter www.bundesregierung.de/Content/DE/StatischeSeiten/Breg/koalitionsvertrag-inhaltsverzeichnis.html. Vgl. hierzu *Hoepner*, Bürgerkonto – Einheit oder Vielfalt?, Behörden Spiegel, März 2014, S. 27. Kritisch hierzu der Kommentar von *Fromm* an selbiger Stelle. Siehe auch Strategie für eID und andere Vertrauensdienste im E-Government (eID-Strategie), Steuerungsprojekt Nr. 2 des NEGS-Schwerpunkteprogramms, Version 1.0 – Beschlussfassung 12. Sitzung IT-Planungsrat am 02. 10. 2013.

1371 Vgl. hierzu *Skrobotz*, in: Manssen (Hrsg.), Telekommunikations- und Multimediarecht, Band 2, Stand: 33. Erg.-Lfg. 2013, K § 1 De-Mail-G Rn. 80 ff. m. w. N.

1372 *C. Hoffmann/Borchers*, CR 2014, 62 (65).

mehrmals und parallel nachgekommen, was die zahlreichen sicheren elektronischen Zugangsformen zeigen. Eine solche Handlungsverpflichtung kann also nicht als Rechtfertigung herangezogen werden.

Dieses Verhalten ist auch beim zunächst beabsichtigten Entwurf für ein EGovG und die damit zusammenhängenden Änderungen erkennbar. Es bleibt zu hoffen, dass der Gesetzgeber diese neue Linie beibehält und, wie in anderen Gesetzentwürfen angedeutet[1373], auf Technikneutralität setzt. Denn, wie die vorliegende Arbeit zeigt, sind technikneutrale Definitionen durchaus möglich, zumal sie die aufgezeigten Vorteile bieten. Ist eine technikneutrale Definition möglich und gleich geeignet, ist sie auch grundsätzlich verfassungsrechtlich geboten, sofern nicht andere Maßnahmen eine Wettbewerbsneutralität der Regelung sichern. Eine nicht technikneutral ausgestaltete Vorschrift muss sich am Öffentlichen Wettbewerbsrecht messen und rechtfertigen lassen. Der Bundesgesetzgeber beherzigt diesen Grundsatz, wie die vorliegende Arbeit zeigt, bereits teilweise. Es fehlt jedoch an der notwendigen Konsequenz, diesen auch durchzuhalten.

Vielleicht ist das Problem der mangelnden Durchsetzbarkeit aber auch auf tatsächlicher und nicht auf rechtlicher Ebene zu lösen, bspw. durch eine bessere Information der Bürger über ihre Möglichkeiten und die Schaffung von Angeboten, bei denen die elektronische Kommunikation überhaupt eingesetzt werden kann. Denn bringt eine sichere elektronische Zugangsmöglichkeit keinen Nutzen, wird sie sich ohne konkrete Nutzungspflichten nicht durchsetzen. Eine Normierung dieser wird zumindest für den Bürger, ohne den jedoch eine Kommunikation mit dem Staat nicht möglich ist, zumindest zum jetzigen Zeitpunkt nicht in Frage kommen. Hier könnten aber positive Anreize helfen, die Nutzung elektronischer Kommunikation zu steigern. Die Vorteile, die die elektronische Kommunikation der öffentlichen Verwaltung bietet, könnten zumindest teilweise an die Bürger weitergegeben werden (bspw. geringere Materialkosten, schnellere Bearbeitung) und so auch dem Bürger zugute kommen.

Hierbei sollte, was sich aus einem Vergleich der in dieser Arbeit besprochenen Vorschriften ergibt, vor allem auf Kongruenz geachtet werden. Es führt zu vermeidbaren Verwirrungen und Unübersichtlichkeiten, wenn bspw. in verschiedenen Verfahrensordnungen unterschiedliche Regelungen für die gleichen Rechtswirkungen

---

1373 Bspw. den letztendlichen Gesetzentwurf für ein Gesetz zur Förderung der elektronischen Verwaltung sowie zur Änderung weiterer Vorschriften, BT-Drs. 17/11473, durch die Beschlussempfehlung und den Bericht des Innenausschusses, BT-Drs. 17/13139; Diskussionsentwurf des Bundesministeriums der Justiz, Entwurf eines Gesetzes zur Einführung der elektronischen Akte in Strafsachen, abrufbar unter www.bmj.de/SharedDocs/Downloads/DE/pdfs/Diskussionsentwurf_Gesetz_zur_Einfuehrung_der_elektronischen_Akte_in_Strafsachen.pdf?__blob=publicationFile; Gesetzentwurfes für ein Gesetz zur Förderung des elektronischen Rechtsverkehrs mit den Gerichten, BT-Drs. 17/12634 (Gesetzentwurf); BT-Drs. 17/13948 (Beschlussempfehlung und Bericht).

bestehen, es sei denn, hierfür bestehen einleuchtende Gründe aufgrund der Eigenheiten der einzelnen Verfahrensarten.

Erfahrungsgemäß brauchen technische Entwicklungen eine ganze Weile, bis sie sich auf dem Markt etablieren können. Es bleibt abzuwarten, ob sich dies letztlich auch für die De-Mail oder andere sichere elektronische Zugangsformen bewahrheiten wird. Unabhängig davon, welche elektronische Zugangsmöglichkeit sich letztlich durchsetzen wird oder ob weiterhin ein Nebeneinander verschiedener sicherer elektronischer Zugangsformen besteht, ist für den Bürger und die Behörden entscheidend, dass sich der elektronische Rechtsverkehr letztendlich durchsetzt, damit sichere elektronische Kommunikation wirklich einmal „so einfach wie E-Mail und so sicher wie Papierpost" wird[1374]. Einen fairen Wettbewerb zwischen den sicheren elektronischen Zugangsformen vermag hierbei letztlich das Öffentliche Wettbewerbsrecht zu gewährleisten.

1374 So die Slogans auf der Internet-Informationsseite für De-Mail des BMI, abrufbar unter www.bmi.bund.de/DE/Themen/IT-Netzpolitik/De-Mail/de-mail_node.html.

Zusammenfassung in Thesen

I. Das Verhältnis der verschiedenen Zugänge zur öffentlichen Verwaltung untereinander

These 1:

Neben den klassischen Zugängen haben sich im Laufe der Zeit mehr oder weniger sichere elektronische Zugangsformen herausgebildet, die zum Teil die Funktionalitäten und Sicherheitsstandards der klassischen Zugänge erfüllen können. Hierdurch entsteht i. S. eines Multi- bzw. Mehrkanalprinzips ein Nebeneinander von klassischen Zugängen und elektronischen Zugangsformen, da die öffentliche Verwaltung weder auf die klassischen Zugänge noch auf die elektronischen Zugangsformen gänzlich verzichten kann, wenn sie alle Bürger erreichen will.

These 2:

Vergleicht man die elektronischen Zugangsformen untereinander, stellt man fest, dass diese teilweise ähnliche Funktionalitäten und Sicherheitsstandards bieten.

These 3:

Der entscheidende Unterschied zwischen den klassischen Zugängen und den elektronischen Zugangsformen besteht darin, dass die klassischen Zugänge i. d. R. immer vorgehalten werden, während die elektronischen Zugangsformen sich erst allmählich, vor allem aufgrund des Einsparpotenzials und der Effektivität, die sie ermöglichen, verbreiten. Zudem sind die rechtlichen Rahmenbedingungen der Nutzung, insbesondere die Rechtswirkungen, der elektronischen Zugangsformen im Gegensatz zu den klassischen Zugängen teilweise noch nicht abschließend geklärt.

These 4:

Die klassischen Zugänge wie bspw. der Postzugang und das Telefax stehen ohne rivalisierendes Potenzial in der Nutzung durch die öffentliche Verwaltung nebeneinander, da sie grundsätzlich von allen öffentlichen Stellen vorgehalten werden.

These 5:

Die elektronischen Zugangsformen bzw. ihre Anbieter treten häufiger in Konkurrenz zueinander, da sie sich parallel entwickeln. Dies gilt besonders, wenn sie die gleichen Funktionalitäten und Sicherheitsstandards bieten. In diesem Fall entwickelt sich ein Wettbewerb zwischen den Anbietern der konkurrierenden elektronischen Zugangsformen.

These 6:

Zwischen der De-Mail nach dem Standard des De-Mail-G und anderen nicht De-Mail-akkreditierten sicheren elektronischen Zugangsformen bzw. deren jeweiligen Anbietern besteht ein besonderes Konkurrenzverhältnis, da sie sich in den Funktionalitäten stark ähneln. Unter Umständen unterscheiden sie sich allein durch die De-Mail-Akkreditierung voneinander. Eine Nutzung von mehreren sicheren elektronischen Zugangsformen nebeneinander durch die öffentliche Verwaltung ist daher unwahrscheinlich.

II. Die Beeinflussung elektronischer Zugangsformen durch staatliches Handeln

These:

Das Handeln des Staates in Bezug auf elektronische Zugangsformen ist dann wettbewerbsrelevant, wenn einzelne elektronische Zugangsformen bevorzugt bzw. privilegiert werden. Dies gilt insbesondere, wenn hierbei zwischen privatwirtschaftlich angebotenen Zugangsformen differenziert wird.

III. Rechtliche Grenzen der Schaffung und Regelung von elektronischen Zugangsformen durch das Öffentliche Wettbewerbsrecht am Beispiel der De-Mail

These:

Ein besonderes Öffentliches Wettbewerbsrecht ist erforderlich, da auch der Staat nicht frei von Beschränkungen des Wettbewerbsrechts den Wettbewerb beeinflussen bzw. in diesem agieren darf, es aber nicht sachgerecht ist, die allgemeinen Vorschriften des Wettbewerbsrechts ohne Modifikationen auf wettbewerbsrelevantes Staatshandeln anzuwenden. Die Schaffung und Regelung von elektronischen Zugangsformen stellt ein solches wettbewerbsrelevantes Staatshandeln dar, das sich am Öffentlichen Wettbewerbsrecht messen lassen muss.

IV. Grundrechtliche Grenzen der Schaffung und Regelung elektronischer Zugangsformen durch das Öffentliche Wettbewerbsrecht

These 1:

Während das Grundgesetz auf nationaler Ebene neutral bzw. offen gegenüber einer Wirtschaftsordnung ist, werden durch die unionsrechtlichen Verträge engere Vorgaben gemacht, die durch einen freien Wettbewerb, aber auch durch eine offene Marktwirtschaft, in der auch Interventionen des Staates möglich sind, gekennzeichnet sind.

These 2:

Die Wettbewerbsfreiheit ist im Grundgesetz bei Art. 12 Abs. 1 Satz 1 GG zu verorten, da Wettbewerb erst durch die Ausübung der Berufsfreiheit aus Art. 12 Abs. 1 Satz 1 GG entsteht. Die Berufsfreiheit passt deshalb thematisch besser zur Wettbewerbsfreiheit und ist somit gegenüber der allgemeinen Handlungsfreiheit aus Art. 2 Abs. 1 GG als spezieller anzusehen.

These 3:

Die Einführung neuer elektronischer Zugangsformen durch den Staat greift i. d. R. nicht in die wettbewerbsrelevanten Grundrechte der Berufsfreiheit aus Art. 12 Abs. 1 Satz 1 GG und des allgemeinen Gleichbehandlungsgrundsatzes aus Art. 3 Abs. 1 GG ein, wenn man die Grundsätze zur Schaffung von Konkurrenz durch den Staat heranzieht. Die Entscheidung über das „Ob" der Einführung bleibt dem Staat somit grundsätzlich vorbehalten, während er sich bei der Ausgestaltung des „Wie" an den wettbewerbsrelevanten Grundrechten zu orientieren hat.

These 4:

Die De-Mail-Akkreditierung in § 17 De-Mail-G greift vorbehaltlich einer erdrosselnden Wirkung dieser für Kleinunternehmen nicht ungerechtfertigt in die wettbewerbsrelevanten Grundrechte der Berufsfreiheit aus Art. 12 Abs. 1 Satz 1 GG und des allgemeinen Gleichbehandlungsgrundsatzes aus Art. 3 Abs. 1 GG ein.

These 5:

Die Tätigkeit als De-Mail-Anbieter ist nicht als eigenständiger Beruf im Vergleich zu der Tätigkeit anderer nicht De-Mail-akkreditierter Anbieter sicherer elektronischer Zugangsformen anzusehen.

These 6:

Es ist davon auszugehen, dass die De-Mail-Akkreditierung freiwillig erfolgt.

These 7:

Derzeit sind keine staatlichen Subventionen an De-Mail-Anbieter ersichtlich. Sollten in Zukunft staatliche Subventionierungen getätigt werden, um der De-Mail zur Durchsetzung zu verhelfen, wäre eine erneute Bewertung des Sachverhalts anhand des Öffentlichen Wettbewerbsrechts geboten.

These 8:

Eine Schutzbereichseröffnung der Wettbewerbsfreiheit aus Art. 12 Abs. 1 GG bei der Betroffenheit der Marktstellung bzw. -position darf nicht pauschal abgelehnt werden.

These 9:

Es erscheint vertretbar und sinnvoll, auf das Erfordernis einer berufsregelnden Tendenz zu verzichten.

These 10:

Aus dem allgemeinen Gleichheitsgrundsatz aus Art. 3 Abs. 1 GG lässt sich das speziellere Recht auf Wettbewerbsgleichheit ableiten, welches die Chancengleichheit des Zugangs zum und im Wettbewerb in dem Sinne, dass der Staat nicht einzelne Konkurrenten mit Nachteilen belegen darf, schützt.

These 11:

Die Verpflichtung der Bundesbehörden zur Eröffnung des elektronischen Zugangs durch eine De-Mail-Adresse nach § 2 Abs. 2 EGovG greift nicht rechtswidrig in das Grundrecht der Wettbewerbsfreiheit der nicht De-Mail-akkreditierten Anbieter sicherer elektronischer Zugangsformen aus Art. 12 Abs. 1 Satz 1 GG ein. Es liegt außerdem keine ungerechtfertigte Ungleichbehandlung i. S. d. Wettbewerbsgleichheit aus Art. 3 Abs. 1 GG als spezielle Ausprägung des allgemeinen Gleichbehandlungsgrundsatzes vor.

These 12:

Die Ersetzung der Schriftform durch die absenderbestätigte De-Mail nach § 5 Abs. 5 De-Mail-G und der damit verbundene Ausschluss der Schriftformwahrung durch andere nicht De-Mail-akkreditierte sichere elektronische Zugangsformen durch § 3a Abs. 2 Satz 4 Nr. 2 und 3 VwVfG in der Form des zunächst beabsichtigten Entwurfs für die Änderung des § 3a Abs. 2 VwVfG im Rahmen des EGovG hätte ungerechtfertigt in die Wettbewerbsfreiheit der nicht De-Mail-akkreditierten Anbieter sicherer elektronischer Zugangsformen aus Art. 12 Abs. 1 Satz 1 GG eingegriffen. Gleiches gilt für das Recht auf Wettbewerbsgleichheit aus Art. 3 Abs. 1 GG. Eine technikneutrale und entwicklungsoffene Gestaltung der Regelung als milderes Mittel war verfassungsrechtlich geboten.

These 13:

Die Fassung des § 3a Abs. 2 Satz 4 Nr. 2 und 3 VwVfG in der Form, wie sie am 01. 07. 2014 in Kraft treten wird, greift aufgrund der technikneutralen Definition in § 3a Abs. 2 Satz 4 Nr. 4 VwVfG hingegen nicht in die Wettbewerbsfreiheit der nicht akkreditierten Anbieter sicherer elektronischer Zugangsformen aus Art. 12 Abs. 1 Satz 1 GG ein, insbesondere nicht, indem die De-Mail explizit als sicherer Übermittlungsweg und somit als Schriftformäquivalent genannt wird, während andere nicht De-Mail-akkreditierte sichere elektronische Zugangsformen auf die technikneutrale Definition in § 3a Abs. 2 Satz 4 Nr. 4 VwVfG verwiesen werden. Gleiches gilt für das Recht auf Wettbewerbsgleichheit aus Art. 3 Abs. 1 GG.

These 14:

Die Regelung des § 32a Abs. 2 und 3 StPO-E greift mangels Erforderlichkeit ungerechtfertigt in die Wettbewerbsfreiheit der nicht De-Mail-akkreditierten Anbieter sicherer elektronischer Zugangsformen aus Art. 12 Abs. 1 Satz 1 GG ein, insbesondere, indem in § 32a Abs. 3 Nr. 1 StPO-E explizit die De-Mail als sicherer Übermittlungsweg und somit als Schriftformäquivalent genannt wird, anderen sicheren elektronischen Zugangsformen dies aber in vergleichbar rechtssicherem Maße, bspw. durch Rechtsverordnung, verwehrt bleibt. Gleiches gilt für das Recht auf Wettbewerbsgleichheit aus Art. 3 Abs. 1 GG.

These 15:

Die Fassung des § 130a Abs. 4 Nr. 1 ZPO in der Form, wie sie am 01. 01. 2018 in Kraft treten wird, greift aufgrund der technikneutralen Definition in § 130a Abs. 4 Nr. 3 ZPO nicht in die Wettbewerbsfreiheit der nicht akkreditierten Anbieter sicherer elektronischer Zugangsformen aus Art. 12 Abs. 1 Satz 1 GG ein, insbesondere nicht, indem in diesem explizit die De-Mail als sicherer Übermittlungsweg und somit als Schriftformäquivalent genannt wird, während andere nicht De-Mail-akkreditierte sichere elektronische Zugangsformen auf die technikneutrale Definition in § 130a Abs. 4 Nr. 3 ZPO zurückgreifen müssen. Gleiches gilt für das Recht auf Wettbewerbsgleichheit aus Art. 3 Abs. 1 GG.

These 16:

Soweit eine technikneutrale und entwicklungsoffene Definition zur Regelung sicherer elektronischer Zugangsformen bei gleicher Zweckerreichung möglich erscheint, ist diese auch verfassungsrechtlich geboten. Eine Nennung von Beispielen im Gesetz kann durch die Verknüpfung der technikneutralen Definition mit einer Rechtsverordnung gerechtfertigt werden.

These 17:

Die Ausgestaltung des § 371a Abs. 2 und 3 ZPO in der Form des Gesetzentwurfes für ein Gesetz zur Förderung des elektronischen Rechtsverkehrs mit den Gerichten greift nicht ungerechtfertigt in die Wettbewerbsfreiheit der nicht De-Mail-akkreditierten Anbieter sicherer elektronischer Zugangsformen aus Art. 12 Abs. 1 Satz 1 GG ein. Gleiches gilt für das Recht auf Wettbewerbsgleichheit aus Art. 3 Abs. 1 GG.

These 18:

Die Regelung des § 67 Abs. 6 Satz 2 Nr. 3 lit. b 3. Halbsatz SGB X greift weder ungerechtfertigt in die Berufsfreiheit noch in die Wettbewerbsfreiheit der nicht akkreditierten Anbieter sicherer elektronischer Zugangsformen aus Art. 12 Abs. 1 Satz 1 GG ein, insbesondere nicht, indem in § 67 Abs. 6 Satz 2 Nr. 3 lit. b 3. Halbsatz SGB X klargestellt wird, dass auch mit der De-Mail unter Wahrung des Sozialgeheimnisses Sozialdaten versendet werden können, also eine Übermittlung i. S. d. § 67 Abs. 6 Satz 2 Nr. 3 SGB X in diesem Fall nicht vorliegt. Gleiches gilt für den allgemeinen Gleichbehandlungsgrundsatz bzw. das Recht auf Wettbewerbsgleichheit aus Art. 3 Abs. 1 GG.

These 19:

Die Regelung des § 30 Abs. 7 AO greift weder ungerechtfertigt in die Berufsfreiheit noch in die Wettbewerbsfreiheit der nicht akkreditierten Anbieter sicherer elektronischer Zugangsformen aus Art. 12 Abs. 1 Satz 1 GG ein, insbesondere nicht, indem in § 30 Abs. 7 AO klargestellt wird, dass auch mit der De-Mail unter Wahrung des Steuergeheimnisses Steuerdaten versendet werden können, also ein Offenbaren i. S. d. § 30 Abs. 2 AO nicht vorliegt. Gleiches gilt für den allgemeinen Gleichbehandlungsgrundsatz bzw. das Recht auf Wettbewerbsgleichheit aus Art. 3 Abs. 1 GG.

These 20:

Durch die ausschließliche Beleihung der akkreditierten De-Mail-Anbieter mit der Fähigkeit, nach § 5 Abs. 6 De-Mail-G förmlich zustellen zu können, liegt kein ungerechtfertigter Eingriff in die Berufsfreiheit aus Art. 12 Abs. 1 Satz 1 GG vor. Dies gilt auch für den allgemeinen Gleichbehandlungsgrundsatz aus Art. 3 Abs. 1 GG. Anders verhält sich dies nur, wenn einem Anbieter sicherer elektronischer Zugangsformen die beantragte Akkreditierung ungerechtfertigt versagt wird.

These 21:

Die Informationstätigkeit der Bundesregierung im Rahmen ihrer Öffentlichkeitsarbeit über die De-Mail bzw. den De-Mail-Standard verstößt nicht gegen die Wettbewerbsfreiheit der nicht akkreditierten Anbieter sicherer elektronischer Zugangsformen aus Art. 12 Abs. 1 Satz 1 GG. Gleiches gilt, da die staatliche Informationstätigkeit der Bundesregierung hinsichtlich der De-Mail als Öffentlichkeitsarbeit einzustufen ist und alle Kriterien, die an diese gestellt werden, erfüllt sind, für das Recht auf Wettbewerbsgleichheit aus Art. 3 Abs. 1 GG.

These 22:

Eine erwerbswirtschaftliche Tätigkeit öffentlicher Stellen oder öffentlicher Unternehmen in Privatrechtsform stellt allein grundsätzlich keinen Eingriff in Art. 12 Abs. 1 Satz 1 GG oder Art. 3 Abs. 1 GG dar, da die Grundrechte die Wettbewerber grundsätzlich nicht vor staatlicher Konkurrenz am Markt schützen. Entscheidend für einen etwaigen Grundrechtseingriff ist die konkrete Ausgestaltung der erwerbswirtschaftlichen Tätigkeit öffentlicher Stellen. Soweit sich diese in dem dargestellten zulässigen Rahmen bewegt, liegt kein Eingriff vor. Das De-Mail-G stellt an alle De-Mail-Diensteanbieter, ob öffentlich oder privatwirtschaftlich, die gleichen Voraussetzungen und greift insofern nicht ungerechtfertigt in die Grundrechte der Wettbewerber ein. Ein Eingriff wäre jedoch anzunehmen gewesen, wenn öffentliche De-Mail-Diensteanbieter von der Akkreditierungspflicht befreit worden wären. Eine erwerbswirtschaftliche Betätigung öffentlicher Stellen bzw. öffentlicher Unternehmen als De-Mail-Anbieter erfolgt derzeit nicht. Eine solche ist auch nicht mit dem Vorhaben, ein zentrales De-Mail-Gateway durch ein Dienstleistungszentrum IT für die Bundesverwaltung bereitzustellen, verbunden.

V. Einfachgesetzliche Grenzen der Schaffung und Regelung elektronischer Zugangsformen durch das Öffentliche Wettbewerbsrecht

These 1:

Grundsätzlich muss das UWG, unabhängig vom Vorliegen der Tatbestandsvoraussetzungen im Einzelfall, auf das Handeln der öffentlichen Hand, also auch auf die Schaffung und Regelung elektronischer Zugangsformen, wie bspw. der De-Mail, anwendbar sein. Auch das hoheitliche Handeln ist hiervon erfasst. Eine Ausnahme stellt aber die gesetzgeberische Tätigkeit dar, da durch die Anwendbarkeit des UWG auf Umwegen nicht ein direkter Rechtsweg gegen Gesetze geschaffen werden darf.

These 2:

Die einzelnen Voraussetzungen einer geschäftlichen Handlung i. S. d. den Anwendungsbereich des UWG eröffnenden § 1 UWG können bei wettbewerbsrelevantem Staatshandeln im Rahmen der Schaffung und Regelung von elektronischen Zugangsformen, wenn auch mit wenigen Modifikationen aufgrund der Berücksichtigung des öffentlichen Zwecks des Handelns der öffentlichen Hand, erfüllt werden.

These 3:

Ein Verstoß gegen das UWG scheidet in allen hinsichtlich der De-Mail herausgearbeiteten Fallgruppen der Schaffung und Regelung von elektronischen Zugangsformen entweder deshalb aus, weil ein entsprechendes staatliches Handeln nicht stattgefunden hat oder ein solches nicht als geschäftliche Handlung i. S. d. § 2 Abs. 1 Nr. 1 UWG qualifiziert werden kann.

These 4:

Das GWB findet grundsätzlich auf erwerbswirtschaftliches Handeln der öffentlichen Hand Anwendung. Auf die anderen Fallgruppen des wettbewerbsrelevanten Staatshandelns, wie bspw. Subventionen, das staatliche Informationshandeln, die Gesetzgebung sowie das Handeln aufgrund dieser, ist das GWB jedoch mangels Erfüllung des funktionalen Unternehmensbegriffs nicht anwendbar.

Eine erwerbswirtschaftliche Betätigung staatlicher Stellen als De-Mail-Anbieter in Konkurrenz zu privaten Anbietern, die derzeit nicht stattfindet, unterläge folglich dem GWB.

Literaturverzeichnis

Achterberg, Norbert/Püttner, Günter/Würtenberger, Thomas (Hrsg.): Besonderes Verwaltungsrecht, Ein Lehr- und Handbuch, Band I: Wirtschafts-, Umwelt-, Bau-, Kultusrecht, 2. Aufl., Heidelberg 2000.

Ackermann, Brunhilde: Der Rückzug des Zivilrechts von der wettbewerbsrechtlichen Beurteilung des Handelns der öffentlichen Hand - Ende eines „zivilrechtlichen Dilettierens“ oder Ende der Freiheit der privaten Marktteilnehmer?, in: Keller, Erhard (Hrsg.), Festschrift für Winfried Tilmann zum 65. Geburtstag, Köln 2003, S. 73–85.

Akbarian, Goli-Schabnam: Die Zertifizierung zum Entsorgungsfachbetrieb nach § 52 KrW-/AbfG, Eine verfassungs- und gemeinschaftsrechtliche Bewertung der freiwilligen Unterwerfung unter ein privates Überwachungssystem, Frankfurt a. M. 2001.

Alexy, Robert: Theorie der Grundrechte, 3. Aufl., Frankfurt a. M. 1996.

Bäcker, Matthias: Wettbewerbsfreiheit als normgeprägtes Grundrecht, Eine dogmatische Neubestimmung am Beispiel des Abwehrrechts des Konkurrenten gegen eine Subvention, Baden-Baden 2007.

Bader, Johann/Ronellenfitsch, Michael (Hrsg.): Beck'scher Online-Kommentar VwVfG, Stand: 01. 01. 2014, Ed. 22, München.

Badura, Peter: Wirtschaftsverfassung und Wirtschaftsverwaltung, Ein exemplarischer Leitfaden, 4. Auflage, Tübingen 2011.

Ders./von Danwitz, Thomas/Herdegen, Matthias/Sedemund, Joachim/Stern, Klaus (Hrsg.): Beck'scher PostG-Kommentar, 2. Aufl., München 2004.

Bamberger, Heinz Georg/Roth, Herbert (Hrsg.): Beck'scher Online-Kommentar BGB, Stand: 01. 02. 2014, Ed. 30, München.

Barthel, David/Lapczyk, Dennis A.: Der Beliehene im Lichte der europäischen Grundfreiheiten, JA 2008, S. 436–442.

Bauer, Rainer/Heckmann, Dirk/Ruge, Kay/Schallbruch, Martin (Hrsg.): Verwaltungsverfahrensgesetz mit rechtlichen Aspekten des E-Government, Wiesbaden 2012.

Benda, Ernst/Maihofer, Werner/Vogel, Hans-Jochen (Hrsg.): Handbuch des Verfassungsrechts der Bundesrepublik Deutschland, 2. Aufl., Berlin 1994.

Berg, Wilfried: Die behördliche Warnung - eine neue Handlungsform des Verwaltungsrechts?, ZLR 1990, S. 565–576.

Bergmann, Jan (Hrsg.): Handlexikon der Europäischen Union, 4. Aufl., Baden-Baden 2012.

Bergmann, Lutz/Möhrle, Roland/Herb, Armin: Datenschutzrecht, Kommentar, Bundesdatenschutzgesetz, Datenschutzgesetze der Länder und Kirchen, Bereichsspezifischer Datenschutz, Loseblatt-Sammlung, Stand: April 2013, Stuttgart.

Berlit, Uwe: Das elektronische Gerichts- und Verwaltungspostfach bei Bundesfinanzhof und Bundesverwaltungsgericht, JurPC Web-Dok. 13/2006, Abs. 1–54.

Ders.: Staatliche Infrastrukturverantwortung für rechtssichere Kommunikation im Netz – rechtliche Rahmenbedingungen und Probleme, JurPC Web-Dok. 39/2011, Abs. 1–45.

Bernhard, Jochen: Europarechtliche Stolpersteine der 8. GWB-Novelle, EuZW 2013, S. 732–736.

Bernhardt, Rudolf: Zur Anfechtung von Verwaltungsakten durch Dritte, JZ 1963, S. 302–308.

Bettermann, Karl August: Gewerbefreiheit der öffentlichen Hand, Beiträge zu Art. 12 I, 15, 19 III GG, in: Müller, Gerda (Hrsg.), Berliner Festschrift für Ernst E. Hirsch zum 65. Geburtstag, München 2008, S. 1–24.

Bieback, Karin: Zertifizierung und Akkreditierung, Das Zusammenwirken staatlicher und nichtstaatlicher Akteure in gestuften Prüfsystemen, Baden-Baden 2008.

Bisges, Marcel: Die Rechtsverbindlichkeit der De-Mail und der klassischen E-Mail im Vergleich, MMR FOKUS 2010, S. VIII–X.

Bleckmann, Albert: Grundzüge des Wirtschaftsverfassungsrechts der Bundesrepublik Deutschland, JuS 1991, S. 536–542.

Ders.: Subventionsrecht, Stuttgart u. a. 1978.

Bludau, Thorsten: Kommunikation niedersächsischer Verwaltungen in Verwaltungs-, Widerspruchs- und Klageverfahren – Die Entwicklung vom Telegramm zur E-Mail –, NdsVBl 2007, S. 7–14.

Bösmeier, Josef: Staatlich verursachte Wettbewerbsverzerrungen durch die Subventionierung privater Unternehmen, Berlin 1989.

Brandt, Edmund: Umweltaufklärung und Verfassungsrecht, Taunusstein 1994.

Brisch, Klaus M.: Gemeinsame Rahmenbedingungen für elektronische Signaturen, CR 1998, S. 492–499.

Britz, Gabriele: Reaktionen des Verwaltungsverfahrensrechts auf die informationstechnischen Vernetzungen der Verwaltung, in: Hoffmann-Riem, Wolfgang/ Schmidt-Aßmann, Eberhard (Hrsg.), Verwaltungsverfahren und Verwaltungsverfahrensgesetz, Baden-Baden 2002, S. 213–276.

Brosch, Christopher: Das Gesetz zur Förderung des elektronischen Rechtsverkehrs mit den Gerichten, K&R 2014, S. 9–14.

Bryde, Brun-Otto: Art. 12 Grundgesetz – Freiheit des Berufs und Grundrecht der Arbeit, NJW 1984, S. 2177–2184.

Bungenberg, Marc/Motzkus, Matthias: Die Praxis des Subventions- und Beihilfenrechts in Deutschland, GewArch Beilage WiVerw Nr. 02/2013, S. 76–148.

Bunte, Hermann-Josef (Hrsg.)/Eugen, Langen (Begr.): Kommentar zum deutschen und europäischen Kartellrecht, Band 1: Deutsches Kartellrecht, 11. Aufl., München 2011.

Burmann, Hans H.: Werbung und Wettbewerb der öffentlichen Hand (Teil I), DB 1966, S. 369–372.

Büchting, Hans-Ulrich/Heussen, Benno (Hrsg.): Beck'sches Rechtsanwalts-Handbuch, 10. Aufl., München 2011.

Catrein, Andreas: Moderne elektronische Kommunikation und Verwaltungsverfahrensrecht, Welche Anforderungen hat das Verwaltungsverfahrensgesetz zu erfüllen? NWVBl 2001, S. 50–57.

Cebulla, Manuel: Daten- und Geheimnisschutz beim Hybridbrief, DuD 2010, S. 308–313.

Cremer, Wolfram: Gewinnstreben als öffentliche Unternehmen legitimierender Zweck, Die Antwort des Grundgesetzes, DÖV 2003, S. 921–932.

Dästner, Christian: Neue Formvorschriften im Prozessrecht, NJW 2001, S. 3469–3471.

Degen, Thomas A.: Zukunftsvision wird Realität: Elektronische Klage statt Gang zum Nachtbriefkasten – Verschlüsselung durch Signaturkarte, NJW 2009, S. 199–200.

Degenhart, Christoph: Staatsrecht I, Staatsorganisationsrecht, Mit Bezügen zum Europarecht, 29. Aufl., Heidelberg u. a. 2013.

Denninger, Erhard/Hoffmann-Riem, Wolfgang/Schneider, Hans-Peter/Stein, Ekkehart (Hrsg.): Kommentar zum Grundgesetz für die Bundesrepublik Deutschland (AK-GG), Teil 1, 3. Aufl. 2001, Loseblatt-Sammlung, Stand: 2. Erg.-Lfg., August 2002, Neuwied u. a.

Dietlein, Johannes/Heinemann, Jan: eGovernment und elektronischer Verwaltungsakt, Ein Überblick über das 3. VwVfÄndG, NWVBl 2005, S. 53–59.

Dietrich, Jens/Keller-Herder, Jutta: De-Mail – verschlüsselt, authentisch, nachweisbar, Mehr Sicherheit im elektronischen Nachrichtenverkehr, DuD 2010, S. 299–301.

Di Fabio, Udo: Grundrechte im präzeptoralen Staat am Beispiel hoheitlicher Informationstätigkeit, JZ 1993, S. 689–697.

Ders.: Information als hoheitliches Gestaltungsmittel, JuS 1997, S. 1–7.

Dobbertin, Hans: Digitale Fingerabdrücke, Sichere Hashfunktionen für digitale Signaturen, DuD 1997, S. 82–87.

Donath, Matthias: Demokratie und Internet, Neue Modelle der Bürgerbeteiligung an der Kommunalpolitik – Beispiele aus den USA, Frankfurt a. M. 2011.

Drechsler, Carola: Elektronischer Zugang zur Verwaltung nach dem EGovG, DuD 2013, S. 696–701.

Dreher, Meinrad: Wirtschaftsrecht und Wirtschaftsaufsicht, in: Heldrich, Andreas/Hopt, Klaus J. (Hrsg.), 50 Jahre Bundesgerichtshof, Festgabe aus der Wissenschaft, Band II: Handels- und Wirtschaftsrecht, Europäisches und Internationales Recht, München 2000, S. 713–732.

Dreier, Horst (Hrsg.): Grundgesetz, Kommentar, Band I: Präambel, Art. 1–19; 3. Aufl., Tübingen 2013.

Eckert, Claudia: IT-Sicherheit, Konzepte – Verfahren – Protokolle, 7. Aufl., München 2012.

Ehlers, Dirk: Verwaltung in Privatrechtsform, Berlin 1984.

Ders.: Die Zulässigkeit einer erwerbswirtschaftlichen Betätigung der öffentlichen Hand, Jura 1999, S. 212–217.

Eifert, Martin: Electronic Government, Das Recht der elektronischen Verwaltung, Baden-Baden 2006.

Ders./Schreiber, Lutz: Elektronische Signatur und der Zugang zur Verwaltung, Die Folgen der EU-Signaturrichtlinie für das Verwaltungsrecht und die Verwaltungspraxis, MMR 2000, S. 340–346.

Eisenmenger, Sven: Neuregelung des öffentlichen Unternehmensrechts?, Köln u. a. 2004.

Emmerich, Volker: Das Wirtschaftsrecht der öffentlichen Unternehmen, Bad Homburg v. d. H., Berlin, Zürich 1969.

Ders.: Kartellrecht, Ein Studienbuch, 12. Aufl., München 2012.

Ders.: Der unlautere Wettbewerb der öffentlichen Hand, Tübingen 1969.

Engel, Christoph: Eigentumsschutz für Unternehmen, AöR 118 (1993), S. 169–236.

Engelhardt, Hanns/App, Michael/Schlatmann, Arne: Verwaltungs-Vollstreckungsgesetz, Verwaltungszustellungsgesetz, Kommentar unter Berücksichtigung der landesrechtlichen Bestimmungen, der Abgabenordnung, des EG-Beitreibungsgesetzes und des Europäischen Übereinkommens über die Zustellung von Schriftstücken in Verwaltungssachen im Ausland, 9. Aufl., München 2011.

Ennuschat, Jörg: Rechtsschutz privater Wettbewerber gegen kommunale Konkurrenz, WRP 2008, S. 883–887.

Epping, Volker/Hillgruber, Christian (Hrsg.): Beck'scher Online-Kommentar GG, Stand: 01. 11. 2014, Ed. 19, München.

Epping, Volker In Zusammenarbeit mit Sebastian Lenz und Philipp Leydecker: Grundrechte, 5. Aufl., Berlin, Heidelberg 2012.

Erbguth, Wilfried: Allgemeines Verwaltungsrecht mit Verwaltungsprozess- und Staatshaftungsrecht, 6. Aufl., Baden-Baden 2014.

Erbs, Georg (Begr.)/Kohlhaas, Max (ehem. Hrsg.)/Ambs, Friedrich (Hrsg.): Strafrechtliche Nebengesetze, Band 1, Loseblatt-Sammlung, Stand: 196. Erg.-Lfg., November 2013, München.

Ernst, Tobias: Modernisierung der Wirtschaftsverwaltung durch elektronische Kommunikation, Köln 2005.

Eyermann, Erich/Fröhler, Ludwig (Begr.): Verwaltungsgerichtsordnung, Kommentar, 13. Aufl., München 2010.

Faßbender, Kurt: Wettbewerbsrelevantes Staatshandeln und Berufsfreiheit: Quo vadis, Bundesverfassungsgericht?, NJW 2004, S. 816–818.

Fehling, Michael/Kastner, Berthold/Störmer, Rainer (Hrsg.): Verwaltungsrecht, VwVfG/VwGO/Nebengesetze, Handkommentar, 3. Aufl., Baden-Baden 2013.

Fezer, Karl-Heinz: Plädoyer für eine offensive Umsetzung der Richtlinie über unlautere Geschäftspraktiken in das deutsche UWG, Originärer Verbraucherschutz durch Lauterkeitsrecht als Paradigma der europäischen Rechtsharmonisierung, WRP 2006, 781–791.

Fiebig, Andreas: Haftung der Behörde wegen Warnung vor Verbrauchsgütern, NVwZ 1992, S. 37–38.

Finckh, Andreas: Regulierte Selbstregulierung im Dualen System, Die Verpackungsverordnung als Instrument staatlicher Steuerung, 1. Auflage, Baden-Baden 1998.

Fischer-Dieskau, Stefanie: Das elektronisch signierte Dokument als Mittel zur Beweissicherung, Anforderungen an seine langfristige Aufbewahrung, Baden-Baden 2006.

Försterling, Matthias: Anmerkung zu OLG Köln: Werbung für De-Mail-Dienst – „Die amtliche E-Mail", MMR 2013, S. 653–654.

Fox, Dirk: Missglückte Auferstehung, DuD 2009, Editorial, S. 387.

Frentzel, Gerhard: Wirtschaftsverfassungsrechtliche Betrachtungen zur wirtschaftlichen Betätigung der öffentlichen Hand, Tübingen 1961.

Friauf, Karl Heinrich: Zur Rolle der Grundrechte im Interventions- und Leistungsstaat, DVBl 1971, S. 674–682.

Friehe, Heinz-Josef: Das Abwehrrecht des Wettbewerbers gegen die Subventionierung eines Konkurrenten, JuS 1981, S. 867–871.

Frotscher, Werner/Kramer, Urs: Wirtschaftsverfassungs- und Wirtschaftsverwaltungsrecht, Eine systematische Einführung anhand von Grundfällen, 6. Aufl., München 2013.

Gallwas, Hans-Ullrich: Faktische Beeinträchtigungen im Bereich der Grundrechte, Ein Beitrag zum Begriff der Nebenwirkungen, Berlin 1970.

Geis, Ivo: Regionen und Städte als Portal, in: Bieler, Frank/Schwarting, Gunnar (Hrsg.), e-Government, Perspektiven – Probleme – Lösungsansätze, Berlin 2007, S. 145–161.

Gerling, Rainer W.: De-Mail und E-Mail made in Germany sind ein konsequenter Schritt, DuD 2014, S. 109–111.

Glos, Alexander: Die deutsche Berufsfreiheit und die europäischen Grundfreiheiten, Ein Strukturvergleich, Frankfurt a. M. 2003.

Gloy, Wolfgang (Begr.)/Loschelder, Michael/Erdmann, Willi (Hrsg.): Handbuch des Wettbewerbsrechts, 4. Aufl., München 2010.

Gola, Peter/Schomerus, Rudolf/Klug, Christoph/Körffer, Barbara: BDSG, Bundesdatenschutzgesetz, Kommentar, 11. Aufl., München 2012.

Götz, Volkmar: Recht der Wirtschaftssubventionen, Berlin 1966.

Gramm, Christof: Rechtsfragen der staatlichen Aids-Aufklärung, NJW 1989, S. 2917–2926.

Ders.: Aufklärung durch staatliche Publikumsinformationen, Staatshandeln als Aufklärung?, Der Staat 30 (1991), S. 51–80.

Gravesen, Gavan G./Dumortier, Jos/von Eecke, Patrick,: Die europäische Signaturrichtlinie, Regulative Funktion und Bedeutung der Rechtswirkung, MMR 1999, S. 577–585.

Greger, Reinhard: Zur Frage des Unterschriftenerfordernisses trotz qualifizierter elektronischer Signatur – Anmerkung zur Entscheidung des BGH vom 14. 01. 2010 - VII ZB 112/08, JZ 2010, S. 681–683.

Gröschner, Rolf: Öffentlichkeitsaufklärung als Behördenaufgabe, DVBl 1990, S. 619–629.

Guckelberger, Anette: Rechtliche Anforderungen an die aktive Informationsvorsorge des Staates im Internet, in: Hill, Herrmann/Schliesky, Utz (Hrsg.), Die Vermessung des virtuellen Raums, E-Volution des Rechts- und Verwaltungssystems III, Baden-Baden 2012, S. 73–118.

Gusy, Christoph: Verwaltung durch Information, Empfehlungen und Warnungen als Mittel des Verwaltungshandelns, NJW 2000, S. 977–986.

Ders.: Die wirtschaftliche Betätigung des Staates (Teil 2), JA 1995, S. 253–259.

Ders.: Die Bindung privatrechtlichen Verwaltungshandelns an das öffentliche Recht – Zugleich ein Beitrag zur „Freiheit der Formenwahl“ –, DÖV 1984, S. 872–881.

Habammer, Christoph/Denkhaus, Wolfgang: Das E-Government-Gesetz des Bundes, Inhalt und erste Bewertung - Gelungener Rechtsrahmen für elektronische Verwaltung?, MMR 2013, S. 358–362.

Haberstumpf, Helmut/Husemann, Stephan: Wettbewerbsrecht- und Kartellrecht, Gewerblicher Rechtsschutz – Examenskurs für Rechtsreferendare, 5. Aufl., München 2012.

Hadidi, Haya/Mödl, Robert: Die elektronische Einreichung zu den Gerichten, NJW 2010, S. 2097–2100.

Harte-Bavendamm, Henning/Henning-Bodewig, Frauke (Hrsg.): Gesetz gegen den unlauteren Wettbewerb (UWG) mit Preisangabenverordnung, Kommentar, 3. Aufl., München 2013.

Hauck, Karl/Noftz, Wolfgang (Begr.): SGB X, Verwaltungsverfahren, Schutz der Sozialdaten, Zusammenarbeit der Leistungsträger und ihre Beziehungen zu Dritten, Kommentar, Loseblatt-Sammlung, Stand: 24. 02. 2013, Berlin.

Haussühl, Tilman: Die Produktwarnung im System des Öffentlichen Rechts, Neuried 1999.

Heckmann, Dirk/Albrecht, Florian: Das Gesetz zur Förderung der elektronischen Verwaltung, Anmerkungen zu E-Government und Technikneutralität, ZRP 2013, S. 42–45.

Dies.: Das E-Government-Gesetz des Bundes als Motor der Verwaltungsmodernisierung, in: Kammer, Matthias/Zapp, Alfred (Hrsg.), Das E-Government-Gesetz des Bundes, ISPRAT Dossier, 2013, S. 51 (58 f.), abrufbar unter http://isprat.net/fileadmin/downloads/publikationen/ISPRAT_Dossier_E-Gov-Gesetz_4_MB.pdf.

Ders. (Hrsg.): Juris PraxisKommentar Internetrecht, 3. Aufl., Saarbrücken 2011.

Ders./Seidl, Alexander/Maisch, Michael Marc: Adäquates Sicherheitsniveau bei der elektronischen Kommunikation, Der Einsatz des E-Postbriefs bei Berufsgeheimnisträgern, Stuttgart u. a. 2012.

Heidrich, Joerg/Forgó, Nikolaus/Feldmann, Thorsten (Hrsg.): Heise Online-Recht, Der Leitfaden für Praktiker & Juristen, Stand: 3. Erg.-Lfg, 2011, Hannover.

Heinrich, Herbert: Der Rechtsschutz Dritter in der Rechtsprechung zum Gewerberecht, WiVerw 1985, S. 1–22.

Heintschel von/Heinegg, Wolff/Haltern, Ulrich R.: Grundrechte als Leistungsansprüche des Bürgers gegenüber dem Staat – Grund- und Übungsfälle –, JA 1995, S. 305–311.

Dies.: Grundrechte als Leistungsansprüche des Bürgers gegenüber dem Staat, JA 1995, S. 333–342.

Heintzen, Markus: Behördliches Informationshandeln bei ungewissem Sachverhalt – Zugleich zur Frage der Übertragbarkeit zivilrechtlicher Grundsätze auf behördliches Informationshandeln –, NuR 1991, S. 301–306.

Ders.: Die öffentliche Warnung als Handlungsform der Verwaltung?, in: Becker-Schwarze, Kathrin/Köck, Wolfgang/Kupka, Thomas/v. Schwanenflügel, Matthias (Hrsg.), Wandel der Handlungsformen im Öffentlichen Recht, Stuttgart u. a. 1991, S. 167–186.

Henning-Bodewig, Frauke: Die Richtlinie 2005/29/EG über unlautere Geschäftspraktiken, GRUR International 2005, S. 629–634.

Hirsemann, Thorsten/Pasternack, Carsten/Gründler, Susanne/Bormann, Carsten: Anwendungsgrundlagen Internet & HTML – Wissen, das sich auszahlt, Berlin 2003.

Hoeren, Thomas/Sieber, Ulrich/Holznagel, Bernd (Hrsg.): Handbuch Multimedia-Recht, Rechtsfragen des elektronischen Geschäftsverkehrs, Stand: 37. Erg.-Lfg., Januar 2014, München.

Hoffmann, Christian/Luch, Anika D./Schulz, Sönke E./Tallich, Maximilian/Tischer, Jakob/Warnecke, Thomas: Der *E-POSTBRIEF* in der öffentlichen Verwaltung – Chancen, Einsatzoptionen, rechtliche Handlungsspielräume, Band 1, Kiel 2011.

Hoffmann, Christian/Luch, Anika D./Schulz, Sönke E./Tallich, Maximilian/Tischer, Jakob: Der *E-POSTBRIEF* in der öffentlichen Verwaltung – Einsatzoptionen im Sozial- und Steuerverfahren sowie für Berufsgeheimnisträger, Band 2, Kiel 2011.

Hoffmann, Christian: Verfassungsrechtliche Rahmenbedingungen I: Grundrechte der Betroffenen, in: Schliesky, Utz (Hrsg.), Technikgestütztes Identitätsmanagement, Rechtsfragen und Lösungsvorschläge dargestellt am Beispiel der De-Mail und elektronischer Dokumentensafes, Kiel 2010, S. 117–136.

Ders.: Die Gewährleistung der Vertraulichkeit und Integrität elektronischer Daten- und Dokumentensafes, Kiel 2012.

Ders./Tallich, Maximilian/Warnecke, Thomas: E-Postbrief: Rechtsfragen elektronischer Behördenkommunikation, Unter welchen Voraussetzungen kann die öffentliche Verwaltung das Angebot der Deutschen Post verwenden?, MMR 2011, S. 775–780.

Ders./Borchers, Kim Corinna: Das besondere elektronische Anwaltspostfach, Eine Förderung des elektronischen Rechtsverkehrs mit den Gerichten, CR 2014, S. 62–67.

Hoffmann, Martin: Der grundrechtliche Schutz der marktwirtschaftlichen Unternehmenstätigkeit und der gesellschaftlichen Unternehmensorganisation durch die „Unternehmensfreiheit", München 1988.

Ders.: Staatliche Wirtschaftsregulierung und grundrechtlicher Schutz der Unternehmensfreiheit durch Art. 12 Abs. 1 GG und Art. 2 Abs. 1 GG, BB 1995, S. 53–58.

Hoffmann-Riem, Wolfgang/Schmidt-Aßmann, Eberhard/Voßkuhle, Andreas (Hrsg.): Grundlagen des Verwaltungsrechts, Band I: Methoden, Maßstäbe, Aufgaben, Organisation, 2. Aufl., München 2012.

Hoffmann-Riem, Wolfgang/Schmidt-Aßmann, Eberhard (Hrsg.): Verwaltungsverfahren und Verwaltungsverfahrensgesetz, Baden-Baden 2002.

Hornung, Gerrit/Möller, Jan: Passgesetz, Personalausweisgesetz, Kommentar, München 2011.

Huber, Ernst Rudolf: Der Streit um das Wirtschaftsverfassungsrecht (II), DÖV 1956, S. 135–143.

Huber, Peter-Michael: Konkurrenzschutz im Verwaltungsrecht, Schutzanspruch und Rechtsschutz bei Lenkungs- und Verteilungsentscheidungen der öffentlichen Verwaltung, Tübingen 1991.

Ders.: Die Informationstätigkeit der öffentlichen Hand – ein grundrechtliches Sonderregime aus Karlsruhe?, JZ 2003, S. 290–297.

Hübschmann, Walter/Hepp, Ernst/Spitaler, Armin (Hrsg.): Abgabenordnung/Finanzgerichtsordnung, Kommentar, Loseblatt-Sammlung, Band II, Band IV, Stand: 225. Erg.-Lfg., 12/2013, Köln.

Huster, Stefan: Rechte und Ziele, Zur Dogmatik des allgemeinen Gleichheitssatzes, Berlin 1993.

Idecke-Lux, Sabrina: Der Einsatz von multimedialen Dokumenten bei der Genehmigung von neuen Anlagen nach dem Bundesimmissionsschutz-Gesetz, Baden-Baden 2000.

Immenga, Ulrich/Mestmäcker, Ernst-Joachim (Hrsg.): Wettbewerbsrecht, Band 2: GWB, Kommentar zum Deutschen Kartellrecht, 4. Aufl., München 2007.

Ipsen, Hans Peter: Zur Legalität des Werbefernsehens, NJW 1963, S. 2049–2056.

Ipsen, Jörn: Staatsrecht II, Grundrechte, 16. Aufl., München 2013.

Isensee, Josef/Kirchhof, Paul (Hrsg.): Handbuch des Staatsrechts der Bundesrepublik Deutschland (HStR), Band II: Verfassungsstaat, 3. Aufl., Heidelberg 2004.

Dies.: Handbuch des Staatsrechts der Bundesrepublik Deutschland (HStR), Band III: Demokratie – Bundesorgane, 3. Aufl., Heidelberg 2007.

Dies.: Handbuch des Staatsrechts der Bundesrepublik Deutschland (HStR), Band IV: Aufgaben des Staates, 3. Aufl., Heidelberg 2006.

Dies.: Handbuch des Staatsrechts der Bundesrepublik Deutschland (HStR), Band V: Allgemeine Grundrechtslehren, 1. Aufl., Heidelberg 1992.

Dies.: Handbuch des Staatsrechts der Bundesrepublik Deutschland (HStR), Band V: Rechtsquellen, Organisation, Finanzen, 3. Aufl., Heidelberg 2007.

Dies.: Handbuch des Staatsrechts der Bundesrepublik Deutschland (HStR), Band VI: Freiheitsrechte, 1. Aufl., Heidelberg 1989.

Dies.: Handbuch des Staatsrechts der Bundesrepublik Deutschland (HStR), Band VII: Freiheitsrechte, 3. Aufl., Heidelberg 2009.

Dies.: Handbuch des Staatsrechts der Bundesrepublik Deutschland (HStR), Band VIII: Grundrechte: Wirtschaft, Verfahren, Gleichheit, 3. Aufl., Heidelberg 2010.

Dies.: Handbuch des Staatsrechts der Bundesrepublik Deutschland (HStR), Band IX: Allgemeine Grundrechtslehren, 3. Aufl., Heidelberg 2011.

Jakobs, Michael Ch.: Der Grundsatz der Verhältnismäßigkeit, DVBl 1985, S. 97–102.

Jarass, Hans D./Pieroth, Bodo: Grundgesetz für die Bundesrepublik Deutschland, Kommentar, 12. Aufl., München 2012.

Jerschke, Hans-Ulrich: Öffentlichkeitspflicht der Exekutive und Informationsrecht der Presse, Berlin 1971.

Kahl, Wolfgang/Waldhoff, Christian/Walter, Christian (Hrsg.),

in Verbindung mit/Dolzer, Rudolf/Graßhof, Karin: Bonner Kommentar zum Grundgesetz, Band 1, Stand: 166. Erg.-Lfg., März 2014, Heidelberg.

Kahl, Wolfgang: Privatrechtliches Verwaltungshandeln und Verwaltungsverfahrensgesetz am Beispiel des Vergaberechts, in: Aschke, Manfred/Hase, Friedhelm/Schmidt-De Caluwe, Reimund (Hrsg.), Selbstbestimmung und Gemeinwohl,

Festschrift für Friedrich von Zezschwitz zum 70. Geburtstag, Baden-Baden 2005, S. 151–175.

Kallerhoff, Dieter/Fischer, Arndt: Begriffe des Verwaltungsrechts, Subventionen, Wirtschaftsverwaltungsrecht, Gesamtredaktion Paul Stelkens, LKV 1992, S. 296–297.

Käß, Robert: Die Warnung als verwaltungsrechtliche Handlungsform, WiVerw 2002, S. 197–211.

Keller-Herder, Jutta/Dietrich, Jens: De-Mail – verschlüsselt, authentisch, nachweisbar, Mehr Sicherheit im elektronischen Nachrichtenverkehr, DuD 2010, S. 299–301.

Kempen, Otto Ernst: Grundgesetz, amtliche Öffentlichkeitsarbeit und politische Willensbildung, Ein Aspekt des Legitimationsproblems in Verfassungsrecht, Verfassungspraxis und Verfassungstheorie, Berlin 1975.

Kiefer, Günther: Regelungsbedarf und Gestaltungsspielräume bei der Beleihung, LKRZ 2009, S. 441–445.

Ders.: Die Pflichtenübertragung als neues Instrument des Kreislaufwirtschafts- und Abfallgesetzes, NVwZ 2001, S. 1109–1114.

Kilian, Wolfgang: Europäisches Wirtschaftsrecht, 4. Aufl., München 2010.

Ders./Heussen, Benno (Hrsg.): Computerrechts-Handbuch, Informationstechnologie in der Rechts- und Wirtschaftspraxis, Stand: 32. Erg.-Lfg., August 2013, München.

Kintz, Roland: Der elektronische Widerspruch, NVwZ 2004, S. 1429–1434.

Kirchhof, Paul: Gleichmaß und Übermaß, in: Badura, Peter (Hrsg.), Wege und Verfahren des Verfassungslebens, Festschrift für Peter Lerche zum 65. Geburtstag, München 1993, S. 133–149.

Klatt, Matthias/Meister, Moritz: Verhältnismäßigkeit als universelles Verfassungsprinzip, Der Staat 51 (2012), S. 160–188.

Klein, Franz (Begr.): Abgabenordnung, einschließlich Steuerstrafrecht, Kommentar, 11. Aufl., München 2012.

Kluth, Winfried: Grundrechte, Inklusive Recht der Verfassungsbeschwerde, Halle an der Saale 2010.

Ders.: Eingriff durch Konkurrenz, Zur grundrechtsdogmatischen Verortung kommunaler Teilnahme am wirtschaftlichen Wettbewerb, WiVerw 2000, S. 184–207.

Ders.: Das Grundrecht der Berufsfreiheit – Art. 12 Abs. 1 GG, Jura 2001, S. 371–376.

Knack, Hans Joachim (Begr.)/Henneke, Hans-Günter (fortg.): Verwaltungsverfahrensgesetz (VwVfG), Kommentar, 9. Aufl., Köln 2010.

Knack, Hans Joachim (Begr.)/Henneke, Hans-Günter (fortg.): Verwaltungsverfahrensgesetz (VwVfG), Kommentar, 10. Aufl., Köln 2014 (im Erscheinen).

Knopp, Michael/Wilke, Daniel/Hornung, Gerrit/Laue, Philip: Grunddienste für die Rechtssicherheit elektronischer Kommunikation, Rechtlicher Bedarf für eine gewährleistete Sicherheit, MMR 2008, S. 723–728.

Köbler, Ralf: Der elektronische Rechtsverkehr kommt: Fahrplan bis 2022 steht, Wie sich die Anwaltschaft auf das Ende der Papierakte einstellen kann, AnwBl 2013, S. 589–592.

Köhler, Helmut/Bornkamm, Joachim/Baumbach, Adolf (Begr.): Gesetz gegen den unlauteren Wettbewerb, Preisangabenverordnung, Unterlassungsklagengesetz, Dienstleistungs-Informationspflichten-Verordnung, 32. Aufl., München 2014.

Köhler, Helmut: Zur Umsetzung der Richtlinie über unlautere Geschäftspraktiken, GRUR 2005, S. 793–802.

Kopp, Ferdinand O. (Begr.)/Ramsauer, Ulrich (Fortg.): Verwaltungsverfahrensgesetz, Kommentar, 13. Aufl., München 2012.

Kopp, Ferdinand O. (Begr.)/Ramsauer, Ulrich (Fortg.): Verwaltungsverfahrensgesetz, Kommentar, 14. Aufl., München 2013.

Kopp, Ferdinand: Der Schutz des Bürgers gegenüber wirtschaftlichen Maßnahmen der öffentlichen Hand, durch die der Wettbewerb verfälscht wird, GewArch 1988, S. 353–362.

Kramm, Dietrich: Rechtsschutz gegen wettbewerbsbeschränkende Eingriffe von Apothekerkammern – Bemerkungen zum Urteil des Oberlandesgerichts Stuttgart vom 1. Februar 1991 , WRP 1992, S. 365–371.

Kreussler, Horst: Der allgemeine Gleichheitssatz als Schranke für den Subventionsgesetzgeber unter besonderer Berücksichtigung von wirtschaftspolitischen Differenzierungszielen, Berlin 1972.

Kriszeleit, Rudolf: Durchbruch für den Elektronischen Rechtsverkehr, Die Bundesratsinitiative „Gesetz zur Förderung des elektronischen Rechtsverkehrs in der Justiz“, AnwBl 2013, S. 91–93.

Krüger, Herbert: Staatsverfassung und Wirtschaftsverfassung (1951), in: Scheuner, Ulrich (Hrsg.), Die staatliche Einwirkung auf die Wirtschaft, Wirtschaftsrechtliche Aufsätze 1946–1970, Frankfurt a. M. 1971.

Ders.: Von der Staatspflege überhaupt, in: Quaritsch, Helmut (Hrsg.), Die Selbstdarstellung des Staates: Vorträge und Diskussionsbeiträge der 44. Staatswissenschaftlichen Fortbildungstagung 1976 der Hochschule für Verwaltungswissenschaften Speyer, Berlin 1977, S. 21–49.

Kunstein, Florian: Die elektronische Signatur als Baustein der elektronischen Verwaltung, Analyse des rechtlichen Rahmens elektronischer Kommunikation im Verwaltungsverfahren unter besonderer Berücksichtigung der Kommunalverwaltung, Berlin 2005.

Lapp, Thomas: Brauchen wir De-Mail und Bürgerportale?, Überflüssige Anwendungen mit Geburtsfehlern, DuD 2009, S. 651–655.

Laue, Philip: Vorgangsbearbeitungssysteme in der öffentlichen Verwaltung, Rechtliche Rahmenbedingungen und Gestaltungsanforderungen, Kassel 2010.

Lechtenbörger, Jens: Zur Sicherheit von De-Mail, DuD 2011, S. 268–269.

Leidinger, Tobias: Hoheitliche Warnungen, Empfehlungen und Hinweise im Spektrum staatlichen Informationshandelns, DÖV 1993, S. 925–935.

Leisner, Walter: Öffentlichkeitsarbeit der Regierung im Rechtsstaat, Dargestellt am Beispiel des Presse- und Informationsamtes der Bundesregierung, Berlin 1966.

Ders.: Selbstbedienungsgroßhandel und Verfassungsrecht, Zu den Verfassungsschranken des Wettbewerbsrechts, Berlin 1986.

Ders.: Wettbewerb als Verfassungsprinzip, Grundrechtliche Wettbewerbsfreiheit und Konkurrenz der Staatsorgane, Berlin 2012.

Ders.: Die Unzulässigkeit steuerlicher Fiskalprivilegien, Unter besonderer Berücksichtigung der Forstwirtschaft, BB 1970, S. 405–413.

Lerche, Peter: Übermass und Verfassungsrecht, Zur Bindung des Gesetzgebers an die Grundsätze der Verhältnismäßigkeit und der Erforderlichkeit, Köln u. a. 1961.

Limperg, Bettina: Elektronisch einreichen und zustellen: Erleichterung oder Haftungsfalle für Anwälte? Haftungsrechtliche Probleme im Zusammenhang mit dem Elektronischen Rechtsverkehr, AnwBl 2013, S. 98–101.

Lindner, Josef Franz: Zur grundrechtsdogmatischen Struktur der Wettbewerbsfreiheit, DÖV 2003, S. 185–192.

Loewenheim, Ulrich/Riesenkampff, Alexander/Meesen, Karl M. (Hrsg.): Kartellrecht, Kommentar, 2. Aufl., München 2009.

Luch, Anika Dorthe/Tischer, Jakob: Die öffentlich-rechtliche Schriftform und die hybride Kommunikation mittels E-Postbrief, DÖV 2011, S. 598–606.

Lummel, Friederike: Die Zukunft des elektronischen Rechtsverkehrs, NJW-Spezial 2013, S. 510.

Dies.: Ein sicheres Postfach für jeden, Aufbruch in den elektronischen Rechtsverkehr, BRAK Magazin 05/2013, S. 4–5.

Mankowski, Peter: Zum Nachweis des Zugangs bei elektronischen Erklärungen, NJW 2004, S. 1901–1907.

Manssen, Gerrit: Staatsrecht II, Grundrechte, 10. Aufl., München 2013.

Ders. (Hrsg.): Telekommunikations- und Multimediarecht, Ergänzbarer Kommentar zum Telekommunikationsgesetz, Telemediengesetz, Signaturgesetz, Jugendmedienschutz-Staatsvertrag, einschließlich Gesetzes- und Verordnungstexte und europäischen Vorschriften, Band 2, Stand: 33. Erg.-Lfg., November 2013, Berlin.

Martini, Mario/Kühl, Benjamin: Der informierende Staat als Katalysator der Meinungsbildung im digitalen Zeitalter, DÖV 2013, S. 573–584.

Marx, Thomas: Was gestern war, gilt morgen nicht mehr – oder: gewusst wie. Sieben Fragen und Antworten zum elektronischen Rechtsverkehr, AnwBl 2013, S. 597.

Maunz, Theodor/Dürig, Günter (Begr.)/Herzog, Roman/Herdegen, Matthias/Scholz, Rupert/Klein, Hans H. (Hrsg.): Grundgesetz, Kommentar, Band I: Art. 1–5, Band II: Art. 6–15, Band VI: Art. 86–106b, Stand: 69. Erg.-Lfg., Mai 2013, München.

Maunz, Theodor (Begr.)/Schmidt-Bleibtreu, Bruno/Klein, Franz/Bethge, Herbert (Fortg.): Bundesverfassungsgerichtsgesetz, Kommentar, Band 2, Stand: 37. Erg.-Lfg., Februar 2012, München.

Mees, Hans-Kurt: Wettbewerbsrechtliche Ansprüche und EG-Beihilfenrecht, in: Ahrens, Hans-Jürgen (Hrsg.), Festschrift für Willi Erdmann zum 65. Geburtstag, Köln 2002, S. 657–668.

Merten, Detlef/Papier, Hans-Jürgen (Hrsg.): Handbuch der Grundrechte in Deutschland und Europa, Band II Grundrechte in Deutschland: Allgemeine Lehren I, Heidelberg 2006.

Meyer-Seitz, Christian: Förderung des Elektronischen Rechtsverkehrs mit den Gerichten, Modernisierung der Kommunikation im Prozess – Bundesregierung legt Gesetzentwurf vor, AnwBl 2013, S. 89–91.

Michael, Lothar/Morlok, Martin: Grundrechte, 3. Aufl., Baden-Baden 2012.

Moritz, Hans-Werner/Dreier, Thomas (Hrsg.): Rechts-Handbuch zum E-Commerce, 2. Aufl., Köln 2005.

Mucksch, Harry: Datenschutz und Datensicherung in Klein- und Mittelbetrieben, Wiesbaden 1988.

Müller, Jörg: Alles über Telefax, Shooting Star der Telekommunikation, NJW-CoR 1989, S. 12–13.

Müller-Teckhof, Alexander: Gesetz zur Förderung des elektronischen Rechtsverkehrs mit den Gerichten, Harmonisierung der Formerfordernisse mit Möglichkeiten moderner Kommunikation, MMR 2014, S. 95–100.

Müller-Terpitz, Ralf/Rauchhaus, Alexandra: Das E-Government-Gesetz des Bundes - ein Schritt in Richtung „Verwaltung 2.0“, MMR 2013, S. 10–16.

Nipperdey, Hans Carl: Die soziale Marktwirtschaft in der Verfassung der Bundesrepublik, Vortrag gehalten vor der Juristischen Studiengesellschaft in Karlsruhe am 5. März 1954, Karlsruhe 1954, abgedruckt in Juristische Studiengesellschaft Karlsruhe Schriftenreihe, Heft 10.

Ders.: Soziale Marktwirtschaft und Grundgesetz, 3. neubearbeitete Auflage der Schrift „Wirtschaftsverfassung und Bundesverfassungsgericht“, in: Kartellrundschau, Schriftenreihe für Kartell- und Konzernrecht des In- und Auslandes, Heft 2, Begr.: S. Tschierschky, Hrsg.: Prof. Dr. iur. Philipp Möhring, Prof Dr. iur Dr. rer. Pol. H. c. Dr. iur. h. c. Hans Carl Nipperdey, Köln/Berlin/München/Bonn 1965.

Nordemann, Wilhelm: Der verständige Durchschnittsgewerbetreibende, Zum Begriff der „guten Sitten“ in § 1 UWG, GRUR 1975, S. 625–631.

Ders. (Begr.)/Nordemann, Axel/Nordemann, Jan Bernd/Nordemann-Schiffel, Anke: Wettbewerbsrecht, Markenrecht, 11. Aufl., Baden-Baden 2012.

Obermayer, Klaus (Begr.)/Funke-Kaiser, Michael (Hrsg.): VwVfG, Kommentar zum Verwaltungsverfahrensgesetz, 4. Aufl., Köln 2014.

Oberrath, Jörg-Dieter: Öffentliches Wirtschaftsrecht, Verfassungsrecht, Europarecht, Allg. Verwaltungsrecht, Verwaltungsprozessrecht, Besonderes Wirtschaftsverwaltungsrecht, Köln u. a. 2005.

Odewald, Jendrik: Faktische und mittelbare Eingriffe in die Wettbewerbsfreiheit, Eine Untersuchung zu Beeinträchtigungen durch öffentliche Informationen und administrative Begünstigungen von Konkurrenten, Frankfurt a. M. 2011.

Ossenbühl, Fritz: Umweltpflege durch behördliche Warnungen und Empfehlungen, Köln u. a. 1986.

Ders.: Die Freiheiten des Unternehmers nach dem Grundgesetz, AöR 115 (1990), S. 1–32.

Ders.: Die Erfüllung der Verwaltungsaufgaben durch Private, VVDStL 29 (1971), S. 137–209.

Ders.: Verbraucherschutz durch Information, NVwZ 2011, S. 1357–1363.

Pahlke, Armin/Koenig, Ulrich (Hrsg.): Abgabenordnung, §§ 1 bis 368, 2. Aufl., München 2009.

Papier, Hans-Jürgen: Durchleitungen und Eigentum, BB 1997, S. 1213–1220.

Ders.: Die Beeinträchtigung der Eigentums- und Berufsfreiheit durch Steuern vom Einkommen und Vermögen, Der Staat 11 (1972), S. 483–514.

Ders.: Art. 12 GG - Freiheit des Berufs und Grundrecht der Arbeit, DVBl 1984, S. 801–814.

Philipp, Renate: Staatliche Verbraucherinformationen im Umwelt- und Gesundheitsrecht, Köln u. a. 1989.

Pieroth, Bodo/Schlink, Bernhard (Begr.)/Kingreen, Thorsten/Poscher, Ralf: Grundrechte, Staatsrecht II, Mit ebook: Lehrbuch, Entscheidungen, Gesetzestexte, 29. Auflage, Heidelberg u. a. 2013.

Piper, Henning (Begr.)/Ohly, Ansgar/Sosnitza, Olaf: Gesetz gegen den unlauteren Wettbewerb mit Preisangabenverordnung, Kommentar, 5. Aufl., München 2010.

Porsch, Winfried: Warnungen und kritische Äußerungen als Mittel gemeindlicher Öffentlichkeitsarbeit, Würzburg 1997.

Posser, Herbert/Wolff, Heinrich Amadeus (Hrsg.): Beck'scher Online-Kommentar VwGO, Stand: 01. 01. 2014, Ed. 28, München.

Prell, Lorenz: Das E-Government-Gesetz des Bundes, Revolution der elektronischen Verwaltung bei der Schriftformersetzung?, NVwZ 2013, S. 1514–1520.

Preu, Peter: Subjektivrechtliche Grundlagen des öffentlichrechtlichen Drittschutzes, Berlin 1992.

Quaritsch, Helmut: Die Selbstdarstellung des Staates: Vorträge und Vorwort des Tagungsleiters, in: ders. (Hrsg.), Die Selbstdarstellung des Staates: Vorträge und

Diskussionsbeiträge der 44. Staatswissenschaftlichen Fortbildungstagung 1976 der Hochschule für Verwaltungswissenschaften Speyer, Berlin 1977, S. 3–7.

Ramsauer, Ulrich: Die faktischen Beeinträchtigungen des Eigentums, Berlin 1980.

Ders./Frische, Tobias: Das E-Government-Gesetz, NVwZ 2013, S. 1505–1514.

Redeker, Konrad/von Oertzen, Hans-Joachim (Begr.)/Redeker, Martin/Kothe, Peter/von Nicolai, Helmuth (Fortg.): Verwaltungsgerichtsordnung, Kommentar, 15. Aufl., Stuttgart 2010.

Reinermann, Heinrich v./Lucke, Jörn: Portale in der öffentlichen Verwaltung, Internet - Call Center - Bürgerbüro, Speyer 2000.

Rinck, Gerd (Begr.)/Schwark, Eberhard: Wirtschaftsrecht – Wirtschaftsverfassung, Kartellrecht, Wettbewerbsrecht, Wirtschaftsverwaltung, 6. Aufl., Köln u. a. 1986.

Robbers, Gerhard: Behördliche Auskünfte und Warnungen gegenüber der Öffentlichkeit, AfP 1990, S. 84–88.

Röger, Birgit: Insolvenz kommunaler Unternehmen in Privatrechtsform, am Beispiel kommunaler Eigengesellschaften in Nordrhein-Westfalen, Baden-Baden 2005.

Roggenkamp, Jan Dirk: Barrierefreies E-Government, NVwZ 2006, S. 1239–1244.

Rolfs, Christian/Giesen, Richard/Kreikebohm, Ralf/Udsching, Peter (Hrsg.): Beck'scher Online-Kommentar Sozialrecht, Stand: 01. 12. 2013, Ed. 32, München.

Rose, Edgar: De-Mail-Gesetz in Kraft: Sicherheitsgewinn in der elektronischen Kommunikation, K&R 2011, S. 439–445.

Roßnagel, Alexander: Rechtsregeln für einen sicheren elektronischen Rechtsverkehr, Zum Regierungsentwurf für ein De-Mail-Gesetz, CR 2011, S. 23–30.

Ders.: Das De-Mail-Gesetz, Grundlage für mehr Rechtssicherheit im Internet, NJW 2011, S. 1473–1478.

Ders.: Globale Datennetze: Ohnmacht des Staates – Selbstschutz der Bürger, Thesen zur Änderung der Staatsaufgaben in einer „civil information society", ZRP 1997, S. 26–30.

Ders.: Infrastrukturverantwortung des Staats und Eigenverantwortung des Bürgers, in: Kubicek, Herbert/Klumpp, Dieter/Büllesbach, Albert/Fuchs, Gerhard/Roßnagel, Alexander (Hrsg.), Innovation@Infrastruktur: Informations- und Dienstleistungsstrukturen der Zukunft, Jahrbuch Telekommunikation und Gesellschaft, Heidelberg 2002, S. 269–276.

Ders.: Fremderzeugung von qualifizierten Signaturen? Ein neues Geschäftsmodell und seine Rechtsfolgen, MMR 2008, S. 22–28.

Ders.: Auf dem Weg zur elektronischen Verwaltung – Das E-Government-Gesetz, NJW 2013, S. 2710–2716.

Ders.: Die elektronische Signatur im Verwaltungsrecht, Modernisierung des VwVfG und des VwZG, DÖV 2001, S. 221–233.

Ders./Hornung, Gerrit/Knopp, Michael/Wilke, Daniel: De-Mail und Bürgerportale, Eine Infrastruktur für Kommunikationssicherheit, DuD 2009, S. 728–734.

Roth, Wolfgang: Faktische Eingriffe in Freiheit und Eigentum, Struktur und Dogmatik des Grundrechtstatbestandes und der Eingriffsrechtfertigung, Berlin 1994.

Ruff, Andreas: Vertriebsrecht im Internet, Der Vertrieb und Fernabsatz von Waren und Dienstleistungen, Berlin, Heidelberg 2003.

Rupp, Hans H.: Grundgesetz und „Wirtschaftsverfassung“, Tübingen 1974.

Ruthig, Josef/Storr, Stefan: Öffentliches Wirtschaftsrecht, 3. Aufl., Heidelberg 2011.

Sachs, Michael (Hrsg.): GG, Grundgesetz Kommentar, 6. Aufl., München 2011.

Säcker, Franz Jürgen/Rixecker, Roland (Hrsg.): Münchener Kommentar zum Bürgerlichen Gesetzbuch, Band I, 6. Aufl., München 2012.

Schauhoff, Stephan (Hrsg.): Handbuch der Gemeinnützigkeit, Verein, Stiftung, GmbH – Recht, Steuern, Personal, 3. Aufl., München 2010.

Ders.: Rechtsprobleme des Konkurrentenrechtsschutzes im Wirtschaftsverwaltungsrecht, NVwZ 1993, S. 718–729.

Schlatmann, Arne: Anmerkungen zum Entwurf eines Dritten Gesetzes zur Änderung verwaltungsrechtlicher Vorschriften, DVBl 2002, S. 1005–1013.

Ders.: Verwaltungsverfahrensrecht und elektronischer Rechtsverkehr, LKV 2002, S. 489–493.

Schliesky, Utz: Öffentliches Wettbewerbsrecht, Verhaltensrechtliche Determinanten von wirtschaftsbezogenem Staatshandeln, Berlin 1997.

Ders. (Hrsg.): Die Umsetzung der EU-Dienstleistungsrichtlinie in der deutschen Verwaltung, Teil III: Information, Wissen und Verantwortung, Kiel 2010.

Ders.: Rechtsprechung Öffentliches Recht, Berufsfreiheit und Warentest, JA 1997, S. 284–286.

Ders.: Öffentliches Wirtschaftsrecht, 4. Auflage, Heidelberg 2014.

Ders.: Einwirkungen des Staates auf den Wettbewerb, JA 1997, S. 902–909.

Ders.: Über Notwendigkeit und Gestalt eines Öffentlichen Wettbewerbsrechts, DVBl 1999, S. 78–86.

Ders.: E-Government durch Recht, DVP 2013, S. 420–423.

Ders. (Hrsg.): Gesetz über Personalausweise und den elektronischen Identitätsnachweis, Kommentar, Kiel 2009.

Ders.: Auswirkungen des E-Government auf Verfahrensrecht und kommunale Verwaltungsstrukturen, NVwZ 2003, S. 1322–1328.

Ders.: Abgleich mit der Bundesratsinitiative E-Justice, in: Kammer, Matthias/Zapp, Alfred (Hrsg.), Das E-Government-Gesetz des Bundes, ISPRAT Dossier, Februar 2013, S. 18–34, abrufbar unter http://isprat.net/fileadmin/downloads/publikationen/ISPRAT_Dossier_E-Gov-Gesetz_4_MB.pdf.

Ders./Tallich, Maximilian/Classen, Mirja: Zur Insolvenz der öffentlichen Hand - eine Einführung, DVP 2011, S. 134–140.

Schliesky, Utz/Hoffmann, Christian/Luch, Anika D. Schulz, Sönke, E. Borchers, Kim C.: Schutzpflichten und Drittwirkung im Internet, Das Grundgesetz im digitalen Zeitalter, Baden-Baden 2014.

Schlink, Bernhard: Der Grundsatz der Verhältnismäßigkeit, in: Badura/Dreier (Hrsg.), Festschrift 50 Jahre Bundesverfassungsgericht, Zweiter Band: Klärung und Fortbildung des Verfassungsrechts, Tübingen 2001, S. 445–465.

Schmidt, Christian: Verhaltenslenkende Informationsmaßnahmen der Bundesregierung. Zugleich eine kritische Auseinandersetzung mit der höchstrichterlichen Rechtsprechung zur regierungsamtlichen Öffentlichkeitsarbeit, Aachen 2003.

Schmidt, Reiner: Öffentliches Wirtschaftsrecht, Allgemeiner Teil, unter Mitarbeit von Hartmut Bauer und Rudolf Mögele, Berlin, Heidelberg 1990.

Schmidt, Rolf: Staatliches Informationshandeln und Grundrechtseingriff – Eine verfassungsrechtliche Studie zu den grundrechtlichen Vorgaben und Grenzen staatlicher Informationstätigkeit in der modernen Informationsgesellschaft – Zugleich die Begründung der Notwendigkeit der Schaffung einer bundesgesetzlichen Regelung, Grasberg bei Bremen 2004.

Schmidt-Aßmann, Eberhard/Schoch, Friedrich (Hrsg.): Besonderes Verwaltungsrecht, 14. Aufl., Berlin 2008.

Schmidt-Preuß, Matthias: Soziale Marktwirtschaft und Grundgesetz vor dem Hintergrund des Staatsvertrages zur Währungs-, Wirtschafts- und Sozialunion, DVBl 1993, S. 236–247.

Ders.: Umweltschutz ohne Zwang – das Beispiel des Öko-Audit, in: Ziemske, Burkhardt/Langheid, Theo/Wilms, Heinrich/Haverkate, Görg (Hrsg.), Staatsphilosophie und Rechtspolitik, Festschrift für Martin Kriele zum 65. Geburtstag, München 1997, S. 1157–1178.

Schmitz, Heribert/Schlatmann, Arne: Digitale Verwaltung? – Das Dritte Gesetz zur Änderung verwaltungsverfahrensrechtlicher Vorschriften, NVwZ 2002, S. 1281–1294.

Schoch, Friedrich: Der Beitrag kommunalen Wirtschaftsrechts zur Privatisierung öffentlicher Aufgaben, DÖV 1993, S. 377–383.

Ders./Schneider, Jens-Peter/Bier, Wolfgang (Hrsg.)/Schoch, Friedrich/Schmidt-Aßmann, Eberhard/Pietzner, Rainer (Begr.): Verwaltungsgerichtsordnung, Kommentar, Stand: 25. Erg.-Lfg., April 2013, München.

Scholz, Rupert: Das Grundrecht der freien Entfaltung der Persönlichkeit in der Rechtsprechung des Bundesverfassungsgerichts, AöR 1975 (100), S. 265–290.

Ders.: Wirtschaftsaufsicht und Konkurrentenschutz, Insbesondere dargestellt am Beispiel der Kartellaufsicht, Berlin 1971.

Schricker, Helmut: Wirtschaftliche Tätigkeit der öffentlichen Hand und unlauterer Wettbewerb, 2. Aufl., Köln u. a. 1987.

Schroeder, Dirk: Wettbewerbsrechtliche Probleme im Verhältnis des Werbefernsehens zu den anderen Werbemedien, GRUR 1978, S. 273–285.

Schuhmann, Helmut: Zum Begriff des „Offenbarens" i. S. des § 30 AO, DStZ 1989, S. 618–619.

Schulte, Martin: Informales Verwaltungshandeln als Mittel staatlicher Umwelt- und Gesundheitspflege, DVBl 1988, S. 512–520.

Ders.: Schlichtes Verwaltungshandeln, Verfassungs- und verwaltungsdogmatische Strukturüberlegungen am Beispiel des Umweltrechts, Tübingen 1995.

Schulz, P. M.: Privatisierung der kommunalen Abwasserbeseitigung durch Beleihung?, ZfW 1998, S. 277–286.

Schulz, Sönke E.: Bewertung der Richtlinienumsetzung in Deutschland: Elektronische Verfahrensabwicklung und IT-Umsetzung, in: Schliesky, Utz (Hrsg.), Die Umsetzung der EU-Dienstleistungsrichtlinie in der deutschen Verwaltung, Teil III: Information, Wissen und Verantwortung, Kiel 2010, S. 205–248.

Ders.: Abgleich mit europäischen Initiativen, in: Kammer, Matthias/Zapp, Alfred (Hrsg.), Das E-Government-Gesetz des Bundes, ISPRAT Dossier, 2013, S. 10–17, abrufbar unter http://isprat.net/fileadmin/downloads/publikationen/ISPRAT_Dossier_E-Gov-Gesetz_4_MB.pdf.

Ders.: Die Fortentwicklung der Schriftformäquivalente im Verwaltungsrecht, DÖV 2013, S. 882–889.

Ders./Tischer, Jakob: Ansprüche auf Tätigwerden des Verordnungsgebers und Rechtsschutz, dargestellt am Beispiel der Verordnungsermächtigung in § 3a Abs. 2 Satz 4 Nr. 4 VwVfG, S. 14, im Erscheinen.

Dies.: Einsatz von De-Mail und E-Postbrief im Sozialverwaltungsverfahren, NZS 2012, S. 254–257.

Schulz, Sönke E./Brackmann, Franziska: Elektronische Abwicklung der Erhebung von Elternbeiträgen, KommJur 2013, S. 81–87.

Dies.: De-Mail und alternative Dienste im Sozialverfahrens- und Abgabenrecht, DuD 2014, S. 186–191.

Schulz, Sönke E./Hoffmann, Christian/Tallich, Maximilian: Anreizsysteme und Instrumente zur Nutzen- und Nutzersteigerung im E-Government, Die Verwaltung 45 (2012), S. 207–232.

Schumacher, Astrid: Akkreditierung und Zertifizierung von De-Mail-Diensteanbietern, Eine Übersicht über die technischen Vorgaben zur Gewährleistung der sicheren Kommunikationsstruktur, DuD 2010, S. 302–307.

Schürmann, Frank: Öffentlichkeitsarbeit der Bundesregierung, Strukturen, Medien, Auftrag und Grenzen eines informalen Instruments der Staatsleitung, Berlin 1992.

Schwarz, Bernhard (Hrsg.): AO, Kommentar zur Abgabenordnung, Band 1, Loseblatt-Sammlung, Stand: 156. Erg.-Lfg., Dezember 2013, Freiburg.

Schwarze, Jürgen (Hrsg.)/Becker, Ulrich/Hatje, Armin/Schoo, Johann (Mitherausgeber): EU-Kommentar, 3. Aufl., Baden-Baden 2012.

Selmer, Peter: Wirtschaftliche Betätigung der öffentlichen Hand und Unternehmergrundrechte, in: Stober, Rolf/Vogel, Hanspeter (Hrsg.), Wirtschaftliche Betätigung der öffentlichen Hand, Staat und Kommunen als Konkurrent der Privatwirtschaft, Köln u. a. 2000, S. 75–102.

Skrobotz, Jan: Das elektronische Verwaltungsverfahren, Die elektronische Signatur im E-Government, Berlin 2005.

Sodan, Helge: Vorrang der Privatheit als Prinzip der Wirtschaftsverfassung, DÖV 2000, S. 361–371.

Ders./Ziekow, Jan (Hrsg.): Verwaltungsgerichtsordnung, Großkommentar, 3. Aufl., Baden-Baden 2010.

Spaeth, Wiebke: Grundrechtseingriff durch Information, Zur Verfassungsmäßigkeit von verhaltenssteuernden Warnungen und Empfehlungen der Bundesregierung, Frankfurt a. M. 1995.

Spindler, Gerald: Das De-Mail-Gesetz – ein weiterer Schritt zum sicheren E-Commerce, CR 2011, S. 309–319.

Ders./Schuster, Fabian (Hrsg.): Recht der elektronischen Medien, Kommentar, 2. Aufl., München 2011.

Stach, Heike: Mit Bürgerportalen für einfach sichere, vertrauliche und verbindliche elektronische Kommunikation, DuD 2008, S. 184–188.

Stein, Ekkehart/Frank, Götz: Staatsrecht, 21. Aufl., Tübingen 2010.

Steiner, Udo: Fragen der Beleihungsdogmatik aus österreichischer und deutscher Sicht, in: Schäffer, Heinz (Hrsg.), Festschrift anläßlich des 65. Geburtstages von Friedrich Koja, Wien u. a. 1998, S. 603–617.

Stelkens, Paul/Bonk, Heinz Joachim/Sachs, Michael (Hrsg.): Verwaltungsverfahrensgesetz, Kommentar, 8. Aufl., München 2014.

Stelkens, Paul/Bonk, Heinz Joachim/Sachs, Michael (Hrsg.): Verwaltungsverfahrensgesetz, Kommentar, 6. Aufl., München 2001.

Stern, Klaus: Das Staatsrecht der Bundesrepublik Deutschland, Band III: Allgemeine Lehren der Grundrechte, 1. Halbband, München 1988.

Stober, Rolf: Allgemeines Wirtschaftsverwaltungsrecht, Grundlagen des deutschen, europäischen und internationalen öffentlichen Wirtschaftsrechts, 17. Auflage, Stuttgart 2011.

Ders.: Die Entwicklung des Gewerberechts in den Jahren 1988/1989, NJW 1990, S. 1335–1344.

Ders.: Handbuch des Wirtschaftsverwaltungs- und Umweltrechts, Stuttgart, Berlin, Köln 1989.

Ders.: Grundrechtsschutz der Wirtschaftstätigkeit, Köln u. a. 1989.

Ders.: Der Vorbehalt des Gesetzes und Verwaltungsvorschriften im Subventionsrecht, GewArch 1993, S. 136–148.

Stollhof, Sabine: Das E-Government-Gesetz des Bundes, Abschied von der qualifizierten elektronischen Signatur?, DuD 2013, S. 691–659.

Storr, Stefan: Der Staat als Unternehmer, Öffentliche Unternehmen in der Freiheits- und Gleichheitsdogmatik des nationalen Rechts und des Gemeinschaftsrechts, Tübingen 2001.

Süßmuth, Werner/Koch, Horst Werner (Fortg.)/Medert, Klaus M./Süßmuth, Werner (Begr.): Pass- und Personalausweisrecht, 4. Aufl., Stand: 5. Erg.-Lfg., Mai 2011, Stuttgart.

Szczekalla, Peter: Die sogenannten grundrechtlichen Schutzpflichten im deutschen und europäischen Recht, Inhalt und Reichweite einer „gemeineuropäischen Grundrechtsfunktion“, Berlin 2002.

Tettinger, Peter J.: Rechtsschutz gegen kommunale Wettbewerbsteilnahme, NJW 1998, S. 3473–3474.

Tilmann, Winfried/Schreibauer, Marcus: Rechtsfolgen rechtswidriger nationaler Beihilfen, GRUR 2002, S. 212–224.

Tipke, Klaus/Kruse, Heinrich Wilhelm/Seer, Roman/Brandis, Peter/Drüen, Klaus-Dieter/Loose, Matthias: Abgabenordnung, Finanzgerichtsordnung, Kommentar zur AO und FGO (ohne Steuerstrafrecht), Band I, Loseblatt-Sammlung, Stand: 134. Erg.-Lfg., Dezember 2013, Köln.

Tremml, Bernd: Amtshaftung wegen behördlicher Warnungen nach dem Produktsicherheitsgesetz, NJW 1997, S. 2265–2273.

Ule, Carl Hermann/Laubinger, Hans-Werner: Verwaltungsverfahrensrecht, Ein Lehrbuch für Studium und Praxis, 4. Aufl., Köln u. a. 1995.

Ulmer, Peter: Die Anwendung von Wettbewerbs- und Kartellrecht auf die wirtschaftliche Tätigkeit der öffentlichen Hand beim Angebot von Waren oder Dienstleistungen, ZHR 146 (1982), S. 466–506.

Ultsch, Michael L.: Zugangsprobleme bei elektronischen Willenserklärungen, Dargestellt am Beispiel der Electronic Mail, NJW 1997, S. 3007–3009.

Viefhues, Wolfram: Vorbereitungen für das elektronische Anwaltspostfach, MMR-Aktuell 2013, 346736.

Volk, Ulrich: Der Abschied von den Absurditäten der Papierakte – ein Fallbeispiel, Die Umsetzung des elektronischen Rechtsverkehrs erfordert Umdenken, AnwBl 2013, S. 593–596.

v. Gamm, Otto-Friedrich Freihr.: Verfassungs- und wettbewerbsrechtliche Grenzen des Wettbewerbs der öffentlichen Hand, WRP 1984, S. 303–309.

v. Landmann, Robert/Rohmer, Gustav (Begr.)/Marcks, Peter/Neumann, Dirk/Bleutge, Peter/Fuchs, Bärbel/Gotthardt, Michael/Pielow, Christian/Kahl, Georg/Schönleiter, Ulrich/Stenger, Anja: Gewerbeordnung und ergänzende Vorschriften, Band I: Gewerbeordnung, Kommentar, Stand: 65. Erg.-Lfg., September 2013, München.

v. Lucke, Jörn: Hochleistungsportale für die öffentliche Verwaltung, Köln 2008.

Ders.: Portale und Hochleistungsportale im E-Government, Neue Gestaltungsmöglichkeiten für Staat und Verwaltung, in: Wirtz, Bernd W. (Hrsg.), E-Government, Grundlagen, Instrumente, Strategien, Wiesbaden 2010, S. 115–131.

v. Mangoldt, Hermann (Begr.)/Klein, Friedrich (Fortg.)/Starck, Christian (Hrsg.): Kommentar zum Grundgesetz, Band 1: Präambel, Artikel 1 bis 19, 6. Auflage, München 2010.

v. Münch, Ingo/Schmidt-Aßmann, Eberhard (Hrsg.): Besonderes Verwaltungsrecht, 9. Aufl., Berlin 1992.

v. Münch, Ingo (Begr.)/Kunig, Philip (Hrsg.): Grundgesetz, Kommentar, Band 1: Präambel bis Art. 69, 6. Aufl., München 2012.

v. Wulffen, Matthias (Hrsg.): Sozialgesetzbuch, Zehntes Buch Sozialgesetzbuch – Sozialverwaltungsverfahren und Sozialdatenschutz – SGB X – , Kommentar, 7. Aufl., München 2010.

Vorwerk, Volkert/Wolf, Christian (Hrsg.): Beck'scher Online-Kommentar ZPO, Stand: 15. 03. 2014, Ed. 12, München.

Voßkuhle, Andreas: Strukturen und Bauformen neuer Verwaltungsverfahren, in: Hoffmann-Riem, Wolfgang/Schmidt-Aßmann, Eberhard (Hrsg.), Verwaltungsverfahren und Verwaltungsverfahrensgesetz, Baden-Baden 2002.

Wahl, Rainer: Die doppelte Abhängigkeit des subjektiven öffentlichen Rechts, DVBl 1996, S. 641–651.

Wallerath, Maximilian: Ladenschluss und Konkurrentenschutz, Die ungleiche Kontingentierung von Zeit im Lichte des subjektiven öffentlichen Rechts, NJW 2001, S. 781–789.

Warnecke, Thomas: Das Bürgerportalgesetz, Vertrauliche Kommunikation im E-Government und E-Commerce?, MMR 2010, S. 227–232.

Ders.: Rechtsfragen der staatlichen Regulierung der Identitätsmanagement-Anbieter, in: Schliesky, Utz (Hrsg.), Technikgestütztes Identitätsmanagement, Rechtsfragen und Lösungsvorschläge dargestellt am Beispiel der De-Mail und elektronischer Dokumentensafes, Kiel 2010, S. 225–236.

Weidemann, Holger: Die Zustellung eines Verwaltungsakts – Ein Überblick, Gesetzgeber modernisiert erneut das Verwaltungszustellungsgesetz, DVP 2011, S. 406–412.

Welti, Felix: Barrierefreiheit als Rechtsbegriff, DÖV 2013, S. 795–801.

Werner, Horst S.: Die Abwehr staatlicher Wettbewerbseinflüsse, Eine Darstellung von Abwehr- und Schadensersatzansprüchen gegen marktbeeinflussende Eingriffe der öffentlichen Hand in die private Wirtschaft und in die Wettbewerbsverhältnisse zwischen nicht öffentlich-rechtlichen Marktteilnehmern, Göttingen 1986.

Werner, Dennis/Wegener, Christoph: Bürgerportal, Technische und rechtliche Hintergründe von DE-Mail und Co., CR 2009, S. 310–316.

Wolff, Hans J. (Begr.)/Bachof, Otto (Begr.)/Stober, Rolf/Kluth, Winfried: Verwaltungsrecht I, Ein Studienbuch, 12. Aufl., München 2007.

Wolff, Hans J.: Organschaft und juristische Person, Untersuchungen zur Rechtstheorie und zum öffentlichen Recht, Band 2: Theorie der Vertretung (Stellvertretung, Organschaft und Repräsentation als soziale und juristische Vertretungsformen), Berlin 1934.

Wolff, Heinrich Amadeus/Decker, Andreas (Hrsg.): Verwaltungsgerichtsordnung (VwGO), Verwaltungsverfahrensgesetz (VwVfG), Studienkommentar, 3. Aufl., München 2012.

Ziekow, Jan: Öffentliches Wirtschaftsrecht, Ein Studienbuch, 3. Aufl., München 2013.

Ders.: Verwaltungsverfahrensgesetz, Kommentar, 3. Aufl., Stuttgart 2013.

Zippelius, Reinhold: Der Gleichheitssatz, VVDStRL 47 (1989), S. 7–112.

Zuleeg, Manfred: Subventionskontrolle durch Konkurrentenklage, Frankfurt a. M. 1974.

Die angegebenen Internetadressen wurden zuletzt am 25. 04. 2014 um 9:00 Uhr auf Gültigkeit überprüft.
Die Arbeit wurde am 25. 04. 2014 abgeschlossen.

www.ingramcontent.com/pod-product-compliance
Ingram Content Group UK Ltd.
Pitfield, Milton Keynes, MK11 3LW, UK
UKHW021918290926
8980IPUK00015B/1326

9 783631 679159